"글을 쓰는 나의 유일한 목적은 '진실'을
추구하는 오직 그것에서 시작하고 그것에서 그친다.
진실은 한 사람의 소유물일 수 없고 이웃과
나누어야 하는 까닭에, 그것을 위해서는 글을 써야 했다.
글을 쓴다는 것은 '우상'에 도전하는 행위이다.
그것은 언제나 어디서나 고통을 무릅써야 했다.
과거에도 그랬고 지금도 그렇고, 영원히 그럴 것이다.
그러나 그 괴로움 없이 인간의 해방과 행복,
사회의 진보와 영광은 있을 수 없다."

『우상과 이성』(1977) 머리말에서

한 지식인의 삶과 사상

대화

리영희

대담 임헌영

한길사

한 지식인의 삶과 사상
대화

지은이 리영희·임헌영
펴낸이 김언호

펴낸곳 (주)도서출판 한길사
등록 1976년 12월 24일 제74호
주소 10881 경기도 파주시 광인사길 37
홈페이지 www.hangilsa.co.kr
전자우편 hangilsa@hangilsa.co.kr
전화 031-955-2000~3 **팩스** 031-955-2005

인쇄 예림인쇄 **제책** 경일제책사

제1판 제1쇄 2005년 3월 10일
제1판 제37쇄 2025년 7월 21일

값 28,000원
ISBN 978-89-356-5554-0 03800

• 잘못 만들어진 책은 구입하신 서점에서 바꿔드립니다.

긴 세월에 걸친 문필가로서의
나의 인생의 마지막 저술이 될 이 자서전을,
결혼 이후 50년 동안 자신을 희생하며
오로지 사랑하는 자식들과
못난 남편을 위해서 온갖 어려움을 힘겹게 극복하고,
굳건한 의지로 헤쳐온
존경하는 아내 윤영자에게 바친다.

읽는 이를 위하여

이 책은 대화 형식으로 서술한 짧지 않은 나의 인생의 회고록 또는 자서전이다. 회고록의 통상적 형식인 본인의 일인칭 서술이 아니라 '대화' 형식인 까닭은, 개인사적 사실 내용과 삶의 방식에 대한 의미와 가치를 질문자와의 비판적 토론 방법으로 다루었기 때문이다. 나의 삶이 얽혀서 진행된 국내상황과 시대정신, 20세기의 인류사적 격동의 의미와 가치를 나의 세계관의 모색과 더불어 음미하고 비판적으로 평가하는 '사상사'적 담론이 전체 내용의 절반을 이룬다. 책이름을 '대화: 한 지식인의 삶과 사상'으로 한 연유이다.

전체 내용의 앞부분은 개인사적 성격에서만 보자면, 일제 식민지하의 소년시대에서부터 이승만정권 말기까지를 다룬 기왕의 『역정(歷程): 나의 청년 시대. 리영희 자전적 에세이』(창작과비평사, 1988)와 시간적으로 중복된다. 하지만 단순한 연대기적(年代記的) 내용은 대폭으로 축소·생략되었다. 그 시기는 이를테면 지성인(知性人)으로 성장하는 한 개인의 '전사'(前史) 단계이다. 일제 식민지하에 놓인 조선과 조선인의 생존환경의 체험적 서술이다.

단순 기능적 전문가로서의 '지식인'이 아니라 시대의 고민을 자신의 고민으로 일체화시키는 불란서어의 뉘앙스(함의)로서의 intellectuel(-le), 즉 '지성인'에 해당하는 나의 삶의 시간적 구간은 약 50년간이다. 6·25전쟁의 지겹도록 혐오스러운 7년간의 군복무에서 해방되어, 비로소 하나의 자유정신의 인격체로서 1950년대 중엽부터 언론인과 대학교수, 사회비평가와 국제문제 전문가로서 활동한 현재까지를 말한다. 이 긴 시간에 걸친 나의 삶을 이끌어준 근본이념은 '자유'(自由)와 '책임'(責任)이었다. 인간은 누구나, 더욱이 진정한 '지식인'은 본질적으로 '자유인'인 까닭에 자기의 삶을 스스로 선택하고, 그 결정에 대해서 '책임'이 있을 뿐만 아니라 자신이 존재하는 '사회'에 대해서 책임이 있다는 믿음이었다.

이 이념에 따라, 나는 언제나 내 앞에 던져진 현실 상황을 묵인하거나 회피하거나 또는 상황과의 관계설정을 기권(棄權)으로 얼버무리는 태도를 '지식인'의 배신(背信)으로 경멸하고 경계했다. 사회에 대한 배신일 뿐 아니라 그에 앞서 자신에 대한 배신이라고 여겨왔다. 이런 신조로서의 삶은 어느 시대 어느 사회에서나 그렇듯이 바로 그것이 '형벌'(刑罰)이었다. 이성(理性)이나 지성(知性)은커녕 '상식'조차 범죄로 규정됐던 '대한민국'에서랴.

20대에 이르도록 나는 주로 개인의 성향과 성장환경 때문에 사회적 및 역사적 문제의식·지식이 백지상태나 다름없었다. 그런 비주체적 존재(정신)가 성인이 되면서 사회의 모순에 부딪치고, 그때마다 실존적 선택을 강요당하는 반복적인 과정을 통해서 '지식인'으로서의 자신의 논리를 획득해나갔다. 그 삶은 사회와의 끊임없는 긴장관계일 뿐 아니라 자신과의 부단한 내면적 투쟁이었다. 크고 작은 실수와 시행착오가 그 길에 뿌려져 있다.

내가 살아온 75년이라는 세월은 최근 몇 해를 제외하면 한마디로 '야만의 시대'였다. 일제 식민지시대와 소위 '해방' 후 50여 년의 반인간적 생존환경이었다. 이 엄혹했던 시대에 나는 '지식인'으로서의 자신에 대한 책임으로서, 그리고 인간답게 살 수 있는 권리를 위해서 싸우는 고결한 정신의 소유자들을 돕기 위해서, 많은 글을 썼고 많은 발언을 하였다. 이로 말미암아서 나에게 가해지는 고뇌와 불이익은 말할 수 없이 혹독했다. 그 긴 기간에, 한쪽으로부터는 인간답게 살 수 있는 사회의 실현을 위해서 싸운 착하지만 힘 없는 사람들의 뜨거운 사랑과 존경을 받았다. 그럴수록 다른 한쪽으로부터는 지배의 권력을 놓지 않으려는 잔인한 자들이 이를 가는 증오와 저주의 대상이 되었다. 이 기록은 사랑과 미움의 두 극단적 시대상황 속에서 살아야 했던 한 지식인의 고뇌하는 모습이다.

한 시기, 나의 이름은 많은 청년·학생·지식인들에 의해서 과분하게도 '사상의 은사'로 불리기도 했다. 그럴수록 야만의 권력은 나에게 '의식화의 원흉'이라는 이름의 굴레를 씌워 핍박의 고삐를 조였다. 이 시기, 거짓(허위)으로 덮인 깜깜한 한국의 하늘에 희미하나마 한 줄기 진실과 이성의 빛을 비춰주려는 나의 글과 사상이 '야만의 지배'를 물리치려는 선량한 인간들의 눈물겨운 싸움에 힘이 되었는지, 또 이 시대 한국사의 전진에 얼마만큼의 기여를 했을지 나는 알지 못한다. 어쨌든 1990년대에 이르러 나라에 광명이 비치게 되었을 때, 나는 허약한 한 지식인으로서 미미하나마 나의 사회적 책임과 시대적 소임을 다한 것으로 자위했다. 그리고 피곤하기도 했다. 그래서 인간다운 사회를 위한 또 하나의 싸움의 환호성을 들으면서 시대적 변혁운동의 전면에서 물러섰다. 때마침 정년퇴직으로 대학의 교직에서도 물러났다.

이렇게 '지식인'의 사회적 책임을 반납하고 노후인생을 조금은 안락하게 개인적 성찰로 살아가려는 나에게, 살아온 궤적과 사상의 편력을 적어내라는 많은 사람들의 요청이 그치지 않았다. 나의 삶과 사상이 자신의 인생의 내용과 지향을 바꿀 만큼 영향을 주었다고 고백하는 수많은 사람들이 그랬고, 또 많은 출판사들이 그랬다. 이것은 새로운 고민이 아닐 수 없었다. 나의 시대적 역할은 이미 끝났고, 이로 말미암아서 성장한 수많은 유능한 후학·후배들이 사회 온갖 분야에서 눈부시게 지도자적 역할을 수행하고 있는 것을 보면서, 나는 소리 없는 존재로 만족하고 있었다.

그러던 2000년 말, 나는 느닷없이 찾아온 뇌출혈이라는 손님을 맞고 쓰러졌다. 70세를 넘기려는 순간이었다. 뇌중추신경 타격(중풍)으로 신체의 우(右)반신이 마비되고, 사고도 혼미해지고 언어의 장애를 겪었다. 이제는 내 의지의 유무와는 상관없이 지적(知的) 활동과 글 쓰는 일은 영원히 끝났다고 생각했다. 나는 운명의 선고로 알고 체념하면서 순순히 승복했다. 그런데 운명의 신의 예정표를 어찌 인간이 가늠할 수 있겠는가! 4년이 지나는 사이에 신체와 정신의 마비가 서서히 그러나 착실하게 회복되어 갔다. 아직까지 풀리지 않는 것이 있는데 오른손의 떨림과 손가락의 마비다. 글이라면 엽서 한 장의 짧은 글을 힘겹게 쓰는 것이 고작이지만 구술(口述)로 하는 저술은 웬만큼 가능해졌다. 지적 활동을 단념하고 영원히 포기한 상태에서, 짐짓 운명의 신이 감추었던 뜻을 알 것 같았다. 하찮고 보잘것없는 삶과 사상이었으나마 여전히 잊지 않고 사랑과 경애의 마음으로 관심을 가져주는 고마운 이들의 요청에 마지막으로 보답하라는 뜻으로 풀이했다.

바로 나의 이런 운명적 계기를 포착한 김언호 한길사 사장이 성의와 열정을 다해 끈질기게 설득했다. 대화형식으로 하면 된다는 것이었다. 나는 굴복했다. 아직 뇌의 사고능력이나 기억력은 완전에는 먼 상태였다. 그래서 사고와 기억을 도와줄 대담자가 필요했다. 이 일을 임헌영 씨가 기꺼이 맡아주었다. 온전치 못한 나의 기억력을 70년 삶의 줄거리의 국면 국면마다에서 상기시켜주고, 주요한 역사적 및 동시대적 문제들에 관해서는 물론, 국제적 사건과 상황에 관해서도 역사의식에 투철한, 예리하고 이성적인 비판적 담론을 가능케 해준, 친애하는 후배이자 다정한 벗 임헌영 씨에게 감사한다. 뛰어난 문학비평가이자 해방 후 역사의 냉철한 정치적·사상적 분석가인 임헌영 씨의 질문자 겸 대담자로서의 역할이 내용을 풍부하게 해주었다. 전체 담론의 격을 높여주는 데에도 크게 기여했다. 그 모든 도움에 깊이 감사한다.

내가 나의 뜻대로 손수 내용을 다듬고 문장을 쓰지 못하는 까닭에, 많은 사람의 참여와 여러 가지 기능에 관한 복잡한 작업상 협조가 필요했다. 그중에서도 특히 몇 번씩이나 거듭된 구술의 기록과정에서 수고한 정석우 학생과 장한승 학생의 노고에 감사한다. 원고를 구술하고 다듬고 고치고, 다시 구술하고 그 전체를 새로 다듬어서 기록·정리하는 지루한 작업에 2년 가까이 걸렸다. 이것은 일을 시작하던 시점에서는 예상치 못했던 어려움이었다. 오로지 자기 글을 자기가 쓰지 못하는 까닭에 불가피하게 필요한 저술 작업의 복잡함 때문이었다. 그러나 많은 이들의 성원과 도움으로 이제 미흡하나마 나의 일생을 글로 남길 수 있게 되었다. 원고 작성상의 마무리 작업을 능률적으로 끝내준 한길사 편집부의 박정현 씨, 제작의 전반적인 감독을 맡았던 강옥순 주간의 노고를 잊지 않을 것이다.

기록됐어야 할 내용인데 누락됐거나 생략된 것도 적지 않다. 하지만 나의 지금 조건과 형편을 생각하면 이것으로도 대견하다는 생각이 솔직한 심정이다. 기쁘기도 하고 부끄럽기도 하다.

마지막으로 덧붙일 청이 있다. 이제는 거의 지나가버린 그 시대를 인간적 고통과 분노, 상처투성이의 온몸으로 부딪쳐 살아온 기성세대나, 앞 세대들이 심고 가꾼 열매를 권리처럼 여기면서 아무런 생각 없이 맛보고 있는 지금의 행복한 세대의 독자에게 부탁하고 싶다. 이 책을 읽으면서 함께 고민하고 자신이 그 상황에 직면했거나 처했다면 '지식인'으로서 어떻게 가치판단을 하고 어떻게 행동했을까를 생각해보기를. 그럼으로써 이 자서전의 당사자와 대담자가 책 속에서 진행한 것과 같은 자기비판적 대화의 기회로 삼기를. 그리고 기회가 있으면 나와의 비판적 대화도 가질 수 있기를.

2005년 2월
군포시 산본 수리산 밑에서

리영희

읽는 이를 위하여 6

1

식민지 조선의 소년 17
청운의 뜻을 품고 경성으로

해방, 환희, 그리고 분단 63
친일파의 세상에서 방향 잃은 민족

2

전쟁 속의 인간 1 121
민족상잔의 현장에서 우는 청년

전쟁 속의 인간 2 151
화연 속에 달궈지는 평화주의자

저널리스트에 천직을 찾고 185
우상 파괴자로 거듭나다

3

희망의 봉화, 꺼진 뒤의 암흑 249
4·19의 전열에서 피로 거둔 열매는

다시 겪는 악몽 : 탱크가 지배하는 세상 275
인간답게 살려는 25년의 몸부림으로

가려진 진실에 빛을 들이대며 313
최고 국제문제 기자의 고행

전차의 길을 막는 사마귀 339
베트남 인민과 함께 우는 언론인

인텔리는 필경 관념론자! 385
언론계 추방-육체노동자 실격-다시 인텔리로

4	한국 현대 중국혁명 연구의 개척자	429
	자본주의도 공산주의도 아닌 제3의 길을 찾아	
	선지자는 고향에서 박해받는다	471
	'사상의 은사'와 '의식화의 원흉' 사이에서	
	무신론자의 인간관·사회이념	503
	'유일신'과 '절대주의' 없는 삶을 향해	

5	배신당한 서울의 봄 1980년	533
	민족의 정기가 광주에서 꽃필 무렵	
	23년 만에 얻은 '자유의 날개'	567
	극우반공의 동굴에서 눈부신 햇살의 하늘로	
	동서양 인류문화의 현장으로	601
	일본·독일·미국에서의 교수 체험	
	캄캄한 하늘에 뜬 큰 별 『한겨레』	641
	'주한 미국 총독'과의 '광주대학살' 책임 논쟁	

6	21세기 인류의 행복조건	681
	미국식 자본주의의 지양은 가능한가	
	펜으로 싸운 반세기의 결산	711
	조광조를 보내고 이퇴계를 맞는 명상	

리영희 연보 735
찾아보기 741

1 | 식민지 조선의 소년
　　해방, 환희, 그리고 분단

*"평안도에서는 남자와 여자 사이에 이른바
남녀칠세부동석과 같은 차별이나 무슨 김씨,
무슨 리씨 하는 문벌차등을 모르고 살았지."*

식민지 조선의 소년

청운의 뜻을 품고 경성으로

금광의 본산지 운산

임헌영 한국인은 누구나 고향을 묻는 데서 대화를 시작한다는 말이 있습니다. 그런데 선생님 연배의 향수는 80퍼센트 이상이 가난 냄새를 물씬 풍기지요. "질화로에 재가 식어지면 / 빈 밭에 밤 바람소리 말을 달리고"라든가 "사철 발 벗은 아내가 / 따가운 햇살을 등에 지고 이삭 줍던 곳"(정지용의 「향수」)이라는 구절이 그걸 상징합니다. 더구나 선생님 고향으로 말하면 한반도 호랑이의 윗가슴, "북쪽은 고향 / 그 북쪽은 여인이 팔려간 나라"(이용악의 「북쪽」)에 해당되는 곳이니 느낌부터 심상치 않습니다. 물론 이용악(李庸岳, 1914~71)은 함경북도 경성(鏡城) 출신이지만 이남 사람들 머리로는 평안도나 함경도나 거기가 거기, 호랑이 상부 같거든요. 평북 정주 출신 시인 백석(白石, 1912~95)의 시 여러 곳에서도 가난의 땟국은 흐르지요.

그런데 선생님 고향은 너무 스마트하게 미화되어 있어요. 1929년 12월 2일, 금이 많이 나기로 유명한 평안북도 운산군(雲山郡) 북진(北鎭)에서 태어나신 것으로 되어 있습니다. 특히 북진은 한국판 캘리포니아로 바로 금광의 본산지가 아닙니까.

리영희 참 아름다운 시의 구절들이군요. 식민지 조선 농촌의 계절과 삶의 정서가 물씬 배어나는군. 그러나 너무 애처로운 삶이었어. 나 자신은 그 시인들이 그린 그대로의 실존을 살지는 않았지만, 당시의 조선인들의 가슴에 고여 있던 그런 정감은 나도 지니고 자랐지. 물론이지요. 나는 부친이 평안북도 운산군 북진에서 근무하던 1929년 태어나서 네 살까지 부모님과 그곳에서 살았어요. 다섯 살 되는 해에 삭주군(朔州郡) 대관(大館) 영림서로 부친이 전근 갑니다. 그곳에서 유치원과 국민학교(소학교)를 마치는 14세까지 살았어요. 고향이라는 개념을 '태어난 곳'으로 말한다면 운산군 북진이고, 소년기의 긴 세월과 성장 후 전 인생의 중요한 부분이 되는 '어렸을 때의 기억'으로 말한다면 삭주군 대관이 고향이라 할 수 있지. 나는 지금 80을 바라보는 나이에도 언제나 내 기억에 되살아나고 행복하기만 했던, 삭주군 대관을 고향으로 여기고 있어요. 대관은 압록강에서 남쪽 40킬로미터(약 100리), 황해에서 동쪽 60킬로미터(약 150리)의 지점에 있어요. 특히 평안북도에서도 서해안에 아주 가까운 곳이지요.

어떻든, 태어난 운산군으로 말하면 그 당시도 그랬지만 그 후에도 세계에서 1, 2등을 다툴 만한 운산 금광이 있는 곳이었지. 역사적으로 말하면, 1895년 7월 일본인에 의한 명성황후 시해사건 직전에 고종황제가 미국 공사관 서기관 호러스 앨런(Horace N. Allen)에게 채굴권을 하사했어요. 그 채굴권은 이완용의 힘을 빌려, 미국의 무역상사 사장인 제임스 모스(James R. Morse)에게 넘어가요. 그 후 다시 헌트라는 미국인에게 3만 불에 팔려서 운영되다가 1938년, 일본이 중국 침략전쟁을 시작하고 미국과의 태평양전쟁을 구상하던 단계에서 금광 채굴권을 일본정부가 매수했지요. 운산 금광 소유권이 조선 왕조에서 수많은 외국인 자본가들의 손으로 넘어가는 과정은, 바로 한말 이 민족의 운명이 남의 나라에 의해 농락되고 좌지우지되던 그 서러운 민족사의 일면을 말해주는 것입니다.

임헌영 1900년대 초기에 운산 금광에서만 1년에 200~500만 원어치를 캐냈다니, 1901년 당시 조선정부의 1년 예산이 600만 원이었다는 것을 감안하면 대단한 것입니다.

리영희 그렇게 100년 동안 막대한 금을 캐냈지만 운산 금광은 지금도 매장량이 1천 톤으로 단일금광으로는 세계 수위를 다툰다는 기사를 본 적이 있어요. 그 당시의 기록을 보면 운산 금광이 광무 6년(1902년) 한 해 동안에만도 일본에 수출한 금액이 130만 원의 거액이었어. 실제로 그해, 운산 금광의 연간 총생산은 150만 원 정도로 평가돼요. 미국인 앨런은 이 운산 금광의 선광석 1톤당 750불의 이익을 냈는데, 조선인 광부노동자에게는 하루에 미국돈으로 직종에 따라 5센트 내지 10센트밖에 지불하지 않았다는 거예요. 이야말로 조선 왕조를 농락해 외국과 외국인들이 막대한 운산 금광의 금을 '공짜로' 차지한 셈이지.

1898년 당시 운산 금광에는 미국인 경영자 40명이 있었고, 조선인 광부와 각종 노동자가 1,200명이나 있었다는 기록을 보면(진단학회 발행, 『한국사』, 현대편, 788~90쪽) 운산 금광의 규모를 알 만

하지 않아요? 어떻든 이 놀랄 만한 금의 대부분이 한일합방 후 일본에 매수되어서 일본 제국주의와 군국주의의 금융축적의 대들보를 형성했지. 그것을 바탕으로 일본은 그때까지의 은본위 제도에서 금본위 제도로 전환해요. 그럼으로써 급속한 군사화와 공업화를 이룩하고 세계 일류국가로 도약하는 발판이 되었답니다. 그 지불금의 대부분이 운산 금광에서 생산된 금이었던 것으로 알려져 있어요. 지금의 금값으로 환산한다면 그것이 얼마나 될지 가늠할 수도 없을 만큼 엄청난 액수겠지.

그러기에 평안북도의 그 지방에서는, "길을 가다 누런 돌이 있으면 그대로 호주머니에 집어넣어라"라는 말이 있어. 금광석의 부스러기인지도 모르니까. 그만큼 금이 도처에 널려 있다는 얘기이지. 나는 소년시절에 어른들이 그런 이야기를 하는 것을 흔히 들었어요. 그때 어린 나는 어른들의 말뜻이 무엇인지를 잘 알지 못했지.

지금 사람들은 잘 모르겠지만, 일제 식민지시대에는 조선에 세 사람의 거부가 있었어요. 친일파의 거두였던 한상룡(韓相龍)과 박흥식(朴興植) 그리고 최창학(崔昌學)이야. 최창학은 구성군 사람이지만 이 지역의 금광을 해서, 말하자면 벼락부자가 된 사람이오. 이 사람은 일자무식에다 장돌뱅이(당나귀에 잡동사니를 싣고 평안북도의 장터를 돌아다니던 사람)인데, 그렇게 돌아다니다가 우연히 금광맥을 발견하는 횡재를 했다고. 그 후부터 돈을 모아 조선의 광산왕이 됐던 사람이야. 해방 후까지도 살았어. 김구 선생이 해방 후 귀국해서 머무신 서대문의 서양식 석조건물 경교장(京橋莊)이 바로 최창학의 경성(지금의 서울) 저택이었지. 또 한 사람의 광산왕이 방응모(方應謨)인데, 이 사람도 평안북도의 금광업으로 갑부가 되어서 1932년 조선일보사를 매수한 거야.

평등한 사회였던 고향 평안도 삭주

임헌영 선생님께서는 평창(平昌) 이씨라고 하셨는데요, 보통 사람들에게는 순교자 이승훈을 떠올리게 하는 성씨지요. 평창 이씨 세거지(世居地)가 대개 강원도 쪽이더군요. 평안도 쪽으로 간 것이 조선 초·중기에 귀양 가신 분들 때문이 아니었나 생각됩니다. 선생님 친가 쪽으로는 할아버지가 면장을, 아버지께서는 영림서(營林署)에 근무하셨으니, 어떻게 보면 반역의 땅 평안도에서는 비교적 제도권에 속했다고 봐요. 조선시대에 초산(楚山), 원래 여진족이 살던 두목리(豆木里)로 귀양 갔던 선조들이 그 일대에 터를 잡으신 것 같은데, 혹시 그쪽 분야에 대해서 들으시거나 기억나시는 것 있습니까?

리영희 평안북도의 우리 평창 이씨 가문의 족보를 보면, 나는 평안도로 옮겨온 중시조의 32대 손이야. 한 세대를 대충 15년에서 20년 정도로 잡으면 한 오백 년 전이 되는 셈인데, 세종대왕의 사민정책이 실시된 시기와 일치해요. 고려 중엽에 이미 영토에는 편입됐지만 조선조에 들어와서야 세종대왕이 두만강, 압록강 변경에 김종서를 시켜 사진을 설치하게 하고, 한강 이남의 백성들을 북방 변경지대로 이주시켜서 인구가 희박한 그 지역을 본격적으로 개척하기 시작했지. 바로 그 시기지. 해방 전까지 초산군은 평창 이씨의 집성촌이었어요. 초산에 정착한 후의 평창 이씨 24대를 보면 사관을 한 사람이 고작 126명이더구만. 그것도 대부분 무관이고, 문관은 16명

선비집안 출신의 아버지 이근국(李根國)과 지주의 딸 어머니 최희저(崔晞姐).

으로 기록돼 있어요. 변방의 무관직이라고 해봐야 높은 자리는 중앙에서 다 내려오고, 현지인이 벼슬한다는 자리는 아마도 고작 지금의 군대 계급으로 말하면 중대장 정도가 아니었을까? 그래도 평창 이씨는 그 지방에서 무관직과 문관직을 거의 독차지했던 가문이에요.

고조할아버지는 대원군 때 벼슬하기 위해서 당나귀에 돈 꾸러미를 매달고 상경하여, 대단치도 않은 관직이지만 경복궁 선영관(繕營官)이라는 감투를 사 가지고 내려오셨어. 말하자면 매관한 셈이지. 그것이 뭐냐 하면, 대원군이 경복궁을 중수하는 데 필요한 평안도의 토산물·목재·인삼·짐승가죽 따위를 올려 바치는 그런 직책이었어. 오늘날로 치면 지방의 정부 물자를 중앙으로 올려보내는 조달관 같은 것이 아닐까? 증조부는 초산 지역에서 학문으로 이름이 높고, 이감역이라는 관직명칭으로 불렸는데, '감역' 역시 선영관의 한 벼슬이었다고 하더군.

나는 성장시기부터 이른바 신분적 계층 또는 계급적 차이, '양반' '상놈'이니 하는 인간 차별을 모르고 자랐어. 우리 평안도 지역뿐만 아니라 함경도 지역도 그렇겠지만 조선시대에 경(京)에서 멀리 떨어진 변방이다 보니까 고관대작, 명문세도가들은 어차피 이 변경에 정착하지 않았기 때문에 주민 모두가 직업적·사회적·정치적 차등이 없는 평등사회였어. 이남사회에 내려와 보니 일상생활에서조차, 심지어 21세기 초의 지금도 사람들이 모이면 노론·소론·동인·서인 따위의 권세계통으로 자랑하거나 비방하거나 하는 것을 보는데 나는 이런 것을 전혀 몰라. 또 평안도에서는 남자와 여자 사이에 이른바 남녀칠세부동석(男女七歲不同席)과 같은 차별이나 무슨 김씨, 무슨 리씨 하는 문벌차등도 모르고 살았어. 나는 젊었을 때도 그랬지만 지금도 으레 부엌에서 아내일 돕는 것을 당연한 것으로 여기고 살아요. 이남, 특히 경상도의 남녀구별과 신분 차등의식, 심지어 같은 집안에서 남자와 여자가 밥상을 달리하고 여성을 천시하는 습관을 보며 아주 놀랐어요. 평안도에서는 인간적·사회적으로 평등한 생활습관이었어. 한마디로 말하면 상당히 진보적이었다고 할 수 있겠지. 바로 홍경래란(洪景來亂)이 그와 같은 이남사회에서의 불평등에 대한 반란이었다고 생각해. 해방 이후에 이북에서의 사회주의 혁명이 비교적 쉽게 이루어진 까닭도 이런 배경에서 이해할 수 있을 거요. 만약에 남한에서 해방 후의 이북과 같은 사회혁명을 하려고 했다면 위에서 말한 것과 같은 온갖 불평등제도와 사상과 관습에 젖어 있는 수구세력의 강한 저항을 받았겠지. 또 실제로 남한에서 이루어진 대단치도 않은 개혁정책조차 그들은 저항했으니까. 다행히도 나는 이 같은 사상적·사회적 현실 속에서 자랐기 때문에 소년시절부터 평등사상과 사회적 해방이 몸에 배어 있었던 것으로 생각해요. 이것이 내가 성장하는 과정에서 훗날 진보적 이념을 갖게 되는 원초적 요인이겠지요.

아버지는 구한말에 신식 교육제도에 따라 평안북도 의주(義州)에 설립된 농림학교를 나왔어요. 당시는 의주가 도청 소재지였어. 평안북도가 주로 삼림·광물 생산지니까 농림학교가 신식교육기관의 첫 학교로 의주에 설립된 것이지. 물론 아버지는 선대로부터 이어지는 가풍에 따라서 한학을 제대로 익힌 분이었어요. 농림학교를 졸업하고는 평북 영림서의 공무원으로 직장생활을 출발하여 해방된 2년 후인 1947년 초반까지 근무하다 이남으로 왔어요.

임헌영 아버님의 형제분이나 친척분들이 많지 않으셨나요?

리영희 형제분이 세 분이었는데 현대식 교육을 받은 사람은 아버지뿐이고, 다른 동기들은 고향에 남아서 주로 농사를 지었어요. 부친은 영림서 산하의 각 지방 산림보호구를 책임 맡아서 전근을 자주 다녀야 했기 때문에 그 후 초산에 돌아가서 부모님과 함께 산 일은 없습니다. 나는 그렇게 자주 전근을 다니는 부친을 따라서 타향 각지에서 살았기 때문에 해방 전까지 부모님의 고향을 찾은 일이 없어요. 열네 살에 국민학교를 졸업하고 경성(서울)으로 유학을 왔기 때문에 해방될 때까지 고향의 친척분들을 별로 만난 일이 없다가, 해방 후 초산의 평창 이씨들이 대거 월남해서 비로소 친척분들을 뵙게 됐지요.

사회주의자 외삼촌과 머슴 문학빈이 끼친 영향

임헌영 선생님 글을 보면 외갓집에 놀러 간 기억이 거의 없으십니다. 그 당시는 외갓집에서 태어나는 경우가 많은데 선생님은 달라 보입니다.

리영희 방금 말한 것처럼 나는 친조부모와 함께 살아본 일이 없고, 외가에서 산 적도 없었어. 외가는 벽동군(碧潼郡)이었는데, 내가 태어났을 때 외조부댁은 이미 풍비박산이 나서 없어진 뒤였어요. 이 이야기를 하자면 1920년대 압록강 유역에 살던 식민지 아래 조선 민족의 그 슬픈 일들로 돌아가야 합니다. 그 이야기는 뒤로 미루고, 먼저 할 얘기가 있어요. 아버지와 어머니의 짝지음은, 당시 초산군 명가인 평창 이씨 가문과 벽동군 제일 부자인 최씨 집안의 정략결혼이라고 말할 수 있지. 앞서 얘기한 것처럼 친가는 압록강 강변 지방에서는 제법 이름난 선비 집안이었지만 경제적으로는 가난했어요. 외가는 벽동군에서 천석꾼으로 알려진 그 지방의 거부였지만, 외조부 최봉학(崔鳳鶴)은 소작농에서 당대에 자수성가한 일자무식이었어. 지체가 높으면서 가난한 평창 이씨와 부자이면서 무식꾼인 최씨가 그 아들과 딸을 엮어, 지체와 돈을 묶는 정략결혼을 한 셈이랄까.

'천석꾼'이라고는 하지만, 남한의 기준에서 말하면 호남평야 같은 쌀농사 위주의 천석일 수는 없고, 그쪽 지방의 지세로 미루어서 절반 정도는 밭농사인 천석꾼이었겠지. 하지만 평안북도의 삭주·창성·초산·벽동·위원 등의 여러 군에서는 '벽동 최부자' 하면 천석꾼으로 이름난 부자였던 것은 틀림없어요. 외할아버지가 소작꾼에서 그런 부를 이루기까지는 피눈물나는 인생이었을 것이오. 흔한 말로 '먹지 않고 쓰지 않고, 오로지 수전노처럼 축적'만 했을 겁니다. 어머니 말씀에, 외할아버지는 그런 부자가 된 뒤에도 논밭을 살피러 집을 나설 때에는 동네 안에서만 짚신을 신고, 동구 밖에 나가면 짚신을 벗어 허리춤에 차고 맨발로 다녔다고 하더라고. 그렇게 해서 천석꾼이 된 외조부는 훗날 압록강을 건너온 독립군의 총에 맞아 비운에 돌아가셨어. 여기에도 일제하 북녘 압록강 유역 조선 민족의 슬픔이 담겨 있지요.

임헌영 지도를 보면 운산에서 북쪽으로 조금 가서 북진이 있고 거기서 한참 북으로 달려야 벽동이 나옵니다.

리영희 압록강변의 지역은 대체로 그런 모양으로 돼 있어요. 어머니의 고향 벽동은 압록강을 사이에 두고 바로 만주를 바라보는 지역이에요. 이곳에 얽힌 어머니 집안의 가슴 아픈 민중사(民衆史)를 얘기해야겠군. 어머니에게는 평생을 두고 '철천지원수'처럼 미워했던 두 사람이 있어요. 하나는 바로 친오빠 최인모이고, 다른 하나는 아버지 최 부자를 가난한 소작농에서 천석꾼으로 만들어주는 데 힘쓰고, 나중에 독립군이 되어 아버지를 총으로 쏘아 죽인 머슴 문학빈입니다.

오빠 최인모는 그 편벽한 지역에서는 아주 드물게 1920년대 초에 일본으로 유학(愛知縣 安城農業學校)을 갔는데, 몇 해 후 고향으로 돌아와서는 난데없이 일종의 농지개혁을 해버린 사람이에요. 외삼촌이 일본에 유학갔던 시기는 일본 현대사의 일대 전환점으로 알려진 이른바 다이쇼(大正, 1912~26) 데모크라시 때였어. 바로 이 시기는 일본사회가 서양의 자유주의·민권사상·민주주의·사회주의·아나키즘·공산주의 등을 받아들여서 정치개혁과 함께, 대다수 농업인구의 혹독한 착취제도를 발판으로 재벌들이 독점 자본주의로 내닫던 때였어요. 게다가 1917년 러시아 무산계급혁명의 사상적 충격이 일본 지식인들과 농민·노동자들 사이에 사회변혁의 시대적 에너지를 촉발한 시기지요. 이에 따라 농민해방운동과 토지개혁, 산업노동자의 프롤레타리아 운동 등은 물론, 공산주의 계급혁명의 기운이 약동하던 때였어요. 외삼촌이 유학하던 안성농업학교는 그 당시 일본에서도 혁신적 사상과 실천적 행동에서 앞서가던 교육기관으로 알려져 있었지.

외삼촌은 바로 이런 정치·사상적 변혁의 세례를 받고 돌아와서는, 자기 아버지가 먹지 않고 쓰지 않고 수전노처럼 모은 농토의 상당부분을 소작인들에게 토지문서와 함께 나눠줘 버렸어. 식민지 조선의 상황에서 몇십 년 앞선 사상을 실천적으로 행동해버린 셈이지. 나의 어머니의 말을 빌리면 그때 그 지방의 지주들이 "정신 나간 놈, 죽여버린다"면서 야단이 났다는 거야. 알 만하지. 나의 어머니는 "아버지가 어떻게 벌어 모은 재산인데 그렇게 하루아침에 날려버릴 수가 있느냐"고, 평생을 두고 오빠를 원망했지요. 나는 어려서부터 외삼촌의 이야기를 감동 깊게 들으며 자랐어.

성장한 뒤에는 어머니가 오빠에 대한 미움을 토해낼 때마다 나는 어머니에게 외삼촌이 얼마나 훌륭한 선각자냐고 칭찬하곤 했어. 이 민족이 그때 필요했던 것이 바로 외삼촌 같은 혁명적인 지식인이었다는 것을 이해시키려 했다고. 하지만 어머니가 그런 차원의 이야기를 이해할 까닭이 없고, 설혹 이해한들 친아버지가 평생 고생해서 모은 재산을 하루아침에 없애버린 데 대한 원한을 씻기란 불가능했을 거요. 외삼촌은 일본에서 돌아왔을 때에는 이미 폐병을 앓고 있었고 자신의 사상과 이념을 실천한 뒤 곧 돌아가셨어. 우리 친척을 통틀어 존경할 만한 인물이 별로 없는데, 나는 오직 이 외삼촌만을 평생 존경해왔어. 어머니를 통해 어려서부터 누차 들었던 외삼촌의 삶이 어쩌면 나의 사상의 원초적 잠재의식으로 자리 잡았는지도 모르겠어요.

임헌영 소련, 중국 등 외지에서 한인 사회주의 운동이 싹튼 게 1918년부터였고, 이들이 국내로 들어오기 시작한 때가 대략 1921년 전후입니다. 여기에다 국내 사회주의 세력까지 겹쳐 확산되던 계급해방운동은 1925년부터 1928년까지 조선공산당이 네 차례에 걸쳐 검거되는 사건을 겪게 되지요. 이런 격변의 사회상을 염두에 두면 외삼촌의 행동을 이해할 수 있을 것 같습니다.

리영희 시대적인 배경으로 말하면 대체로 그렇게 되겠지. 20세기 초반의 '시대정신' 그것이었으니까. 나의 외삼촌뿐 아니라 수많은 일본 유학생들이 그와 같이 시대가 요구하는 인텔리겐치아(사회의식을 지닌 지식인)로서 그 시기를 살아왔으니까요.

나의 어머니의 기억 속에는 또 하나의 사상적 변신(變身)을 이룩한 인물, 그러나 인텔리겐치아가 아니라 일자무식의 머슴이 혁명가로 다시 태어난 사건이 있어요. 그리고 그렇게 변신한 지난날의 머슴에게 그의 상전이었던 내 외할아버지가 총에 맞아 죽는 일을 겪습니다. 조선 민족의 식민지 아래서의 하층·피착취계급이 사회 변혁을 이룩하려는 몸부림을 표상하는 문학빈이라는 인물 얘기입니다.

벽동이 압록강 강변 지역이다 보니까 맞은편 만주땅에서 독립군의 은밀한 행동이 많았어요. 우리는 으레 그들을 '독립단'이라고 불렀지. 11월이면 압록강이 얼어붙어요. 독립단이 걸어서 압록강을 건너와 일본 경찰 주재소나 금융조합, 우편소를 습격해서 일본인 순사들을 죽이고 돈을 빼앗아 만주로 도망가곤 하는 사건이 굉장히 잦았어요. 국내에서 만주로 도피한 애국지사들, 독립군 부대에서 밀파된 사상가들이 은밀히 지방주민을 독립운동가로 교화·포섭했는데, 당연히 하층 계급일수록 우선 공감하게 마련이지. 조선총독부의 통계에 따르면 바로 내가 태어났던 시기에 해당하는 1931년부터 1936년 사이에 독립단이 압록강을 건너온 횟수가 23,928회이고, 그 연인원은 136만 9,027명이나 돼요. 일본측의 이 보고서는 일본군대와 경찰이 독립군에게 빼앗긴 총의 수를 3,179정이라고 기록하고 있어. 그러니 나의 고향인 압록강 유역 평안북도 지역의 반일독립투쟁이 얼마나 격렬했던가를 짐작할 수 있겠지. 그런 분위기 속에서 문학빈이라는 머슴이 어느 날 주인에게 한마디 말도 없이 사라져버렸어. 후에 알고 보니 만주로 건너가 독립군이 되었어요. 그 문학빈은 총을 메고 동지들과 함께 나타나, 지난날 자기 상전이었던 나의 외할아버지를 협박해서 두 번이나 독립자금을 뜯어갔습니다.

  1929년 초겨울, 마침 어머니가 친정에 간 날 밤, 문학빈 패거리가 밤중에 들이닥쳐서 또 다시 독립자금을 내놓으라고 한 거다. 바로 그때에 내가 어머니 뱃속에 있었는데, 어머니가 해산을 하기 위해서 친정으로 갔던 것이야. 어머니가 회고하시길, 보통은 멀리서 발자국 소리만 나도 키우던 송아지만한 도사견 두 마리가 왕왕 사납게 짖곤 했는데, 그날 밤따라 개 짖는 소리도 나지 않았대. 그런데 문학빈과 동지 두 사람이 바람처럼 담을 타고 들어와서 아버지의 가슴에 총을 갖다대더래요. 옆방에서 자고 있던 어머니는 너무 겁이 나서 이불을 뒤집어쓰고 덜덜 떨고만 있었대. 외할아버지가 "독립도 좋지만 내가 어떻게 번 돈인데, 두 번이면 됐지 세 번씩이나 내라고 하느냐?" 하더래. 한참 실랑이가 이어지고, 동이 트려는데도 돈을 안 내놓으니까 갑자기 총을 쏴댄 거야. 어머니가 화닥닥 이불을 던지고 나오니까 외할아버지가 총을 맞아 피를 흘리며 사지를 마구 떨더래. 문학빈과 밖에서 망을 보던 독립군은 이미 바람처럼 사라지고 없더라는 거지. 개가 짖을 사이도 없이 순식간에 벌어진 일이었다고 해요.

그러니까 나의 어머니가 평생에 한을 품은 채 돌아가시게 한 두 인물이, 하나는 전 재산을 날려버린 이른바 신사상에 '잘못 물든' 오빠이고, 또 하나는 머슴 문학빈이지. 이게 인간혁명 아니겠어요? 문학빈은 만주에서 용맹을 떨친 조선독립군의 통의부(統義府)와 정의부(正義府) 사령관 오동진(吳東振, 1889~1930) 장군의 휘하부대에서 아주 용맹을 날렸던 기록이 전해집니다. 그러나 1930년대 중반인가 일본군에 체포되더군요. 불행하게도 전향을 했어요. 온갖 고문을 견뎌내지 못한 탓이겠지. 고생 끝에 머슴에서 독립군 투사로 변신했다가 그 명예에 먹칠을 하고 만 거요. 무지렁이 머슴 출신으로, 혁명가이자 독립투사의 계급적 각성과 사회혁명을 몸으로 실천했던 분이었는데, 참 애석한 일이야.

그러니까 나는 어머니의 뱃속에서 이미 조선의 한 가난한 머슴이 변신하여 그 사상적 혁명을 이룩하고 독립군으로 탈바꿈하는 과정을 목격한 셈이라고 할까! 독일의 심리학자 카를 융의 이론으로 말하면, 이것이 나의 생애에서 내가 의식하지 못한 '의식의 역사'

가 됐다고도 말할 수 있지 않을까. 말하자면 나 자신의 내부에 외가의 불행에 거슬러 올라가는 일종의 정신적 '내면의 원시시대'에서 '무의식의 근거'가 됐다고 할 수 있지 않을까요? 꼭 그렇게 주장하는 것은 아니지만 그런 바탕에서 외삼촌의 선진개혁적인 사상과 정신이 이어지고, 그것이 다시 프로이트적인 심리학으로 말하면 나의 무의식을 형성한 것은 아닌지, 가끔 그런 생각을 해봐요.

임헌영 어머님 얘기를 들으면 소설가 김동인(金東仁, 1900~51)의 첫 부인이 떠오릅니다. 평양 수산물 도매상 집의 딸로 성격이 활달한 서북 기질의 여성이었는데, 김동인과 해로하지 못했지요. 선생님의 어머님과 같다는 게 아니라 한국의 전통적인 여성상이 아니란 점에서 상통하는 듯합니다. 사회적 제도와 경제적 특권에서는 가치 순응적이면서 남존여비 측면에서는 다분히 반골적이지 않습니까. 흥미롭습니다.

마음의 고향 삭주 대관

리영희 그거 재미나는 이야기구만. 처음 들어요. 나의 어머니는 사회적 제도나 문화적 가치와 관련해서는 이야기할 만한 특성이 없는 분입니다. 어머니의 개인적이고 또 인간적인 측면을 말한다면 오히려 결점만이 두드러지는 그런 분이라고 해야겠지요. 어머니는 아버지와의 삶에서 언제나 자기는 '벽동 제일 부자'의 딸로서 어려서부터 머슴들의 등에 업혀 자랐고, 아버지의 땅이 아닌 남의 소유의 땅을 밟아본 일 없이 자랐다는 것을 큰 자랑거리로 삼았어요. 자신은 시집을 때 말 두 필과 발구(눈이 많은 지방에서 무거운 짐을 운반하는 데 쓰이는, 소가 끄는 큰 썰매. 쌀 열 가마 정도를 운반할 수 있다)에 가득히 예단을 싣고, 종을 두 명씩이나 데리고 시집을 왔다는 것이 자랑이었어. 그러면서 언제나 가난한 선비집안 출신인 아버지를 무시하는 듯이 행동하셨지요. 내가 보기에 못 배운 자신의 약점을 부자였다는 것을 가지고 심리적으로 보상받으려 하신 것이 아닌가 생각됩니다. 다만 배우지 못한 대신 어머니의 신체는 아주 건장했고, 성격은 누구에게도 굽히지 않을 정도로 억셌어요. 압록강변의 벽동과 창성의 황소가 워낙 힘이 세고 성질이 억세서, 그런 소를 '벽창우'(碧昌牛)라고 해요. 그래서 그런 유형의 사람을 '벽창호'라고 부르게 된 거 알아요? 우리 어머니가 바로 그런 사람이었다고. 해방 직후 남한에 내려와 시골에 식량을 구하러 다닐 때 쌀 반가마를 지고 이십 리를 쉬지 않고 거뜬히 걸을 만큼 기골이 장대하셨지.

임헌영 아버지께서 북진에서 가까운 삭주군(朔州郡) 외남면(外南面) 대관동(大館洞)으로 전근을 가셨는데, 그때는 가족이 다 가셨습니까? 어머님만 가셨습니까, 누님이나 형님도 가셨습니까?

리영희 형님은 나하고는 열서너 살 터울이 나서, 내가 철들었을 때는 벌써 경성으로 유학을 떠난 뒤였어. 형님은 경성에 올라가 경성법전(京城法專)을 다니다가 일본 메이지(明治)대학에 갔어요. 형님은 부모님이 학비를 대주지 못해 일본 유학을 중도포기하고 돌아왔어. 형님은 끝내 그것이 억울해서 앓아누웠었다고 하더군. 내가 국민학교에 들어가서 형님을 알아볼 즈음에는 결혼해서 같이 산 일이 없어. 큰 누님, 작은 누님하고만 살았지. 대관에서는 동생 명희가 태어났고, 두 누이가 출가한 뒤에는 부모님과 나와 동생, 네 식구가 살았어요.

임헌영 바로 그 시절부터 대관동 추억이 형성되었겠군요. 거기서 유치원에 들어가셨는데, 당시엔 유치원 들어가는 게 굉장히 드문 일 아닙니까? 그 유치원을 장준하(張俊河, 1918~75) 선생의 아버님 장석인(張錫仁) 목사가 세우셨다고 합니다. 자료에 의하면 가난한 집안에서 독학을 했던 장석인 목사는 의주에서 3·1운동 때 제일교회 신도들에게 태극기 제작 배포를 맡았다가 신의주 임시 고용직에서 쫓겨나 아버지 장윤희의 주선으로 삭주군 외남면 청계동으로 피신하게 됩니다. 이런 연유로 장준하 선생도 리 선생님과 동문인 대관국민학교 졸업생이 되겠지요.

리영희 나는 그 사실을 1970년대 초에야 알았어.

임헌영 한반도에서 기독교가 들어와 가장 기세를 떨쳤던 곳이 평안도인데, 그 이유를 1866년 제너럴 셔먼호 사건 이후 팽배했던 반외세 의식의 반작용으로 보기도 합니다. 워낙 반외세 의식이 강한지라 그걸 빙자해서 탐관오리들이 선교사나 기독교도를 등쳐 먹는 수가 늘어나자 외국 영사들의 강력한 항의가 잇따르면서 기독교도를 아예 건드릴 수 없게 되었을 뿐만 아니라 땅을 가진 사람들이 빼앗기지 않으려고 선교사에게 위탁하면서 내 땅만 지켜주면 기독교를 믿겠다는 풍조였다고 합니다.

여기에다 청일전쟁(淸日戰爭, 1894~95)의 혼란 속에서 교회만 치외법권 지대가 되었고, 역사적으로 정6품 정도의 관리 이상은 승진할 수 없었던 지역적 한계도 한몫했습니다. 더구나 평안도는 국제 교역과 상업의 발전으로 사회이동이 활발하게 이루어져 자립적인 중산층이 상당히 두꺼웠다는 등의 조건 때문에 미국 북장로회가 최

유력 선교지로 선정했다는 이야깁니다. 이런 판국에 1907년의 대부흥회가 평양에서 시작되면서 명실공히 기독교의 평안도 지배가 착근(着根)했다고들 보고 있습니다(김상태, 「평안도 기독교 세력과 친미 엘리트의 형성」, 『역사비평』, 1998년 겨울호).

그런데 이상한 건 리 선생님은 평안도 출신이고 월남자로 제가 알고 있는 거의 유일한 비기독교도란 점입니다. 선생님을 뵈면 기독교에 관한 기억도 거의 없으시고 경험이나 그것이 미친 영향도 없어 보입니다. 어째서 그렇습니까?

리영희 우선 '월남자'나 '실향민'의 뜻부터 엄격히 가려야겠군. 나는 해방 이전에 경성에 유학 와서 살았고 그 후에도 줄곧 서울에 살고 있었으니까, 해방 후나 6·25전쟁 발발 이후에 이북에서 내려온 이른바 '피란민' '월남인'은 아니지요. 또 그 개념의 사상·이념이나 그들의 행동양식과도 다릅니다. 내 인생은 시간적으로나 경험·기억상으로나 10분의 8이 남한적입니다. 나보다 서울에서 더 오래 산 사람은 우리 나이 세대는 아주 소수입니다. 서울인구 1천만 중에 해방 이전부터 줄곧 살고 있는 인구는 몇만도 안 될 거요.

조금 전에 임형이 말한 대로 내가 다닌 대관의 유치원은 1970년대 박정희 군사독재자에 대항해서 민주화 언론을 선도했던 장준하 선생의 부친이 1930년대 초에 교회에 붙여서 지은 건물이었어. 장준하는 그러니까 고향의 국민학교 선배가 되고 대관을 남한에서 빛낸 분인데, 나는 그의 동생과 같은 반에 다녔지.

유치원은 붉은 벽돌로 지은 3층짜리 건물로서, 그 시대에 도시를 제외하고는 굉장히 크고 현대적인 건물이었지요. 3층이 예배당이었어. 이렇게 큰 유치원과 예배당을 다녔기 때문에, 당연히 나는 어렸을 때 기독교적인 분위기에서 자랐다고도 할 수 있어요. 아닌 게 아니라 그 지방 주민들의 삼분의 일 정도는 기독교 신자였던 것으로 기억해. 나의 유치원 보모도 기독교인이었고 유치원 분위기도 물론 기독교적이지. 그렇기 때문에 나는 예수교의 예배절차라든가, 찬송가라든가, 성경에 대해 제법 듣고 자랐지. 수십 년이 지난 지금도 성경 구절이나 특히 찬송가는 어렸을 때의 기억으로 웬만한 곡은 따라할 수 있어요.

그렇지만 우리 집안 내력이 유교적이었고, 또 국민학교를 졸업하고 경성에 유학했을 때는 이미 일본 식민지의 막바지이기도 했던 탓에, 기독교적 분위기는 나와 멀어졌지. 더욱이 해방 후에 점령군 미국 군대와 미군정의 뒷받침으로 물밀듯이 남한 사회를 덮어버린 기독교의 정치적 성향과 서양숭배적인 풍조가 나는 극히 못마땅했어. 또 굶주린 사람들에게 밀가루를 주는 대가로 예수교를 선전하는 미국 교회와 남한 교회의 작태에 혐오를 느껴서 완전히 등을 돌리게 됐어요. 나는 마치 아프리카와 라틴아메리카의 원시인에게 빵과 성경을 주는 대가로 원시인들의 땅을 사취(詐取)한 근대 서양기독교의 모습을 보는 것 같았어요.

이승만 대통령 치하에서 이승만정권의 정치적 폭력, '사회적 타락', 약육강식의 인간관계가 심화되는 것을 보면서 더욱 등을 돌리게 됐지요. 대학에 들어가서부터는 점차 무신론 사상, 유물론적 인생관과 세계관을 갖게 되었어. 또 한국사회의 극심한 부패·착취·비인간화와 빈부의 격차 그리고 분단된 민족 간의 평화적 공존의 필요성 등에는 눈을 감고, 광적인 반공주의와 극우의 폭력주의를 옹호하는 한국 기독교에 대해서 나는 반감을 갖게 됐어요. 그와 같은 종교 기피 내지는 반종교적 삶에 이어서, 6·25 당시 군대생활에서 겪은 동족상잔 경험과 그 후 신문기자로서의 직업생활 과정에서 사회개혁의 필요성을 절감하게 됨으로써 종교에 대한 부정적 의식이 더욱 굳어졌어요. 그래서 종교를 통한 개인과 사회의 '구원'이라는 예수교의 은혜를 믿지 않게 된 것이지. 훨씬 훗날, 나도 인생을 산만큼 많은 경험을 하면서, 인간 존재의 심령적 요소와 종교적 신앙관을 다소 이해는 하지만, 그래도 나는 여전히 무신론자이고 종교의 '정신적 아편성'을 인식하고 있어요.

임형이 이북에서 내려온 사람들의 대부분이 기독교 신자인데, 유독 내가 신자가 아니라는 의문을 제기했지. 나는 해방 후 이북에서 내려온 사람들의 사회계층적 소속에 대해 부정적일 뿐만 아니라 그들 개인의 인간적 성실성이나 민족적 양심에 대해 굉장히 회의적이에요. 해방 후 남한의 여러 활동 분야에서 부정돼야 하고 규탄받아야 마땅한 일을 저지른 사람들의 상당 부분이 해방 후 또는 6·25 이후 이북에서 내려온 이들입니다. 그리고 그런 사람들의 거의 전부가 기독교 신자임을 자랑스럽게 내세우는 거예요. 이런 일반적인 부정적 요소와 이북 출신 기독교 신자들의 특수한 행태가 결합된 모습을 보면서 나는 그 집단의 일원이 되길 거부하며 살아왔어요.

특히 남한사회의 역대 폭력정권 아래서 그것을 미화하고 미국의 대한국 정책을 무조건 미화하고 합리화하면서, 이성과 지성을 상실한 광적 반공주의와 극우집단의 폭력체제를 옹호해온 것이 바로 월남 기독교인들이라는 현실을 늘 생각한 겁니다. 이북에서 내려온 실향민들 사회에는, '북진통일'을 해서 북한을 점령하면 자기 출신 도와 군의 행정권을 장악하게 될 'OO도민회'와 그 밑의 'OO군민회'가 조직되어 있어요. 이 종합 행정기구가 '이북오도청'(以北五道廳)인데, 그 조직은 남한의 도와 군의 행정조직과 꼭 같고 많은 기구가 있어요. 그리고 그 많은 기구마다 도지사, 도의회 의장, 군수, 군의회 의장, 면장 등등의 직책이 있지요. 월남민들 1세대와 2세대 가운데는 언제 주어질지도 모르는 이 감투를 쓰기 위해서, 남한의 원주민 사회에서 각급 단위의 'ㅇㅇ지사' 'ㅇㅇ장'의 감투를 쓰기 위한 투쟁에 못지않은 권력 투쟁을 벌였어요. 나는 앞에서 말한 것처럼, 그런 기구의 이념적 본질에도 동의하지 않거니와, 특히 감투를 놓고서 벌이는 각축은 차마 볼 수가 없어. 그래서 나는 첫째 기독교 신자가 아니고, 둘째 월남민이 아니고 또 그것을 자처하거나 그렇게 행세하길 거부하고, 셋째 그런 월남인들의 미국숭배 반평화주의를 일관되게 외면하고 살아왔어요. 더욱이 남한에서의 망국적 지역갈등과 지역대립, 반문화의 극치인 매카시즘적 '색깔시비'를 혐오하기 때문에 그들과 그런 조직은 물론 그것들의 생활문화와도 거리를 두고 살아왔어. 지금도 그래요. 몇 해 안 남았지만 죽는 날까지 그럴 거예요.

수풍발전소 덕에 1930년대에도 전깃불을 켜고

임헌영 시인 김소월이 최후를 맞이한 곳이 구성인데 선생님의 고향과 가깝습니다.

리영희 대관은 옆에 있는 구성군과 합쳐서 '삭주-구성'으로 통칭되어 왔지요. 소월이 일본과 서울에서의 좌절 끝에, 그의 처가가 있는 남시(南市)에 와서 『동아일보』 보급소를 하다가 1934년 아편을 소주에 타서 마시고 세상을 버립니다. 남시는 대관과 시오 리밖에 안 되는 바로 옆면이에요. 대관국민학교와 남시국민학교 사이에 봄과 가을, 일년에 두 차례 대항 운동회를 열었지. 그때 나는 소월을 알 만한 나이가 못 되었지만, 남시국민학교 정문 바로 앞 오른쪽 언덕배기에 있던『동아일보』보급소 앞을 지나 올라가면서 조선인 국민학교 선생이 소월의 삶과 죽음에 관해서 얘기해주던 것을 기억합니다.

소월은 좌절 끝에 낙담에 빠져 22세 때인 1924년 무렵부터, 이 처갓집 부근으로 이사해 살았는데, 이곳이 유명한 그의 시「삭주 구성(龜城)」의 현장이에요. "물로 사흘 배 사흘 / 먼 삼천 리 / 더더구나 걸어 넘는 먼 삼천 리 / 삭주구성은 산을 넘은 삼천 리요. / …… 삭주 구성은 산 넘어 / 먼 육천 리 / 가끔가끔 꿈에는 사오천 리 / 가다 오다 돌아오는 길이겠지요. / ……" 아마 이 시를 기억하는 분들은 이 지역을 편벽한 산골로 착각하겠지만 그렇지 않습니다. 서울을 향해서 핀 해바라기처럼, 마음은 문화적 향수에 젖어 살면서 몸은 평안도 시골과 뗄 수 없었기에 소월의 심정으로는 그렇게 느껴졌을 수도 있겠지요.

하지만 삭주-구성은 금광이 워낙 많아서 비교적 살 만한 곳이었어요. 게다가 특이하게도 대관은 다른 지방에 비해 생활수준이 높았지. 소학교 4학년 때인 1939년에 당시 세계에서 두 번째로 큰 수풍댐 발전소를 건설하기 위해 정삭선(定朔線)이 개통되고, 수풍발전소가 완성되자 면의 가정마다 전기가 들어왔어. 그뿐만 아니라 남한사람들은 놀라겠지만 지방의 면인데도 전화가 들어와서, 조금 잘 사는 가정은 전화까지 놓았다고!

임헌영 일제가 대륙침략을 위해 강제노역을 동원해 건설한 경의

선이 1905년에, 압록강 철교가 1911년에 개통됐습니다. 그리고 정주에서 삭주까지의 평북선이 분명히 나와 있는데 그게 아마 선생님께서 말씀하시는 그 철도 같습니다. 이렇게 철도를 완성시킨 일제는 수력발전 관련회사 노구치(野口遵) 계열을 내세워 장진강·부전강 수력발전소를 완공(각각 1931, 1929년)하고 그 여세를 몰아 괴뢰국 만주와 합자로 삭주군 수풍리에 발전소를 착공한 것이 1937년이고 1941년에 송전을 시작합니다. 1944년에는 10만 킬로와트 총 7기 중 6기가 완성되어 중국과 반으로 나누어 사용하게 됐습니다.

이럴 때 문학인들은 뭘 했을까요? 장진·부전 발전공사가 끝나자 이곳은 명승지가 됐답니다. 그러니 이광수(李光洙, 1892~1950) 같은 유명 문사께서 구경하러 가지 않을 수 없었겠지요. 모윤숙의 회고록에 의하면, 춘원은 그 관광길에서 영마루의 구름처럼 잡을 수 없다는 뜻의 영운(嶺雲)이란 자신의 아호를 지어줬답니다.

리영희 아까 말한 것처럼 내가 소학교 2학년이던 1937년경 압록강의 수풍에 거대한 수력발전소 건설이 시작되고, 1939년에는 평안북도 정주(定州, 평안도에서는 '덩주'라고 발음한다)에서 수풍까지 이백 리 가까운 철도가 건설됐지. 그 당시 일본의 조선 식민지 수탈을 위한 산업정책은, 조선의 남쪽은 농사를 위주로 하고 북쪽은 광·공·임업을 위주로 하는 정책이었어요. 이 차이는 해방 후의 남한과 북한의 차이를 이해하기 위해 중요한 사실인식이에요. 그리고 일본의 만주 공업화정책을 위해서도 조선과 만주 양쪽에 공급할 막대한 전력이 필요했던 거지. 그래서 일본의 건설재벌인 노구치가 수풍발전소와 철도 건설을 맡게 된 거요.

이 철도가 부설되어 대관에 들어온 어느 날, 나와 함께 많은 소학생들이 학과가 끝나자 책 보따리를 메고 기차를 구경하러 달려갔지. 그런데 건설자재 차량를 끌고 온 석탄기관차가 우리 어린 것들 앞을 지나가며 갑자기 증기를 뿜아내면서 '삐이익!' 하고 그냥 하늘이 찢어지는 듯한 소리를 내더라고. 무시무시하게 크고 시커먼 기관차를 처음 보고 또 그 천지가 진동하는 것 같은 소리를 바로 귓전에서 처음 들은 우리 어린 것들은 그만 혼비백산했지. 놀라서 그 자리에 나자빠지는 애들도 있었다고. 하하하! 65년 전의 나와 대관학교 동무들의 모습이 눈앞에 떠오르는군!

수풍발전소는 66만 킬로와트의 전력발전을 위하는, 당시에는 세계에서 두 번째로 큰 규모였어요. 제일 큰 것은 소련에 있었어. 루스벨트 대통령이 대공황 극복을 위한 토목 사업으로 테네시 밸리에 건설한 미국 최대의 수력발전소 후버댐보다 더 크고 앞서 있었어요. 일본인들의 배포가 보통이 아니었던 것을 알 수 있지 않아?

66만 킬로와트의 발전을 위해서 11만 킬로와트 출력의 독일 지멘스 회사제 수력발전기 6대를 설치할 계획이었지. 댐 건설은 일본인들의 기술 수준으로 문제가 없었지만, 그런 세계 최대 규모의 발전기는 일본 기술로는 아직 어려웠어요. 그런데 1939년 독일제 발전기 4대까지 소련의 시베리아 철도를 통해 운반·설치한 단계에서, 히틀러가 제2차 세계대전을 일으켜 소련이 시베리아 철도를 봉쇄하는 바람에 나머지 2대는 어쩔 수 없이 일본 기술로 제작해 6대를 설치하게 된 것이에요.

그처럼 공업과 임업, 광업의 엄청난 개발이 이루어졌기 때문에 1930년대 중반에 대관에 전기가 들어오고, 또 잘사는 사람들은 전화까지 놓게 되었지. 남한에서 1960년대에 이르러서야 박정희 대통령이 북한사회 공업의 발전상에 놀라 부랴부랴 남한의 농촌개발정책 '새마을운동'을 시작했어. 그제야 겨우 면 단위에 전깃불이 들어오기 시작했어. 이것과 비교하면 북한, 특히 나의 고향은 30년이나 앞섰다고 할 수 있겠지. 이런 사실을 남한 사람들은 전혀 모른다고. 지금 남한 사람들은 마치 북한이 예부터 남한보다 못산 줄로 착각하는데, 사실은 반대지.

혼자서 떠난 경성 유학길

임헌영 소학생 때 학업이 우수하여 늘 1, 2등을 다퉜지만 반장은 한 번도 안 하셨다는 글을 읽었습니다.

리영희 남한이나 이북이나 작은 시골에서는 흔히 천재가 났다느니 수재가 났다느니 하는 말이 있잖아요. 알고 보면 누구나 '수재'인데 말이야. 늘 1, 2등을 한 것은 사실이야. 나의 학교 성적은, 조금 낯간지럽기는 하지만 대관 국민학교가 생긴 이래 가장 뛰어난 몇몇 수재 가운데 하나라는 평이었어. 그런데 바로 이런 사실 때문에 아마도 나의 성격이 나이에 어울리지 않게 교만해지지 않았을까 하는 생각이 들어요. 아니면, 나의 인간적 결점 때문일까, 모가 났던 모양이라. 그래서 선생님한테 두루 사랑받는 학생이 못 되고, 성적의 서열과 관계없이 한 번도 급장을 해보지 못했어. 안 한 것이 아니고 못 했어요. 하하하!

우리 국민학교는 내가 입학할 때에는 나무판자로 지은 식민지 조선의 규격화된 교사가 아니고, 백 계단 이상의 돌계단 위에 산을 배경으로 지어진 옛날 향교 건물이었어요. 사실인지 모르겠지만 당시

들은 얘기로는, 그 향교의 기둥들이 모두 싸리나무라고 하더라구. 1학년의 우리 어린 것들이 둘이서 맞잡을 만큼 굵었고, 낡고 아래위로 홈이 팬 그런 기둥이었지. 아주 우람한 향교 건물이었어요. 2학년을 마치고 나자, 일본이 조선문화 말살정책으로 아까운 향교를 다 헐어버리고 그 자리에 아주 볼품없는 식민지 소학교의 규격화된 판자건물을 지었어요. 아마 그 일본인들의 행동을 비방하는 마음에서 나왔겠지만, 그 향교를 허물 때 마룻바닥에서 둘레가 한 자가 넘는 구렁이가 나와서 뒷산으로 사라졌다고 어른들 사이에 말들이 있었어요.

그리고 국민학교를 지으면서 학교로 올라오는 언덕 중턱에 일본의 천황숭배 종교인 신사를 지었어. 그때부터 우리는 일주일에 한 번씩 신사참배를 강요당했지. 그런데 남한에 내려와보니까 일제 때인데도 여러 곳에 향교가 그대로 남아 있더라고. 왜 북쪽에서는 헐고 남쪽에서는 묵인했는지 지금도 잘 모르겠어요.

임헌영 제 고향 경북 의성의 경우에는 일본이 향교를 없애고 학교를 짓지는 않았습니다. 별도로 터전을 잡아서 지었지요. 물론 그런 예가 전혀 없진 않겠지만 대개는 별도로 터를 닦아 짓거나 역사적인 유적지 같은 걸 깔아뭉개고 짓기도 했습니다. 제가 보기에는 평안도 쪽이 유교 세력보다는 기독교 세력이나 개화 세력이 강해서 그렇지 않았을까 싶습니다. 어떤 면에서는 기독교와 일본이 향교 말살책에서는 일치한 거겠지요.

리영희 옳지. 그럴 수 있겠지! 이북에는 조선왕조시대의 확고하고 강력한 국가권력제도와 사회·경제·학문·문화적 유산과 전통이 별로 없잖아요. 그러니까 분명 큰 반대나 저항 없이 헐어버렸을 거라고 생각할 수 있겠군!

임헌영 동학농민전쟁 당시 동학교도들을 처벌하는 데 가장 많이 도움을 준 것이 기독교 세력이었다고 합니다. 일제가 농토를 막 빼앗는데 선교사들의 명의로 소유권을 옮겨놓으면 빼앗지 못했답니다.

리영희 그랬겠지. 1910년 합방을 하고 입지를 굳혀나가는 데는 시간이 많이 걸렸잖아요. 과도기적인 조선 사회에 기독교가 유입되어 사회·문화·경제 모든 면에서 변화를 일으켰지요. 서양의 선교사 세력이 1905년부터 3·1운동이 발생하던 기간에는 오히려 관리보다 막강했으니까. 내가 네 살까지 살던 북진에서의 기억이 나는데, 아버지가 월급을 받는 날이면 언제나 어머니가 내 손을 잡고 우편소에 저금을 하러 갔지. 그 길목에 병원이 있었어요. 그 병원의 의사가 지금도 기억이 나요. 어머니 말이 그 이름이 미스터 파워라고 하더구만. 그의 키가 아주 크고 몸집이 거대해서, 어린 나의 마음에 굉장히 겁을 먹은 생각이 난다고. 그런데 그때에는 금광산에 근무하는 서양인들이 크게 위세를 부리던 때지요. 나의 두 누님은 이 북진국민학교를 다녔는데, 그때의 선생이 해방 후 한국의 여성 고시 합격자 제1호로, 가정법률상담소를 창립해서 여성권리 운동의 대모가 된 이태영 여사요.

임헌영 소학교 졸업 후 신의주사범학교와 경성공립공업학교 두 군데 모두 합격하셨지요. 참 이상한 것이 선생님 같은 집안에서 재능을 인정받으려면 십중팔구 신의주 사범학교로 가셨을 텐데, 경성공립공업학교를 선택하셨어요. 선생님의 특별한 의사가 있었습니까, 아니면 아버님의 판단에 따른 건가요?

리영희 장래에 대한 나 자신의 선택권은 없었고, 아버지와 6학년 담당 일본인 교사가 의논해서 정했다고 생각해요. 사실 지금처럼 모든 정보 시스템이 발달해서 유치원 때부터 아이들이 컴퓨터니 인터넷이니 또는 과외니 하는 그런 시대가 아니었지. 오로지 학교 수업밖에 없는 시대인 데다가, 시골이었으니까 그저 6학년 담당 교사와 아버지가 상의해서 결정했을 거요. 그 당시에는 다 그랬지.

그 당시에 평안북도에서는 신의주에 있는 동(東)중학교가 조선인 학생들이 가는 제일 엘리트 중학이었어요. 물론 내가 동중학교에 시험을 쳤더라면 합격했겠지만.

임헌영 서울, 아니 그땐 경성(京城)이지요? 경성으로 시험 치러 혼자 오셨습니까?

리영희 혼자서 갔지. 당시에 대관에서 기차를 타고, 정주역에서 경의선으로 갈아타고 14세의 소년이 혼자서 경성까지 시험을 치러 간다는 것은, 어쩌면 지금으로 말하면 그 나이에 혼자서 런던이나 파리나 뉴욕에 가는 것보다 어려운 거요. 우리 학급에서 신의주나 평양에 있는 중학교에는 제법 갔지만 경성에 있는 '공립 5학년제 갑종(甲種) 중학교'에 유학한다는 것은 대관에서도 흔한 일이 아니었고, 그해에는 나 혼자뿐이었지. 조선인 청소년의 교육배경을 이야기 하려면, 먼저 일제시대의 교육제도에 대해서 대충 알아야 해.

경성공립공업학교는 이른바 내선공학이라고 해서 한 반에 일본인 30명, 조선인 10명 정도로 입학했지요. 일본 학생들로서는 비교적 쉽지만 조선인 학생으로서는 굉장히 어려웠지. 일제시대 식민지 조선의 학교제도는 일본인 중학교, 내선공학, 조선인 중학교의 구별이 있었고 그 중학교들에는 등급이 있었어요. 맨 위가 천황이 임명하는 교장, 즉 칙임관(勅任官) 교장이 있는 중학교, 다음이 조선

1942년 4월 일제치하의 중학교 입학식 사진. 앞줄 오른쪽에서 네 번째가 본인이다.

총독이 임명하는 고등관 교장의 중학교, 그리고 주로 조선인 사립 중학교로 구분됐어요. 조선에는 경성공립중학, 경성사범학교 그리고 경성공립공업학교, 이 세 학교가 칙임관 중학교였어요. 아마도 내가 여기에 가게 된 것은, 자기 학교 졸업생이 신의주나 평양이 아니고 경성에 가서 그것도 칙임관 교장 중학교에 들어갈 수 있다는, 대관국민학교의 교장과 6학년 담당 일본인 교사의 자기 자랑과 자부심 때문이었던 것 같아.

식민지 조선의 중학교 학제는 두 가지 등급으로 구분됐는데, 갑종 중학교와 을종(乙種) 학교예요. 갑종은 5학년제이고 을종은 '학원'으로서 2학년제였어. 그러니까 경성에 있는 칙임관 교장의 갑종 중학교라는 것은 당시에는 조선 전역에서 매우 드물었기 때문에 굉장히 높은 권위를 인정받았던 거지. 전쟁 말기에는 모든 중학교의 정장이었던 둥근 모자를 보기도 흉한 일본 육군의 전투모자로 바꾸었는데, 유독 나의 중학교와 같은 칙임관 교장의 세 학교(경성사범, 경성중학, 경성공업)만은 끝까지 둥근 모자가 허용되었어. 그래서 나는 해방될 때까지 '마루보오'(環帽)를 썼는데 다른 중학교 학생들의 선망의 대상이었어.

당시는 일본이 만주와 중국, 동남아로 막 뻗어나가고 있었을 때요. 아버지는 어차피 시골 하급공무원의 보잘것없는 재력으로는 나를 대학에 보내기 어려우니까 그런 선택을 했을지도 모르지. 아버지가 좀더 큰물에서 사셨다면 칙임관 교장 학교가 아니더라도 조선인 사립 갑종 중학교에 보내서 아들의 장래를 다르게 생각하셨을 텐데, 그때만 해도 대부분의 조선인들은 곧 해방될 것이라고 생각하지 못했던 거요.

임헌영 평안도 기독교 문화권에서 미국과 일본으로 유학간 학생들의 전공 통계를 낸 논문을 보면, 평안도 분들은 대부분 이공계 아니면 경상계였습니다. 인문계는 거의 남쪽 지역 출신이었답니다. 조선왕조 500년의 지역적 특성이랄까 그런 요인도 있을 테고, 기독교가 먼저 들어가서 자본주의적인 실용 문화가 빨리 수용되지 않았을까 합니다. 그 학교 위치가 문학평론가 김병걸(金炳傑) 선생이 재직했던 경기공전(京畿工專)이 있던 곳입니까?

리영희 아니지. 마포에 있는 경기공전은 일제시대에는 '을종 2년제'의 경성직업학교였어요. 그 밖에 서울에는 여러 가지 직업기술과 농업 등의 조선인 학생 전수기관으로서의 을종 2년제 학교와 학원이 많았습니다. 그것들이 해방 이후에 중학교 또는 전문학교로 만들어진 것이에요. 5학년제의 갑종 중학교와 2학년제 을종 학교의 격은 전혀 비교가 안 될 만큼 다른 위상이었어요.

임헌영 무슨 과를 다니셨습니까?

리영희 전기과였지. 갑종 중학 실업학교는 지금의 중학교와 고등학교를 합친 교과체계였어. 우리 학교를 나오면 3종 전기사 자격증을, 고등공업학교 졸업생은 2종, 그리고 경성제국대학 이공학부와 일본의 대학 공학부 졸업생은 1종 자격증을 받는 것이지. 경성공립공업학교-경성고등공업학교-경성제국대학 이공학부, 이것이 조선에서의 공업계통 교육체계였어. 물론 입학시험의 기회는 누구에게나 열려 있었어.

일본인도 존경한 김경탁·이휘재 선생

임헌영 당시의 살벌했을 것 같은 군국주의 분위기에서도 인상 깊은 교사로 한문담당 김경탁(金敬琢) 선생 이야기를 하신 적이 있는데, 그 당시에 한문의 비중이 컸습니까?

리영희 먼저 학과목 배열을 한번 봅시다. 그래야 일제시대의 중학교 교과내용을 짐작할 수 있을 테니까. 학과 배열은 다른 갑종 5학년 인문중학교와는 조금 달리 3학년까지는 인문중학교와 동일하고, 그 후부터는 거의 전적으로 전공과목으로 바뀝니다. 인문계통 과목으로는 수신(修身 또는 倫理, 公民)·국어(일본어)·역사·영어·지리·한문·중국어·물리·화학·대수(수학)·기하·박물(식물, 동물, 광물)·서도(서예)·음악·체조(체육)의 15과목이 기본이고 그밖에 유도와 검도가 한 시간씩 있었어요. 따로 군사교련이 두 시간인데, 우리 학교는 격이 높았기 때문에 교관 단장이 대좌(대령)였어. 다른 중학교들은 중좌(중령)가 단장이었어요. 이렇게 해서 일주일에 40시간 수업인데, 이런 일반과목들이 약 30시간이고 나머지 시간은 전공예비과목, 즉 용기화(用器畵), 제도 등이었어요. 4, 5학년에 올라가면 인문과목은 10시간 이내로 줄고 대부분이 전기학 전공과목으로 바뀌지요.

당시 중학교의 국어(일본어)교육은, 일본의 고문학까지 가는 수준이었기 때문에 일본인 지식인들과 거의 구별할 수 없을 정도로 일본어의 읽기·쓰기·말하기가 완벽했어. 이것이 나의 일본어 실력의 기초가 되었어. 해방 후, 국내에서는 우리말로 쓰인 고급 학술서와 교양서적이 전무했기 때문에 자연히 일본어 서적에 의존했고, 또 국제관계의 연구를 위해서 많은 일본어 논문이나 자료·서적들을 섭렵한 까닭에 지금도 나의 일본어는 우리말과 거의 다름없습니다.

태평양전쟁이 격화된 3학년 말부터는 영어가 적성국(敵性國) 언어라는 이유로 폐지되고, 그 대신 중국어가 1시간이 늘었던 것 같아. 중국 대륙 진출을 위한 중견 기술자 양성정책의 표현이었겠지. 전쟁이라는 사생결단을 하기 위해서는, 전쟁 상대의 언어와 문물을 더 깊이, 더 넓게 알아야 하지 않겠어요? 그런데 워낙 편협한 국수주의적인 육군이 지배하는 일본정부이다 보니, 미국이나 영국과 관련된 것은 언어뿐만 아니라 그들의 과학기술, 문화 등 모든 것을 배척했어요. 완전히 현대판 '분서갱유' 정책이었지. 이런 세계관을 가지고서야 전쟁에서 이길 수 있겠어? 각 학교에서 오히려 미국과 영국에 관한 더 많은 지식을 학습해도 이길까 말까 한데, 선진적인 미·영·유럽의 모든 것을 자기 국민의 머릿속에서 몰아내려 했으니

전쟁에 이길 수가 있겠느냐 말이오. 이런 문화적 편협성은 우리 남한 사회가 해방부터 현재까지 이어지는 광적인 반공주의와 극우 폐쇄사상의 결과로 얼마나 많은 문명적·문화적 후퇴를 겪어야 했던가 하는 사회 경험의 본보기가 되지요. 공산주의국가들도 지식·사상·문물의 차원에서 마찬가지였지. 사상적 자폐증은 곧 자살이오. 공산주의나 반공주의나 다 '자살주의'임에는 다름이 없어요.

당시 교육제도에서 알아야 할 것은, 남자 갑종 중학은 5년제이고 여자 갑종 중학은 고등여학교(고녀)라고 해서 4년제였어요. 당시의 갑종 5년제 중학생이 아마도 조선 전체에서 많아야 3만 명이 안 됐을 테니까, 지금 우리나라 4년제 대학교 학생이 백수십만이나 되는 것에 비교하면 굉장한 엘리트였어요. 그래서 중학생들이 웬만한 일탈 행동을 하거나 심한 장난을 해도 일본 경찰조차 "각세이상다까라"(학생님이니까)라고, 우리말의 '님'에 해당하는 존칭 '상'을 붙여서 부르면서 그냥 넘어갔습니다. 재미있지 않아요? 일제시대 갑종 중학생의 사회문화적 지위나 평가가 얼마나 높았는지를 알 수 있겠지요.

그때 각별히 기억에 남는 두 분의 조선인 교사가 있습니다. 한 분은 김경탁 선생이고, 다른 한 분은 이휘재(李徽載) 선생이에요. 김경탁 선생은 해방 후 고려대학교에서 한문학 교수로 계셨지요. 김경탁 선생은 이미 우리를 가르치던 일제시대에 현대식 한중사전을 편찬·출판한 분이에요. 그때는 조선말과 중국말의 사전으로는 이것이 유일한 것이었어. 굉장히 학구적인 선비형이었지. 이휘재 선생은 박물과(博物科) 담임이었는데, 해방 후 곧 서울대학교 교수가 되어 농대 학장을 하신 분입니다. 김경탁 선생의 왜소한 체구와 달리, 이휘재 선생은 거인이라 할 수 있을 만큼 우람한 체구였어요. 걷는 것도 어슬렁어슬렁, 위엄을 갖춘 풍채였습니다. 우리는 '하마'(물소)라는 별명으로 불렀지.

두 분 다 그 험악했던 전쟁 말기까지 창씨개명을 안 하셨어요. 당시에 창씨개명을 안 하고 일본천황 임명 교장의 학교 교사로 버틴다는 것이 일제에 항거한다는 사상의 소유자로 해석될 수 있었던 것을 생각하면 대단한 어른들이었지요. 교장은 일본인으로 베를린 공과대학 출신의 박사였습니다. '칙임관' 교장도 복도에서 이휘재 선생이나 김경탁 선생을 마주칠 때면 길을 비켜줄 정도로 두 분은 일본인 교사들에게서도 존경받는 인격자였지. 두 선생님은 약 30명의 일본인 교사는 물론, 모두가 창씨개명을 한 20여 명의 조선인 정교사들 가운데서 단연 군계일학(群鷄一鶴)이 아닌 군계이학(群鷄二鶴)의 존재였어요. 그래서 김경탁 선생은 일본어로 '깅게이다꾸' 선생으로, 이휘재 선생은 '리끼사이' 선생으로 통했어요.

나는 이런 훌륭한 두 분의 조선인 선생에게서 소년시절에 가르침을 받았다는 것을 큰 자랑으로 생각합니다. 그분들의 인격과 학풍에서 많은 영향을 받았으니까.

임헌영 그때도 성적이 좋으셨습니까?

리영희 성적은 좋은 편이었지. 나뿐 아니라 조선인 학생들은 모두가 굉장히 심한 경쟁을 뚫고 높은 성적으로 입학했기 때문에, 학과성적의 상위권은 거의 조선인 학생들이 차지했거든. 그렇지만 중학교에서 나는 1, 2등은 하지 못했어. 시골 국민학교의 수재라는 것이 큰물에 나오니까 별거 아니더군. 하하하! 모두가 나보다 수재더라고. 그 수재들 중에서도 아주 뛰어난 이로, 해방 후 서울대학교

당시 중학생에게는 사치품이었던 손목시계를 보이기 위해 포즈를 취한 치기 어린 16세 소년(1944년 중학교 3학년).

사회학과를 나와 한국 사회학 분야의 제1세대 학자가 된 고영복(高永復)이 있어요. 나와 같은 학년으로 화학과 학생이었던 그는 3학년 때 이미 고등학교 교과서를 가지고 혼자 공부하고 있었지. 흑석동에 있는 어두컴컴한 하숙방에서 매일 책만 보기 때문에 언제나 얼굴이 하얗게 핏기가 없어 보였어. 가끔 놀러 가면, 당시 나로서는 이해할 수 없는 전문학교 또는 대학 수준의 책을 너무 많이 올려쌓아 책상다리 하나가 부러진 것을 새끼줄로 아무렇게나 동여매고는 공부에 열중하고 있었어요. 결국은 화학자가 되질 않고 해방 후 사회학자가 되더군. 나의 인생항로도 마찬가지지 뭐. 식민지하의 공부를 해방 후에도 그대로 연장시킨 사람은 드물어요. 삶의 천지가 확 바뀌고 넓어졌으니까.

중학교 때 세계문학전집 읽어

임헌영 선생님, 좀 다른 얘기인지 모르겠지만 식민지 교육이라는 문제는 빼고, 교육의 사회적 영향력이나 교육자에 대한 국민적 대우에 관해 좀 들려주십시오. 이병주(李炳注) 선생의 대하소설 『지리산』에는 주인공 박태영이 고리키 수필집을 읽었다는 이유로 경찰에 연행당했을 때 하라다(原田)란 교장이 경찰서장에게 요청해 석방시켜주는 장면이 나옵니다. 그 교장은 학생운동을 동정하다가 결국 권고사직을 당하고, 이 소식을 들은 제자와 학부형들이 모금하여 중국 지린(吉林)에다 조선인 중학을 설립해서 초대 교장으로 모셔갔다는 감동적인 이야기가 있습니다. 일제시대에 학창시절을 보낸 작가들의 작품 속에는 악질적인 일본인 교사에 못지않게 이런 교사들이 등장하는데, 선생님께서도 그런 교육자상을 체험하셨습니까?

리영희 다이쇼시대에 학교를 다닌 일본인 교사들 중에는 자유주의적·진보적 사상, 심지어 사회주의나 공산주의 이념의 세례를 받은 분들이 많았어요. 그 일본인 교사도 그런 분이었겠지요. 이병주씨는 나보다 10년 가까이 연상이에요. 또 나의 중학교 시절은 이병주의 시기보다 늦은 일제 말기에 더 가까웠기 때문에, 그러한 민족을 초월한 이념적 우정이 공개적으로 표출되기는 어려웠지. 그러나 시국문제와 이념문제를 제외한 학교 안팎의 일상생활에서는 일본인 교사들 중에도 민족차별 의식을 표출하지 않는 교사가 적지 않았어요. 흔히 해방 후 세대가 선입관을 가지고 단정하듯, 일본인이라고 하나같이 '악질'이었던 것은 아니에요. 어쨌든 당시의 중학교 선생이라면 지금의 대학교수보다 훨씬 높은 직업적·사회적·문화적 그리고 심지어 인격적인 대우를 받았던 것이 사실이니까.

우리 중학생이야 그렇지 않았지만, 전문학교, 대학 예과, 일본의 고등학교에 들어가면 곧바로 학생들은 이른바 '데칸쇼'가 됩니다. 그 친구들은 그때부터는 사실상 '구름 위의 존재'로 취급받았지. 그 친구들은 일부러 누더기 같은 옷을 입고, 뭐든지 누추하게, 뭐든지 비정상적인 행태를 하며 야생적으로, 마치 유아독존격으로 행세했습니다. 세상에 거리낌이 없는 호연지기의 표현이었지.

그리스를 발라서 번질번질해진 사각모자를 쓰고, 허리에는 간장이나 된장 통에서 꺼낸 것같이 때에 전 누런 수건을 차고, 그것을 땅바닥에 질질 끌다시피 하면서 맨발에 '게다'(일본의 나막신)를 덜거덕덜거덕거리며 경성 시내를 누비고 다녔어. 머리카락은 멋대로 자라서 흩어진 꼴인 데다, 옷이 남루하기 이를 데 없지. 고등학생의 얼굴이 깨끗하거나 요새 대학생들처럼 멋을 부리면 사내로 쳐주지도 않았어! 그런 학생은 오히려 '기생오라비'라고 아주 멸시했지. 어떻든, 그 시대는 호연지기가 청년학생들의 진면목으로 여겨졌던 시대였어요. 그런 모양으로 경성 시내를 활보하다가 고반쇼(지금의 경찰관 파출소) 앞에서 오줌을 갈기고 그랬어. 만용이지. 객기를 부린 거야. 그래도 사람들은 그들을 선망의 눈으로 바라보았던 거라. 참말로 '학생의 천국'이라고 할 수 있던 시기였지. 워낙 학생이 희소가치가 있던 존재였으니까!

임헌영 어떻게 보면 그때 군국주의가 청소년들에게 영웅주의를 길러준 것으로 분석할 수도 있지 않을까요? 군국주의가 은연중 그들을 부추겼다고는 생각지 않으세요?

리영희 그렇지만은 않을 거야. 영웅주의보다는 호연지기(浩然之

氣)를 부추겼다고 하는 게 진실에 더 가까울 거요. 군국주의와는 직접 관계가 없다고 봐요. 오히려 군국주의가 강화되고 극성을 부리게 되면서 그런 풍조가 배척되고 단속이 심해졌으니까. 역시 인재를 소중히 여길 줄 알았던 메이지(明治) 유신과 다이쇼(大正) 데모크라시부터 시작해서 1930년대 중반까지의 시기에 일본사회를 풍미했던 남자숭배 또는 지식인의 지도자적 훈육 풍토였다고 말할 수 있지 않을까?

임헌영 서장고원(西藏高原, 티베트)에서 오줌을 누면 고비사막(몽골)에 무지개가 선다는 식 말입니까?

리영희 그래요, 당시 학생들은 호기(豪氣)나 호연지기라고 해서, '티베트고원에서 오줌을 갈기면, 멀리 고비사막에 무지개가 선다'는 따위의 노래를 고창했지요. 그러고는 '데칸쇼, 데칸쇼……'를 후렴으로 반복하면서, 남루한 차림으로 두 발을 쾅쾅 번갈아 땅을 걸어차는 시늉을 하지. '데칸쇼'라는 것은 철학자 데카르트, 칸트, 쇼펜하우어의 머리글자를 따서 연결시킨 거요. 일본은 한학 전통이 깊은 데다 근대 고등학교에서 한학과 서양철학을 비롯한 인문사상 교육을 중시했기 때문에 철학과 문학의 교양 수준이 굉장히 높았습니다.

임헌영 대륙침략을 위한 사상무장 아닙니까? 언젠가 서정주(徐廷柱, 1915~2000) 선생에게 그 노래를 들었던 기억이 납니다. 경성제대 학생들이 그 노래를 부르며 거리를 휩쓰는 것을 선망의 눈으로 봤다면서.

리영희 '사상무장'이라기보다는 일본사회의 남자숭상 전통의 한 표현이라고 해석함이 옳겠지. 남자의 그런 기풍을 그들은 '밤뿌'(蠻風)라 칭했어. 얌전하거나 기생오라비 같은 남자를 멸시하면서 야성(野性)을 숭상했지. 여학생들도 그런 남학생을 좋아했고. 본격적인 대륙침략은 1920년대부터인데 학생사회의 그런 기풍은 메이지 시대부터 일관된 풍조니까 대륙침략을 위한 사상무장이라고만은 할 수 없겠지. 나중에 와서는 그런 정책적 의도가 전혀 없지는 않았겠지만, 그런 풍조는 일본인 학생들에게만 허용됐거나 그들만이 누렸던 것이 아니라, 조선인 학생들도 원한다면 마찬가지로 그런 특권(?)을 누릴 수 있었으니까. 다만 조선인 학생들에겐 어울리지 않았을 뿐이지.

중학교에서도 한문교육이 강했어. 나도 당시(唐詩) 같은 것을 제법 읽었거든. 상당히 수준이 높았지. 어쩌면 호연지기라는 것도 한시의 영향이라고 볼 수 있어요. 메이지유신까지 거슬러 올라가서, 일본 청년들이 사회와 국가의 운명을 어깨에 지고 나간다는, 야심만만한 남아로 태어나 멸사봉공한다는, 시대정신의 표현이 아니었을까? 그렇게도 볼 수 있지. 오히려 전쟁 시기에는 그런 기풍은 배척되고 온통 군대식이 되어버렸어. 그때에는 조선인 고등교육의 경우 보성전문(지금의 고려대학교)은 '경성척식경제전문학교'로, 연희전문(해방 후의 연희대학, 그 후 세브란스 의학전문학교와 합병해 지금의 연세대학교가 됨)은 '공업경영전문학교'로, 그리고 일본인들이 무슨 의도에서인지 모르지만 이화여전(이화여대)과 숙명여전(숙명여대)은 망측하게도 '농업지도원 양성소'로 이름을 바꿨어. 그렇게 해서 조선인 고등교육의 기능을 박탈해버린 거지. 그래서 학생들의 호연지기라는 것도 전쟁기에는 찾아볼 수 없게 돼요.

임헌영 선생님의 그 무렵 독서편력은 특이한 것으로 알려져 있습니다. 해양대학 때 영시를 많이 읽었다고 하셨습니다. 중학교 시절의 독서는 어땠습니까?

리영희 특이하다고 할 것은 못 돼요. 중학교 시절에는 웬만한 중학생들이 그렇듯 일본어를 거의 완전히 마스터했으니까, 주로 일본 소설과 시 등을 읽었고, 일본어 번역판 세계문학전집을 제법 많이 읽었지요. 『삼국지』를 비롯한 중국 고대소설과 서양문학도 역시 일본어로 읽었어요. 일본은 메이지시대부터 도입한 서양문학과 사회사상의 학문적 축적이 굉장히 깊고 넓었기 때문에, 번역된 일본어판의 독서는 아주 왕성했습니다. 돌이켜보면 부끄럽기 짝이 없는 일이지만, 나의 중학교 시절은 전쟁 말기였고, 또 내가 일본인 위주의 학교를 다녔던 까닭에 조선어로 된 우리 문학작품은 거의 읽은 기억이 없어요. 경기중학교나 중앙, 배재, 양정 같은 조선인 중학교를 다녔다면 한두 권은 읽었을지도 모르지. 하지만 그런 조선인 중학교의 학생들과 하숙도 함께 하고 또 이웃에 그런 학생들이 많았지만, 그들의 하숙방에서도 조선어 문학작품이나 서적을 본 기억이 나지 않아. 이미 내가 중학교에 들어갔을 때에는 조선어는 완전히 금지되었고 출판물도 나올 수 없는 상태였으니까.

빈대와 벌인 야간전투

임헌영 경성에서는 하숙을 하셨습니까?

리영희 청운의 꿈을 품고 유학 온 1학년 초에는, 같은 경우의 많은 중학생들이 그랬듯이, 앉은뱅이책상이 놓인 벽에 글을 붓으로 써서 붙인 옛어른의 면학(勉學)의 글이 아침저녁으로 나를 내려다보면서 나의 게으름을 무언중에 채찍질해주었지.

少年立志出鄕關(소년입지출향관)
學若不成死不歸(학약불성사불귀)
埋骨豈期墳墓地(매골기기분묘지)
人間到處有靑山(인간도처유청산)
어려서 뜻을 품고 고향을 나왔으니
학문을 이루지 못하면 죽어도 돌아가지 않으리라
뼈를 묻을 곳이 어찌 선조의 묘소뿐이리오
뜻있는 이에게는 세상 어디나 청산이다

고학년이 되면 면학의 글귀도 바뀌게 마련이지. 나의 하숙방 벽의 훈계(訓戒)도 바뀌었지. 주희(朱熹)의 유명한 시인 '권학문'(勸學問)이었어.

少年易老學難成(소년이로학난성)
一寸光陰不可輕(일촌광음불가경)
未覺池塘春草夢(미각지당춘초몽)
階前梧葉已秋聲(계전오엽이추성)
소년은 쉬 늙지만 학문을 이루기는 어렵다
한치의 시간도 허비하지 마라
어린 시절 집뜰에서 놀던 꿈이 깨지 않았는데
집 앞의 오동나무 잎에서는 벌써 가을소리가 나는구나

일제치하 식민지 당시의 중학생들은 엘리트였던 만큼 공부하는 각오도 진검승부였어요.

2학년 때까지 흑석동에서 하숙을 했는데, 그때는 이미 식량이 완전히 배급제가 되어서 세 끼 밥을 먹을 수 없게 되었어요. 2학년 말부터는, 다시 말하면 1943년경부터는 만주에서 기름 짜고 남은 콩깻묵이라든가 강냉이를 반쯤 섞은 것을 아침밥이라고, 반 그릇이 될까 말까 하게 먹었지. 점심 도시락만이 밥인데, 학교에 가면 벌써 밥은 한쪽으로 쏠려서 도시락의 반도 채 차지 않았어요. 식욕이 왕성한 나이에 아침밥을 허술히 먹었으니, 그것마저도 배가 고파서 2교시가 지나면 모두들 슬금슬금 먹어버리는 거야. 정말 배를 움켜쥐고 살던 그때 우리 10대의 허기진 모습을 상상해보시오. 그때는 조선의 모든 사람이 다 그러하기는 했지만 우리 나이의 중학생들에게는 견딜 수가 없더구만! 일주일에 한 끼씩 흑석동에 있는 중국식당에 우동이나 만두 같은 것이 특별배급으로 나왔어. 그 한 끼를 얻어먹기 위해서 두 시간씩 줄을 서서 기다리곤 했지. 그런데 도중에 배급량이 떨어지곤 했으니, 두 시간씩 기다리다가 그대로 돌아설 때 내 모양이 어땠겠는가 한번 상상해보시오.

  일제시대 경성에서의 하숙생활에는, 배고픔에 못지않은 또 하나의 수난이 있었어요. 빈대와 이요. 조선인 가옥은 대개 낡고 허름해서 빈대가 득실거렸어. 벽, 천장, 벽지 사이는 물론 앉은뱅이 중학생 책상 속과 서랍 사이까지 빈대가 붙어 있었지. 불만 끄면 사방에서 공격해오는 빈대 때문에 매일 밤잠을 설치는 거요. 그뿐이 아니오. 이는 왜 그렇게 많은지! 목욕시설이 없고 세탁이 어려운 겨울철에 속옷의 실밥 사이는 온통 이투성이야. 방법이 없어. '속수무책'이란 말이 그런 상태를 말할 거요. 일제시대에는 이와 빈대를 잡을 약이 없었던 거요. DDT라는 것은 해방과 함께 점령군이 가져온 것이지. 그전에는 문자 그대로 밤마다 인간과 빈대와의 '야간전투'였어. 제대로 먹지도 못하는데, 밤마다 빈대와 이에 피를 빨리니 어린 중학생 생활이 어땠겠소. 지금 세대들은 상상도 못 할 참상이지.

임헌영 흑석동에서 하숙을 하셨으면 학교는 어떻게 다니셨어요?

리영희 장승백이를 넘어 다녔어요. 4킬로미터를 걸어서 학교에 가는 거지. 을지로 2가 청계천가로 하숙을 옮긴 적이 있는데, 거기서는 전차를 타고 노량진 종점까지 가서 거기서부터 걸어서 다녔어요. 나중에야 대방동(당시에는 번대방정)까지 전차노선이 연장되었지만.

학교의 수업은 3학년 말로 사실상 중단되고, 4학년부터는 '전시학도 동원령'으로 아예 군관계의 노동에 징발되어 나날을 보내게 됐어. 전 조선의 중학교 3학년 이상은 그 뒤 다시는 학교에 돌아갈 수 없게 되었고, 1945년 8월 15일에 전쟁이 끝날 때까지 온갖 종류의 노동으로 날을 보냈지. 비행장 건설, 포탄 또는 소총탄 깎기, 군수용품 만들기, 미군 폭격에 대비한 서울의 초가집 소개(화재에 연소되지 않게 하기 위해 주로 가난한 조선인의 초가집들을 몽땅 헐어서 경성 시내 여기저기에 빈 지역을 만드는 것) 등, 해보지 않은 일이 없어요. 이때에 소개된 곳이 지금의 아현동, 공덕동, 마포, 중립동, 청량리, 왕십리 등으로, 가난한 조선인들의 거주지였어. 전쟁 말기에 집이 헐린 조선인들의 생활이란 비참했지. 몇만 명의 가난한 조선인들은 뿔뿔이 헤어져서 시골의 연고를 찾아가 전쟁이 끝날 때까지 명맥을 유지할 수밖에 없었소.

아, 참. 내가 잊어버렸는데, 일제시대의 중학교 월사금은 공립학교였던 까닭에 조선인 중학교인 사립중학교들보다는 훨씬 적은 월

일제시대 말기에는 수업 대신 근로동원을 나가는 날이 더 많았다. 이태원의 개울에서 더위를 식히는 작업반의 모습.

3원 정도였던 것으로 기억해요. 그 시대의 3원이 지금의 화폐나 구매력으로 환산하면 얼마가 될지, 아마 가늠할 방법이 없지 않을까. 중학생 하숙비는 두 사람이 한 방을 쓰는 것이 대체로 23원이었을 거요. 그 밖에 나 개인의 생활비가 이것저것 합쳐보아야 고작 10여 원에 지나지 않았을 거요. 정확하지는 않지만 나의 한 달 소비가 40원에 조금 못 미쳤을 것으로 생각해. 나는 부모님이 보내주는 월 40원이라는 돈을 생각하면서 나의 생존을 유지하기 위해서 절대 필수적인 것 이외에는 한 푼도 낭비하지 않았어. 당시 영림서 주사인 부친 월급이 아마 80원 정도였을 거예요. 그러니 당시에 조선인이 지방에서 경성에 자녀를 유학시킨다는 것이 얼마나 어려운 일이었겠는가를 짐작할 수 있겠지요. 한창 나이에, 당시 경성 시민에게 가장 인기 있는 유원지였던 인천 월미도조차 한 번밖에 가본 일이 없어요. 동대문에서 기동차로 연결되는 뚝섬 학생소년유원지를 두어 번 가보았던가. 그 밖에는 놀러다닌 기억이 없어. 나는 경제적인 이유뿐만이 아니라 사내다운 어떤 대담함이나 적극성·모험심 같은 것이 없는 소년이었어요. 도전적으로 일탈을 시도해본다든가, 사회적 규범을 벗어난 어떤 욕망을 추구한다든가, 이런 따위의 모험심이 없었어요. 그저 학교와 하숙을 왕래하면서 나에게 요구된 공부를 하는 것밖에 몰랐어. 그러니까 흔히 말하는 '공부벌레'의 한 전형이었지.

임헌영 전쟁 말기가 되면서는 통행의 자유가 제약받지 않았습니까?

리영희 장거리 여행은 학생을 포함해서 어떤 사람이건, 반드시 여행증이란 것을 받아야 기차를 탈 수 있었어요. 일반인은 주로 직장 책임자에게서, 학생은 학교에서 여행증을 발급받아야 기차를 탈 수 있었어. 나는 방학 때 집에 가기 위해 부산에서 만주 봉천(奉天, 현재의 심양)까지 가는 이른바 '대륙'이라는 특급열차를 탔어. 이름은 '특급'이지만, 실제 속력은 시속 50킬로미터 정도로 달리는 석탄 증기기관차였어. 경성역에서 경의선의 개성, 평양을 거쳐 정주까지 꼬박 10시간이 걸렸어요. 지금 새마을호 속력의 반에도 훨씬 못 미칠 거요. '칙칙폭폭……삐—ㄱ' 하고 달리는 것으로, 지금은 흔히 회고조로 낭만적으로 묘사되지만, 객차 안의 의자라든가 승객시설은 엉망진창이었고, 전쟁 말기에 가까워지면서 중국과 일본을 왕래하는 노동자나 군인들 때문에 몇 시간이라도 서서 가야 했어.

공부는 할 수 없게 됐고, 허기는 지고, 매일 근로동원으로 노동만 해야 하는 지긋지긋한 생존을 견디다 못해 고향에 편지를 띄웠어. 집에 급한 일이 생겼으니 왔다가라는 전보를 쳐달라고 부탁을 한 거지. 그렇게 해서 '부친 위독'이라는 전보를 받은 것이 우연히도 일본 히로시마에 원자폭탄이 떨어진 8월 6일 며칠 전이었어. 그 열흘쯤 뒤에 태평양전쟁이 끝나리라는 것은 상상할 수 없는 일이었지. 하여간 그 전보를 가지고 학교로 가서, 담임선생에게 보고하고 귀성허가를 받았지. 그 사이에 또 나가사키에 원자폭탄이 떨어졌고.

신문에는 재래식 폭탄과는 질적으로 전혀 다른 '신형' 폭탄이라는 설명과 함께 원자폭탄 투하 사실이 보도되었어. 일본정부나 군부는 아직 '원자폭탄'이라는 이름조차 몰랐는지, 그 명칭을 쓰지 않았더라고. 하여간 히로시마가 심대한 피해를 입었다는 그런 내용으로 일본 신문의 1면이 꽉 차 있더구만. 신문을 들고 모여 앉은 사람들이 불안한 표정으로 수군거리고 있더라고. 그때에는 신문을 구독하는 집이 아마 100집에 한 집이나 됐을까? 으레 신문이 배달되면 길가에 가지고 나와, 쭈그리고 모여 앉아서들 함께 보았지. 나는 근로동원에 나가는 길에 지나가면서 그들의 어깨 너머로 기사의 내용이 전쟁의 끝을 예고하는 중대사실임을 알았어요. 며칠 후인 8월 10일인가에 경성을 떠나서 집으로 돌아왔지. 그리고 5일 뒤에 전쟁이 끝나고 해방을 맞았어요.

해방, 환희, 그리고 분단

친일파의 세상에서 방향 잃은 민족

고향에서 맞은 해방

임헌영 8·15해방의 소식은 고향에서 들으셨습니까?

리영희 그랬지요. 전쟁이 그렇게 갑작스레 끝나리라고 생각한 사람은 거의 없었기 때문에, 그 소식은 굉장히 충격적이었어요. 다만 내가 어렴풋이 낌새를 챈 일이 없지는 않았어.

근로동원을 다니던 우리 학생들을 인솔하는 경성전기주식회사(경전, 지금의 한전)의 선임 전기공인 최씨라는 사람이 있었는데, 이 사람이 이상한 얘기를 하더라고. 전기회사의 직책이 낮은 한낱 기공에 지나지 않는데도 '최'라는 성을 창씨개명을 하지 않은 채 전쟁 말기까지 고수했어요. 이건 보통일이 아니오. 틀림없이 이 최 반장은 뭔가 사상가들이나 지하의 독립운동 인맥과 닿아 있었을 거야. 성이 최씨니까 학생들은 일상적 대화에서는 일본어 발음으로 '사이상'이라고 불렀지.

그 노동현장에서는 점심에 밀가루호떡이 한 사람에 두 개씩 배급 됐어요. 점심을 먹을 때면 조선인 학생들과 일본인 학생들이, 특별히 약속한 것은 아니었지만 서로 따로따로 땅바닥에 원을 그리고 앉게 되더라고. 그런데 조선인 학생과 일본인 학생들은 몇 년을 같이 지내다 보면 싸울 때도 있지만 보통은 스스럼없이 서로 어울려서, 일본인이라든가 조선인이라는 의식을 잊은 채 지내곤 했어요. 흔히 해방 후 세대들이 상상하는 것처럼, 일본인과 조선인이 한 공간에서 살면서 불구대천의 원수처럼 밤낮 주먹질하고 싸우면서 산 것은 아니에요. 우리말에 '미운 정 고운 정'이라는 말이 있지 않아요? 바로 그런 심정적인 관계였지. 또는 '불가원불가근'(不可遠不可近)이라는 것이 더 어울리겠지.

그렇게 빵을 뜯어 먹고 있던 어느 날, 최 반장이 먼저 일본인 학생들에 섞여서 뭔가 이야기를 하다가 우리 조선인 학생들 쪽으로 오더구만. 그러고는 땅바닥에 발을 벌리고 앉아서 우리에게 나지막하게 조선어로 말하더라고.

"일본은 얼마 안 갈 거다. 신문이나 방송은 다 거짓말이야. 아마 학생들의 근로동원도 머지않아 끝날지 몰라……."

근로동원이 끝난다는 것은 전쟁이 끝난다는 것이 아닌가. 일본이 얼마 안 갈 거라는 것은 바로 전쟁에서 패망한다는 그런 뜻인데, 이건 엄청난 소리가 아닐 수 없어! 이게 히로시마에 원자폭탄이 투하되기 훨씬 이전 얘기니까 우리는 도대체 믿을 수가 없더라고. 전쟁이 시작된 후부터 일본의 신문과 방송의 보도는 일본군대가 승승장구하고 있다는 것뿐이었지. 오키나와 전투가 가까워지는 무렵의 보도도 판단하기 어려울 정도로 왜곡되고 막연했어.

그날은 그렇게 해서 끝났지. 그 시절 전쟁에 관해서 예언할 수 있었다는 것은 그 전기공이 틀림없이 좌익 지하운동과 연계되어 있었기 때문일 것이에요. 공산주의자가 아니면 사회주의자였겠지. 조선인으로서 그런 정보나 지식을 가지고 전쟁 상황을 판단할 수 있었던 사람들이란 우익에는 거의 없었다고 해도 좋을 거야. 일제 말기가 될수록, 항일지하운동이나 민족해방투쟁의 주력은 공산주의자나 사회주의자였으니까. 히틀러 나치 독일 점령하의 많은 유럽 국가들에서도, 우익은 일찌감치 굴복하거나 나치 협력자가 됐고 좌익과 공산주의자들은 거의가 목숨 바쳐 반나치저항운동에 투신하지 않았어요? 그 어느 곳에서나 마찬가지였지. 이 사실에서 무엇인가 배울 것이 있지 않을까? 이 전기공의 얘기로 나는 전쟁이 끝나기 전에 일본의 패색이 짙어지고 있고, 언론의 보도가 완전히 날조된 내용이고, 전쟁이 끝날 날이 그리 멀지 않으리라는 것을 어렴풋이 느끼고는 있었어.

그 최씨는 키가 훌쩍 크고 늠름한 호남형이었어. 해방 후의 민족자주정국에서 표면화해서 뭔가 활동을 했을 법도 한데 아쉽게도 끝내 그 이름과 마주친 일이 없어요. 한번 꼭 만나보고 싶은 인물인데……. 공산주의자였을 거야.

임헌영 8·15에 관해서는 도시나 몇 군데를 빼놓고는 거의 다 이튿날 알았다고 합니다. 방송을 듣고도 한참 동안 무슨 뜻인지 이해를 못 했다더군요. 춘원 이광수의 경우도 전혀 몰랐다고 합니다. 그는 태평양전쟁이 막바지에 이르러 도심지가 미군의 폭격으로 위험해지자 1944년 3월 양주군 진건면 사릉리의 기와집을 사서 소개(疏開)해 지내면서도, 11월 12일부터 14일에 개최됐던 중국 난

징(南京)에서의 대동아문학자 제3차 대회에 김팔봉과 함께 참가하는가 하면 귀국 후에도 계속해서 친일행각을 하면서, 1945년 8월 15일 정오 일황의 항복 방송도 듣지 못하고 이튿날을 맞았다고 합니다.

김동인은 더욱 참담하여 바로 그 8월 15일 오전 10시에 총독부 아베(阿部達一) 정보과장 겸 검열과장을 만나고 있었습니다. 효과적인 친일행각을 할 수 있도록 새 문인단체를 만들 테니 허가해달라고 조르려던 참이었습니다. 무명의 전기공도 짐작하고 있었던 일제의 패망을 왜 이런 혁혁한 문인과 지식인들이 감감이었는지는 의문입니다만 아무튼 당시 지식인들은 역사의 행방을 무시하고 지내지 않았나 합니다. 함석헌 선생도 "해방이 도둑처럼 왔다!"는 유명한 표현을 썼습니다. 8월 15일에 만세를 불렀다는 것은 대부분 거짓말이고 실은 그 이튿날부터였다는 게 정설인 것 같습니다.

리영희 방금도 말했지만, 국내에서는 우익적 사상의 지식인들은 이광수나 김동인, 서정주뿐 아니라 거의 모두가 친일파가 됐던 거요. 좌익 인사들이 항일과 독립운동의 주축이었지. 해방 후 세대는 이 사실을 알아야 하고, 또 그 사실이 뜻하는 바를 제대로 음미할 필요가 있어.

임헌영 한 가지만 덧붙이면 미당 서정주가 1944년 12월 9일 자 『매일신보』에 「마츠이하사 송가」(松井伍長 頌歌)를 발표했습니다. 이미 이해 6월 사이판을 함락당한 일본의 패색이 완연한 때였지만 어용언론의 보도만 믿었던 모양입니다. 서 시인은 나중에 일제의 통치가 한 200년은 갈 거라고 믿었다는 실토를 합니다만, 선생님께서는 해방 소식을 들은 느낌이 어땠습니까?

리영희 해방을 맞은 1945년 8월에 나는 17세였어요. 정작 전쟁이 끝났다는 소식은 창성군(昌城郡) 청산면(靑山面)의 집에서 들었어요. 내가 경성으로 유학 오기 직전에 아버지가 다시 전근 명령을 받아서 여기로 와 계셨거든. 어떻든 '부친 위독' 전보를 받고 돌아와서, 바로 며칠 뒤에 일어난 일이었기 때문에 나에게도 역시 놀라운 소식이었어요. 이 청산면은 국무총리를 지낸 강영훈(姜英勳) 씨의 일가를 중심으로 하는 강씨의 집성촌이에요. 강영훈은 만주 신경(新京, 일본괴뢰국 만주국의 수도)에 있는 일본의 만주통치를 위한 관리양성기관인 건국대학을 나와서, 해방 후에 고향에 와 있었지. 여기는 대관보다 훨씬 산골이어서 주민들은 종전 소식을 전혀 몰랐어요. 그런데 16일 아침부터 마을 끝에 있는 경찰관 주재소(파출소)에서 순사들이 부리나케 들락날락하고, 뭔가 불태우는 연기가 피어오르기 시작한 거요. 그제야 주민들은 무슨 큰일이 난 것을 직감하고 파출소로 몰려갔어. 그제야 일본이 패망하고 해방이 됐다는 것을 알았어요.

임헌영 참 대단하네요. 남쪽에서는 만세만 불렀다고 할 뿐, 파출소 같은 데 불은 안 질렀거든요.

리영희 그게 아니지. 조선 사람들이 파출소에 불을 지른 게 아니라 일본 경찰들이 문서를 끄집어내서 태우기 시작한 거예요. 마을에 라디오가 없어서 15일 정오 일본 천황의 항복 방송을 들은 사람이 없어요. 해방이 되고 한참이 지난 뒤에야 면의 어떤 유력자 한 분이 당시의 원시적인 일제 라디오를 어디서 구해다가 서울 소식을 듣기 시작했는데, 이게 워낙 조잡한 물건이라 잘 안 들리더라구. 게다가 경성방송국의 출력이 고작 5킬로와트밖에 안 되니까 압록강에 가까운 첩첩산중 창성군의 청산에서는 전파가 잘 잡히지 않았던 거지.

감격과 기쁨으로 부른 애국가

임헌영 중학생으로 8·15를 맞았던 선생님과 비슷한 연배의 분들 중에 이름을 대면 알 만한 인사는 엉엉 울었다는 이야기를 들었어요. 이제 나라가 망했다고 말입니다. 해방됐다는 소식을 듣고도 그랬다고 합니다.

리영희 그래요? 하기야 그런 사람도 있었겠지. 아니 많았을 거야! 통계적인 정확성을 기할 수는 없지만, 해방되던 그때 적어도 조선인의 절반 정도는 일본인이 되었다고 말하는 것이 옳을 거요. 그러니까 그중에서 일본 천황의 항복 방송을 들으면서 울었거나 눈물 흘린 사람도 결코 적지 않았으리라고 생각해요. 그런 사람들은 완전히 일본인이 된 이광수나 그 밖의 적극적인 친일파와 같은 상부계층의 조선인들뿐만 아니라 하층 조선인들 사이에도 많았어요.

근로동원 다닐 때 약간의 암시를 받아서 뭔가 짐작은 하고 있었지만 그래도 그렇게 빨리 해방이 올 줄은 나도 몰랐어요. 왜냐하면, 일본의 태평양전쟁 총지휘부인 최고연합사령부 '다이혼에이'(大本營)가 모든 발표를 독점하고 있었는데, 그 발표라는 것이 대부분이 거짓말이었거든. 물론 오키나와가 위험하다든지 필리핀 전투에서 후퇴했다든지, 이런 큰 덩어리는 한참 늦게 발표했지만, 상세한 내용은 전혀 없었어요. 또 전쟁에서 계속 이기고 있다고 조작된 발표뿐이었으니까. 모두들 거짓말에 속아 아직은 끄떡없다는 생각으로

중학교 5학년 시절. 해방 후 일제의 국방색 교복을 버리고 검은색 동복을 입은 모습이 1년 전과 큰 차이가 난다.

살고 있었어요. 적어도 그 시기에 일본 패망을 안 사람은 드물었다고 봅니다.

나는 그다음 날 면민들이 모여서 축제를 벌이는 소용돌이 속에 휘말려 들어갔지요. 어떤 상황이 전개될지는 정확히 예측할 능력이 없었지만, 하여간 노동을 하기 위해서 학교에 돌아갈 필요가 없고, 앞으로 굶주리지 않고 실컷 먹을 수 있으리라는 기대 때문에 반가운 마음뿐이었어. 민족 해방이라거나 독립국가 건설이라거나 하는 거대한 미래를 예측할 만한 상황판단은 나에게는 아직 어려웠어요. 오히려 농민들이 곡물 공출을 안 해도 되고, 젊은 남녀는 징병이나 징용에 끌려가지 않아도 된다는 그런 변화가 모두를 흥분의 도가니로 몰아넣고 만세를 부르게 한 거예요.

나도 매일 국민학교 교정에서 열리는 축하 모임에서 애국가를 불렀지. 해방 후 몇 년 동안, 애국가의 가사는 대체로 지금과 같지만 곡은 달랐어요. 흔히 집회가 해산할 때 스코틀랜드 민요인 '올드 랭 사인' 곡으로 불렸던 거야. 그 곡조가 기독교의 찬송가 곡이 되고, 예수교가 그것을 우리 민족의 애국가 가사에 붙였던 거요. 요즘도 졸업식 때 부르는 그 노래의 곡 말이오. 슬픈 이별의 곡이지. 안익태 씨가 몇 년 후에 정식으로 지금의 곡을 작곡해서 공식화하기 전까지는 그 민요곡에 가사를 붙여서 불렀지요.

하여간, 우리는 감격과 기쁨으로 그 곡을 불렀지. 8월 16일부터 면민들이 흰 잡기장에 아무렇게나 물감으로 그린 태극기를 들고 나와 이 민요곡에 맞춰 흔들면서 새 시대가 열렸음을 기뻐했어요.

아, 내가 잊을 뻔했군! 해방 전에는 전 조선인 가운데 특수한 소수의 몇몇 민족주의자나 독립운동가가 아니면 보지 못했고, 어떻게 생겼는지 알지도 못했을 태극기를 나는 어려서 봤어요. 내가 중학교에 입학해 첫 여름 방학을 맞아 돌아오니까, 아버지가 장롱을 열고 옷 밑을 뒤져서 무슨 그림책 같은 것을 꺼내 오더라고. 나를 골방으로 불러 그것을 내 앞에 펼쳐 보여요. 그 책은 일청전쟁과 일러전쟁에서 일본군이 청군과 러시아 군대를 무찌르는 일본 종군화가들의 그림을 모은 화첩이었어. 그런데 아버지가 그 가운데 한 장을 특별히 펼치더니 어느 한 점을 짚어보이며 "이게 조선의 태극기란다"라고 말씀하셨어요. 일본군과 러시아군의 대격전 속에 총포탄이 날고 아비규환을 이루는 전장 화면이었는데, 그 사이에서 도망가는 흰 옷을 입은 사람들 가운데 한 사람이 태극기를 메고 있었어요. 아버지는 그것이 '조선의 국기'라고 설명해주시고는 "이것 봤다는 말은 밖에서 절대로 하면 안 된다"고 다짐시켰어요. 나는 그때 뭔가 무서운 것을 본 것 같기도 하고, 봐서는 안 되는 것을 본 것 같은 두려움 섞인 마음이었어. 물론 해방될 때까지 그 얘기는 누구에게도 한 일이 없고, 또 근로동원이니 뭐니 하는 경성의 생활에서 잊고 있었지. 그랬던 그 태극기를 8·15 다음 날에 보게 됐고, 그전에는 전혀 몰랐던 동포들이 손에 손에 그것을 그려가지고 나왔던 것이에요.

기죽지 않았던 조선인 학생

임헌영 중학교 다니실 때 절친한 일본인 친구는 없었습니까?

리영희 절친한 일본인? 글쎄, 없는데. 아까 말한 대로 일본인 학생들하고는 '불가원불가근'적 사이니까 절친해질 수는 없었지.

임헌영 어쨌든 본능적인 민족의식 같은 것을 갖고 계셨다고 보아야겠군요.

리영희 그렇다고 할 수 있겠지요. 그런 까닭이, 왜냐하면, 순일본인 학교를 다니는 일본인 학생들은 조선인과 사귈 기회가 없고, 마찬가지로 당시 사립 조선인중학교에 다니는 학생들은 일본인 학생과 사귈 일이 거의 전무했을 거예요. 그 학생들은 각기 일본인에 대해서 또는 조선인에 대해서 고정관념을 지녔겠지. 그런데 나처럼 일본인이 압도적으로 많은 내선공학중학교를 다니는 조선인 학생들은 일본인 학생과의 관계가 좀 다르지요.

식민지 조선에서 일본인이 조선인을 '2등국민'으로 취급하고 은연중에 민족 차별이 있었던 것은 사실이지. 그렇지만 우리처럼 내선공학에서는 그런 민족감정이 상시적으로 표출되거나, 이 때문에

서로 간에 이질감이 지배적이거나 그런 것은 아니었어. 은연중에 차별의식은 있었지만 일본인들이 감히 조선인 학생들을 업신여기지는 못했거든. 오히려 우리 조선인 학생들이 숫자는 한 4분의 1밖에 안 되었지만, 일본인 학생들을 윽박지르는 일이 흔히 있었다고. 입학할 때 일본인 학생들은 조선인 학생들에 비해서 쉬운 조건으로, 그리고 우리보다 못한 성적으로 입학했거든. 조선인 학생들은 들어가기도 까다롭고, 훨씬 우수한 성적이라야 입학할 수 있었단 말이에요. 재학 중의 성적도 늘 월등하고. 그러니까 조선인 학생들이 꿀리지를 않지. 오히려 당당했지.

일제 아래서 그저 일본인과 조선인 사이에는 적대적인 관계밖에 없었으리라 생각한다면 그것도 오해지. 실제로는 우리의 경우, 몇 년 동안을 함께 지내야 했고, 또 실제로 그렇게 지냈기 때문에 어쩌다 싸우는 일이 있기는 해도 보통 때는 서로 허물이나 민족감정 없이 지낼 수 있었소. 겨우 10대의 한창 장난을 좋아할 나이였으니까. 나도 한번 주먹다짐으로 서로 교실 마룻바닥에 뒹군 일이 있지만, 그 학생을 제외한 나머지 일본학생들에 대해서는 그렇게 깊은 악감정을 품지는 않았어. 아까 말한 것처럼 불가원불가근 뭐 그런 것이라고나 할까?

나도 사실은 좀 궁금한데, 과거 불란서의 하나의 성으로 편입되었던 알제리의 원주민 학생들과 불란서인 학생들과의 사이는 어떤 관계였을까? 또 베트남인 학생들과 불란서인 학생들은 어땠을까? 그게 궁금해. 프란츠 파농 같은 이미 성장한 알제리의 지성인이 불란서인에 대해서 품었던 감정이나 지적 자세는 10대의 중학생들에게는 그대로 적용될 수 없었지 않았겠는가 그런 생각도 해봐. 하여간 나나 우리 학교의 조선인 학생들은 오히려 일본인 학생들을 '쟤들 웃긴다' 하는, 약간 멸시하는 그런 심정이었어.

임헌영 선생님이 읽은 책들에 대한 말씀을 듣고 싶습니다.

리영희 중학교 시기에는 우리글로 된 책이란 것은 아예 출판될 수가 없었기 때문에 내가 읽은 책은 모두 일본어였어요. 학교의 교과서나 일상생활의 대화 모두 일본어였다고. 그래서 나의 일본어 수준은 일본의 고대 소설이나 고문까지 포함해서 일본인 최고 지식인들의 높은 독서 수준과 비슷했지요. 사실 나는 국민학교 고학년 때는 아버지가 주문해서 읽는 일본 월간지 『추오고론』(中央公論)이나 『가이조』(改造)나 『유벤』(雄辯) 같은 고급 시사교양잡지를 완전히 뜻을 이해하지는 못했다 하더라도 대충 어렵지 않게 읽을 수 있었으니까. 나는 어학에 조금은 소질이 있었나 봅니다. 그러니까 중학교 4학년 동안의 공부에서 일본어·일본문학·일본역사 심지어 일본 고전문학작품 같은 것도 웬만한 일본인 학생보다 나을 정도였어.

어떻든 메이지시대 일본 현대소설의 시조인 나쓰메 소세키(夏目漱石)로부터 시작되는 명치·대정·소화시대의 적잖은 시대소설과 역사소설 그리고 중학생들이 밤을 새워 읽는 사무라이 소설 등을 꽤 많이 읽은 셈이지. 물론 유명한 일본 시인 이시카와 다쿠보쿠(石川啄木)나 사이조 야소(西條八十) 등의 시와 바쇼(巴蕉)의 하이쿠(俳句), 그 밖의 번역된 서양의 시 같은 것들도 많이 읽었어. 또 하나하나 그 작가들과 소설 이름을 다 기억할 수는 없는 일이지만, 유려한 일본어로 번역된 『삼국지』 등 여러 중국 고전들을 읽었어요. 코넌 도일의 '셜록 홈스'와 에드거 앨런 포의 단편소설들, 빅토르 위고의 『레 미제라블』(아! 無情), 알렉상드르 뒤마의 『몬테 크리스토 백작』(岩窟王) 등 서양작품도 뛰는 가슴으로 밤새워 읽었지.

그렇지만 전쟁이 몇 년 더 계속됐더라면 그런 작품들은 읽을 수 없었을 거예요. 책을 인쇄할 종이도 바닥나고 또 서양문학이나 서양의 언어를 적대시하는 군국주의자들의 편협한 사상 때문에, 서양문학뿐 아니라 일본의 소설들까지도 거의 완전히 출판이 금지된 상태였으니까. 출판이 허용되는 것은 오로지 국책순응적인 전쟁물뿐인 시대가 됐어요. 그 시기는 주로 소련과 국내 공산주의를 말살하기 위해 일본, 독일, 이탈리아의 광적 반공군국주의 파쇼 세력이 '일·독·이 삼국방공(防共) 동맹'을 체결하고, 유럽과 아시아에서 동시에 세계제패를 추진하던 때요. 그래서 우리 학생들에게도 막판에는 일본 천황사상, 무사도 정신, 군국주의적 국체(國體) 등을 강조하는 책들, 무솔리니와 히틀러의 파시스트 사상을 주입하기 위한 독서가 강요되었지요.

그런 까닭에 히틀러의 『나의 투쟁』(Mein Kampf)이 필독서로 읽혔어. 일본어판 『나의 투쟁』이 학생들의 세계관 확립을 위한 교과서처럼 돼 있었던 거지. 나는 그것을 읽으면서 철학적·사상적인 감동을 받은 기억은 별로 없지만 유대인에 대한 증오심이랄까, 멸시의 감정 같은 것을 느꼈어. 그때는 히틀러가 수백만의 유대인과 사회주의자, 공산주의자를 집단학살한 사실이 전혀 알려지지 않은 때였어요. 당시의 학생들은 히틀러가 1938년의 베를린 올림픽을 역사상 최대 규모로 화려하고 웅장하게 치러낸 업적과, 올림픽의 각 경기장면을 활동사진 기술을 총동원하여 최고의 예술적 작품으로 만들었던 기록영화 「미(美)의 제전」 같은 것을 통해서 파시스트 철학인 약육강식·자연도태·적자생존·힘의 예찬 같은 사상, 즉 '사회적 다위니즘'적 세계관에 접하게 됐지.

처음으로 배운 우리 역사

임헌영 8·15광복을 16일에 알게 되고 바로 서울에 올라오셨습니까?

리영희 아니, 바로 올라오지 못했어요. 시국이 워낙 혼란했기 때문이었지. 서울에서 어떤 일이 벌어지고 있는지 도무지 평안북도에 앉아서는 알 수가 없더라고. 이럭저럭해서 전해지는 소식이라는 게 종잡을 수 없이 혼란스럽기만 하고. 그럴 수밖에 없는 것이, 그때 겨우 우체국장 집에 가져다냈다는 고물 라디오로는 서울에서 일어나는 일과 전국의 해방 직후 혼란스러운 정세 변동의 실상을 도저히 가늠할 수가 없더구만. 그러다가 11월쯤 되어서야 서울에서 학교들이 다시 열리기 시작했다는 소식이 들려오더군. 그제야 서울에 올라가 봐야겠다는 생각을 하게 됐지요. 그러는 몇 달 동안은 우리 글도 익히고, 면의 유일한 전문학교 졸업자 한 분의 집에서 열린 새로운 시대에 관한 토론회나 좌담회 같은 데 참석하면서 시간을 보냈습니다.

임헌영 서울로 오실 때는 식구들과 헤어진다는 생각을 전혀 못하셨겠지요?

리영희 나는 1945년 11월에 서울에 올라와서 미국식 6학년제가 된 고등학교에 편입했다가 다시 1946년 봄에 고향으로 내려갑니다. 그때까지는 북위 38도선이 확정적으로 굳어지지 않아서, 남북 사이에 사람의 왕래가 비교적 쉬웠어요. 미국식 6학년제 학제로 개편된

학교에 5학년으로 편입하는 절차를 마치고, 상황을 살펴보다가 다시 고향으로 돌아갔어요. 그리고 38도선이 국경처럼 굳어지고 남북 간 왕래가 차츰 어려워진 1946년 여름에 다시 서울에 올라왔어요. 부모님은 창성군 영림소 기관에서 새로 탄생한 인민위원회로부터 그 분야의 행정원과 기술자들의 양성을 위촉받고 그 직책에 머물러 있다가, 1947년 봄에 막내아들 명희를 데리고 월남했어요. 부모님은 일제시대에 어머니의 도지(賭地)로 사놓았던 충북 단양에 있는 농토를 믿고 오신 거지요.

임헌영 전에 계셨던 하숙집을 찾아갔습니까?

리영희 미군이 학교를 점령했지만 서울에 남아 있던 학생들이 기숙사에서 용케 자취를 하고 있어서 거기에 들어갔지. 학교가 크니까 미군들이 본관을 차지했는데도 여러 학과의 실험실은 비교적 넉넉히 남아 있었어요. 거기서 엉성하게 급조된 수업을 한동안 했어요. 물론 일본인 교사들과 학생들은 떠나버리고 조선인 학생들뿐이었지. 일제시대에 그렇게 어렵게 입학했던 본래의 학생들은 몇 안 되고, 새로 들어온 전혀 낯선 편입학생들이 주류를 이루고 있더구만. 해방 전에는 2년제 을종학교나 학원, 시골의 중학교에 다니던 학생들이 해방이 되니까 편입해 들어온 것인데, 나는 사실 좀 기분이 좋지 않았어. 본래 격이 높은 학교에 어려운 시험을 치고 소수가 입학했던 우리 동급 조선인 학생들은 굉장히 엘리트 의식이 강했던 겁니다. 그런데 새로 들어온 학생들은 솔직히 말해서 수준이 형편없었어. 그래서 나는 그 속에서 학교 다니는 것이 싫어서 어떤 다른 도피라고 할까, 돌파구를 찾으려고 생각하게 됐어.

임헌영 그때가 몇 학년 때였습니까?

리영희 5학년에 편입한 거지요. 그때에 비로소 나는 우리나라 역사를 배우게 되었고, 소학교 4학년 1학기에 폐지되었던 우리말(조선어)을 몇 년 만에 다시 배우게 되었어. 아직 국정교과서라는 것이 없고, 교과 내용도 담임 국어선생이 임시방편으로 작성한 내용이었어. 인쇄된 교과서가 없어서 등사판으로 밀어서 한 과목씩 강의했는데, 그중에서 여태껏 잊히지 않는 글이 지은이 미상의 제침문(祭針文)이에요. 어느 아낙네가 평생 쓰다 부러진 바늘에 감사하면서, 마치 살아 있는 생물에 제사를 지내는 것처럼 그 바늘에 제물을 바치고 제문을 읽는 내용이었는데 그 여인의 따스운 마음씨가 물씬 풍기는 글이었어요. 아주 신선한 정서적 감흥을 받았고, 우리글과 문학의 아름다움을 처음으로 느낀 글이었어.

일본은 인적 자원이 부족해지자 1944년에 갑종중학 5년제를 단축시켜 4년제로 만들었습니다. 일본과 조선의 모든 중학교가 그렇게 된 거지요. 4년제가 된 뒤에 학교를 다닌 첫 학년이 1944년 봄에 5학년생과 함께 졸업을 했고, 이듬해 우리가 4년제로 졸업할 예정이었는데 8·15를 맞은 거지. 그래서 해방 후 6학년제의 5학년이 됐어.

무법천지였던 해방 후 남한사회

임헌영 8·15 이후 잠시나마 북한체제를 경험하셨는데요, 남한 사정과 비교해보면 어땠습니까?

리영희 내가 두 번째로 내려갔다가 상경하던 1946년 여름에, 북쪽은 인민위원회가 수립되어서 완전히 개혁바람이 휘몰아치고 있을 때지요. 이미 토지개혁이 시작되고, 일제에 협력했던 자들, 지주들 그리고 돈푼이나 가지고 거들먹거리던 인간들과 기독교신자들이 벌써 이남으로 도피하고 있던 때에요. 일제 때에 총독부 산하의 각종 기관에서 공무원으로 일하던 사람들은 두말할 것 없지. 이들에 대한 인민위원회 정권의 공식적 추방 명령은 아직 발동되지 않았는데도 거의 혁명에 가까운 사회변혁으로 말미암아 과거에 일본에 봉사했거나 동족들에게 악하게 굴었던 사람들은 앞을 다투어 도망치기 시작한 거지요. 그러니까 이북에서는 공산정권이 들어서서 공식적으로 사회혁명이 본격화하기 전에 그런 분자들은 이미 떠나버린 거지요. 북조선 혁명정권의 입장에서는 사회혁명에 방해 내지 저항적 요소인 식민지시대의 수혜계층, 소위 '불순분자'들이 1946년 중반에 자연스럽게 청소가 된 셈이지.

그러는 사이에도 매일 민중집회가 열리고 '소련해방군'에 대한 환영의 행사가 이어졌어요. 인민위원회는 신속하게 권력조직을 개편해서 전 주민에 대한 행정업무를 시작했지. 일제하의 지식인 계급이나 행정경력자는 거의가 이남으로 빠진 뒤였기 때문에, 권력행정업무를 담당하는 것은 교육수준으로 말하면 대부분이 국민학교 졸업자이고, 사회경제적 소속으로 말하면 소작농과 소수의 자영농이었어요. 그런 걷잡을 수 없는 상황변화 속에서도 사람들은 자신들의 새로운 시대, 새로운 사회, 새로운 제도가 창조된다는 생각으로 들떠 있었습니다. 나도 청산면의 중학교 학생 모임을 만들어서 새로운 시대에 대한 지식인(중학생만 하더라도 지식인이었으니까)의 사명과 역할 같은 것에 대해 토론하고 집회에도 나가고, 그렇게 나날을 지냈습니다. 이때, 청산면 전체를 통틀어서 중학생 이상의 인텔리거나 중학교 재학생은 한 열 명에 불과했어요. 전문학교 이상의 학력자는 강영훈과 또 한 사람, 두 명밖에 없었지요.

당시에 이북 사회정세가 너무나 격동적이고 변화의 폭이 크고 충격적이어서, 잠시 돌아가 있던 나는 그 전모를 파악할 수도 없고, 그 변혁의 방향도 분명하게 종잡을 수가 없었어요.

임헌영 우리 민족의 대이동이 감행된 혼란기였습니다. 광복 후 세계 각처에서 귀국한 동포가 미국무부 추정으로는 200만 명이라니 엄청나지요. 시기를 보면 북에서 내려온 사람이 어떤 계층에 속했는지 대충 알 수 있다고 합니다. 광복 직후 잽싸게 월남한 계층은 대부르주아로 소련군 진주 그 자체에 이미 불안감을 느낀 민감한 사람들로 이른바 월남 1세대들이지요. 이어 1946년 3월 5일의 토지개혁법령 발표와 6월 30일의 농업현물세제 발표, 12월 10일의 애국미 헌납운동 등으로 상당수의 중산층이 내려오는데 이들이 월남 2세대에 해당합니다. 황순원의 『카인의 후예』는 이런 상황을 반공적 시각으로 그린 작품이지요. 그리고 6·25 전후에 내려온 월남 3세대가 있습니다. 북쪽의 토지개혁을 보시고 다시 찾은 서울은 굉장히 혼란한 시대였을 텐데요.

리영희 한마디로 정신을 차릴 수 없는 혼란의 극치와 폭력이 난무하는 약육강식의 사회였지. 인간의 행동과 생존양식에서 부정적인 모든 측면이 노출된 것이 해방 직후의 남한 사회였어. 그때의 남한 사회는 오직 폭력, 무질서, 범죄, 사기, 약탈, 부정, 타락이 아무런 절제도 없이 난무하고, 힘없는 자는 어디 가서 하소연할 곳도 없는, 그야말로 반인간적인 사회였지. 민족은 식민지에서 해방됐다는데, 일본 제국주의 식민권력에 빌붙어 살았던 친일파와 민족반역자들이 하나도 숙청되지 않은 채 고스란히 남한 사회를 지배하고 있었어. 그들이 힘없는 자기 동족들을 먹이로 삼아 지배하고 행세하였지요. 그런 민족의 병충과 잡초들이 일본식민권력 대신에 새로 군림한 미국 군대의 통치, 즉 미군정에 포섭되어 나라의 온갖 권력을 맘대로 휘두르니, 그 사회에 무슨 도덕이 있으며, 윤리나 정의나 동포애가 있었겠어요? 그냥 '정글의 법칙'이 사회규범이었지. 힘 있는 자는 살고 힘없는 자는 죽는 그런 사회가 됐던 것이오. 유명한 아서 케스틀러의 작품 『한낮의 암흑』 상태, 조지 오웰의 『1984년』이 그려낸 흉악하고 부도덕한 사회가 바로 해방 후의 남조선 현실이었다고 생각하면 돼!

미군정이 과거의 친일파와 민족반역자들을 모든 분야에서 권력의 대리자로 등용했기 때문에, 식민지 아래서 민족해방과 광복을 위해서 싸우고 피 흘렸던 애국자와 독립지사들은 오히려 천대받고 학대받았어요. 해방되었다는 자기 나라에서 이것은 도저히 용납될 수 없는 일이지. 그렇기 때문에 과거에 남한에 잔존했던 악질적인 반역자들과 친일파들이 이북에서 도피해온 같은 부류의 악질분자들과 결탁하여 남한 사회를 장악해버렸던 겁니다. 이북에서 도피해온 그런 부류의 청년들이 서북청년단이라는 것을 결성해 미군정과 경찰의 비호하에 온갖 테러와 불법행위, 폭력을 자행하고 있었어요. 오직 주먹이 센 자들, 미군정에 빌붙은 자들, 간악한 정상배(政商輩), 약삭빠른 놈들, 이런 반사회적이며 비양심적인 자들이 남한 사회를 지배하고 있더군요.

그러다 보니까 남한사회의 도처에서 민중의 반란이 일어나고, 파업이 일어나고, 한마디로 무정부상태였어요. 이북에서는 새 나라 건설과 사회혁명의 열기가 충천하고, 일제시대의 친일파들을 비롯하여 호의호식하며 권세를 누렸던 자들이 깡그리 청소되고 있었는데, 같은 민족의 땅 이남에서 벌어지고 있는 작태는 한숨과 눈물이 나올 지경이었어요. 이북에서는 새 나라 건설을 위해서 '새 술을 새 부대'에 담는 민족정기가 넘쳐 있는데, 같은 시각 남한은 '썩은 술을 낡은 부대'에 그대로 담고 있는 꼴이었어. 해방 후의 세대는 그때의 사회상을 상상할 수도 없어요.

그 실상을 구체적으로 이해하는 데 도움이 될 기록을 한번 봅시다. 남한 경찰 전체를 관장하는 경찰총감은 1명인데, 일제경찰 봉직자가 바로 그 사람이었어요. 그러니까 자료에 의하면 경찰의 최고 사령관 100퍼센트가 친일파 반역자였다는 말이지. 얼마나 한심한 일이에요? 그 밑에 총경 30명이 있었는데 그 가운데 일제 경찰이었던 자가 25명, 그러니까 83퍼센트입니다. 엄청나지요! 또 경감은 전체 139명인데 역시 일제에 충성을 바쳤던 경찰이 104명으로 75퍼센트나 돼. 밑으로 내려가서 경위는 969명이었는데 역시 일제 경찰을 하던 자가 806명입니다. 83퍼센트지요. 이게 식민지에서 해방되었다는 남조선의 당시 실상이에요. 민족정기란 털끝만치도 없고, 오히려 민족반역자 친일파들이 국가 권력을 독차지하고 있었다는 것을 여실히 알 수 있지. 이것이 해방 후 미국 군정이 이남에서 해방된 민족을 다스렸던 철학과 사상과 행정의 실체입니다. 우리는 이런 사실을 똑바로 알아야 해요. 심지어 해방된 지 15년이 지난 1960년 5월 7일, 그러니까 독립정부가 1948년에 수립된 지 12년, 해방된 지 15년이 지난 후에도, 일제 경찰 전력자 총경의 비율이 70퍼센트, 경감이 40퍼센트, 경위가 15퍼센트였어요. 이것이 해방 후의 이북과 이남을 비교할 때 우리가 생각해야 할 중대한 차이입니다.

해방, 환희, 그리고 분단

나는 해방 직후의 시기에는 서울에서 먹고사는 문제 말고는 신경을 쓸 수가 없는 상태였어. 그렇기 때문에 남한의 상황이 이러했는데도 정치·사상적으로 아직 입장이 확고히 정리된 때가 아니었어. 그래서 약간은 방관적인 태도를 취했던 것으로 기억해요. 다만 한 가지 내가 입장을 분명히 표출한 것은 신탁통치 반대였습니다. 이 신탁통치라는 것이 1945년 12월에 열린 미·소·영 삼국 외상의 모스크바회담에서 정해진 것이에요. 미국은 조선인은 자치능력이 없다는 일본인의 음해를 그대로 믿고, 소련과 중국이 주장한 즉시독립이 아니라 20년 내지 30년의 연합 3국 '신탁통치'를 주장했어요. 결국은 5년으로 타협했지만. 그런데 어느 날 갑자기 우익신문들은 장기간의 신탁통치 제안자가 미국이 아니라 소련이라는 식으로 거꾸로 보도하기 시작했어요. 『동아일보』 등의 우익신문이 우익과 미국에 예속된 정치세력과 합작해서 해방정국의 옳은 행방을 역전시켜버린 거지. 남북한으로 갈라진 민족은 이것으로 통일의 기회를 영영 놓치고 말았지.

중국의 장개석(蔣介石) 총통과 소련의 스탈린은, 제2차 세계대전 중 카이로선언과 포츠담협정으로 일본 패망 후 그 식민지인 조선민족의 즉시독립을 제안했지요. 그러나 영국의 처칠은 철저한 제국주의 신봉자였기 때문에 조선인의 자치능력을 인정하지 않았고, 미국의 루스벨트 대통령은 조선인을 미국의 식민지인 필리핀 인민의 수준으로 간주해서 적어도 30년 동안은 신탁통치를 하고 난 뒤에 자주독립을 허용하자는 주장이었어. 이런 사실을 지금까지도 모르는 한국사람이 많아요.

1945년 말에 신탁통치 문제가 나오자, 남한의 미국 군정 당국과 미국 군정에 빌붙은 과거의 친일파 정당과 언론기관들이 좌익을 타도할 수 있는 좋은 기회로 여겨서 소련의 스탈린이 신탁통치를 주창한 것처럼 거짓 선동을 했지. 이 때문에 그때까지는 우익 세력과 미국에게 향했던 남한 대중의 비판과 탄핵이 갑자기 남로당을 비롯한 진보적 좌익세력과 소련에게 향하게 됐어요. 미군정과 남한 우익 반공세력의 교묘한 정치음모와 공작이라고 볼 수 있지. 이 때문에 남한에서의 이데올로기적 갈등은 상상할 수 없을 만큼 공작음모적이고 두고두고 심각한 후유증을 낳게 된 거지요.

그건 그렇고……. 나는 그때 서울에서 담배말이와 성냥장사를 했어요. 집에서 송금을 안 해주니 먹고살기 힘겨워서 고생깨나 했지. 입담배를 사다가 썰어서 종이로 말아가지고 자전거에 싣고 팔러 다녔지. 그때 내가 방을 빌린 신당동 이웃집에 평양에서 내려온 젊은이 셋이 살고 있었어요. 그들의 방에는 베토벤과 괴테의 큰 초상화가 걸려 있었는데, 아주 인상적이었어. 나이는 나보다 두어 살씩 위였고, 평양에서 부모들이 잘살던 가정의 자식들이었더라구. 노는 스타일이 나와는 퍽 달라 보였어. 그 친구들은 공산주의 초기의 상황에 대해 반기를 들어 이북을 버리고 남쪽으로 온 거지. 미국이 점령한 남쪽이 살기 좋을 것이라고 내려온 거야. 그런데 몇 달 못 버티고 북으로 되돌아가 버렸어. 떠나기 전에 나보고 이렇게 말하더라구.

"우린 도저히 못 살겠다. 이런 무섭고 한심한 사회라고는 전혀 생각하지 못했다. 차라리 사회적으로는 버리고 왔지만 이북이 훨씬 낫다. 우리는 돌아가련다. 영희는 남아서 잘해봐라."

이 한 가지 사실이 당시의 남한 실정과 이남과 이북의 비교를 단적으로 말해주는 것이 아닐까 생각해. 해방 후 남북한 사정의 이런 대조는 한국의 반공주의적·우익적 개인 또는 세력이 무슨 말을 해도 부인할 수 없는 엄연한 사실이지. 남한 사람들은 싫건 좋건 이 사실에서 교훈을 얻으려고 해야지, 기분 나쁘다고 배격만 해서는 영영 발전할 수 없어요. 지금도 마찬가지지.

노신을 따라 걸은 학교 편력

임헌영 고생이 많으셨군요. 그런 와중에 우연히 돈 안 들이고 학교를 다닐 수 있는 길을 찾아 해양대학을 선택하신 건가요?

리영희 말하자면 그렇지요. 피치 못할 사연이 또 있었소. 남대문시장에 쪼그리고 앉아서 사제담배를 팔다가 사복경찰들이 들이닥쳐 그걸 모조리 빼앗아가 버리니 도저히 살 수가 없더구만.

다음에는 성냥을 팔았어요. 일제시대에 포탄을 만들던 일본 육군 조병창(造兵廠)이 부평에 있었어. 권력배와 결탁한 정상배들이 조병창을 장악하고 그 안에 있는 화약을 내다가 성냥을 만들어서 폭리를 취하고 있었어요. 그때 성냥은 지금 담뱃갑 절반만한 크기예요. 그것을 떼어다 자전거에 싣고 구멍가게를 돌면서 한 보루(작은 성냥갑 10개를 포장한 것)씩 소매로 파는 것이에요. 자전거로 부평에서 서울까지 싣고 와서 이튿날 아침에 팔았는데, 온종일 하꼬방(구멍가게)을 찾아다니면서 팔면 몇 보루 파는 게 고작이었어. 그런 장사치가 나 혼자가 아니었으니까. 하루는 전날 팔다 남은 성냥보따리를 가지고 돌았는데, 첫 가게에서 다 달라고 하더라고! 무지하게 기쁘고 횡재한 기분이었지요! 기분 좋게 팔고 돌아왔더니 웬걸 벌써 그 전날 밤에 성냥값이 껑충 오른 거야. 그런 일을 겪으면서 나는 상재(商才)는 아무나 타고나는 게 아니구나 하는 생각을 하게 됐어요. 하꼬방 주인이 한꺼번에 다 달라고 하면, 성냥을 주기 전에 내 머리에 팍 떠오르는 것이 있어야 하지 않겠어? 나의 머리에는 오는 것이 없더라고. 내가 글에서 경제문제를 다루지 않는 게 아마 이 사건의 교훈 때문인지 몰라요. 하여간 나는 돈이나 장사, 말하자면 경제나 상업, 금융으로 불리는 물질적 활동과는 인연이 없는 것 같아. 하하하! 나는 가난하게 살게끔 운명 지어졌나 봐요.

아무튼 그렇게 비참한 생활 속에서, 국비로 입혀주고 먹여주고 공부까지 시켜준다는 대학 신입생 모집광고를 보니 달리 생각할 여지가 없더라구.

임헌영 해양대학 제1기생으로 항해과를 선택하셨습니다. 인천에서 입학하여 1947년 봄에 군산으로 학교가 이전했지요.

리영희 해방이 되어서 국가의 기능을 급속히 갖추기 위해 온갖 활동 분야마다 양성소나 학교가 급증했던 시기입니다. 처음 해양대학은 인천에 창설됐는데, 만들어질 때는 교통부 소관이었어요. 일제시대에 경남 진해에 조선인 고급선원 양성을 위한 2년제의 '고등선원 양성소'라는 것이 있었어. 이 양성소가 해방 직후 고등상선학교로 개칭되었다가 1946년 여름에 인천에 창립된 국립한국해양대학교와 합치게 됩니다. 진해의 고등상선학교는 해방 후에 미군정이 창설한 해양경비대 사관학교에 의해서 강제로 접수돼 버립니다. 군대가 고등상선학교를 쫓아버린 거지. 이 해양경비대 사관학교가 해군사관학교의 전신이에요.

이렇게 합쳐진 두 개 학교가 국립한국해양대학교가 되고, 일 년 후에 다시 전북 군산으로 옮겨갔어요. 나는 1950년 3월에 군산에서 졸업을 했어요. 그 후 학교는 6·25전쟁이 끝난 뒤인 1950년대 말에 유네스코의 원조로 크게 신축된 부산 영도의 현대적인 캠퍼스로 옮겨갑니다. 나는 불행하게도 창고 같은 초창기의 건물에서 공부했을 뿐, 그렇게 버젓한 캠퍼스에서 대학생활을 보내지는 못했어요.

임헌영 선생님의 학교 편력이 루쉰(魯迅)과 너무나 비슷하십니다. 그가 처음으로 신식 학문을 접한 곳이 난징(南京)의 강남수사학당(江南水師學堂)인데 바로 해군학교로 기관과에 수업료 없이 입학했지요. 물론 이내 자퇴하곤 과거시험도 보고 방황하다가 광무철로학당(鑛務鐵路學堂)을 졸업합니다. 인문계가 아닌 이공계라는 점이 시선을 끕니다.

리영희 노신의 그 같은 학교 편력의 유사성 때문에 나는 그에게 각별한 친근감을 느껴요. 그분도 민족의 혼란·변혁기에 길을 찾는 한 젊은이로서 다양한 경험과 우여곡절을 겪습니다. 나는 그를 중국 발음인 '루쉰'이라고 부르지 않고, 몇십 년 전에 그의 작품을 처음 대했던 때에 익힌 한자 발음대로 '노신'이라고 불러요. 노신이라고 불러야 나의 정서와 심상에는 그 인간 노신이 떠올라요. '루쉰'이라고 부르면 나에게는 내가 사랑하고 존경하는 그 노신이 아니라 어떤 다른 인물과 같은, 좀 서먹서먹한 느낌이 든다구. 명칭이라는 것이 이미지 작용에 아주 중요한 구실을 한다는 것을 알 수 있을 것 같아.

노신은 중국 개화기에 그런 학교, 즉 이공계 학교 등을 편력한 뒤에, 중국인의 미신과 신체적 병을 치유해야 한다는 생각 때문에 일본 센다이(仙臺) 의학전문학교에 유학을 가지 않았습니까? 그런데 일청전쟁, 일러전쟁에서 중국민족의 한심한 꼴을 뼈저리게 목격한 노신은, '육체가 아무리 건장해도 정신이 썩은 민족은 앞날이 없다'

는 확신을 갖게 됩니다. 진정 민족을 살리는 길은 정신을 개조하는 수단과 방법인 글쓰기임을 깨닫고 의학의 길을 포기한 것은 유명한 이야기지. 나는 그의 삶에 절실히 공감해요. 적절할지 모르겠지만 나도 일제시대의 공업학교와 해방 후의 해양대학의 길을 연장해서 인생을 살았더라면, 아마 훌륭한 선장이 되고 물질적으로는 풍요로 웠을지도 모르지. 그러나 내가 그 길을 버리고 글로써 내 사상을 표현하고 사회에 봉사하는 의식 개조의 역할과 삶을 택한 결과로, 한국 사회의 지난 시기의 변화와 발전에 일정한 기여를 한 셈이 되지 않았는가 하는 생각을 해봅니다.

임헌영 루쉰과 똑같은 운명인가 봅니다. 저는 선생님의 문장에서도 루쉰을 느낍니다.

리영희 시대 상황이 비슷한 탓이겠지요. 어쩌면 내가 노신의 인간형과 성향에 비슷한 면이 있어서인지도 모르고.

일제시대 경찰관 매부의 사상적 변신

임헌영 해양대학 다니시던 1947년 초에 북에 계시던 아버님하고 식구가 다 내려오셨지요? 말하자면 월남 2.5세대인 셈인데, 그때까지 북에 머무를 수 있었던 건 아버님께서 거기서 비교적 인심을 안 잃어서 잘 근무하셨기 때문입니까? 아버님께서 혹시 북에 대해 원망의 말씀이 없으셨습니까?

리영희 우리는 해방 후 이북에서 내려온 월남민들의 세대를 그런 개념으로 구분하지 않아요. 크게 해방 직후에 내려온 사람들을 1세대라 하고, 그들이 남한에 정착한 뒤에 태어난 세대를 2세대라고 하고, 이어서 3세대라고 구분합니다. 그러니까 해방 직후에 내려온 사람들은 노인도 있을 것이고 젊은이도 있겠지만 그 젊은이도 1세대가 되는 거지요. 다만 분별의식이 전혀 없는 어린이들은 2세대로 취급해요. 그러니까 우리 부모님은 월남 1세대인 셈이지. 한국전쟁 중에 내려온 사람들을 2세대라 해요.

제 부친은 한학과 근대 문물을 아울러 갖춘 점잖은 선비형이었어요. 성격이 워낙 온유하고 곧아서, 해방 전 영림서 지방책임자로 있으면서도 사람들에게 모나게 굴지 않았고, 가난한 사람들에게 퍽 동정적이었습니다. 해방 후에 인민위원회의 산림 행정을 맡은 영림서에서, 새로 들어온 사람들의 교육훈련을 맡아 일 년 반 정도 근무하시다가 내려오셨어. 그래서 아버지는 이북의 혁명적 변화나 본인의 처지의 변화에 대해서 아무런 나쁜 감정을 갖지 않았어요.

아버지의 일가는 이북으로 이사하기 전에 단양에서 살았어요. 그때 어머니가 시집올 때 받아온 도지로 충청북도 단양에 사놓은 약간의 전답이 있었어. 해방 당시 이북에는 형님과 작은누이가 살고 있었지만, 부모님은 그 땅을 믿고 둘째 아들인 나와 살려고 막내아들 명희를 데리고 내려오셨지. 이 전답의 도지를 받아서 부모님은 해방 전까지 나의 학비를 댔던 거지. 그런데 부모님이 내려오기 전에, 일제시대에 경찰관이었던 내 매부가 먼저 월남해서 이 땅을 팔아버린 거야. 매부는 나의 부모가 북쪽 체제의 신임을 받고 그대로 이북에 영주하거나, 아니면 어차피 38선이 막혀서 월남하지 못할 것으로 생각했던 것 같아. 이북에서 해방 직후 토지개혁을 단행했기 때문에 남한의 농민들도 그것을 요구하고 있었고, 일본을 점령한 미국 군정이 일본에서 농지개혁을 진행하고 있었어요. 남조선에서도 곧 실시된다는 소문이 나돌던 때요.

이 매부와 관련해서 해방 전후에 걸친 남한에서의 생존에 얽히는 어떤 교훈이랄까, 그런 이야기를 해야겠군. 매부는 해방되기 전에 압록강 강변 창성과 삭주에서 일본인이 맡는 경찰서장 직책 밑에서 한국인 경찰관이 올라갈 수 있는 가장 높은 직위인 사법주임으로서 경부보인가 그랬지. 세상이 바뀌었으니까 곤란해졌지. 그런 직분의 경력자는 해방 후 북한에서는 살지 못해. 해방이 되자마자 매부는 당연히 월남을 했지요. 이 매부가 월남해서 충북 단양의 장모 땅을 처분한 뒤에 내려오신 부모님은 그 때문에 의지할 곳이 없어 무척 고생하셨습니다.

그런데 매부의 과거 경찰 선후배, 동기들이 해방된 남한의 미군정 아래서 헌병부사령관과 도지사, 경찰의 최고위직들을 맡고 있었다구요. 해방된 이남에서는 과거의 친일파가 온통 득세하던 때이니까. 그런데 매부는 어떤 생각에서였는지 일제 아래서의 그 경찰 선후배나 동기들이 입신영달하는 것을 보면서도 그 부류에 접근하질 않더라구. 매부는 서울 후암동에서 고무신이나 운동화를 원시적인 가마에서 쪄서 남대문시장에 내다팔기도 하고, 그 장사가 잘 안 될 때에는 누룩을 빚어 내다팔기도 하는 식으로 살았어요. 지금도 기억이 나는데 해양대학 1학년 방학 때 올라와서 매부집의 운동화 만드는 일을 돕고 있을 때였을 거예요. 그때 나는 남한 사회의 부패와 타락과 반민족적 실체에 대한 인식이 깊어진 때인데, 어느 날 매부에게 이렇게 말했어.

"아무리 살기가 어려워도 과거의 직업으로는 결코 돌아가지 마세요. 지금 화려하게 권세를 누리는 과거의 경찰 동지들이 함께 일하자고 권유한다는 것을 알고 있는데, 새 나라에서는 아무리 어려워도 그런 직에 돌아가지 마세요."

아버지도 매부에게 다시는 경찰 같은 곳에 들어가지 말라고 당부했어요. 그것 때문인지는 알 수 없지만 매부는 그 후 많은 유혹을 뿌리치고 어려운 생활을 하다가 돌아가셨어요. 그래서 나의 누님은 무척이나 고생을 했고, 그 자녀들이 넷이나 되는데 제대로 공부를 못 시켜서 겨우 대학이라고 나온 자식이 하나밖에 없어요. 그 자식들은 몇십 년이 지난 지금도 생활이 펴지지 않은 상태예요. 매부가 나의 충고랄까 부탁 때문에 그렇게 정신적·사상적 변신을 했다고 생각하지는 않지만, 누님이나 그 가족들의 오랜 고생을 생각할 때 나에게도 책임의 일단이 있지 않은가 싶어서 지금도 가슴이 아파요.

갑판에 앉아 영시를 짓는 즐거움으로

임헌영 대학 때 성적은 어떠셨습니까? 성적을 물어서 죄송합니다만, 저는 어쩐지 해양대학 같은 데서 선생님은 성적이 뛰어나서는 안 될 것 같은 느낌이 들어서요.

리영희 해양대학에서라고 내가 성적이 뛰어나면 안 될 것까지는 없지만, 사실이 그러했어. 전공과목들에는 흥미가 별로 없었어요. 졸업한 것이 1950년 봄인데, 그 당시에 한국에는 큰 선박이 20여 척에 불과했습니다. 항해과와 기관과 졸업생들을 받을 만한 자리가 많질 않아서 성적순으로 승선 명령이 나왔는데, 나는 제1차 승선 명단에는 못 들어갔어요. 거기다 전공과는 전혀 다른 취미를 갖게 되었거든요. 영문 소설작품들에 심취하고 전공과목을 소홀히 했기 때문에 성적은 중간 정도였지.

임헌영 중학교 때 제2외국어로 중국어를 배웠다고 하셨는데, 해양대학에서는 제2외국어가 무엇이었습니까?

리영희 불란서어였지. 당시 신상초(申相楚) 씨가 불어 선생이었어. 교재도 없었지만 말이에요. 신상초 교수는 평안도 출신으로, 해방 전까지 동경제국대학 불문학과에 다니다가 해방이 되자 귀국해서 해양대학에 교수로 재직했던 겁니다. 그 양반은 내가 해양대학을 졸업한 뒤 여러 해 그대로 남아 있다가 1960년대 초에 보다 넓은 활동 분야를 찾아 서울에 올라왔지요. 그는 서울에서 몇몇 대학의 교수직을 맡았으며, 여러 신문 특히 『중앙일보』의 유력한 논설위원을 지냈어. 문단과 정계에서 활동하는 한편, 중공(당시에는 중국을 중공이라고 불렀음)혁명과 중국 근현대사에 관한 발언 등으로 화려하게 인생을 사신 분이에요.

제2외국어와는 무관한 얘기지만, 이상하게도 평안도 출신이 해양대학에 많이 와 있었습니다. 일제시대 평안도 출신으로 동경고등상선학교를 졸업한 선장과 기관장들이 많았던 탓이겠지. 그중의 한 분으로, 역시 동경제국대학 조선학과에 재학 중이던 김재근(金在瑾) 선생도 조선학과 교수로 있었어요. 6·25전쟁이 끝나고 김재근 교수는 서울대학교로 옮겨가서, 서울대학교에 처음으로 조선학과를 개설한 한국 조선학계의 대선배이자 개척자이지요.

임헌영 해양대학에서 졸업 전에 하신 실습 이야기 좀 해주세요.

리영희 해양대학의 과정은 좌학(坐學)과 실습으로 구성되는데, 1~2학년에는 이론적 강의 위주의 좌학을 하고, 3학년 1년 동안이 실습입니다. 그 1년 동안은 선박에 분산 배치되어서 항해사나 기관사 실습을 하는 거지요. 그것이 끝나면 다시 4학년으로 돌아와서 1년 동안 종합강의를 받는 겁니다. 나는 항해과였기 때문에 1등 항해사와 함께 천문항법(달이나 별의 제원을 측정하여 선박의 정확한 위치와 항로를 판단하는 것)과 기상(氣象), 선박의 운용 전반에 관한 실무, 화물의 선적과 하역업무, 그리고 출입항 사무와 세관관계 업무 등을 주로 실습했어요. 그런 대로 바다생활은 즐거웠어.

나머지 시간에는 영문 소설과 영시를 읽는 것으로 보냈어요. 제법 영시에 대한 실력이 붙어서, 화창한 날에는 갑판에 나와 앉아 바다나 섬이나 육지를 바라보며 책을 읽고 영시를 짓는 즐거움으로 살았지요. 엄격한 작법에 따른 것은 물론 못 되었지만 그래도 제법 멋을 부리노라고 했던 것이에요. 19세 때구만.

실습이 끝나갈 무렵에 우리 배가 상해에 가게 됐어요. 그동안 많은 배들이 주로 홍콩이나 일본은 왕래했지만, 불행히 내가 탄 배는 외국에 못 가다가 마침내 상해를 가게 된 거예요. 그러니까 온갖 물건을 보따리로 싸가지고 배에 들여오고, 상해에서 밀수품을 싣고 와서 크게 한몫 번다고, 일확천금의 기회가 왔다고 선원들은 흥분의 도가니에 빠졌어. 나는 돈도 전혀 없었고, 그런 일에 별로 흥미가 없었기 때문에 물건을 단 하나도 살 생각이 없었어. 그저 내가 일제시대에 여러 가지 책에서 읽었던 화려한 상해, 또 활동사진으로 보았던 아시아의 진주 상해를 한번 본다는 것만으로 충분했어. 그런데 재수가 없으려니까, 배가 떠나기도 전에 상해가 중공군에 함락 직전이라는 소식이 들어왔어. 떼부자가 될 것처럼 기대에 부풀었던 선원들의 실망이 어땠겠는가를 짐작해보시오! 일확천금의 꿈은 통신 한 장으로 날아가버리고, 모두 빚쟁이가 돼버렸지. 그런 장면을 보면서 나는 그냥 빙그레 웃었지.

    임헌영 당시 중국은 국공내전(國共內戰) 중이었지요. 1949년 5월이면 이미 상하이는 공산당이 진주한 상태지요. 참 아쉬웠겠습니다. 그러나 중국은 그 다섯 달 뒤 10월 1일에 정권수립을 선포하잖습니까?

    리영희 그랬지. 중국의 대혁명이 큰 고비를 넘긴 것이지.

시체로 가득 찬 학교운동장

    임헌영 한국은 친일파들이 득세하여 1948년 5월 10일 단독정부 수립을 위한 총선을 실시하지요. 김구 선생을 비롯한 통일을 위한 남북협상파들이 불참한 가운데 실시된 국회의원 선거였습니다. 이 단독정부 수립을 반대한 운동의 하나가 제주 4·3항쟁의 한 발단인데, 직접 접하지는 않으신 거지요?

    리영희 제주 4·3항쟁에는 직접 가보지 못했고, 그 대신 소위 '여수·순천 반란사건'을 직접 몸으로 체험하는 예상치 않았던 경험을 했어요. 하루는 부산항에서 석탄을 싣고 인천으로 운반하라는 지시를 받아 거제도쯤을 항해하는데 무전이 왔어. 다시 부산으로 급히 귀항하라는 거야. 부산 중앙부두에 배를 대니까 중무장한 육군 1개 대대가 와르르 올라타고는 여수로 가라고 하더군. 그 대대장이 백인엽 대령이었다고 기억하는데, 하여간 여수 앞바다에 들어오니까 대대장이 브리지(船橋)에 올라오더니 선장에게 돌산(突山) 뒤로 해서 여수 구시가지로 들어가라고 소리치더라고. 선장이 거기는 수심이 얕아서 못 들어간다고 하니까, 대대장이 차고 있던 일본도를 빼

들더니, "잔소리 말고 무조건 명령대로 배를 몰아!"하고 소리를 지르더구만. 참 무식한 놈이었어.

그러나 그것은 될 일이 아니지. 배가 육지에 올라가게 마련인데. 배를 다시 돌려서 오동도 옆을 지나 신시가지 쪽으로 접근하니까 육지에서 빗발치듯 박격포, 기관총, 소총 탄환이 날아오더라고. 우리 배에 탄 부대도 갑판 위에 박격포를 줄줄이 설치해놓고 맹포격을 퍼붓더구만. 나는 그때 왜 그랬는지 모르겠는데, 총탄이 빗발치는 실제 전투에서 별로 두려움을 느끼지 않았어. 군인들의 철모를 빌려 쓰고 갑판 위의 차폐물 뒤에 숨어서 전투를 구경했어요. 그러다 한참 전투가 계속되니까, 여수 바닷가의 철도역에 포진했던 '반란군'(14연대 소속)들이 기관차에 올라타고 순천을 향해서 긴 연기를 내뿜으며 퇴각을 하더군. 그러자 대대장 명령대로 배를 부두에 붙이고 선내의 부대가 그들을 추격해 여수 시내로 올라갔어. 이쪽은 화력이 워낙 좋으니까 시내에 무차별 공격을 가하더구만. 선상부대가 상륙한 이튿날 오전, 나도 다른 선원들과 함께 여수 시내로 올라가 봤어요. 이것이 뜻하지도 않게 나의 인생에서 첫 실전경험이 됐지.

임헌영 1948년 10월 20일부터 27일까지 일주일 동안의 여순 사건은 여류작가 전병순 선생의 『절망 뒤에 오는 것』이나 조정래 선생의 『태백산맥』이 자상하게 다루었습니다. 분단의 비극적 상징이었지요.

리영희 나는 그때에는 동포 간의 그 전쟁에 관해서 아는 바가 없었어요. 배 안에만 있었고, 책이나 읽으며 소일하고 있었으니까. 나는 여기서 난생 처음으로 많은 시신을 보았어. 여수여자중학교 운동장에 시체가 꽉 차 있어요. 시체가 얼마나 됐을까, 하여간 운동장을 가득 메웠더라고. 지금도 그때 그 교복을 입은 여학생들의 팔목에서 시계는 사라지고 하얀 흔적만 남아 있던 자국이 기억에 선명합니다. 이것이 내가 실습기간 중에 처음으로 맞닥뜨린 처참한 민족상잔의 현장이었지요. 그 후 며칠 동안은 여수 시내와 주변 지역에서 총성이 그치질 않았어. 얼마나 많은 양민들이 학살당했겠는가를 생각하면 참으로 가슴 아픈 일이 아닐 수 없습니다.

임헌영 그런 경험을 하면서 전쟁, 군인에 대한 공포나 어떤 혐오증을 체감하셨겠군요?

리영희 이 경험으로 나는 전쟁의 잔인함, 특히 피를 뿌리는 동족간 싸움의 잔학성에 전율했어요. 국군 제14연대의 반란은 여수 주둔 부대를 제주도에서 격렬하게 벌어지고 있던 이른바 '4·3제주반란'을 진압하기 위해 제주도로 보내려던 파병 명령을 거부한 데서 일어난 사건이었어요. '4·3제주민중항쟁'은 제주도민들이 이승만 정권의 남조선 단독정부 수립을 반대하고, 그 정부 수립을 위한 선거를 거부하면서 궐기했던 사건입니다. 경찰과 반공청년단, 서북청년단 등의 제주도민 학대에 대한 궐기이기도 하고.

그런데 나는 해양대학에 다녔기 때문에 한국 사회의 풍파와 단절된 채 살았고, 특히 1년 동안의 연습선 해상 근무에서 흔히 말하는 세상 돌아가는 일과 무관하게 살았기 때문에, 제주에서의 처절한 동족상잔이나 여순사건의 발단 등에 대해서 거의 모르고 있었어요. 실습이 끝나고 학교로 다시 돌아오기 전에는 여순반란사건의 내용과 이후에 작용했던 사상적 갈등과 투쟁, 건국을 앞두고 벌어진 남쪽 정부의 권력과 이념투쟁, 꼬리에 꼬리를 무는 폭력사태, 그런 현상들의 의미를 확실히 알지 못했어요.

우리 문학보다 외국문학에 심취해서

임헌영 청년시절이라 마도로스가 꿈일 수도 있었을 것 같습니다. 배를 타는 것이 무척 재미있었던 모양입니다.

리영희 대단한 낭만이 있었던 것은 아니지만 학교나 기숙사의 답답한 생활과 분위기에서 벗어나는 게 기뻤지. 여기저기 다니며 드넓은 경치도 보고 갑판에 앉아서 소설을 읽고 영시를 끼적거리고……. 몇십 년이 지난 지금 회상해도 그 일년 동안 꽤 많은 책을 읽었어요.

임헌영 해양대학의 기숙사 사정은 어땠습니까?

리영희 그 기숙사라는 것이 지금의 기숙사가 아니었지. 일제시대 군산은 곡창 호남평야의 곡물을 일제가 일본 내지로 수송하는 항구로서 굉장히 번창했지요. 지금 사람들은 잘 모르지만 해방 전의 군산은 조선 전체에서 네 번째로 큰 도시였다고. 해방 후 일본과의 무역이 두절되니까 이내 쇠퇴하고 말았지만. 그렇게 쇠퇴한 군산의 경기를 부양하자는 계획에서 군산시가 인천의 해양대학을 유치한 것이었지만 제대로 된 교사가 없었어요. 금강 하류의 거대한 쌀창고들을 개조해서 기숙사를 만들었어요. 지금의 대학생들에게 그런 상태의 기숙사에 들어가라면 아마 모두 도망치겠지. 방이라는 것은 따로 없고, 전체 공간이 2층으로 꾸며진 구조였으니까. 그러나 우린 해방 전에 이미 기아상태를 경험한 세대라서 학생들 모두가 그 열악한 생활조건을 별 어려움 없이 견뎌냈어요.

임헌영　그때 셰익스피어 등 영시에 심취하셨다고 했는데, 현실에 대한 불만으로 그런 건가요 아니면 순수하게 문학이 좋았던 건가요?

리영희　뭐 심취했다기보다는 전공과목에 흥미가 없다 보니까 그 방면으로 내 취미가 새로 열렸다고 하는 것이 나을 거요. 현실에 대한 불만에 대해서는, 당시에 남한 각 지방에서 벌어지고 있던 사회적 갈등과 이념대립, 좌우세력 간 투쟁 등의 현실과는 단절된 해양대학 생활의 특수성 때문에, 현실 상황에 대한 예리한 감각과 인식이 없었다고 해야겠지.

임헌영　갑자기 찾아온 해방은 우리 사회에 여러 가지 풍경을 만들기도 했을 텐데, 그 당시 읽을 만한 책들은 어떻게 구했습니까?

리영희　해방되면서 일본으로 돌아가는 일본 지식인들이 소장하고 있던 책이 시장에 산더미처럼 쏟아져 나왔어요. 요즘 미국이 침략전쟁을 하면서 이라크 박물관과 도서관이 도둑맞아 폐허가 됐잖아요? 그런 식으로 경성제국대학을 비롯한 전국의 각급 학교와 도서관, 총독부 산하의 연구기관들에서 놀랄 만큼 많은 장서가 쏟아져 나왔지. 일본 지식인들의 소장본이 헐값으로 팔려 나오고.

해양대학 도서관을 새로 만들면서 한꺼번에 쏟아진 일제시대에 출간됐던 좋은 도서를 많이 구입해 들였어요. 그래서 나는 주로 학교도서관을 애용했지. 대학도서관에서 내가 처음 보는 일본·영국·미국·불란서 등의 원판 서적들과 그 밖의 수준 높은 책을 목마른 자가 샘을 찾은 듯이 정신없이 읽었지요.

임헌영　심취하셨던 작가나 시인들을 좀 소개해 주시지요.

리영희　조선어 소설로는 어쩌다가 김내성(金來成)의 『백가면』(白假面)과 『마도의 향불』을 읽었는데 어째서 하필 이런 작품을 처음으로 접하게 되었는지는 나도 알 수 없어. 일반적으로는 이 연령과 대학의 성격에 따라서 주로 문학작품에 심취하는 것이 보통인데, 나는 역시 우리 문학 작품보다는 영어로 된 작품이 월등히 많았어. 우리 문학으로는 방금 말한 김내성 외에는 이광수의 『무정』 『유정』, 박계주(朴啓周)의 『순애보』, 이상(李箱), 이효석(李孝石) 등 몇몇 작가들의 작품을 읽었을 뿐이에요.

영미문학은 주로 19세기 시인과 작가들인데 그냥 생각나는 이로는 콜리지·브라우닝·존 키츠·예이츠·테니슨 등 빅토리아 시인들과 토머스 칼라일·조지프 콘래드·찰스 디킨스·에머슨·조지 기싱·토머스 하디 등 작가들의 작품을 무턱대고 읽었어요. 미국 작가들의 작품은 오히려 적었는데, 로버트 프로스트·워싱턴 어빙·에드거 앨런 포·헨리 데이비드 소로 등이 생각나는 정도예요. 미국 문인들의 작품을 많이 읽지 않은 까닭은 무슨 특별한 이유가 있어서가 아니라, 그때 해양대학 도서관의 영문장서들이 대개 19세기 말에서 20세기 초엽의 것이었기 때문에 그랬을 뿐이에요. 일본 학문기관이나 일본 지식인들의 장서가 대개 그 시기의 것들이었으니까. 이런 우연한 이유 때문에 나의 영어는 미국식 영어보다는 영국식 영어에 가까워졌어요. 영문학이라는 개념으로서가 아니고, 그저 관심가는 대로 한 책에서 다른 책으로 옮겨간 것뿐이지.

해방 3~4년 후인 그때에는 미국의 원조물자로서 미국 출판물들도 조금씩 들어왔는데, 해양대학 도서관의 장서들은 주로 아까 말한 것처럼 일제시대의 각급 학교, 연구소, 도서관과 일인들이 소장했던 책들이었기 때문에, 주로 미국이 아닌 영국에서 출판된 서적들이었어. 세계적으로 해양문학의 제1인자인 콘래드의 『청춘』

국립한국해양대학 2학년 시절(1947). 대학 교복을 입은 모습.

(*Youth*)를 비롯한 여러 작가의 작품들은 학교의 영어 교재였기 때문에 물론 그것에서 출발하여 많은 것을 섭렵했어. 영문학의 고급 입문서로서 영국 문학자 라프케이디오 헌(Lafcadio Hearn)의 영문학사가 맨 처음 손에 들어왔던 명작입니다. 나로서는 영문학을 이해하는 본격적인 입문서로서 많은 도움을 받았어.

임헌영 당시 교수진은 어땠습니까?

리영희 해양대학의 분야가 분야이니만큼 인문학 교수 중에는 흔히 일반대학에서 볼 수 있는 것 같은 거명할 만한 분이 없었어요. 워낙 해방 직후의 초기 단계였으니까. 다만 내가 좋아하는 분야에서 각별히 친했던 영문학자 황찬호 선생이 생각날 뿐입니다.

해양대학은 대한민국이 창건되기 전인 해방 직후에 미군정하에서 창설되었기 때문에, 초기 몇 해 동안 문교부 소속이 아니라 교통부 소속이었어요. 정식으로 문교부 소속 대학으로서 문교부 장관의 학위가 수여되는 것은 내가 졸업한 1950년 뒤가 됩니다. 학교가 문교부 소속이 아니었기 때문에 졸업과 함께 학위가 주어지지 않았어요. 나는 해양대학을 졸업한 뒤에 안동중학교(지금의 중고등학교에 해당)에 교사로 갔고, 좀 있다 군에 입대했는데, 그 사이에 문교부로부터 정식인가가 나서 문교부 학위증을 나중에 받게 됐어요. 그것도 개개인에게 신청을 받았던 모양인데, 나는 6·25 동안 최전방 전투지에만 가 있었으니 그걸 알 리가 있나. 그래서 신청을 못 했지. 상당히 오랫동안 학위가 없는 상태였는데, 후에 보니까 이학사 학위를 주었다고 처리되어 있더군. 서울대 김세균 교수가 나의 어느 책의 소개문에서, 내가 대학을 나왔어도 학위가 없다는 글을 썼는데, 거기엔 그런 사정이 있었지요.

임헌영 졸업 후 해양 관계 쪽으로 가지 않고 교직으로 나가셨는데 왜 그렇게 했습니까?

리영희 앞서 말한 대로 그땐 선박의 수가 적어서 성적순으로 취업을 시켰어요. 나는 성적이 좋지 않아 배를 곧바로 탈 수 없으니 차라리 그 기간에 밥벌이나 하자고 생각했지. 마침 그 전해에 실습 나갔다가 이북에 납치된 동급생의 부친이 안동중학교 교장으로 계셨어. 권순혁이라는 친구인데, 배의 선원들 가운데 있던 남로당원들이 해상에서 반란을 일으켜 선장을 감금하고, 배를 몰아 이북으로 들어가는 바람에 같이 끌려갔어. 유명한 사건이었어요. 3,500톤짜리 선박이니까 1948년 당시 한국에서 가장 큰 화물선이었지.

그 친구의 부친 권오준 교장에게 교사자리를 부탁하는 서신을 올렸더니 학교에 영어 교사로 오라는 회답을 보내왔어. 그때 중학교는 6년제로 3학년까지가 초급 중학, 4학년부터가 고급 중학으로 구성됐지요.

강도가 되어야만 했던 중학교 선생

임헌영 금방 6·25가 났으니 교사생활은 짧을 수밖에 없었겠습니다.

리영희 석 달이 채 안 될 거요. 21세의 나이에 학생들을 가르치는 것이 나름대로 재미있더군. 학생들 가운데는 나와 동갑내기도 있었어. 나는 안동중학교 준교사로 발령받아, 신참교사에게는 과분하게도 부임과 동시에 5학년 영어를 맡았어. 교수 방법에 대해 완전히 백지 상태로 부임했지만, 영어 실력이 워낙 충실했기 때문에 별 어려움 없이 5학년 상급반의 영문법과 영어독해를 가르쳤지. 초봉은 2,000원이었던 것으로 기억해요.

게다가 권 교장은 내가 노부모를 충북 단양에 두고 있다는 것을 알고는, 선임 교사들에게도 주지 않았던 기와집 사택을 나에게 주면서 부모님을 모셔오라고 하는 특혜를 베풀더구만. 정말 고마웠어요. 자기 아들 생각에 나를 특별히 대우해준 것이지. 초임 교사에게 버젓한 사택을 준 건 큰 혜택이었어요. 다른 교사들이 약간 시기하는 눈치였어요. 아무튼 그 덕에 단양 죽림 산속에서 남의 사과밭을 지켜주면서 고생하시던 부모님을 모셔와서, 내 인생에서 처음으로 조그마한 효도를 할 수가 있었어. 그런데 뜻밖에 6·25전쟁이 일어나지 않았겠어. 부모님과 함께 피란 가던 길에 대구에서 입대해버렸어. 교사생활은 3개월로 끝났지.

임헌영 안동은 낙동강도 있고 안착할 만한 좋은 곳이었는데 안타깝군요. 그런데 6·25를 맞은 직후에 그 학교 교사들이 교장에게 피란을 가야 하니 돈을 내놓으라고 했다는 일화가 있더군요. 자초

지종이 어떻게 된 겁니까?

리영희 전쟁이 나면 사람들은 정신을 잃어버려요. 인민군의 전선이 벌써 경북 영주 밑으로 내려와, 대포소리가 쿵쿵 울리기 시작하더군. 전쟁 직후 서울을 떠난 피란민들은 벌써 안동에 밀어닥치고, 인민군이 안동으로 들어올 시간이 얼마 남지 않았다는 것이 분명했어. 그런 위험한 상황에서 누구나 피란 준비를 할 때인데, 교사들은 가야 할지 말아야 할지 갈팡질팡하고 있었어요. 피란 갈래야 모아놓은 돈이 있을 리가 없지 않나. 게다가 교장은 "지금은 작전상 후퇴일 뿐이다. 며칠 있으면 미군과 국군이 대반격 작전을 시작할 테니까 안심하라"고 기세등등했어요. 그러면서도 자기는 교장사택에서 다른 곳으로 이미 짐을 다 옮겨놓았더군. 그 지역 출신 교사들은 벌써 출근을 안 하고, 어디 갔는지 소식도 묘연했거든. 이런 다급한 판국에서 이도 저도 못 하고, 덩그러니 남은 대여섯 명의 외지 출신 교사들만 학교를 지키고 있었지. 속수무책인 교사들은 돈 몇 푼 받으면 떠나야 할 다급한 상황에 몰려 있는데, 교장은 저 살 궁리만 하고 금고를 열지 않는 거예요. 화가 난 교사들이 작당하여 금고를 찾아내서 망치로 부수고 열었어요. 교사로서의 품위 같은 건 이미 없었습니다. 전쟁은 교사라는 지식인을 순식간에 강도로 돌변하게 만든 거요.

임헌영 선생님은 그때 어떻게 하셨습니까?

리영희 물론 나도 그중 한 사람이지요. 살아남기 위해서 별수 있었나요? 늙은 부모님을 모시고 피란 떠나야 할 판인데 빈손으로 어딜 갑니까. 그래서 우리 교사들이 교장에게 갔어요. 돈을 달라고 부탁하니까 없다고 하더라고. 그때 누군가가 학생들에게서 받아둔 수업료를 도(道)에 보내야 하는데 아마 아직 보내지 못했을 거라고 하더구만. 그러나 교장이 돈은 안 내놓고 오리발만 내밀고 있으니까, 한 교사가 망치를 들고 와서 캐비닛 금고를 부숴버렸어. 금고 속에 돈더미가 있더군. 평소에 건강이 나빠서 콩죽으로만 세 끼를 먹던 수학 선생이 그 돈뭉치를 '수학적으로' 공평무사하게 분배했지. 우린 한 다발씩을 호주머니에 집어넣었어. 월급의 서너 배는 되는 두둑한 돈이었지.

임헌영 그리고 바로 안동을 떠나신 겁니까?

리영희 그러고는 뿔뿔이 헤어졌지. "며칠 있다 다시 보자"면서. 그때 우리는 누구나가 다 그랬지만, 전쟁이 곧 끝날 줄 알았어요. 설마 외국하고 전쟁을 하는 것도 아닌데 오래 계속될 까닭이 어디 있는가라는 생각이었지. 그래서 교사들은 잠시 후에는 다시 돌아와 교사노릇할 줄 알았어. 다시 돌아왔을 때 교장과 어떤 낯으로 만날 것인가 하는 생각은 그 판국에서는 할 여지가 없었어. 내가 스물한 살 때이고 다른 교사들도 모두 서른 살 이하인 혈기왕성한 때였으니까.

임헌영 어떻게 하여 입대하게 됩니까?

리영희 부모님과 함께 짐을 지고 20일 가까이 쉬고 걷고 하면서 의성을 거쳐 대구에 다다랐을 때 팔공산전투가 한창이었어. 대구 시내에 포탄이 떨어지는 그런 상황이었어. 도교육청에 들렀더니 '유엔군 연락장교단'을 모집한다는 공고문이 붙어 있고, 특히 영어교사를 우선적으로 선발한다는 내용이었어요. 그때는 '통역장교'가 아니라 '유엔군 연락장교'라고 칭했어. 제2차 세계대전 때 연합군 사이에서 각국 언어로 작전 연락하는 'Liaison officer'라는 병과가 있었어요. 총을 쏘는 보병병과보다는 화려해 보이더라구. 그래서 그냥 지원했지. 그리고 그대로 훈련소로 들어갔고…….

임헌영 훈련소에서는 어려운 점이 많았나요? 군사훈련을 제대로 받을 수가 없었지요?

리영희 정세가 화급한데 차분히 군사훈련을 받을 시간이 어디 있어요. 소총 분해, 제식훈련 정도였지.

임헌영 영어는 어떤 식으로 교육을 받았습니까?

리영희 연락장교단에 들어온 사람들은 당시 한국사회와 문화의 수준으로 말하면 예외 없이 모두가 고급 지식인인 셈이었지. 하지만 그들이 대학에서 배운 영어라는 것이 전통적 어학교육인 주로 '책을 읽는 영어'였기 때문에, 실제 회화를 해야 하는 연락장교의 기능을 위해서는 거의 도움이 되지 않더라고. 연락장교의 일은 일선에서 실제 작전사항을 영어로 옮겨야 하는 것인데, 그에 필요한 회화라는 것이 하루아침에 될 까닭이 있겠어요? 고생 많이 했어. 책만 봤기 때문에 혼났지. 영어회화가 이렇게 어렵구나 하면서 밤낮 씨름을 했어요.

훈련기간 중에 인민군의 진격으로 우리 훈련소는 부산으로 밀려 내려갔어. 인간은 누구나 급해지면 교사가 강도로 돌변하는 것과 마찬가지로 온갖 가능성을 다 지닌 동물이더군. 지식인이라는 부류에겐, 영국 같으면 '노블리스 오블리제'의 전통에서 나오는 젠틀맨다움이나 기사도 정신, 즉 어떠한 급란에 처해서도 흩어지지 않는 일정한 품위와 행동규범을 유지하는 계율 같은 것이 있잖아요? 한국 지식인에게는 그런 세련된 정신이나 의식이 없다는 사실이 그런 판국에 이르니 뚜렷이 드러나더구만.

당시 한국인 연락장교들은 대부분 이미 대학 졸업자이거나 대학

고학년 재학생들이었으니까 상당한 인텔리라고 할 수 있었지요. 훗날 내로라하는 사람들, 경제·정치·사회·문화계의 지도급 사람들이 거의 연락장교 출신이거든요. 그런데 그때, 세 끼 나오는 밥이라는 게 멀건 콩나물국에 보리밥 한 그릇뿐이었어. 그것을 부산의 대신국민학교 교실에서 배식하는데, 어떻게 조금이라도 더 먹을 수 없을까, 배식이 시작되면 사람들의 눈에서 불이 나요. 정말 살벌해져. 소금물이나 다름없는 콩나물국의 배식량을 가지고 싸우다가 교실바닥이 전부 콩나물국 홍수가 되고, 주먹질이 오가기까지 했지. 아주 환멸을 느꼈어. 인간의 야수적 본성이 불꽃 튀는 상황에 끼어들지 않으려고 나는 이를 악물고 참았어요.

임헌영 동생을 잃은 것이 그 무렵입니까?

리영희 아니, 그 얼마 뒤였지. 내가 입대하고 한 1년 뒤인 1951년 가을, 강원도 건봉산전투에 참여하고 있던 때였어요. 동생은 나 대신 부모님을 모시며 소백산 죽령의 도로확장 공사장에서 막노동을 했어요. 미군이 주는 보리쌀과 밀가루 같은 것을 먹고 살다가, 맹장이 터진 채 일하던 중에 치료를 못 받아 복막염으로 사망했습니다. 큰 전투가 끝난 뒤, 동해안 미항 아야진에 부대 장교들과 함께 내려가서 한잔 마시고 돌아오니까 부대에 전보가 와 있더군. 아버지가 친 전보인데, 동생이 위급하다는 내용이었어요. 그런데 날짜를 보니까 단양에서 내 최전방부대에 전보가 배달될 때까지 11일이 걸렸더군. 나는 의무대장에게 사정을 말하고, 그 당시 소위 만병통치약이라는 분말 페니실린 몇 병을 짐에 챙겨넣고 급히 단양으로 갔어요. 당시에는 지금과 같은 오일 페니실린은 없고, 더욱이 마이신은 아직 나오지 않았을 때여서, 약 단위도 훨씬 낮은 분말 페니실린만 있던 때입니다. 집에 돌아와 보니까 동생은 이미 전보를 아버지가 치기 전날에 사망했더군. 그다음 날 아버지가 전보를 친 거지. 부모님을 모시던 동생 명희가 나 대신 죽은 거나 다름없지. 동생은 열일곱 살이었습니다.

조선에 대해 철저히 무지했던 미국

임헌영 흔히 8·15 이후에 한국에 들어온 미군들이 한국에 대해서 너무 몰랐다, 모르고 와서 시행착오를 겪었다는 이야기가 아직도 일부 학자들에게 통용되고 있는데요, 실제로 미국이 그럴 수 있는 나라입니까? 저는 그렇게 안 봅니다. 목적은 너무나 분명했고, 그걸 이룩하기 위한 방법론에서는 시행착오를 저질렀지만 역시 거대제국답게 자신들의 목표는 달성했다고 봅니다.

리영희 그 명제에 관해 나는 두 가지 측면으로 나누어서 생각해요. 미·일전쟁이 시작될 초기에 실제로 미국의 위정자들은 일본의 식민지인 조선에 대한 지식의 수준과 양이 형편없었어요. 미국의 선교사들은 어느 교파이건, 조선에서의 선교 목적이 그랬기 때문에 영혼의 구제에 치중했지 거기에 영향을 미치는 현실사회 전반의 요소들에 대해서는 별로 관심을 안 가졌어요. 그러니까 안중근 의사가 일제에 의해서 사형선고를 받고 평양의 가톨릭 주교에게 마지막 미사의 집행을 간청했을 때, 그 주교는 "살인자에게는 미사를 집행해줄 수 없다"고 거절하지요. 신·구교, 미국·유럽을 가릴 것 없이, 선교사들의 조선에 대한 지식이나 조선민족의 인종·문화·자질·능력 등에 관한 정보는 극히 왜곡됐거나 한심한 수준이었던 것이 분명해. 이와 달리 일본은 잠재적 전쟁 대상이었기 때문에 전략적 차원에서 상당히 깊이 연구했지. 그 이전 수십 년 동안의 기간에도 강대국 사이의 제반 관계로 말미암아서 연구가 깊었어요.

사실 말이지, 일본 패망 후 식민지 조선을 해방 독립시키자는 제안은 미국이 한 것이 아니라 중국의 장개석 총통과 소련의 스탈린이 제기했던 것이에요.

그 증거로서, 미국의 최고 지도자들이 조선에 관해서 얼마나 몰랐나 하는 사실에 관한 재미나는 실제 얘기가 있어. 일본의 진주만 기습 공격이 있자 일본과의 태평양전쟁이 예상됐던 단계에서 루스벨트 대통령이 정치·문화·사회·산업 분야의 군 고위 참모들에게 코리아에 관한 지식이 필요하니 읽을 책을 가져오라고 했어. 그래서 겨우 책 두 권을 가져왔는데, 그중 하나가 유명한 님 웨일스(Nym Wales)가 지은 『아리랑의 노래』(*The Song of Arirang*)였어요. 다른 한 권은 한말 시기에 미국의 어떤 선교사가 쓴 조선에 관한 책이라고 하는데, 그 선교사와 책 이름은 잊어버려서 생각이 나지 않는군. 하여간 루스벨트 대통령이 대일 전쟁 후의 일본 식민지 처리 문제를 구상하면서 그 참고자료로 보았다는 것이 고작 이 정도였다고. 이 사실은 당시 측근 참모였던 분이 쓴 책에서 내가 직접 읽어서 알고 있습니다.

조선에 대한 이와 같은 무지와는 대조적으로, 루스벨트 대통령과 미국 정치·군사 정책결정자들은 일본에 관해서는 아까 말한 것처럼 풍부한 지식과 정보를 가지고 있었어요. 1940년대 시점의 현대 일본에 관해서는 물론이려니와 명치·대정·소화시대의 지난 백 년에 가까운 일본 민족의 기본적인 정신·문화·예술·관습·도덕·생활 면까지 깊이 공부하고 있었어. 그것도 일본 민족의 뛰어난 자질과 문화적 수준에 관한 것이었기 때문에 그들은 일본에 대한 상당한 정신적·문화적 경외심을 품고 있었고, 그럴수록 조선 민족과 조선의 역사, 문화 등에 관해서는 거의 미개적인 수준으로 이해하고 있었던 것이오.

구체적인 증거로서 루스벨트 대통령은 일본 지식인 니토베 이나조(新渡戶稻造)의 『무사도』(武士道, 1899년)와 오카쿠라 텐신(岡倉天心)의 『동양의 이상』(*Ideals of East*), 『일본과 일본인』(*Japan and Japanese*), 그리고 스즈키 다이세쓰(鈴木大拙)의 『일본 선불교론』(日本 禪佛敎論) 등 많은 일본 문화에 관한 저서들을 읽었다는 거요. 이 사실로써 우리는 제2차 세계대전 전후 기간에 걸쳐 조선 민족의 자질이 미국 최고 정책 결정자들에 의해 형편없이 평가받은 배경을 알 수 있지 않아요? 이에 비해 조선을 강점한 일본 민족은 마치 당연히 조선을 지배할 만한 장점과 우수성을 지닌 양 인식됐던 게 사실이에요. 한 민족이 얼마나 일찌감치 세계문명에 눈을 뜨고, 몇 사람의 훌륭한 선각자적 지식인들이 민족의 장점을 글로써 세계에 알릴 수 있느냐 하는 것이 얼마나 중요한가를 우리는 실감하게 되지요.

그래서 지금 질문한 것처럼, 미국이 조선에 관해서 모든 것을 완전히 파악하고 상세한 계획과 복안을 세워서 정전을 맞이했다고 생각하는 것은 그럴 수도 있고, 그렇지 않을 수도 있다고 나는 생각해. 미국이 당연히 그런 모든 것을 완전무결하게 알고, 계획을 세우고, 예정대로 추진할 만한 능력을 가졌으리라고 미국을 '만능주의'적으로 단정하는 자세는, 거꾸로 미국이 매사에 천진난만하고 이타적이고 선의의 국가라는 전제 아래서 판단하려는 것만큼이나 비현실적이라고 생각해요. 종전 후에 공개된 여러 가지 미국정부 문서나 기록에 따르면, 미국이 일본의 식민지 조선 문제에 관해서 웬만큼이나마 연구를 시작한 것은 1945년 2월 얄타회담에서 중국의 장개석과 소련의 스탈린이 조선의 즉시 해방 독립을 제안할 때부터였던 것 같아요.

그러기에 미국이 조선에 군대를 진주시키기 위해서, 일본 항복 직후부터 조선에 관한 정보를 일본 군부, 특히 조선총독부와 조선군 사령부에 요구했거든. 이들이 조선에 진주할 24사단장 하지 중장 앞으로 보낸 많은 정보 전문이 공개돼 있는데, 그것에 의하면 미국이 얼마나 조선인과 조선의 사정에 어두웠는가 하는 것이 나타나요. 그리고 일본인이 제공한 정보는 조선 민족이 무능력한 사람들이라는 것, 일본군의 지속적인 지배가 없이는 조선의 치안은 총체적으로 문란해질 것이라는 따위의 아주 악질적인 내용들이었다고. 일본군이 제시한 이런 한심한 정보에 입각해서, 맥아더 사령관의 조선 군정 통치를 위한 '점령포고 제1호'는 조선민족에 굴욕적인 내용으로 일관했지. 상당 기간 일본군 식민지 군대가 그대로 행정과 치안을 유지한다고 선언하고, 조선민족에게는 일본 행정·군사 권력의 지시에 복종하도록 명령을 했어. 얼마나 어처구니없는 일이에요!

이와는 반대로 북위 38도선 이북에 진주한 소련군 사령관 스티코프 대장의 포고문 제1호는 조선 인민의 자주 행정권을 인정하면서, 일본 식민지 통치권력의 즉각적인 종식을 선언해. 그러고는 조선 인민의 즉시 독립을 위한 권리와 자격을 인정하면서 해방된 조선 인민의 앞날에 축복이 있기를 비는 내용이에요. 얼마나 대조적입니까?

해방, 환희, 그리고 분단

이러했기 때문에 미국은 1945년 12월, 모스크바에서 열린 미국·영국·소련 3상 회의에서 과거 자기들이 지배했던 필리핀 정도로 평가하며, 조선인들은 자치능력이 없으므로 30년 동안의 신탁통치를 제안해요. 그 미국의 30년 신탁통치 제안이 그나마 5년으로 단축됐던 것도 스탈린과 장개석의 덕이라고. 아까 말한 것처럼 장개석과 스탈린은 조선에 대한 훨씬 많은 정보와 깊은 사전 지식이 있었어. 조선 인민의 자치능력을 인정하고, 일본 패망과 동시에 즉시 독립을 허용할 것을 카이로회담과 포츠담회담을 통해서 주장했어요. 이뿐만 아니라 38도선을 그어서 조선을 분단하자고 한 것도 미국의 제안이었어요. 소련이 일본 패망 직전에 북조선으로 진격해 들어오니까, 오키나와에서 미처 남조선으로 진격할 여력이 없었던 미국이 급히 스탈린에게 38도선에서 미·소 양국 군대에 의한 분할점령 통치를 제안했지. 스탈린이 그에 동의한 거요. 이렇게 해서 조선 국토와 민족의 분단이 시작되었어요.

미국은 한국점령 전에 한국에 관해서 모든 것을 알고 있었고, 모든 일을 완전히 준비해서 그 계획대로 6·25전쟁에 임했다고 단정하는 임형의 논리는 미국의 의도나 능력을 과대평가하지 않았나 생각해. 그 반대로 단정하는 견해 역시 진실에서 먼 것이지. 나는 그 어느 쪽 단정 모두 위험한 추리라고 생각해요.

미국의 동북아 방어선에서 제외된 남한

임헌영 실제로 미군정은 1946년부터 남로당을 불법화하고 탄압하면서 체포를 시작하지요. 선생님, 그런데 왜 1949년에 미군이 철수한 그 이듬해에 6·25가 발발합니까. 6·25의 원인 문제입니다만.

리영희 그 문제의 초점이 되는 1949년 미군 철수에 관해서는 임형의 주장처럼 북한을 전쟁으로 유인하려 했다는 견해와 미국의 아시아 정책·전략 조정기였다는 두 가지 설이 있어요. 실제로 1950년 6월 25일 전쟁 발발 시점에서 보면, 당시 북진통일을 할 수 있는 군사적 무기나 장비를 미국이 지원하지 않았던 것이 확실해요. 그리고 1950년 1월 10일에 '애치슨성명'이 나왔는데, 일본은 미국의 동북아 방어선 안에 들어가지만 남한은 제외됐어요. 그런데 그것도 나는 북한을 유인하기 위해서 그랬다고는 보지 않아요. 왜냐하면 그때까지만 하더라도 미국의 전쟁·정책·전략의 주관자인 국방부와 아시아 지역의 총체적 정치 전략을 책임진 국무부 사이에는 의견 대립이 확연했거든. 제2차 세계대전 이후의 미국 최고 정책수립가들 사이에는 축소지향적인 국무부와과 확대지향적인 국방부 간의 꾸준한 의견차가 있었어요.

가장 중요한 요인은 중국 대륙에서 미국이 지원했던 장개석 반공우익정권이 패망하고 좌익정권인 모택동(毛澤東)의 혁명이 성공한 사실이에요. 제2차 세계대전이 끝난 직후에도 미국은 중국 대륙의 정세가 그렇게 종말을 고하리라고는 꿈에도 생각지 못했던 거요. 일이 그렇게 되자 미국은 소련과 중공, 북한을 통튼 극동 공산세력권의 형성에 대항해 미래의 강력한 동맹국가로서 일본만은 확보해야 한다는 최종적 정책이 수립됐어요. 바로 그 시기에 미국정부 내에서는 남한을 방어할 수 있다거나 방어해야 한다는 견해보다 남한을 포함한 극동은 일단 소련과 중공의 영향권에 들어간다고 전제하고 일본을 확보하는 데 힘을 집중했다구요.

미국이 중국 본토에서 1949년 장개석정권의 패망과 함께 완전히 철수하기까지의 모든 정책수립 관계의 극비문서만을 다룬 이른바 『중국백서』(*China White Paper*)의 방대한 내용에서도 남한 방어의 가능성에 관한 의문이 많이 제기됩니다. 또 해방 직후 한반도의 장래 문제에 대해서 종합적 정책전략을 루스벨트 대통령의 의뢰로 조사하고 제시한 이른바 '위드마이어 정책건의서'(The Wedemeyer Mission Report)도 남한의 보호와 유지가 어렵다는 입장이었어. 그래서 미국의 국가이익을 최대한 확보하는 방법으로 남북한을 통튼 '코리아 중립화' 정책을 제안해요.

그 밖에도 지난 30~40년 사이에 많은 정보들이 비밀해제되어서 나왔지요. 종합해서 말하면, 미국으로서는 중국이 공산화된 엄청난 충격에 직면해서 남한을 포함한 아시아 정책전략을 재평가하고 재구성해야 하는 궁지에 몰렸던 것으로 보입니다. 그래서 남한에서의 미국의 군사적 부담을 최소화하기 위해서 군대를 철수하고, 그 대신 일본을 축으로 한 일본, 필리핀으로 연결되는 미국 최전방 군사방위선을 확정짓는 거지요. 이것이 '애치슨라인' 발표의 배경이라고 봐요.

또 고르바초프정권 이후에 과거 소련의 한국전쟁 관계 기밀문서가 대량으로 기밀해제되어서 누구나가 볼 수 있게 됐어요. 등소평(鄧小平) 이후에 중국정부도 스탈린, 김일성(金日成), 모택동 사이에 오고간 방대한 양의 극비전문과 자료들을 공개했지. 십여 년 전만 해도 볼 수 없었던 이런 극비자료들이 대량으로 6·25전쟁 연구자들에게 제공됨으로써 6·25가 북한에 의해 애치슨성명이 있기 훨씬 전인 1948년 말경부터 치밀하게 진행됐다는 것은 이제는 의심

할 여지가 없이 밝혀졌지요. 소련공산당 서기장이었던 흐루쇼프의 유명한 회상록은 김일성이 애치슨성명 전인 1949년 말에 모스크바를 방문해서 스탈린에게 "모든 준비를 다 마쳤다. 남조선은 첫 일격에 무너질 것이다. 첫 일격으로 남조선 인민의 폭동이 일어나서 전쟁은 단시일에 끝날 것이다"라고 한 말을 기록하고 있어. 그 밖에 많은 분량의 중공·소련 측의 극비문서와 북한 내에서 6·25전쟁을 준비했던 고위정책가들과 군지휘관들의 실제 전쟁 준비에 관한 회고록들을 검토하면 임형이 아직도 믿고 있는 것과 같은 6·25전쟁 개시에 관한 북한의 면책론은 이미 부정된 지 오래라고 해야지. 아, 잠깐 있어……. 그 문헌들을 서재에서 가져올게요……. 여기 이 책들이 그런 극비 전문과 문서들을 정리한 것들인데, 이 내용을 보면 북한이 애치슨성명 훨씬 이전부터 이미 계획과 준비를 거의 완료했다는 것을 실감나게 알 수 있어요.

태평양전쟁의 발단이 된 1941년 일본의 미국 진주만 기습공격도 미국은 사전에 다 알고 있으면서 일본을 전쟁으로 유인하기 위해 묵인했다는 설도 없진 않아요. 말하자면 '전쟁음모설'이지. 과연 미국이 일본을 전쟁으로 유인하기 위해서, 의도적으로 그리고 계획적으로 그 방대한 군사시설과 막강한 태평양 함대의 전력을 몽땅 희생양으로 제공했는지는 영원히 풀리지 않는 수수께끼로 남겠지요. 그런 관점에서 본다면 한국전쟁의 경우도 마찬가지겠지.

임헌영 저는 잘은 모르지만 문학적 감성으로 볼 때 미국이란 나라가, 그 냉혈한 같은 지배구조를 가진 국가가 과연 그렇게 엉성했을까 싶습니다. 삼팔선에서 분단만 유지된다고 한다면 나름대로 안정을 취하려는 의도였다는 것이 아닙니까? 그런 상황에서 일어난 전쟁인데 다시 개입한 것은 분단 자체가 어느 한쪽으로도 파괴되어서는 안 된다는 소련과 미국의 상호견제로 봐야 되겠습니까?

리영희 북한 측의 주장은 여기서 도외시하더라도 남한 내에서도 좌익진영이나 그 경향의 연구자들 사이에 그런 견해가 아주 많았다는 것은 사실이에요. 나 자신도 이 문제의 연구과정에서 그와 같은 미국 측 전쟁 유포설까지 포함해서 양쪽 모두의 의도나 필요성을 과학적으로 보려고 노력했던 사람이니까. 그러나 이 문제는 그것을 어느 이데올로기적 또는 정치적 경향에서 보려고 하는 개인적 관점과는 무관하게, 소련의 고르바초프정권과 중국의 등소평정권의 개방 정책 이후 지난 십여 년 사이에 학문적 사실 규명을 위해서 밝혀져야 할 비밀정보는 거의 다 공개됐다고. 나는 이런 문제에 대해서 남한의 적지 않은 인사들이 지녀왔던 전쟁책임론에 대해, 진실이 밝혀진 뒤까지도 자기의 희망이나 선입관을 너무 고집하는 것은 지식인의 과학적 태도가 아니라고 봐요. 어차피 이승만도 분단된 민족을 통일하기 위해서 통일전쟁을 하려다 못한 것이고, 김일성은 같은 목적의 전쟁을 훨씬 더 치밀한 계획과 준비하에 감행했다는 차이뿐이지.

그리고 1949년에 미국이 남한에서 일방적으로 철수한 것이 아니지요. 다음과 같은 전반적 상황에서 생각해볼 필요가 있습니다. 첫째, 미국의 철군은 38도선 이북의 소련군의 철수와 연관해서 동시적·병행적으로 이루어진 거예요. 1948년 12월의 유엔총회에서, 소위 '남한 단독정부 수립'과 '대한민국 국가 수립'을 승인한 결의는 그와 동시에 미·소 양 군대의 철수를 규정했어요. 그래서 소련군도 그 시기에 철군했지. 둘째, 그 '애치슨성명'도 남한을 버린다고 단정한 것이 아니라 다만 남한을 일본에 비해서 '부차적' 방어대상으로 규정하면서, '남한에 대한 외부적 위협이나, 공격에 대해서는 군사적 책임을 다한다'라고 덧붙이고 있어요. 셋째, 이에 따라서 1950년 1월에 미국은 한국의 군사전략적 보호의 법적 근거인 '한·미 군사방위 조약'을 체결하고 남한군대에 무기와 장비, 재정 지원을 약속했어. 이상과 같은 미국의 의도나 계획을 아울러서 생각하면 도움이 될 거요.

임헌영 말하자면 제2차 세계대전에서 힘들게 싸웠던 결과가 공산권에 유리해진 것이지요.

리영희 아시아 전체가 일단 넘어가는 겁니다. 그 이유 때문에 북한의 남한 공격(통일전쟁)은 미국에게 일본 확보를 위한 교두보로서의 남한 유지의 군사적 행동을 할 정당성을 부여한 거지요. 무엇보다도 코리아반도 전체가 공산화되면 미국의 주요 거점인 일본이 위태로워진다는 판단에서였어요.

결코 낭만적일 수 없는 전쟁

임헌영 도모노로(伴野郎)라는 작가가 쓴 소설 『K 파일 38』을 재미있게 읽었습니다. 일본에 있던 연합군 최고사령부(GHQ)의 맥아더 파일 넘버인데요. 『아사히신문』(朝日新聞) 외신부장 출신인 작가가 한국전쟁의 원인을 추적해 추리소설 형식으로 쓴 것입니다. 서문에서 자기는 다 증거들을 가지고 있고 모든 것이 사실이지만 형식을 소설로 썼을 뿐이라는 이야기를 하는데요. 주된 내용은 일본 재벌들이 6·25전쟁을 일으키도록 맥아더와 접촉했고, 차기 대통령이 되려는 맥아더의 야망과 일본 경제의 특수(特需)란 두 목표가 합쳐져서 전쟁이 발발하는 것으로 풀이합니다. 맥아더를 영웅으로 돋보이도록 하기 위해 전쟁에서 비극적인 후퇴를 거듭하여 아슬아슬하게 만든 후 박력 넘치는 극적인 승리를 해야 한다, 그것이 인천상륙작전이라고 합니다. 어찌 보면 만화 같고, 어찌 보면 아주 충격적인 내용입니다. 일본의 역할은 어땠을까요? 당시 일본경제는 밑바닥으로 특수가 없으면 살릴 길이 없었는데, 실제로 한국전쟁으로 부흥했습니다. 얼마 전 한 일본 지식인이 지금 자기 나라에서는 한반도의 전쟁을 기정사실화하고 있다며, 6·25처럼 오늘의 일본 경제 침체를 벗어날 기회는 한반도의 위기밖에 없다고 해서 너무 놀랐습니다.

리영희 그 일본 추리소설 작가의 글은 내가 읽어보지 않아서 뭐라 말할 수 없구만. 일본 재벌들이 미국을 충동질해서 6·25전쟁을 미국이 일으키도록 공작했다고 했는데, 6·25 전 시기에 일본 재벌들은 모두 해체된 상태였어요. 전쟁범죄자들 사형도 끝나고, 패망한 일본과의 강화조약도 6·25전쟁이 일어난 후에 체결되기 때문에, 정치도 경제도 혼동상태였어요. 그런 현실적 상황을 배경으로 할 때, 『아사히신문』 기자의 그 가상소설에 얼마나 '근거'가 있는지 나는 잘 모르겠구만. 특히 해방 후 한반도 정세에 관한 수정주의 역사가 브루스 커밍스 교수나, 그 이전에 한국전정 미국 책임론이라는 관점에서 접근했던 I. F. 스톤을 비롯한 몇 사람들의 견해는 아까 얘기한 스탈린, 김일성, 모택동 사이의 전쟁준비 과정과 전쟁수행 과정에 관한 결정적인 기밀문서들이 밝혀지기 훨씬 이전 단계의 주장이지요. 이제는 커밍스도 그런 주장을 상당히 수정한 새로운 측면의 논문을 발표하고 있어요. 어떻든 지난 15년 사이에 밝혀진 객관적 증거에 입각한 역사적 사실은 아까 얘기한 그런 내용입니다.

또 맥아더 장군이 대통령이 되기 위해서 일부러 인민군의 남하를 묵인하고 허용했다가 자신을 영웅으로 돋보이게 하기 위해 "비극적인 후퇴를 거듭하여 아슬아슬하게 만든 후에 극적인 승리를 하기 위해" 전황을 방치했다는 그 기자의 가공소설을 그대로 믿는다면 임형도 그 기자와 같은 바보가 될 수 있어요. 실제상황은 ①인민군 전력이 남한군 전력에 비해서 월등했고 ②남한에 제일 가까운 일본에 주둔한 미군 전력은 사실상 치안유지 수준으로 감축돼 있었고, ③인민군 전력에 대항할 만한 전력 투입에는 본토전력의 이동과 전쟁장비 준비에 시간이 걸리고 ④소련, 중공과의 전쟁 가능성을 포함한 전 지구적 수준의 전략평가의 복잡한 협의·조절 단계를 거쳐야 하고 ⑤대규모 상륙작전에는, 제2차 세계대전 중의 노르망디 상륙작전과 같은 물적·인적·과학 및 기술적 사전조사, 예측작업이 앞서야 하고 ⑥한국전 참전 10여 국 정부와의 정책·군사적 협의가 수반되어야 하며 ⑦노르망디 상륙작전의 경우와 다름없이, 만약 작전이 실패할 경우의 광범위한 긴급대응책을 마련해야 하며 ⑧유엔 국제정치장에서의 정치·외교적 대책을 연합국 정부들과 협의해야 하는 등등의 문제가 앞뒤로 따르는 거예요. "아슬아슬하게 만든 후에"니 "비극적인 후퇴"니 "극적인 승리"를 위해, 심지어 "자신의 대통령 스케줄에 맞추어"라는 따위 소리를 그대로 믿으시오? 전쟁과 군사는 그렇게 낭만적인 것이 아니에요. 미국의 의도가 불순하다는 선입견 때문에 이런 일까지 너무 고정관념으로 단정하는 일일랑 경계해야 해요. 좀더 과학적이어야 하지!

2 | 전쟁 속의 인간 1
전쟁 속의 인간 2
저널리스트에 천직을 찾고

"전 세계의 피압박 인민의 백인 자본주의에 대한
투쟁들에 나는 열정적인 공감을 느꼈어요.
그런 전 지구적이고 전 인류적인 세계사적 대변혁에 관한
뉴스를 만들고 알리고 하는 외신기자로서의 역할에
나는 완전히 몰두했어."

전쟁 속의 인간 1

민족상잔의 현장에서 우는 청년

동생의 죽음이 가져온 의식의 전환

임헌영 선생님의 회고록 『역정』을 보면 "동생의 죽음 때문에 휴가 나갔을 때의 '나'와 다시 전선으로 돌아올 때의 '나'는 인간이 굉장히 달라져 있었다"는 구절이 굉장히 시적으로 나옵니다. 무엇이 그런 변화를 가져온 겁니까?

리영희 반드시 그때 휴가 나왔을 때를 계기로 나의 내면적 인간이 달라졌다고 말하기는 적절치 않겠지요. 그것보다는, 군에 입대하여서 최전방 전투지의 격전지를 누비며 고생하는 동안에 목격하고 체험한 너무나도 부정적인 사실들과, 한편으로는 전쟁과 동떨어진 후방지역에서의 환락, 사치, 극단적 이기주의 현실들을 목격하면서 순진했던 23세 청년의 마음에 큰 변화가 온 거지요. 우선 당시의 대한민국 국군이라는 것의 실체를 똑바로 알 필요가 있어요. 그래야 내가 겪은 그와 같은 정신적 격동의 배경을 이해할 수 있을 겁니다.

첫째, 대한민국 군대는 일본제국주의의 천황군대를 그대로 옮겨놓은 군대였어요. 소수의 독립군 출신들이 있기는 했지만, 국군의 상층과 중층 지휘관들은 거의가 일본 천황에 충성을 맹세했던 장교들과, 제 발로 걸어가서 총을 메고 일본군이 되었던 지원 하사관들 출신이었어요. 이들이 지난날 목숨으로 충성했던 그 야만적인 일본 군대의 사상과 폭력주의를 그대로 새 나라의 군대여야 할 남한의 소위 '국군' 속에서 재현하고 있었던 거야. 걸핏하면 중위가 소위를 패고, 소위가 상사를 패고, 상사는 하사관을 매질하고, 하사관은 사병들을 개 패듯이 패는 일이 다반사였어. 폭력을 휘둘러야 할 무슨 이유가 있는 것이 아니야. 그냥 매질을 하고 고통을 줌으로써 쾌락을 만끽하는 사디즘의 집단이었어. 그 사디즘 체계의 말단, 밑바닥에 위치한 대한민국 국군의 사병들은 그야말로 인간 대접을 받지 못했던 것이오.

둘째, 위관급 장교들이나 하사관 또는 사병들 속에는 이와는 다른 성격의 군인들이 있었어. 이들은 해방 이후 6·25전쟁이 발생하는 1950년 6월까지의 사이에, 전국 각지에서 새로 의식화되고 사회개혁 운동에 뛰어들었던 개혁사상·공산주의·사회주의 경향의 사람들, 다시 말하면 좌익활동을 하던 사람들이지요. 미군 점령 시의 미군정과 군정을 승계한 거나 다름없는 이승만정권의 탄압과 추격을 피해서 군대를 피난처로 지망한 사람이었지. 군대를 보신책으로 택한 사람들이에요. 그 당시 군대는 유일하게 경찰과 서북청년단을 비롯한 수많은 우익 폭력단체들 위에 군림할 수 있었던 또 다른 폭력집단이었어. 그러니까 전국에서 경찰과 우익 폭력집단들의 박해를 받거나 쫓기던 젊은이들이 그들에게 복수를 하기 위해서 군대에 들어오기도 했어.

셋째는 무식·무학하고, 사회적으로 하층에 속했던 도시빈민과 농촌의 무위도식하거나 잉여적 존재이던 청년들이 호구지책으로 찾아 들어오기도 했지. 군복과 계급장으로 장식된 외모에다가 총을 메고 있는 '권력' 표지에 유혹되거나, '재수가 좋으면 한자리할 수 있겠지'하는 몽상으로 모여든 인간들, 이런 것이 당시 국군의 구성요소였어요.

물론 신생 독립국가의 기둥인 군대의 존재이유를 바르게 이해하고, 자신의 사명과 책임을 다하려고 노력하는 청년장교들이 없었던 것은 아니야. 그러나 그 수는 그렇지 않은 장교들에 비해 너무나 적었어. 그러니까 내가 지금 말한 것과 같은 성격과 성향, 배경과 인맥의 인간들이 모여서 구성된 대한민국 군대의 행동양식이 어떠했겠는가 하는 것은 짐작할 수 있겠지요? 대한민국 군대에는 아무런 이념도 없었어. 적어도 한 국가의 군대라고 하면, 그 군대가 무엇을 해야 하며 정신적 자세는 어떠해야 하며, 일상적으로 어떻게 행동해야 하느냐 하는 그 존재이유가 있어야 하는데 우리 군대는 그런 것이 정말 없었어. 지금 사람들은 해방 이후와 6·25, 그리고 6·25 전쟁 이후 상당한 기간의 대한민국 군대의 본질과 참모습이 무엇이었는지를 잘 모를 거예요. 한마디로 그것은 국민의 생명과 재산을 보호하고 국가를 보위한다는 군대의 숭고한 사명감이나 행동상의 신조가 전혀 없는 집단이었던 거야.

나는 휴전협정이 체결된 1953년 7월까지 3년 반 가까이를 최전방 전투지에서 보냈어. 그동안 나는 속리산·지리산·설악산·건봉산·향로봉을 비롯한 수많은 격전지를 부대와 함께 누볐지. 특히 강원도

육군 중위였던 1952년 10월 26일 강원도 간성군 건봉산(911미터) 최전방 지휘소에서 동료와 함께

의 최전방 전투지에서는 전투 때마다 엄청난 수의 우리 장병의 희생이 있었어요. 그때마다 사단본부에서 보충병이 M1소총을 거꾸로 메고 884고지, 향로봉(1,296미터) 등으로 투입되었어. 전사하고 부상당해 인원이 부족해진 부대의 병력을 보충하기 위한 보충병이지. 이들은 대부분 농촌과 도시의 돈 없고 힘 없는 부모의 자식들이었어요.

한번은 884고지의 전투가 끝난 다음, 억수같이 쏟아지는 장마철 빗속에 푹 젖은 몸으로 100명가량의 보충병들이 힘겹게 걸어올라왔어. 언제나 내가 가슴에 사무치게 품고 있는 이 대한민국 사회와 군대의 불의(injustice)에 대한 감정 때문에 나는 그날도 비를 맞으며 그들이 올라오는 길목에 나갔어. 그리고 물었어요. "너희들 중에 중학교 이상 다니던 사람은 손 들어봐." 그랬더니 그 100여 명이 넘는 속에서 세 사람만이 손을 들더라고. 이와 같이 한국 사회에서 힘 없고, 돈 없고, 그 당시에 유행했던 말로 '빽 없는' 도시 노동자나 농촌 무지렁이 자식들만이 사지로 보내졌던 거요.

그런가 하면, 바로 그때에 산꼭대기를 파고 구축했던 우리 연대

OP에 '병아리 소위' 하나가 발령을 받고 신고하러 올라왔어. 얼굴이 앳되고 고생이라고는 해본 적이 없어 보였어. 이 신임 소위가 처음부터 병아리답지 않게 까불고 도도하게 굴더라고. 우리처럼 피를 보면서 살아온 장교들의 눈에는 정말 아니꼽고 한심해 보이더구만. 그런데 OP에 올라와서 하루 이틀을 지내고는 다음 날 사단본부로 내려가겠다고 해. 육군본부에서 전보가 왔다는 거야. 그러고는 육군본부로 전속발령이 나서 가버렸어. 물론 이런 경우가 전부는 아니었다 하더라도, 목숨이 오고 가는 그 판국에서 이런 일이 비일비재했다고. 정말 피가 거꾸로 솟는 것 같은 분노를 참을 수가 없더구만.

이런 군대와 무의미해 보이는 전쟁을 겪은 내가 전선에서 달려 내려와서, 아직 살아 있으리라 생각했던, 그리고 살리려고 했던, 그 동생이 이미 12일 전에 죽었다는 사실을 확인하면서 난 눈이 뒤집혔던 것이오. 내가 다른 장교들처럼 약삭빠르게 굴어서 최전방 전투 근무에서 빠져 후방 근무로 내려와 있었다면, 부모님도 힘들지 않게 부양할 수 있었을 것이고, 내 동생은 나 대신 노동판에서 고생하다가 그렇게 죽어가지는 않았을 것이야. 이렇게 생각하니 이 나라에 무엇 때문에 충성을 바쳐야 하는가 하는 생각과 군대에 대한 반감이 치솟아 올라왔어요. 이런 변화가 바로 그때 나의 국가관과 전쟁관 그리고 이 사회에서 살 앞으로의 나의 마음가짐 같은 것에, 말하자면 코페르니쿠스적 전환을 가져왔다고 할 수 있지.

광기어린 집단의 무자비한 학살

임헌영 동생의 죽음은 선생님의 의식에 씻을 수 없는 생채기를 만든 첫 사건이 아닌가 느껴집니다. 오늘의 선생님을 뵈면 결국 군대에서의 중요한 체험들이 큰 영향을 미쳤다는 생각을 하게 됩니다. 군에서 거창 양민학살사건도 겪게 되고, 진주에서 통역관들과 같이 기생집에 갔다가 경험한 에피소드도 있고, 또 거기서 이동할 때 다른 사람이 대신 죽는 운명론적인 사건도 체험하게 되는데, 우선 시기적으로 차례차례 훑어보겠습니다.

1951년 2월 9일부터 11일까지 거창에서 자행된 양민학살사건은 엄청난 정치적 파문을 일으켰습니다. 후방 공비 토벌을 구실로 육군 제11사단이 창설된 게 1950년 10월이고, 거창군 신원면에서 경찰관 30명이 전사한 사건이 일어난 것이 12월 5일이었습니다. 그리고 1951년 2월 7일 제11사단 제9연대 제3대대 800여 명이 신원면에 진주합니다. 이 사건을 요약한 인터넷 사이트 '거창사건'(http://www.geochang.go.kr/case/)은 이렇게 말합니다.

"15세 이하 남녀 어린이가 359명, 16~60세가 300명, 60세 이상 노인이 60명, 무고한 양민 719여 명(남자 327명, 여자 392명)이 당시 11사단(사단장 최덕신 준장) 9연대(연대장 오익경吳益慶 대령) 3대대(대대장 한동석 소령) 병력의 총검에 무지막지하게 학살되었다. 처참한 시신 위에 마른나무와 기름을 뿌려 불로 태워버리기까지 한 천인공노할 사건을 저질러놓고 후환에 두려움을 느낀 한동석은 신원면 일원에 계엄령을 내려 이방인 출입을 막고, 어린이 시체는 골라내어 학살 현장에서 약 2킬로미터 떨어진 홍동골 계곡으로 옮겨 암매장하여 은폐를 하고, 공비와 전투를 하여 희생자가 발생된 것으로 왜곡을 하였으나, 1951년 3월 29일 거창 출신 신중목 국회의원에 의해 국회에 폭로되고, 1951년 3월 30일 국회와 내무·법무·국방부의 합동진상조사단이 구성되었다."

사건이 물의를 빚자 신성모(申性模, 1891~1960) 국방장관은 '양민이 아닌 공비 토벌'이었다고 강변했습니다. 이런 현장을 선생님의 부대가 직접 경험한 것으로 알고 있습니다.

리영희 진주농림학교에 내가 배속된 보병 제9연대 본부가 주둔하여 위수사령부를 설치한 다음 산청·함양·거창·하동·사천 등으로 제9연대 병력이 분산 배치되었어. 제9연대의 제3대대가 저지른 천인공노할 그 거창 양민학살사건을 내가 안 것은 사건 발생 한참 후였어. 이 말을 들으면 아마 사람들은 '어떻게 자기 연대 휘하 부대가 그런 엄청난 사건을 저질렀는데 연대본부에서 모르고 있을 수가 있겠는가?' 하는 의문을 가질 수 있을 거예요.

나와 자주 9연대 휘하 부대의 작전지역을 시찰했던 고문관 메인 소령은 그 전해인 50년 늦가을에 연대본부 참모들과 함께 남원에서 열리는 사단 작전회의에 가던 도중 '공비'의 기습공격으로 전사했어. 그 뒤에 고문관 세 사람이 부임해 왔는데, 수석 고문관에게는 '사병'처럼 데리고 다니는 민간인 통역관이 있고, 다른 고문관들은 나의 후임들과 업무를 함께했기 때문에 나는 직접 업무를 담당할 고문관이 없어 전투상황과 떨어져 지내고 있었어. 거창 양민학살사건은 신임 고문관들이 부임한 후에 일어났어. 내가 거창에서 제3대대가 엄청난 사건을 저질렀다는 것을 알게 된 건, 부산에 있는 계엄사령부의 김종원 대령이 휘하부대 병력에게 공비 옷을 입혀서 매복시켰다가, 현지 시찰차 거창에 오는 국회조사단을 그 길목에서 공격하는 시늉을 했다는 사실이 공개된 뒤였어. 이 사실은 두고두고 나의 가슴을 슬프게 하는 일이에요.

지리산 전투에서 빨치산들을 잡으면 처참한 모양이었어. 부상당한 채로 산자락에 널브러져 있거나, 상처를 씻지도 못해 부패가 심한 모습이었는데, 몸에 이가 얼마나 많은지 밥그릇 같은 것으로 긁어내요. 이를 모아놓고는 비로 쓸고, 가마니를 덮은 뒤 휘발유를 부어서 태워. 몸에서 체중만큼의 이가 나와요! 그런 처절한 전쟁의 비인간성·반인간성·반생명성을 거창 양민학살사건과 같은 집단적인 광기를 통해 목격하고 알게 된 나의 내면에는 전쟁과 군대, 그런 잔인무도한 일을 저지를 수 있는 군대라는 이름의 인간집단들에 대한 형용할 수 없는 증오심과 혐오가 나의 본성처럼 자리 잡아갔어요.

아직도 하늘을 맴도는 영혼들

임헌영 선생님께서 거창 양민학살사건을 말할 때 메인 소령이 있었다면 사태는 달라졌을지도 모른다고 하시던데, 당시 메인 소령 후임자들의 나태와 불성실이 한국군의 거창 양민학살사건을 막지 못한 거라고 생각하신 것 아닙니까?

리영희 거창사건의 발생은 1951년 1월이고, 메인 소령이 지리산에서 빨치산의 기습공격으로 죽은 것은 그 전해인 50년 늦가을이었어. 그러니까 연대 수석고문관이던 메인 소령이 거창 양민학살사건 때 있었다면 어땠을까 하는 가정하의 답변은 굉장히 어려운 일이지. 그 메인 소령의 사망 후에 부임해온 다른 고문관들이 거창사건을 미리 알았느냐, 또는 알았다면 예방할 수 있었겠느냐, 또는 전혀 그 사실을 사전에 알 수 없었고 사후에 인지하게 됐느냐 등의 의문에 대해서도 어떤 가능성이나 개연성을 도출해낼 수 있는 답변은 할 수 없어.

 그런 가상적 문제 제기에 대한 답변을 위해 참고로 관련되는 요인을 생각해볼 수는 있겠지. 6·25전쟁 시 전투부대에 배속된 미군 고문관과 한국군 부대와의 업무 분담에는 경계선이 있었다는 것과 명령 계통이 각기 달랐다는 사실, 이 두 가지를 이해할 필요가 있겠지. 먼저 기능의 한계로 말하면, 고문관은 일반적인 작전계획에 관해서 연대장의 설명을 듣기도 하고 미군 군수물자, 예를 들어서 무기, 탄약, 가솔린 따위의 공급에는 관여했어. 하지만 한국군 자체의 군수물자, 예를 들어 각종 식량이나 피복 조달, 급여 등등에 관해서는 고문관이 개입하지 않았어요. 부대의 작전계획에 관해서는 미국 측 지원이 필요할 때에는 사전 협의를 하는데, 미국 측 관여나 물질적 협력이 필요하지 않은 한국군 부대의 일반 작전에 관해서는 대체로 사후 통지를 받거나 협의하는 그런 식이었어요. 요약해서 말하면, 우리 한국군 부대의 제반 활동이나 작전에 관해서 고문관이 매사에 간섭하거나 협의하거나 모두 알고 있거나 하는, 이를테면 이신일체(二身一體)적 관계가 아니었던 거지요.

 그러니까 제9연대의 제3대대가 거창 양민학살사건과 같은 엄청난 짓을 벌일 때, 연대장이 연대 고문관과 사전협의를 했거나 동의를 요청했다고는 생각하기 어려워. 거창사건 같은 그런 엄청난 짓은 사단과 휘하 제9연대, 대대의 작전계획 집행과정에서 최고급의 극비에 속하는 행동이었을 테니까, 직접 관련된 지휘관급만이 사전에 알고 있었을 거예요. 사단장 최덕신 준장과 연대장 오익경 대령은 이런 사건이 초래할 엄청난 사후 반응의 중대성을 예측할 수 있었기 때문에 철저하게 전후 사실을 은폐하려고 했음이 분명해. 그런 구체적인 관련 상황으로 미루어보아 그 사건은 필연적으로 국제문제화할 것이 분명한데 미군 고문관에게 사전협의나 통지를 했으리라고는 생각되지 않아요.

메인 소령이 있었다 해도 마찬가지였을 겁니다. 그러니까 고문관이 배속된 그 제9연대 연대장이 자기 휘하 부대가 저지른 그런 엄청난 대량 학살사건에 관해서 사전에 고문관에게 알릴 까닭이 없고, 그렇다고 고문관이 이런 사실을 즉각 알 수 없었겠지요. 그러니까 메인 소령이 아무리 성실하게 근무를 했다 하더라도 그런 상황에서는 도움이 안 됐을 겁니다.

임헌영 미국 고문관을 통해서 이를 미리 알 수 있는 기회는 없었습니까?

리영희 새로 온 고문관들과 나는 아무런 대화의 필요나 기회가 없었어. 또 통역장교가 고문관의 업무를 전부 알 수 있는 위치에 있지도 않았지. 고문관과 통역장교가 업무상 정보를 공유하는 범위는 연대장이 고문관에게 알리는 사항과 고문관이 연대장에게 요구하는 정보의 상황에 한정되니까. 남원에 있는 최덕신 사단장이 사단 수석고문관에게 알린 정보가 사단 고문관을 통해 연대 고문관에게 전달되는 일은 당연히 있었지요. 당시의 상황적 증거로 미루어 최덕신 사단장이 한국군과 한국정부에게 중대한 타격을 줄 것이 분명한 거창학살 정보를 자진해서 사단 고문관에게 제공했다고는 생각하기 힘든데. 그렇다면 연대 고문관도 달리 알 길이 없지.

임헌영 거창에서는 줄곧 미군들과 같이 다녔습니까?

리영희 그런 게 아니에요. 거창에는 미군이 없었어. 한국군만 있었지. 6·25전쟁 시의 한국군과 미군 군사고문단과의 관계를 잘 몰라서 그러는구만. 한국군에 배속된 미국인 고문관과 한국군 부대장, 그리고 그 사이에서 한국군 장교로서 근무하는 연락장교, 즉 통역장교의 관계 형태를 자세히 알 필요가 있어. 한 연대에는 원칙적으로 고문관이 두 사람, 대개 영관급 1명과 위관급 1명이 붙어요. 때로는 둘 다 영관장교일 수도 있고. 통역장교는 어디까지나 '대한민국 육군장교'이기 때문에 소속된 그 부대의 한국군 지휘관의 명령계통에 드는 거요. 업무상 한국군 부대 지휘관이 미군 고문관과의 연락·통역 임무를 부여하는 것이지, 고문관의 명령이나 미군 지휘계통과는 아무런 관계가 없는 거요. 식사도 부대의 장교식당에서 하고, 숙소도 원칙적으로는 소속부대와 동일합니다. 다만 그런 시설이 부족하거나 또는 고문관 숙소가 부대 밖에 있어서 통역장교의 숙소를 필요상 제공할 때만 함께 하게 되는 거지. 전투부대에서는 상시적으로 고문관들이 통역장교에 대한 필요 때문에 예외적으로 한 야전천막이나 벙커라고 하는 토굴이나 야전호 또는 한국 민가를 얻어서 함께 지내게 됩니다. 후방에서는 주로 낮 근무시간에만 부대장실 옆에 배치되는 천막이나 방에 고문관과 함께 근무하지. 기능적으로는 고문단과 연관되지만 신분상으로는 아무런 연관이 없는 거야. 나의 경우로 말하면, 나는 '대한민국 육군 보병 제11사단 제9연대 소속, 군번 223848 육군 중위 리영희, 특기 통역'이라고요. 미국 군대하고는 아무런 관계가 없어요. 6·25 기간의 이런 군대 편성을 정확히 알 필요가 있어.

임헌영 자료를 보면, 국회조사단은 공비소탕 과정에서 200여 명의 희생자가 났는데 어린이나 노인은 없다는 조사결과를 발표합니다. 신달자(慎達子) 시인이 쓴 추모시 「넋이여 아직도 잠 못 이루고 있는가」에서 "무슨 이런 거짓말 같은 세월이 있다더냐"는 구절이 상기됩니다. 역사 왜곡의 전형적인 한 예입니다. 이 사건은 1996년 명예회복되었습니다만, 아직도 이와 비슷한 여러 유형의 희생자들은 중음신으로 이 산하를 떠돌고 있습니다. 성공회대학교 김동춘(金東椿) 교수가 주축이 되어 활동하고 있는 '한국전쟁 전후 민간인 학살 진상규명 범국민위원회'가 바로 이런 사건을 다루고 있는데, 여전히 안갯속에 묻혀 있지요.

리영희 김 교수는 그런 활동을 위해서 나의 집에도 찾아와 여러가지 이야기를 묻기도 했고, 나의 자서전 『역정』속의 「전장과 인간」에서 인용도 많이 했어. 거창 양민학살사건은 군대가 완전한 비밀사항으로 해서 일체의 정보 누출을 봉쇄했기 때문에 우리 국내 신문에서는 보도가 되지 않았어요. 어떤 경로에서 그렇게 됐는지는 잘 모르겠고, 또 어쩌면 그 후에 공개됐을지도 모르지만, 내 기억으로는 어떻든 먼저 외신에서 폭로된 것으로 알아요. 이 사건이 알려지자 유엔총회에서 소련대표가 미군과 한국군의 잔학성을 규탄하고, 영국 의회에서는 한국전쟁에 참전하고 있는 영국 군대를 철수시키라는 강력한 요구까지 나왔어요. 이승만 대통령과 대한민국 정부에 대한 온갖 비판이 쏟아져나왔을 때인데, 영국의 『타임스』가 "남한에서 민주주의를 기다리는 것은 마치 쓰레기통에서 장미꽃이 피기를 기다리는 것과 같다"고 논평한 유명한 말이 전 세계에 퍼진 계기가 됐어요.

이야기가 났으니 말인데, '거창사건'을 일으킨 제11사단은 그 책임 때문에 1951년 초에 지리산 작전을 제6사단에게 넘겨주고 강원도 전방전투 임무를 명령받았어. 설악산 전투를 위해서 부대가 북상하고 있는 도중에, 거창사건 책임자들에 대한 군사재판이 열리고 선고가 나왔어요. 사단장 최덕신 준장은 그 직에서 해임되고, 연대장 오익경 대령은 무기 징역형, 학살 책임 대대장인 한동석 소령은 징역 10년형, 그리고 이 사건을 은폐하기 위해서 국군을 인민군으로 위장시켜 국회조사단의 현지조사를 방해한 경남 계엄사령관 김종원 대령은 징역 3년형을 받았어. 그렇지만 이들은 1년도 채 형을 살지 않고 1952년 3월, 이승만의 특사로 모두 석방이 됐단 말이야. 심지어 김종원 대령은 전남 경찰국장을 거쳐 치안국장이 되었다고. 이게 '대한민국 국군'이오! 형무소에 들어가 있는 동안에도 이승만 대통령의 특별지시로 그들은 마치 호텔에서와 같은 생활을 했다는 사실이 밝혀졌어요. 극우 반공밖에 모르는 잔인무도한 이승만 독재정권과 한국 군대의 본질을 말해주는 것이 아니겠어요?

권총 앞에서도 당당한 진주기생

임헌영 거창사건 이외에도 선생님은 군대에서 훗날의 인생에 크게 영향을 미친 여러 가지 개인적 체험, 예를 들면 진주기생과의 이야기라든가, 후임장교 박 중위의 전사와 관련된 슬픈 이야기라든가, 이런 여러 가지 '인간 체험'을 하셨다는데, 이에 대해 좀 말해 주십시오.

리영희 목숨을 걸고 밤낮 없이 전투가 계속되는 전쟁마당에서는 싸우는 군인으로서의 경험 이외에 하나의 인간으로서도 특이하고 귀중한 경험을 하게 되는 경우가 많아요. 민간인 사회와는 다른 극한 상황이라 특이한 사건들이 많으니까. 나는 경외심, 깊은 부끄러움 속에서 귀중한 깨우침을 얻은 경우가 세 번 있어요. 기구하게도 그 세 번 다 군대에서였지. 그 첫째가 진주기생과의 사건입니다.

지리산 전투의 와중에서 나는 하나의 운명 같은 체험을 하게 됩니다. 여러 전투가 끝난 후에, 연대장이 장교들을 위로하겠다고 장교들을 진주 시내의 허름한 술집에 모아놓고 회식을 베풀었어. 이름난 옛날의 진주기생들은 전쟁통에 있을 턱이 없지만 어쨌든 '진주기생'이라는 여자들을 모아놓고 회식을 한 거지.

그날 저녁 회식에서, 나는 흔히 이런 경우에 그랬듯이 연대장 옆자리에 앉게 됐어. 연대장과 나와의 관계는 다른 보병장교들과는 다르거든. 나는 엄연한 군인이면서도 직업군인이 아닌 까닭에 '반군인·반민간인' 같은 위상이다 보니까 연대장도 별 스스럼이 없이 나를 대했지. 그래서 언제나 회식에서는 자기 옆에 앉으라고 해요. 연대 참모나 대대 지휘관은 연대장 옆에 앉는 것이 거북스러우니까 언제나 나에게 그 자리를 양보하곤 했어. 그날도 연대장과 내가 진주기생이랍시고 모아온 늙수그레한 여자를 각기 차지하게 됐지. 물론 10여 명의 다른 장교들도 오래간만에 분내 나는 술집여자들을 하나씩 옆에 앉히고.

그렇게 한참 마시다가 정신을 잃었어요. 나는 그때까지 별로 술을 안 했어. 깨어보니 여자가 사라지고 없더라고. 한참 취기가 오르고 있을 때, 여자보고 이 자리가 끝나면 우리 따로 가자고 했는데 어느새 사라졌더라구! 전투지에서는 위관장교도 마치 장군 행세를 하게 마련이에요. 유치하지만 그 당시는 그랬다고. 그래서 그때, 그 기생이 뭐라고 대답했든지 간에 이쪽은 상대방이 응했다고 믿어버린 거지.

화가 나서 집이 어딘지 대충 물어보고 지프차를 몰고 쫓아갔어요. 남강가 절벽에 보잘것없는 초가집에 살고 있더구만. 싸리문을 열고 들어가서 처음엔 공손하게 여자의 이름을 부르면서 나오라고 했는데 아무런 기척이 없어. 괘씸하다고 생각한 나는 조금 소리를 높여서 나오라고 했어. 그래도 안 나오길래 "약속을 해놓고 왜 아무 말도 없이 사라진 거야?"라고 큰 소리로 따지니까, 그제야 돌쩌귀 소리가 나더니 창호지문이 삐걱하며 열여요. 서너 자 높이 돌축대 위 툇마루에 나와 선 여자는, 아무 말도 하지 않고 나를 내려다보면서 미동도 않고 있더라고. 마침 그때가 보름날이라서 중천에 뜬 달이 교교한 빛을 여자의 정면으로 내리비추고 있었어. 아무 말도 안 하면서 그 달빛을 정면으로 받고 서 있는 그 여인은 형용할 수 없이 고고한 모습이었지.

나는 차츰 그 여성에게 압도당하는 느낌이 들었어. 상대방과의 위상이 역전되는 것 같은 두려움에 사로잡히게 되더라고. 술이 확 깰 정도로. 상대방의 자태가 너무나 도도하고 심지어 범접하기 어려운 존재로 보이기까지 했어요. 보잘것없는 기생, 그저 '술 따르는 여자'가 아니라 위엄에 싸인 존재의 기(氣)에 압도된 나는, 순간 허리에 찬 권총을 빼들고 마당 밖으로 한 발을 쏘았어요. 적막한 밤에 그 소리는 남강 위로 멀리 메아리로 퍼져가더군. 그러고는 여자를 향해서 내려오라고 소리질렀어. 당시 지리산의 빨치산 토벌에 나선 위수사령부 장교라고 하면, 소위의 계급장만 달아도 이순신 장군쯤이나 된 것처럼 우쭐했던 그런 시절이에요. 게다가 총도 한 발 쐈으니, 제가 논개가 아닌 바에야 그까짓 기생이 버선발로 달려 내려와서 무릎 꿇고 살려달라고 빌 줄 알았지.

그런데 그렇지 않아. 여자는 그런 판국에도 자세 하나 흐트러짐 없이 그대로 조용히 버티고 서서, 나를 내려다보면서 훈계를 해요.

"그렇게 사람을 총으로 겁을 줘서 마음대로 할 수 있다고 생각하면 안 됩니다. 젊은 장교님은 나중에 큰 분이 되겠지만 사람을 그렇게 다루는 것이 아닙니다. 진주기생은 강요당해 아무 데나 따라가지 않습니다."

나는 그 훈계에 기가 죽어버렸어. 그래도 대학을 막 나온 22세의 순진한 청년이었기 때문에 순수한 마음이었던 것이에요.

내가 얼마나 왜소한 인간인가! 보잘것없는 술집 여자라고 업신여긴 상대방의 그 당당한 기백이 인간적으로 얼마나 위대한가! 나는 그 기생에게 정신을 차릴 수 없을 만큼 압도당했어요. 나는 큰절을 하고 깊이 사죄한다는 말을 남기고는, 머리를 숙인 채 가만히 걸어 나와서 지프차를 몰고 돌아왔어요. 그 기생의 인간적인 큼 앞에서 내가 얼마나 왜소한지를 절실히 깨달았어요. 살면서 처음으로 인간의 크기, 도덕적인 크기를 깨닫게 해준 사건이었어. 참으로 나에게는 귀중하고, 어쩌면 고귀하다고까지 할 수 있는 깨달음의 기회였어요.

임헌영 아, 정말 인상적인 일화네요. 인간의 값을 직업이나 신분 또는 재산과 학벌이 아닌 존재 그 자체의 본질로 따지는 방법론이지요.

뒤바뀐 삶과 죽음의 자리

리영희 내가 그렇게 싫어하던 군대생활에서 또 소중한 자각이랄까 인식전환을 하게 되는 사건을 얘기해야겠구만. 메인 소령이 수석고문관으로 있던 어느 날, 남원에서 사단본부 작전회의가 있어서 연대장, 수석고문관 그리고 연대참모들이 아침에 남원으로 떠났어요. 이런 경우에 나는 당연히 연대장과 수석고문관과 함께 가야 하는 겁니다.

그런데 그 며칠 전, 수석고문관 메인 소령이 우리 부대가 빨치산에게서 노획한 소련제 권총을 선물로 받았어. 그래서 그때까지 권총이 없던 나에게 그는 자기 권총 '포티화이브'를 주기로 했어요. 소련제 권총은 시커먼 미제 포티화이브(0.45인치 구경이라는 뜻)와는 달리 은색이고, 크기도 훨씬 작아 손아귀에 딱 들 만한 데다가, 디자인이 투박한 포티화이브와는 달리 날씬하고 가벼워요. 한국전쟁에 왔던 미군장교들이 본국에 돌아갈 때 기념품으로 가지고 싶어하는 물건의 제1호였어. 그런데 나에게 자기 권총을 주되 조건이 있다는 거야. 무슨 조건이냐 하면, 자기와 일주일 동안 남강가 모래사장에 나가서 사격연습을 하고 나면 준다는 거요. 포티화이브는 동쪽을 겨냥하고 쏘면 총알은 서쪽으로 갈 만큼 반동이 심해서, 훈련되지 않은 사수가 사격했다간 옆사람 죽이기 십상이라는 거라. 메인 소령은 "팔다리가 온전히 붙어서 마누라와 자식들한테 돌아가고 싶다"면서 일주일 훈련을 끝내면 주겠다는 겁니다.

하지만 작전이 계속된 탓에 사격연습을 못 했고, 나는 권총도 없이 카빈을 메고 사단 작전회의에 가게 됐어. 다른 병과 장교들은 전투에서 노획했거나 부산 암시장에서 산 자기 권총을 차고 있는데 나만 카빈총을 달랑 메고 갈 순 없었어. 그게 싫어서 꾀병을 핑계삼아 이번에는 못 가겠다고 했지.

마침 부대에는 늦게 부임해온 신임 통역장교가 있었어요. 박 중위라고 경북대학교 국문과 출신인데, 성적이 좋아서 졸업할 때 대

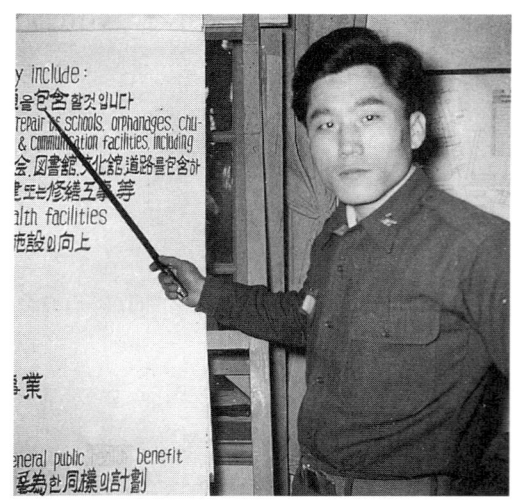

1953년 가을 마산에 위치한 육군 군의학교에서 상황브리핑을 하고 있다.

통령상을 받았다고 하더군. 자기는 천애의 고아로 자랐고, 이모님 한 분이 남원에 계신다고 들었는데 돌아가셨는지 살아 계신지 한번 찾아뵙고 싶다, 그러니 자기를 보내달라고 사정을 하더군요. 하기야 내가 안 가면 후임 장교가 가게 마련이니까 사정할 것도 없는 일이지. 그래서 바로 며칠 전에 지급되어서 나도 한 번 입어보지 않은 신품 파카를 그에게 입혀주면서 잘 갔다 오라고 했습니다. 참모들에겐 박 중위를 잘 도와달라고 당부까지 했고. 그리고 연대지휘본부는 1개 소대의 경비병과 헌병차의 경호를 앞뒤로 받으면서 출동했어.

그렇게 나간 지 3시간쯤 뒤에 비상이 걸렸어. 지리산 깊은 계곡에서 연대장 이하 수석고문관과 연대본부 참모진이 빨치산에게 기습공격을 당한 겁니다. 골짜기 양쪽에 매복해 있던 인민군이 공격을 한 거야. 용케 연대장과 몇 사람만 도망쳐왔어요. 긴급 출동해 보니까, 내가 당연히 타고 있었을 고문관 지프차의 내 자리에서 가슴에 총 세 발을 맞고 박 중위가 피를 낭자하게 흘린 채 쓰러져 있더라구. 구두도 없고 총도 없어졌어. 공비들이 다 가져갔지. 수석고문관은 앞 유리창을 뚫고 들어온 총 두 발을 맞고 마치 뛰쳐나가려고 했던 것처럼 한 발은 차에 걸친 채 몸이 땅바닥에 쓰러져 있더구만. 고문관의 소련제 권총도 사라지고 없었어. 참혹하고 허망하더군.

그때까지 나는, 사람은 과학적이고 치밀한 합리적 논리, 자기 의지로 좌우되는 법칙과 같은 것을 바탕으로 산다고 생각했어요. 그런데 막상 삶과 죽음의 자리가 뒤바뀌는 기묘한 상황에 처해보니, 죽는 것은 인간의 그런 이성이나 계산을 완전히 초월하는 하늘의 뜻이 아닐까, '우연의 장난'이 아닐까, 하는 생각이 들더구만. "인명은 재천이고, 세상만사는 새옹지마"라는 옛말이 머리를 스쳐갔어. 만약 내가 권총을 받았더라면 신나서 차에 탔을 테고, 이 자리에서 죽었을 텐데. 권총을 안 준다고 꾀병 부리면서 피했기 때문에 박 중위가 나 대신 죽었구나, 모든 일이 어떤 운명의 연쇄나 우연의 연쇄 속에 벌어지는 '새옹지마' 같은 것이로구나, 우연이란 것의 큰 힘, 하나하나의 현상만으로는 인과관계의 큰 뜻을 헤아릴 수 없구나! 이런 비과학적 생각을 하게 된 거지요. 이 경험 때문에 지금까지도 사람의 목숨이란 자기의 뜻대로 되는 것이 아니라는 일종의 운명론을 믿고 있어요.

임헌영 그리고 또 하나의 사건은 무엇입니까?

리영희 교만했던 내가 거듭되는 인간적인 깨달음 속에서 겸손이라는 덕목의 중요성을 뼈저리게 실감한 사건이 있었어요. 강원도 최전방인 건봉사(乾鳳寺) 공격작전 때의 일입니다. 건봉사는 본래 99칸의 대사찰이었는데, 미군 폭격으로 완전히 잿더미가 되어버렸더군. 지리산에서 죽은 메인 소령 후임으로 부임해온 수석고문관 퍼트남 소령과 나는 전투가 막 끝난 건봉사로 들어갔어. 사람이 하나도 없는 줄 알고 이리저리 살피고 다니는데, 구석진 곳에 암자가 하나 보이더라고요. 그 앞에 가서 사람을 부르니 문이 열리면서 스님이 한 분 나오더구만. 나이가 한 40세 정도 돼 보였어요. 깜짝 놀란 나와 고문관은 반사적으로 돌담에 비켜서서 몸을 숨기고 권총을 빼들었어. 암자에서 나와, 우리 머리 높이의 마당 끝에 선 스님이 공손하게 절을 해요. 그러면서 마당 옆에 있는 작은 곳간을 가리키며 이야기를 시작해.

며칠 전까지만 해도 곳간에는 중들이 지어서 말린 강냉이·콩·조·감자·무·배추·푸성귀 같은 것들이 가득 쌓여 있었다는 거야. 종교를 미워하는 인민공화국 군대도 여기서 5~6명의 스님들이 농사지은 채소나 호박 같은 것을 말려 자급자족하며 사는 것을 여태까지 건드리지 않았는데, 어제 국군의 수색중대가 들이닥치더니 다짜고짜 곳간 문을 부수고 들어가 그 식량을 모두 가져가버렸다는 거야. 종교를 숭상한다는 남조선의 군대가 자기들을 보호할 생각을 하기는커녕 진격해 들어오자마자 말 한마디 없이 곳간의 식량부터 털어가는 것을 보고, 남아 있던 중들이 배신감을 느껴서 어딘가로 뿔뿔이 헤어졌다는 거야. 그래도 한 사람이라도 남아서 절터를 지켜야 하기에 자기가 남았노라고 해요. 그러면서 "두 분은 높은 사람들 같으니 이 식량을 되찾아주세요"라고 부탁을 해. 우리는 힘껏 그러겠노라고 대답하고 돌아섰지만 그걸 어디서 찾을 수 있겠어요?

우리 두 사람이 가슴에 총을 겨눴는데도 미동도 안 하고, 진주기생만큼이나 의연한 자세로 조용히 우리를 타이르는 모습이 그야말로 생사를 초탈한 사람 같더구만. 대단하더군! 며칠 뒤에 가보니 그 스님도 사라지고 없었어. 대한민국 국군이란 그런 집단이었다고. 참 한심한 일이지. 아무런 무기도 갖지 않은 알몸의 스님이, 피비린내 나는 전쟁판을 달려 올라온 군대의 두 장교가 자기를 겨누고 있는 권총 앞에서, 태연하게 마치 타이르듯이, 아무런 두려움의 기색도 없는 자태와 말로써 우리에게 대했던, 그 부처의 제자다운 모습에 나는 감복했습니다. 그리고 형용할 수 없는 부끄러움과 자기모멸에 빠졌어요. 나는 여기서 다시 진주의 그 기생에게서 받았던 것과 같은 새로운 깨달음의 벅찬 감동과 기쁨을 느꼈습니다.

뜯어보기가 부끄러웠던 성탄카드

임헌영 그 밖에도 군대 복무 중의 에피소드가 많으시지요.

리영희 그래요. 7년이라는 긴 기간이었으니까. 마지막 사건은 같은 사단의 제20연대로 전속되었을 때, 연대 차석고문관 소로시 소령과의 사이에 일어난 일입니다. 당시 그 차석고문관의 한국전 근무 임기가 달포 정도밖에 남아 있지 않았을 때인데, 무슨 일인지 상사의 눈밖에 나서 전선부대로 배치돼왔다고 하더라고. 수석고문관 중령은 연대본부의 산 밑에 있는 낡은 농가에, 못나고 늙수그레한 여자를 데려다 놓고 살았어요. 소로시 소령이 건봉산 OP에서 내려와 수석고문관과 함께 그 집을 쓸 때는, 옆방에서 밤마다 잠을 잘 수 없는 상태가 벌어지는 거지. 그럴수록 소령은 밤낮 위스키만 퍼

마시고, 달력의 날짜에서 하루하루를 북북 지워버리는 것으로 날을 보냈대.

전투가 끝나면 연대 휼병장교가 연대장을 위해 후방에서 좀 이상한 부류의 여자를 데려오는 관행이 있었어요. 그 임무를 수행하는 휼병장교 이 중위가 앰뷸런스를 몰고 고문관실 앞에 오더니, 나더러 속초에 함께 가서 술 한잔 안 하겠냐고 하더군. 보니까 며칠 전에 전투를 끝낸 중대장들이 몇 사람 타고 있더라고. 내가 "그거 좋지!" 하고 타려는데 차석고문관이 어디로 가느냐고 묻더라고. 휼병장교가 돌아오는 길에 여자를 하나 데려오려 한다는 것을 안 고문관은 휼병장교에게 15달러를 꺼내주면서 자기에게도 여자 하나 데려와달라고 부탁해요.

우리가 술 한잔하는 사이에 휼병장교가 여자 둘을 구해서 한국병사의 누추한 겨울용 누비옷을 입히고, 철모를 씌워서 앰뷸런스 뒤에 태우고 부대를 향해서 출발했어. 그 당시 속초호(湖) 중간선이 전투지역과 후방지역의 경계선이었어. 검문소에서 나온 미군 헌병이 차를 세워 서치라이트를 비춰보니까 뻔한 거야. 국군병사처럼 위장을 했다지만 들통이 나고 말았지. 결국 여자들 둘 다 끌려 내려갔어. 결국 여자와 돈을 다 떼인 셈이지.

그러는 동안 차석고문관은 위스키 한 병을 다 비우고, 여자의 살갗을 상상하면서 잔뜩 기대하고 있었던 모양이야. 그런데 돌아온 앰뷸런스가 빈 차이지 않아요? 그러니 막 난리를 치는 거예요. 휼병장교가 서투른 영어로 아무리 설명과 변명을 해봐야 납득하지 않더라고. 내가 설명을 거들었는데도 막무가내라. 그러다가 끝내는 나에게 "네가 돈 먹고 여자 먹고 그랬지?"라면서 화풀이를 해. 제발 그러지 말라고, 좀 진정하라고, 설명해주겠다고, 아무리 말해봐야 설득이 안 돼. 점점 더 화를 내면서 아주 모욕적으로 나오는 거야. 이렇게 실랑이가 벌어지는 와중에 옆에 있던 미국 통신 일등병이 혼잣말로 "Dirty Korean officers!"라고 내뱉더군. 그 말이 내 귀에 들렸어요. '추잡한 한국장교들'이라니! 더구나 업신여기는 말투로 한낱 사병이 내뱉은 말에, 그때까지 팽팽하게 당겨져 있던 나의 인내의 활시위가 순간 탁 소리를 내며 끊어져버렸어.

나는 소령을 향해서 외쳤어.

"당신, 팔다리가 붙은 채로 처자식에게 돌아가고 싶으면 사과하시오!"

팔다리 붙어서 처자식에게 돌아가고 싶다는 표현은, 진주에서 메이슨 소령이 자기 권총을 나에게 건네주기 전에, 정식으로 사격연습을 하지 않으면 내가 쏜 총에 자기가 죽을 수도 있다는 뜻으로 했던 말이에요. 내 영어가 유창한 편이라 감정이 격할수록 오히려 더 그런 영어 표현이 자연스럽게 튀어나왔어. 그리고 나는 "사과하지 않으려면 결투를 하자"고 소리쳤어. 나는 허리에서 내 권총을 풀어 그에게 던지고는, "당신 권총을 이리 내놓으시오!"라고 소리질렀어.

그는 마당에 한참 버티고 선 채 차츰 얼굴이 하얘지더군. 씩씩거리더니 한참만에 나한테 다가와서 손을 내밀더라고.

"루테난트 리, 아임 쏘리! 내가 잘못했어, 용서해주시오."

그날의 일은 그렇게 끝났어. 그다음부터는 '더러운 양키장교 자식'을 쳐다도 안 봤지요. 사실 나는 7년 동안의 군대생활에서 군대의 덕을 본 일이 있다면, 사단의 대표적인 권총사수가 됐을 만큼 뛰어난 사격술을 익힌 것이에요. 그때 나는 정식 권총사격 표적은 너무 커서 마시고 남은 빈 맥주깡통을 표적 거리에 세워서 쏘거나, 심지어 그것도 커서 강원도의 농촌 폐가에서 뜯어낸 전선용 애자를 놓고 쏴도 명중시킬 정도였으니까! 술에 취한 차석고문관은 그 칠흑 같은 밤중에 내 권총 솜씨를 당할 수 없다는 생각을 당연히 했겠지. 그는 나의 사격술을 잘 알고 있었으니까. 어떻든 일은 그렇게 끝났어요. 그때 그 자리에 마침 후임 통역장교가 있었던가 봐요. 나는 잊어버렸는데, 그 친구를 45년이 지난 1997년인가 서울에서 우연히 만나서 지난날의 전쟁터 이야기가 나왔어. 이야기 도중에 "야, 자네 그때 고문관 소령에게 권총 집어 던져주면서 캄캄한 밤에 결투하자고 소리칠 때, 나는 정말 두 사람 중에 한 사람 죽는 줄 알고 겁이 나서 마구 떨렸어"라고 말하더군. 그 친구가 그 차석고문관 소령의 업무상 파트너였지.

그리고 한 달쯤 지났을까, 크리스마스 전에 소로시 소령은 귀국했어. 그리고 해가 바뀌고, 그 사건도 나의 기억에서 바쁜 전투 때문에 희미해졌을 무렵, 전선에 있는 나한테 미국에서 편지 한 통이 배달됐어요. 발신인이 그 소령이더라고. 내가 결투의 압박으로 그를 굴복시키고 나에게 사과를 강요했으니 그 굴욕감이 깊었을 텐데도 '팔다리가 붙어서 처자에게 돌아간' 그는 나를 잊지 않고 성탄카드를 보낸 거요. 나는 부끄러워서 처음엔 뜯어보지도 못했어. 며칠 지나서 개봉해보니 이렇게 씌어 있더구만. "일선에서는 당신한테 여러 가지로 미안했어요. 당신도 내 심정이나 사정을 이해할 거요." 그러고는 몇 마디 인사말 끝에 'God bless you'라고 맺었더라구. 심지어 자기 가족들의 인사까지 넣어 보냈어. 그가 이 카드에 인사말을 쓰면서 가족들에게 한국의 전쟁터에서, 나와 자기 사이에 어떤 일이 있었냐 하는 이야기를 했는지 안 했는지는 알 수 없어. 어떻든 그 편지를 받고 "아, 내가 또 인간적으로 한 외국인에게 졌구나" 하는 열패감에 휩싸였어요. 군대에서 겪은 그런 깨달음의 과정을 통해서, 나의 내면은 조금씩 편협과 교만의 껍질을 벗고 인간적 성장을 해 왔다고 할 수 있겠지.

6·25전쟁이 시작된 바로 다음 달, 즉 1950년 7월에 입대해서 만 3년에 걸친 최전방 전투지의 생활이 완전히 헛된 것만은 아니었어요. 최상급의 권총 사격수가 된 것은 그 후 나의 인생에서 아무런 도움도 되지 않았지만, 다른 장교들과의 한 가지 차이점은 그 전쟁 중에도 꾸준히 독서를 했다는 점이겠지. 동족상잔의 의미에 대해서 생각하면서 전쟁의 인간 파괴의 문제가 늘 머리에서 떠나지 않았어요. 그래서 미국인 고문관들이 6개월마다 한 번씩 일본에 휴가를 다녀올 때 책의 목록을 주어서 보고 싶은 책을 사오도록 했지. 그때에 그렇게 해서 읽은 책들이 다 기억나지 않지만, 『안네의 일기』, 톨스토이의 『전쟁과 평화』 등의 일본어판, 그리고 몇 권의 영어판 도스토옙스키 작품들이었어요. 『전쟁과 평화』는 이와나미 문고로 전 8권이었는데, 전투가 끊일 날이 없어 8권을 다 읽는 데 한 1년이 걸렸던 것 같아. 휴전 후 후방 근무로 내려와서 부산, 대구 등지에서 3년을 더 복무하다 군복을 벗은 뒤에, 군대 생활과 관련된 모든 것을 버릴 때 그 책이 다시 나왔어. 나는 지금도 책을 읽고 나면 독후감을 꼭 책 끝에 기입하는 버릇이 있어요. 강원도 최전방의 굴 속에서 8권째를 읽고 끝에 적은 독후감에는 "전투의 연속 속에서 틈을 내어 8권을 다 읽는 데 이렇게 시간이 걸렸다. 읽는 즐거움보다 의무감으로 읽었다"고 적혀 있더군.

30년 동안 시달린 어둑서니의 공포

임현영 선생님은 유년시절 평안도 말로 '어둑서니'에 대한 공포증에 대해 말씀하신 적이 있지요. 어느 지역이든지 어른들이 실제로 그것을 봤다고도 하고, 보지 않고도 겁에 질리기도 하지요. 저도 어렸을 때 '도깨비다' 하면 도망을 쳤는데 선생님도 비슷한 체험을 가지신 것 같습니다. 지금도 가끔 어둑서니에 대한 꿈을 꾸신다고 하셨는데, 어렸을 때 거울에 비친 하나의 영상이 각인되면 사람의 일생을 지배하기도 한다는 주장이 연상됩니다. 어둑서니 같은 영상과 공포로부터 안정을 찾는다는, 그런 공포로부터 안정을 찾으려고 하는 것이 다른 사람보다도 굉장히 강하게 작용하는 것이 선생님의 민주주의 의식과 평화에 대한 심리적인 기본 바탕이 아닐까 하는 생각을 해봅니다. 너무 프로이트적인 분석인지는 몰라도 인간은 누구나 성장기에 형성된 이미지의 직간접적인 지배를 받지 않을까 싶어요.

리영희 임형의 그 관찰과 해석에 동의해요. '꿈의 정신분석학' 또는 '꿈의 해석'이라는 프로이트의 이론은 나의 삶에도 거의 완벽하게 적용될 것 같아요. 프로이트는 그의 정신분석에서 무의식의 개념을 가지고 깨어 있을 때의 정신활동과 수면 중의 꿈이 무의식에서 연결되어 표출되는 현상을 잠재의식의 영상화라고 그랬지 않아요? 나도 여러 차례의 옥중 생활에서 프로이트의 그런 책들을 흥미롭게 읽었어요. 그의 이론에 따라서 나의 꿈을 유형화해보기도 했어.

나는 나의 꿈 가운데 단순한 과거의 체험이 잠재했다가 꿈속에 재현되는 유형과, 나의 인생에서 겪은 깊은 '결핍감'이 그 충족을 원하는 욕구의 표현으로 나타나는 꿈에서, 대개 네댓 가지의 정형(定形)을 도출할 수 있어. 첫째는 소년시기의 충족과 행복이 의식의 아득한 저변에 침체해 있다가 성년 후에 다시 프로이트적인 꿈이 되는 것인데, 평안북도 대관 시절 들과 산과 계곡에서 소년의 욕구와 추구가 남김없이 충족되고 행복의 온갖 삶이 재현되는 것이에요. 다만, 방금 임형이 얘기한 '어둑서니'의 꿈이 조금 색다른 것인데, 이건 소년기보다 더 앞선 유년기의 잠재의식이에요. 평안북도의 어른들이 어린아이들을 겁줄 때 쓰던, '달걀귀신'이니 '어둑서니'니 하는 엄청나게 무섭고 겁나는 허깨비에 쫓겨 온몸이 흠뻑 땀에 젖어 깨는 그런 꿈도 꾸지요.

두번째 유형은 중학교와 해양대학의 학생시기를 통해서 인간으로서의 동물적인 필요, 다시 말하면 배를 채울 먹을 것조차 결핍했던 그런 시기의 고통들, 학교를 나오면서 취직 때문에 겪었던 고통 같은 것이 재현되는 것이지요.

세번째 유형은 6·25전쟁의 한복판에서 감수성이 예민한 20대 청년의 영혼이 상처를 입어가는 그 7년 동안의 처참한 사건들의 회상입니다.

네번째 유형은 언론인과 교수 시기, 다시 말해서 30대에서 60대까지의 긴 기간에 걸친 것인데, 이 기간의 꿈은 다시 두 가지로 성격분화를 할 수 있어요. 먼저 언론인이었던 1950년대부터 1970년대 초까지 국가권력의 핍박과 탄압으로 조선일보사와 합동통신사에서 쫓겨나고, 가족의 생명을 부지하기 위해서 비굴하게 일자리를 찾아 헤매는 꿈입니다. '먹을 것'을 위해서 이루 말할 수 없는 굴욕과 괴로움을 당하는 이때의 삶, 구체적으로는 박정희정권 아래서의 나의 삶의 전 과정이 온갖 모양의 꿈으로 나타나는 거예요.

마지막 유형은 20여 년의 한양대학교 재직 시절의 재현인데, 헤아릴 수도 없이 많은 국가권력의 탄압이 생생한 꿈으로 나타나요. 걸핏하면 중앙정보부·안기부·대공반·경찰의 추격의 손을 피하기 위해 자다 말고 맨몸으로 울타리를 뛰어넘고 으슥한 구덩이를 찾아 숨고, 그러다가 끝내는 그 흉악한 집단의 손에 붙잡혀서 묶여 끌려가는, 그런 내용의 꿈들입니다. 정말 이런 꿈을 꿀 때, 이런 고생을 끝없이 되풀이해야 할 바에는 차라리 자살을 해버리는 것이 낫겠다는 생각으로 몸부림치다가 깨어나는 경우가 흔히 있었어요. 이 꿈의 배경이 박정희정권 말기에서 전두환정권의 기간에 해당해요. 그런데 흥미로운 것은 그런 꿈을 낮잠을 자다가 꾸는데도 꿈속에서 지난날 그 독재권력의 피문은 손들이 나를 잡으려고 들이닥치는 때는 언제나 깊은 야밤의 일로 나타나는 거예요. 아마도 이것은 박정희와 전두환의 공포통치 아래서 20~30년 동안 어느 밤이건 마음놓고 편안하게 잠들었던 일이 없었던 삶의 실제 체험이 잠재화한 결과가 아닌가 싶어요.

난 박정희정권 말기와 특히 1980년의 전두환 집단의 광주대학살이 있었던 그 시기에는 수사학적으로 하는 얘기가 아니라, 생리적으로 숨을 쉴 수가 없고 질식할 것만 같았어. 그리고 심리적으로나 정신적으로는 오늘보다 더 암담해질 내일을 견디어야 할 절망적 상태를 생각하면서, 스스로 삶을 마감해야 하는가 하는 그런 중압감에 시달렸어요. 그때 나는 '사람은 자살을 할 수 있다'는 것을 실감했어. 세계의 유명한 사상가나 예술가나 그 밖의 지식인들이, 겉으로 보기에는 화려한 생애를 스스로 목숨을 끊는 것으로 마감할 때,

그들의 내면적 갈등과 고뇌에 탈출구가 없는 철저한 절망감을 겪은 실존적 경지를 공감할 수 있었어요. '자살'이 유일한 구원으로 다가온 군인정권 30년을 살아온 결과이지.

전쟁 속의 인간 2

화연 속에 달궈지는 평화주의자

엉터리 야전의료교본을 만든 죄책감

임헌영 제가 알기에는 6·25전쟁에 참전했던 장교들은 대체로 3년 내지 3년 반에 제대를 했는데, 한국 군대의 체질과는 너무나 동떨어진 선생님께서 휴전이 된 뒤에도 3년을 더 근무하여 결국 7년이라는 긴 세월을 군에서 생활한 것이 잘 이해가 안 됩니다. 그렇게 원해서 3년을 더 복무한 것인지, 무슨 이유가 있습니까?

리영희 내가 6·25전쟁에서 정전(停戰)협정이 체결된 뒤에도 3년 반을 더 복무해야 했던 것은 전적으로 강요에 의한 것이에요. 내가 어째서 그따위의 군대에 하루인들 더 머무를 이유가 있었겠소? 1953년 7월 27일 휴전이 된 뒤에 나는 당연히 제대될 줄로 믿고 있었어. 그런데 뜻밖에도 3년 반을 목숨을 걸고 최전방 전투지에서 산 나를 소위 '전후방 교류' 제1차 대상자로서 후방지역 부대의 근무로 발령하더라고.

그렇게 해서 마산 소재 육군군의학교 영어교관 겸 야전의료교본 번역관으로 임명받았어요. 군의학교의 의정장교(병원행정 담당 장교)들과 간호장교들의 영어교관 임무는 이해할 수가 있었어. 그런데 엉뚱하게도 미국 육군 '야전의료교본'을 번역해서 한국 육군 야전의료교본으로 편찬하라는 지시는 도대체 황당무계한 것이었다구. 나와 같은 전방 근무자들 중에서 군의학교에 온 통역장교가 다섯이 함께 있었는데, 이 6명이 제각기 대학에서 철학·전기공학·국문학 등 의학과는 아주 천 리 거리에 있는 분야를 전공했던 장교들이었어. 이런 공부를 한 장교들이 어떻게 그 전문성 높은 군 의료교본을 번역할 수 있단 말이오? 어처구니없는 일이 아닐 수 없지. 우리는 콘사이스를 찾아가면서 각종 의학용어를 멋대로 상상력을 동원해서 번역했어. 이렇게 해서 번역된 것이 훗날 대한민국 육군 야전의료교본이 됐어요. 내가 번역한 야전의료교본 때문에 살 수 있었던 부상병이 오히려 죽은 일은 없는지, 얼마나 황당무계한 일인가를 생각해보시오. 우리 한국군의 인력배치나 적성효과의 능률평가에 과학적이고 합리적인 사고는 전혀 없었던 거요. 그냥 주먹구구야. 한심하기 짝이 없는 꼴이었지.

휴전 후 3년 반을 더 근무한 것은 통역장교뿐 아니라 법무장교, 의무장교, 통신장교도 그러했어. 전쟁은 끝났지만 한국 군대는 계속 팽창하는데, 이와 같은 특수 분야의 전문지식과 자격을 갖춘 장교의 수는 태부족이었지. 결국 통역장교를 합친 이 4가지 병과의 장교들은, 모두 지긋지긋한 군대 복무를 휴전과 함께 끝내고 각기 민간인으로서 직업활동을 하고 싶어했지만, 모두 2~3년씩 강제로 붙잡혀 있었지.

곁들여 이 시기의 나에 관해서 한 가지 말한다면, 군부대가 집중적으로 배치되어 있던 대구 이남과 부산지역에 미8군 사령관 밴 플리트 대장이 시찰올 때에는 수많은 통역장교들 가운데서 내가 통역을 맡곤 했어요. 이런 영어 실력이 7년 동안의 혐오스러운 국군 복무의 한 가지 선물이라면, 너무나 비싼 대가를 치른 선물이지.

사람들은 그런 경력을 가진 리영희가 군복을 벗은 후의 50년 생활에서 철저한 미국 비판자의 역할을 하는 것을 어쩌면 의아하게 생각할지도 몰라요. 하지만 나는 미국 군대와 미국의 국가이기주의, 그리고 완전히 예속적인 한미관계의 본질을 훤히 꿰뚫어 보고 알고 있기 때문에 그렇게 될 수밖에 없는 거예요.

임헌영 이런 말씀을 드리는 이유는 선생님이 월남하셔서 일제 말기에 공업학교라는 상당히 안전한 길을 갔고, 또 혼란기에 해양대학을 가시고, 또 그 전쟁 중에 연락장교로, 어떻게 보면 남한에 있는 사람들이 가장 부러워하는 직업인 교사를 선택했습니다. 요즘 말로 하자면 특별 과외를 받아야 들어갈 수 있는 곳들이지요. 전쟁 속에서도 가장 치열한 곳에 들어가셨음에도 일부러 선택하신 것은 아니지만 참 안정적으로 잘해 오셨다는 느낌이 들거든요. 마치 난세의 피란처는 왕궁 그 안이라는 동방삭(東方朔)의 말을 연상하게 합니다.

리영희 그런 견해는 임형이 내가 소년시절부터 여태까지 살아온 치열하고 고난에 찬 삶의 궤적을 아직 충분히 파악하지 못해서 그런 게 아닌가 싶구만. 여태까지 이야기해온 많은 일들에서도 나의 지난 삶이 결코 안정적이지 않았고, 동방삭이 난세에 왕궁에 피란했던 것과는 동떨어진 파란만장한 인생이었다는 것을 알 수 있을

휴전 후 부산 시민대회에 참석한 전 유엔군사령관 밴 플리트 미국 육군대장의 연설을 통역하고 있다(대위 시절).

텐데.

 군 전투부대 근무 시에 나는 통역장교의 일반적인 역할 이상으로 문자 그대로 '연락장교'로서 강원도 최전방 전투지의 외국 군대 전방고지에 통신병들을 데리고 파견 나가, 포탄과 총탄이 우박처럼 쏟아지는 속에서 작전연락을 하느라고 몇 번이나 죽을 고비를 넘겼다고. 내가 죽을 곳에 대신 가서 죽은 박 중위 얘기나, 미군 해병대로 가서 겪은 위기일발의 전투 경험이나, 동해안 전방에서 중공군의 공격으로 터진 우리 연대가 몇 날을 굶고, 영하 10여 도의 혹한 속에서 동해안으로 후퇴해 내려오는 과정의 비참함이라든가, 이런 전방에서의 체험은 전쟁을 모르는 그 후 세대들로서는 상상하기 어려울 것이오. 오히려 나의 인생은 시련과 고난의 연속이었다고 말하는 것이 옳을 겁니다. 그 후 민간인으로서, 언론인·대학교수로 일하던 기간에 겪은 핍박도 나보다 더한 사람은 몇 명 안 될 거요.

임헌영 선생님, 그런 과정에서 왜 이렇게 싸워야 하는가라든가 동족상잔이라고 표현할 수 있는 감정의 갈등은 없었습니까? 그때 초등학교 4학년이었던 저는 그저 총소리가 나면 피하곤 했는데, 한 세대 위인 저의 형님이 전쟁을 왜 하는가 하는 이야기를 심각하게 해서 들은 기억이 있습니다. 제 큰형님이 1931년 신미생(辛未生)이니까 선생님보다 두 살 아래로 같은 세대입니다만 6·25전쟁 때 행방불명되었습니다. 선생님께서 월남한 것과 대조를 이루는 사건이지요. 형님은 여러 증언에 의하면 당시 운동권이라기보다는 공부나 하는 중학생이었던 것 같은데도, 마을에서 각종 계몽활동과 사회개혁에 앞장섰던 기억이 납니다. 당시 남북 분단상황을 도랑물에 들어서서 양쪽 언덕의 풀을 뜯는 소에 비유한 이야기를 들었던 기억이 납니다. 즉 소는 인민이고 양쪽 언덕의 풀은 남북인데, 한 인민인 소 한 마리를 두고 언덕이 서로가 자기 풀이 맛있다고 하니 소가 어느 쪽 풀을 뜯어먹어야 할지 그런 형국이라는 뜻이지요. 제가 철이 들어서 보니 그건 중도파적인 회색주의 이론에 가깝다고 느꼈지만, 분단 대치 속에서 '인민'들은 선택의 순간을 맞아 진지한 고뇌를 했어야만 되었다는 상황을 어렴풋이 느낄 수 있었습니다. 아마 시골이라서 그럴 수 있었다고 봅니다. 어떻게 보면 선생님은 격변의 현장에 계셔서 순간순간의 위기상황을 생존적 본능으로 버티시느라고 느끼지 못하셨을 수도 있었겠는데, 그런 것을 느낀 계기는 언제쯤이었습니까?

리영희 지금 임형이 열거한 바와 같은 해방 후 남한사회 내부의 이데올로기적 갈등이나, 구 친일파와 민중들 사이의 원한관계나, 가진 자와 못 가진 자 사이의 갈등관계나, 해방 후 급격히 표면화한 공산주의·사회주의 세력의 계급혁명과 수구세력 간의 반혁명 사이에 전개된 처참한 동족상잔의 현장 체험을 나는 해볼 기회가 별로 없었어요. 나는 1947년 초까지는 해방된 뒤의 고등학교 학생으로서 서울에서 전개되는 좌우 투쟁이나 노동자 파업에 관해서 듣기는 하면서도 나 자신의 생존과 직결된 문제로 체험하진 못했어. 또 내가 해방 전부터 서울에 유학 와 있었다고는 하지만, 해방 후 우리 사회 변동의 일반적 개념으로서는 '월남 피란민'의 한 가족이고 한 사람이었기 때문에, 원래 남조선의 토착적 사회세력 간의 심각한 이해 대립과 계급적 투쟁과는 거리를 둔 생활이었거든.

그러다가 해양대학에 입학한 이후에는, 언젠가 얘기한 것처럼 특수한 '준군사적' 분위기의 학풍인 데다 일상생활의 차원에서는 외부 사회와 단절된 상태였지. 그렇기 때문에 역시 남한사회에서 주민들 간에 벌어지는 피비린내 나는 투쟁에 관해 몸으로 느끼는 절실함이 희박했다구요. 그리고 방금 질문 가운데 '인민들의 선택의 순간을 맞아 진지한 고뇌'를 해야 했던 임형의 어렸을 때의 그런 실존적 상황에 나는 직접 서본 일이 없어요. 다만 나의 일반적 시대감각으로 말해서 친일파나 극우세력, 학생사회의 이철승을 우두머리로 하는 전국학생연합회(학련) 조직이 군산에서 자행하고 있던 폭력행위 등에 대한 반감을 가졌다는 정도였어. 한마디로 말하면 해방 직후에서 6·25 발생까지의 기간에 벌어진 남한의 사회적 갈등 구조의 중심부에서 나의 실존적 영역이 비교적 떨어져 있었다고 할까. 예외적으로 소위 '여수-순천 반란사건'을 학생으로서 목격한 24

시간의 경험과 그 후 군인으로서 지리산에서 목격하게 되는 민족 상잔의 현장감각을 통해 비로소 이 민족이 겪어야 하는 운명에 대해서 나의 문제의식이 점차 깊어졌다고 말할 수 있어요. 결론적으로 말하면 남한의 토착사회 환경 속에서 해방 직후부터 6·25까지의 기간에 겪어야 했던 갈등의 중심부나 그 주변에서, 어렸을 때부터 임형이 어렴풋이나마 감득했던 그런 사회적·가족적 비극은 나의 생존의 본질적·직접적 내용이 되지 못했다는 것이 질문에 대한 나의 답변의 전부가 되겠지.

상상할 수도 없었던 신혼생활

임헌영 한국전쟁은 1953년 7월 27일 휴전협정 체결로 일단 전투는 끝납니다. 제대 직전인 1956년 스물일곱 살에 결혼을 하게 되지요? 하숙집 주인이 중매를 했다고 하셨는데, 결혼 얘기를 좀 듣고 싶습니다.

리영희 휴전협정이 체결되고 후방에 내려와 복무하게 되었을 때 내 나이가 스물다섯 살이었고, 결혼은 스물여덟(만 스물일곱) 살에 했습니다. 연로하신 부모님은 안동중학교 교사일 때도 그러했지만, 전쟁이라는 큰 풍랑을 겪고 난 뒤에 모든 것이 불안해진 상태이다 보니 하루속히 후손을 잇고 싶은 생각이어서 은근히 나의 결혼을 권했어요. 그렇지만 워낙 군대에서 나오는 몇천 원의 봉급과 쌀과 보리를 합친 영외거주미밖에 없는, 완전 빈털터리 장교의 형편이다 보니 결혼 얘기를 적극적으로 꺼내시지는 못하시더라구. 결혼을 주선하겠다는 사람들은 가끔 나섰지만.

그런데 나의 생각은 좀 달랐어. 두 가지 이유인데, 하나는 군대의 월급밖에 없는 경제적 능력이 문제였고, 다른 하나는 전혀 성장과정이 다른 한 인간을 맞아서 내가 생각하는 그 화합된 인생을 이룩한다는 것이 가능해 보이지 않았던 거요.

그 당시 철저하게 부패했던 우리 군대에서 지휘관급 장교면, 그것이 위관이든 영관이든 국가가 규정한 월급 이외에 부정행위로서 경제생활이 가능했지요. 간단한 예로 자기 부대 보급품인 쌀을 병사들에게 지급하지 않고 횡령하여 착복하는 일이 흔히 있었어. 내가 근무했던 육군 인쇄공창의 커다란 창고에는 인쇄용 종이가 가득 차 있었어. 공창 소속 참모급 장교들은 이 종이를 내다 팔아서 생활하고 술 마시고 흥청댔어요. 그러나 통역장교인 나에게는 그런 권한이 없었고, 설사 있었다 하더라도 그때까지 5년 동안의 군대생활에서 확고해진 나의 인생관과 행동규범에 대한 철학적인 신념이 그런 것을 허용하질 않았어요. 부대의 식량은 병사들의 것이고 종이는 군, 즉 국가의 것이라고 생각했기 때문에 나는 그 어느 것도 요구한 일이 없어. 그러니 그런 경제적 능력을 생각할 때 새로운 식구를 맞이해서 고생을 시킬 엄두가 나지 않았지.

그런데 더 중요한 이유는 다른 곳에 있었어요. 나의 경제적 능력의 유무에 관한 문제보다도 전혀 상이한 생존과정과 정서적 개별성을 지닌 한 여성을 맞이해서 이상적인 부부로서 행복한 가정을 이루어나갈 수 있을지 굉장히 회의적이었지요. 이런 망설임의 시기가 한참 계속되고 보니 그 두 가지 요인이 언제라고 해서 해결될 기미는 보이지 않더구만. 그런 심경의 변화가 생겼을 때 마침 해양대학 재학 중에 하숙했던 아주머니가 중매를 제기했어요. 그래서 나는 대담하게 자기 인생에 닥치는 변화에 직면해야겠다는 생각을 하게 된 거지요. 그런 심경의 변화로 소개받은 여성과 한참 동안 서신을 주고받은 끝에 군산으로 가서 직접 대면했지. 보니까 괜찮더라고. 나보다 나이는 세 살 아래였고, 가정도 좋았고 해서 결혼하기로 했지요.

임헌영 결혼하셨는데도 제대를 안 시켜줬습니까?

리영희 군대에서는 제대와 결혼은 아무런 연관성이 없어요. 아까도 자세히 말했지만 통역장교는 제대가 안 됐어요. 보병병과 장교들은 흔하니까 대체로 3년 내지 3년 반만에 제대할 수 있었는데, 인재가 부족한 의무병과 의사, 법무관, 통신장교, 그리고 통역장교의 네 병과는 몇 해씩 더 붙잡혀 있던 거지.

결혼 초에 신혼여행이라는 것은 상상도 할 수 없는 시대상황이었지. 흔히 '꿀과 우유가 흐른다'는 그 신혼생활이라는 것도 우리는 맛보지 못했어. 여덟 평의 집에 노부모님을 모시며 함께 살아야 했으니, 새로 시집온 아내는 그런 가난 속에서 시부모를 모셔야 했으니 그 고생이 이만저만이 아니었어요. 지금 사람들은 6·25 당시의 나의 신혼생활 모습을 상상도 할 수 없을 거야. 나는 몇 해 전까지만 해도 꿈을 꾸면 군대에서 빠져나오기 위해서 몸부림치는 악몽에 시달리곤 했어요. 너무나 지겹고 고통스러우며 타락한 군대였으니까.

이 무렵 나는 또 한 번의 괴로운 일을 겪어야 했어요. 바로 이런 물질적인 삶의 빈곤 속에서 아버지의 회갑을 맞은 거예요. 회갑을 차려드릴 형편이 못 되는 나로서는 그 고민이 이만저만이 아니었어요. 해방 후에 이남으로 내려온 후 부모님이 겪은 온갖 고생을 생각하면 부산 육군 인쇄공장의 종이를 내다 팔아서라도 회갑을 차려드렸어야 마땅할 텐데, 그러지 못하고 말았어. 아버지는 결국 그 인생의 중요한 행사인 회갑연을 무능력한 아들을 가진 탓에 받아 자시지 못하고 돌아가셨지. 이유야 어쨌든 이 일을 생각하면, 몇십 년이 지난 지금에도 죄송한 마음을 금할 수가 없어요. 나의 무능력은 그때나 지금이나 다름이 없어.

후방으로 내려오기 전에 나는 제11사단장에게서 은성공로훈장을 수여받았어요. 몇 년 동안의 전투생활에 대한 보상이었는데, 나는 이 훈장마저 거절하고 싶은 생각이었다고. 그런 심정이기 때문에, 이 훈장에 대해서 훗날 전혀 관심을 갖지 않았어. 그러다가 오랜 세월 뒤에 박정희정권과 전두환정권 아래서의 민주화운동과 언론활동 때문에 국가권력의 탄압을 받게 되었을 때, 국방부에 이 훈장관계를 조회했더니 나의 군 경력부에는 그것마저 백지로 되어 있다는 거예요. 그 훈장 수여사실이 나의 군 경력부에 기재되어 있었다면, 어쩌면 나에 대한 군부독재정권의 탄압에 조금은 참작이 됐을지도 모르지. 결론적으로 말하면 나는 국가권력과는 끝까지 친화적일 수 없는 운명을 타고난 것 같아.

7년 군복무의 대가는 7천 원

임헌영 제대가 그렇게 어려웠는데 어떻게 제대하셨습니까?

리영희 그러니까 할 때까지 다 하고서야 풀려났지. 어떻게 7년 이상이야 묶어둘 수 있겠어? 아무리 무지막지한 국군이라 해도. 그 당시에 군복을 벗을 수 있는 방법이 세 가지가 있었어. 첫째는 국회의원 출마, 둘째는 고등고시 합격, 셋째는 미국 유학이에요. 첫째의 국회의원 출마는, 이북 출신인 나로서는 아무런 연고도 없는 남한에서 생각도 할 수 없는 일이었지. 셋째인 미국 유학은 나로서는 마음만 먹으면 갈 수가 있었어요. 나의 영어나 고문관들과의 관계를 이용한다면 어렵지 않은 일이었어요. 사실 그렇게 해서 유학 간 통역장교들이 많았어. 그런데 나는 그 난세에 노부모님을 모셔야 할 책임 때문에 아무리 생각해도 그 길을 택할 수는 없더라고. 그래서 마지막 남은 고등고시를 위해서, 당시 외교관 시험이던 '고시 3부' 시험준비를 시작했어요. 군부대의 정상근무를 하면서 고시준비를 한다는 것이 보통 힘겨운 일이 아니었어. 그렇지만 군대에서 빠져나가야 한다는 오로지 한마음으로 2년 동안 시험준비에 몰두했지. 그러다가 마침내 제대명령이 나와서 군복을 벗었어요.

임헌영 그렇게 제대하시고 합동통신사의 기자가 되셨는데, 그 과정은 어땠습니까?

리영희 군복을 벗기 전에, 부산 양정동의 8평짜리 집의 변소에서 우연히 신문 밑바닥에 실린 조그마한 언론사 기자모집 광고가 눈에 띄었어. 그길로 야간 군용열차를 타고 올라와서 『합동통신』 외신부 기자 시험을 쳤어요. 한 보름 후에 합격통지가 오고 서울본사에 올라와서 면접시험을 보라고 하더군. 다행히 면접이 잘돼서 최종 합격통지를 받았습니다. 그래서 정식으로 예편을 하기 전에 한 달가량 서울에 올라와 근무를 시작했어요. 그러던 어느 날, 7년 동안 한죽을 고생과 지긋지긋한 군복무를 한 대가로, 제대비랍시고 알량한 7만 원과 함께 예편장이 나오더군.

전쟁이 끝난 지 3년이 되는 이때는 수도가 부산으로 피란 가 있다가 서울로 환도한 지 얼마 되지 않은 때였어요. 그러니까 그때까지는 언론사마다 그냥 알음알음으로 기자를 채용해왔는데, 합동통신사가 이때 처음으로 신문공고를 통한 공채기자 모집을 한 거지요. 다섯 명 모집에 273명이 응시했어. 합격자 중 나를 제외한 나머지 4명이 모두 서울대학교 대학원 재학 중이더라고. 내가 그 속에 낄 수 있었던 것은 제대하기 위한 몸부림으로 고등고시 준비를 한 것과, 그전에 전방전투지 근무에서도 다른 장교들이 술 마실 때 꾸준히 공부를 했던 탓이 아닐까 생각해. 내가 전방 전투지에서 책을 읽고 공부를 한 것은 다른 장교들이 틈만 나면 술 마시고 난잡하게 노는 작태를 보면서, 그것을 멸시하는 나의 반사적 심리가 그렇게 만들었던 거요. 그런 생활을 했기 때문에 결국 언론계 시험에서 서울대학교 대학원생들만이 합격하는 명예를 내가 얻게 된 것이 아닐까 싶어요.

임헌영 한 지식인으로서 6·25 당시의 한국 군대에 있으면서 정신적 갈등 같은 것이 참으로 대단했던 걸 느낄 수 있습니다.

리영희 여태까지 이야기한 것처럼 매일이 정신적 갈등의 연속이었다고 말할 수 있지. 직업군인들, 자기 발로 걸어 들어갔건 기어 들어갔건, 좋아서 군인이 된 사람은 즐겁기도 하고 유리하기도 했겠지. 전쟁을 몸소 치른 지식인들이 거의 반전평화주의자가 된다는 말은 틀린 말이오. 오히려 민간인이었던 지식인이 군복을 입고 군대라는 특수집단의 집단적 생활양식 속에 들어와 전쟁을 체험하는 과정에서 힘의 논리, 권력의 숭배자, 일사불란한 통제하의 집단적 삶, 그리고 개개인의 자율적 사고와 자유보다도 규율을 숭상하는 반인격·반자율·반자유의 인간으로 변신하는 경우가 오히려 많지요. 그 실례로서 나치체제하의 독일 지식인의 경우나 무솔리니 파시스트체제하의 이탈리아 지식인들이 그랬고, 프랑코 장군의 가톨릭 독재 군인지배체제하의 스페인과 스탈린 공산주의체제하의 소련 지식인들도 그랬어요. 그리고 우리가 잘 아는 일본 천황군국주의 군인지배체제였던 일제시대의 지식인들도 역시 그러했습니다. 북한도 그 범주에 속하겠지요. 요컨대, 같은 환경 속에서 같은 역사적 체험과 인간적 삶을 경험하면서도 결과적으로 나타나는 개인적 반응양식은 천차만별이라구요. 인간이란 그렇게 전쟁을 경험하고 나서 반드시 반전평화주의자가 되는 것도 아니고, 그렇다고 모두가 전쟁애호적인 무력숭배자가 되는 것도 아니에요. 다 각기 개인의 주체적 의식의 문제라고 해야겠지.

나 자신을 두고 말하면, 조금 특이하게 성격 탓이라고 말해야 할 것 같아. 나는 어렸을 때 자라나면서 어떤 집단 속에서든 늘 불편함을 느꼈고, 단체적 행동양식에 동화되는 데 아주 어려움을 느꼈어. 그 후 대학생활에서도 그랬고 군대생활에서는 더욱 그랬어요. 더욱이 그 집단이 아무런 고결한 가치 의식이나 존재의 의의, 이념과 목적을 갖지 않고 다만 힘의 논리를 앞세우는 집단일수록 나는 그 속에 절대로 동화될 수가 없었다구. 이런 내가 남보다도 더 긴 기간인 7년이라는 세월을 그런 집단에서 삶을 강요당했기 때문에 더욱 반전평화주의자가 되었다고 생각해요.

통역장교는 한국군대에서 '식은 밥'

임헌영 통역장교라는 특수한 군인으로서의 생존과는 인과관계가 없을까요?

리영희 6·25전쟁 기간의 대한민국 육군의 통역장교라는 특수한 신분이 그렇게 만든 일부 요인이기도 할 거예요. 통역장교는 모두가 예외 없이 이미 6·25 발발 시점에서 대학 졸업자이거나 대학의 고학년 재학생들이었어. 당시의 우리 사회·문화·경제적 수준에서 이들은 분명히 엘리트에 속하는 개인들이었지요. 그리고 이들은 거의 예외 없이 자발적으로 입대한 것이 아니라 6·25전쟁통에 자기 의사에 반해서 군대에 들어왔던 거요. 그런 동기 때문에 직업군인인 병과장교가 되지 않고 통역장교가 되기를 택한 거야. 그런데 그런 성향을 가진 통역장교들은 한국군대 내에서 '식은 밥' 먹는 존재였어.

신분은 엄연히 대한민국 육군중위 또는 대위이고, 대한민국 육군의 계급장을 달고, 대한민국 육군본부의 명령을 받는 장교이지만, 장교에게 부여되는 권한이란 아무것도 없었어요. 우선 통역장교는 지휘관이 아니기 때문에 부하가 없는 거요. 보병과의 소위는 장교의 최하위 직위이지만 적어도 30명의 부하를 거느린다고. 중위나 대위는 중대장으로서 백수십 명의 부하가 있어. 그러니까 병과장교는 그것이 보병이든, 포병이든, 공병이든 심지어 의사로서 들어온 의무장교나 법률을 공부하던 법무장교조차도 몇 명씩의 직속부하가 있었어요. 이런 병과장교들은 명령권이 있고, 각 계급에 해당하는 그 나름의 소왕국을 거느리는 거야. 그 집단의 작은 왕이라고. 그러니 얼마나 권위가 있었겠어?

그런데 유독 통역장교만 그와 같은 병과장교들이 거느리는 부하도 없고, 명령권도 없고, 하루 세 끼 밥을 따스하게 지어서 상전에게 하듯이 갖다 바치는 취사당번 병사도 없어요. 그러니까 통역장교는 언제나 공동식사장에 가서 식사를 해야 해. 게다가 업무상 자기 자신의 견해나 계획이나 주장은 없고, 언제나 한국군 지휘관과 미군 고문관 사이에서 언어소통의 중개자 역할밖에 할 수 없어. 말하자면 통역장교는 그 개인의 지식수준이나 문화생활의 배경이나 개인적 자존심이 어떻든간에, 그와는 무관하게 부대지휘관과 외국인 고문관 사이에서 하나의 '언어소통의 수단'밖에 될 수 없는 거야.

인간으로 말하면 아무런 자율적 사고나 자발적 행동이나 창의적 구상 같은 것이 허용되지 않는 존재인 거지요. 인격이 부여되지 않는 군인이야. 한마디로 말해서 비주체적·비자율적·비실존적 존재였다구. 내가 최고 사령관들 사이에서 통역장교 역할을 했음에도 불구하고 그런 사정은 마찬가지였어. 7년 동안의 통역장교 복무 끝에 '223848의 군번을 가진 대한민국 육군 보병소령(주특기 통역)'으로 예편했지만, 입대한 7년 전이나 예편하는 그 시점에서나 주권 없는 비주체적 인격임에는 변함이 없었어. 나는 이런 비자주적인 통역장교 생활을 끝까지 후회하고, 자기모멸감 같은 것을 뿌리치지 못한 상태로 군대를 떠났어요. 그러니 내가 얼마나 군대와 전쟁에 대해서 반감을 가지게 됐겠는가를 이해할 수 있겠지요.

임헌영 이제야 자유인 리영희 선생의 삶이 열리는 거지요? 저는 그 후 선생님의 생애를 '평화의 의지' '평화의 사상'을 어떤 식으로 정착시켜 가는가에 이야기의 초점을 맞췄으면 합니다.

리영희 아까 동족상잔에 대해서 언급했는데 나는 막바지 전쟁에서 우리 부대가 결정적으로 인간의 생명에 대해 저지르는 타락과 폭력을 지겨울 정도로 겪으며 혐오에 빠졌어요. 당시 군대라는 것은 폭력과 부정과 부패의 천국이었어요. 이런 군대가 과연 이길 수 있는가에 대해서 심각하게 회의를 하게 됐어요. 또 어떤 국면에서는, 과연 이런 군대가 이 전쟁에서 이겨야 할 어떤 당위성이 있는 것이냐 하는 의문마저 가지게 됐어요. 또 이승만으로 상징되는 이 정부와 이런 군대로 전쟁에 이긴다면, 북녘 동포에까지 남쪽 사회의 질병과 한숨의 불행을 들씌울 것이 아닌가, 그것이 민족이 원하는 통일일 수 있는가, 그 미래가 어떤 꼴이 될 것인가에 대해서 굉장한 회의에 빠진 일도 있어요.

이런 생각을 확대해 민족의 항일투쟁과 광복운동을 비롯해 억압받는 가난한 인민대중의 이익을 대변했던 공산주의, 사회주의 지하운동 역량의 결합체인 북쪽의 승리가 반드시 거부돼야 하는 것일까 하는, 그런 생각도 해본 일이 있어. 6·25전쟁에 참전한 첫날부터 최전방 전투지에서 목숨을 건 나날을 포함한 7년 동안의 군대생활을 통해, 오직 충직한 대한민국 군대의 일원으로 복무한 사람으로서, 진지하게 그 같은 대안적 가능성도 생각했던 것이에요.

큰 전투가 끝나면 흔히 우리를 위문하기 위해서 불교의 스님, 가톨릭의 신부 또는 개신교의 목사들이 최전방에 찾아옵니다. '철천지원수' 인민군을 용맹한 국군이 격멸했다는 칭찬과 함께 "하나님의 가호가 있기를!" 등등의 말로 기도를 맺어요. 신교든 구교든 마찬가지였어요. 불교는 과격한 점에서는 덜하지만. '내가 종교를 갖지 않는 이유'라는 글 속에서 이야기했지만, 그런 넋두리 같은 소리를 들으면서 나는 '도대체 기독교의 하나님이라는 것이 그렇게 편파적인 것인가? 같은 민족의 한쪽을 저주하고 한쪽을 축복하는 차별이 보편적 사랑이라는 신성(神性)에 합당한 것인가?'라는 의문 때문에 종교라는 것에 철저한 회의를 가지게 됐어요. 전쟁이란 이해관계를 달리하는 인간집단들이 그 갈등을 최후의 수단으로 결판을 내는 살육행위 아닙니까? '차별 없는 사랑'을 한다는, 하나(느)님이라는 초월자가 그런 인간적 행위의 한쪽을 두둔하고 한쪽을 저주하는 분별적 행위가 지극히 못마땅하게 느껴졌어요.

1천 미터 고지의 눈덮인 꼭대기에서, 뺨을 에일 것 같은 한풍이 몰아치는 혹한 속에 대열 지어 서 있는 한 사람으로서, 스님이나 신부나 목사가 중얼거리는 국군에 대한 축도와 인민군에 대한 저주의 말을 들으며 마음속으로는 그런 생각을 했어요. 모든 피창조물의 아버지라는 신에게 국군용사가 따로 있고 불구대천의 인민군이 따로 있는가? 어느 쪽 군대가 다른 한쪽 군대를 죽이는 행위는 선이고 축복받는 것인가? 종교라는 것이 이렇게 분별적인 것인가? 이런 등등의 회의에 잠겼어요.

모든 것을 무(無)로 만들어버린 6·25전쟁

임헌영 여기까지 선생님의 생애를 보면 무슨 술어를 만들어야 할지 모르겠지만, 어떤 의미에서는 전통적이고 유교적인 휴머니스트라고 할까요. 군에서 출세를 할 수도 있었을 텐데, 결국 그것을 못 견디시고 항상 죽음이나 공포, 잔악성에 대한 혐오, 반진실에 대한 분노를 표출하신 끝에 튀어나오셨습니다. 어렸을 때부터 한학을 아버님에게 배우셨고 종교적 바탕은 전혀 안 가졌는데, 그렇게 보면 우리나라 보통사람들이 가졌던 휴머니즘이 아닐까 합니다만.

리영희 군대에 있을 때 나는 휴머니즘이라든가, 나의 사상에 정의를 내릴 수 있을 정도로 성숙하지는 못한 상태였어요. 일본 제국

부산 소재 육군인쇄공창에서 대위로 군복무하던 때 윤영자와의 약혼기념(1956).

주의 군대에 빌붙어 살던 반민족적 행적을 가진 장교들이 많았고, 그런 사람들과 접하면서 부패하고 타락하고 야만적인 것을 절실히 체험했어요. 사병들에게 갈 보급물자를 가로채는가 하면, 100명의 사병들에게 절반만의 식량전표를 끊어주고 나머지는 부대 밖으로 나가서 동네 농민들의 모 심어주고 거기서 밥 얻어먹으라고 사병들을 내모는 주번장교들, 열거할 수 없이 많은 범죄를 보아왔어. 정말로 용서할 수 없는 인간들이었고 군대였어요.

후방근무의 마지막 시기, 즉 제대가 가까워진 1957년 초에 이르러 나의 병과는 통역병과에서 보병병과로 바뀌었어요. 병과는 보병병과가 됐지만, 주특기는 그대로 통역이었지. 보병장교니까 지휘관은 아니지만 주번장교도 되고, 당직근무도 하게 됐어. 그전까지는 통역장교로서 당직이나 일직 또는 주번장교가 될 수 없었어. 이렇게 일직이나 주번장교 근무를 하게 되어 보니까 그전에 몰랐던 사실들, 군대 내의 가려졌던 부정행위들을 직접 알게 됐어요. 주번으로 일주일간 사병들을 관리하고 식량전표를 끊고 보급품을 관리하는 일을 하다 보니, 사병에게 가야 할 보급품들이 중도에서 얼마나 많이 사라졌는지 구체적으로 알게 됐어. 이런 경험을 하면서 나는 부패, 타락, 약한 자를 비인간화하는 행위에 대한 분노가 들끓었어요.

임헌영 그 단순한 정의감을 유교적 휴머니즘이라고 볼 수 있지 않을까요? 가장 보편적인 사람들이 느끼는 정의감, 그것은 어떻게 보면 휴머니즘의 기초단계였을 것입니다. 어쨌든 군대시절까지는 인문사회과학보다는 그때그때 흥미와 필요에 따라 학문을 접하고 계신데요.

리영희 뭐 학문이라고 할 것도 없겠지.

임헌영 어쨌든 호구지책을 위해 어떤 일이든 할 수밖에 없는 그런 처지로 살았지만, 해양대학 나왔으니 전공을 살려보고 싶다는 생각은 안 하셨습니까?

리영희 내가 7년 동안 군대생활을 했기 때문에, 1957년 봄에 군복을 벗었을 때에는 이미 우리나라의 해운계도 틀이 짜여지고, 해양대학의 기구와 학제도 확정된 토대 위에서 많은 변화, 발전을 이룩하고 있더구만. 7년의 공백 동안 해양대학의 전공으로 되돌아가기 어려울 만큼 우리 국가사회 제반 분야의 실정도 급속히 변화하고 있었어.

6·25 후세대들은 상상하기도 힘든 일이지만, 6·25전쟁은 북한도 물론 그렇겠지만, 우리 남한의 모든 사람의 소망과 인생계획과

구상을 깡그리 뭉개버렸어. 6·25전쟁이 일어나기 전에 있던 생활양식이나 남한 주민들의 정서, 관습, 인간관계, 세계관 등등이 남김없이 망가졌어요. 구체적으로 말해서, 어느 사람이 희망했거나 계획한 내일의 생활 내용이 전후에도 그대로 유효하게 추구돼서, 원했던 결과를 이룩한 경우는 만 명에 하나나 될까? 6·25전쟁이 일어날 때 대학생이었던 사람들 가운데 7년 뒤 대학에서 추구한 전공이 그대로 바뀌지 않고 유지된 사람은 아마 백 명에 하나나 될까? 한마디로 6·25전쟁을 겪은 세대의 인생은 광란의 파도가 치는 대양 속에 던져진 보잘것없는 일엽편주(一葉片舟)와 같았어. 그 일엽편주가 광란 속에서 뒤집히지 않고 7년 뒤에도 떠 있었다면 그것만으로도 하늘의 복을 받았다고 해야 할 거요. 대부분의 일엽편주는 뒤집혔거나 간 데도 없이 사라져버렸거나 했어.

전쟁을 한번 겪고 나면 모든 것이 무효로 돌아가고, 뒤틀리고, 깨어지고, 그리고 무(無)가 되어버리게 마련이에요. 전쟁의 전투현장에서 전개된 인간 비극보다 오히려 전선 뒤 인민대중의 생활과 그 사회의 구조적·기능적 틀이 겪는 파괴가 더욱 혹독하지요. 전쟁은 절대로 해선 안 되는 짓이에요. 전쟁은 무슨 이유나 명분으로도 정당화될 수 없고 합리화될 수 없어요. 통일을 가져온다 해도 나는 전쟁은 절대반대야. 어떤 큰 선(善)을 위해서도 전쟁은 반대요. 전쟁은 악(惡)이야. 그것이 나의 신념이오.

한국사회에서 광적인 반공주의자나 극우적 사고방식을 지닌 이해관계의 집단들이 6·25전쟁이 끝난 지 50년이 지난 오늘날까지도, 북한과의 전쟁 내지 군사적 대립을 국가와 국민의 상시적인 삶의 기본정신으로 고수하고 강조하는 것을 우리는 보고 있습니다.

이런 개인과 이런 사상의 집단들이야말로 우리 남한사회와 국민들의 염원을 배반하는 자들일 뿐만 아니라 전 인류의 평화와 복지를 파괴하는 세력인 것을 알 수 있지 않아요? 전쟁, 전쟁이라는 것은 정말로 무서운 겁니다. 가차와 용서가 없는 전쟁의 참혹함을 체험한 인간들이 여태껏 전쟁 찬양, 전쟁 수단으로서의 군대 미화, 증오와 적대의 원시적·동물적 감정의 선동 등을 일삼고 있는 것을 보면 나는 정말로 울고 싶은 심정이 돼요. 이런 것을 보면서 나는 때로는 우리 남한의 국민이랄까, 어쩌면 남한만을 말할 때의 민족성 같은 것이 냉혈적이고 잔인함의 어떤 유전적 요소를 지니고 있지 않나 하는 의구심을 버릴 수가 없어요.

미군 불하품 장교복을 입고 우쭐대던 한국장교

임헌영　휴전 성립 후 비로소 후방으로 내려와 3년 반을 근무하셨는데, 그 당시에 기억에 남는 일은 없습니까?

리영희　1953년 7월 휴전이 성립되어 내가 최전방 근무를 제일 오래한 장교로서 제1차로 '전후방 교류'제도에 따라 후방근무로 내려왔어요. 1955년쯤에 한국군 장교들에게 그때까지는 없던 장교정복이라는 것이 배급되었어. 한국군은 아직 장교의 정복이 없었을 때라 미군장교들이 제2차 세계대전 때 제복으로 입던 폐품을 배급한 겁니다. 한국전쟁 때에는 이미 미군장교 정복이 바뀌었기 때문에 자기들이 입던 녹색 제복을 한국군에게 불하한 거지.

임헌영　그 무렵까지도 그랬습니까?

리영희　그랬지. 우리 군대 자체의 정복이 없었어요. 내가 부산의 육군 제5관구 사령부에 있던 시기에 그 배급을 주더구만. 그러고는 월요일 아침 장교조회 때 복장검사를 하는 거예요. 그런데 나는 한 번도 그것을 입고 나간 일이 없어. 그러면 왜 안 입었냐고 문제가 되는 거지. 그다음부터는 그것을 입고 참석해야 할 조회에는 핑계를 대고 빠지곤 했어요. 심지어 미8군 사령관 밴 플리트 장군이 왔을 때도 나는 작업복을 입고 나갔어. 그때에 부산지역에 처음으로 온 밴 플리트 장군의 통역을 내가 맡았는데, 나는 기어이 미군이 불하한 그 외국 군대의 정복을 마다하고 작업복을 고집했지. 그때 그 장면을 담은 사진이 용케 남아 있어요. 나의 군복 입은 사진들이 거의 다 없어졌는데……

제대할 때까지 2년 반을 작업복만 입었어요. 얼마나 창피한 노릇이냐 말이에요. 미국의 대리전쟁을 하고 있다는 아주 상징적인 표시가 아니겠어요? 전체 군 장교에게 미군의 낡은 제복을 입혀놓고, 그것을 감지덕지 받아 입은 한국군 장교들이 부산 광복동 거리를 자랑스럽게 누비고 다녔으니 말이야. 나는 그것이 뜻하는 의미를 도저히 용서하지 못했어요. 모멸감을 뼈저리게 느낀 나는 그 불하받은 정복과 모자를 고리(行李)짝에 처넣었어. 그리고 1957년에 제대하여 합동통신사 기자생활을 하던 1964년경, 제기동으로 이사를 하면서 우연히 낡은 옷꾸러미 속에서 그것을 발견했어. 고물상이 왔길래 그대로 줘버렸지.

아까 임형이 6·25전쟁에 참전했던 나의 전쟁관을 물어봤지요? 난 처음 이북 군대의 공격으로 전쟁이 시작되었을 때에는 도피할 수 없으니 그냥 입대했고, 그 후로는 공격을 받은 쪽의 입장으로서 일종의 자위적인 행동으로 근무했어요. 하지만 나는 나에게 주어진 임무와 기능은 능력을 다해서 명예롭게 수행한다는 그런 행동원칙으로 살았어. 이 전쟁이 어느 쪽의 입장에서건 의로운 전쟁이냐 아니냐를 따지기보다, 내가 처한 그 자리와 시간에서 나 개인의 최선을 다한다는 생각이었지. 저 유명한 영화 「콰이강의 다리」의 주인공인 영국군 연대장 대령이 일본군의 포로가 된 영국군 부하 연대를 설득하여, 일본군의 야만적 억압에 대항하면서 동시에 영국 군인과 영국군 장교의 자존심과 명예를 걸고 일본군이 요구하는 철교를 완벽하게 건설하는 그 감격스러운 장면이 있지요? 어떤 의미에서 나는 그 영국군 대령의 자존심과 명예와 인격 같은 것을 연상케 하는 그런 심정과 태도로 군복무를 성실히 수행했어요. 이것이 그후에도 나의 일생을 통해 견지한 나의 행동규범이에요.

임헌영 그때 사병들은 우리나라에서 만든 옷을 입었잖아요?

리영희 전쟁 초기에는 사병들도 전부 미군 전투복밖에 없었어. 휴전이 가까워올 무렵에야 국산 작업복이 나왔지. 휴전이 될 무렵에는 낡은 미국 작업복과 국산 작업복을 함께 입고 있는 상태였지. 사병용 정복이라는 것은 아직 없고.

임헌영 장교복도 못 만들 것은 없었겠지요?

리영희 6·25전쟁 시기에는 아직 국산 방직산업이 없었으니까 못 만들었고, 정부 예산으로 자재를 수입해 장교복을 만들 형편도 안 됐지. 됐다 해도 그렇게 대량으로 만들기는 어려웠을지 모르지. 장교도 몇만 명 됐으니까. 물론 일선에 있는 장교들이야 입을 필요가 없지만. 그러나 이것은 독자적인 군대의 정복을 기술적으로 만들 수 있느냐 없느냐의 문제가 아니라, 결국은 대한민국이라는 국가와 군대의 이념과 의식, 정신의 문제인 거지.

그 미군 정복에는 두 다리로 화살 다발을 거머쥔 독수리표가 박힌, 번질번질한 금색 도장의 미국 국장(國章) 단추가 그대로 달려 있었어요. 군대에서 무슨 행사 때마다 그런 복장으로 태극기에 경례하고, 북한 동포와의 전쟁을 찬양·고취하는 장면을 상상해보세요! 이것은 대한민국이라는 나라의 대통령에서부터 말단 국민까지 일체의 민족적 긍지나 자존심이나 명예심의 그루터기도 없는 한심한 상태를 입증하는 것이 아니겠어? 대한민국 군대가 바로 아메리카 국가와 그 군대의 용병이라는 사실 이외에 아무것도 아니라는 상징적인 표시가 아니겠어? 그래서 나는 그것을 받아놓고 짐 궤짝에 처박은 채 제대하는 날까지 한 번도 입지 않았던 것이야.

임헌영 어떤 원인으로 그랬든 한국 장교들이 미군이 입던 정장을 그대로 얻어 입었단 말이지요.

리영희 몇 가지 이유가 있겠지. 하나는 그런 것 전체가 미국의 대한국 군사원조금에 포함되는 겁니다. 또 하나는 미국이 제2차 세계대전에 쓰던 제복을 바꾸고 새로운 정복제도를 채택했으니까 어떻게라도 소모해야 했을 거고, 필리핀군이나 타이완군이나 남한군들이 그걸 감지덕지 받아 입은 거지. 거기다 대한민국 군인들은 미군이 쓰던 것이라고 하면 영광스러워하면서 그냥 받아다가 아무 생각 없이 입고 좋아하고 그랬어요. 사이즈도 안 맞아서 양복점에서 고쳐들 입었지.

임헌영 그때는 지금과 같은 정치의식은 없었을 텐데 매사에 예민하셨던 걸 알 수 있습니다.

리영희 나는 해방 후의 좌우 정치이념이나 남한사회의 일부 진보적 내지 좌익적 개인이나 세력이 추구하던 이념으로서의 계급적 사회관과 가치 의식은 희박했어. 그 대신 민족 전체로서의 긍지나 의식은 상당히 예민하게 발달해 있었어요. 미국과의 관계, 6·25전쟁에서 눈을 뜨게 되는 민족의 문제에서는 자연히 날카로워졌어. 특히 미국과의 관계에서는 그런 것을 진하게 느꼈습니다.

임헌영 당장 급하니까 군대에 가셨는데, 가까이 접하면서 실체를 알아가는 과정의 진통이었던 것 같습니다.

리영희 남한사회에서 해방 직후와 6·25전쟁 발발 기간에 빈민계층·소작농·노동자들의 사회개혁 욕구가 분출하고, 사회주의와 공산주의 계열의 지식인, 인텔리의 남로당 등 정치역량과 일체화되어서 많은 지방에서 여러 가지 형태의 크고 작은 반정부·반미국 투쟁이 일어났지요. 그런데 나는 해방 직후에 먹고사는 문제로 정신이 없었고, 그러다가 해양대학에 들어가서 4년 동안을 사실상 우리 사회와 격리된 생활을 했다구요. 그 4년 동안은 해양대학이라는 특수한 성격과 환경, 그리고 학교와 학생들의 비교적 폐쇄적인 생활감각 때문에 남한사회에서 일어나고 있는 민중적·계급적·사상적 투쟁에 관해서 거의 현실감각이 없었던 거요. 나의 기억으로 뭔가 그에 가까운 것이 있었다면 앞서 말한 것처럼, 김구 선생 암살사건과 신탁통치 문제 정도였어. 이런 사건들은 계급투쟁이나 당시 남한 민중의 정치적 욕구와 같은 문제와는 동떨어진 일이었지요. 그런 까닭으로 해서 남한사회가 진 문제라든가 남북의 민족문제라든가에 관해서는 6·25전쟁이라는 체험의 과정에서 급격히 싹트고 열매를 맺었다고 할 수 있지.

거제 포로수용소와 같은 쓸모없는 자산을 강제로 인수인계하는 것이 한미군사원조의 실상이었다.

미군이 서명하라고 하면 서명할 뿐

임헌영 영어가 능통하니까 인격적인 모멸 같은 것은 다른 사람에 비해서 덜 당하셨을 것 같은데요.

리영희 비교적 그러했지요. 내가 말하는 영어, 즉 일상적 회화를 처음부터 잘한 것이 아니라 어학적인 재능이 비교적 발달한 탓에 통역장교 근무 중에 급속도로 향상된 거요. 물론 영어에 능통한 사람과 서투른 사람은 통역장교로 일할 때 미군 고문관이나 한국군 부대장이 대하는 태도가 다른 것은 분명하지요. 그렇지만 민족적인 자존심이라는 것은 영어를 잘하느냐, 못하느냐는 차원의 문제이기보다는 해당 개개인의 내적 정신과 의식의 문제라고 해야 할 거요. 내가 한국 장교 일반이나 다른 통역장교들과 달리 미군에 대한 언동이 뻣뻣했던 것은 군대 내의 동료 장교들 사이에서도 유명했어.

임헌영 휴전 후 후방부대 근무로 내려와서도 그랬습니까?

리영희 그랬지. 나의 천성화된 저항의식이랄까, 정의를 따르고자 하는 신념 같은 것은 변하지 않더군. 1955년, 부산의 제5관구 사령부 민사부의 관재장교로 있었어. 민사부 관재과는 6·25에 참전했던 외국 군대가 점거했거나 사용한 경상남도와 부산지역의 토지·가옥·시설물 등등, 부동산들을 대한민국 육군을 대표해서 미군 측에서 인수받는 기관이에요. 그런 물건이 수백 건이 넘었지. 그때, 인민군 포로들이 다 석방된 거대한 거제 포로수용소를 우리에게 인수하라는 통보가 왔어. 몇백만 평의 농토를 뭉개고 온통 콘크리트로 깔았던 수용소 자리는, 한국정부가 접수한 뒤에 전부 파괴하고 걷어치워야 할 완전한 무용지물이었어. 그런데 농토로 다시 환원하기 위해서 대한민국의 돈, 노동, 시간이 필요하다는 사실은 도외시한 채, 미국은 그런 콘크리트 구조물, 콘크리트 샛길, 콘셋트, 돌각담, 다 부식한 철조망, 낡은 전봇대 등을 전부 미국의 대한국 군사원조로 값을 쳐서 넘기려고 하는 거야. 심지어 전기소켓, 전선, 애자, 전등갓, 두꺼비집 등등, 이런 폐품과 다름없는 고물들을 전부 값을 쳐서 받으라는 거야.

나는 포로수용소의 산더미와 같은 인계인수 문서를 검토하고 난 뒤, 그런 물건들에 대한 가격을 인정할 수 없다고 말했지. 그러니까 미군 측 관재장교는 "봐라, 이 두꺼비집의 값은 본래 3달러인데 여긴 1달러밖에 치지 않았지 않느냐?"라면서 사인을 하라고 우기는 거야. 콘크리트 바닥 구조물도 1평방피트당 원래 비용이 얼마인데 이 인계문서에는 그 몇 분의 일밖에 안 되지 않느냐면서 인수를 요구하는 거요. 언어도단이지. 내가 계속 이의를 제기하니까 미국 관재장교가 화를 내면서 소리 지르더군.

"캡틴 리! 무슨 소리를 하는 거야? 이것은 한국정부와 미국정부 사이에 군사원조의 인계인수 방식으로 모두 합의된 것이야! 캡틴 리는 잔소리 말고 그냥 문서에 서명만 하면 되는 거야!"

나는 하도 어이가 없어서 육군본부 민사처 관재과로 전화를 걸어 이 사실을 보고하고, 서명을 할 것이냐 말 것이냐를 문의했어. 그랬더니 육군본부에서 하는 말이 "그런 문제는 이 대위의 말단 차원에서 왈가왈부할 일이 아니라, 다만 요식행위로서 물건 소재지역의 관재장교가 서명을 하는 것뿐이다"라고 하더라고. 그래서 서명했지. 서명을 했어! 한국군 관재장교의 미군 사용건물과 시설인수 절차는 형식적 요건일 뿐이라는데, 그 이상 내가 할 일이 뭐가 있겠소? 미국 군대가 서명하라 하면 한국정부는 서명할 뿐이지.

한국에 대한 미국 군사원조의 실체랄까, 알맹이를 나는 여기서 확인했어. 이런 것이 미국과 한국 사이의 관계였던 것이오. 그런데도 이런 어처구니없는 문제에 대해서 우리 정부나 군대에선 아무런 이의제기가 없었을 뿐 아니라, 아까 고물 장교정복 불하 얘기도 했지만, 군사원조라는 것에 대해서 대한민국정부에는 아무런 발언권도 없었다고. 완전히 무조건적인 예속관계라고밖에 할 수 없었지.

임헌영 그런 반면에 장교들의 경우 인격이나 능력 면에서 어땠습니까?

리영희 한국군 장교들은 거의 예외 없이 장군에서부터 소위까지,

상대방 미군 장교 앞에서 자기주장이라는 것은 거의 할 수 없거나 또 실제로 못 했어요.

임헌영 그래도 이종찬(李鍾贊)과 같은 훌륭한 군인상이 있었다고들 하는데, 실지로 그만한 명성에 값할 만합니까?

리영희 이종찬 씨가 얼마만큼 그러했는지 나는 소상히 알지 못해. 그런 사람도 극소수 있었겠지만, 절대다수의 장군이나 장교들은 미군과의 관계에서 큰 차이 없었어요. 이종찬 장군 개인으로 말하면, 청렴성이나 일본 무사도 같은 면모가 있다고 하더군. 일본제국 육군사관학교 출신이니까 어쩌면 그랬을지도 모르지. 그렇지만 미군과의 관계에서 꼭 그러했는지는 잘 모르겠어. 다만 이종찬은 '군대는 정치에 개입하지 말아야 한다'는 기본자세를 지켰다고 알려져 있어요. 이종찬 중장에 대한 훌륭한 군인상이라는 평가는 아마도 미국 군대와의 관계에서 취하는 그의 자세나 이념보다는 다른 곳에서 찾아야 하지 않을까.

최고의 사격술은 곧 불살생(不殺生)의 깨달음

임헌영 사격술이 뛰어났다고 아까 말씀하셨는데 선생님은 운동신경이 대단하신 것 같습니다.

리영희 나의 사격술은 유명하지. 하지만 휴전과 함께 후방에 내려올 때 전쟁 동안 애용했던 권총을 다른 사람에게 팔아버렸어. 그래서 1953년 이후에는 권총이라는 걸 손에 댄 일이 없어. 한 번 예외가 있었는데, 1980년대 중반에 동료 교수들과 함께 연천에 있는 군부대를 방문한 일이 있어. 이때 연대장이 우리를 안내하는데 사격장 옆을 지나가게 됐어. 그래서 연대장에게 한번 포티화이브의 사격연습을 해보자고 부탁했지. 신사복에 넥타이를 맨 노교수가 그런 청을 하니까 대대장이 펄쩍 뛰면서 말도 안 된다고 딱 잡아떼더라고. 그래도 간청을 하니까 할 수 없이 권총을 넘겨주더구만. 내가 사격 자세를 취하고, 두 발의 시사를 한 다음, 계속 표적에 명중시키니까 연대장이 깜짝 놀란 표정으로 말하더군. 처음 두세 발이 명중할 때에는 자기하고 한번 시합을 할 만하겠다고 생각했다는 거야. 그런데 탄창의 일곱 발이 다 명중하니까 자기 연대에서 최고 사수인 자기도 당할 수 없다는 것을 알았다고 두고두고 놀라더구만. 이게 권총을 손에서 놓고 30년이 지난 뒤의 이야기예요.

사격 이야기가 나온 김에 한 가지 더 하지. 1998년에 북경을 갔을 때, 북경 교외의 어느 관광지에 모의 사격장이 있더군. 권총과 라이플 사격장인데, 각기 열 발씩을 쏘게 돼 있어요. 상품을 걸어놨더군. 그래 처음에 권총을 쐈어요. 열 발 다 명중했어. 그러니까 젊은 중국인 주인이 놀라더군. 다음에 내가 라이플을 쏘려구 하니까 얼굴색이 달라지면서 그만 쏘라고 간청하더라고. 상품 두 개가 나가게 생겼으니까 가난한 그로서는 그럴 만도 하지. 그래서 내가 상품은 필요 없으니 쏘기만 해보겠다고 하고 쐈지. 열 발 중 아홉 발 명중이야. 그러니까 사격장 주인이 이런 명사수는 아직 본 일이 없다고 정말 놀라더구만. 그러나 사격술에서 거의 최고의 경지에 다다르니까 나의 내면에 한 종교적 깨달음과 같은 '관'(觀)이 생기더군.

어떤 종류의 '기술'이든 모든 기술은 그 기술 속에 종교적 승화의 원리가 잠재해 있습니다. 나는 이 사실을 나의 권총 사격술에서 터득했어요. 살인무기인 권총에서 종교적 승화를 찾는다는 것은 얼핏 듣기에 부조리한 것 같을 거요. 내가 이렇게 얘기하는 까닭을 말해야겠군.

권총의 경우도 잘 쏘게 될 때까지는 그냥 아무 물체나, 지나가는 생물은 다 쏘고 싶어지더군. 무기를 가지면 생명을 경시하는 유혹을 뿌리칠 수가 없어요. 이것이 무기를 가진 자들의 위험한 심리상태예요. 사격술이라는 '기술'의 초보단계입니다. 이 단계에서는 누구나 예외 없이 그런 거요. 바로 무기를 갖는 '군대'라는 집단과 무기를 지니고 그 집단 속에 매몰되는 '군인'의 심리가 이런 것이야. '병시흉사'(兵是凶事)지요.

그러다가 그 기술이 일정한 도통한 경지에 달하면서 비로소 "아! 내가 살생을 하게 되는구나" 하는 자각이 생겨요. 그 경지가 되면, 아무것이나 마구 쏘고 싶어 하는 행위에 대해서 반성하게 되는 거지요. 그다음부터는 전방 전투지에서도 권총을 그냥 차고만 다니지 쏘지 않게 돼요. 나의 사격술이 이 경지에 이르렀을 때부터는, 북진공격 전투에서 인민군이 내 앞에 나타나지 말기를 비는 마음이 간절했어. 인민군이 장총을 가지고 먼 거리에서 나를 먼저 발견하면 내가 죽겠지만, 복잡한 지형에서 느닷없이 그와 내가 단거리에서 마주칠 경우에는 인민군이 나의 권총 사격술의 희생물이 될 수밖에 없는 냉엄한 현실을 회피하고 싶었던 거요. 이처럼 총을 통해 나는 생명의 고귀함과 존엄성을 절실히 인식하게 됐어요. 이것이 6·25전쟁 경험으로 얻은 소중한 정신적 깨달음이라고 할 수 있지. 그렇게 해서 나는 반폭력·평화주의자가 되어갔어요.

임헌영 다른 스포츠도 즐기시는 것이 있습니까?

리영희 씨름을 아주 좋아했지. 시골에서 어렸을 때도 그랬고, 한양대 교수로 있으면서도 학생들과 함께 야외에 나가면 잔디밭에서 학생들에게 사정 보지 말고 덤비라고 했지. 그래서 둘은 쓰러뜨리고, 세번째 놈한테 깔려서 갈비뼈 두 개에 금이 갔지. 하하하!

축구도 하고, 테니스도 하고, 나름대로 스포츠를 즐겼어요. 하지만 나는 스포츠에 관해서, 내가 하든 남이 하든 하나의 분명한 원칙이 있습니다. 예를 들어서, 공이나 어떤 물체를 사이에 두고 사람과 사람이 경쟁하는 운동이나 오락만을 나는 스포츠라고 여겨요. 인간과 인간이, 또는 인간과 동물이 치고 박거나 피를 흘리거나 하는 형식의 격투는 스포츠라고 생각하지 않아. 그것은 살인이고 살생이고 전쟁의 한 변형이라고 생각해. 그런 원칙 때문에 나는 인간이 인간을 주먹으로 치는 권투와 레슬링을 좋아하지 않아. 그런 것을 돈벌이로 하는 프로권투나 프로레슬링은 야만행위라고 여깁니다. 더구나 그런 종류의 유혈적인 인간 행태를 상업주의적 영리행위로서 운영하거나, 그것을 돈을 주고 관람하는 행위는 인간을 상업주의적 투견 또는 투계(싸움닭)로 타락시킬 뿐만 아니라 생명파괴(반생명)적 행위라고 나는 혐오합니다.

많은 사람들이 스페인에 가면 반드시 투우를 즐기지요. 이것이야말로 나의 스포츠 정신이나 원리에 정면으로 반하는 거예요. 인간이 소를 칼로 찔러서 죽이는 그 행위 때문만이 아니라, 화려하게 차린 마타도어(소를 찔러 죽이는 주역 투우사)가 마지막 일격을 가하기 전에, 서너 명의 인간이 미리 그 소에게 칼을 꽂는 과정을 보면서 열광하는 인간의 불공평과 불의를 나는 혐오하는 거요. 동물과 칼을 든 인간이 일대일로 격투하는 형식도 불공평한데, 5~6명의 투우사가 모두 칼을 들고 한 마리의 소를 공격하여 반사(半死) 상태를 만들어놓고, 화려하게 차려입은 마타도어가 최후의 일격을 가하는 행위는 잔인과 불의의 극치라고 나는 생각해. 어쨌든 '피를 보는 오락'이나 경기는 그 형태가 어쨌든 명칭이 무엇이든 '살생'이지 오락일 수가 없어요.

나는 이런 식의 상업주의적 스포츠의 원리를, 미국 권력집단이나 미국 자본주의가 막강한 무력을 가지고 전혀 상대가 될 수 없는 허약한 민족이나 국가를 침략하고 전쟁으로 말살하는 행위의 정신병적 표현으로 보는 겁니다.

난 그런 스포츠 철학 때문에 자식들에게 권투나 레슬링은 물론, 태권도도 하지 못하게 했어. 물론 태권도에는 방어적 기능도 있지만, 사람이 주먹과 발로 남을 차고 쓰러뜨리고 하는 행위를 나의 자식들만이라도 생활화하지 않기를 바라기 때문이었어요. 물론 텔레비전을 통해서도 그런 종류의 생명파괴 행위를 우리 가정에서는 보지 않습니다.

저널리스트에 천직을 찾고

우상 파괴자로 거듭나다

가까스로 들어간 『합동통신』

임헌영 『합동통신』 입사 동기들 가운데 유명인사가 많은데요. 입사 시험은 어땠습니까?

리영희 먼저도 좀 얘기했다고 생각하는데, 한국 언론사의 첫 공개채용시험이었어. 주요 신문들이 그 입사시험의 문제와 합격자들에 관해서 기사화했을 정도니까. 해방 후 통신사는 『합동통신』 하나뿐이었어요.

합동통신사는 국내의 모든 신문사·방송사·주요 기업체, 그리고 정부 각 부처의 기관들에 국내외의 정보와 뉴스를 공급해주는 유일한 기관이었어요. 지금은 그런 기관들이 각기 독자적인 정보수집 활동을 하는 경우가 많은데, 당시에는 합동통신사만이 그런 능력과 조직과 인원을 가지고 활동했던 거지. 본래 일제시대의 도메이(同盟) 통신사를 해방과 동시에 계승한 거요. 서울 을지로 입구 사거리

결혼 이듬해인 1957년 4월 벚꽃 구경을 위해 부산 동래 금강공원을 찾아 포즈를 취했다.

코너에 3층짜리 사옥이 있었습니다.

 전쟁이 끝나고 국내의 정보, 뉴스 요구량이 팽창함에 따라서 합동통신사가 기자 충원을 하게 된 것이에요. 이때 시험에 응시한 273명 가운데 5명을 뽑았는데, 나는 꼴찌였어. 내가 꼴찌이긴 했지만 응시자 대부분이 서울에 있는 유명대학 출신들이었던 것을 생각하면 내 꼴찌합격도 어쩌면 예상할 수 없던 좋은 성적이라고 해야 하겠지. 앞서 얘기한 것처럼 최종합격자의 1등부터 4등까지가 모두 서울대학교 대학원 정치학과 출신이었고, 어떤 사람은 6·25전쟁 중에 군대도 가지 않고 학업에만 종사했던 좋은 조건과 배경의 소유자들이었으니까. 그중 한 사람은 이상옥(李相玉)이라고, 1990년대 초에 외무장관을 한 분이었어요. 나 혼자 엉뚱한 대학을 졸업한 데다가 7년 동안이나 6·25전쟁 중에 그 절반을 격전장에서 보내고 나머지 절반도 지식이나 정보, 언론과는 전혀 무관한 삶을 살다 온 사람이었지.

내가 합격하게 된 데는 까닭이 있어요. 군대생활 마지막 2년 동안 제대하기 위한 방편으로 고시 3부 외교관 시험을 준비했던 그 지식이 큰 도움이 됐지. 필기시험도 괜찮았지만, 면접시험이 결정적이었어. 면접할 때 사장, 국장, 부장이 다 앉아 있는데, 영어회화 실력을 테스트해요. 박경목 국제부장이 영어로 묻더라구요. '왜 저널리스트가 되려고 하느냐?' '어떤 저널리스트가 되려고 하느냐?' 등등의 질문이었어요. 그런데 그런 질문을 써놓고 읽더라구. 내가 대답을 했는데, 이건 훗날 알게 된 얘기지만, 즉석에서 영어로 하는 내 답변을 그 자리에 있던 시험관들이 하나도 못 알아들었다는 거야. 질문한 국제부장은 미리 작문을 해놓고 그대로 묻는데 말을 잘 못하니까 그랬겠지. 내가 질문마다 막힘없이 좌악 답변을 하니까 아무도 못 알아들었대.

그리고 이력서에 불어를 안다고 썼어요. 그랬더니 나의 유창한 영어회화에 놀란 사장이 불어도 하느냐고 묻더구만. 물론 시험관들이 불어로 뭔가를 물으면 나는 또 불어로 대답할 생각이었지. 그러나 불어를 아는 사람이 없으니까 시험관 모두가 그냥 놀란 얼굴만 하고 있더라고. 아마 이것이 내 점수에 도움이 된 것 같아.

임헌영 당시의 면면을 보면 임방현, 박권상, 정인량, 조세형 등 언론계에서 막강한 분들인데요. 이분들이 같이 『합동통신』에 있었습니까? 동기들과의 관계는 어떠셨습니까? 수습시절은 얼마 정도였나요?

리영희 그분들과 합동통신사에서 한두 해를 같이 근무했는데, 그 뒤로 그들은 새로 세운 통신사나 다른 신문사로 가서 활약했어요. 언론계 경력으로 말하면 나보다 선배들인 셈이지. 나이가 선배가 아니라, 이 친구들은 군대를 안 갔거나 2년, 3년하고 나왔거나 그래서 선배인 거지. 이 사람들 외에도 한국 언론계에 기라성 같은 이름을 날린 언론인들이 여럿 있었어요. 그들이 훗날 『동아일보』『조선일보』『한국일보』『중앙일보』 등에 퍼져나가서 그 신문들의 주역을 맡게 돼요. 아까 말한 것처럼 나이로 말하면 나와 같거나 오히려 아래인 경우도 있지만, 불행하게도 내가 7년 동안이나 군대생활을 하고 온 까닭에 기자생활 경력으로는 2~3년 처진 거지.

임헌영 당시는 통신사가 합동통신사 하나뿐이었지요?

리영희 그렇지요. 해방에서부터 이승만정권의 후반기까지는 합동통신사 하나뿐이었어. 그런데 합동통신사는 일제시대의 한국 언론인들의 반골적인 성격과 지사적인 직업관이 남아 있었기 때문에 이승만 통치 아래서도 야당적인 성격이 짙었어요. 그래서 이승만정권이 이걸 쓰러뜨리기 위해 우선 1950년대에 당시의 재벌들로 하여금 각각 친정부적인 『세계통신』『동화통신』『동양통신』을 만들게 하여 『합동통신』에 대항하게 했지. 그러다가 우여곡절 끝에 1980년 전두환 군부독재정권이 들어서 언론통제의 방법으로 그때까지 남았던 『합동통신』과 『동양통신』을 통폐합하여 단일 통신사가 되었지. 이것이 현재의 『연합통신』이에요.

또 4·19학생혁명 이후에 처형당한 유태하를 비롯한 이승만정권의 권력자들이 합동통신사를 죽이기 위해서 온갖 탄압과 술책을 벌였어요. 『합동통신』은 『AP』『로이터』『AFP』『UP』『INS』 등의 세계

주요 통신사와 계약관계를 맺고 있었는데, 이승만정권 막바지에 이 국제 통신사들을 합동통신사에서 모두 떼어가 버렸어. 국내 통신사는 국제 통신사에 매월 일정한 뉴스공급 계약료를 지급해야 합니다. 그런데 이승만정권이 야당적 성격의 합동통신사를 죽이기 위해서 이 계약료를 지불하기 위한 외화송금을 허락하지 않은 거예요. 당시에는 외화가 귀한 때여서 일일이 정부의 허가를 받아야 했지. 그 외화 사용허가를 안 내주는 거예요. 그래서 계약금조차 제대로 못 내는 상태가 되었지. 겨우 불란서의 『AFP』 하나만에 의존하다가 4·19로 이승만정권이 쓰러지게 되지요.

임헌영 『합동통신』은 어떻게 그렇게 정부에 대항할 수 있었던 겁니까?

리영희 『합동통신』은 어떤 개인이 소유한 통신사가 아니라, 일본의 『교도(共同)통신』처럼 계약사인 전국의 신문, 방송, 기업, 정부 부처 등등에서 기사 비용을 받아서 운영하는 공용제였어요. 내가 들어갔을 때는 사장이 초대 공보처장이었던 김동성(金東成) 씨였어. 명망가였으니까 어떻게든 꾸려나갈 수 있었지만, 재정적으로는 어려운 국면에 처해 있었어요. 김동성은 대한민국정부 발행 여권 제1호 소유자로 유명합니다. 『합동통신』의 이사진도 일제시대의 독립운동가와 민족언론 지도자들이었기 때문에 친일파들과 민족반역자들을 규합하여서 정부를 구성했던 이승만정권과는 이념적으로 상호배격적일 수밖에 없었지. 더욱이 1950년대를 거치면서 거의 병적인 경향을 드러낸 이승만의 탄압정치에 대해서는 통신사의 이사진뿐만 아니라 편집국의 각급 기자들과 업무분야의 직원들까지 거의 일치단결해서 힘겨운 반정부 언론투쟁을 전개했어. 이러다가 아까 말한 것처럼 이승만정권 말기에 『합동통신』의 존립이 어려워지고, 그 재정적 기반이 무너지게 된 단계에서, 개성재벌의 OB맥주회사 사장 박두병(朴斗秉) 씨가 자본을 대고 사장으로 취임했어요.

임헌영 대단했군요. 어디에 있었습니까?

리영희 을지로 입구 네거리에 파출소가 있었어요. 종로 화신으로 가는 길이 있고 시청으로 가는 길이 있는데, 그 파출소 옆의 3층 건물이었지. 지금은 합동통신사가 있던 자리가 도로확장 때문에 길 속으로 들어가 버리고, 합동통신사의 옛 부지에는 고 박두병 씨 소유의 두산산업 관련 기업들이 들어 있는 빌딩이 들어섰어요.

구질서의 붕괴에 동참하는 희열

임헌영 우리 근대 민족 운동사에서 기자상은 지사(志士)에 가까웠습니다. 그러던 것이 자유당 시기에 무너지기 시작해서 박정희 장기집권 아래서 완전히 분해된 것 아닙니까. 자유당 말기 때 기자들의 사명감과 프라이드를 지금과 비교 좀 해주십시오.

리영희 기본적인 정신상태에서는 여전히 일제시대의 조선인 기자들이 가지고 있던 직업정신으로서 사회와 민족을 이끌어간다는 지사정신이 상당히 강했습니다. 제대로 공부하고 들어온 사람들은 올바른 정신으로 시국을 평가하고 국가의 내일을 생각하면서 상당히 청신했지요. 이승만정권의 권력에 매수당하지 않고 신문기자로서의 정도를 걸으려고 노력하는 기자들이 『합동통신』의 주류를 이루고 있었어요. 그렇지만 역시 한국사회의 어디서나 마찬가지로, 권력과 야합하고 권력에 웃음을 팔면서 사리사욕을 취하는 무리들도 있었던 겁니다. 그들은 우리 사회와 국민이 그렇게 어렵고 가난할 때, 그리고 국가가 절대권력 아래서 내일을 알 수 없는 혼란상태가 계속되는데도 '어용기자'로 약삭빠르게 권력에 빌붙어 돌아다니는 작태를 보였어. 어느 시대, 어느 사회에서나 변함없는 현상이지. 그래도 지금의 기자들과 한 가지 달랐던 점이 있다면, 지금은 거의 완전히 지사정신은 상실하고 '월급쟁이'로 변한 경향이 많지만, 당시에는 월급이라는 물질적 대가를 고려하지 않고 사회정의에 헌신하려는 기풍이 농후했습니다. 나의 상사였던 정용현(鄭龍鉉) 정치부장은, 월급은 부원들 점심값으로 털어버리고 집에 쌀이 떨어지는 달이 많았어요. 그걸 알고 정치부 기자들이 돈을 모아서 쌀가마니를 갖다 놔준 일이 여러 번 있었어요. 그는 진정한 의미의 언론인이었어.

임헌영 어떤 식으로 일을 하셨습니까?

리영희 내가 처음 기자로 일을 시작한 곳은 '외신부'인데, 지금은 언론계에서 대체로 '국제부'라는 이름으로 바뀌었지. 이 외신부는 세계적 명성이 높은 국제 통신사로부터 무선으로 영문기사를 공급받아서 그것을 그 중요성에 따라 가장 짧은 시간에 분류·선택하고, 다시 우리말로 기사화해서 신문사, 방송국, 정부기관과 기업체들에 신속히 배달하는 겁니다. 여러 국제 통신사로부터 밤중에 들어오는 기사의 양이 엄청나요. 서울과 전국 지방의 뉴스는 독자적 취재망으로 취재하고 공급하는 중앙통신의 기능을 하고.

당시는 지금처럼 전자공학적 통신수단이 발달하지 않았던 때여서, 텔레타이프로 수신한 것을 위 방법대로 기사화하여 그것을 '가리방'이라는 복사지에 철필로 긁어 가지고 먹과 잉크로 복사해서 신문사에 배달하는 방법이었어. 이 복사기도 초기에는 수동식이었다가 기계식으로 바뀌었지. 그러다가 공판타자기라고, 한문과 한글을 함께 쓰는 원시적인 평판 타자기가 나와서 손으로 복사하는 방식을 대체했어. 모든 외국통신 기사가 영어로 들어오기 때문에 하나하나의 기사의 중요성을, 특히 한국과의 관계성을 순식간에 판단하고 기사화해야 하니까 영어실력이 우수하지 않고서는 외신부 기자를 할 수가 없어요.

모든 신문사가 오후 1시면 제1판을 내야 하기 때문에 새벽 7시 정도부터는 완성된 통신기사가 계속 신문사에 배달이 되어야 해요. 그래서 외신부 기자들은 거의 전원이 새벽 5시면 출근을 해야 했지. 깜깜한 밤에 출근하고 오전에는 일을 마쳐버려요. 그래서 동네 사람들은 통신사 외신부 기자들이 매일 동이 트기 전에 집을 나서는 것을 보고 "좋은 대학을 나왔다면서 시장에서 소매장사를 하는가 봐"라고 수군거린다는 얘기를 들었어요. 그런 직업으로 착각하는 경우도 많아서 우리 사이에 우스갯소리가 되기도 했지.

임헌영 그때 주로 관심을 가진 지역은 어디입니까?

리영희 나의 세계관 때문에 1950년대 후반에 치열하게 전개됐던 베트남 민족의 반식민지 민족해방 투쟁과 사회혁명의 몸부림, 중국 5억 민중의 인간다운 삶을 찾으려는 중국공산당의 혁명전쟁은 물론, 1953년에 미·영의 착취에 반발해서 석유의 국유화를 단행한 이란의 모사데크 수상의 결단, 아프리카 가나공화국으로 독립을 이끈 앵크루마의 반백인식민지 투쟁, 그것을 기점으로 한 아프리카 16개 피압박 민족의 백인제국주의 식민지로부터의 해방·독립, 그리고 미국 자본가들의 뒷받침을 받는 쿠바의 오랜 괴뢰정권과 착취체제를 타도하려는 카스트로와 체 게바라 주도하의 쿠바혁명 투쟁과 그 승리, 쿠바의 승리로 각성한 라틴아메리카 민중의 급격한 사회·계급혁명의 격화, 그리고 궁극적으로는 전 세계의 피압박 인민의 백인 자본주의에 대한 투쟁들에 나는 열정적인 공감을 느꼈어요. 그런 전 지구적이고 전 인류적인 세계사적 대변혁에 관한 뉴스를 만들고 알리고 하는 외신기자로서의 역할에 나는 완전히 몰두했어. 나는 그런 주제의 큰 뉴스가 들어올 때마다 희열을 느꼈어요. 한마디로 제국·식민주의국가들이 지배하는 구질서에 대항하는 각 대륙인민의 '현상타파' 운동이 나의 주관심사였어요. 전 인류를 투쟁으로 이끌어내는 '변혁의 시대정신'에 나는 열정적으로 공감했지.

그때 소련에서는 흐루쇼프에 의한 반스탈린 운동이 일어나, 소련을 비롯한 세계의 공산당 집권 국가에서 차츰 독재체제의 수정을 지양하는 변화의 물결이 일어나고 있었어요. 모스크바에서 비롯된 공산당 통치의 변질은 온 동유럽 공산체제국가들의 체제 수정으로 이어졌고, 전 세계 사회주의국가들의 사회주의정권들에서도 보다 민중적인 방향으로 체질 전환이 이루어지고 있던 때지요. 1950년대 후반부터의 이와 같은 변혁은 국제관계에 지각변동을 일으키고 있었지요. 인류에게는 잔인하고 탐욕스러운 백인제국주의적 지배와 식민주의적 약탈의 종말을 보는 것과 같은 시대였고, 각 대륙에서는 역사의 한낱 객체에 지나지 않았던 '민중과 인민'들이 비로소 역사의 주체로서 역사의 무대에 뛰어오른 감격스러운 시대였거든. 나는 이 모든 투쟁과 변혁의 시대정신에 흠뻑 젖어 있는 상태였어요. 이란혁명의 영국 석유자본 국유화, 나세르의 수에즈운하 국유화, 카스트로의 쿠바혁명 성공, 유엔총회의 식민지 해방 선언, 그중에서도 1961년 한 해 동안 가나의 뒤를 이어 식민지 통치를 거부하고 독립한 16개 아프리카 국가가 자본주의가 아닌, 사회주의이거나 적어도 혼합경제체제를 채택한 인류사적 변혁은 외신기자 리영희를 흥분하게 만들었지.

궁핍한 외신기자의 일상

임헌영 제가 제기동 시절 선생님을 뵈었을 때 댁에 스크랩이 굉장히 많았거든요. 이때부터 계속 스크랩을 하신 겁니까?

리영희 아, 내가 제기동에 살 때도 임형이 왔었구만! 나는 임형이 그때 왔던 것을 기억하지 못하는데. 제기동의 집은 미나리밭 속에 있었고, 전화를 걸려면 청량리역까지 나가야 할 만큼 외진 곳이었어요. 워낙 집값이 싸서 그리 이사 갔던 것인데 버스도 통하지 않을 만큼, 말하자면 서울 안의 벽지였던 곳이에요.

아마 그때 나의 국제정세 관계 기사를 오려서 만든 스크랩 더미를 봤나본데, 그것은 다 내 손으로 직접 원시적인 방법으로 만든 것이지요. 그 당시에는 지금 흔히 쓰는 것과 같은 기성 스크랩북이 아직 상품으로는 없었지. 담요 크기만한 누런 포장용지를 사다가, 접고 잘라서 힘겹게 구멍을 뚫어 풀로 붙여서 스크랩북으로 만들었지. 그것을 만드느라 어찌나 힘들었던지 지금도 잊을 수가 없어. 그때 만든 그 낡은 스크랩들을 지금도 버리지 못하고 있어요. 지금은 아무 소용이 없는 것이 되어버렸지만 40~50년 전에 그렇게 힘겹게 만든 것이라서 버리질 못하는 거지요. 힘겹게 만들었다는 사실뿐이 아니라, 그것을 만들고 거기에다 관계자료들을 오려 붙이던, 그때 열병환자처럼 흥분하고 희열했던 나의 인생의 일부가 차곡차곡 깃들어 있기에 버리질 못하고 있어요. 이젠 아무 미련 없이 버릴 때가 됐는데.

임헌영 그때 다른 외신기자들도 불란서나 일본의 기사들을 그렇게 많이 참고했습니까?

리영희 우리 연배들은 대체로 일본어를 했고, 외신기자들은 특히 '읽는 영어'를 다 잘했어요. 그 당시에 대학에서 제2외국어로 독일어나 불어 중 하나를 했지만 나처럼 여러 외국 신문·잡지를 찾아 읽고 기사들을 스크랩했는지는 잘 알 수 없어.

임헌영 선생님께서 어느 글에선가 나의 사상적인 배경은 『르 몽드』라고 썼다고 누군가 소개한 글이 있는데 그게 사실입니까?

리영희 내 사상적인 배경이 『르 몽드』라는 것은 잘못이에요. 나는 그렇게 쓴 일이 없는데……. 난 물론 『뉴욕 타임스』나 영국의 『타임스』『맨체스터 가디언』, 영국노동당 계열의 진보적 평론지 『뉴 스테이츠맨』과 불란서의 『르 몽드』를 읽고 참고하긴 했지만, 그 어느 것도 나의 사상적 배경이라고까지 생각하진 않아요. 왜냐하면 『합동통신』에서 기자생활을 하기 시작하면서 나의 사상적 성향은 자본주의국가·사회의 그 어느 신문과도 다른 성격, 다시 말해서 사회혁명에 동조했고, 제국주의와 백인인종주의에 대한 반대로 치닫고 있었으니까. 나는 외신기자이면서 내가 접하고 다루고 또 해석하고 가치판단을 해야 하는 차원의 지적 행위에서는, 그런 자본주의국가들의 일반적 의미에서의 고급 언론보다 오히려 사회주의적 세계관과 역사관을 토대로 해서 현실을 인식하고, 또 현실문제를 해결하는 데 필요한 많은 서적들을 읽고 있었으니까.

한참 훗날인 1980년 5월, 광주 시민들을 전두환정권이 대량 학살했던 이른바 '광주사태'로 내가 투옥됐을 때, 『르 몽드』 동경 특파원 퐁스 기자가 한국사태 긴급취재를 와서 『르 몽드』의 파리발 첫 보도에 나를 '메트르 드 팡세'(사상의 큰 스승)라고 썼어요. 한국 지식인과 대학생의 사상의 은사인 리영희가 잡혀갔다고요.

임헌영 『합동통신』 이야기로 다시 돌아가는데요, 그때 생활이 어려워서 국제정세 일일평가서 부업까지 하셨다면서요?

리영희 내 생활이 말할 수 없이 어려웠어요. 지금은 한국외국어대학과 경희대학교가 들어서고 번듯한 주택지가 되었지만, 내가 이문동으로 이사갔을 때에는 집도 드문드문 있었고 지금의 경희대학교 뒤에 산이 그대로 있을 때였어. 내가 세로 얻은 방 두 개에는 부엌이 따로 없어서, 새벽 4시에 출근해야 하는 남편을 위해 신혼 초의 아내가 그 추운 겨울에 밖에 나와서 아침밥을 짓느라 말할 수 없는 고생을 했어요. 이런 가난 속에서 부모 모시고 첫아들을 낳았는데, 그 아이가 돌이 지나면서 불행하게도 병으로 입원하여 끝내 살지 못했어. 이런 빈곤이다 보니까 병원비를 대기 위해서, 그때까지 부업으로 하던 번역일에 보태어서 또 한 가지의 반고정적인 부업을 하게 된 거지. 그것이 국군연합참모부에서 '일일 국제정세 분석보고'를 작성하는 것이었어. 그 전날 24시간의 세계정세를 종합하고, 정리하고, 분석해서 군에 필요한 정보로 만드는 일이었어요.

연합참모부는 그 후 중앙정보부가 들어앉은 남산 기슭에 있었지. 건물은 한일합방 전에 이토 히로부미가 조선통감으로 있으면서 통감부(統監府)로 지은, 암청색으로 칠한 커다란 목조건물이었어. 내가 거기서 일일보고서를 작성할 때만 해도 썩고 낡은 목조건물이 그대로 있었어요. 보통 아침 8시 반까지『합동통신』외신부 일을 끝내고, 을지로 입구에서부터 남산 중턱에 있는 연합참모부까지 달려가 군인들의 출근시간에 맞춰 일을 시작했어요. 나의 형편에 택시를 탈 수는 없고 그냥 뛰어가는 거야. 하여간 겨울에도 땀이 부쩍 날 만큼 달려가서, 삐걱삐걱 소리가 나는 구멍 뚫린 50년 묵은 목조건물에 다다를 때에는 출근시간이 벌써 지나버린 경우가 흔히 있었어요. 참 어려웠던 나의 한 시절이었어. 만약 내가 국제부의 외신기자를 고집하지 않고 정부기관이나 경제부처를 취재하는 출입기자직을 택했다면 이런 고생을 하지 않아도 가족을 먹여 살릴 수 있고, 어쩌면 풍족한 생활을 누릴 수도 있었을 거요. 출입기자들은 대개 그랬으니까.

더 이야기를 보탠다면, 그 후에 기자생활 10여 년이 지나고『조선일보』외신부장이 되었을 때도, 나는 부업을 그만둘 형편이 못 됐어. 내가 무능한 신문인인 탓이기도 했지만, 정부 부서의 출입기자로 나갈 때도 그랬고, 큰 신문사의 부장으로 들어앉았을 때도 나는 월급 이외의 수입이라는 것을 생각해본 일이 없어요. 일제시대의 중학교 동창이 남대문에서 하고 있는 오퍼상에 가서 영문서신을 번역하고 작성하는 일을 대신문사의 부장으로 있으면서도 계속하지 않을 수가 없었어요.

그때(1965년) 신문사 부장의 월급이 3만 2천 원이었어. 32만 원이 아닙니다. 적어도 내가 받은 월급은 그것뿐이었어. 내가 그런 생활을 할 때에도 정치부·경제부·문화부·체육부·지방부 등등 부장들은 일류 생활을 할 수 있었어. 그런 부서의 웬만한 기자들도 매일

술 마시고 흥청대면서 살 수 있었던 때요. 그런 때에 부장인 내가 고달프게 부업을 하나도 아니고 둘이나 하면서 생활을 꾸려나간 것을 생각하면, 그저 내가 못난 탓이었다고 생각할 수밖에 없지.

임헌영 이승만 독재정치에 대해서 의식 있는 기자들은 거의 다 느꼈을 것 같지만 당시의 현실정치를 어느 정도 깊이 이해하고 있었습니까? 객관적으로 판단하는 기자들의 비중은 어느 정도였습니까? 선배 언론인들이 거의 친일파의 영향 아래 있지 않았을까 싶습니다만.

리영희 정치의식과 현실감각이 비교적 앞서 있던 합동통신사의 기자들도 그 소속 부서에 따라서 차이가 많았어요. 외신부·정치부·문화부의 경우는 거의 반이승만, 반자유당정권, 반독재적 자세를 견지하고 있었다고 말할 수 있지. 그러나 경제부의 대다수와 사회부의 일부 기자들은 그런 자세가 아니었어.

한 예로 이승만정권이 4·19학생혁명으로 쓰러진 뒤에 들어선 민주당정부가 과거의 독재정권과 야합했던 기자들을 숙청하려는 계획을 세웠어요. 새로 들어앉은 정부가 직접 그런 기자들을 제거할 수는 없으니까 각 신문사, 통신사가 내부적으로, 그리고 자체적으로 골라내서 도태하기를 원했어요. 그런 기자들을 골라내기 위해 편집국 내의 여론이 형성되어가자, 그런 범주의 기자들은 살아남기 위해 회유 공작을 펼쳤어요. 특히 경제부 기자들이 그랬어. 입사한 지 몇 해 되지도 않은 나 같은 외신기자에게도 명동에서 술대접을 하겠다고 연일 청이 들어오는 거야. 어느 날 마지못해 한 번 따라갔어. 빌딩 지하로 구불구불 들어간 바(bar)인데 비싼 양주병이 즐비하더라고. 마구 시키는 거야. 여자들이 나오고, 안주가 나오고, 요란하더구만. 난 이때에야 일생에 처음으로 이른바 바라는 곳, 지금의 룸살롱이라는 곳에 가본 거야. 난 정말 놀라서 눈이 휘둥그레졌어. 그런데 경제부나 사회부, 때로는 정치부 기자들은 흔히 그런 곳을 애용하고 있었다는 것을 알았지. 그러다가 민주당정권이 몇 달 안 가서 박정희 쿠데타로 쓰러졌어. 그러니까 언제 자기들이 나에게 구명운동을 했더냐는 식으로, 그 후로는 나 같은 동료기자는 거들떠보지도 않더구만. 이것이 이승만정권 말기와 군사 쿠데타정권으로 옮겨가는 1960년대 신문기자들의 직업상과 작태였지.

임헌영 제 기억으로는, 대학생 때까지도 외국신문을 우리나라 신문보다 신뢰하는 의식이 은연중에 있지 않았습니까? 저도 그랬어요. 1980년대까지도 미국이나 일본신문을 며칠마다 한 번씩 살펴봐야 안심이 되곤 했습니다. 선생님께서는 그때 외국신문의 기사에 대한 신뢰도가 어느 정도였습니까? 또 1950년대 말에는 외신에 대해 비교적 신뢰하는 분위기였을 것 같은데요, 어땠습니까?

리영희 그랬지. 첫째 이유로는, 그 시기가 이승만정권의 말기에 해당하는데, 그때쯤에 와서는 세계의 주요 언론기관들이 한국정부에 대해 굉장히 비판적이었어요. 모든 외국신문들이 비슷했어. 그러니까 한국인들은 대개 국내신문 보도보다는 외신보도를 더 믿게 돼 있었어.

둘째는, 외국신문들이 국내신문과는 달리 다양한 분야를 자유롭게 취급하고 있으니까. 아주 활발하고 신선하고 문화적 향기가 있었다구요. 이승만 독재정권은 국민들에게는 억압적으로 군림했지만 외국 언론, 특히 미국 언론에 대해서는 사실상 무력했어. 그럴 수밖에 없는 것이 이승만정권 자체가 미국정부에 의존해 있다 보니까 미국의 언론보도를 국내에서 통제할 수가 없었지. 한두 번 그런 시도를 해본 예가 있긴 하지만 결과적으로 세계의 언론에게 반민주적, 억압적 독재권력이라는 인상만 더 강하게 심어주고, 게다가 철저하게 부패타락한 정권이라는 증거만 제공한 셈이 됐지. 결과적으로는 우리 언론인들뿐 아니라 지식인들 일반이 국내 언론보다 외국의 언론을 더 신뢰할 수밖에 없었어요. 이건 당연한 일이지.

마르크스를 통해 현실체제의 모순에 눈뜨고

임헌영 합동통신사 재직 초기에 선생님께 영향을 미친 책이나 인물에 대해서 좀 말씀해주세요. 어떤 새로운 것들을 접하셨나요?

리영희 지금 다 기억나지는 않지만 주로 읽은 시사지는 우선 영국 노동당 계통의 주간지 『뉴 스테이츠맨』(New Statesman)과 보수적인 『스펙테이터』(Spectator), 미국의 진보적 주간지 『뉴 리퍼블릭』(New Republic)을 필두로, 미국의 좌파 이론지를 주로 출판하는 먼슬리 리뷰(Monthly Review)의 많은 저작들과 일본 이와나미(岩波)출판사에서 발행되는, 자유주의적·진보적·사회주의적 성격의 서적들이었어요. 아직 이 단계에서는 정치·사상적 내지는 이데올로기적 깊이보다는, 자본주의와 자본주의적 사회의 제반 특성에 대한 대안적 세계관을 모색하는, 수준 높은 교양서적을 주로 탐독했지. 이 시기는 워낙 광적인 반공주의 시대라서 서적 검열이 삼엄했기 때문에 그런 정도의 책들도 공개적으로 판매되지 않았고, 따라서 구독하기가 쉽지 않았어요. 서울 주재 미국, 영국 등 대사관의 공보실을 통해서 입수했지. 매주 한 번씩 찾아가서 한 주 지난 호를 입수해 오곤 했어요.

서적으로는 주로 영국의 해럴드 J. 래스키의 『근대국가이론』을 비롯한 그의 대부분의 정치·사상·철학관계 저서를 읽었고, J. R. 힉스의 『세계경제론』, 콜의 『사회주의 경제학』, 그리고 그 당시에 한참 유명했던 모리스 도브의 『정치경제학과 자본주의』를 비롯한 것들이었어요. 사회사상사, 자본주의와 사회주의 등에 대한 여러 저자의 서적들이었지.

그 밖에도 많은 진보 계열의 정치사상, 사회사상 분야의 서적들을 섭렵했는데, 그 대부분은 일본의 진보적 출판사 이와나미에서 나온 일본학자의 저서나 외국저서의 일본어 번역판이었어요. 사실 말이지, 해방 후에서 1970년대까지 나를 포함해 남한의 진보적 지식인들은 주로 그 지적·사상적 원천을 이와나미출판사의 서적에서 찾았던 겁니다. 그 시기 미국 지식사회에서는 진보적 성향의 서적은 별로 출판도 되지 않았거니와 미국의 학계나 지식사회에서 전문적인 분야의 학업을 마친 한국 지식인들은 99퍼센트가 보수적·반공주의적·자본주의적 그리고 미국 중심적 사고방식에 젖어 있었어요. 그들 중 상당한 수는 심지어 마르크스나 엥겔스 같은 사상가의 이름조차 모르는 형편이었으니까. 그 시기 그나마 다소 미국사회의 계급적 분석을 한 저술로서는 라이트 밀스의 『파워 엘리트』(*The Power Elite*)가 고작인 형편이었으니까. 이것도 미국사회의 계급구조적 측면보다는 미국사회를 지배하는 권력집단을 분석한 책인데, 미국 교육을 받은 한국 엘리트들 중 극히 소수가 자본주의사회의 계급적 또는 권력적 모순관계에 대해 다소나마 인식할 수 있었다면 이 책 덕이었다고 할 수 있겠지요.

『합동통신』근무의 마지막 시기, 그러니까 1960년대 초에 어떤 분이 장폴 사르트르가 편집인을 맡고 있는『레 탕 모데른』(현대)을 정기적으로 보내주었어. 이것을 통해 제2차 세계대전 이후 세계의 신사조를 사르트르적 시각으로 접하게 되는데, 그때 나의 불란서어 능력이 영어 같지 않아서 깊은 철학적 내용은 이해하기 어려웠어요. 주로 현실 정치상황, 국제관계의 구체적 문제들에 대한 이해의 안목과 폭을 넓히는 데 많은 도움이 됐어.

나는 이때쯤 되어서는 미국식 자유사상이나 민주사상에 관계되는 책들에는 별로 흥미를 갖지 않았어요. 이승만정권 후기와 1960년대로 들어서는 기간에 남한 지식인 사회의 지적·사상적 길잡이가 돼 준 것으로『사상계』가 있지요. 이 월간잡지는 당시 남한의 평균적 지식인들에게 상당히 앞선 현실분석이나 평가의 안목을 제공한 공을 인정해야 하지. 특히 함석헌의 민족사랑의 정신과 범인류적 사랑과 평화의 정신에는 굉장히 동감하고 그를 존경했지만 장준하의 논지에 대해서는 성이 차질 않았어. 물론 임형은 이와 같은『사상계』의 시대적 역할에 관해서는 잘 알고 있을 거예요. 그런데 나는 조금 건방지다고 할까, 지적·사상적 오만이라고 할까, 그분들이 얘기하고 구상하고 목표로 하는 인간형이나 사회조직이나 정치이념보다 좀더 앞서가고 있었다고 스스로 자처했기 때문이지.『사상계』가 제시하는 미국식 사상에 대해서 나는 그것이 우리가 지향해야 할 미래상이 아니라 우리가 마땅히 극복해야 할 이론이나 가치관으로 치부하고 있었어.

결국 당시 나의 독서는 주로 이 시기에 현기증이 날 만큼 전 지구상에서 벌어지는 국제정세와 국제관계의 현실적 변동을 보다 깊이 이해하고 분석하기 위한 구체적 이론이 급했기 때문에, 유감스럽게도 시, 소설, 연극, 영화 등의 분야에 관해서는 등한시했던 흠이 있어. 그런 문화적 분야에까지 고루 나의 독서의 범위를 넓힐 여력이 없었지.

합동통신사 시절은 내가 바로 20대 후반에서 30대로 넘어간 시기였어요. 경제적으로는 굉장한 가난에 헤맸고, 맏아들과 아버지를 그 시기에 연이어 잃었어. 생활을 지탱하기 위해 보통 두 가지의 부업을 해야 했던 생활상의 어려움에도 불구하고 그 기간 동안에 읽은 잡지·논문·서적의 양은 놀랄 만큼 그 목록이 길어. 지금 돌이켜보아도 그 어려운 조건 속에서 어떻게 그렇게 많이 읽을 수 있었는가 하는 것이 수수께끼처럼 남아 있구만. 그런 기초이론적 독서 단계를 넘어서 다음에는 마르크스 이론의 독서의 단계로 넘어갔는데, 그것은 1960년대 중반 조선일보사에 입사하면서부터 시작됐어요. 중국혁명, 자본주의의 대안으로서의 공산주의 또는 사회주의의 가능성, 제3세계의 좌익혁명운동, 중소 이념분쟁 등을 심도 있게 이해하기 위해서였지요. 물론 한국의 현실개혁을 어떻게 할 것이냐의 문제 때문이기도 했고.

임헌영 금서였을 텐데 책은 어떻게 구하셨나요?

리영희 아까도 말한 것처럼 그런 주제와 내용의 정기간행물이나 서적을 구하기란 정말 어려웠지요. 내가 그런 책들을 구하는 데는 몇 가지 경로가 있었어. 하나는 주한 외국대사관들의 공보실과 도서관이고, 둘째는 외무부의 외교관들에게 책 목록을 주어서 사 오도록 부탁하는 거요. 셋째는 내 중학교 동기 하나가 미국 AID(경제원조처)에 근무하다 그만두고 그 퇴직금으로 종로에서 '해외서적'

이라는 도서 수입상을 하고 있었는데, 그 친구에게 책 명단을 주어서 들여오도록 했어요. 이 방법은 수입도서의 검열제도 때문에 압수당할 수도 있는 불안정한 방법이었지. 그래서 원하는 책을 구할 때도 있고 구하지 못할 때도 있었어.

그 친구는 검열관계로 여러 차례 곤욕을 치렀지. 마지막에는 고려대학교 도서관에 납품했던 책들 중에 일본 발행 『세계연감』이 있었어요. 『세계연감』이라는 것이 당연히 지구상의 모든 국가의 국기를 표시하지 않겠어? 그런데 그 세계의 수십여 개의 국기 중에 조선인민공화국 국기가 그대로 있는 것을 검열당국이 문제 삼아서, 이 친구는 감옥에 가고 서점은 폐업해버렸어. 한심하고 야만적인 시대였지. 그래서 그 책방에서 구할 수 있는 길은 잠시 막혀버렸어요.

내 평론이 실린 『워싱턴 포스트』를 받아든 감격

임헌영 이때 선생님이 『워싱턴 포스트』와 인연을 맺게 되셨지요? 유독 『워싱턴 포스트』를 선택하신 이유가 있습니까?

리영희 미국 행정부와 국회, 정계를 비롯해서 최고 정책수립자들에게 가장 영향력이 큰 신문이었기 때문에 그랬지요. 이승만정권이 말기에 가까이 오면서 자행하는 온갖 정치적 탄압과 부정행위, 그리고 그 밑에서 한국사회와 국민의 신음소리가 참을 수 없을 만큼 커졌을 단계에서, 내가 그런 이승만정권의 행태를 열거하고 논평한 글을 『워싱턴 포스트』의 편집국장 앞으로 보낸 일이 있어. 그 글에 대해서 『워싱턴 포스트』의 주필이 굉장히 호의적인 반응을 보여왔어요. 자기들은 이승만 독재의 실상에 대한 현장 감각이 분명하지 않다는 것과, 『워싱턴 포스트』가 미국정부의 대한국정책을 올바르게 비판하고 설정하게끔 하기 위해서는, 내가 보낸 글에서 드러나는 기자정신, 공평한 상황분석 능력과 정확한 관점, 그리고 종합적 한국 국민대중의 생생한 반응 같은 것이 필요하다고 써 있더구만. 그러면서 계속 논평의 글을 보내달라고 부탁하더라구요. 그렇게 『워싱턴 포스트』와의 인연을 맺게 된 거요.

1959년 진보당 당수 조봉암 씨를 간첩혐의를 뒤집어씌워 사형에 처하는 천인공노할 이승만의 장기집권 야욕을 확인하고 국민의 반독재여론을 대표했던 『경향신문』을 폐간 처분하는 것을 보면서, 그때그때 그런 문제들을 중심으로 이승만정권의 포악성을 고발하는 평론기사를 써 보냈어요. 나의 마음 한구석에는 미국 언론의 힘을 빌려서 한국 내정에 간섭케 하는 행위의 정당성에 대해 약간은 망설임이 없지도 않았어. 그러나 이승만정권을 타도하는 데 조금이라도 도움이 된다면 어떠한 방법이라도 정치적으로, 도덕적으로 정당화될 수 있다고 확신했지. 그래서 『워싱턴 포스트』에 이승만정권을 고발하는 글을 계속 썼던 것이에요.

그러다가 1959년에 풀브라이트 미국 상원 외교위원장의 제안으로 창설된, 외국 지식인의 미국 초청 연수계획인 이른바 '풀브라이트 장학 계획'에 선출되어서 노스웨스턴대학에 갔어요. 그 기회를 이용해서 『워싱턴 포스트』를 방문했더니 주필과 편집국장이 굉장히 반겨주면서 앞으로도 계속 기사를 써달라고 격려와 함께 부탁하더구만.

임헌영 굉장히 위험했을 텐데요.

리영희 물론이지요. 원고를 그냥 우편으로 보낼 수는 없지. 한국 근무를 마치고 미국으로 돌아가는 미군 장교들이나 믿을 만한 사람을 찾아서, 미국에 가면 우편함에 넣어달라고 부탁했지.『워싱턴 포스트』가 언제나 사설과 대조되는 위치에 한 칼럼 600자로 나의 한국 정국에 관한 논평기사를 실어줬어요. 그리고 한 칼럼에 15달러의 원고료를 보내왔어. 당시 환율이 1달러당 650환이었으니까 약 1만 환이고 나의 월급이 2만 환 정도였지. 이승만정권 말기인 1960년의 경제통계에 국민 1인당 GNP가 100달러로 기재돼 있다고.

『워싱턴 포스트』의 사설 면은 제2면인데, 좌측의 사설과 맞보는 우측에 나의 평론기사가 배치되곤 했어요. 그 사이에 시사만화가 허블록(정식이름인 허버트 블록의 애칭) 정치시사만화가 있고, 그 아래위로 미국의 정치·사회·경제와 군사 분야의 유명인사들의 투고가 실리는 거요.

한번은 당시의 아이젠하워 대통령을 풍자하는 허블록의 정치만화가 실렸는데, 바로 그 옆에 이승만정권의 인천 야당집회 탄압을 주제로 부패와 타락과 폭력적 실상을 실례를 들며 비평한 나의 평론이 함께 실렸어. 보내온 그 사설 면을 보면서, 나는 아이젠하워 대통령이 자기를 희화한 그 만평을 보고는, 그날의 사설과 함께 바로 그 정치만화 옆에 붙은 이승만정권의 포악성에 관한 나의 글을 틀림없이 읽었으리라 생각했어요. 그게 바로 4·19가 일어나기 1년 전쯤이니까. 그런 식으로 해서 나의 논평기사가 미국 최고 정책수립자들 사이에 이승만 독재정권의 타락성과 민주적 파탄의 실상을 알리는 데 계몽적 역할을 했으리라고 확신해요.

그때 나의 평론은 집필자의 이름, 즉 나의 이름을 쓰지 않고 그냥 '서울의 통신원'이라고만 했어. 집필자의 이름을 밝힌다는 것은 바로 그 자신의 신변의 위험성은 물론이고, 그 기사를 연속적으로 보낼 수 있는 길도 자동적으로 봉쇄될 수 있음을 뜻하지요. 그렇기 때문에 주필과 나의 합의에 의해 익명으로 게재하기로 했던 것이오. 나의 고정칼럼에 내 이름이 밝혀지는 것은 1960년 4·19학생혁명으로 이승만정권이 쓰러진 뒤부터였지. 나의 칼럼 위에 내 이름이 명시된 첫번째 『워싱톤 포스트』를 받아 보았을 때의 감동은 형용할 수 없을 만큼 컸어. 나는 이승만정권이 쓰러지는 과정에서 미국정부와 미국의회가 행사한 압력의 적어도 일부분을 내가 담당했다고 자부하지.

그 후, 1961년 11월에 박정희 소장이 군사정권을 수립하고 케네디 대통령을 방문할 때 내가 수행했거든. 그때 『워싱턴 포스트』에 들렀어요. 『워싱턴 포스트』의 에스터부르크 주필이 특별히 저녁식사에 초대하면서 그동안의 나의 평론에 대한 사의를 표합디다. 나의 글 덕택으로 이승만 대통령 개인의 권력욕과 이승만정권의 본질에 관해서 자기들이 정확하고 종합적인 평가를 할 수 있었다고 특별히 고마워 하더구만.

그렇지만 『워싱턴 포스트』와의 관계는 그 후 오래가지는 못했어. 민주당정부 기간에는 계속됐지만 박정희 군사독재정권이 들어선 후에는 감시와 탄압이 워낙 심해진 까닭에 더 이상 내 이름을 밝힌 한국 정세의 논평기사를 실을 수가 없게 됐지. 다시 익명으로 하더라도 이미 그 사설 면의 한국관계 정세 분석·논평 기사의 필자가 누구라는 것은 천하에 공개된 상황이었으니까 더 큰 위험을 무릅쓸 수가 없게 된 거요. 박정희정권에 들어가서 쓴 마지막 기사는 새로운 상황변화에 따라서 한국 내의 평화통일 지향적인 움직임과 또 일부에서는 중립화 통일론을 제창하는 여론도 형성되고 있다는 내용의 글이었어요.

임헌영 그때 우리나라 진보적인 지식인들을 보면 대개 소련 지향과 중국 지향이었습니다. 선생님은 그때부터 중국 쪽에 관심을 가지신 겁니까, 아니면 더 나중에 중국을 연구하신 건가요?

리영희 아니오. 당시 나의 연구관심은 소련이나 중공 어느 쪽에 국한돼 있지 않았어요. 이론적 연구로는 소련을, 정서적 친근감은 중공을 향한 상태였지. 이미 언급한 바이지만, 나는 대한민국이라는 이 남한사회의 모든 분야가 바뀌어야 한다는 생각을 하고 있었어요. 이승만정권 아래서 전개되고 있는 남한사회의 현실과 그것이 초래할 암담한 미래를 생각하면 할수록 그 대안은 사회주의적 개혁을 가미하는 방식이라는 생각이 들었어요. 그 시기가 바로 한국과 같은 처지에 놓였던 식민지국가와 약소국가들에서 내가 유일한 대안으로 생각했던 세계의 실현을 위해 인민들이 총궐기하고 있던 때이지요. 그래서 이 시기의 나의 관심은 세계 피압박 인민의 해방과 그 방법으로서 사회혁명에 대한 공감이 하나였고, 다른 하나는 자본주의적 자본지배체제에 대한 대안으로서 사회주의적 요소를 가미하는 이론적·사상적 이해의 작업이 그 둘째였어요. 한마디로 나는 그 시기의 대한민국을 인간이 인간답게 살 수 없는 부정부패·약육강식의 전형적인 추악하고 암담한 사회로 인식하고 있었어요. 그 배후에 이승만정권과 남한의 그러한 현실을 지탱해주는 미국 자본주의가 있다는 것을 동시에 인식하게 된 거예요. 그렇지만 나는 혁명가적 실천을 의도하지는 않았어. 나는 정열은 있지만 이론적 제시와 언론·문필 활동으로 의식화 작업, 다시 말해서 주로 지적인 작업에 나의 역할을 한정했어요.

임헌영 1957년도에 세계사적으로 격변을 예고하는 변화가 나타납니다. 이때부터 계속해서 민족해방운동이 일어났는데요. 선생님의 그런 생각을 터놓고 토론할 수 있는 지식인 그룹이랄까 우정이랄까 그런 것이 있었습니까?

리영희 우리 외신부 기자들은 정도의 차이는 있지만 대개가 이와 같은 시대정신과 인류사적 대변혁에 찬동하는 세계관을 가진 젊은이들이었기 때문에, 나세르의 『나의 혁명』을 돌려 읽으면서 굉장히 흥분했어요. 그중에서도 차장이었던 정도영(鄭道泳) 씨는 사려 깊고 입이 무거운 분이었지만, 기존 세계질서의 변혁과 피압박 민족들의 투쟁에 관한 기사가 들어올 때마다 그런 기사를 그날의 중요기사로 뽑아서 우리에게 기사화시키곤 했어요.

이런 분위기였기 때문에 『합동통신』 외신부 기자들 사이에서만은 적어도 그런 시국적인 문제를 놓고 토론도 하고 의기투합할 수도 있는 일정한 우정이랄까, 의식적 공감대가 형성됐지. 다른 언론기관들에서는 그럴 형편이 못 되었어요. 몇몇 직업 동료들이 있었을 뿐이에요. 함부로 그런 의견을 입 밖으로 내기가 위험한 시대였으니까. 『합동통신』 입사동기인데 그 후 『동양통신』 국제부장이던 고명식(高明植)이 그에 속하지.

'이승만 존경'이 여권발급조건

임헌영 그러다가 노스웨스턴대학에 가게 되시는데요. 시험을 보신 겁니까, 아니면 추천이었나요?

리영희 구술시험이었지. 최두선 동아일보사 사장, 천관우 편집국장, 후에 외무부차관, 문공부장관과 합동통신사 사장을 역임한 이원경(李源京) 씨 등 존경받는 국내 언론인들과 미국 문정관으로 구성된 인선위원회에서 그해 6명을 뽑았어요. 1955년부터 그때까지 이미 박권상 씨, 김인호(金寅昊) 씨, 임방현, 조세형 등 신진 기예의 20명가량의 언론인들이 연수를 다녀왔지. 나는 겨우 기자생활 2년차인 데다가 그런 기회가 있는 줄도 모르고 있었는데, 후에 『동양통신』으로 옮겨간 고명식이 그 정보를 주면서 같이 가자고 하더군. 그래서 응시원서를 냈지.

그런데 워낙 많은 사람이 응시를 하니까, 합격하려면 남과 다른 무엇이 있어야 될 것 같더라구요. 내 기자 경력이 너무나 일천하니까. 인터뷰 때, 미국에서 어떤 분야를 연구하고 한국에 돌아와서는 어떤 일을 하고 싶냐고 묻더군. 그래서 나는 과학보도를 하겠다고 답변했지. 한국 언론기관에는 정치·경제·문화·사회 등 기본 구조의 활동은 활발하지만, 우리 시대가 요구하는 이공분야·과학기술 분야에 대해서는 등한시하고 있다, 그 때문에 나는 그 분야를 해보겠노라고 답변했지. 나의 교육 경력도 그렇고 시험관의 반응이 좋더구만. '풀브라이트 장학 계획'이라는 것은 말하자면 미국이 세계 지배구조를 구축하기 위해 각국의 언론계를 지도할 유능한 기자들을 뽑아서 세뇌하는, 그런 목적의 계획이지. 실제로 이 장학 프로그램으로 미국에 갔다 온 유능한 전문기자들이 그 후 대부분 친미적인 언론인으로 활약하게 되지요. '관훈클럽'이라는 언론인 단체가 그것이지.

임헌영 그런데 정작 합동통신사에서는 말이 많았다고 들었습니다.

리영희 그럴 수밖에 없는 게, 내가 입사한 지 2년밖에 안 되었으니까. 직장 선배들도 많은데 초년생인 내가 지망하니까 시끄러웠지. 그래서 할 수 없이 사표를 내고 떠났어요.

임헌영 그때 여권신청서에 존경하는 사람을 두 사람 쓰라고 했는데, 김구와 홍난파를 써서 놀랐다고들 합니다. 둘 다 의외의 인물이지요. 더구나 김구라면 그럴 수도 있지만 홍난파는 좀…….

리영희 그 얘기는 내 청년시절의 자서전인 『역정』에 쓴 이야기지. 그 당시 나는 당연히 김구 선생을 존경했고, 문화·예술 분야에서는 홍난파의 민족적이고 민중적인 서정을 담은 가곡들을 즐겨 불렀기 때문에 그를 좋아했던 거예요.

지금은 상상도 할 수 없는 일이지만, 당시에는 여권을 받으려면 여권신청서에 '존경하는 두 사람을 쓰라'는 항목이 있었어. 홍난파에 대해서 지금 임형이 단서를 다는 언급을 했지만, 친일행위에 대해서 아주 지엽적인 것까지 문제시하는 현재의 까다로운 분위기와는 달리, 그 당시에는 그런 논란이 없었어. 홍난파는 민족적이고 민중적인 작곡가로 인식되어 존경과 사랑을 받고 있었어요. 나도 그랬어. 그리고 나는 지금도 홍난파를 좋아하고 사랑해요. 나는 홍난파 정도의, 일제 말기 강압에 의한 한두 곡의 시국 관련 작곡 같은 행위를 '친일행위'로 단정해야 할지 잘 모르겠어요. 나는 철저하게 민족반역자와 친일파를 민족정기의 확립을 위해서 밝히고, 또 그중 죄가 무거운 자들에 대해서는 역사적인 단죄를 해야 한다고 주장하는 사람이지만, 그렇다고 홍난파 정도까지를 그 범주에 넣어야 하느냐 하는 데 대해서는 회의적이에요. 그것은 그렇고…….

그때는 이승만과 친일파들에 의해 김구 선생이 공산주의자라고 암살당하고, 독립운동가들이 철저하게 탄압받던 때였어. 그런데 '존경하는 사람'에 이승만을 쓰지 않고 김구를 썼으니 여권이 나오겠느냐 말이야. 나는 이승만정권 관료체제의 속셈을 훤히 알고 있었지만 김구라고 쓰고서 여권을 받지 못할망정, 도저히 그 자리에 이승만의 이름을 써넣을 수는 없었어. 입회 경찰관이, 김구가 아닌 다른 이름을 쓰라고 해 한참 실랑이를 벌였지. 경찰관은 마지막에 "시국을 잘 아는 기자양반이 왜 이렇게 고집을 부려요?" 하더니, 자기가 알아서 처리하겠노라고 하더구만. 아마 그가 '존경하는 사람' 난에 내가 쓴 김구를 지우고 이승만이라고 써넣은 것이 뻔해. 어쨌든 그렇게 해서 여권이 나왔지.

임헌영 김구를 쓴 그나마도 선생님의 타협의 산물 같습니다. 미국행을 앞두고 아버님이 별세하셨지요?

리영희 8월 말 출국을 앞두고 별안간 돌아가셨어요. 고생만 시켜드리던 아버지라 무척 마음이 아팠어요. 어머니의 슬픔은 말할 것도 없고, 아주 집안이 어두운 때였지. 그해 봄, 유아암이라는 몹쓸 병으로 첫 아기 희주를 잃었어요. 아버지는 불볕 속에 이문동에서 망우리 산꼭대기의 손자 무덤까지 몇십 리를 걸어서 다녀오시곤 했는데, 그날 뇌출혈로 쓰러지셨어. 당시에는 의료보험제도가 없었고, 내가 워낙 가난하다 보니 큰 병원에 입원도 못 시켜본 채 세상을 뜨게 했어요. 하기는 1950년대 후반의 한국 의료기술은 뇌출혈을 치료할 수준이 아니었지. 아들에 대한 기대를 안고 고향을 떠나 남하했지만 환갑도 차려드리지 못했고, 집 한 칸 장만을 못 한 채 남의 셋방에서 고통 속에 돌아가시게 했으니 내가 불효자이지!

임헌영 부모 앞에 불효자가 아닌 자식이 있겠습니까.

리영희 그렇지도 않아. 아까 내가 여러 가지로 얘기한 것처럼, 이승만정권의 남한에서는 부패하고 부정하고 타락하고 약삭빠르기만 하면 아버지 한 분쯤은 편안하게 모실 수 있었어요.

아들과 아버지를 이어서 잃고, 그 가난 속에 합동통신사에는 사직서를 내고, 봉급도 끊어진 채 어머니와 아내를 남기고 미국행을 하면서 마음이 무거웠습니다.

임헌영 부정과 부패로 할 수 있는 것은 효도가 아니라 '마소를 갓 고깔 씌워 밥먹어라 다르랴'겠지요. 선생님의 올곧으신 삶이 가장 큰 효도라고 생각합니다. 남은 가족들은 어떻게 지냈습니까?

리영희 생활비가 쪼들리니까 아내가 그 셋방이나마 또 줄여서 부엌도 없는 단칸방으로 이사를 했다고 알려왔더구만. 미국 체류 6개월 동안 나오는 월 360달러의 장학금에서 몇십 달러씩을 편지에 넣어 보내곤 했어요. 이것은 당연히 위법행위이지. 하지만 나로서는 가족의 생존을 위해서 달리 취할 방법이 없었어.

처음 대하는 드보르자크의 '신세계' 미국

임헌영 도미하신 게 1959년, 선생님이 29세 때입니다. 저는 그때 사범학교를 졸업하고 시골에서 초등학교 교사로 있을 때였습니다만, 집안의 분위기 탓인지 미국을 그리 좋게 생각하지 않았습니다. 미제라면 뭐도 좋다던 시절이었는데, 저도 약간은 괴짜였습니다. 선생님은 그때 투철한 대미관을 가지지 않았을까 싶은데, 가시기 전에 그 나라에 대한 생각과 돌아보신 후 종합적인 소감을 비교할 때 달라진 점은 무엇이었습니까?

리영희 미국이라는 나라는 워낙 크고 복합적인 요소로 구성된 나라입니다. 또 굉장히 다이나믹한 사회요. 그렇기 때문에 아무리 책을 통해서 미국에 대한 초보 지식을 가졌다고 해도, 실제로 그 사회를 처음으로 대면하게 되면 누구나 엄청난 컬처쇼크(문화충격)에 빠져버려요. 누구든 처음 보는 미국은 그야말로 모두가 부자이고, 어디서나 꿀이 흐르고 우유가 넘치는 사회로 착각하게 마련이에요. 미국사회의 심각한 빈부격차, 경제·사회의 부정부패, 백인중심사회의 인종차별주의, 기업의 냉혈적인 인사제도, 그리고 사람과 사람 사이의 몰인정적인 생존경쟁 등 인간관계의 냉혹한 단면은 적어도 서너 차례 정도 미국을 방문해서 상당한 기간 체류해봐야 비로소 어렴풋이 눈에 들어오게 됩니다.

그리고 네댓 차례 정도 방문해 미국에서 웬만한 기간을 살아야 미국이라는 국가와 사회가 그 표면적인 선전이나 주장과는 달리 무자비한 약육강식의 철저한 이기주의적 자본주의라는 것을 비로소 깨닫게 됩니다. 그나마 냉정한 과학적 관찰력과 사회구성체에 대한 이론적 분석능력을 갖춘 사람에게나 미국의 본질이 드러나지요. 그냥 어영부영, 아무런 탐구적 분별력과 비판적 인식능력이 없는 대부분의 한국 지식인들에게는, 미국의 비인간적인 본질이 드러나지 않습니다. 이런 인식과정은 어느 정도는 나 자신에게도 해당되는 체험이에요. 내가 미국과 미국인들의 그런 본질을 인식하게 된 것은 그래도 다른 한국 지식인들에 비해서는 굉장히 빠른 셈이었지. 『합동통신』 외신부에 들어갔던 1950년대 중반에 지구상의 온갖 국제적 음모 공작과 약소국가들의 타락한 독재정권을 미국이 부추기고 있다는 사실을 나는 알게 된 터이니까. 그런 탓에 미국에 대한 냉정

'풀브라이트 장학 계획'의 일환으로 시행된 언론인 미국연수 중에 방문한 하버드대학 옌칭도서관에서.

한 평가는 굉장히 일찍 나의 내면세계에 확립되었다고 할 수 있지.

임헌영 그때 미국에 계시면서 기자로서의 전문성도 배우고 이론적으로 견문을 넓히는 데 도움이 되었다고 생각하십니까? 그때 동행하신 분들과는 호흡이 맞았는지요?

리영희 처음으로 보는 미국이고, 모든 일이 새로운 경험이니깐 모든 게 계몽적이고 교훈적이었지요. 시카고 비행장에 내려서 노스웨스턴대학으로 가려고 택시를 타니까, 중년의 백인 운전사가 뒤돌아보면서 묻더라고. "어디서 왔소?" 하기에 "한국에서 왔다" 그러니까 하는 말이, "미국에 있는 동안 세 가지에 관해서 말하지 마시오" 하더군. 세 가지가 뭐냐고 반문했더니, 그 운전사가 하는 말이, 미국

저널리스트에 천직을 찾고 215

의 정치문제·인종문제·종교문제라면서, 이에 대해서는 아예 말을 꺼내지도 말라고 하더군. 처음에는 왜 그러는지 물론 몰랐는데, 차차 미국을 알게 되면서 바로 그것이 미국 국가와 사회의 치부이자 고질적인 질병이라는 것을 알게 됐어요.

인종문제에 대해서는 기이한 경험은 많이 했어요. 1957년은 아직 마틴 루터 킹 목사의 흑인해방운동도 초보적인 단계였기 때문에 미국 어디에 가나 철저한 흑백 인종차별이 있었어요. 특히 노스웨스턴대학에서 학과 과정을 마치고 몇 달간 현장 실습으로 가 있던 남부는 과거 남아연방(공화국)의 악명 높은 인종격리주의의 '아파르트헤이트' 바로 그대로였어요. 한마디로 흑인은 미국 시민이라 하지만 그들은 국민의 일원도 아니고 마치 동물 같은 대접을 받고 있더라고. 링컨의 흑인해방 운운은 현실적으로는 무의미해 보이더군. 건물의 출입문이 엄격하게 인종별로 돼 있고, 식당이나 화장실까지 흑백인종 별도로 되어 있고, 버스는 흑인은 뒤로 타서 뒷자리에 앉아야 하고, 백인은 앞으로 타서 앞자리에 앉도록 나뉘어 있었어. 영화관도 완전히 흑인용과 백인용으로 엄격히 구별되어 있었어요.

노스웨스턴대학은 북부에 있었기 때문에 흑인 유학생들도 소수 있었어요. 더구나 아프리카 신생독립국가들에서 온 흑인학생들이 있었는데, 한번은 그 아프리카 흑인학생들과 남부지방으로 여행을 떠났어요. 교통경찰이 우리 차를 세우더니 인종 혼석을 금지하는 주법(州法)을 어겼으니까 황인종이 내리거나 흑인이 내리거나 둘 중에 하나를 택하라는 거야. 우리는 외국인 유학생이고 미국 정부 초청으로 와 있다고 아무리 항변해 봐야 소용이 없어요. 경찰관은 자기들은 주법을 따를 뿐이라고 요지부동이라. 하기는 여기서 처음 나는 미국이라는 국가 안에 49개의 국가가 있다는 아메리카 합중국의 현장검증을 하게 됐어. 결국 흑인 학생들의 입장을 생각해서 한국 학생들이 내리고 그들끼리 보낸 후, 우리는 따로 택시를 잡아타고 왔지. 그렇게 혹독한 인종차별을 하는 남부에서도 우리 한국인 학생들은 이를테면 '준백인'이라 할까, 또는 '3등 백인'이라고 할까, 하여간 흑인보다는 훨씬 나은 취급을 하더라고. 이 '3등 인종' 또는 '4등 인종'은 대체로 어디가나 인종적 봉변까지 당하는 일은 없었어요. 그러나 자유·평등·인권을 말끝마다 주장하고 모든 인간의 기독교적 형제애를 신봉한다고 자랑하는 미국이라는 나라의 체제와 이념, 그 현실이 얼마나 철저한 인종주의인가 하는 것을 실감했어요. 이 체험을 계기로 나는 인종차별주의자인 포브스 주지사를 인터뷰하기도 하고 흑인민권운동단체인 NAACP(National Association for the Advancement of Colored People) 본부를 찾아가 흑인지도자들에게서 그들의 고충과 투쟁에 관한 처참한 이야기를 듣기도 했어. 한국에서 간 다른 동료들은 이런 일에 관심이 없어 혼자 다녀야 했지.

기자로서의 전문성과 이론에 도움이 됐느냐는 질문에 대해서는 그런 것은 별로 없었다고 대답을 해야겠지. 그것보다는 미국사회에 대한 부정적인 견문을 넓히고 더욱 확인하게 된 것이 노스웨스턴대학 기간 중의 소득이라고 하는 게 옳을 거예요.

함께 간 한국인 동료들과의 호흡에 대해서는 한 사례를 드는 게 좋겠지. 어느 날 『시카고 트리뷴』에 북한사회와 인민생활의 풍요로움을 자랑하는 사진과 함께 전면 기사가 실린 일이 있어. 북한 당국의 선전기사였는지, 어느 제3국 신문기자의 현지 르포였는지는 지금 확실히 기억이 안 나. 어쨌든 그 신문의 지면을 본 동료 한국학생들 중 몇 사람이 신문사에 가서 항의를 하자고 야단이라. 그들의 말은, 만약 항의를 했다는 증거를 가지지 않고 서울에 돌아가면 큰 봉변을 당한다는 거예요.

그러나 나는 그것은 어디까지나 미국 신문의 언론자유 문제인데 외국에서 온 유학생이 신문사를 찾아가서 항의할 건덕지가 되는가 라고 생각했어. 또 몇만 리 나라 밖에 나와서까지 이승만정권과 같은 범죄집단이 다스리는 국가와 그 체제에 대해서 애국심을 발휘하고 싶은 생각이 전혀 없었단 말이야. 그때 그 기사내용은 분명히 남한사회보다 경제·사회·문화적으로 북한이 앞서 있다는 내용이었어요. 그 당시는 사실 그러했던 것이니까. 설사 그렇지 않았다 하더라도, 그것을 싣고 안 싣고는 신문사의 자유인데, 같은 신문업에 종사한다는 우리가 찾아가서 항의한다는 것은 저널리스트의 상식 밖의 일이라고 생각했어요.

그래도 여럿이 다 가야 한다고 흥분하기에 나도 그냥 따라갔지. 누군가가 항의를 하더군. 저쪽의 답변은 뻔하지. 이것은 '언론의 자유에 속하는 문제'라는 거야. 그러면서 남한사회도 자랑할 만한 이야기거리와 사진이 있으면 자기들에게 보내라고 하더군. 언제든지 실어주겠다면서. 그런 핀잔을 받고 머쓱해서 돌아 나온 경험이 있어요.

낡은 민족적 고정관념에서 벗어나

임헌영 연수과정에는 전후 새로이 미국의 지배권 아래에 들어온 여러 후진국 언론인들이 한 클래스를 이루고 있었다는데 그들과의 생활이나 지적 교류에서 얻은 새로운 자극 같은 것이 있었나요?

리영희 어느 날, 클래스에서 여러 나라의 학생들을 초대해 한국인 학생들과 현지 목사들이 주최하는 불고기 파티를 열었어요. 다른 나라 학생들은 각기 자기 민족 고유의상을 입고 국기를 가져와서 파티장을 장식했어요. 약 8개국의 학생들이었다고 생각되는데, 파티의 한 절차로서 각 나라 학생들이 자기 나라 국기 앞에서 국가를 불렀어요. 물론 한국 학생들도 태극기 앞에서 애국가를 불렀지. 나는 이 일련의 과정에서 애국가와 태극기에 대한 미묘한 감정이 솟는 것을 느꼈어요. 애국가와 태극기는 역사 기록에 따르면, 1887년에 박정양을 수석으로 하는 한말 주미공사단 일행이 미국으로 떠날 때 급조한 것이지. 그 태극기와 애국가를 가지고 샌프란시스코로 떠나게 된 배후의 정치적 상황부터가 굴욕적인 거예요. 조선왕조가 미국에 전권공사를 파견하는 안에 대해서 청나라는 미국정부에게 조선정부가 '청국의 속국'임을 전제했고, 그 조건부로, 미국은 박정양 일행을 받아들이기로 했던 거예요. 이런 굴욕적인 사실에 보태어서 당시 조선에 와 있는 미국 선교사 몇 사람의 선교로 기독교인이 된 조정의 몇몇 유력자들이 기독교국가도 아닌 조선의 애국가 가사에 '하느님이 보우하사'라는 문구를 넣고, 기독교 찬송가 곡조를 거기에 붙여서 불렀던 것이 그대로 독립국가 대한민국의 국가가 되었어.

다른 나라 학생들이 부르는 국가가 대개 자기 민족의 서구 제국주의 식민지에서의 해방투쟁 정신이라든가, 건국정신 같은 것을 담고 있는 것과는 너무나 대조적이고 민족적 에스프리(精氣)가 없는 국가가 아니겠어? 또 국기로 말한다면, 그것은 하나의 시각적 상징이오. 예를 들어, 영국의 유니온잭은 영국이 기독교국가니까 쌍십자로 해서 좋고, 불란서 국기는 불란서혁명의 정신인 자유·평등·박애를 색깔로 표현했어. 미국은 독립전쟁 당시의 주의 수를 별로 표시해 국기를 만들었는데 이것도 괜찮아요. 캐나다는 단풍 장식의 십자로서 캐나다가 영연방 소속이라는 사실과 단풍이 많은 나라라는 사실을 표현한 거요. 그런 걸로 충분하다고. 아프리카에 있는 다른 나라에서 온 학생들이 가져온 국기도 그랬어.

태극기는 중앙의 태극이 세계 누구에게나 하늘과 땅을 표현하는 거라고 납득이 될 거야. 하지만 그 복잡하고 어려운 주역의 팔괘 모양을 배치해놓은 것은 문제라고 하지 않을 수 없어. 우리 국민들 자신도 그 정확한 철학적 뜻을 풀이하는 사람이 몇 사람이 될 것인가? 심지어는 공휴일에 게양된 국기의 천지가 바뀌어 있는 경우가 허다하니, 이 모든 것이 국제 행사에서 외국인에게 하나의 불가사의나 퍼즐로 보일 것이야! 우리나라 국기도 다른 나라의 국기들처럼 자기 국민들이 한마디로 표현할 수 있고 알아볼 수 있고, 외국 사람들에게도 주역의 많은 이론을 설명할 필요 없이 납득시킬 수 있고, 또 상대방도 쉽게 납득할 수 있는 그런 국기여야 하지 않겠는가? 이런 생각들을 했어요. 국기는 철학이 아니라 상징(심벌)이오. 그 시각적 표현은 오묘한 철학적 교본일 필요가 없어. 가장 단순화된, 이를테면 기호인 셈이니까. 애국가의 가사도 그렇고.

나는 지금도 우리 국가와 국기에 대한 이러한 생각에 변함이 없어. 통일되면 고쳐야 한다고 생각해. 일제하에서 항일 독립운동을 했던 분들이 태극기에 선서하고 많은 지사들이 목숨을 잃은 충정을 생각하면, 이 문제가 쉽게 결론이 날 얘기는 물론 아닐 거예요. 김구 선생이나 김구 선생 앞에서 태극기를 배경으로 일본 제국주의의 도

살을 맹세하고 떠난 윤봉길 의사나 이봉창 의사의 의거로 표상되는 숭고한 애국행위를 생각하면, 그런 심정도 생겨. 그러면서도 한편으로는, 우익보다 훨씬 많은 수의 사회주의자·공산주의자·무정부주의자를 합친 좌익 계통의 항일 투사들은 태극기와 무관하게 같은 행위를 했어. 그런 걸 생각하면, 우리 민족의 항일 독립운동을 오직 태극기만으로 상징할 수도 없지 않겠는가? 통일된 이 나라는 일제시대와 관련된 정서적 유산을 뛰어넘고, 보다 높고 보다 넓은, 그리고 보다 먼 미래를 생각하는 발상의 대전환이 필요하다고 생각해.

 이와 같은 생각은 현재의 애국가와 태극기에 관해서만이 아니야. 외국문화와 많이 접하게 될수록 우리의 삼백 개밖에 안 되는 성씨제도에 관해서도 변혁이 있어야겠다고 생각했어. 지금 우리 사회에서 여권신장으로 말미암아 부모의 양성을 함께 쓰는 사람들이 늘어나고 있고, 동성동본결혼금지법에 대해서 개혁을 요구하는 소리가 높지 않아요? 나는 이런 개혁의 요구 및 이론에 동조해요. 성에 관해서만 이야기하더라도, 해방 전 조선의 전체 인구가 2,300만일 때, 김씨가 약 100만 세대, 이씨가 약 60~70만 세대, 박씨가 50만 세대로, 개인의 수로 하면 이 수치의 네다섯 배쯤 될 거요. 이처럼 몇 개 성으로 인구의 절반 이상이 호칭되어야 한다는 것은 분명히 원시적 혈연공동체적 관계의 유산이라고 생각해. 사실 오늘날 우리의 사회적 관행 내지는 문화·정신·생활의 현실로 말하면 이미 고정적 성씨제도가 수립되었던 원시적 혈연공동체적 사회관계는 거의 사라졌고, 사회적 생산관계와 재산보유제도도 가족단위로 바뀌었어. 부모를 중심으로 하는 소(小)혈연 단위, 즉 '세대'가 기본이 되었어. 그러한 제반 요인의 변화를 감안한다면 하나의 성(姓)을 수백 만이 공유하다는 것은 사회발전에 뒤떨어진 모순이라고 할 수밖에 없어. 그래서 나는 미래의 사회변화까지를 고려하면서 현 제도의 본관보다 훨씬 작은 집단 단위의 개별적 성(姓)의 창제가 필요하다고 생각해. 이런 발상은 우리 사회의 노령층이나 유림(儒林)세력의 비난을 받을 것이 분명하지만, 나는 수백만 세대의 인간들이 하나의 성에 매인다는 제도에 대해서 찬성할 수 없어.

하와이의 '독립협회'를 찾아서

임헌영 정규 과정을 끝낸 뒤 여행지를 고를 때 쿠바를 선택하셨다지요? 당시 쿠바는 세계의 이목을 집중시키고 있었습니다. 독재자 바티스타가 1959년 1월 1일 새벽 2시에 망명을 떠난 뒤 혁명은 급진전되어 카스트로정권이 들어서지요. 2월 13일 수상에 취임한 카스트로가 4월 15일 미국을 방문했을 때 언론은 대환영이었으나 정부는 냉담했습니다. 이후 미국과 쿠바는 금세 관계가 악화되면서 미국은 연말쯤에는 경제·군사 등 모든 면에서 족쇄를 조이게 됩니다. 이듬해부터 쿠바는 그 출구를 소련에서 찾게 되어 미국과 쿠바는 돌아서기 어려운 관계가 되는데, 하필 이런 나라엘 가시겠다니, 아마도 기존에 갖고 있던 제3세계에 대한 관심의 연장선이었던 것 같습니다. 마르크스주의에 대한 관심도 관련이 있었나요?

리영희 마르크시즘은 아니에요. 쿠바혁명 성공 후의 초기에는 마르크스주의적 단계는 아니었으니까. 쿠바사회 개혁의 영감을 마르크스 이론에서 얻기는 했겠지만 카스트로도 그 단계에서는 마르크스주의자라고 할 수 없어요. 또 실제로 그 후 미국의 봉쇄와 쿠바

1959년 10월 28일 푸에르토리코 야자수 밑에서 터키 이스탄불의 야당계 신문의 주필 이페키(Ipecci) 씨와 함께. 1960년 4·19학생혁명 당시 한국을 방문하기도 한 이페치 씨는 한국의 4·19에 자극받아 일어난 터키 대학생의 군사정권타도운동을 지원하는 논조 때문에 저격 사망당했다.

혁명 압살정책 때문에 혁명의 보전과 쿠바 국민의 생존을 위해서 부득이 소련과의 유대를 강화하게 되기 전까지는 그러했지. 쿠바를 친공노선으로 전향케 한 큰 원인은 카스트로나 그의 혁명 동지인 체 게바라의 뜻과 구상이라기보다 미국 자본주의의 라틴아메리카 시장독점 야욕과 미국정부의 냉전정책 때문이라고 보는 게 옳은 거요.

그때에 나는 외신기자로서 이미 카스트로의 사상과 쿠바혁명에 대해서 상당한 정보와 지식을 갖고 있었어. 그것이 미국의 뒷받침을 받는 바티스타 독재정권을 타도하려는 쿠바인민대중의 봉기라는 것을 잘 알고 있었지. 그래서 제3세계에서 일어나고 있는 그와 같은 인민들의 투쟁의 하나를 내가 쿠바의 코앞에 있는 미국 자치령 푸에르토리코를 방문했던 길에 직접 볼 수 있기를 원했던 거지. 푸에르토리코에서 쿠바는 바로 우리 한국의 남단과 대마도 정도의 거리밖에 안 되니까. 쿠바 방문의 희망을 지도교수에게 피력하고 도움을 요청했더니 얼마 후 미국 국무부에서 불가능하다는 답변을 보내왔어요.

임헌영 어디서나 혁명은 비슷한 경로를 겪지 않습니까? 러시아나 중국, 또는 동유럽까지도 초기에는 반봉건·반독재·반제국주의적 성격에서 출발하나 이내 사회체제의 개혁이 대두하면서 마르크스 이론에 의지하지 않을 수 없는데, 쿠바도 1959년 11월 체 게바라의 국립은행 총재 취임이 이를 상징한다고 볼 수 있지 않을까요? 선생님의 미국 행로 중 제가 제일 충격을 받은 것은 호놀룰루 지역에서 반이승만 계열의 단체를 방문하신 사건입니다.

리영희 식민지나 미국이 뒷받침하는 중남미 민중도 처음에는 억압과 착취로부터의 해방에서 출발하고, 그것이 미국이나 미국과 야합한 자국의 자본가, 군부 우익지배 권력의 전면적 탄압을 받게 되면, 그 단계에서 마르크스주의적 투쟁으로 수정·전환하게 되는 게 보통이지요.

당시의 하와이에는 두 개의 교민단체가 있었어요. 1903년 1월, 미주 이민 초기에 사탕수수밭 노동자로 와서 몇 푼 안 되는 노임으로 상해 임시정부에 독립자금을 보내주던 그 단체는 '대한독립협회'이고, 다른 하나는 후에 이승만이 자기를 대통령으로 추대하지 않았다고 해서 상해 임시정부를 버리고 미국에 와서 외교운동이랍시고 할 때에 만든 분파적 조직인 '태평양동지회'이지요. 양쪽을 가

봤지.

처음에 호놀룰루 번화가에 자리 잡고 있는 태평양동지회에 가봤어. 그랬더니 사무실을 꾸리고 있는 모양이나 일하고 있는 인간들이 그냥 장사꾼이더라고. 민족적 정서는 풍기는 것이 아무것도 없어. 그래서 수인사만 하고 나와버렸어. 다음에 독립협회를 가려고 하니까 호놀룰루 주재 영사가 못 가게 하더군. 영사의 말이, 독립협회 사람들은 사상이 불온하고 '반한단체'라고 비난하는 거예요. 영사의 말투는, 내가 만약 독립협회를 방문하면 서울에 돌아가서 '편치 않을 것'이라는 강한 암시를 하더구만.

그러나 마나 나는 길을 물어물어 독립협회를 찾아 높은 언덕길을 올라갔지. 가니까, 노인들이 무척 반기면서도 불안 섞인 눈초리로 나를 보더라고. 그러면서 지난 이승만정권 기간 동안 서울서 자기들을 찾아온 사람은 민주당(야당) 대변인 조재천 씨 한 사람밖에 없었다고 해요. 나에게 "젊은 사람이 어쩌려고 찾아왔느냐?"라고 하면서 오히려 나의 안전을 걱정하시더구만. 건물 앞에 있는 잔디밭에 앉아서 이런저런 이야기를 나누는 동안, 노인들이 내가 무릎에 놓고 있는 종이봉지에 자꾸만 시선을 보내더라고. 그 순간 나는 노인들이 종이봉지를 불안한 눈으로 주시하는 까닭을 알아차렸어. 종이봉지에는 내가 영사관을 출발해 여기까지 찾아오는 길에 먹으려고 샀던 오렌지 세 개가 들어 있었던 거야. 노인들은 혹시 이 젊은 방문객이 이승만정권의 테러공작원이 아닐까 하는 경계를 하는 것 같았어.

퍼뜩 그 생각이 들어 종이봉지를 찢어서 오렌지를 하나씩 드렸어요. 그제야 노인들의 표정이 밝아지더라고. 노인들은 회관 안으로 나를 안내해 『독립신문』을 인쇄하던 낡은 인쇄기도 보여주고 정말 다정하게 지난날의 고달팠던 삶을 얘기해 주더라고요. 해방 후에 고국을 방문하고 싶어서 여러 번 한국정부에 청원을 했지만, 여태껏 입국허가를 못 받고 있다고 이승만 대통령을 원망해요. 그리고 이승만이 미국에서 과거에 얼마나 간교하게 분열주의를 일삼았으며, 동포들을 거짓으로 속여 왔는지에 관해서 자세하게 얘기해 주지 않겠어? 이 모든 이야기는 나에게는 금시초문으로 놀라운 일이었지. 또 이승만이라는 인간의 정체를 알게 되는 데 큰 도움이 됐어요.

방문을 마치고 석양이 지는 언덕길을 내려가려고 작별인사를 하자, 한 노인이 허리춤에 차고 있던 꼬깃꼬깃 말린 것을 펴주더라구요. 미화 1달러짜리였어요. 그러면서 먼 길을 걸어 올라왔는데, 돌아갈 때는 걷지 말고 이 돈으로 버스를 타고 가라고 하면서 건네주더구만. 나는 받을까 말까 순간 망설이다가 그 마음이 너무나 고마워서 받아가지고 내려왔어요. 언덕길을 내려오면서 참았던 눈물이 흘러내리는 것을 어쩔 수가 없었어.

내가 30세의 젊은 나이로 이승만정권의 철저한 감시와 미움을 받고 있는 독립협회를 찾아갔던 일은 내 자신이 생각해도 보통 일이 아니었던 것 같아. 이승만의 동지였던 독립협회 노인들에게서 이승만의 과거 행적에 관하여 진실을 알고 싶은 기자정신 때문이었어.

임헌영 굉장한 용기 아닙니까? 이승만은 1912년 4월 감리회 평신도 세계대회 참석을 빌미로 두 번째로 도미한 뒤 8·15까지 33년 동안 주로 하와이에 머물렀는데, 역사학자 조규동 교수는 언제나 '하와이 어부(낚시꾼)'라고 조롱했습니다. 그는 옥중 동기인 박용만을 비롯한 민족운동가의 호의로 호놀룰루 한인학교 교장으로 초청받아 가서는 이내 파벌을 만들거나 상대를 용공분자로 몰아붙인 것으로 악명이 높지요. 아마 대통령이 된 뒤의 '좌경용공 통치술'을 이때부터 익혔나 봅니다.

리영희 그 노인들에게서 내가 들은 이승만이라는 인간의 야비한 인간성에 관해 다 얘기할 수는 없어. 또 식민지하의 조국독립을 위해 고생하던 교포들을 농락하고 자신의 권력욕을 채우기 위해 이승만 씨가 얼마나 많은 권모술수를 농했는가에 대한 얘기도 여기서 다 하긴 힘들어요. 그런 인간을 건국 초의 초대 대통령으로 추대한 이 나라 국민들이 바보였고 불행했지! 하기는 그것이 미국의 한반도 경영정책이었으니까.

엄청난 책더미 앞에서 넋을 잃고

임헌영 1960년 우리 언론은 이승만과 이기붕을 헌창하고 있을 때였습니다. 그러나 『동아일보』와 『경향신문』을 비롯한 날카로운 필력이 그 독재에 비수를 들이대기도 했습니다. 『경향신문』은 '여적 사건'(1959.2.4)으로 결국 폐간처분(4.30)을 당했지요. 저는 그때 시골 초등학교 교사로 있으면서 트랜지스터 라디오로 기독교방송이 중계해주던 '미국의 소리'를 듣곤 했습니다. 국내 방송은 거짓말만 늘어놓을 때였지요. 지금 돌이켜보면 미국의 언론도 거짓말하는 건 더 능숙하다는 걸 알게 됐지만 그 당시에는 미국 신문이 참 좋았던 것 같은데, 거기서 매스컴 교육을 받으면서 느낀 점이 많으실 텐데, 미국의 언론인들은 어떤 점이 달랐습니까?

리영희 처음에는 나도 문화적 충격을 받았지요. 모든 것이 좋아

보이고, 실제로 좋기도 했어요. 인간 사회가 갖추어야 할 어느 정도의 물질적 충족과 문화적 수준을 갖춘 것은 분명했으니까. 사회의 목탁 역할을 하는 언론기관이 갖추어야 할 여러 조건도 한국과는 비교가 안 될 정도였으니까. 앞서 시카고의 한 신문이 북한 소식을 전면게재한 일에 관해서 얘기했지만, 한국의 언론기관으로서는 상상도 할 수 없는 일 아니겠어요? 쇼킹했지요. 배울 것도 많았어요. 신문기자로서 기사를 쓴다거나 취재를 하는 자질구레한 기술적 차원의 문제들은 별로 배울 것이 없었지만, 미국이라는 사회와 사람들의 삶에 관해서 많은 것을 배웠고 알게 됐어. 불란서의 저명한 사상가·사학자 겸 작가인 알렉시 토크빌의 명저 『아메리카의 민주주의』는 미국으로 가기 전에는 몰랐어. 미국서 돌아올 때 사 가지고 와서 읽었는데, 그 책을 미리 읽었더라면 나의 미국 견문이 한결 깊고 넓어졌으리라고 생각해요.

임헌영 초기 미국역사는 세계 자유와 자주 투쟁사의 감동적인 서사시이기도 합니다. 인디언 학살의 죄악만 없다면 감동이 클 수도 있지요. 조병옥(趙炳玉) 박사가 1960년 2월 15일 서거합니다.

리영희 그 사건은 내가 미국에서 돌아와 합동통신사에 재입사한 뒤의 일입니다. 그때 이승만정권의 몰락에 앞서서 마지막 선거가 되는 1960년 3월 15일의 이른바 3·15부정선거 유세 중에, 국민의 압도적인 성원을 받고 있던 야당인 민주당 대통령 입후보자 조병옥 씨가 유세기간 중에 암 진단을 받았어요. 그래서 급히 미국의 월터리드 육군병원에 가서 치료를 받다가 투표일을 며칠 앞두고 사망했다는 소식이 국내에 알려졌어. 국민들은 이 비보에 하늘이 무너지는 듯한 충격을 받고 슬퍼했어요. 제대로 투표만 했다면 거의 틀림없이 야당이 승리하고 이승만정권이 선거로 몰락했을 텐데 하늘도 무심하지. 4년 전에 민주당의 신익희(申翼熙) 후보가 역시 지방 유세 중에 뇌일혈로 서거했지요.

두 야당 후보가 계속해서 사망하니 이승만의 악운이 얼마나 끈질긴가 하는 것을 국민들이 가슴 아프게 실감했어. 결국은 야당이 이렇게 약화됐음에도 불구하고 이승만정권은 그 유명한 악랄한 수법의 부정선거를 감행했어요. 결과적으로는 4·19학생혁명으로 쫓겨났지만 말이오. 얼마나 악랄한 부정선거를 했냐 하면 전국의 유권자 수보다 이승만 지지표가 더 많은 120퍼센트가 나왔으니까! 세계 정치사상 최대의 걸작품이었지! 그래서 내무부가 부랴부랴 투표용지를 꺼내서 93퍼센트로 줄여서 당선 발표를 하는 웃지 못할 정치극을 벌였단 말이에요. 부통령 후보 이기붕의 표도 유권자 총수보다 많게 조작되었다가, 그것이 탄로가 나자 부랴부랴 팔십 몇 퍼센트로 표를 갈아치웠어요. 이 부정선거가 바로 1960년 4월 19일의 이른바 4·19반독재혁명의 발단이 됐던 거요. 나는 당연히 이런 사실들을 『워싱턴 포스트』에 한국정치에 관한 평론기사로 보냈지.

임헌영 동경에도 머무셨습니까?

리영희 미국 대학에서 귀국하는 길에 잠깐 동경에 머물렀습니다. 이때 동경은 처음 보는 곳이었지만 관광 같은 것을 할 생각은 전혀 없었고, 유명한 서점을 두루 살펴보았어요. 물론 마루젠(丸善)이니 이와나미니 하는 유명서점들을 찾아갔지. 여기서 나는 또 한번 엄청난 문화충격을 받게 돼요. 서울에는 그 당시 변변한 2층 건물의 서점도 없을 때인데, 일본 서점들은 5~6층이 넘는 큰 빌딩에 수십만 권의 책이 그득그득 쌓여 있는 거요. 이미 그때에 지금의 서울 광화문 교보문고나 영풍문고 같은 규모였을까? 일본이 전쟁에서 졌다고는 하지만, 역시 메이지유신 이전부터 서양문물을 도입해서 현대학문의 꽃을 피워온 업적이 여실히 드러나더군. 한국과 그 수준을 비교하면 틀림없이 백 년의 차이는 있다는 생각이 들었어. 전쟁에 패망하고 15년이 지났을 때인데, 세계 인류의 지적 활동과 정신적 탐구의 모든 분야에서 없는 서적이 없을 정도로 일본인들의 연구업적이 그득 차 있었어. 나는 그 엄청난 책의 더미 앞에서 그냥 넋을 잃었다고.

그 책들을 보면서, 일본인들이 벌써 이렇게 방대한 분량의 지적 연구와 축적을 하고 있는데 내가 새삼 공부하고 연구할 건덕지가 뭐 남아 있겠는가 하는 열등의식이 들더라고. 나는 완전히 압도당했어요. 이렇게 철저하고 완벽하게 남김없이 연구를 다 해버린 세상에서 뒤늦게 공부한다는 것이 무모하고 허무하다는 생각마저 들더군. 흔히 한국에서는 지식인들이 지난 역사적 반감 또는 편견 때문에 일본인과 일본사회를 폄하하고, 일본사회와 문화를 과소평가하는 경향이 농후해요. 그런 태도는 일본을 현지에서 목격하지 못한 탓이거나, 일본의 진실을 알지 못하거나, 아니면 일부러 무시하는 것으로 헛된 우월감에 도취하려는 불성실한 정신자세라고 생각해요. 말하자면 한국 지식인들은 말도 되지 않는 자화자찬과 자기정당화로 우물 안의 개구리가 되고 있다는 뼈저린 반성을 했어요. 정말 한국 지식인들이 정신을 바짝 차려서 분발해야 한다는 경각과 교훈을 얻고 돌아왔지.

임헌영 거기서 웨일스의 『아리랑의 노래』를 샀고, 그게 나중에 한국어 번역판 출간에 도움을 줬음은 널리 알려진 사실입니다. 돌아오서서 4월혁명을 맞게 되는데요.『합동통신』에 복귀하셨습니까?

리영희 그때 산 몇 권의 책 가운데 웨일스의『아리랑의 노래』가 들어 있어요. 사실 나는 이『아리랑의 노래』가 1920~30년대 장지락이라는 조선인 인텔리 공산주의혁명가의 숭고한 인생역정이라는 내용을 알고 산 것이 아니었어. 그냥 그 엄청난 책들을 짧은 시간에 바삐 훑어보다가 'アリラン'(아리랑)이라는 낯익은 이름이 눈에 띄길래, 반갑고 호기심이 우러나서 그냥 담아 넣었던 거예요. 그것으로 나중에 한국에서 번역판이 나오고, 장지락이라는 인물의 혁명정신이 알려지고, 그런 작품을 쓴 웨일스가 한국인의 사랑을 받게 되리라는 것은 그 책을 살 때에는 미처 생각하지 못했지. 내가 가져온 그 책을 1960~70년대 여러 사람에게 몰래 숨겨가며 읽게 하였고, 1980년대 말에 이르러서 우리말 번역판으로 나오기까지 나의 공로를 다소간 인정해야겠지. 동녘출판사에서 번역 출판된『아리랑의 노래』첫머리에는「아리랑과 나」라는 제목으로 그간의 사정을 상세하게 적은 나의 서문이 들어가 있어요.

이 책에 관해서는 반드시 기록에 남겨야 할 이야기가 또 한 가지 있어요. 1993년 김영삼 대통령이 취임한 뒤,『아리랑의 노래』저자인 웨일스의 '조선 사랑' 정신과 그 책을 통해서 조선 민족의 착함과 일제하의 고난을 전 세계에 알려준 그 공을 기리기 위해서, 미국·일본·한국 세 나라의 저명한 인사들이 웨일스에게 대한민국 건국 포상을 수여하기 위한 청원을 정부당국에 제출했어요. 일본에서는 노벨문학상 수상자 오에 겐자부로(大江健三郞)와 일본의 최고 지성인으로 존경받는 동경대학 명예교수이자 세계적 국제정치학자인 사카모토 요시카즈(坂本義和)와 교포 2세 작가 이회성(李恢成)

씨를 비롯한 몇 분, 미국의 스칼라피노 교수를 위시한 몇 분과, 그 계획의 제안을 받은 한국에서는 나와 고은(高銀) 시인, 서울대 백낙청(白樂晴) 교수, 이화여대 이효재(李效再) 등이 공동 신청자가 되어서 한 2년 동안의 힘겨운 준비 작업 끝에 정부 요로에 제출했어요. 많은 노력을 기울였지만 결국은 책의 주인공 장지락이 공산주의자이고 저자 웨일스가 사상적으로 용공적이라는 이유를 내세운 정부에 의해 기각되고 말았어. 참으로 한심한 '반공환자'들의 작태라고밖에 할 수 없더군. 우리의 국제적인 협동노력은 수고만 잔뜩 하고 결과는 아무것도 없었어요.

임헌영 본격적으로 『워싱턴 포스트』에 글을 쓰셨는데, 당시 글의 스크랩이 아직도 있으세요? 이 무렵은 아직까지 미국의 신문들이 한국에 지사가 전혀 없을 때인가요?

리영희 물론 『워싱턴 포스트』에 기고했던 글들의 스크랩의 일부는 지금도 남아 있어요. 이럭저럭 격동의 시대와 그 후 잇따라 국가보안법으로 가택 수색, 체포, 구속, 재판의 과정에서 압수되었거나 흩어져 없어진 것도 적지 않지.

당시의 미국 신문들의 한국 보도에 관해서 말하면, 지금 보는 바와 같은 지사 또는 지국은 없었어요. 왜냐하면 남한(한국)은 미국이나 외국 신문사의 입장에서는 거의 주목할 대상이 아니었으니까. 일본 동경 주재 지국에서 가끔 출장을 왔다가는 정도였지. 대한민국은 사실상 미국의 반식민지 내지 보호국이나 다름없었기 때문에 어떤 독자적인 정책이나 상황전개가 없었거든. 그냥 미국정부 정책에 예속된 한국이었기 때문에, 미국뿐 아니라 유럽의 언론기관도 한국에 지국을 둘 필요가 없었던 거예요. 다만 외국의 몇 개 국제통신사가 각기 계약관계를 맺고 있는 한국의 통신사에 형식상 지국을 두고 한두 명의 한국인 직원을 고용해서 기사 교환을 하고 있을 정도였지.

편협한 민족 중심주의를 넘어서

임헌영 4·19 이야기를 조금 더 해보겠습니다. 8·15와 4·19, 1980년 '서울의 봄' 등이 다 우리 민주주의 정착에 좋은 기회였는데, 이런 기회 뒤에 더 나쁜 정권으로 대체되는 현실을 살펴보면서 우리는 좌절하게 되고 회의하게 됩니다. 앞으로 우리가 이런 기회를 다시는 놓치지 않기 위해서, 혁명이 실패하는 원인이랄까, 아니면 정치인의 자질이랄까, 아니면 외세에 대한 민족 주체성의 결여를 규명해야 하지 않을까요? 어쨌든 지금 회고하실 때 우리 민족의 좋았던 시기, 1987년 대통령 선거도 마찬가지였습니다. 그런 것에 대해서 어떻게 생각하세요? 제가 정치사는 잘 모르지만 민주당 내의 다툼은 개인적인 다툼이지, 이념도 아니고 아무것도 아니지 않았습니까?

리영희 나도 현실 정치행태에 대해서는 마찬가지로 문외한이니까, 권위적인 해석을 할 수 있거나 확고한 견해를 가진 것은 없어요. 그런 정도로 말한다면, 당시의 민주당은 어차피 주로 기득권층의 보수주의 정당이니까, 현대 정당에 요구되는 분명한 이념의 차이 같은 것은 찾을 수가 없었지요. 그런데도 불구하고 분열·대립·갈등을 거듭했던 그 추태는 국민들에게 실망을 안겨주었어. 게다가 박정희 군사쿠데타의 구실로 악용되었지. 더 큰 문제는 새로 등장한 진보적 혁신계열의 좌익 정치세력들로 기존 보수세력과 다름없이 책임과 과실이 굉장히 크지. 그들 내부에서 또 갈등과 대립을 반복하면서 군부집권에 빌미를 제공한 것이지요.

관찰의 시야를 1960년의 그 시기뿐만 아니라 일제시대까지 소급해서 보더라도, 소위 민족진영과 사회주의 진영의 대립·분열은 물론이지만 각 진영 내부에서도 거의 적대관계와 다름없는 분열·대립·갈등·중상모략을 되풀이했어. 해방 후에도 민족의 총체적인 에너지가 분출했을 때, 이를 대국적으로 묶어나갈 지도력 없이 처절한 민족 내부의 분열·갈등을 연출했어. 그것이 미국에 이용당하고 이승만의 '디바이드 앤드 룰'(분할 지배)의 음모 공작에 기회를 제공하지 않았겠어? 그 연장선상에서 4·19 직후에도 그런 불행한 현실이 재현됐던 거요. 그리고 박정희 폭력정권에 이용당하고 박정희 정권 18년 이후, 20년 만의 기회인 1980년 '서울의 봄'에도 같은 정치세력의 분열과 대립으로 국민적 비극이 되풀이됐어요. 그 후 다시 전두환을 우두머리로 하는 극우·반공·폭력·반인도적 집단들의 '광주민주화운동' 말살, 미국의 사주와 적극적 비호 아래 군사정권을 지속했던 지난 몇 해 전까지의 현실도 그 연장선상에서 봐야 할 겁니다.

나는 정치 전문가가 아니지만, 그와 같은 정치행태가 조선 500년의 역사가 보여주는 수많은 사화·당쟁·분당·족벌 정치의 퇴행적 행태의 연장선상에 있는 것이 아닌가, 그런 생각을 할 때가 있어요. 나는 수백 년에 걸쳐 반복되는 이런 현상을 보면서, 어쩌면 이것이 한국(조선)인의 민족성을 형성하게 된 것은 아닌가 하는 생각을 뿌리칠 수가 없어. 냉정하게 제3자적인 시각으로 현대까지의 우리 민족사를 볼 때, 이런 달갑지 않은 요소가 '민족적 유전자'를 형성하게 된 것은 아닌가 하는 회의를 품을 때가 있어요.

굳이 '민족심리학'이라는 표현이 적절할지는 모르겠지만, 우리 민족의 이 같은 특성은 프로이트적인 해석보다는 오히려 융의 '집단적 생존의 역사적 유전론'으로 더 잘 이해될 것 같아. 융의 이론은 한 개체의 의식이 과거 원시시대부터의 혈육적인 문화역사에 바탕을 두고 있다는 것 아닙니까? 그에 의하면 인간 신체의 해부학적 사실도 다른 포유동물과 마찬가지로, 오랜 진화과정에서 퇴화된 듯한 기관의 구조가 그대로 남아 있다는 거예요. 심지어 꼬리가 달린 인간의 아기가 태어나는 경우를 특히 주목하는 거지. 말하자면 생물로서의 진화의 누적이 생물학적으로 계승되는 것과 같이, 개체의 문화사적 의식면에서 과거를 무의식중에 보전하고 있다는 거요.

그렇지 않기를 바라는 심정이 간절하지만, 너무나 정확하게 너무나 여러 번 되풀이되는 비극을 볼 때 그런 생각이 든다구요. 이런 것을 한때의 명나라와 청나라의 외부 공작과 음모의 책임으로 전가하고 싶은 사람도 있겠지. 또 식민지 일본 치하에서는 일본 식민지 통치의 교활한 분열 공작의 탓이라고 그 책임을 일본제국주의에 돌리고 싶은 사람도 있을 거야. 마찬가지로 해방 후의 반세기에 걸친 그런 많은 불미한 정치행태를, 주로 미국이라는 외세의 음흉한 배후 조정에 책임을 묻고 싶어하는 심정도 이해할 수 있어. 그런 요소들도 분명히 없지 않아 있지. 하지만 외부에서 작용하는 의지나 흉계에다가 일괄적으로 책임을 전가하고, 민족적 면책론으로 기운다면 그런 관점이나 사상도 문제가 아닐까요? 그런 견해가 지나치게 민족적 완전성, 즉 절대로 과오를 범하지 않는다는 자민족 불가류

성(不可謬性)의 과오를 범하지는 않을까 염려되는데! 혹시라도 그런 심적 아집으로 역사를 볼 때 극단적 민족숭배사상이나 자칫 배타주의적 허물에 빠질 수도 있지 않을까? 바로 이런 편집광적인 정신적 자세는 일본인들의 야마토(大和) 민족 우수론이나 편협한 '선민의식'의 자기기만성과 궤를 같이하는 것입니다. 그런 민족관은 더 나아가 히틀러의 아리아 민족 순결주의나 완벽·우수성론 같은 사이비 신앙화마저 결과할 수도 있어요. 어떻든 나 자신은 자기 민족의 많은 결점을 허심탄회하게 시인하고 받아들이는 입장이에요.

임헌영 이미 4·19 이전부터 박정희는 쿠데타를 음모하지 않았습니까? 선생님, 민족성이랄까 그런 문제에 너무 비중을 두고 말씀하시면 상당히 많은 사람들이 반발할 것 같은데요.

리영희 어떤 주장이나 입장에도 시(是)가 있고 비(非)가 있으며, 반발과 공감이 있는 법이에요. 아무 반발도 없는 주장은 없고, 모두가 공감하는 견해란 없어요. 나는 자민족에 관해서 절대로 반발할 수 없는 논점이라는 것을 오히려 경계합니다. 4·19 전에 박정희나 그 추종자들이 쿠데타를 음모했다거나 안 했다거나의 문제이기보다는, 그런 일이 있을 때 대처하는 정당이나 단체나 국민 일반이나, 또는 그런 상황을 통괄 조정해서 비정상 상태로 발전하는 것을 막아야 할 지식인과 각계의 지도자들이, 대체로 그러한 성향이 아닌가 하는 내 견해일 뿐이에요. 강력한 지배권력이 있어 통제력이 작용할 때에는 그와 같은 상습적인 분열주의 현상이 별로 나오질 않습니다. 이건 왕조 시기에 강력한 왕권이 확립됐을 때와 그 통치권이 와해 내지 이완됐을 때 일어나는 현상이 아주 상이했다는 것을 보면 알 수 있을 거요.

예를 들어 1947년 미소공동위원회가 통일정부를 수립하기 위해서 한국민과의 협의체로서 민족을 대표하는 정당·정치단체 등록을 요청했을 때, 북한은 사실상 공산당의 단일권력체제였기 때문에 분열·대립할 여지가 없었지요. 남한은 일단 민주·자유의 선택이 부여된 공간이다 보니까 소위 '민족대표'적 정당·단체가 300여 개로 세포 분열하는 현상을 나타냈어요. 이런 역사적인 사실들을 놓고 볼 때, 우리 민족 자율적 자기규제 능력과 슬기가 있는지, 나는 퍽 회의적이 됩니다.

이광수와 노신의 두 가지 민족개조론

임헌영 난감한 쟁점입니다. 여러 학자들이 우리 민족성에 대해 이야기를 하는데요. 식민사관으로 보는 경우도 있고, 4·19 이후에서 1980년까지를 보면 강대국들의 미묘한 조작에 의해서 정치가들이 휘말려 든, 민족성보다는 어떤 미묘한 정치적 공작은 없었을까요? 이광수의 '민족개조론'이 친일사상을 유포하기 위한 교묘한 글이었듯이 말입니다. 저는 민족성 탓이 아니라 강대국의 고도의 술책이라고 봅니다.

리영희 나도 민족분열의 원인을 민족성보다는 외부의 '어떤 미묘한 정치적 공작'에서 찾을 수 있으면 좋겠어. 그렇게 찾으려는 많은 논자들을 알고 있어요. 그리고 그 민족적 충정도 잘 이해해요.

이광수의 '민족개조론'이 일본민족에 비해서 조선민족이 열등하다는 식으로 사실을 왜곡하고, 그 바탕 위에서 일본의 식민통치를 정당화하려 했던 저의는 분명하지요. 또 그 연장선상에서 '조선의 일본화' 또는 '조선인의 일본인화'를 시도한 이광수의 목적도 잘 알지요. 그런데 나는 여기서 노신의 '민족개조론'과 이광수의 '민족개조론'을 한번 대비해보고 싶어.

역사적으로 1920년대의 조선과 중국이 직면했던 정치상황이 비슷해서 그랬겠지만, 이광수가 조선인의 '민족개조론'을 쓴 시기와 중국에서 노신이 '국민정신 개혁론'을 쓴 시기가 같은 1922년이에요. 그 취지로 노신이 쓴 『광인일기』(狂人日記)가 1919년이고 유명한 『아Q정전』(阿Q正傳)을 잡지에 연재한 것이 1922년입니다. 노신의 이 글과 정신은 이광수처럼 중국민족을 일본민족에 비해 열등시하고 중국민족을 일본화하거나 중국인을 일본인화하려는 그런 의도와는 정반대였던 거요. 오히려 노신은 당시의 중국 인민대중의 무지·나태·우매·탐욕·교활·갈등·분열·약육강식 등등의, 민족적 결점과 약점을 미화하거나 은폐하거나 합리화하거나, 심지어 정당화하는 따위의 값싼 '과잉 민족지상주의'를 거부해요. 그 모든 약점들을 있는 그대로 드러내어 그것을 중국 인민대중의 눈앞에 잔인하리만큼 적나라하게 던져 보여주었어. 노신이 의도한 바는 그런 자신의 약점들을 인식하지 못하거나 또는 인식한다 하더라도 민족적 편애심 때문에 인정하려 하지 않는 사람들의 '자기기만적 허위의식'을 통렬하게 비판하는 거요.

그러니까 노신과 이광수가 다른 것은 이광수는 자기 민족을 팔기 위한 목적의식을 가지고 그런 글을 썼고, 노신은 서구 제국주의나 일본의 침탈 위기에서 중국민족이 자신의 내면적 결점을 직시하도록 함으로써 그것을 극복케 하려는 목적에서 그런 글을 쓴 거요. 잘 알려진 이야기지만, 노신의 첫 작품 『광인일기』와 그 뒤에 쓴 『아Q

정전』은 처참하리만큼 중국민족의 약점과 치부를 드러낸 작품 아닙니까! 이 작품들은 그 당시 중화사상과 한(漢)민족 우월주의 또는 타민족 열등관의 오류에 푹 빠져서 '자기만족'의 꿈을 꾸고 있던 중국 지도층, 지식인과 4억 인민의 심혼을 뒤흔들었고 맹렬한 정신문화혁명의 열풍을 불러일으켰어. 그것으로 해서 중국민족은 혁명적 자각을 하게 되고, 마침내 자기를 긍정할 수 있는 정신적 변신을 이룩하지 않았어요? 만약에 노신이 그 시기의 한심한 중국민중을 마치 아무런 결점도 약점도 없는 우월한 민족인 양 생각했거나 표현했거나 그 책임을 방금 임형이 생각하는 것처럼 외국인들과 외부의 농간에 전가하였다면, 중국인은 지금도 외세 탓만 하면서 망국의 한을 씹고 있을 겁니다 그랬다면 노신은 오히려 결과론적으로는 중국의 이광수가 됐겠지요. 이것은 '부정의 부정'을 통한 자기긍정의 길입니다.

노신뿐이 아닙니다. 불란서의 200년 식민지 알제리에서 파농의 역할도 바로 노신의 그것과 같았지요. 그는 저서 『대지의 저주받은 사람들』(*Les Damnés de la Terre*)에서처럼 자기 동포 알제리인들이 자신들의 비굴한 운명에서 벗어나는 길은, 지배자 백인들이 요구하는 대로의 자기상실적인 흑인이 되거나 아니면 불란서인, 즉 백인에 자신을 동일화하는 것 역시 자기상실적 인간이 되는 것에 불과하다는 철저한 열등의식을 그는 유명한 저서 『검은 피부 흰 가면』(*Peau noire, masques blancs*)에서 폭로했어. 이 폭로는, 잘 알다시피 자학적인 폭로가 아니라 자신의 정신상태나 정체성을 상실한 동포들에게 바로 그 사실을 신랄하게 지적함으로써 정신적 혁명을 이룩하도록 한 것이었지요. 역시 '부정의 부정'으로 길을 찾으려는 거지요.

나는 4·19 이후의 사태뿐만 아니라 일제 강점기부터 현재까지, 우리 민족이 외세의 농락을 받아온 사실을 누구보다도 잘 알고 뼈저리게 인식해요. 또 누구 못지않게 모멸감을 느끼는 사람이에요. 그런 나의 의식과 사상은 지난 40년 동안 나의 많은 글에서 충분히 표출되었다고 생각해요. 문제는 그 시기에 남한 국민들이 맞이했던 여러 번의 절호한 기회를 놓쳐버린 일들을 두고, 우리 자신의 못남은 도외시한 채, 외부의 작용이나 음모공작에 주된 책임을 전가하기만 하는 주장이나 태도를 나는 경계해요. 이제 21세기로 넘어왔으니 우리 민족이 자기만족에 도취되거나 우리 역사가 겪은 실패들을 외세에만 돌리지 말고, 뼈아픈 자기비판을 통해서, 노신이나 파농이 그들 동포에게 요구했던 그런 민족적 각성을 통해서, 외세의 지배를 받지 않는 지혜를 갖게 되기를 바라. 이러한 정신 자세야말로 진정한 겨레 사랑이고 민족적 긍지가 아닐까 싶은데. 어때요, 안 그래요?

임헌영 공감입니다. 민족주의·민족정신하면 슬라브인의 어용 관제 민족성에 의한 차르체제나, 피히테의 『독일국민에게 고함』 같은 반침략 애국사상이 근대 이전의 한계였습니다. 그러나 루쉰은 이런 낡은 민족의식의 한계를 탈피한 반제 민족해방 투쟁을 지향했는데, 춘원은 차르시대의 어용보다 더 퇴보했다고 봅니다. 선생님, 그런 요소가 어떻게 보면 지도층에게 강력한 것이 아니겠습니까? 오랜 역사 속에서 결국 나라를 지킨 것은 지도층이 아니라 국민들이었다는 생각이 듭니다. 지도층은 자기의 이익만을 추구하지만 국민대중이야말로 나라를 염려한 것 같습니다. 민족적 허무주의로 흘러버리면 너무 서글퍼지는데요.

리영희 나는 그것이 어떻게 '민족적 허무주의'라고 말할 수 있는지 잘 이해가 안 가는구만. 아까 예를 든 노신의 경우에도 『광인일기』와 『아Q정전』을 통해서 노신이 민족이 살길을 제시했을 때 중국의 지식인들 가운데 많은 '중화주의자' '중국 정신문화 우월론자'들은 노신의 민족개조론과 그 작품들의 취지를 놓고 '민족 니힐리즘'이라고 맹렬한 비난을 퍼부었어요. 결국 노신의 견해를 민족패배주의라고 규탄했던 사상이나 논자들은 역사의 진행에서 부정된 반면, 노신은 중국민족의 4천 년 꿈을 깨치게 한 위대한 선각적 사상가로 길이 추앙되고 있지 않나요.

나라를 판 것은 지도층이나 지배계층이고 나라를 염려하고 지킨 것은 대중이라는 관점도 조금 문제야. 그렇게 단순명료하게 이분법적으로 단정하는 것이 과연 옳을까? 이 명제에 대해서도 나는 앞서의 민족개조론의 경우와 마찬가지로 조금 회의적인데, 과연 그런 이분법적인 분명한 계층적 내지 계급적 차이를 아무런 단서 없이 단정적으로 말할 수 있을까요?

나는 반드시 그렇게 생각하지는 않는데. 지도층이라는 것은 지배계층(계급)을 말하는가 본데, 지배계층은 그 부족이나 민족 내에서 나오는 것이고, 생활감각이나 사회전통이나 문화·심리적 행동양식은 그 두 집단이 합쳐져 하나를 이루는 것이 아닐까요? 지배계급의 매국성과 피지배계급, 즉 대중의 애국심 같은 개념으로의 이분법은 마르크시즘에 기초하고 실천적으로는 레닌이나 스탈린의 계급관을 반영하는 것인데, 그런 이념이나 이론을 아무런 수정 없이 그대로 수긍하기는 어렵지 않을까요.

가령 임진왜란 때, 그 애국적이라는 피지배 농민계급에서도 한쪽으로는 많은 의병이 나오는가 하면 또 적지 않은 농민들이 도요토미 히데요시의 왜군에 자발적으로 협력한 역사적 사실이 있지요. 한일합방 전후기에도 지배계층이라고 다 민족을 배반하지 않았고 피지배계층이라고 다 애국적이지 않았지요. 현대적 용어로는 '국민대중'이라고 명칭하는 이른바 피지배계층의 백성들 속에서 많은 의병 역량이 나온 것도 사실이지만, 한편으로는 '일진회' 같이 수십만 명에 달하는 조선인들이 자발적인 조직을 통해서 친일 행위를 한 것도 사실이거든요. 시인하고 싶지는 않겠지만 역사적 사실이 아닌가요? 일제 식민지 36년 동안에도 같은 현상을 목격합니다. 지식인 계층에서 많은 수가 식민지 지배자에게 투항하지만 동시에 상당한 수의 인텔리들이 국내외에서 항일 독립운동의 주체가 됐을 뿐만 아니라 국내 각종 항일 지하운동의 주체이기도 했지요. 그 양쪽의 중간을 점하는 대다수의 지식계층이나 이른바 대중은 실제적 행동방식에서 그 어느 쪽도 편들기를 마다하는 그런 이기주의적·부동적 내지 기회주의적 경향이었거든요.

불란서혁명에서도 왕당파와 혁명파는 반드시 지배계층과 피지배계층으로 양분되지 않았고, 제2차 세계대전에서 그렇게 애국적으로 싸웠다고 하는 러시아 민중 속에서도 독일군에 부역한 러시아인들이 많았다고. 그렇다고 당시 소련의 상부 지도층이 대부분 나라를 안 지켰다고는 말할 수 없지. 공산주의체제였으니까 그럴 수 있었다 한다면 그것도 곧 교조주의적 고정관념일 수가 있어. 솔제니친의 『이반 데니소비치의 하루』나 『암병동』, 또는 『수용소 군도』 등에서 소련사회에서도 그런 이분법적 논리만으로는 설명할 수 없는 현상들을 볼 수 있지 않아요? 나치 점령하의 불란서 레지스탕스 운동에서 역시 확연한 계층적 내지 계급적 개념으로 설명할 수 없는, 계급을 초월한 영웅적 행동을 볼 수 있어요.

어떤 이론이 형성됐을 때는 그 단계에서는 현실을 반영했다 하더라도, 그것이 이데올로기화되면 벌써 현실과 객관적 진실로부터 유리된다는 것을, 나는 사회과학 분야의 공부를 하는 과정에서 알게 됐어. 재미나는 이야기이지만, 계급적 또는 계층적 성격화로 범하기 쉬운 이론의 이데올로기화를 나는 몇 해 전 이집트 관광에서 경험할 기회가 있었어요. 결혼 40주년 기념으로 지중해를 여행했을 때 피라미드와 스핑크스와 유명한 '왕들의 무덤'(룩소르)을 며칠에 걸쳐서 꽤 세밀하게 관찰할 기회가 있었어. 그 엄청난 왕들의 무덤 속에는 지금은 세계 누구나가 알고 있는 방대한 양의 벽화들이 있지. 그것들을 보고 난 뒤 나의 느낌은 그 무덤의 축조와 벽화에 관한 학계 일부의 이데올로기화된 정설로만은 이해가 안 가는 부분이 많다는 것을 알았어.

흔히 역사적 건축물이나 유물들은 지배계급에 의해서 강요된 노예계급의 비인간적인 혹독한 착취노동의 결과물이라는 것이 대체적인 고정관념이지요. 그 많은 조형물이나 벽화들을 보면서 나는 이렇게 아름답고 인간적인 작품들이 혹독한 매질의 채찍 아래서, 오로지 죽지 못해 명령에 복종한 노예들의 작품이라고만은 도저히 납득할 수 없더구만. 그런 것을 보면 볼수록, 그런 것을 만든 인간들의 마음에서 우러나온 자발성과 자기표현 의지를 드러내 보여주는 부분도 꽤 많더라고. 그래서 나는 기성의 계급이론이나 학설에 대해서 적지 않은 회의를 갖게 되었어. 물론 중국의 만리장성 같은 것은 아무런 예술성도 없는, 오로지 군사적 목적의 조형물이니까, 실제로 내가 보고서도 거기에는 노동에 종사한 인간들의 예술의식이나 자기표현의 즐거움 같은 것을 발견할 수 없었어요. 하지만 이집트에서는 달랐어.

그리고 한국에 돌아왔는데, 얼마 후에 불란서의 고명한 '이집트학' 학자가 여태까지의 '노예노동설'을 상당 부분 뒤집는 새로운 발견을 해서 학계를 놀라게 하고 있다는 뉴스가 있었어요. 이 새 발견으로 이집트학의 노예노동설을 상당히 수정하는 학문적 성과가 이루어지고 있다고 그러더구만. 1997년이었다고 생각하는데, 학자의 이름을 잊어버렸구만. 새 발견의 요점은 무엇이냐 하면, 그 피라미드까지 포함해서 이집트 고대 유물의 축조와 제작에 동원됐던 노동력은 노예도 있지만 대부분은 토지를 경작하는 농민들이었다는 사실이에요.

나일강은 예부터 주기적으로 오는 홍수로 범람하여 몇 달 동안 농토가 잠겨버려. 역대 파라오 왕조가 이 기간 동안 그 많은 농민들을 구제하기 위해서 우리가 지금 보는 그 거대한 축조물들을 건축하는 데 동원했다는 거지. 그 기간 중에 왕조가 동원한 농민들의 이름·연령·주소와 노동기간과 시간, 그리고 그들에게 지급한 임금의 명세서 등등의 기록이 그 학자의 발견으로 나온 거요. 이것은 다시 말해서, 대규모 건축과정에 노예노동도 있었지만, 이재민을 구호하는 성격이 강했다는 획기적이고 과학적인 발견이지요. 마르크스주의적 계급이론으로 큰 국가적 건조물들은 으레 지배계급에 의해 강제수탈당한 노예들의 피눈물 나는 노동의 결과라는 이데올로기화된 학설과 이론을 수정하는 발견이었지요.

이집트 관광에서 돌아와서 어느 잡지의 요청으로 이집트 유물의 건조물에서 나는 상당히 많은 양과 높은 질의 '호모 루덴스적' 요소를 보았다고 썼어요. 그랬더니 어떤 젊은 사람이 다음 호에 '리영희 교수가 이집트 유물들을 보고 나서 이야기한 내용은 반계급적인 잘못된 견해이다'라는 코멘트를 썼더구만. 나는 고대의 중노동이 '주로' 노예들의 부담이었다는 역사적 사실을 부인한 것은 아니지. 다만 마르크스적 계통과 진보적 사상을 가졌다는 사람들의 일반적 견해가 모든 인간적·사회적 현상을 '계급적인 관점'에서 이분법적으로 단정하려는 고정관념은 곤란하다는 얘기를 한 것뿐이야.

이런 경험과 견문들을 통해서 나는 우리의 지나간 역사적 사실과 현상들의 해석에서도, 기성의 이데올로기화된 이론이나 학설, 또는 '자민족을 미화하는 편향'에 대해서는 좀더 자유롭고 융통성 있는 태도를 가져야 한다고 생각하게 됐어. 계급주의 이론으로 모든 사회현상을 재단하려는 자세는 자칫 '지적 현실도피'가 아니면 '이념의 화석화' 또는 교조주의가 되지 않을까요?

임헌영 저는 교조주의화를 옹호하는 게 아니라 민족의 '주체역량'을 어디다 두느냐에 따라 다를 수 있지 않을까 싶을 뿐입니다.

3

희망의 봉화, 꺼진 뒤의 암흑
다시 겪는 악몽: 탱크가 지배하는 세상
가려진 진실에 빛을 들이대며
전차의 길을 막는 사마귀
인텔리는 필경 관념론자!

*"베트남전쟁 기간 동안 나는 아무리 바빠도,
그리고 아무리 취했어도 고통받는 베트남인들을
생각하면서 분노하고, 그들을 위해 기도하지 않고
잠자리에 든 날이 단 하루도 없었어요."*

희망의 봉화, 꺼진 뒤의 암흑

4·19의 전열에서 피로 거둔 열매는

데모대와 계엄군 사이에서 움켜쥔 확성기

임헌영 4·19혁명 때 선생님에 대한 유명한 일화가 많습니다. 4월 24일 즈음에 시위대가 내무부를 공격목표로 해서 대치해 있을 때 데모대 한가운데 들어가셨다지요. 이 무렵 선생님의 반독재 행보가 굉장히 고조되는 듯합니다. 이때도 『워싱턴 포스트』에 계속 글을 쓰신 건가요?

리영희 이승만 독재정권시대를 힘겹게 살아온 나로서는 가슴이 찢어지는 슬픈 순간도 많았고 감동적인 순간들도 많았어요. 나는 4·19 전후의 사건들을 남의 일처럼 방관하거나 무관심하게 지나칠 수가 없었어요. 1960년 4월, 이승만정권의 대통령선거 부정투표 조작에 항의하는 항의데모가 전국에서 일어나고 계엄령이 발동됐어요. 4월 12일인가? 편집국에서 기사를 작성하고 있는데, 을지로 네거리를 지나가는 항의 데모대의 함성소리가 들려왔어. 『합동통신』

사옥이 바로 거기였으니까. 나는 펜대를 놓고 뛰어나갔지. 뛰어나가 보니까 야당 정치인들이 스크럼을 짜고 을지로 네거리쯤을 지나가고 있어. 난데없이 기마경찰부대가 들이닥치더니 말발굽으로 사정없이 늙은 야당 정치인들을 쓰러뜨려버리더구만. 보니까 앞줄에 선 노인이 다리를 절더라고. 나는 달려가서 그 노인을 어깨로 부축하며 앞으로 밀고 갔지.

그때 경찰대가 들이닥쳐서 쓰리쿼터차(3/4톤 트럭)의 짐칸에다 나를 번쩍 들어 집어던져요. 그러면서 "이 새끼 전진한(錢鎭漢)의 비서야"라고 소리 지르더라고. 그제야 나는 내가 어깨로 부축하고 있던 발을 저는 백발의 노정치인이 농민·노동운동가인 민정당(民政黨) 위원장 전진한 씨인 것을 알았어. 나를 실은 쓰리쿼터는 명동 입구 파출소로 가서 나를 끌어내리더군. 여기서 또 경찰들은 "넌 뭐야? 전진한의 비서야?"라면서 심문을 하려고 덤비더라구. 내가 합동통신사 기자라는 신분을 밝히니까 『합동통신』 편집국장에게 전화를 걸어서 한참 동안 확인한 뒤에 마지못해 석방해주더군. 그렇게 난 4·19의 현장 속에서 살았어요.

드디어 4월 19일 광화문통을 꽉 메운 학생 데모대가 경무대(청와대)로 돌진해서 그 앞까지 갔을 때도 나는 그 속에 끼어 있었어. 신문기자로서 취재를 하려는 목적이 아니라 내 자신이 그 학생들의 반독재 투쟁의 열기에 일체화돼 있었던 거예요. 그리고 24일 밤인가, 학생 데모대가 각계각층의 시민들이 합세한 거대한 인간의 바다를 이루고서, 시청 앞에서부터 을지로 네거리를 거쳐 명동성당으로 들어가는 길옆에 있던 경찰의 총본산 내무부(구일제동양척식회사의 목조건물)를 공격하러 밀려들었어. 그러자 서울 일원에 비상계엄이 선포되고, 군부대가 을지로 입구에서 학생 데모대의 선두를 막아선 채 대치상태에 들어갔어요. 피바다를 예상케 하는 일촉즉발의 위기상태였어. 학생 데모대와 군대의 어느 한쪽에서든 자제력을 상실하고 상대방을 자극하는 행위가 있기만 하면 계엄군이 발포를 할 태세였으니까.

그런데 그 시간에 이미 미국정부가 '한국 학생의 반정부 행동은 정당하다. 이승만 대통령은 사태를 주시하기 바란다'라는 취지의 성명서를 발표한 거예요. 이것은 다시 말해서, 이승만 대통령에게 즉시 정권을 내놓으라는 미국정부의 의사표시였어. 우리 언론계 사람들은 그 시점에서 이승만 대통령이 하야할 조건을 가지고 미국과 협상을 하고 있다는 것을 알고 있었지요. 그러니까 학생들이 그 이상 피를 흘리지 않아도 사태는 거의 끝맺음 단계에 들어간 것이지. 상황이 이러한 것을 학생들은 알 까닭이 없지.

나는 4·19의 도화선이 되었던 4월 18일, 고려대학 학생들의 서울시내 반이승만 데모 이래로 일주일 동안을 집에 가지 않고 통신사에서 숙식하며 데모 속에서 살았어요. 그러던 4월 24일 밤에 데모대와 계엄군 사이에 충돌 직전의 위기상태가 조성된 거야. 바로 합동통신사 정문 앞에서요. 나는 편집국에서 의자 두 개와 메가폰을 들고 나가, 데모대와 계엄군 사이를 헤치고 들어가서. 그리고 의자 두 개를 포개 세운 위에 올라가서 군대와 학생 데모대 양쪽에게 외쳤어. 미국정부의 발표문을 알려주면서 이승만정권의 종말이 사실상 확정됐다고 소리질렀어. 학생들이 이 순간 계엄군의 방위선을 물리적으로 돌파하려고 하면 계엄군 부대가 발포를 할지 모르는 위급한 상태라는 것을 설명하고, 계엄군에게는 행동을 자제하라고 설득하면서 "이 이상 피를 안 흘려도 국민은 승리했다. 군대를 적대시하는 행동은 삼가라"고 몇 번 외쳤어요. 군대의 출동을 본 학생 데모대는 오히려 더 흥분해 있었어.

이런 판국에 그들 앞에 나와서 타이르는 나는 무모했지. 데모대 속의 학생들이 나를 향해 "저 자식은 뭐야? 집어치워!"라고 일제히 고함을 지르더라고. 그러면서 나의 의자를 힘으로 밀어제치는 바람에 나는 몸의 균형을 잃고 의자와 함께 땅바닥에 내리 떨어졌어요. 땅에 떨어지면서 '앞에 총!'을 한 자세로 학생들을 향해 있던 최전열 사병의 M1소총 총검 끝이 나의 옆이마를 살짝 스쳤어. 다행히도 보일까 말까 한 정도의 찰과상으로 끝났기 망정이지 큰 상처를 입었을지도 몰라요. 그런 상황에서 학생 데모대와 계엄군은 그 자리에서 대치한 채 밤을 새웠고, 큰 충돌을 면할 수가 있었어. 내가 서른한 살 때의 일이구만.

이때를 돌이켜 생각해보면, 나의 이 행위를 두고 경솔했다고도 할 수 있을 것이고, 어리석었다고도 할 수 있겠지. 하지만 나는 4·19 때도 그랬고 그 이후의 인생에서도 불의를 보면 참을 수가 없었고, 그와 같은 정의감과 혈기와 열정을 버릴 수가 없었어요.

임헌영 아마도 그런 증언은 선생님이 유일하지 않나 싶습니다. 대개 경찰 쪽의 피해만 언급하는 상황이니까요. 선생님은 총을 쏘는 것을 직접 목격하셨고 증언도 하실 수 있을 정도지요.

리영희 그럼요. 경찰은 경무대 경비부대가 총을 쏘아서 몇 명의 학생희생자가 났지만, 학생들의 방화로 종로경찰서가 타고 정부어용 서울신문이 불탈 때도 경찰은 도망가기 바빴어요. 사실은 4·19의 희생자는 국립경찰보다도 김창룡이라는 일제시대 만군 헌병을 지낸 특무대장이 창설한 육군특무대 대원들에 의해서 더 많이 발생했어요. 경무대 앞에서 경찰 사격으로 흩어져 도망가는 대학생들이 운현동으로 몰려갔을 때, 그곳에 있던 특무대 앞에서 많은 학생들이 죽었어. 또 지금의 플라자호텔 자리 왼쪽 옆에 있던 육군특무대 앞에서 수많은 학생들이 쓰러졌어. 나는 그 현장들에 있었고, 내 눈으로 그 참상을 직접 확인하고 목격했어요. 지금 조선호텔 앞 소공동을 마주 보는 시청 앞 광장 한쪽에 있던 그 특무대에서 나온 사복 차림을 한 특무대원들이 무자비하게 사격했어. 이 사격으로 쓰러진 대학생들의 시체가 즐비했어. 그 광경은 정말 참혹하기 이를 데 없었어. 『합동통신』이 그곳에서 가까웠기 때문에 일부러 나가서 그 장면을 확인했지. 12년 전, 여수에서 군대의 양민학살을 내 눈으로 확인하러 갔던 해양대학 3학년 때의 나는 12년 후에도 그 정신 그대로였어.

희생을 막으려는 간절한 심정으로

임헌영 4월혁명 때 미국의 입장은 어땠을까 참 궁금합니다. 미국통이신 선생님께서 미대사관 그레고리 핸더슨(Gregory Handerson) 문정관을 찾아간 이야기가 매우 상징적으로 들립니다.

리영희 이승만정권은 사실상 무너진 시점인데, 무차별 발포 속에 학생들은 물불을 안 가리고 덤볐어요. 나는 고귀한 학생들의 생명을 그 이상 희생시키지 않으려면 계엄군 장병들과 학생 시민 양쪽에 서로 상대방을 공격하거나 불필요하게 자극하지 않도록, 누군가 사태 진전상황을 알려줘야 한다고 생각했어. 통신사 외신부 기자이기 때문에 한국사태에 대한 세계 각국 정부의 반응, 특히 미국정부의 최신 동향에 대해서 누구보다도 빨리 알고 있었단 말이야. 그래서 계엄령이 나고 계엄군이 서울 시내에 투입되었을 때 나는 학생들의 희생을 어떻게 줄일 수 있을까를 곰곰이 생각했어. 24일 아침인가, 25일 오전이었나? 그래서 생각한 것이, 그 당시 한국의 지식인들과 언론계에 친숙한 관계를 맺고 있던 핸더슨 문정관에게 도움을 청하기로 했어요.

나는 6·25전쟁 중 최전방에서 근무할 때, 미군 정찰기가 대형 확성기를 매달고 와서 인민군 진지를 향해 투항을 권고하는 선전공작을 하는 것을 자주 보았어. 하늘에서 확성기로 말하는 것이 놀랄 만큼 분명하게 똑똑히 들리더구만. 그래서 핸더슨 문정관을 찾아갔지. 학생들의 희생을 막으려는 나의 간절한 심정을 말하고, 그 방법으로서 헬리콥터와 고성능 확성기를 빌려달라고 했지. 내가 헬리콥터에 타고서 확성기로 서울 시내 전역의 상공을 날아다니면서 군대와 학생들에게 상황을 설명하고, 이 이상 피를 흘리지 않아도 사태는 사실상 종결된 거나 마찬가지라는 방송을 할 생각이었어요.

핸더슨은 나의 얘기를 진지하게 듣고 나서, 헬리콥터와 선무공작용 스피커는 미8군 소유이기 때문에 8군당국과 협의해 보내겠다고 해요. 8군과 협의해보겠다는 반응은, 나의 상황 판단을 시인하는 대사관(미국정부)의 입장으로 해석할 수 있었어. 그는 답변을 줄 테니 통신사에 가서 기다려달라고 하더구만. 그때 미국대사관은 지금의 롯데백화점 본점 바로 맞은편에 있었지.『합동통신』과는 한 50~60미터 거리밖에 안 됐어요. 한 시간가량 지나니까 핸더슨의 전화가 오더구만. 답변인즉, 헬리콥터를 빌려준다거나 나의 요청에 응하는 일은 한국 국내문제에 대한 미8군의 개입을 뜻하기 때문에 안 된다는 것이었어. 거절당한 거지. 사실 그럴 수밖에 없었겠지요.

임헌영 선생님은 이승만이 하야할 것이라고 예견하고 있었어요? 과연 교수데모가 없었어도 하야했을까요? 저는 이승만의 여러 행적으로 미뤄볼 때 절대로 하야하지 않았을 것이라고 봅니다. 영국의 『가디언』이 "사임 여부는 미국이 그의 집권을 바라는가에 의존한다"는 취지의 기사를 내보냈다고 나중에 읽었는데, 이승만은 "국민이 원하면"이 아니라 "미국이 원하면"을 고수하지 않았나 싶습니다.

리영희 교수데모는 4월 25일에 있었어요. 사실은 미국정부의 결정이 난 뒤에, 미국 측의 시사를 받아서 시작된 것으로 나는 보고 있습니다. 교수들이 진정 학생들에게 힘을 보태주고 이승만 하야 압력을 가하려 했다면, 25일이 아니라 그전, 늦어도 23일쯤에는 그렇게 나왔어야 해요. 왜냐하면 24일 오전에 이미 이승만이 자유당 총재를 사임했고, 이기붕은 부통령 사임을 발표했거든. 교수들이 데모에 나섰던 25일에는 이미 미국정부 내에서 이승만을 '폐기처분'하기로 작정한 뒤였어요. 미국정부가 이승만의 퇴진을 요구하게 된 것은 대학생들의 데모가 전국으로 확대되고, 거기에 그때까지 방관적이었던 각계각층의 시민들이 서울 전역에서 백만 명 이상의 대규모 집회를 형성하면서 합세하게 된 24일의 시점에서였어.

임형이 방금 대학교수들의 데모가 미국정부의 결단을 끌어냈다는 식으로 말했는데, 그것은 교수데모의 효과를 과대평가한 거예요. 결정적인 원인은 한국의 대학생에 각계각층의 대중이 합세한 전 국민적 의사표시이지, 마지막 국면에서 나온 대학교수들의 의사표시가 아니었다고. 나는 오히려 그 대학교수들은 기회주의자들이었다고 생각했지. 그들에겐 실례이지만 비겁했어! 거기 나온 교수들을 비방할 생각은 없지만, 그 소용돌이 속에서 며칠을 산 내가 보기에는 그렇다는 거요. 그리고 워싱턴이 폐기처분하기로 결정했는데, 이승만이 무슨 재주로 버틸 수 있나?

임헌영 예, 저도 교수데모를 과대평가할 의도는 없습니다. 다만 교수시위 자체가 미대사관의 입김이 작용했다는 전제에서 표현한 것입니다. 그러니 너무 서글프지 않습니까! 핸더슨은 어떤 분이었습니까? 이 사람의 한국에 대한 자세랄까, 한국인에 대한 인식을 어떻게 평가하십니까?

리영희 그 사람은 한국 지식인들이 다 아는 것처럼, 국립박물관의 국보급에 버금가는 많은 한국 도자기와 골동품을 소장하고 있었어요. 그러니까 미국에 빌붙어 출세하려는 각 분야의 미국숭배적 야심가들이 다 갖다 바친 거겠지. 나는 그 사람이 요구했다기보다는 한국인들의 사대주의적 아첨근성의 물질적 표현으로 생각해요. 종교·정치·경제·군사·학계 등, 온갖 분야의 내로라하는 한국인들이 미국 대사관의 총애를 받으려고 비굴하고 비열한 작태를 보이고 있었거든. 그런 작자들이 한국 역사 연구가이며 정치적으로는 지한파(知韓派)로 알려진 핸더슨에게 값비싼 골동품을 갖다 바친 거지.

핸더슨은 미국 해군장성의 아들로서, 하버드대학을 나와 외교관이 된 사람이에요. 다산 정약용에 관한 연구도 제법 깊고, 한민족에 대한 학문적 이해도 상당했어요. 『소용돌이의 한국정치』라는 그의 저서는 조선왕조시대부터 현대까지의 정치적 특성을 제법 학문적으로 깊이 관찰하고 정리한 것이야. 이승만시대만 하더라도 한국정치에 관한 종합적 저서가 미국에 없던 때라서, 한국정치를 이해하려는 미국 지식인들에게는 하나의 필독서가 되었어요. 핸더슨은 그 당시 남한사회의 소위 미국지향적인 지식인 사회에 깊게 관여하고 넓은 인간관계를 갖고 있었지.

삼장법사 손바닥 위에서 노는 손오공

임헌영 지금 4·19를 연구하는 학자들의 여러 가지 연구와 사례들이 나오는데요. 미국은 소련의 인공위성 스푸트니크호 발사(1957.10.4) 이후에 한국의 안보를 일본과 분담하기로 하고 그러기 위해서는 이승만정권과 같은 비효율적인 정권으로는 안 된다, 뭔가 효율적인 다른 정권이 필요하다는, 어떻게 보면 우리가 소망하는 것과 미국이 소망하는 것이 결과적으로는 같아져버리는, 그러나 또 다른 측면에서 보면 우리가 미국의 전략에서 못 벗어난다는, 마치 부처님 손바닥 안이라는 그런 생각도 듭니다. 당시는 이런 생각은 안 하셨습니까?

리영희 1950년대 말, 즉 이승만정권의 말기에 해당하는 그 시기에는 소련을 비롯한 공산주의 세계의 위상이 급상승함으로써 미국의 입장에서는 세계 지배권에 대한 큰 도전을 받게 되는 때이지요. 게다가 그 시기는 아프리카의 백인제국주의 식민지에서 급성장한 민족해방, 독립운동 세력이 유엔을 비롯한 국제 정치무대에서 발언권을 강화하기 시작한 때와 일치해요. 라틴아메리카의 쿠바에서도 1959년 카스트로가 이끈 혁명이 성공해 수십 년 동안 미국 자본과 보수권력들에 길들여졌던 바티스타정권이 붕괴했어. 쿠바혁명은 오랜 미국 지배에서 벗어나 쿠바의 뒤를 이으려는 라틴아메리카 인민들의 탈미국적 사회혁명의 정열에 불을 지폈지. 이와 같은 전세계적이고 인류사적인 약동은 아시아와 아랍세계에서도 마찬가지였어요.

게다가 한반도에 초점을 맞춘다면, 6·25전쟁이 끝난 지 10년이 안 되는 사이에 북한은 전쟁 피해복구를 눈부시게 달성해요. 중공업 초기 단계로 진입하려 하는 놀라운 경제발전을 계속하고 있었어. 이에 반해서 남한은 이승만 통치 아래서 그 많은 외국 원조를 받았음에도 불구하고 오히려 정치·경제·사회·문화 모든 분야에서 6·25 전보다도 후퇴한 상태였거든. 남한은 북한의 그늘 아래 가려진 존재였다고. 미국으로서는 결단을 내려야 할 정황에 몰려 있었지.

이와 같이 전 세계적으로는 물론이려니와 한반도에서의 힘의 균형이 소련, 중공, 북한 등 공산권 쪽으로 압도적으로 기울게 된 현실에서, 미국은 이런 상황을 급속히 반전시켜야 할 절박한 위기에 몰렸다고. 그 방법으로 미국은 1960년에 아이젠하워 대통령이 일본과의 군사동맹을 강화하고, 일본의 군사력과 경제력을 가지고 아시아의 미국 하위 국가들, 특히 남한의 군사적 안보와 정치·경제적 후견 역할을 담당하게 하는 '미일 신안보조약'을 강행 체결해요. 일본 국민대중의 총체적인 반대운동을 일본정부가 무력으로 탄압하면서 이것을 발효시켰어. 이것이 유명한 일본의 '1960년 안보반대투쟁'이지요.

이런 미국정부의 '일본 중심 아시아후견체제' 수립, 그중에서도 특히 남한에 대한 일본정부의 전면적 후견체제의 확립에 대해서 암적인 존재가 이승만 대통령이었어요. 이승만은 거의 광적일 정도로 반일정책을 취했지. 소위 '리승만 라인'이라는 것을 남한 주변 해상에 선포하여 수백 척의 일본 어선과 많은 일본 어부들을 나포, 억류했어. 이것은 완전한 국제법 위반행위였지. 이것은 이승만의 엄청난 자가당착이고 자기모순이고 이율배반적 돌출행동이었어. 왜냐하면 이승만정권은 그 수립부터 몰락까지 민족반역자, 친일파들을 가지고 그의 정권을 구성했으니까. 이승만의 정치술책은, 권력은 친일파 민족반역자로 유지하고, 그런 반민족적 분자들에 대한 국민대중의 원성·반대와 이승만정권에 대한 비난을 외부로 뿜어내도록 하기 위해서, 일본 어선 나포를 비롯한 온갖 '반일정책'을 취한 거요. 그래서 미국과 일본이 합작해서 이승만을 제거한 거지.

임헌영 어떤 학자는 대일관계를 보다 효율적으로 추진하기 위해서도 이승만을 버렸다는 주장이 있습니다만, 한국민으로서는 국토분단의 주모자이며 독재자였던 한 인물이 역사에서 사라지는 것을 환영하지 않을 수 없었습니다.

리영희 그런 견해가 대체로 정확하다고 생각해요. 국민의 지지를 완전히 상실하고 부정부패로 붕괴직전 단계에 있는 이승만 대통령의 반일정책은, '일본 중심의 동북아시아 반공체제' 강화를 위한 미국정부의 구상에 중대한 차질을 초래하게 됐어. 특히 일본에게 남한 안보의 책임을 떠맡기려는 미국의 정책은 이승만의 완고한 한일국교정상화회담 거부로 말미암아 한층 난관에 부딪쳤어요. 그래서 1960년 들어오기 이전에 벌써 미국정부는 기회만 있으면 이승만을 제거하여, 일본과의 새로운 국교를 수립할 친일적 정부를 세우려고 했던 거지.

바로 이런 배경이 1960년 4월의 학생혁명에서 이승만을 제거하는 미국정부의 정책을 이해할 수 있게 합니다. 그러면서 한쪽으로는 남한 국내 정치의 형식상 논리에 따라서, 이승만정권 몰락 후에 집권한 민주당정권의 민주적 운영을 지지하면서, 다른 한편으로는 또 필요하다면 문민정부가 아닌 철저한 반공주의를 표방하는 독재 군부정권으로 대치할 방법과 구실을 준비하면서 대상인물을 물색하는 이중적 대한정책을 추진하고 있었어요. 바로 그 인물이 박정희 육군소장이었지. 한국 정치사상 가장 깨끗한 1960년 8월의 민주 선거로 선출된 민주당정부에서 내분이 끊이지 않고, 또 해방 이후 꾸준히 억압, 탄압받아온 소위 혁신계·사회주의 단체들, 좌익세력의 운동이 격화되어 전체 정국이 혼탁해지고 불안정해져요. 미국은 바로 1년 후인 1961년 5월 16일, 박정희 육군소장에게 쿠데타의 승인 신호를 보낸 것으로 알고 있어. 그러니까 남한의 국가 지도자들이라는 자들은 임형이 바로 얘기한 것처럼, 권력 장악과 몰락은 물론이고 집권기간 중 거의 모든 결정이 미국이라는 '빅 브라더'의 손바닥에서 놀아온 것이오. 남한의 역대 권력자가 아무리 자기 딴에는 손오공과 같은 능력을 가졌다고 생각하면서 날뛰어봐도 그 모든 그리고 낱낱의 행동은 미국 권력집단의 손바닥에서 노는 거예요. 삼장법사의 손바닥 위에서 노는 손오공, 이것이 대한민국이라는 나라의 모양이고 정부와 권력자의 실체라고 생각하면 거의 틀림이 없어요. 그런 인식이 있으면 뒤에 숨어서 농간을 부리는 미국이라는 나라의 집권자들의 실태가 보이기 시작하지요.

케네디의 선택은 군부독재

임헌영 선생님이 보시기에 이승만이라는 정치인, 그는 어떤 애국심을 갖고 있었는지 한번 해부해주십시오.

리영희 그 사람이 생각하는 애국심은 자기중심적이고, 자기야심 충족의 방편이고, 타협이나 관용을 모르는 독선적인 전제주의 제왕형이지요. 미국에 살았고, 그리고 민주주의적인 교육을 받았으면서도 성장한 과정과 정치인으로서의 행적을 볼 때, 이 사람은 민주적 지도자이기보다는 왕조체제 같은 한국을 상상했다고 봐요. 그게 과연 애국인가, 문제가 있는 거지. 그는 소(小)진시황이나 소히틀러를 꿈꾸었다고 생각해요. 그러면서 또 철저한 미국숭배자로서 사회주의와 공산주의는 물론 초보적 사회개혁도 적대시했지.

아까 얘기한 것처럼 나는 하와이에서 만난 과거의 이승만 동지들에게서 이승만의 너무나 많은 결점을 듣고 알고 있었지. 중국에 망명해서 임시정부 활동을 할 때에도 이승만은 언제나 자기가 제1인자가 아니면 운동을 버리거나, 조직을 분열하거나 배신했어요. 하여간, 한마디로 말해서 이승만은 분열주의자이지 통합주의자가 아니거든. 결국 이와 같은 그의 개인적 성향은 독재자의 일반적인 요건인 듯싶어. 민족의 통합보다 분열을 더 중요시하고, 남북의 화합을 극렬히 반대하고, 자기의 패권을 위해서는 수단과 방법을 가리지 않는 정치인이지요. 이승만이 일제시대의 친일파 민족반역자들을 모조리 자기 정권의 기둥으로 이용하면서 일본과의 화해를 거부한 것은 큰 아이러니이기도 하지요.

임헌영 그의 여러 가지 행태를 보면, 집권하는 과정이나 집권한 뒤나 물러난 뒤나 과연 민족이나 국가를 생각했을까 하는 생각이 듭니다. 그럼에도 어떻게 그런 카리스마가 형성되었을까요? 막스 베버가 주장한 카리스마의 3가지 유형인 전통적 지배와 합법적 지배 그리고 카리스마적 지배 모두를 향유했잖습니까? 물론 여기서 합법적이란 적당성과는 다릅니다만.

리영희 하나는 미국의 후원, 둘째는 스스로의 독재권력, 셋째는 친일 반역자 집단, 넷째는 남한의 반공주의 기독교이지요. 이승만의 집권 중반시기에 들어오면, 이승만 이외의 존재는 용인되지 않지요. 심지어 김구 선생까지도 용공분자로 몰아 암살해버렸을 정도이니까. 남로당이나 좌익 쪽은 말할 것도 없고, 우익도 이승만에 집중되는 독립운동이나 활동만 선전되었고, 그 밖의 일제하 애국지사들의 영웅적인 행위는 교과서에서나 언론매체에서나 일체 배제되었어요. 이것은 마치 북한에서 독립운동과 애국적 행위를 한 사람은 김일성밖에 없는 것으로 묘사되고 선전된 역사왜곡과 어쩌면 그렇게도 닮은꼴인지 놀라울 정도입니다. 자기 이름을 비자 신청서류에까지 쓰게 하고 모든 공공기관과 심지어 사적 공간에까지 자기 사진을 걸게 했으니까. 게다가 철저한 언론탄압과 여론조작, 공작을 통해서 그의 카리스마 형성을 위한 전 국가적 수단이 동원되었어요.

그 결과 이미 6·25전쟁 전후 시기에 진정한 애국자들과 양심적 지도자들이 남한을 버리고 북한으로 갔어요. 흔히 남한에서 지난 수십 년 동안 '납북자'라고 불리었던 수많은 사람들의 대부분은, 납북이라는 말이 뜻하는 대로 '끌려간 사람들'이 아니라 대부분은 이승만정권 치하 친일파 민족반역자들의 통치를 거부하고 자진해서 북한으로 넘어간 거예요. 또한 미국이 이승만을 마치 위대한 애국자이고 뛰어난 정치가인 듯이 한국 국민뿐만 아니라 세계에 선전했던 것도 영향을 미쳤지. 남한 단독정부를 수립하고 남북 간의 민족적 평화와 평화적 통일에의 지향을 차단하기 위해서 이승만으로 하여금 남한 단독 정부의 수립을 정당화시킨 미국의 정책논리가 그의 카리스마 조작의 큰 요인이지요. 미국의 집권 집단들은 이승만뿐 아니라 미국이 지배하는 지구상의 온갖 졸개국가들에서 같은 방법을 써왔지요. 예를 들면 이란의 팔레비왕, 타이완의 장개석, 남베트남의 고 딘 디엠, 인도네시아의 수하르토, 필리핀의 막사이사이와 마르코스 등등, 인간적으로 인격파탄자이고 도덕적으로 타락분자이며 정치적으로 최악의 폭군인 인간들을, 마치 뛰어난 인격자이고 애국자이며 민주주의적 지도자인 양 온갖 어용학자와 매스컴을 총동원해서 만들어낸 것이 바로 미국 지배집단의 업적이에요. 여기에 국내에서 강력하고 광범위한 영향력을 행사하는 숭미·반공·반북한·극우적 성향인 남한의 기독교 세력이 아부하고……

임헌영 그런 세계사적인 안목으로 조망했다면 4·19혁명 이후 이승만이 하야한 뒤에 한국에 닥칠 여러 가지 험로를 선생님 같은 분이 예측해줄 수도 있었을 텐데, 오히려 더 위험할 수도 있는, 5·16쿠데타 같은 더 끔찍한 적신호가 될 수도 있지 않느냐 하는, 그래서 민주당정권 때의 그 아수라장 같던 시기, '시하(時下) 데모지절(之節)'이란 술어가 난무하던, 정치인들이 망둥이처럼 날뛰던 그 시기에 따끔한 경고를 보낼 수도 있었을 텐데 하는 아쉬움이 없습니까? 당시 정치학자들은 그런 국제정세를 몰랐을까요? 더구나 1960년대에는 후진국에서 기존의 독재자를 뒤엎고 새로운 독재자, 즉 미국 입장에서 더 효율적인 군부독재를 추구하던 시기 아닙니까?

리영희 외신부 기자인 나의 관심의 초점은 국내의 각종 이데올로기 투쟁이나 국내 권력정치보다는 항상 세계정세의 변화에 집중되어 있었어요. 내가 정치부 기자였다면 아마 국내정치의 변동이나 국내 정치세력의 다이나미즘과 미국의 작용 등에 대해서 직접적인 관심을 가졌겠지. 그러나 나는 어디까지나 외신부 기자로서 세계의 각 대륙에서 일어나고 있는 그 시대의 엄청난 인류사적 변혁의 역동을 깊이 관찰·연구하고 사태진전을 따라가기에도 힘겨웠단 말이오. 사실 그 당시 한국 언론계에서 나만큼 이 분야에 깊은 인식과 지식을 가진 사람은 거의 없었어. 일단 4·19혁명으로 이승만정권이 쓰러지고 깨끗한 선거를 통해 민주당의 민간정부가 수립된 뒤에는 나는 다시 국제정세에 전념했지. 원래 나는 국내 '정치'에는 별로 관심을 갖지 않았던 사람이라, 지구상의 도처에서 일어나는 세계 인민의 현상타파 투쟁이 나의 피를 끓게 할 만큼 그쪽으로 전심투구했거든. 그래서 민주당정부의 행태나 군사쿠데타의 가능성이나 이런 상황에 대해서는 나의 관심이 비교적 멀리 있었지. 국내의 정치 동향에 뛰어든 지식인들과 그에 관해 주장하거나 설치는 소위 정치지향적 지식인이 너무나 많은 때에 나까지 부화뇌동할 필요를 전혀 느끼지 않았어요. 그 이후에도 그렇고 지금도 그래요. 직접적 정치참여는 나의 성향도 아니고, 나의 철학도 아니고, 나의 취미도 아니에요. 나는 평생 동안 내가 하고 싶은 연구 활동의 필요성과 그 범위를 확고하게 인식하고 있었어요. 그래서 그 사이의 혼란 속에서도 오로지 그 일념으로 살아온 거지. 또 박정희가 쿠데타의 구실로 내걸었던 민주당정부의 무능과 부패라는 비난과 주장은 사실 군인들의 쿠데타를 정당화할 만큼 심각했던 거라고는 보지 않아. 민주당 내의 소위 신·구파 간의 갈등이라는 것도 이승만정부의 전 과정을 통해서 있었던 여·야당 대립 투쟁에 비하면 쿠데타를 합리화할 만큼 탈법적이지도 않았어. 적어도 나는 그렇게 생각했어.

만약 임형이, 민주당정부의 수립과 그 비권위주의적 관용정책에 힘입어서 우후죽순처럼 생겨나 급격한 사회주의화 정책이나 성급한 대북한 접근정책을 주장하거나, 노동자·농민의 계급투쟁을 부채질한 혁신계·좌익계·사회주의 정당들과 단체들의 정치불안 및 사회적 혼란의 책임을 불문에 부치고, 보수적 온건·우익 성향의 민주당 정치인들만을 비난한다면, 그런 견해나 입장도 무책임하다고 나는 생각해. 박정희 쿠데타는 사실은 구정치인들보다 소위 혁신계와 좌익세력의 정치 행태에 초점을 맞추고 일어났음을 잊어서는 안 돼. 박정희에게 구실을 준 것은 오히려 좌익정치인과 운동가들이었어.

확실히 민주당정부 아래서 자기존재에 대한 시인을 요구하고 남한 사회 내부의 변혁이나 분단된 조국의 평화에 대한 요구는 거역할 수 없는 민족의 부르짖음이었던 것이오. 임형이 그 시기의 정치인들이 "망둥이 날뛰듯 했다"는 표현을 썼는데, 내가 보기에는 그런 인식은 반드시 옳다고 하기 어려울 거요. 그런 표현은 그 시국을 성실하게 산 많은 문민 정치인들을 모욕하는 실례의 언사일 수 있어. 조심할 필요가 있어요. 아까 말한 것처럼 아이젠하워를 이은 케네디 대통령은 어차피 남한의 민주당정부나 문민정부, 민주주의적 시험을 길게 두고 볼 생각이 아니었던 것으로 나는 판단해요. 케네디는 동북아 정세의 일대 반전을 위해서 군부독재밖에 없다는 정책을 구상했으니까.

후퇴 속에서도 이루어지는 역사의 진보

임헌영 중립화를 주장했던 조봉암과 진보당 사건(1958.1.13)을 비롯하여 비판적 지식인의 입을 막고자 이승만과 자유당은 신국가

보안법을 통과(1958.12.24)시켰지요. 저항운동이 일어나자 또 반공청년단을 결성(1959.1.22)합니다. 그런 판국에 과연 중립화가 가능할까요? 4월혁명 직후의 진보적 민족운동을 보면 너무 순수해서 도리어 역사의 반동화에 역이용당한 건 아닌가 싶기도 합니다. 이런 생각은 박정희가 저격된 후인 '1980년 봄'에 그대로 반복됩니다. 1987년 6월항쟁 이후에도 마찬가지였습니다. 정치인·진보적 운동가·학생·노동자·지식인 모두의 연대책임이 아닐까요. 한발 앞서 나가다가 수구세력에게 승리를 안겨다준 꼴이지요. 지금도 그렇지 않은지 모르겠어요.

리영희 앞에서도 얘기했지만, 박정희가 쿠데타로 권력을 탈취하려 한 것은 강력한 반공주의체제를 수립하기 위해서였지요. 이론적으로나 실제상황의 대처방식에서나 그런 극우·반공주의는 좌익·진보 세력, 노동조합 등을 제1차적 박멸 대상으로 삼는 거지. 바로 그런 좌익·진보적 세력들이 대(對)이북 통일 내지 중립화를 표방했지. 이 세력은 한반도의 현실상황을 오판하고 과격한 투쟁으로 치달음으로써 미국과 그 이익대리인인 박정희에게 더욱 위기감을 갖게 한 과오를 범했다고 봐야겠지요.

그 모처럼의 시기에 정치활동의 무대에 등장했던 여러 경향의 지도자나 정치인들이 그렇게 현명하게 처신했더라면 얼마나 좋았겠어요. 또 오랜 탄압 끝에 겨우 목숨을 부지했던 진보적·개혁적 인사들이 자기들의 경륜과 포부를 일시에 달성하려는 욕구와 유혹을 적절하게 억제·조절할 수 있는 자제력을 발휘할 수 있었으면 얼마나 좋았을까요? 또 외세가 지배하고 있는 상황에서 분단된 남북 간의 화해나 통일은 차근차근 시간을 들여 단계적으로 인내심을 가지고 이룩할 수 있다는 판단 아래서 행동했다면 얼마나 좋았을까요?

그러나 임형이 개탄하는 것처럼 좌익계통의 일부 인사들이 고창한 '중립화 통일론'이 그 시기에 가능하다고 믿었던 사람들은 별로 없었어요. 나는 언제나 '개인은 합리적이고 또 이성적일 수 있지만, 무리(집단)는 극히 비이성적인 존재'라고 생각합니다. 그것이 '개체로서 사고하는 인간'과 무리 속에서 '무리의 일원으로 생각하고 행동하는 인간'의 큰 차이에요. 그러니까, 어떤 민족의 역사에서도 임형이 원하는 것처럼 냉철하고 이성적인 판단과 자기절제의 현명함으로 움직여진 실례를 나는 거의 찾아볼 수가 없어. 이것은 지성인의 바람이나 욕구와는 전혀 무관하게 걸어가는 집단적 행동의 특성인 것 같아.

인류사에 기록된 그 많은 집단적 행동주체들, 다시 말해서 역사에 작용하려는 계급이나 민족이나 국가 같은 주체가 그들을 구성하는 개개인의 뛰어난 지성과 분별력과 자제력과 미래예측 능력을 발휘할 수 있었다면 오죽이나 좋은 결과가 이루어졌겠어요? 그런데 실제로는 어느 경우에도 그렇게 되지는 않았어요. 뛰어난 개인적 지성으로 계획하고 추진했다 하더라도, 집단이 예측했거나 염원했던 목표를 향해 미끈하게, 일직선으로 움직여준 일이란 찾아볼 수가 없지 않아요? 한번 실례를 봅시다. 불란서혁명과 파리 코뮌, 독일 사회주의 운동의 긴 역사와 그것을 주도했던 로자 룩셈부르크 같은 수많은 뛰어난 지성인들, 러시아혁명 과정의 우여곡절은 두말할 것도 없고, 가까이는 중국의 근대 혁명과정은 예외 없이 그러한 견해를 뒷받침해 줍니다. 비교적 쉽게 이루어졌다는 미국 독립운동조차 단선적으로는 이루어지지 않았고, 남북전쟁이라는 어리석은 짓도 했어요. 이런 실증적인 역사적 근거와 나 개인의 철학적 고찰로 볼 때,

결국 인간집단은 실패를 거듭하는 괴로움 속에서 다음에 올 실패의 괴로움을 다소나마 감소하는 정도의 지혜를 획득하는 것이 아닌가 하는 생각이 들어요. 인간집단이 이렇게 많은 목숨과 고통과 설움을 겪고서야 다음에 올 운명에 대해서 조금씩 자각할 수 있다는 것은 슬픈 일이지만, 피할 수 없는 인간적 한계가 아닌가 싶어.

그런 생각이기 때문에 나는 1960년과 1961년의 사태에 대해서도 임형처럼 깊은 회한에 잠기지는 않아요. 그 시기 사태변화의 연장선상에서 우리는 1971년 김대중과 박정희의 정권교체를 위한 격돌을 보게 되고, 1979년 박정희가 사살된 뒤에 찾아온 그 좋은 '서울의 봄'에 김영삼, 김대중, 그리고 진보세력 간의 갈등과 각축의 결과로 비탄의 시기를 맞이하지요. 또 그 결과로 1980년 봄에 모든 선량한 민중의 염원이 전두환이라는 악의 세력에 의해서 뭉개지고, 바로 광주에서 대학살의 비극을 초래했어요. 그런 쓰라린 역사적 경험을 반복하면서 광주민주항쟁의 결과로 군부통치에 대한 저항운동이 고조되고, 동시에 이 나라의 반민중적 독재정권들을 배후에서 조종·지원했던 미국이라는 외세의 본질을 한국 국민들이 똑똑히 인식하게 됐다는 것은 굉장한 역사적 전진이지요.

또한 1980년을 기해서 반공법과 국가보안법에 대한 대중적 반대운동과, 그때까지 상상할 수 없었을 만큼의 남북 간 평화통일 지향적 운동이 열화와 같이 일어난 것 역시 실패를 통해서 획득한 역사적 전진이라고 봐야겠지요. 그 사이에 무시할 수 없는 힘으로 성장한 노동자의 단결, 온갖 분야에서 민중의 정치적 각성과 사회세력화, 또 김영삼정권에 의해서 한국의 폭력의 핵심인 군대가 웬만큼 숙청되었다는 것도 큰 역사적 전진이라고 봐야겠지요. 뒤이어 김대

중정권에 의해, 반세기 동안 꽉 막혀 있던 남북 분단민족 간의 화해의 길이 열리게 된 것은, 해방 이후 최대의 역사적 전진이라고 나는 생각합니다. 그리고 다시 노무현정권의 탄생이 지니는 남한의 민족사적 의미는 역사에 길이 남겠지요.

이와 같은 일련의 변화를 초래한 원동력으로서 남한 민중 속에 싹트고 자란 각 분야의 대중운동, 반전·평화와 반미 운동으로 고양된 시민운동의 광범위한 연대의 형성을 빼놓을 수가 없지. 이 모든 전진이 힘겨웠고, 손에 잡히지 않을 만큼 더디고 불만족스러웠다 하더라도, 그 하나하나의 변화는 미국이라는 음흉한 외부세력의 의도와 압력을 조금씩이나마 무력화해나간 남한 국민의 역사적 성취라고 나는 확신해. 나는 이 같은 억제된 역사 발전의 원리와 작용에 믿음을 갖고 있기 때문에 민족의 미래에 대해서도 미리 실망하지 않아요. 말하자면 조심스러운 낙관론자라고 할까.

임헌영 대개의 양심적인 지식인들이 조봉암이나 이런 분들에 대한 기대와 지지를 가지고 있었는데, 선생님은 어떠셨습니까?

리영희 나는 4·19 후의 민주당집권 시기에 조봉암과 그 밖의 여러 좌파정당과 운동체들이 단시일 내에 강력한 정치세력화할 것으로 처음부터 기대하지 않았어. 내가 바랐던 것은 광적인 극우반공집단인 이승만체제 아래서 숨이 끊어지지 않고 명맥을 유지했던 그런 이데올로기와 세력이 공개적으로 또 공식적으로 의사표시의 기회와 장을 획득하는 정도의 상황이면 충분하다고 생각했어요. 나는 조봉암의 적극적 지지자나 이념적 신봉자는 아니지만, 장기적 안목으로는 그의 민족철학이 옳음을 인정하고 있었지. 무엇보다도, 이승만에 대항하는 노선의 정치지도자로서의 그의 자기희생적 행위에 경의를 표했지. 이승만이 그를 사형에 처하는 것으로 끝나는 탄압과정을 『워싱턴 포스트』에 쓴 것도 나의 그런 견해 때문이었어요.

임헌영 4·19학생혁명으로 수립된 신정부하에서 민심의 변화 같은 것을 알고 싶습니다.

리영희 4·19학생혁명 후 민주당정부 시대의 발랄한 민심을 대표하는 에피소드가 있어요. 이승만정권 시대의 각종 비리·불법의 정화운동을 전개했는데 병역기피자들을 잡아다 국토건설 사업에 투입하기도 하고, 강제 입영을 시켰어. 과거 정권들 아래서 권세 있고 돈 있는 자들의 자식들은 모두 병역에서 빠지고, 그 당시에 유행했던 말로 '빽 없고 돈 없는' 불쌍한 사람들의 자식들만이 대한민국 군대에 끌려갔던 거요. 그래서 국민대중의 원성이 사무치던 때에, 과거의 병역기피자들을 색출하여 병역을 치르게 하니까, 상당한 대중적 환호성이 일어났어. 다른 어떤 비상조치들보다도 이 한가지로 신정부하의 민심이 바뀌었어요. 바로 이런 새 시대에 하버드대학인가에서 박사학위 과정에 있던 한 청년이 신사회 건설의 뜻을 품고 1960년 11월 자발적으로 병역복무를 지원해서 귀국했어요. 국내 신문들이 이 일을 대대적으로 보도했지. 미국에서 계속 면제받을 수 있는 병역인데 박사학위 과정을 중단하고 자진해서 돌아와 논산훈련소에 입대한 거요. 그 청년의 참신한 결단에 국민대중은 박수갈채를 보냈어. 그가 누군지 알아요? 이 청년이 훗날, 한국의 문학계를 혁신하는 백낙청(전 서울대 영어영문학과) 교수예요. 그의 사회적 정의감은, 국민적 덕목이 거의 부재했던 당시 한국사회에 하나의 큰 빛이 됐지요.

임헌영 1961년 5월 16일은 여느 날과 다름없는 온화한 봄날이었습니다. 저는 그해에 대학에 입학해서 서울 생활에 익숙해질 참이었습니다. 바로 그날 아침 돌연 "반공을 국시로 하고"라는 날카로운 방송이 귀를 때렸습니다. 호기심 많던 저는 버스로 시청 앞까지 나가 쿠데타에는 안 어울릴 정도로 한가하게 버티고 있던 탱크도 봤고, 지금은 없어진 남대문 지하도를 왔다 갔다 하며 시민들의 반응도 살폈습니다만 촌놈 눈에는 아무것도 잡히지 않았습니다. 선생님은 5월 16일을 어떻게 보내셨습니까?

리영희 나는 여느 날과 다름없이 합동통신사에 출근하기 위해 캄캄한 새벽 5시에 미나리밭 속에 있는 제기동 집에서 성동역까지 걸어 나와서 '새나라' 택시를 탔어요. 화신 앞에 오니까 탱크 두 대가 서 있더라고. 그렇지만 특별히 이상한 움직임은 보이지 않길래 쿠데타라는 것은 전혀 생각지도 않았어. 편집국에 들어와서야 무엇이 일어났는지를 알았지요. 나는 그 순간 "썩어빠진 군대가 무엇을 개혁하겠다고 나서는 거야. 이것은 민주주의에 대한 반역이다"라는 생각이 들었어. 그 순간 이 나라의 군대에 대한 증오감과 분노가 다시 솟구쳐 올라왔어. 사실 말이지 4년 전까지, 내가 7년 동안을 붙잡혀 있던 '대한민국 군대'라는 것은 이 나라의 어떤 다른 집단보다도 푹 썩은 야만적인 집단이라고 확신하고 있었어요. 그런데 그런 군대가 공명한 선거로써 수립된 민주정부를 탱크로 전복하려 하다니, 난 도저히 용서할 수 없다는 생각이 들었었지.

10여 명의 외신부 직원들은 다 출근해서 제자리에 앉아 있었고, 나도 내 말단자리에 앉았어요. 나는 첫 외신기사를 앞에 놓고 작업을 시작하려다가 나도 모르게 자리에서 벌떡 일어났어. 그리고 외신부 기자들 전부에게 조금 소리를 높여 얘기했어요.

"개혁과 숙청의 대상이어야 할 군대가 무엇을 바로잡겠다고 나서다니, 언어도단입니다. 나는 누구보다도 군대라는 집단의 속성을 잘 알고 있어요. 쿠데타라니 도저히 정당화할 수 없습니다. 우리는 모든 힘을 다해서 군대의 정권탈취에 반대해야 합니다."

부장 이하 전 외신부 기자들이 예상치 않은 사태에 놀란 기색으로 일제히 나를 말없이 쳐다보고 있더구만. 나는 서열상 외신부의 말단 기자이기 때문에 평소에 별로 두드러지거나 모나는 자기표현을 하지 않고 지냈지요. 그러던 내가 당돌하게 그런 발언을 하니까 모두가 놀라요. 적어도 외신부 기자들만은 정치부나 경제부, 사회부 기자들과는 달리 성향이 순수했고 국제적인 넓은 시야를 국내문제에 투영해서 보기 때문에 군사쿠데타에 대해서는 정도의 차이는 있겠지만 다 반대하는 심정이었을 거예요. 그렇지만 나의 격한 발언에 대해서는 상황이 상황인 만큼 가타부타 말없이 평소처럼 작업을 했어요.

그러고 있는데 8시쯤이 되자 다른 부의 기자들이 웅성거리며 출근했어. 이미 쿠데타 소식을 알고 출근했기 때문에 침통한 표정으로 여기저기 몇 사람씩 모여서 낮은 목소리로 수군대더군. 누구도 직접적으로는 쿠데타에 대해서 언급을 하는 분위기가 아니었지.

임헌영 외신으로 들어오는 것은 어땠습니까?

리영희 쿠데타 이후 이삼일 동안은 워낙 사태가 유동적이어서 갈피를 잡을 수가 없었고, 따라서 외신들도 종잡을 수가 없었지. 쿠데타 직후 한참 동안의 미국정부의 반응이 재미나요. 5월 16일에는 미국 국무부가 "합법적 민주정부를 쿠데타로 전복하는 행위는 승인할 수 없다"라는 뜻의 발표를 했어. 주한 미8군 사령관 매그루더 장군과 대사가 윤보선(尹潽善) 대통령을 방문해서 "반란군을 진압하기 위해서 국군 출동 명령을 내려달라"는 요청을 했다는 얘기도 들렸어. 이에 대해서 윤보선 대통령이, 실제로는 어떤 저의가 있었는지 알 수 없지만, 반란 진압을 위해 대통령 권한의 수도사단 출동 명령을 내리면 국군끼리 피를 흘리게 된다는 이유로 거절했다는 얘기도 들렸어요. 그리고 미국정부가 '반란군의 즉각 원대복귀'를 요구하는 성명을 발표했기 때문에, 국민들은 대체로 미국이 쿠데타에 대해서 마치 모르고 있었거나 반대한다는 쪽으로 해석하는 경향이었어요.

박정희가 당시 육군사관학교 교장 강영훈 장군을 찾아가서, 쿠데타에 대한 지지 표시로 전체 사관학교 생도들의 성명 발표와 서울 시내 시가행진을 요구했는데, 강영훈 교장이 "군인은 정치에 참여하면 안 된다"라는 말과 함께 거절한 사실이 순식간에 전국에 알려졌어. 이 소식으로 시민들은 박정희 쿠데타가 국내외적인 협공으로 실패할 것이라고 예견했어요. 그렇게 바랐다고 말해야겠지. 희망사항!

하지만 한 4~5일쯤 지나면서부터는 미국의 반응도 누그러지고 쿠데타는 기정사실화되는 감이 있었어. 대체로 외국신문이나 통신들도 처음 며칠 동안은 정확한 정세판단을 하지 못한 채 우왕좌왕하는 그런 기사들을 내보냈어요.

임헌영 5·16 때는 여기저기 뛰어다니시지 않았습니까?

리영희 아까 말한 것처럼 그날 새벽 외신부원들에게 군인 집단의 권력 찬탈에 반대해야 한다는 이야기를 하고 났는데, 현관 수위가 군인과 하사관이 현관에 왔다고 알려왔어. 누구도 나가려 하지 않길래 내가 나갔어. 권총은 차고 있지만 계급장은 달지 않은 군인이 하사관 계급장을 단 군인을 데리고 와서 앉아 있더구만. 무슨 목적으로 왔냐고 물으니까 "통신사의 외부 기사 수신 상태를 감시하기 위해서" 왔다는 소리를 해요. 그러면서 자기가 육군소령이라고 말하더라고. 나는 이 말에 화가 났어요. 그래서 "통신사는 민간 언론 기관이기 때문에 군인이 들어올 수 없다"고 말했지. 그리고 "나는 6·25 첫날부터 7년 동안을 최전방에서 목숨 걸고 싸운 예비역 소령"이라고 큰 소리로 말했어. 그리고 편집국장이 출근한 뒤에 그쪽 기관장이 정식으로 요청하여 동의를 얻어서 오라고 몰아내버렸어요.

이날 아침의 나의 행동은 어떻게 보면 정말 무모하거나 경솔해 보였을지도 몰라. 권총을 차고 있는 그 소령이라는 자가 왜 그런지, 나의 고답적인 일갈에 기가 죽었는지, 하여간 그대로 돌아서 나갔기에 다행이지, 그자가 악질이었다면 내가 어떻게 됐을지 알 수 없지. 이 일은 나의 마음속 깊은 곳까지 스며 있던 군대에 대한 감정과 인식이 분출한 것이었어. 그러고 난 뒤에는 워낙 쿠데타 권력이 확고해지고 일체의 비판이나 반대를 무력으로 봉쇄해 버릴 만큼 강력해졌기 때문에 나도 그 이상으로 행동하지는 못했어요.

임헌영 선생님 성격은 예나 지금이나 못 고치실 것 같습니다. 아버님의 일기장 기록, 고약한 성격으로 고생할 것 같은 아들의 장래를 염려하신 대목이 딱 맞는 것 같습니다.

리영희 선친은 나에게 실망이 컸어. 1956년의 일기의 한 구절에서 드러나요(원문대로).

> 兒性 狹量하고 寬潤性이 乏薄하고 言語動作에 曲解가 만코 曲直하여 對方의 言論 直角의으로 受入할 뿐 아니라 自大自高함으로 悔視함이 多分함으로 處世에 失敗가 多하고 尙其 修養을 要할 點이 大端토이라⋯⋯

다시 겪는 악몽: 탱크가 지배하는 세상

인간답게 살려는 25년의 몸부림으로

케네디-박정희 회담의 실상

임헌영 다시 5·16쿠데타 이야기로 돌아가지요. 5·16 뒤에 선생님께서 바로 미국에 가셨습니다. 케네디 대통령과의 회담을 위해 박정희가 미국을 방문했을 때 그 수행기자로 간 것이지요?

리영희 그때 쿠데타정권을 세운 박정희가, 마치 옛날 왕조시대에 세자책봉이나 왕위계승의 윤허를 얻고 조공을 바치기 위해서 상전의 나라 중국을 찾아가는 꼴로, 케네디 미국 대통령을 알현하기 위해서 간 셈이지. 박정희의 직책은 '국가재건최고회의 의장'이었고, 상전인 미국 대통령의 윤허가 내려져야 '대한민국'이라는 속방의 '대통령'이 될 수 있으니까. 11월 11일부터 15일간 예정이었어요. 신문사에서는 『동아일보』의 권오기(權五琦), 『조선일보』의 김인호, 그리고 『합동통신』의 나, 이 세 사람이 공식 취재기자로 선정됐어요. 『동아일보』는 일본주재 특파원 이만섭(李萬燮)과 워싱턴 주재 특파원 정연권(鄭然權)이 현지에서 권오기 씨에 합세했어. 『조선일보』도 주일 특파원과 주미 특파원이 있어서 3인 1조로 취재했는데 나만 혼자였기 때문에, 두 신문과 3대 1의 불리한 조건에서 취재경쟁을 했지요. 권오기 씨는 훗날 부총재 겸 통일원장관을 했고, 이만섭 씨는 국회의장을 지냈지. 『동양통신』의 심연섭(沈鍊燮) 기자는 박정희 의장 방미대표단의 '공식 대변인'으로 갔어. 그때 내가 편집국장에게서 취재지시를 받을 적에, 군사정권이 수행 취재기자 후보의 자격조건으로 과거 이승만정권과 민주당정권에서 부패·부정·타락하지 않은 기자를 몇 명 선정해 보내라는 내용이었다고 말하더군. 그래서 세 사람 명단을 올렸더니 나를 지명해 내려왔대요. 그렇게 해서 가게 됐지.

임헌영 지난번 미국에서의 경험을 살려서 국무부의 관리를 만나 특종을 하나 하셨지요? 5·16세력을 인정해주는 조건으로 민정이양을 하고 한일협정을 빨리 하라는 두 가지였습니다.

리영희 『동아일보』와 『조선일보』는 3인 1조가 돼서 취재를 했는데 혼자서 취재한 내가 엄청난 특종기사로 완전히 승리했지. 이 특종기사 사건은 한국의 언론사에도 기록되고 있어요. 이 두 신문 특파원들은 케네디-박정희 회담이 끝난 뒤에 공식 발표된 발표문을 그대로 회담의 성과라고 본국으로 기사화해 보냈어. 케네디가 박정희가 요구한 대로 군사원조도 약속하고, 경제원조도 해주고 정치적 승인도 했다는 따위의, 두 손 벌려 박정희의 요구를 전면 수락했다는 취지의 기사를 보냈다고. 언제나 그렇듯, 한국 신문의 권력 아부성 보도지. 그래서 그 두 신문은 박정희 외교의 '대성과'라는 식으로 보도했어.

쿠데타 6개월 후인 1961년 11월 그 당시, 대부분의 지식인들과 정치인들, 엘리트들은 케네디가 쿠데타정권을 승인하지 않고 민간정부로 권력이양을 하도록 강력한 압력을 가해주기를 바라고 있었어. 그런데 이 두 신문이 그런 희망에 찬물을 끼얹는 취지의 회담결과를 대서특필로 보도했단 말이야. 그러니까 조속한 민정이양을 바라는 국민들은 실망하고 앞이 캄캄해진 그런 상태였어. 그런데 사실은 그것과는 거리가 멀었어요. 바로 그것이 나의 특종기사였지.

케네디는 박정희에 대해서 ①조속한 시일 내에 공정한 선거를 통한 민정으로 이양할 것 ②민정이양에 앞서는 군의 정치관여 금지와 원대복귀 ③그때까지 모든 경제원조의 집행 연기 ④군사원조의 잠정적 동결 ⑤박정희가 제1차 경제계획으로 요구한 공업화계획 자원 23억 달러 요구의 백지화 ⑥조속한 한일회담 재개를 통하여 단시일 내의 한일국교정상화 실현 ⑦베트남사태에 대한 남한의 협력 등을 요구한 거예요. 그중에서도 조속한 민정이양, 군의 원대복귀, 그리고 가장 중요한 조건으로서 한일회담 재개를 통한 조속한 한일국교정상화 실현이었어요.

'제1차 경제개발5개년계획'에 대해서는, 한국은 그런 자본집약적 경제계획은 불가능하니 대신 실업자 구제를 위주로 하는 노동집약적 경제계획으로 개편할 것, 그러기 위해서 미국의 경제조사단을 보내겠다는 얘기였어. 탱크니 비행기니 하는 무기나 군사원조에 대해서는 전혀 언급도 없었어. 이와 같은 내용의 나의 기사가 합동통신사를 통해서 전국의 신문, 방송으로 보도되니까 『동아일보』와 『조선일보』의 특파원 기사로 한숨만 쉬던 정치인들과 지식인들, 그리고 많은 국민들의 얼굴에 다시 희색이 감돌게 된 거야. 이것이 나의 특종의 내용이었어요.

임헌영 다른 건 구실과 명분이고 핵심은 ⑥과 ⑦ 같군요. 사월혁명으로 이승만을 타도한 미국의 속셈이 이렇게 드러나는군요. 좀더 구체적으로 말씀해주세요.

리영희 내가 이런 엄청난 특종을 하게 된 것은 『워싱턴 포스트』와의 관계 때문이었어요. 백악관에서 케네디-박정희 회담을 끝내고 나는 곧바로 『워싱턴 포스트』로 가서 주필과 편집국장에게 회담 결과의 진실을 알고 싶다고 말했지. 그러니까 에스터브루크 주필이 국무부에 전화를 걸더니, 케네디-박정희 회담에서 케네디가 얘기해야 할 미국정부의 정책과 입장을 작성해서 사전 브리핑을 한 국무부의 어떤 과장을 소개해주더라고. 내가 국무부로 달려가서 그를 만나니까 아무런 숨김없이 내가 특종기사로 쓴 것과 같은 내용을 설명해주더군. 나는 마치 신문기자로서 다시는 그런 직업적 승리를 맛볼 수 없을 것 같은 만족과 기쁨에 넘쳤어. 그래서 즉시 『워싱턴 포스트』의 편집국에 달려와 그걸 서울의 본사로 영문으로 송고했지. 나는 외국에 나갔을 때는 한글보다 영어로 기사를 쓰는 것이 한결 쉬워요.

케네디-박정희 회담 취재에서 나는 특종기사 말고도 한·미 관계의 실태를 확인할 수 있었어요. 이것은 종속적인 한·미 관계를 시각적으로 보여주는 인상적인 회담 장면이었어. 두 사람은 백악관 중앙의 천장이 높은 반구 모양을 한 대통령 집무실 '오벌 룸'(Oval room)에서 첫 대면을 했어. 케네디는 흔들의자에 두 다리를 쭉 뻗은 채, 누운 듯이 앉아서 가끔 미소를 지어 보이며 박정희의 인물을 관찰하듯 지그시 바라보아요. 히죽히죽 웃기도 하면서 여유 있는 강자의 태도였어. 나는 아무리 작은 나라에서 왔다고 하더라도 한 나라의 지도 권력자인데 저렇게 깔보는 태도가 옳은 것일까 하고 의아하게 생각했어. 그만큼 오만하더군. 자금성의 옥좌에 앉아서 조선에서 온 왕자나 그 대리자를 내려다보는 중국 역대 황제의 모습이 떠올랐어.

한편 박정희는 주한미군들이 애용하는 레이밴이라는 금색 도금 테두리의 짙은 색안경을 끼고, 빳빳한 등받이 의자에 앉았어. 가끔 다리를 반듯이 모으기도 하고 꼬기도 하고 그러더군. 마치 군주 앞에 불려 나온 신하처럼 긴장했어. 난 그런 자세로 미국 군인들이 끼는 흔한 안경에다 짙은 검은색 렌즈로 자기 눈과 얼굴을 가린 박정희를 보면서 이런 생각을 했어. 햇빛을 가리기 위해서가 아닌 목적으로 사람을 대하면서 짙은 색안경을 끼는 사람은 세 가지 유형이 있다, 하나는 자기 눈이나 얼굴에 흉터가 있는 사람이고, 둘째 유형은 마음에 흑심을 가지고 음흉하게 상대방을 뜯어보려는 사람, 그리고 셋째는 자기심중의 좌불안석인 상태와 상대방을 똑바로 보지 못하는 열등의식 때문이라고, 이 세 가지라고.

케네디와 마주 앉은 박정희는 얼굴이나 눈에 흉터가 없으니까 첫째의 경우는 아닐 것이고, 케네디의 심중을 뜯어 살피려면 오히려 색안경을 안 쓰는 것이 좋지. 그러고 보면 박정희의 짙은 안경은 자기 열등의식의 표시이고, 강자 앞에 서게 된 약자의 정신적·심리적 동요를 감추기 위한 장치였던 것 같아.

나는 이 두 사람의 대면 장면을 보면서 괴테의 안경 이야기가 떠오르더군. 괴테의 안경 혐오증은 유명하지. 그런데 괴테가 싫어한 그 당시의 안경은 그래도 검은색 렌즈가 없는 시대라서 투명한 렌

즈였는데도 그랬단 말이야. 괴테는 이렇게 말했지.

"안경을 낀 사람을 대하면, 이 미지의 사나이가 무장을 한 눈초리로 내 마음속 비밀스러운 곳까지 후비고 들어오는 것을 느껴. 나는 상대방의 마음속을 알 수 없는데 상대방은 나의 마음을 구석까지 다 들여다본다고 생각하면, 아주 역겹단 말이야. 이런 인간은 아무리 사귀어 보아야 그에게서 얻을 것이라고는 아무것도 없고 잃을 것밖에 없지."

한국의 역대 권력자들 가운데서는 그래도 제법 깡다구가 있다고 자부하고 또 숭배자들도 그렇게 찬양하는 박정희가 아니었어? 그런 박정희가 미국 대통령인 케네디 앞에서 그런 식으로 자신의 열등감과 불안감을 감추어야 했다면, 미국이라면 처음부터 껌뻑 죽는 대한민국의 대통령들이나 지도자들이라는 사람들은 어땠겠는가를 짐작하기 어렵지 않을 것이오. 나는 그때, 이 색안경 하나가 바로 미국과 한국의 국가적 위상이나 정권과 권력자의 종속관계를 집약적으로 보여주는 것이라고 생각했어.

박정희의 그 시기에서 40년도 더 지난 2003년에 노무현이라는 한국의 대통령이 케네디와 박정희가 마주 앉았던 그 자리에서 부시라는 미국 대통령에게 보여주었던 그 태도를 나는 이미 40년 전에 확인한 셈이지. 노무현이라는 위인도 자기 딴에는 마치 박정희가 스스로 깡다구가 있다고 생각했던 만큼, 자기도 깡다구가 있다고 큰소리치면서 미국을 방문했던 것이 아니겠냐 말이오. 이것이 내가 1961년 11월에 확인한 한·미 양국 간 위상을 말해주는 색안경 에피소드입니다.

'수행 취재 중단, 즉시 귀국' 지시를 받고

임헌영 케네디는 박정희 군사쿠데타를 인정했기에 부정적인 이미지로 남거든요. 저는 개인적으로 재클린까지도 꼴보기 싫답니다. 드골도 혹했다는 그녀가 저의 눈에는 미녀로 보이질 않습니다. 미국의 언론은 박정희라는 인물을 어떻게 평가했습니까?

리영희 임형의 그런 심정을 이해할 수 있어요. 그러면서도 동시에, 그것이 케네디였건 조지 워싱턴이었건 또는 링컨이었건, 미국이라는 나라는 한국을 다만 미국의 이익을 위한 지구상 장기판의 하나의 졸 정도로 여긴다는 냉엄한 국가관계의 본질을 생각해야 돼요. 케네디에 대한 '꼴보기 싫다'는 감정 못지않게, 대한민국이라는 국가와 그 국가를 구성하는 국민 전체가 얼마나 못났기에 반세기 이상을 케네디 때와 마찬가지 수모를 변함없이 감수하고 있는가에 대한 뼈저린 민족적 자기반성이 있어야 할 거요. 어째서 이 민족은 이렇게 지지리도 못난 모양으로밖에 자기를 가누지 못하느냐? 부끄럽고도 추한 얼굴의 자화상을 미워할 줄도 알아야 해. 개인적으로 그 부인 재클린까지도 꼴보기 싫다 하는 심정은 '중이 보기 싫으면 가사도 보기 싫다'는 속담이 있는데, 그런 감정이라고 할 수 있겠군. 우리는 그런 문제에서도 개인적인 차원의 감정적 호불호보다도 민족과 국민이라는 집단적 생명체의 주체의식과 자존심 그리고 사리판단의 지혜 같은 것에 관한 통렬한 반성이 요구되는 것 아닐까. 그렇지 않을까요?

임헌영 그 기사를 보내실 때 엄청난 파장이 있을 줄을 미리 예상하셨습니까? 쿠데타 승낙을 받으러 간 장군에게 반대여론을 부추겼으니 말입니다. 저는 언론인으로서 선생님의 탁월한 능력이 에드거 스노(Edgar Snow)를 능가하는 것 같습니다.

리영희 내 기사가 그들에게 불쾌하기는 하겠지만, 그렇게까지 폭발적인 충격을 국내 정세에 미치리라고는 예상을 못 했어요. 물론 박정희와 군부세력에 불리한 내용이라는 것은 짐작했지. 하지만 돌아와서 실제로 알게 된 실상에 비하면 내 예측이 훨씬 못 미쳤었지. 어떻든 다음날, 맥아더 원수를 예방하고 나오는 엘리베이터 안에서, 김재춘이라는 쿠데타 주모의 실권자가 나를 향해서 내뱉더군. "서울에 가서 보자!" 위협을 하더라고. 그제야 본국에서 내 기사들이 전국 신문에 깔렸고, 또 엄청난 충격파가 일어나고 있다는 것을 짐작했지.

맥아더 방문에서 박정희가 6·25 때 원수께서 북한에 원자폭탄을 투하했어야 했다는 말을 했다고, 두 사람의 만남에 배석했던 최덕신 외무부 장관이 우리에게 전해주더구만. 박정희라는 사람은 자기에게 원자탄만 있으면 서슴지 않고 언제든지 동족을 향해 그것을 사용할 성격의 사람인 것을 그때 알았어. 무서운 일이지. 그다음 방문 예정지인 유엔주재 대표부에 가니까, 임병직 대표(대사)가 나에게 본사에서 온 '수행 취재 중단, 즉시 귀국' 지시의 긴급 전보를 건네주더군.

수행 취재를 5일 만에 중단하고 서울에 돌아오니까 통신사의 모든 기자들이 큰일 난 것처럼 나를 바라보더라고. 회사에서는 내 기사를 전송받고 너무나 내용이 엄청나니까 곧장 내보낼 수가 없어서, 박두병 사장 주재하에 그 처리 문제를 놓고 몇 시간이나 회의를 했대요. 나도 김포 비행장에 도착하자마자 그대로 끌려갈 줄 알았는데 그렇진 않더구만.

 방미 여행을 마치고 돌아온 박정희 국가재건최고회의 의장을 비롯한 군 실력자들이 경무대(청와대)에서 방미외교 성공 축하파티를 대규모로 열었어. 그때 갔던 수행기자들을 다 초청하면서 나만 제외하더구만. 그래서 나는 생각했어. 박정희가 지도자다운 인물이라면 나 같은 보잘것없는 기자도 일단 초대해서, 술잔 들고 왔다 갔다 하다가, 우연히 만난 척하면서 나의 어깨를 두드리며 "이 기자는 왜 그런 기사를 썼어? 그러면 곤란하잖아!"라고 말했다면 나는 아마도 박정희의 인간적 크기에 감복했을 거야. 그러나 아예 딱 제쳐버리더라구.

 임헌영 그것이 선생님과 박정희와의 첫 번째 대결이었습니까?

 리영희 뭐, 대결이랄 것까지는 없지만, 말하자면 그런 셈이지요. 내가 만약 출세 욕심이 있었다거나 인간적으로 약삭빠른 사람이었다면, 박정희의 케네디 방문 여행 기간과 귀국 후에 그에게 좀더 아첨하는 글을 썼거나 군부정권의 마음에 드는 발언들을 했겠지. 그러면 나도 일찌감치 무언가가 될 수 있었을 거요. 하하하! 그때 수행했던 기자들은 그 후에 장관, 국회의원, 부총리, 국회의장으로 출세했으니까. 나는 아마도 권력과는 인연이 없나 봐.

 좌익에서 전향한 극우와 민주를 가장한 수구의 대결

 임헌영 1963년 박정희와 윤보선이 나선 대통령선거로 이른바 민정이양이 이뤄지는데, 선생님은 누구를 찍으셨습니까? 그때 지식인들의 분위기가 박정희와 윤보선을 비교할 때 어땠습니까?

리영희 박정희는 케네디와의 조속한 선거실시와 정권이양 약속에도 불구하고 세 번씩이나 그 약속을 번복했어요. 조속한 선거실시, 민정이양, 군대복귀의 세 가지 대국민 공약을 선언해놓고는 며칠 안 가서 그 공약을 계속 뒤집어버렸거든. 세 번이나 그랬어요. 그러니까 국민들이 아주 실망했지. 그걸 본 국민은 박정희가 실제로는 심약한 사람이라는 인상을 받았어.

그래도 계엄령 아래서 무소불위의 정권을 휘두르는 쿠데타정권이 빈민구제, 농민부채 탕감, 사창가 폐지, 부정부패자 체포, 대대적인 부랑배 소탕 등으로 차츰 인기를 얻는 듯했어. 어느 정권이나 으레 집권 초기에 하는 인기 정책이지. 그 18년 뒤에 극악무도한 살인마인 전두환도 같은 수법을 쓰잖아요. 권력야심가들이 어리석은 대중의 환심을 사는 가장 손쉬운 수법이지. 그래도 한 가지 차이는 있었어. 이승만정권은 개혁이라는 것을 아예 생각지도 않았고, 민주당정부는 하려고는 했고 또 착수도 했지만, 약체 정권인 데다가 정쟁 때문에 성과가 없었어. 그것보다 더 문제였던 것은 한국 국민의 나쁜 특성의 하나인데, 자기들을 지배하는 권력이 막강할 때에는 평신저두(平身低頭)하다가, 정권이 국민에게 자유를 주고 약한 기색이 보이면 즉시 태도가 돌변해서 제각기 자기 주장대로 행동하는 것이오. 이 때문에 민주당 아래서 이렇다 할 개혁의 성과는 없었어. 한국 민중에게 민주주의적 책임성이 없다는 것이 문제요. 그때나 40년 지난 지금이나.

쿠데타정권은 탱크와 기관총으로 무장한 초법적이고 폭력적인 집단이었기 때문에, 한국 사람의 그 같은 특성을 악용하여 마음대로 계획을 밀고 나갈 수 있었어. 이 국민성 때문에 실제로 민주당정부 자체의 약점보다 더 큰 혼란을 초래했어요. 그것은 어쨌든, 그런 상태로 군사정권의 개혁작업이 강력하게 집행되니까, 1963년 말경부터는 사회정의를 생각하는 지식인들 사이에 군사정권 반대의 입장에서 최소한 협조하는 태도로 변화하기 시작했어요.

그 예로 농업학자 겸 농민운동가의 선구자인 류달영 씨, 이승만 정권을 반대하는 편집으로 지식인들의 필독서처럼 되어버린 『사상계』의 편집인인 함석헌 씨와 장준하 씨 등등이 협조적 자세로 돌아섰어.

어쨌든 이런 판국에서 내가 누구에게 표를 찍었는지 40여 년이 지난 지금, 정확한 기억이 안 나는구만. 나는 철저하게 군인과 군대를 불신했지. 박정희가 해방 후 한때 남로당 비밀당원으로 활동하다가 수많은 동지들을 미국 군정에 팔아넘긴 배신행위에도 불구하고, 미국에 길들여진 많은 한국군 장교들과는 다르게 청렴하다는 사실들이 알려졌어. 그래서 나의 판단이 혼란해졌어요. 한편 민간정치와 민주주의에 대한 나의 확고한 신념 때문에 윤보선 대통령 후보로 대표되는 반군정체제의 조속한 실현을 갈망했던 것도 사실이오. 이 두 객관적 요소에 대한 나의 상황 평가의 혼란 때문에 선택이 어느 쪽으로 더 기울었었는지 지금 기억을 되살리려 해도 확실한 답변이 나오질 않는구만.

임헌영 5·16 뒤에 많은 진보세력들이 투옥되는데요. 그때 감옥에 있었던 사람들이 면회 온 가족 친지들에게 박정희를 찍으라는 말을 했다고 합니다. 그건 윤보선이 사상논쟁을 들고 나왔기 때문입니다.

리영희 그런 경우가 많았을 겁니다. 1963년 『타임』에 난 기사의 내용 알아요? 박정희의 행적을 낱낱이 밝힌 거예요. 박정희는 미국 군사정권(군정) 때인 1948년 당시 국방경비대(육군) 내의 남로당(공산당) 비밀조직의 정보책임자였어요. 박정희는 여수·순천 병란(兵亂)사건 때 경비대 내의 그 남로당 가입 군인들의 비밀명단을 미군 정보당국에 넘겨줘요. 그 때문에 수백 명의 장병이 체포·파면되고, 그중에서 사형당한 장병도 많았어. 그런 '배신의 공로'로 박정희는 파면됐던 군에 복직 임관됐어요. 이런 박정희의 과거 공산주의자 경력을 『타임』이 총선에 앞서 폭로한 거야. 박정희가 일제시대 일본천황에 충성했던 친일 행적을 비롯해, 해방 이후의 공산당에 관련된 행적들을 『타임』이 폭로한 것은, 어쩌면 한국의 대통령 선거에 앞서 미국 내의 반공주의 세력의 반박정희 캠페인이었는지도 몰라.

그런가 하면, 같은 잡지에 박정희를 돋보이게 하는 기사도 실려요. 박정희가 부산지역 육군 보급기지창 창장으로 있을 때의 행동에 관한 내용인데, 한국군 장성급으로서는 예외적으로 청렴하고, 원칙주의자이고, 군의 상부나 미국 군사 고문관들에게도 사뭇 빳빳한 자세를 취했다 등의 이야기예요. 그런 까닭으로 박정희가 부하들의 존경을 받는, 보기 드문 청빈한 장교라는 식으로 추켜올리는 내용이었어요. 이런 기사는 앞서의 기사와는 반대되는 성격으로서, 미국 내에서 남한의 군사독재정권 집권을 원하는 세력의 언론 캠페인인 것으로 해석됐지요. 이런 엇갈린 미국 내의 한국 정세 평가 때문에, 한국 국민들은 어떤 선택을 해야 할지 적잖은 혼란을 겪었어요.

미국정부의 의중은 밝혀지지 않았어. 때문에 남한 유권자들은, 특히 당시의 좌익세력이나 과거에 좌익경력을 가진 사람들은, 이 두

가지의 상충되는 박정희 인간평가를 놓고 어느 쪽인가 하면, 군부 독재자라는 부정적 사실보다 오히려 박이 과거에 공산주의자였다는 사실에 친근감을 가졌을 거요. 그리고 박이 청렴결백한 장교로, 대한민국 내부에서 예외적으로 자주성이 강한 장교라는 점도 그들의 호감을 사게 됩니다. 좌익사상의 개인이나 그 가족들, 이승만 집권기의 오랜 세월 동안 가족 누군가가 좌익이었던 까닭으로 연좌제의 핍박을 당해온 가족들은, 박정희가 '여수·순천 반란사건' 뒤에 남로당과 동지들을 배신하고 미국 정보부에 붙은 데 대한 부정적인 평가는 하지 않았던 것 같아.

어떻든 윤보선이 박정희의 과거행적을 놓고 그를 극렬하게 친공분자로 위험시하자 지배계층, 부유층, 극우 반공 성분의 유권자들은 윤보선을 지지했어. 반대로 방금 얘기한 좌익세력과 변화를 원하는 하층 민중들은 박정희 쪽으로 기울었어요. 그런 이유로 박정희 쪽으로 기울었던 과거 남로당 계열이나 사회주의자 내지 진보세력들은 결과적으로는 완전히 오판을 한 셈이지. 왜냐하면 박정희는 애당초 무자비한 반공주의정권을 천명하고 집권한 자인 데다가, 그런 좌익적 인사들에게는 가장 소중한 인간적 가치인 성실성과 이념적 일관성을 배반한 자이니까. 게다가 집권하자마자 국가보안법과 반공법, 그 밖에 수없이 많은 사상탄압 법령을 제정 또는 강화해서, 오히려 이승만 때보다 더 혹독한 좌익 탄압을 집권 18년 동안 계속한 자이니까.

요컨대 박정희는 일제시대에는 천황숭배자이면서 민족의 배반자였고, 해방이 되자 그 당시 남한의 사상적 주류였던 남로당(공산주의)에 재빨리 편승했는가 하면, 여수·순천 반란사건으로 형세가 불리해지자 자신의 사상과 충성을 맹세했던 남로당은 물론 자신의 책임으로 관리하고 있던 비밀당원의 명단까지 미국 군정에 팔아넘긴 자로서 철저한 기회주의자이고 변절자였지.

임헌영 김형욱 회고록에 보면 윤보선이 대통령 선거 2주 전에 박정희를 좌익이라 공격하여 치명타를 때려서 무너뜨리려 했는데, 사상논쟁을 터뜨리자마자 조봉암 표가 많이 나온 지역 여론조사에서 박정희 표가 급상승했다고 하더군요. 저는 이런 현상이 당시까지만 해도 국민대중에게 색깔논쟁이 먹혀들지 않았던 좋은 예라고 봅니다. 정작 색깔을 부추긴 건 그 덕을 본 박정희 자신이었습니다.

리영희 전반적으로 그랬어요. 그것은 무엇을 말하는가 하면, 1960년대 초까지만 하더라도 우리 국민들은 해방 이후와 6·25전쟁 전후 사이까지의 시기에 직접적인 피해자들이었고, 자기표현이나 자기철학의 현실적인 성취를 직접적으로 할 수 없으면서도 희망은 품고 있었다는 이야기지요. 이승만체제에 대한 복수라기보다, 그런 심리가 민중 속에 상당히 넓고 두텁게 잠재되어 있었거든. 그런 사람들은 윤보선 같은 보수주의자보다 오히려 남로당(공산당)원이었던 박정희에게 동정심이 갔겠지. 그동안 그 정도의 울분도 노출하지 못한 채 가슴에서 부글부글 끓던 원한의 일단이 박정희가 공산주의자였다는 사실을 알게 되자 동정표로 표출됐겠지요.

임헌영 박정희는 일제 대구사범 재학 시절에 나팔수였다고 합니다. 만주군관학교에 들어가려 해도 기혼자에 만 20세가 넘어 자격이 안 되어서 『만주신문』에 '진충보국 멸사봉공'(盡忠報國 滅私奉公)이라는 혈서를 보내고 그 신문을 보고 감동을 한 장교들이 만주군관학교에 입학시켰다고 합니다. 최근에 연변에서 온 사람에게 들은 이야기인데요. 군관학교에서는 중국 출신들과 일본·조선 출신이 별도로 활동했다는군요. 중국인 생도들은 거의 모두가 지하조직에 가담하여 독립운동을 감행하고 있었는데 조선인은 일인과 똑같이 행동해서 아예 그런 비밀조직에 대해 말도 건네지 않았다는 겁니다. 겉으로는 일본 돈으로 훈련받았지만 속으로는 완전히 민족운동 서클이었다는 게 중국 생도들의 입장입니다. 그런 것을 보면 박정희가 친일파였다는 것을 부정할 수 없습니다.

리영희 박정희의 천황숭배사상에 관해서는 너무나 다 알려진 일이기 때문에 더 얘기할 필요가 없겠지.

'칼보다 강한 펜'의 고뇌

임헌영 선생님이 합동통신사 정치부 기자로 활약하실 때 미국정부와의 갈등관계로 고민했다는 얘기가 있습니다만. 어떤 경위입니까.

리영희 바로 그런 때인 1963년 여름에 나는 외신부에서 정치부로 옮겼어요. 대통령 선거를 앞둔 이 시기에 케네디 대통령의 미국 정부와 박정희 군사정권 사이에 은밀한 형태로, 그러나 치열한 외교적 갈등이 계속되고 있었어. 1961년 여름, 한국에 40년 만의 대홍수가 나서 사망 119명, 실종 130명, 이재민 1만 5천 명의 피해가 나고, 한창 자라던 벼를 몽땅 망쳐버린 일이 있었어. 이 때문에 1962년, 1963년에 걸쳐서 전국적으로 벼농사는 흉작이었고 식량 대기근이 계속됐어요. 전국에 식량은 바닥이 나고, 특히 서울에서는 민심이 흉흉해져서 금시라도 정부의 대책이 없으면 폭동이 일어날 것 같은 상황이 조성됐어요.

그런데 1961년에 미국 국회가 통과시킨 1962년도의 2천만 달러분의 한국식량원조(미국 공법 480호에 따른 미국 잉여농산물 지원)가 해를 넘겨도 안 들어오는 거요. 전국이 폭동 전야의 상태인데도 잉여농산물이 안 들어오니까 박 정권이 위태로운 지경에 빠졌어. 장기영(張基榮) 경제기획원 장관이 캐나다에서 농산물을 몰래 사오려고 하다가 미국의 공작으로 좌절되기도 했어. 그렇다면 왜 미국의 잉여농산물이 2년이나 안 들어왔느냐? 이것이 그때 전 국민의 최대 관심사였지. 당연하지. 그런 의문이 제기되고 있을 때, 내가 미대사관 문정관 핸더슨을 만나서 또 한 번의 큰 특종을 하게 되고, 국가적인 중대사태가 일어난 겁니다.

민심이 하도 흉흉해서 핸더슨을 찾아갔지요. 외부인사를 들이지 않는 방으로 날 안내하더군. 나는 기자니까 기자수첩을 꺼내놓고 얘기를 했지요. 핸더슨 말이, 요컨대 박정희가 케네디와 약속했던 민정이양을 하지 않기 때문에 미국정부가 잉여농산물을 줄 수 없다는 이야기를 해요. 이것은 굉장한 국가 간 외교 기밀이라구! 나는 취재기자로서 당연히 이 사실을 기사화했지.

제1보가 나가자 곧 핸더슨의 전화가 왔어. 그 기사를 취소해달라는 거요. 한·미 외교관계의 중대사라고 펄펄 뛰더구만. 자기는 '오프 더 레코드'로 얘기했다는 거야. 나야 기자이고, 기자가 수첩 꺼내놓고 얘기했으면 그게 '온 더 레코드'가 아니고 뭐냐고 반문했지. 핸더슨이 애걸을 하는 거야. 엄청난 국가기밀이니까. 그러면서 대사관의 자기 이름이나 직함 일체를 빼고, 간접적인 표현으로라도 기사를 바꿔달라고 간청하더구만. 나도 처지가 곤란해졌기 때문에 정치부장과 협의하고 또 편집국장의 의견에 따르려고 했어요. 그런데 부장이나 국장이 "그 기사가 얼마나 중대한 특종인데, 취소한다는 건 아예 말도 되지 않고, 소스를 바꾸면 그 기사의 신빙성이 약해지니까 필요한 사실 모두 밝힌 채 그대로 내보내자" 하는 거요.

핸더슨은 "이제 큰일 났다, 이것은 국가 간 기밀이다. 일촉즉발의 정치문제인데, 이것이 나가면 어떤 결과가 오는지 아느냐?"고 하소연을 되풀이해요. 나는 핸더슨 문정관과는 4·19학생혁명 때 함께 미군 헬리콥터와 고성능 확성기를 이용해 학생들의 유혈을 막으려고도 했던 비교적 친숙한 관계였어. 그럴수록 나는 인간적으로 더 괴로워졌지. 하지만 결국은 기사를 내보냈어. 기사가 나감으로써 미국이 박정희의 민정이양을 촉구하고 있고, 우리 국민의 식량이 그 볼모로 잡혀 있다는 사실을 국민들이 알게 되었어. 이렇게 되니까 당장에 민정이양을 하라는 국민의 아우성이 한층 높아졌어요.

이 기사 때문에, 바로 다음 날 핸더슨 문정관은 48시간 내에 본국으로 귀환하라는 미국정부의 긴급 소환명령을 받았어요. 그 많던 국보급 도자기들을 챙길 시간도 없이 이튿날 홀몸으로 한국을 떠납니다. 대사직을 바라보던 하버드대학 출신 외교관의 직업적 장래가 나의 기사 하나로 말미암아 무너진 거지요. 핸더슨은 그렇게 해서 직업 외교관직에서 면직됐어요. 유명한 사건이지.

청천벽력 같은 본국 소환명령을 받은 핸더슨은, 황급하게 서울을 떠나기에 앞서 그의 처절한 심정을 토로하는 원한의 메시지를 인편으로 나에게 보내왔어. 그 내용은 단 한 줄! "They say the pen is mightier than sword. Your pen ruined my career"(펜은 칼보다 강하다는 말이 있는데, 바로 너의 펜이 나의 직업인생을 망쳐버렸다) 였어요. 이 사건 때문에 언론직에서 떠나기 전인 십여 년 동안, 언론인으로서의 의무와 한 개인으로서의 인간적 의리 사이의 갈등으로 무척 고민했어요. 그 고도의 국가외교 비밀에 관한 뉴스를 밝히고 보도함으로써 전 국민의 궁금증을 풀어줘야 하는가? 아니면 직업적 책임을 저버리고 개인적 친분과 인간적 관계의 신의를 지켰어야 할 것인가? 몇십 년이 지난 지금에도 나의 괴로운 심정은 풀리지 않은 상태요. 어쨌든 박정희가 굴복해서 민정이양을 위한 선거를 치르게 되었고, 미국 잉여농산물이 제공됐어.

임헌영 그런 것을 겪으면서 미국의 개입 정도가 단순히 민정이양을 하라고 하는 정도인지, 아니면 민정이양을 하면서 박정희가 군복만 벗고 계속 집권하는 것을 은연중에 바라는 것인지 궁금합니다. 박정희가 아닌 진짜 다른 민간인을 바라는 것인지, 우리 상식으로 보면 미국이 한국 국민의 지지를 압도적으로 받는 정권도, 또 그렇지 못한 정권도 바라지 않을 것 같은데, 미국의 대외정책을 어떻게 받아들이면 되겠습니까?

리영희 당시의 정세를 종합적으로 생각건대, 미국정부는 적어도 형식적으로나마 정상적인 절차(총선)를 밟아서 권력이양을 하고, 군복을 벗고 민간정권으로 탈바꿈할 수 있다면 박정희 세력을 승인하려는 속셈이었지요. 몇 가지 상황적 근거를 생각할 수 있지. 휴전이 된 지 10년이 지난 그때에 북한은 이미 정치·경제·사회·과학·기술·생산의 모든 면에서 6·25전쟁 전의 수준을 넘어서서 세계가 놀라워하는 속도로 발전을 계속하고 있었어요. 남한은 그에 반해서 여태까지 보아온 것처럼 오히려 6·25 이전의 수준에서 퇴보하는 혼란과 침체와 불안상태를 계속하고 있었거든. 그 사이에 정권이 세 번이나 바뀌지 않았냐고. 미국으로서는 북한에 대항하기 위해서 이른바 강력한 '독재개발'형 체제밖에 없다고 결심했으리라고 나는 생각해요.

왜냐하면, 바로 1960년 그때에 미국은 베트남에서 한반도에서와 같은 딜레마에 빠져 있었거든. 게다가 1959년에는 코앞에 있는 쿠바에서 카스트로의 반미적 사회주의혁명이 성공함으로써 미국이 궁지에 몰렸지. 1960년에는 미국정부가 미국에 데려다 키운 남베트남의 고 딘 디엠 주교를 '베트남의 이승만'이라고 추켜올리면서 호지명(胡志明)에 대항시켰지만 고 딘 디엠도 이승만의 운명을 따라서 반란을 일으킨 남베트남 군부의 대통령궁 폭격으로 폭사해버렸어. 그뿐 아니라 중국대륙에서 1949년에 혁명에 성공한 모택동 공산정권은 욱일승천하고 있었어. 케네디는 더이상 문민정치나 민주주의로는 남한에서 자기 세력을 유지할 수 없다고 생각한 거요.

이런 상황에서 '친미·반공·군부·독재' 체제 수립을 위해 나온 이데올로기가 바로 '로스토 독재개발이론'입니다. 박정희의 5·16 쿠데타에 앞서 1960년 케네디 대통령이 경제학 교수 월트 로스토(Walt Rostow)를 백악관의 국가안보전략회 고문, 대통령 특별보좌관으로 임명합니다. 로스토 교수의 소위 '독재개발이론'과 『경제성장의 5단계: 반공산주의 선언』(1958년)이 케네디 대통령의 후진 동맹국가 운영정책의 기둥으로 채택된 거요. 이는 바로 후진·미개발 사회에서의 민주주의를 부정하고, 친미국적 군부의 강력한 독재체제로 우선 사회적 통합과 안정을 실현한 후, 그 바탕 위에서 후진 사회적 부정·부패들을 척결·개혁하면서 경제건설과 정치적 안정을 달성하는 개발이론이지. 그는 대외정책에서 실제로 케네디 정책의 입안자였고, '소통령'이었지.

이 이론이 그때 남한에 적용되어, 박정희의 5·16쿠데타가 표방한 강력한 반공이념 아래에서 경제개발이라는 국가정책으로 채택된 것이지요. 북한의 '공산주의 독재개발이론'에 대응하는 미국식 자본주의의 '반공주의 군부 독재개발이론'인 셈이지. 1960년대 초 전 세계에 걸친 미국의 예속국가들에서 바로 이러한 방식의 사회개발정책이 추구됐어요. 로스토는 그 후 서울에도 여러 차례 방문해서 박정희정권의 안내자 역할을 했어요.

케네디가 채택한 이 로스토 독재개발이론은 그 집행주체를 군대로 설정한 것이 특징이에요. 미국은 미국과의 동맹관계에서 미국식으로 훈련된 예속국가의 군대만이 반공주의적 정책을 집행할 수 있는 행정·조직·운영이론·기술·노하우를 갖추었다고 본 거예요. 로스토 독재개발이론이 케네디 대통령의 정책으로 추진된 사실을 알면 박정희의 집권 배경을 쉽게 이해할 수 있을 겁니다. 같은 로스토 방식이 추진된 국가 중에서 남한의 경우는 성공한 셈이고, 남베트남과 필리핀, 인도네시아는 실패한 경우라고 할 수 있겠지.

케네디의 그 정책이 동남아의 다른 반식민지 국가들에서는 대체로 실패했음에도, 남한에서 비교적 성공한 데는 까닭이 있습니다. 다른 나라들은 직접으로 공산주의와 접하고 또 대결하는 경우가 아니었지만, 남한은 월등하게 우세한 발전을 이룩한 북한과 직접 경쟁하는 상태였기 때문이지요. 유럽에서 공산주의에 대한 자본주의의 우월성을 입증하기 위해서 동베를린에 대항해서 서베를린을, 동독에 대항해서 서독을 집중적으로 지원한 경우와 같지요. 아시아에서는 남한을 자본주의의 '테스트 케이스'로, 또 '쇼 케이스'로 삼은 거지. 다른 예속국가의 정부들에게 지원한 것보다 월등히 많은 물질·정치·외교적 원조를 전면적으로, 그리고 직접적으로 제공했어요. 미국의 체면을 걸고. 로스토 계획에 따라 케네디는 미국의 대남한 경제지원을 일본에게 대행시키기로 해요. 이것이 한일회담을 박정희 대통령이 정권의 목숨을 걸고 강행한 이유지요. 박정희정권의 일정한 물질적 성과를 마치 박정희 대통령의 뛰어난 정치적 지도력처럼 착각하는 사람들도 꽤 많은데, 사실은 이상과 같은 미국의 세계적 체제경쟁 배경 때문이었다는 국제정치를 알 필요가 있어요. 게다가 한국인의 높은 교육 수준과 지적 수준이 다른 예속국의 국민들과 달랐고.

백악관의 윤허를 받아야 하는 한국의 대통령

임헌영 한국정치인은 미국의 속셈을 읽는 것이 굉장히 중요하다는 생각이 듭니다. 전에 어떤 분에게 "한국의 대통령 선거권이 한국 국민에게 있느냐, 미국에 있지." 이런 말을 들은 적이 있습니다.

리영희 그것은 바로 내가 가끔 쓰는 표현이지. 대한민국이라는 국가의 대통령이 정치원리와 헌법적 규정에 따라서, 그리고 그 국민 주권의 의사표시로, 외부의 작용이나 간섭 없이 자주적으로 선출된 일이 있어요? 그러기 위해서는 그 국가 자체가 자주·독립·주권적이어야 해요. 그런데 이 대한민국이라는 국가와 정부가 애당초 해방 후 미국의 국가 이익에 따라서 만들어진 존재가 아닙니까. 그런 국가와 정부의 대통령이 어떻게 국민에 의해서 자주적으로 선출될 수 있을 것이며, 국민적 이익의 수호자로서 기능할 수 있겠어요? 해방 후의 역사에서부터 훑어봅시다.

1945년에서부터 1948년까지 미국 군대에 의한 점령통치기구인 군사정권하에 놓였지요. 일본 총독통치의 변형이었지. 1948년에 미국이 키워서 데려온 이승만이 남북 통일국가 수립을 거부하고, 국토분단을 전제로 남한 단독정부 수립을 획책한 것도 이승만 자신의 권력욕 때문이기도 하지만, 그 배후에는 미국의 한반도 분단정책이 있었지요. 이승만을 '탁월한 민주주의적 지도자'니 '비타협의 강력한 반공주의적 영웅'이니, '코리아 민족의 수호자' 따위의 칭호로 추켜올리며, 그의 철저한 반민주적·권위주의적·야심주의자적 행태에 눈을 감고 12년이나 뒷받침했던 미국이 1960년 봄에 이승만을, 한마디 유감의 말도 없이 헌신짝 버리듯 폐기해 버립니다.

 다음의 민주당정부도, 장면이라는 친미주의적 가톨릭 세력의 대표자를 미국의 낙점으로 집권시켰어요. 그러나 그 정권이 최초의 깨끗한 민주적 선거를 통해서 선출됐음에도 불구하고, 남한 내에서 조성되는 정치적 불안정에 적절히 대처하지 못하자, 박정희로 대표되는 철저한 반민주·반자유적 극우반공 군인집단으로 대치시켰지요. 이후 18년 동안 미국 국가이익의 충실한 대리인이었던 박정희와 그 군부 권력집단이 또 쓸모없게 되자 미국은 그들을 대치할 세력을 물색하게 됩니다.

 바로 전두환이라는 철저하게 타락한 군인과 그의 주변 집단이지. 박정희 통치의 끝에 와서 막간으로 연출됐던 김재규의 박정희 사살사건에서도 나는 직접적이지는 않더라도, 간접적인 미국의 역할을 감지할 수 있어요. 전두환을 등장시킨 영화배우 출신 반공주의자 레이건 대통령은 즉각 일본의 군국주의 세력과 극우반공주의적 자본의 대표인 나카소네(中曾根)정권으로 하여금 전두환에게 40억

불의 '정권 탈취 사례금' 조의 원조를 제공하게 했어요! 미국은 전두환정권을 통해서, 일본에게 남한에 대한 경제적 보호역할뿐 아니라, 정치·군사적 보호역할까지를 위임했어요. 그 가장 상징적인 조치가 악명 높은 전쟁주의자인 레이건이 대통령에 취임하는 즉시 공식적으로 전두환을 첫 번째 국빈으로 백악관에 초청한 결정이지. 전두환은 아직 정식 대통령도 아니었어. 케네디가 박정희에게 윤허를 내린 19년 전에도 박은 쿠데타 권력의 총수였지 대통령이 아니었다고. 꼭 같은 수법이오!

미국 대통령이 취임 후에 공식 초청하는 상대방은 전통적으로 유럽국가 원수들이에요. 그런 전통을 깨고 첫째로 전두환을 초청했다는 것은 바로 미국이 남한에서 무엇을 원하는가를 말해주는 거지요! 그리고, 전두환은 곧 일본을 방문하여 일본천황과 대면하는 '영예'를 누립니다. 이런 일련의 조치들이 대한민국의 '대통령'이라는 자리가 다름 아닌 미국과 일본의 의사에 따라서 선택되기도 하고, 폐기되기도 한다는 사실을 웅변으로 입증하는 겁니다. 그런 직후에 전두환이 광주시민의 민주화운동을 잔인무도하게 탱크로 짓눌러버린 행위를 미국은 배후에서 모두 조종했어요. 그 증거가 주한 미군사령관과 주한 미국대사, 미국정부 사이에 교환된 극비문서에, 지금은 낱낱이 밝혀져 있거든. 무서운 일이에요. 미국이라는 나라의 국가이기주의와 그 통치집단의 고도의 술책을 대부분의 한국인은 아직도 모르고 있어. '미국' 하면 껌뻑 죽는 한국기독교의 신자들, 반공보수주의자들, 자본가와 돈 가진 사람들이 정신 차릴 날이 언제일지.

미국과 일본의 합작품인 전두환은 그의 선배인 박정희처럼 장기집권의 꿈을 키웠지만, 역시 한국 국민의 저항에 부딪쳤어. 그러자 그 배후자들은 서슴없이 그를 갈아치웠어. 다음 노태우라는 아류 독재자가 선택됐지만, 역시 한국 국민의 배척과 함께 미국에 대한 용도의 한계 때문에 상전들에게 버림을 받았어.

그 뒤를 이은 '민정'(民政)들은 여전히 미국의 작용과 간섭과 공작의 산물이긴 하지만, 그래도 긴 세월에 걸친 한국 국민대중의 정치적 각성과 주권의식의 고양으로 말미암아 점차적으로 미국의 농락과 공작의 작용이 감소되고 있는 형편이에요. 이 정도나마 오는 데 50년의 세월이 걸렸다고. 앞으로 얼마나 긴 시간이 걸려야 이 국가와 정부와 국민이 미국의 손아귀에서 웬만큼이나마 벗어나 자주와 독립성을 확보할 수 있을지 알 수 없구만.

임헌영 1960년대에 선생님은 어떤 책을 읽게 됩니까?

리영희 대체로 합동통신사와 조선일보사에 재직할 때인데, 맹렬한 독서욕으로 밤낮을 가리지 않는 왕성한 지적 추구의 시기였어. 그 시기는 나의 20대 후반에서 40대 중반에 걸치는 기간이었구만. 오랜 군대생활에서 느꼈던 지적 갈증을 언론계라는 지식사회에 들어와서 폭발적으로 해소시켜나가기 시작합니다. 그럴 수밖에 없는 것이, 매일 전 세계적인 규모로 인류의 삶을 접하고, 인류의 심장의 박동과 생명의 열기가 직접 전달되어오는 그런 직장이었기 때문이지요. 외신기자라는 직업이 나에게 요구한 것은 바로 이 같은 감격적인, 전 인류적 생존의 모든 행태에 대한 뜨거운 공감과 깊은 지적 이해와 사상적 일체감이었으니까. 이런 요구 때문에 나는 굉장히 광범위한 분야에 걸친 독서에 몰두했어.

또 하나의 이유는 그때까지 내가 받은 교육 배경이 주로 이공분야이지 않아요? 세계적 약동과 호흡을 같이하기 위해서는 나에게 부족한 철학·역사·문화·종교·경제·정치·사회의 분야는 물론, 상당한 깊이의 군사학까지도 파고들어야 했어. 내가 그런 교육과정과 7년이라는 긴 군복무 때문에 직업적 요구에 생소한 것과는 사뭇 다르게, 함께 입사시험으로 들어온 동기 기자들은 물론이려니와 신문사의 거의 50~60명의 기자들이 인문·사회적 교육 배경을 가진 사람이었어. 게다가 대부분은 어떤 이유에서였는지는 모르지만, 6·25의 최전방 전투 복무는 물론이려니와 군복무 자체를 하지 않고 대학원까지 순탄하게 밟아온 사람들이 적지 않았어요. 이런 직업환경 속에 느닷없이 뛰어든 내가 그들과 대등한 직업적 경쟁자가 되는 길은 양적으로나 질적으로나, 그들 누구에게도 뒤지지 않는 독서뿐이었어.

이런 필요로 내가 거친 독서의 목록은 방대하지만 몇 가지 분야로 나눌 수 있어요. 첫째는 직업상 필요한 국제정치와 국제관계에 관한 자료·정보·논문 서적들, 둘째는 제국주의 역사·식민지 해방투쟁·사회혁명, 그리고 사회주의 이론과 실제 상황에 관련된 서적들이었어. 셋째는 좀더 직접적이고 구체적인 사항으로서, 여러 대륙에서 일어나는 개별 국가들의 혁명의 특수성에 관한 정보와 현장지식이었고, 넷째는 이 시기에 인류의 새로운 생존양식으로 등장하여 '미래의 사회'로 기대되었던 사회주의·공산주의를 이해하기 위한 관계서적, 다섯째는 새로운 인류적 미래를 억압하고 말살하는 세계적 양대 패권국가인 기성 자본주의 미국과 신흥 패권국가인 소련의 체제와 정책에 관한 독서였어요. 그리고 그런 모든 상황에 작용하는 국제법, 유엔을 비롯한 각종 국제기구, 적어도 근현대에 걸친 외교사와 전쟁사, 당시의 동서 진영 군사대결의 특징인 군사력과 군사전략, 심지어 개별 무기에 관한 상당히 깊은 정보와 지식에 필요한 정보·자료·문서들이었어.

사회적 책임과 가족지상주의의 갈등

임헌영 여기서 자녀 이야기 좀 여쭤보겠습니다. 어느 수필에선가 따님 미정 씨와 다정한 편지와 대화를 나눈 이야기가 감동적이었습니다. 나중에 1980년대 초에 대학 들어가서 미정 씨가 매우 전위적인 운동권 학생이 되지 않습니까? 아버지까지도 수정주의자라고 공격했다는데, 고등학교 다닐 때까지 가족들에게나 자녀들에게 미친 영향은 어땠을까요? 우리가 밖에서 보는 선생님과 가족들이 안에서 보는 아버지 사이에는 차이가 있을 법합니다.

리영희 나는 2남 1녀를 두고 있는데, 셋 다 내가 합동통신사에 다니던 시기에 태어났어요. 그 아이들에게는 대단히 미안하고 심지어 죄송하기까지 한 일인데, 나는 이 시기에 자식들을 탐애(貪愛)하는 그런 정다운 아버지가 되지 못했어. 흔히 가족주의적인 우리 전통에 따라서 사회 전반의 이익은 도외시하고 자기 가족의 이익을 앞세우는 '가족이기주의'를 나는 거부했던 거요. 훨씬 훗날, 사회 전체에 대한 사랑도 자기 가족의 사랑과 모순되지 않는다는 자각을 하게는 되지만, 하여간 우리 국가와 사회가 너무나 병들고 온갖 부정적인 현상으로 치닫고 대중이 신음하고 있던 1960~70년대에, 나는 가족우선주의를 '사회'에 대한 인텔리의 배신 내지는 책임방기라고 생각했거든요. 많은 동시대적 사람들이 고통을 받고 있는데 그것을 못 본 체하고, 가정에 몰두해 자식들을 끌어안고 어르면서 그것에서 기쁨과 행복을 찾으려는 생활을 나는 소시민적이고 반사회적 행태라고 멸시했어. 많은 사람들은 당시의 이 같은 나의 생각이 경직된 사회관 또는 일면적 가정관이라고 비판하겠지. 그런 비판을 각오하면서도 나는 그러지 않을 수가 없었어요.

이 당시 한국의 지식인에게 요구되는 것은 가정의 향락과 행복보다는 지식인의 사회적 책임이라고 생각했어요. 오랜 훗날 아들 딸들이 성장한 후에, 나는 그들이 어렸을 때 어린 생명이 원하고 요구하는 그런 정다운 아버지이지 못했다는 것을 후회했어요. 그래서 피천득(皮千得) 선생의 자식 사랑을 무척 부러워했지. 피천득 선생의 딸 사랑은 세상이 다 아는 일로 회자되는데, 그의 시집 『생명』이나 수필집 『인연』을 읽다 보면, 피천득이라는 분은 얼마나 다정한 아버지이고 그의 자녀들은 얼마나 행복했겠는가를 부러워하게 돼.

장남 건일(建一)은 이공계통으로 가서 전자·컴퓨터 공학분야로 나갔고, 막내아들 건석(建碩)은 의대를 나와서 외과수술을 천직으로 삼고 행복해하는 의사요. 아들 둘은 딸과는 달리 대학시절에 그 질풍노도와 같은 학생운동이나 지식인·노동자의 민주화 투쟁의 열풍에는 거리를 두고 지냈어. 그래서 다행인지 불행인지 모르지만 딸 미정이와 달리 비교적 평온한 직장인이고 생활인이지.

임헌영 마이홈주의를 비판하는 것이 사회주의 이론에서 많은 비중을 차지하고 있던 때였지요. 선생님 자신도 아버지와의 교류에서 성공하지 못하신 겁니까?

리영희 나의 선친은 성격이 온화하고 풍랑을 즐기지 않았던 성품이었기 때문에 조용한 인생을 살다가 가셨어요. 그러니까 내가 살아온 험난한 역정은 선친에게서 연유하는 아무런 요소도 없습니

1961년 2월 5일. 장남 건일의 첫 돌을 맞아 서울 제기동 집에서.

다. 어쩌면 나는 돌연변이라고 할 수 있겠지.

아들이 국민학교 1~2학년일 때인 1960년대 말, 처음으로 한국가정에 TV가 놓이기 시작했어요. 모든 가정에서 가족들이 밤을 새워 TV 앞에서 희희낙락하는데, 나는 TV문화의 저열한 내용과 미국식 생활 숭배심을 키워주는 현대판 모화사상에 애들의 의식이 병들까봐서 만화시간과 소년용 프로그램만을 보여주고, 그 밖의 프로그램을 할 때에는 TV를 일절 켜지 못하도록 했어요.

아버지의 지나친 엄격주의 때문에, 큰아들은 심정적으로 아버지를 멀리했을 뿐만 아니라 심지어 무서워하고 싫어하게까지 됐다고 훗날 고백하더라고. 박정희 말기에 내가 광주형무소에 들어가 있을 때, 군대에 가 있는 아들에게 나의 후회와 미안함을 편지로 적어 보냈어요. 그러면서 네가 어렸을 때 아버지를 어떻게 생각했느냐 하는 심정을 솔직히 얘기해달라는 부탁에 대해서, 그런 내용의 회신을 보내왔더라구. 아들의 그 답장을 형무소 1.1평의 정치범 감방 안에서 읽으며 많은 눈물을 흘렸지.

임헌영 따님이 대학 들어가서 의식화되는 과정에서 아버지가 미친 영향이 있었습니까?

리영희 미정이는 둘째 아이인데 어려서부터 머리가 비상하게 좋은 아이였어. 그래서 나는 미정이가 장래 두 가지 길 중 하나에서 성공하기를 바랐지. 훌륭한 과학자이거나 아니면 훌륭한 예술가가 되는 것이었어요.

딸은 광주민주화운동과 군부의 대학살이 있던 다음 해인 1981년, 연세대학 생화학과에 입학했어. 처음에는 학교를 잘 다니는 것 같더라고. 난 그렇게 믿고 있었어. 그런데 2학년 가을학기 끝에 대학에서 성적표가 날아들어 왔어요. 봉투를 뜯어서 본 나는 정말 까무라칠 정도로 놀랐어. 학교에 잘 다니고 있는 줄만 알았던 딸의 성적이 몽땅 D, F, F, F, F이더라구. 간단하지 뭐. 한 학기 동안 학교엘 전혀 안 나갔다는 이야기지. D 같은 것은 어떤 교수가 F 줄 것을 잘못 알고 착각한 것이겠지. 이래서 난 미정이가 무엇을 하고 있는지를 처음 알았어요. 그 후 딸을 한 번은 마포경찰서 유치장에서, 또 한 번은 공안검사실에서 만났어. 두 번 다 경찰이 딸의 죄목을 알려주면서 와서 설득해달라는 부탁을 받고 갔어요. 나는 딸에게 "네가 무엇을 하든 네 행위에 대해서 반드시 책임을 지는 자세를 견지해라" "어떠한 어려움에 처하더라도 함께 일하는 동지에게 책임을 전가하는 따위의 비열한 행위만은 하지 마라"고만 말하고 발을 돌렸어.

뒤에 알게 된 일이지만, 그 애는 영등포와 구로동 일대의 공장지대에서 그 당시 운동권 학생들이 사회운동의 목표로 삼았던 공장노동자계급의 의식화·조직화·정치세력화를 위한 이른바 '대학생 위장취업' 활동의 최선봉에 서 있다는 거요. 어느 민족이나, 어느 시기의 사회변혁기에 나타나는 젊은 인텔리의 역사적·사회적 사명감을 깨달은 대학생들의 사회참여 형식이지요. 러시아의 '지식인들의 브나르도'운동이 그렇고, 중국의 '5·4운동'이 그랬지. 일제시대의 조선인 대학생들의 농촌계몽이나 소작인 권리투쟁이나 민족해방을 위한 사회주의·공산주의 운동에 투신하는 것도 같은 결단의 연속선상에 있는 거지요. 그 애는 10년 가까운 세월을 스스로 노동자가 되어 그런 활동을 하면서 온갖 고생을 다 감내했어. 눈물겨운 이야기더구만. 결국은 대학에서 한 번 제적되었다가, 겨우 복적되어, 12년 만에 대학을 졸업해요.

딸의 그와 같은 행위가 아버지의 영향 때문이 아니냐고 질문했는데, 절반은 아버지의 영향일 것이고 절반은 그 당시의 남한사회의 밑뿌리에서부터 일어났던 거역할 수 없는 혁명적 기운의 탓이라고 말해야겠지. 워낙 많은 대학생들과 인텔리들이 그 시대에 대한 역사적 소명감에 감흥되어 남한사회를 뜯어고치려고 했던 시기니까.

1984년 11월 1일의 내 일기에 이런 구절이 있어.

장인의 생일날, 처남집에서 처가족 식구들과 점심. ……미정이도 왔다. 불고기 한 접시를 다 먹고, 밥과 국을 거듭한다. 집을 나간 이후, 라면이나 삶아 먹었을 터이니 허기진 것이 분명하다. 내가 딸을 보는 것이 2년 만인가!? 정보원들의 미행을 피하기 위해 집에는 일절 오지 않는 딸이 외할아버지 댁이니까 왔나 보다. 내 접시의 불고기를 넘겨주니 사양하지 않고 또 받아먹는다. 측은해진다. 광주사태 후, 나름대로 사회정의와 노동자들의 조직화를 위해서, 고생을 자처하여 어딘가에서 굶고 다니는 정신을 딸의 마음이 되어서 생각해본다. ……신촌으로 가겠다고 일어나, 어둠 속을 버스 정류장 쪽으로 사라졌다. 아마도 자기 어머니가 보고 싶으니까 왔던 거겠지. 나는 그가 방 안에 들어왔을 때도 다만 미소로 맞았고, 헤어져 가는데도 의식적으로 '날이 차니 조심해 가라'는 말밖에는 하지 않았다!

미정이는 어둠 속으로 발걸음을 옮기면서, 자신이 가 있는 곳은 구로동의 한 봉재공장이고 거기서 하는 일은 '시다' 일인데, 하루에 11시간 노동하고 일당 2,800원 받는다고 했어. 편안한 대학생활을 마다하고, 굳이 그런 인생을 찾아 어둠 속으로 사라지는 딸의 뒷모습을 보면서 나는 모든 민족의 청년들이 그 국가와 사회의 혁명기에 일신의 안락과 영화의 약속을 버리고 자기를 불사르는 하나의 작은 영웅주의를 보는 듯했지.

미나리밭 속의 진보적 성지

임헌영 눈물이 납니다. 그러나 아버지와는 영원한 동지관계였으면 좋겠습니다. 1962년인가, 이 무렵에 어떤 행운이 찾아와서 셋방살이를 면하고 집을 갖게 되신 것으로 알고 있습니다.

리영희 내가 오랜 셋방과 셋집살이를 어렵사리 면하고 작으나마

'내 집'이라는 것을 갖게 되는 데는 많은 우여곡절이 있지요. 1962년 초에 어떤 지인을 통해서 미국대사관 문화과가 실시하는 '미국의 소리' 방송 한국청취자 설문조사와 관련한 번역을 맡게 됐어요. 이 일은 '미국의 소리' 방송이 한국 국민들의 청취 실태와 그 방송의 역할을 조사하는 그런 것이었어. 관제엽서에 적은 열 가지가량의 설문에 답변한 것을 영어로 고치는 작업이었지. 그 작업은 주소, 성명, 청취시간, 청취 컨디션, 그리고 청취자의 직업, 연령 따위에 대한 답변을 번호로 매기게 돼 있어서, 번역할 것도 없고 번호만 적어주는 단순작업이었어요. 나하고 또 다른 한 분이 이 일을 맡았는데, 하여간 두 사람이 맡은 엽서의 총량이 50여만 통이었어요. 얼마나 많은 한국 사람들이 그 방송에 의지하고 있었던가 하는 것을 알 수 있을 거요.

임헌영 저는 아직도 '미국의 소리' 방송시간을 기억하는데요. 아침 6시 30분인가, 주로 뉴스가 나오는데, 그것을 들으러 옆동네 라디오 있는 집으로 갔어요. 이 방송은 일제통치 때부터 하와이에서 시작되었다지요?

리영희 6·25전쟁 말기에는 오키나와였지.

임헌영 일제 때 이승만도 이 방송으로 유명해졌지요. 하와이에서 보낸 방송을 몰래 들었던 게 방송사에는 단파사건으로 알려져 있습니다. 단파로 들었다고 그런 명칭이 붙었지요. 제가 자유당 치하에서 들을 때에는 '워싱턴에서 보내는 미국의 소리'라고 했는데, 아마 하와이-오키나와 중계소를 거친 것 같습니다.

리영희 1962년 초부터 한 석 달 동안 통신사 업무를 마치고 연합참모부에 뛰어가서 점심시간까지 그날의 '세계정세 보고'를 작성해놓고는, 급히 집으로 돌아와서 이 작업을 했어요. 워낙 단순 작업이니까 아내와 고려대학에 다니던 처남이 함께 작업을 하고, 어머니가 심부름과 식사를 도와주는 식으로 석 달을 계속하니까 20 몇만 장이 되더라고. 한 장, 한 장의 대가가 얼마였는지 기억이 안 나지만, 하여간 그 작업의 대가와 그 셋집의 전세금을 합치니까 조그만 집을 살 수 있는 돈이 되더구만. 이것으로 집을 살 수 있다는 뜨거운 희망에 부푼 나날이었지.

생전 처음 은행에 저금을 해놓고, 한창 희망에 부푼 마음으로 아내와 함께 집을 보러 다녔어. 그러던 어느 날 밤에, 느닷없이 박정희 군사정권의 통화개혁 발표가 나오더라구. 모든 예금이 동결됐어. 군사정권이 영국에서 비밀리에 인쇄해온 새 화폐로 하루에 일정액수의 생활비만을 신·구권 교환을 해준다는 것이었어요. 내 집을 마련할 수 있을 것이라는 우리 식구의 부푼 희망은 한순간에 '꿈'이 되어버리고 말았어. 어머니는 비통하게 울기만 하고, 아내의 심정은 형용할 수가 없었지요.

그런데 나는 그렇게 슬퍼하거나 절망하지 않았어. 뉴스를 들은 직후 얼마 동안은 아연실색한 기분이었지만, 나는 곧 오히려 잘했다고 생각했어. 부패·부정한 많은 돈들, 부정축재된 재산이 다 백일하에 드러나 동결되고, 1인당 얼마씩의 균등한 생활비만이 지급된다는 거예요. 부정축재자와 경제적 착취의 결과들이 몰수되어 사회에 환원되고, 그 결과로 혹독한 빈부의 차라는 한국 자본주의의 질병이 어느 정도 치유될 것이 아니겠는가? 난 그렇게 생각했어. 그래서 오히려 환영했어요. 군사정권은 통화개혁을, '사회 경제정의를 실천하기 위한 결단'이라고 선언했어. 나는 그때 고생스럽게 만든 그 집값과 집을 샀을 때의 우리 가족이 누릴 행복보다는, 우리 사회의 심각한 경제적 부정의와 반인간적인 불평등이 이렇게 해서 시정될 수만 있다면 오히려 내가 평소에 바라는 바 아니었는가라고 생각했던 거요.

임헌영 많은 사람들이 좋아했어요. 저는 대학 2학년 때 자취방에서 그 방송을 듣고 얼른 쌀을 샀는데 조금 뒤에 더 사두려고 가니까 가게문을 닫아버렸더군요. 고향에서는 몰랐는데 서울 오니 빈부의 차이가 너무 심해서 갈등을 느끼던 시절이라 화폐개혁을 좋아했던 것 같아요. 물론 신문들은 굉장히 비판적이었어요.

리영희 그랬지. 원래 있는 사람 대변하는 게 신문이니까. 예전이나 지금이나 그렇지 뭐.

임헌영 그런데 선생님, 미국이 돈을 영국에서 찍는 것을 몰랐을까요? 알면서도 묵인해준 걸까요?

리영희 당사자 이외에 그 점에 대해서는 어느 쪽으로도 자신 있게 답변하기 힘들겠지. 다만 그때만 하더라도 지금 미국의 CIA처럼, 전 지구를 감싸고 있는 거미줄 같은 정보망을 갖고 있었다고는 보기 어렵지. 그때 미국이 남한에 바랐던 상태는 정치·사회면에서의 안정이었는데, 화폐개혁이라는 것은 비단 경제적 파국뿐만 아니라 사회적 대혼란을 야기함으로써 미국이 제일 원하지 않는 남한의 정치적 대혼란까지를 초래할 수 있는 것이니까, 과연 미국이 이런 상태를 원했겠는가? 또 미국이 박정희정권의 '화폐 장난'을 즉각 제지해서 백지화하게끔 압력을 가한 것으로 미루어서는, 분명히 미국의 사전 지시하에 이루어졌거나 심지어 미국의 협력으로 이루어졌다고는 보기 어렵지요.

오히려 나는 군인집단이 두 가지 이유로 그런 짓을 저질렀다고 추측해. 하나는 그들이 국민에게 경제건설계획이라는 것을 제시해서 정권에 대한 지지를 얻기 위한 자금으로 '내자(內資) 동원'을 하려고 한 것이야. 미국의 경제지원이 지연되고 있는 상태에서, 하루빨리 국민들에게 경제발전을 위한 가시적 표현으로 국내의 자산을 동결하여 그것을 경제계획 자금으로 동원하려 했던 것이지. 둘째로, 박정희와 김종필 일당이 정당 창당을 위해서 방대한 경제부정을 저지른 사실은 알고 있지요? 소위 '워커힐 부정사건' '새나라 자동차 부정사건' 그리고 '증권파동' 등으로, 그 당시로는 천문학적인 금액의 사기극을 저지르지 않았어? 바로 그런 맥락에서 화폐개혁도 볼 수 있지 않을까요? 나는 그렇게 생각해요. 하기는, 미국이라는 무소불위한 나라가 예속정권을 노리개로 이용한다는 점을 감안하면, 미국이 묵인했을 것이라는 주장도 가능하기는 하지.

다만 한 가지 생각할 수 있는 것은, '우익 청년장교'들이 그들의 가난한 성장환경 때문에, 국가나 사회의 부정의를 '부자와 재벌'의 책임으로 단정하고, '돈 많은 자들'의 부를 무력으로 몰수하여, 그것으로 빈민계층에 분배하거나 구제사업에 투입하는 것을 그들 나름의 '사회혁명'으로 생각한 충동적 행위예요. 일제의 농민 출신 우익 청년장교 집단이 1930년대에 일으킨 '5·15사건'(1932.5.15)과 '2·26사건'(1936.2.26)이 그런 목적과 성격의 군인반란이었지. 박정희와 특히 김종필이 일본군 우익 청년장교들의 그런 사상과 행동에서 한국의 미래를 찾으려 했을지도 몰라.

임헌영 동결된 예금이 며칠 만에 풀린 덕으로 집을 갖게 되셨는데, 그 얘기를 좀 해주세요.

리영희 미국의 압력으로 동결된 예금이 풀려서 곧 아내와 함께 집을 물색하러 다녔지요. 270만 원에 해당하는 집을 사려니까 그것이 쉽지 않더라구요. 내가 합동통신사에 처음 입사해서 아내를 부산에서 불러다가 원효로 5가의 부엌도 없는 셋방에 살 때, 그 집이 참 으리으리하게 좋아 보였어. 그때 언제나 아내하고 한 말이 "우리는 언제 이런 집에 살아볼 수 있을까"였어요. 그래서 첫 대상으로 원효로의 그 집을 찾아갔지. 가보니까, 몇 해 전에 으리으리하게 보였던 그 집이 사실은 별것 아닌 초라한 모양이더라고. 전혀 돈을 못 가지고 희망이 없어 보였던 때의 마음과 작은 돈이나마 손에 쥐고서 같은 집을 바라볼 때의 마음이 그렇게 다르더라구.

그러다가 결국은 동대문 밖 제기동에 있는 대지 26평에 건평 13평짜리, 비교적 새 기와집을 구했어. 고려대학에서부터 청량리까지가 전부 미나리밭인데, 그 넓은 미나리밭 가운데 덩그러니 집 한 채가 세워져 있었어요. 주변에 마을이 형성되지 않아 성동역에서 20분 걸어 들어가야 하는 거리였어. 13평의 가옥에 방 세 개, 마루, 부엌이 있는 구조였어. 13평 크기의 집이라는 것이 상상이 가겠지만, 정말 보잘것없는 것 아니에요? 그래도 워낙 여러 해 동안 남의 문간방살이만 하던 터라, 우리 가족에게는 마치 궁궐 같은 느낌이었어. 선친이 이남에 내려와서 한심한 셋방살이가 끝에 돌아가신 것이 못내 원망스러운 어머니는, 이사해 들어앉은 첫날 밤을 꼬박 마루에 나와 앉아서 아버지 생각을 하시며 기쁨과 회한의 눈물을 흘리셨어요. 이 집에서 1962년부터 1977년까지 16년 동안을 살았지요.

임헌영 그렇게 사서 이사 간 제기동 그 집은 우리 세대에게 일종의 '진보적 성지'였습니다.

리영희 40년 전 일인데, 어떻게 그렇게 잘 기억하시오? 아닌 게 아니라 제기동 그 집은 박정희정권 아래서 억압받고 탄압당하고, 도피생활을 하는 사람들이 언제나 마음 놓고 찾아와 며칠이라도 먹고 자고 하는 곳이었어. '진보적 성지'라는 표현은 지금 임형에게서 내가 처음 듣는 거지만, 사실 그 13평짜리 집은 야만적인 탄압의 시대에 고민하는 젊은 작가, 지식인, 젊은 대학교수나 강사들, 신문기자들이 모여와서, 막걸리 마시고 소주병을 기울이면서 시국을 한탄하는 그런 장소였던 것이 틀림없어요. 그때 그 많은 후배지식인들이 제기동의 나의 집에 모인 까닭은 여러 가지이지만, 무엇보다 내가 거의 유일하게 국내외 시국정세를 앞서 내다보고, 그것을 설명해서 의미를 밝혀주고 내일의 전망을 예측해주는 역할을 했기 때문이었지. 표현이 좀 이상하지만, 캄캄한 세상에 내가 한 줄기 빛이 되어, 모두의 시선이 나를 향해 있는 상태였지요.

해마다 양력 12월 31일부터 정월 초하루 또는 이틀까지의 2~3일 동안은 밤낮으로 그 작은 집이 복작거렸지요. 지금 40년 전의 그 면면들을 다 상기하기는 어렵지만, 백낙청, 염무웅, 신경림, 김지하, 김승옥, 황석영, 최민(崔旻), 임진택…… 등 이제는 기억도 희미해진 그 밖의 수많은 지식인들이 밤낮을 이어가면서 '진보적 성지'를 이루던 그때가 사무치게 생각이 납니다. 훗날 '민족문학작가회의'를 주도하게 되는 문인들과 '민족예술총연합회'(민예총)를 이끌게 되는 후배들이 그 주 멤버들이었지.

가려진 진실에 빛을 들이대며

최고 국제문제 기자의 고행

국제문제 보도의 『조선일보』 시절

임헌영 1964년 10월 『조선일보』 정치부로 옮기시는데, 스카우트 형식입니까?

리영희 그렇지. 『합동통신』에서 내가 1962년부터 정치부로 옮겨서 외교관계 전담으로 외무부와 중앙청을 출입하고 있었어요. 외무부에 나가니까, 내가 외신부 기자로서 여러 해 동안 국제문제와 외교계를 다루면서 축적한 지식이나 정보로 다른 기자들보다 사태 판단이나 예측 능력이 월등히 유리했어요. 특종도 손쉽게 할 수 있었고. 그래서 『조선일보』가 나를 스카우트한 것으로 생각해.

『조선일보』 정치부에서도 중앙청과 외무부 출입을 했지요. 그때의 외무부는 정말 가난했어. 우리 정부 부서 가운데서 제일 가난한 부서가 외무부였어. 정부조직법상은 제1부였는데, 예산이라곤 정부예산의 0.3퍼센트밖에 안 됐다고. 지금은 몇 퍼센트인지 확실치 않지만 월등히 비율이 높을 거요. 외무부 관리들은 대기대사나 국장급을 제외하면, 때로는 그들도 포함해서 전부 도시락을 싸 가지고 다녔으니까. 중앙청에서 공무원 대부분이 도시락을 지참하는 부서는 외무부밖에 없었어요.

임헌영 중앙부처로 막강할 것 같은데 왜 그렇지요?

리영희 당시 우리나라에 '외교'라는 것이 없었으니까.

임헌영 외교는 없었어도 외교의 중요성은 알 것 아닙니까?

리영희 그때 나라 사정을 몰라서 그러는데, 한국이 '주권국가'가 아니었거든요. 미국의 '보호국'이었지. 보호국이 무슨 '외교활동'이 필요한가. 을사조약 후의 '대한제국' 꼴인데. 한국이 어디 나가서 독자적인 발언을 한다든가 외교를 한다든가, 그런 기회도 없고 그런 영역도 없었어. 미국만 따라다니면 되었지. 1970~80년대도 별로 나아진 것이 없었지만, 1960년대의 국제사회에서 남한은 아예 주체성을 가진 외교의 대상이 아니었거든. 그러니까 외국의 외무부에 한국과라는 것이 존재하지를 않았어. 미국과가 다 도맡아 했으니까. 확실한 미국의 '예속지역' 취급을 받았어요. 외교활동이나 외교란 참으로 보잘것없는 것이었지.

처음 외무부에 나갔을 때 기자단 간사가 『동양통신』의 홍 기자인데, 추석에 어떻게 마련했는지 같은 출입기자들한테 봉투를 나눠주더라고. 받고 와서 보니까 2천 원이 들어 있어. 2만 원이 아니에요. 2천 원이야! 이것이 그동안 내가 들었던 기자 부패의 상징이자 시발인 '촌지'구나 생각했지. 다음 날 간사에게 도로 돌려줬어. 그 몇 해 후에 『조선일보』에서 외신부장으로 있다가 쫓겨났을 때 들리는 이야기로, '그렇게 결백해서는 기자생활이 편치 않을 거'라고 그 홍

간사가 우리 부장에게 말했다고 하더군. 과연 편치 않았지. 함께 썩어야 편했는데!

어쨌든, 외무부 출입 시에 나는 꽤 많은 특종을 했어요. 국제 외교문제와 한국의 대외문제에 워낙 통달해 있었던 나에게는 특종감이 그냥 널려 있더라구. 나의 수첩에는, 부장이 요구할 때 언제든지 기사화할 수 있는 특종감이 언제나 두어 개쯤 준비돼 있었어요.

그런데 문제가 생겼어. 기자단에서 나에게 간사를 맡으라는 거야. 전임 간사가 외무부 해외공관과 대사들에게 부정하고 무리한 청탁을 해서 불미스러운 일이 생겼기 때문에 기자단의 불신임을 당했어. 그래서 나에게 맡으라는 거지. 나는 여러 번 사양했지만, 기어이 기자단 총의로 간청을 하는 거요. 그래서 할 수 없이 승낙을 하는 대신 조건을 붙였어. "나는 외무부 쪽에서 어떤 명분으로든지 촌지를 뜯어내는 그런 일은 절대로 안 한다. 당신들이 촌지가 필요하다면 촌지 담당 간사를 따로 두시오. 나는 다만 우리 기자단의 취재를 위한 상대방과의 업무상 협력관계만을 책임질 테니까"라고. 그 뒤로 세 번을 연거푸 맡게 되었어요.

임헌영 간사하시면서 특종을 자꾸 혼자 하면 욕먹지 않습니까?

리영희 아, 그러니까 내가 간사로서 단독으로 취재원을 만나지는 않지요. 나는 그것을 공약했고, 철저히 지켰어. 취재기자는 세 가지 스타일이 있어. 발로 뛰는 기자, 남의 기사들을 모아서 쓰는 기자, 안건의 연구를 통해서 접근하는 기자, 이 세 가지예요. 나는 그 세 번째의 연구·조사하는 방식이 주특기였기 때문에, 간사이면서 혼자 정보원을 만나는 그런 취재는 필요가 없었어요.

미리 외교관계 돌아가는 상황을 관찰하고, 지금 이런저런 문제들이 걸려 있다는 것을 알아요. 도서실에 가서 관련 참고자료와 서적들을 보고 메모해놓고, 문제가 제기돼 현실적으로 그 단계가 왔을 때 그 메모를 기초로 해서 기사를 보충·작성하는 거지. 다른 기자들은 백지상태로 드나들면서 "한일회담 언제 합니까?" 이런 식으로 취재한다면, 나는 구체적으로 아주(亞州) 국장이 아는 정도의 지식을 가지고 취재를 하는 거지요. 내가 그렇게 구체적으로 물어보면 상대방이 거짓말도 못 하고, 오리발을 내놓지도 못해. 그래서 국장이 나를 각별히 대해줬어요. 이런 식으로 나는 특종을 계속했지.

그 후 내가 외무부 출입을 그만둔 지 거의 25년이 지난 1980년대 들어와서도, 외무부 관리들이 공부를 안 하고 취재하려는 젊은 출입기자들을 꾸짖었다는 얘기를 들었어요. "자네들 선배 중에 이 아무개 기자가 있었는데, 적어도 우리가 업무상 알고 있는 것 이상의 공부를 미리 하고 들어왔어. 그것을 제시하고 보충하는 식으로, 말하자면 우리도 어쩔 수 없이 답변할 수밖에 없게 만들었어. 그러니 공부 좀 하고 취재하러 오시오." 이렇게 꾸짖었다는 거요.

전화가설 불가능지역에 개설된 전화

임헌영 그 시절 외무부 관리들이 담당한 임무 때문에 도서관에 가서 책을 보면 이미 그 책을 누군가 읽은 흔적이 있는데, 그 사람이 바로 리영희였다고, 그래서 일종의 '리영희 신화' 같은 것이 생겼다는 이야기를 기자들에게서 들었어요.

리영희 그런 얘기를 나도 들은 일이 있어요. 좀 과분하지만 사실 국제관계와 외교문제에 관한 한 나는 뛰어난 기자였어. 1964년 6월에 한일회담 교섭이 막바지에 들어갔을 때 소위 '대일재산청구권' 문제가 회담의 큰 걸림돌이 돼요. 이것이 무엇인가 하면, 일제 식민지 36년 동안에 조선인 개인과 법인체들이 소유했던 저금·보험·증권·부동산·일본 국채 등의 모든 권리를 한일 양국 간에 처리하는 문제였어요. 이런 재산권이 엄청난데, 한일회담 당시에 한국은 일본이 현금상환을 해줄 것을 요구하기도 하고 그렇게 기대했어. 우리 정부는 국내의 한일회담 반대여론에 직면해서 이것을 돌파하기 위해 대일재산청구권을 현금으로 상환받아서 그 권리 소유자 개인이나 기업체나 법인들에게 돌려주는 것처럼 국민들을 속였어. 이것은 수백만 한국인들의 이해관계가 직결된 문제이기 때문에 그 사실 여부는 한일회담의 성패를 좌우하는 문제였다구.

나는 한일교섭 기간에 이 문제를 굉장히 중요시하고 스터디를 시작했어요. 다른 기자들은 외무부 관리들에게 "재산청구권이 어떻게 해결됩니까" 또는 "현금으로 들어옵니까" 따위로 막연한 취재를 하고 있을 때였어. 나는 한일회담에 앞서서 이미 일본이 1950년대에 과거 일본이 점령통치했던 베트남·버마(현재의 미얀마)·필리핀이 재산청구권을 행사한 데 대해 배상을 해주었다는 사실을 알고 있었어. 이는 샌프란시스코 강화조약에 규정된 일본의 의무였지. 그래서 일본 외교문서에서 이 세 나라에 대한 배상의 전모를 찾고, 그 밖의 관련 정보를 수집했어. 그 결과 놀라운 사실을 발견한 거요. 무엇인가 하면, 현금상환은 전혀 없고, 개개인에 대한 상환 형식은 취해지지 않았다는 거요. 더 자세히 말하면, 한국에 대한 일본의 배상 의무는 다음과 같아요. ①김종필 중앙정보부장과 오히라 일본외상 비밀합의(소위 김-오히라 메모)에 따라서 일종의 대한민국 '독립축하금'이라는 이름으로 제공된다. ②그 금액은 원권리자인 개인이나 기업이나 법인에게 직접 현금으로 상환되는 것이 아니라 일·한 양국 정부가 합의하는 한국의 경제계획의 자금으로서 제공된다. ③그 경제계획 사업은 일본정부의 최종 동의를 전제로 하고, 구체적인 계획 취지는 일본 측이 지명하는 사업체들이 담당·감독한다. ④일본 측의 한국에 대한 '축하금'은 한국의 경제계획에 소요되는 일본 내 생산품으로서 시설의 구매, 인건비 등 용역(서비스)에 대한 대가를 지불하는 데 충당된다.

이런 내용은 정부가 한마디도 밝힌 일이 없고, 일본정부도 언급한 일이 없었어. 36년 동안 식민지 통치하의 조선인 재산권에 대한 이런 내용과 방식에 의한 해결은 국민들에게는 청천벽력과 같은 배신이었지. 나도 이 기사를 쓰면서 이 사실이 국민들에게 알려진 후의 엄청난 분노의 반응을 대충은 예상했어요. 과연 이것이 『합동통신』의 기사로 나간 그날, 중앙신문과 전국 지방신문은 완전히 그날의 머릿기사를 이 사실로 채웠지. 그 분위기는 짐작할 수 있을 거요. 엄청난 특종을 또 한 셈이오.

재미나는 것이, 그 기사가 보도된 아침에 중앙청에 출근하니까 정일권 총리가 불러요. 중앙청 총리집무실의 비밀 부속실로 들어갔더니 정 총리가 "이 기자가 오늘 아침에 쓴 청구권에 관한 기사로 각하가 새벽에 긴급각의를 소집했다"고 하더군요. 그렇지 않아도 한일회담이 위기에 처해 있는데, 외무부에서 어떤 자가 극비정보를 흘린 것이냐고 자기를 닦아세우더라고 해요. 그때 정일권 총리가 외무부 장관을 겸임하고 있을 때요. 정 총리는 "이 기자가 이것을 어떻게 취재한 것이냐, 지금 문책을 하려는 것이 아니다. 누가

서울 제기동 미나리밭 가운데 처음으로 마련한 내 집 마루에서(1964년).

그 기밀을 제공했는지만 말해달라"고 졸라요. 정 총리는 외무부 관리가 나에게 정보를 준 것으로 단정하고 이야기하는데, "나는 누구에게서 어떤 정보도 받은 일이 없다. 내가 연구해서 분석하고 쓴 것이다"라고 밝혔지. 그러니까 정말 그러냐고 놀라는 거야.

정일권 총리는 나 개인의 성격이나 기자로서의 자세를 잘 알기 때문에 더 묻지는 않겠다고 해요. 그러나 내가 그 일로 오늘 아침 대통령에게 얼마나 곤욕을 치렀는지만 알아달라고 하더군요. 그리고 그런 중대기사를 내보내려면, 자기 관저에 와서 조찬을 함께 하면서 이야기를 하자고 해요. 집에서 걷고, 전차타고 가려면 두 시간이 걸린다니까 "승용차 없냐?"고 묻더라고. 그런 것이 왜 있겠냐고 반문하니까, 믿기지 않는다는 표정을 지어. 그러면서 전화로 간단히 골자만 알려달라고 하기에, 집에 전화가 없어서 전화 걸려면 청량리역까지 30분쯤 걸어가야 한다니까, 이번에는 깜짝 놀라면서 "전화도 없냐?"고 하더라구. 그는 비서를 부르더니 체신부장관에게 전화를 걸어서 이 기자 집에 전화를 가설해주도록 지시하라고 하더군. 제기동은 미나리밭이라 '전화가설 불가능지역'이라는 체신부장관의 답변이 있었어. 그런 바로 며칠 후, 절대 안 된다던 전화가 터억 개설되더군. 그래서 45-2222번이 나온 거야.

최초의 반공법 위반 필화사건

임헌영 빽 써야 얻을 수 있는 번호여서 두고두고 화제였겠습니다. 아무튼 그것이 합동통신사 정치부에서 1964년 가을에 『조선일보』 정치부로 옮기기 직전의 큰 특종이었군요. 그때 『조선일보』는 어땠습니까? 지금처럼 일방적인 수구적 논조는 아니었을 거라고 생각되는데요.

리영희 1960년대 당시는 박정희가 '영구집권'을 계획하면서 언론과 언론인들을 매수·회유·협박하고 있던 때였어. 그래서 당시의 양대신문이었던 『동아일보』와 『조선일보』의 정치부 기자들은 거의 전부가 5, 6년 사이에 군사정권의 체제협력자로 변신했어. 이 일은 누구나가 다 아는 공개된 사실이지만, 『조선일보』에 있던 정치부 기자 13명 중 한 사람을 제하고는 다 권력의 중추로 옮겨갔지. 남재희, 김용태, 이자헌, 김윤환, 선우연, 박범진, 이동익, 이종식, 채영섭, 최병렬, 허문도, 김학준이 모두 집권여당 국회의원이거나 박정희·전두환정권 아래에서 장관, 또는 청와대 비서실장 등을 했지. 그중 야당

국회의원은 한 명뿐. 참, 기라성 같지!『조선일보』의 정치부는 출세와 권력의 지름길이었어. 이것은『동아일보』정치부도 꼭 같은 상황이었지. 나는 유능한 저널리스트가 권력의 집행자나 그 두뇌 역할을 맡는 일에 대해서 이의가 없어요. 하지만 유력신문 정치부 기자들이 혹시라도, 평소에 한 눈은 신문인의 직분에 두고 다른 한 눈은 항상 권력을 향하고 있다고 한다면, 이는 이 나라의 국민과 사회를 위해서나 건전한 언론을 위해서 슬픈 일이 아닐 수 없지.

이 시기에서 5, 6년이 지난 후 박정희가 '유신독재'를 선포했을 때, 우리 사회에서는 그것을 비판하지 않는 신문과 신문인들을 향해 '언론이 권력에게 강간을 당했다'는 비난이 쏟아졌어요. 이 일은 임형도 잘 알지요? 그런데 나는 조금 견해가 달라. 독재권력이라는 것은 어느 나라 어느 시대나 언론과 언론인을 '강간'하려고 하는 거요. 박정희시대의 언론과 권력관계를 두고 말하면, 차라리 신문사주와 신문인이 자진해서 권력에 몸을 팔았다고 나는 생각해. '강간'을 당했다기보다 '화간'을 한 것이지.

임헌영 『조선일보』의 위상은 어땠습니까? 자유당 때 비판의 정도는 『동아일보』가 제일 강했고, 그다음『경향신문』이었지 않습니까? 판매부수도 『동아일보』『경향신문』 순이었다고 알려져 있습니다. 『경향신문』은 1959년 여적(餘滴) 필화사건으로 폐간당했다가 이듬해 이승만이 하야하던 날(1960.4.26) 대법원에서 복간조치를 내렸던 우리 언론사의 신화를 남긴 신문입니다. 그때 문제의 칼럼은 당시 국회의원이자『경향신문』논설위원이었던 주요한이 썼는데 "인민이 성숙되지 못하고 그 미성숙 사태를 이용하여 가장된 다수가 출현한다면 그것은 두말없이 폭정이라고 할 수밖에 없는 것이다"

는, 말하자면 자유당의 폭거를 신랄하게 비판한 내용이었습니다.

선생님은 특종으로도 유명하지만 필화로도 유명하지요. 이미 문제성 필화는 여러 번 겪었지만 연행당하는 차원의 필화는 『조선일보』 시절에 처음 겪게 되시는데 그게 아시아·아프리카회의가 남북한을 함께 초청하고 유엔에도 동시 가입을 추진한다는 취지의 기사였는데요. 외무부 소스입니까 아니면 외신을 종합하신 겁니까?

리영희 아시아·아프리카회의는 1955년 인도네시아 반둥에서 첫 회의를 가졌고, 이와 이념이 비슷한 비동맹회의가 1961년 베오그라드에서, 이어 제2차 비동맹회의가 1964년 10월 카이로에서 개최됐어요. 이런 역사적 배경으로 아시아·아프리카 나라들의 민족해방 투쟁의식이 고조되어 제2차 아시아·아프리카회의가 1965년 6월로 예정되어 있었습니다. 어쨌건 1960년도에만 아프리카 17개국이 독립을 하고, 그 모든 국가들이 사회주의가 아니면 혼합경제체제를 선택하게 돼요. 이것은 미국에 대한 큰 타격이라고 할 수 있지. 그 세력이 제2차 아시아·아프리카회의를 알제리에서 여는데, 그 의제의 하나가 남북한을 동시 초청한다는 것이었어요. 그때는 미국이 지배한 유엔에서 '코리아문제' 토의를 미국이 마음대로 주무를 수 있었지요. 그렇기 때문에, 안건은 '코리아문제'이지만, 미국은 남한 대표만을 토론장에 참석하게 해서 일방적 발언을 시키고 북한 대표의 초청은 해마다 봉쇄해왔어.

그런데 신생독립국가라는 것은 대개가 친자본주의적이기보다는 친사회주의적이었지. 자연스럽게 유엔총회의 색깔이 좀 거무스름해지고 누레지자, 그 기운으로 남북 코리아 양쪽 대표를 동시에 초청하고 발언을 요청하게 된 거지. 나아가 남북 코리아의 동시 유엔

가입의 가능성 문제도 토의하자는 기운이 팽배했어요. 이런 움직임에 관한 외신기사가 있었기 때문에 나는 그것을 바탕으로 스터디하고, 그것을 보충하기 위해서 이동원(李東元) 외무부장관 이하 외무부 관계자들을 취재하고 기사화했던 거지.

임헌영 다른 기자들도 다 그 외신을 봤을 텐데요. 아시아·아프리카 정상회담 준비위원회가 1965년 6월 9일에 한국과 월남을 초청 않기로 결정해버렸지요. 어쨌건 당시 분위기로서는 남북 동시초청이란 발상은 기관에 연행될 만한 사건이었지요.

리영희 그런 국제적 움직임에 관한 외신들을 다른 기자들이 봤을지 의문스러운데……. 다른 기자들은 외무부 업무로서의 외교관계를 서울에서 보는 각도로 취급하지, 바깥 세계에서 들어오는 정보에는 별로 관심을 두지 않았거든. 공부도 거의 안 하고. 기자실에 나와서는 '섰다'니 '찌주땅'으로 시간을 보내곤 했어.

나는 정확하게 40년이 지난 지금도 그날 밤의 일이 생생하게 머리에 각인돼 있어. 1964년 11월 23일 밤 11시인데, 느닷없이 잠자리에서 끌려간 거요. 그 낮에 써놓고 조간에 기사화된 아시아·아프리카 외상회의에서의 코리아문제 토론관계 기사를 반공법으로 묶으려는 것을 알았어.

임헌영 어디로 연행되셨습니까?

리영희 영장이고 뭐고, 헌법과 법률이 보장하는 피의자의 권리는 전혀 도외시됐어요. 그냥 다짜고짜로 네 명의 '괴한'들에게 붙잡혀서 어디론지 끌려갔지. 후에 알고 보니까 지금의 중구 저동인데, 쌍용빌딩 맞은편에 있는 일본식 건물이었어.

임헌영 몸을 학대하는 고문이 있었습니까?

리영희 직접적으로 육체를 타격하거나 하는 형식의 고문은 없었지만, 반공법이나 국가보안법 피의자에게 으레 하는 그들의 수법인 엄청난 공포분위기 조성과 며칠씩 잠을 안 재우는 고문의 연속이었지. 이 사건의 내용을 말하기에 앞서서 그 분위기부터 간단히 얘기하지. 나를 다루었던 주임 조사관은 나이가 한 오십 가까이 돼 보이는 자였는데, 이렇게 협박을 하더라고.

"이 기자, 까불지 마! 여기가 어딘 줄 알아? 여기 들어왔던 사람 가운데 살아서 돌아가지 못한 사람이 얼마나 많은지 알아?"

정말이지 섬뜩했어.

"내가 해방 전 만주에서 헌병 할 때 내 손에 죽어나간 소위 독립운동가들이 몇인 줄 알아? 너 까불지 마! 바른대로 대답해."

그의 나이로 미루어보아서 1945년 해방됐을 때 족히 30세가 됐을 것 같더라구. 그러니까 만주에서 우리 독립군을 죽이던 나이가 30세 가까운 때였을 거요. 자기 동포인 독립군을 수없이 다루고 죽였다는 이야기를 서슴없이 말할 때, 그것은 단순히 나를 협박하기 위해서만이 아니라 정말 그랬을 것이라 생각되더라구. 정말로 겁나더구만. 해방된 지 20년이 지난 그 당시에도 '대한민국이라는 국가'의 권력은 이런 민족반역자들에 의해 지탱되고 있다는 사실을 나는 현장에서 확인할 수가 있었어요.

임헌영 그 후 어떻게 되셨습니까?

리영희 며칠 동안 그런 혹독한 조사를 받고 서대문형무소로 보내졌어요. 이 사건은 나의 기자생활에서뿐만 아니라 인생에서 수없이 되풀이된 반공법, 국가보안법과 관련된 첫 번째 시련이었어. 함께 송치됐던 선우휘(鮮于輝) 편집국장은 먼저 적부심사로 나왔고,

나는 기소되었다가 불구속기소 형식으로 재판에서 선고유예가 언도되었지. 이 필화사건은 신문제작 과정에서 문제의 기사에 관해 법적 형사추구가 있을 때, 그 책임이 취재집필기자에게 있느냐, 신문편집 책임자인 국장에게 있느냐의 판단에서 집필기자의 책임으로 판정한 해방 후 최초의 케이스가 됐지요.

이 기사는 나의 또 하나의 특종이었지만, 그 후 알고 보니까 박정희정권 권력구조의 최고 측근 두 사람이 벌인 치열한 권력투쟁의 고리를 내 기사가 건드린 것이었어. 바로 그때, 중앙정보부장 김형욱과 정부 수석장관인 이동원 외무부장관 사이에 박정희의 총애를 놓고 쟁탈전이 벌어지고 있었던 거야. 물론 나는 그런 것을 알 까닭이 없었지. 이것은 지난 시기의 박 정권 내부에서 벌어진 최고 권력투쟁의 일부를 드러낸 것이기 때문에, 이 사건을 기술한 외무장관 이동원의 회고록 『대통령을 그리며』에서 직접 들어보는 것이 재미날 거예요. 그의 회고록 280~282쪽에 이렇게 적혀 있어.

……오늘 김형욱과의 사이에 또 문제가 일어났다. 그 유명한 『조선일보』 필화 사건이 터진 것이었다. 밖에서 막 집으로 돌아온 나는 비서가 전한 말을 듣고 깜짝 놀라지 않을 수 없었다. "이영희 기자(현 한양대 교수)에 대해서 중앙정보부에서 체포령이 떨어졌답니다. 장관님도 오늘 아침 보신 『조선일보』에 난 기사 때문이랍니다."

결국 또 김형욱이 일을 만든 것이었다. 비서 말로는 선우휘 편집국장은 이미 잡혀갔다는데, 그렇다면 이영희 기자도 지금쯤은 남산에 있을 게 틀림없는 일이었다. 난 한편으로 난감하면서도 다른 한편으로는 울화통이 치밀어올라 견딜 수가 없었다. 외무부 출입기자인 이

기자는 내 말만 믿고 썼다가 (김형욱이에게) 뒤통수를 얻어맞은 격이었다. 난 다이얼을 남산으로 돌렸다. 하나, 당시 세도당당한 김형욱은 그간 외무부를 벼른 것을 자랑이라도 하듯 악을 썼다.

"빨갱이가 아니라고? 아니 국가기밀을 누설해 이적행위를 했는데도 말인가? 이 장관, 당신말이야. 당신하고 친하다고 그러는 모양인데……." 처음 이렇게 나가던 이야기는 육두문자까지 쏟아내는 험악한 상황까지 발전했다. "야 임마, 장관인 내가 기밀이 아니라는데, 네가 뭔데 마음대로 잡아넣나? 당장 풀어줘, 알았어?" 하긴 지금 생각하면 겁도 없던 나였다. 당시 나는 새도 정확한 지점으로 떨어뜨린다는 중정부장과 대판 입씨름을 했으니.

역시 김형욱의 보복에 기다림이란 없었다. 불과 12시간도 채 지나지 않은 다음 날 아침, 출근하려고 집 앞으로 나서자 내 차 앞뒤에 검은 지프차 두 대가 흰 서리까지 덮어쓴 채 호위하고 있었다.

쫄병들과 티격태격해봐야 뭐하랴, 난 아무 말 없이 차에 올랐고 불과 5분도 안 돼 중정부장실로 들어섰다. 그런데 정말 중정의 안하무인은 대단했다. 그들은 아예 날 죄인 취급하듯 앉혀놓곤 마주 보고 있는 문 양쪽에 감시요원까지 두는 게 아닌가. 아무리 어려도 그래도 대통령이 임명한 장관인데.

좀처럼 화를 내지 않는 나였지만 그때만큼은 도저히 분을 삭일 수 없었기에 잠시 후 난 김형욱이 들어서기가 무섭게 독설을 퍼부었다.

"야, 이 자식아. 그래도 대통령이 임명하고 헌법이 신분을 보장한 장관인데, 네가 날 납치할 수 있어? 너 어제 그 일 때문에 그러는 모양인데, 너 그따위로 아무나 네 비위 거스른다고 빨갱이 만들어버리면 되는 줄 알아? 그리고 그 기사, 장관인 내가 기밀이 아니라 하잖아 인마. 너 분명히 얘기하지만 만일 각하께서 이 일을 아시면 너 큰 손해 볼 줄 알아, 알았어?"

내가 이토록 호되게 고함을 지르며 으름장을 놓자 그제야 김형욱도 뜨끔한 모양이었다. 그는 죄 없는 부하들을 쏘아보며 호통을 쳤다.

"야, 이 새끼들아, 아침에 커피나 한잔하려고 정중히 모셔오랬더니 왜 이렇게 기분 상하게 해드렸어. 꼴도 보기 싫으니 당장 꺼져버려!"

결국 내가 세게 나와선지 선우휘와 이영희는 며칠 후 풀려났다.

이만큼 당시 외무부와 김형욱, 아니 나와 김형욱은 견원지간이었다. 하나 내 말대로 그의 이런 과잉 충성은 후에 자꾸만 문제를 누적시켜 끝내 그는 미국으로 도망가지 않으면 안 될 처지까지 된 것이다.

또 하나의 특종, 일본의 한반도 군사개입 계획

임헌영 1961년 쿠데타 직후에 반공법이 제정되어 미국 독립기념일인 7월 4일에 공포됩니다. 지식인이나 언론인에 대한 시련이 강화될 무렵입니다.

리영희 그렇지요. 그때 기자협회가 창설된 때인데, 기자협회가 작용을 하고 해서 불구속으로 나왔어요. 재판의 변론은 『조선일보』 법률고문을 하던 변호사가 담당했어요. 그래서 선고유예라는 흔히 들어보지 못하는 판결이 나왔지요.

임헌영 서대문에 처음 가셨을 때인데, 5·16 이후 들어간 정치범들이 많아 외롭지는 않았을 것 같습니다.

리영희 감방은 입구에서 가장 가까운 곳에 있는 가장 낡은 방이었어. 나는 그 후에도 형무소에 갈 때마다 아주 추울 때 갔어요. 그날도 영하 14도라고 했어. 밥이라고 나왔는데, 대나무 젓가락이 도저히 입에 넣을 수 없을 정도였어요. 수천 명이 빨고 밥풀이 묻고 했던 것을 물에 헹궈서 쓰다 보니까, 차마 입에 넣을 수가 없었어. 참 황망하더군. 내가 안 먹고 있으니까 옆에 있던 잡범들이 그냥 달려들어 먹어치우더군.

임헌영 같은 사동에 정치범은 없었습니까?

리영희 있었지요. 앞서 이야기했지만, 한심스러운 꼴로 잠을 이루지 못하고 앉아 있는데, 간수가 지나가다가 책을 넣어주는 거예요. 상당히 고급 서적이더라고. 차입증을 보니까 정도영 씨라고 이름이 적혀 있더라고. 합동통신사에 같이 있던 존경하는 선배인데, 그분이 제1차 인혁당 사건으로 들어온 거예요. 모두가 날조였지만.

임헌영 그 필화사건으로 처음 현저동 서대문 형무소 구경을 하시게 되는데, 선생님의 「서대문 형무소의 기억」이라는 수필에서 무척 실감 나게 읽었습니다. 12월에 불구속으로 나오신 후 제2심에서 선고유예 판결을 받고 『조선일보』에 다시 돌아가셨으니 참 다행입니다. 당시 필화를 겪은 기자는 대체로 다 면직됐는데 말입니다.

리영희 확실히는 모르지만, 정일권 총리나 이동원 외무장관을 비롯해서 외무부 국장, 과장급들이 내가 기자단 간사로 그들을 귀찮게 하지 않고 또 언제나 학구적으로 연구하는 기자임을 알았기 때문에 중앙청 관리들의 분위기가 나에게 호의적이었지 않나 싶어요. 『조선일보』도 내가 필요했을 것이고. 서대문형무소에서 나온 다음 날, 중앙청으로 정일권 총리를 인사를 겸해서 만나러 갔지. 마침 방일영 『조선일보』 사장이 와 있었는데, 두 사람이 다 나를 칭찬하고 위로를 하더군. 면직될 분위기가 전혀 아니더라고.

이듬해, 내가 외신부장이 되기 직전에 '미쓰야(三矢) 계획'을 보도했다가 중앙정보부에 또다시 연행되었지요. 그때까지 이 중대하고도 도발적인 사실을 우리나라 언론들은 토막기사로도 다룬 적이 없어요. 나는 일본 언론과 잡지를 분석해서 알고 있었어요. 마침 재임 중 일본 군대의 한반도 전쟁개입을 구상했던 일본의 기시 노부스케(岸信介) 수상이 퇴임 후 한국을 방문하여 워커힐에 왔어. 박정희가 존경하는 일제의 만주 침략통치 공로자인데, 재빨리 그를 회견해서 이걸 터뜨렸어요. 이 기사의 소용돌이는 그야말로 폭발적이었지. 미쓰야 계획 자체는 일본 군사력이 제2차 방위계획 단계에 있던 1963년, 유사시 일본이 취할 수 있는 일본군의 한반도 개입 가상작전계획으로, 정식명칭은 '소화(昭和) 38년도 통합방위 도상연구'였어요. 일본군 통합참모회의의 영관급 참모와 육·해·공 영관급 장교 52명이 참가하여 그해 2월 1일부터 6월 30일까지, 무려 5개월에 걸쳐 실시된, 일본군 창설 이래 최대 규모의 CPX(모의작전)였습니다. 주된 요지는 한반도사태에 일본군의 참전을 가상한 작전계획이오. 물론 미국의 묵인과 협조로 진행된 거지.

임헌영 한국인의 국민정서로는 아무리 국내전이 나도 일본을 우방국가로 전선에서 함께 싸울 수 없다는 생각은 지금도 갖고 있을 것 같은데요.

리영희 그런 생각은 임형이 한국인의 민족의식과 민족감정을 아전인수 격으로 순수한 것처럼 일방적으로 평가하는 것 같아요. 나는 그렇게 생각하지 않아. 지금 자칭 우익·반공주의의 목소리를 높이고 있는 사람들을 보시오. 그들은 미국이 명령하면 오히려 일본과의 동맹작전으로 북한을 파멸하자고 할 거예요. 지금은 그때보다 훨씬 그 숫자가 늘어났다고 봅니다.

임헌영 저는 그런 일본의 자세를 생리적으로 거부하는 숫자도 만만찮다고 보는데요. 미국이라면 모를까 일본은 민족감정이 용서하지 않는 것 아닙니까?

리영희 일본이 미국과 손잡고 북한을 공격하기 위해 올 때에는 전혀 다르겠지요. 불행하게도 남한의 숭미주의자, 냉전식의 반공·반북한·전쟁주의자들이 얼마나 막강한가 보세요. 너무 주관적으로 판단하지 마세요. 희망적 상황을 실제적·객관적 현실로 착각하지도 말고요.

임헌영 미쓰야 계획 같은 움직임이 그 이전에도 밝혀진 적이 있습니까?

리영희 일본 전략가들의 견해로도 그것이 일본 군대와 반공세력에 의한 본격적인 독자적 군사행동 발상의 최초라고 해요.

임헌영 미쓰야 계획의 내용과 일본 국내 배경을 좀 들려주십시오.

리영희 기시 노부스케 수상 시절인데, 그는 만주·중국 침략의 최고 원흉으로 패전 후 1급 전쟁범죄자로 사형을 선고받았어요. 그러나 미국은 아시아 반공정책에 이용하기 위해서 곧 석방하여 일본 정부 수상으로 만듭니다. 박정희 육군중장이 1961년 케네디에게 불려 가면서 동경에 들러 한일회담 문제 해결을 서약하고 일본의 정치·경제·외교적 지원을 약속받은 것이 기시 노부스케예요. 일본군 내부의 정복파(정규 군인)가 비정복파와 일본 안보에 관심을 가지는 개인들과 합작해 만든 미래의 시나리오였어요. 제2의 6·25사태가 발생하거나 내부에 대규모 민중반란이 일어났을 때를 상정한 거요. 남한이 후퇴상황에 들어가면 피란민이 발생할 것이고, 한국의 상황이 일본 내에 사상적으로 또는 전략적으로 영향을 미치게 된다는 시나리오 아래서, 일본 해군과 육군은 어떻게 작전을 전개해야 하느냐는 거지요. 이 작전이 1971년 아직 '닉슨독트린'이 착상도 되기 전인 1963년에 나왔다는 사실은 그 후 미국의 대한국 군사책임 축소와 무관치 않다는 점을 시사하고 있지요.

한 가지 에피소드를 덧붙이면, 워커힐 호텔에 나타난 그에게 한반도에 대한 정책 구상을 질문했더니 "어떻게 그렇게 일본어를 완벽하게 하느냐?"고 묻더군. 그래서 나는 서슴없이 대답했지. "당신들 일본인 식민주의자들이 일제시대에 조선어를 말살하고 일본어 교육을 강요한 결과"라고. 그는 영어가 서툴더구만.

그가 묵고 있는 곳이 워커힐 호텔이라는 것과 방 번호까지 어렵게 취재해서 직접 찾아갔어. 가기에 앞서 전화로 인터뷰 약속을 했지. 당연한 예의니까. "왜 이러한 계획을 구상했으며, 어떻게 하자는 것이냐?" 이런 질문을 했지요. 그의 답변은 일본으로서는 가능한 여러 가지 시나리오를 설정하고 대비하려는 노력을 하고 있다는 정도였어요.

임헌영 기사를 낼 때 신문사 내에서의 반응은 어땠습니까?

리영희 외부 반응보다 먼저 내부에서 한심한 활극이 벌어졌지. 남재희 정치부장이 외신부장인 내가 자기 영역을 침범했다고 노발대발했어. 기자들이 버글대는 편집국 한복판에서 놀랍게도 외신부장인 내 따귀를 갈기더군요. 나도 격분해서 벌떡 일어나 의자를 집어던졌어요. 그때에는 그것이 지니는 정치적 충격이나 중요성을 진짜로 느끼는 사람이 없었어요. 내가 어떤 의미에서는 너무 앞서간 거지.

임헌영 그리고 바로 중앙정보부에서 왔습니까?

리영희 그렇지요. 자기들도 모르는 일본군의 계획을 어떻게 알았 냐고 따지더군. 그네들은 베트남전쟁과 관련된 내 글들을 보고 내가 혹시 어떤 외국의 군부 계통과 연관되어 있지 않나, 의심했던 것 같아. 구속으로까지 진전되진 않았지요.

반공주의 교육의 산물인 수습기자 백태

임헌영 그 무렵에 입사한 수습기자들에 관해서 좀 얘기해주세요.

리영희 내가 외신부장이 된 첫해인 1965년도에 김학준, 김대중, 백기범, 정태기(鄭泰基), 신홍범, 박정자 등이 수습기자로 들어왔어요. 수습기자는 반드시 외신부에서 훈련을 받게 되어 있었어요. 외국 기자들의 기사 쓰는 법과 문장 쓰는 방법을 보고, 또 국제적으로 시야를 넓히기 위해서 첫 출발은 외신부를 반드시 거쳐가게 하는 거예요. 외신부에는 두어 달 정도 있는데, 개개인의 희망을 고려해 각 부서로 배치되지. 그런데 이들이 거의 다 서울대 출신이에요. 법대와 정치외교학과 출신들이 대부분인데 여러 단계의 어려운 시험에서 최고점을 받은 사람들이 서울대 출신들이더라구. 그 밑으로 다른 유명 대학 출신들이 이어져요. 이렇게까지 확연하게 성적 차가 난다는 것은 우리 사회의 인적 지도역량에서의 소위 '관학' 우월주의의 병폐를 말해주는 것으로 생각해요. 그들은 머리가 좋았던 만큼, 외신부에 들어와서 접하게 되는 세계정세와 인류사적인 변혁과 사건들에 대응해 이해하는 속도가 무척 빨랐어요. 그 세대들을 어려서부터 교육하고 세뇌했던 병적인 반공주의 사상도 나의 시각 교정·의식 수정 노력에 의해서 놀랄 만큼 교정되어 곧 정상적 사고와 가치 판단을 하게 되었어.

그랬는데, 그 가운데 김대중 군은 사사건건 반공주의만 고집하는 거예요. 베트남전쟁, 중국혁명, 제3세계 인민들의 진보적 운동에서 도도한 시대정신의 세례를 받으면서도, 김대중 군만은 어렸을 때부터 받아온 그 낡은 비이성적인 극우 반공주의라는 의식의 틀을 깨질 못하더라고. 나는 다른 수습기자들은 잘 가르치고 훈련시키면 우수한 저널리스트가 되겠지만, 김대중 군만은 어렵겠다고 실망했어. 그런데 훌륭한 저널리스트가 될 것으로 믿었던 기자들은 1975년에 일어난 언론자유투쟁 때 앞장섰다가 다 쫓겨났어. 반대로, 도저히 구제하기 힘들겠다고 생각했던 그 김대중 기자만은 그대로 남아서 논설주간이 되고, 주필이 되고, 한국 여론을 쥐고 흔드는 막강한 『조선일보』의 상징적 존재가 되더군!

이 긴 과정을 직접 가까이에서 몸소 경험하고 후에는 멀리서 바라본 결과 나는 하나의 결론을 내렸어요. 결국 "나는 인물을 평가할 안목과 능력이 없는 사람이구나" 한 거지. 내가 "야는 안 되겠다"고 생각한 사람은 오히려 그 신문사에서 승승장구해 언론권력의 중추로 올라가고, 내가 촉망했던 다른 젊은 기자들은 언론인이 마땅히 지향해야 할 직업적 사명으로서의 언론자유와 인간적 자질로서의 사회적 책임감을 다하려고 몸부림치다가 결국은 그 신문사와 언론계에서 퇴출당해 잊히고 말았어.

그것은 그렇고, 그다음에 들어온 기자들이 나에게 자기들이 나를 잘 안다고 하더라고. 내가 "나는 서울대를 나오지도 않았고, 서울대 교수도 아니며, 서울대와 아무런 관련도 없이 살아온 사람인데 어떻게 모두가 나를 아느냐?"며 의아스럽게 반문했어. 그랬더니 이 수습기자들이 하는 말이, 정치외교학과에서 국제관계와 외교문제에 대한 강의나 세미나를 할 때에, 학과장인 이용희(李用熙) 교수가 내가 쓴 베트남전쟁, 제3세계, 중국문제들에 관한 글을 텍스트로 사용했다고 하더라고. 많은 신문이 있는데 하필 『조선일보』의 국제관계의 나의 기사를 골라서 서울대학교 정치외교학과 학생들에게 교재로 썼다는 것은 명예로운 일이라 할 수 있지만 나의 생각은 달랐어. 그래서 이용희 교수한테 편지를 썼어요.

"선생님께서 제가 쓴 기사를 교재로 쓴다는 것은 대단한 영광입니다. 그러나 앞으로는 쓰지 않기를 부탁합니다. 왜냐하면, 미국정책, 베트남전쟁, 중국의 문화혁명, 제3세계 혁명 등에 대해 내가 다른 신문의 기자들에 비해서는 좀더 충실한 안목을 갖고 쓰려고 노력을 하지만, 정부의 감시나 압력 때문에, 백을 다 알고 있음에도 불구하고 도저히 검열을 통과할 수 없을 것 같아서, 내 스스로 가슴에 눈물을 머금고 웬만큼 타협해서 50만 써서 내보낼 때도 많습니다. 그런 글을 내보낼 때는 아무도 안 봐주길 바라는 심정입니다."

한참 후에 회신이 왔는데, 내 뜻을 잘 알았다며 그런 글이 나올 만한 건전하고도 존경할 만한 정신을 잘 이해하겠다는 것이었어요. 이를 계기로 나는 이용희 교수와 교우를 갖게 되었지요.

임헌영 참 어려운 처지였다는 것을 잘 알겠습니다.

리영희 정식기자 채용시험을 거치지 않고 사장의 낙하산으로 들어온 이도형이라는 기자가 있었어. 이 기자는 육군 첩보기관에 다년간 근무했던 사상과 솜씨를 가지고 어느 날 나를 시험하려 들었어. 차를 한잔 대접하겠다고 다방으로 부르더니, 이자가 느닷없이 『조선일보』 기자노동조합 결성을 나에게 제안하면서 앞장을 서라고 하더군. 하는 말이 "시국이 이렇게 혼란할 때 기자들이 나서야 하지 않겠습니까? 노조를 조직합시다." 당시 한국 언론계에서 노동조합이라는 것은 상상할 수도 없는 것이었어. 모든 산업 직종에서 이제 막 생겨난 초창기 노동조합이 무자비한 탄압을 받던 때였으니까. '노동조합은 곧 빨갱이'였지. 나는 정부기관과 신문사 사주 측의 합의에 따라 나를 계획적으로 모함하려는 이자의 저의를 간파했지. 그래서 나는 짐짓 "이 기자, 무슨 소리를 해. 지금 어떤 시국인데, 노동조합 같은 것을 만들자는 거야. 사상이 불온하잖아"라고 역습을 했어. 그리고 자리에서 일어나 버렸어. 이 사람은 그 후 친군사독재 정권적인 극우반공 언론을 업으로 삼는 잡지 『한국논단』 사장으로 용맹(?)을 날렸지.

이 일이 있고 나서 1968년에 김경환(金庚煥) 국장이 물러나고 선우휘 국장이 다시 들어와요. 선우휘 국장은 나의 행동이나 글을 못마땅하게 여기는 듯했어. 그러더니 1968년에 나를 조사부장으로 발령하더군. 조사부장으로 1년 있다가, 다시 나를 기구도 없는 심의부장으로 보내더구만. 나를 보내기 위해서 급조한 부서지요. 그래서 나는 보따리 쌀 준비를 해야겠구나 했어요. 그런데 하루는 선우 국장이 나를 부르더니, 사실 자기는 심의부장으로 발령할 때에 이영희 부장이 사표를 쓸 줄 알았다, 그런데 이제는 정말 사표를 써야겠다, 신문사로서도 안 되고, 정부의 뜻도 그렇고 하니 사표를 내라고 정식으로 요구하더라구요. 그래서 사표를 던져주고 5년 동안의 『조선일보』 인생을 마감하고 나왔지.

임헌영 문단사를 보면 『조선일보』에 관한 흥미 있는 일화가 하나 있습니다. 조선일보사를 방응모 사장이 맡은 게 1933년이지요. 그

전에는 경영진의 시국순응 성향과 편집진의 민족의식 성향이 어느 정도 조화를 이뤄 오히려 이광수 따위 어용 필진이 있던 『동아일보』에는 카프 진용이 집필을 거부하면서 『조선일보』에 집중적으로 글을 발표합니다. 경영이 어려워지자 옥중의 안재홍을 사장으로 추대하면서 자리를 잡는가 싶었으나 석방 후 안 사장이 다시 구속되자 고리대금업자인 채권자 임경래(林慶來)가 조선일보사에 대한 경영권을 주장하여 조병옥·주요한 등 정통 편집진과 대립하게 되었습니다. 이렇게 한참 흔들릴 때 주요한이 광산업으로 돈을 모은 사장을 사주로 들이게 되는데, 이때 주요한은 자기 세력을 굳히는 데 도움이 될까 하고 이광수를 『동아일보』에서 초청해 데려와요. 그런데 이광수는 자리를 잡자마자 주요한을 도와주기는커녕 도리어 내칩니다. 이광수가 부사장 겸 주간을 맡고, 주요한이 편집국장을 하려고 하는데 끝까지 편집국장을 안 시키고 자기가 주필 겸 편집국장을 겸임합니다. 나중에는 결국 주요한이 그만둡니다. 이광수가 혼자 다 차지해요. 이광수가 들어오면서 논조가 바뀝니다. 이상 이야기는 소설가 한설야(韓雪野)가 그때 『조선일보』 기자로 있다가 그만두면서 그것을 그대로 소설로 쓴 것입니다.

소설 제목이 『세로』(世路)입니다. 저도 보고 깜짝 놀랐어요. 사실 1930년대 전반기에는 『조선일보』에 훨씬 더 진보적인 인사가 몰려 있었는데, 이광수가 들어서면서 완전히 달라집니다. 신간회 발기인이자 현대사의 권위자 한홍구 교수의 조부님인 한기악(韓基岳) 선생이 『조선일보』 편집국장(1928~32)으로 있던 시절과, 이광수 주도 시절은 완전히 다릅니다. 소설을 보면 신임 부사장 겸 편집국장인 이광수는 A, 전무인 주요한은 H, 편집국차장 김형원은 W, 민족운동가로 『조선일보』의 민족의식을 버티게 해줬던 문석준은 M 등 이니셜로 처리되어 있지만 대번에 알 수 있습니다. 『조선일보』는 방응모 경영체제 아래서 민족의식이 있던 편집국 인사를 대폭 물갈이 해버리고 일약 시국순응주의로 매진합니다.

저는 선생님이 『조선일보』를 물러나시는 모습을 보면서 한설야 때와 너무 똑같다는 것을 느꼈습니다. 선우휘 선생 같은 경우에는 예비역 대령인데요. 이승만을 노골적으로 비판하는 칼럼을 『조선일보』에 쓰기도 했습니다. 재향군인회가 이승만·이기붕의 자유당 지지 성명을 대대적으로 내니까 자기도 재향군인이고 예비역 대령인데 나에게는 그런 의사를 물어본 적도 없었고, 자유당을 찬성 안 한다, 그런데 왜 모든 재향군인회의 이름으로 자유당정권을 지지하느냐, 이런 글이었어요. 참 감동적이었습니다. 1960년대 초반까지만 해도 문단에서 상당히 비판의식이 있던 분이었습니다. 그런데 1966년 동경대학원에 1년 동안 신문학 연수를 다녀온 후 확연하게 달라집니다. 친미·친독재로 논조가 바뀌기 시작한 겁니다. 선우 선생은 이때 『물결은 메콩강까지』를 『중앙일보』에 연재했는데, 한 작가의 변모를 읽을 수 있는 소설입니다.

최석채 선생은 한동안 『조선일보』를 상징하는 위상을 나름대로의 양심으로 지켜왔다고 할 수 있습니다. 1971년 12월에 국가보위법이 국회에서 날치기 통과되자 신문이 편집인의 손을 떠났다며 주필직을 사직했습니다. 그 후를 선우 선생이 맡게 된 게 아닙니까?

리영희 최석채 씨가 『대구매일』 주필로 있다가 『조선일보』 논설위원으로 올 때, 나는 최씨가 이승만독재에 항거하는 명문장의 사설을 써서 국가사회에 충격을 주던 일을 생각하고 아주 반가워했어요.

그 후, 개인적 차원에서는 평창 이씨 가문의 사돈이 되기도 했고.

박 정권은 1968년 김신조 사건이 나자마자 향토예비군인가 뭔가를 창설해요. 『조선일보』옥상에서 예비군 조직을 하는데 "영관급은 대열 밖으로 나오시오." 하더라구. 내가 열외로 나가니까, 선우휘가 깜짝 놀라는 거야. "아니 당신, 소령이오?"라고 묻더군. 자기만이 6·25 때에 정훈장교로 대령인지 중령 계급장을 달고 반공 선무에 공을 세웠지, 리영희 같은 사람이 감히 장교의 반열, 그것도 영관급에 끼었겠는가 하는 눈빛으로 바라보더라구.

전차의 길을 막는 사마귀

베트남 인민과 함께 우는 언론인

베트남 인민을 위해 기도하며 지낸 15년

임헌영 『조선일보』 외신부장 시절과 그 후 한양대학에 계실 때 계속 쓰신 베트남전쟁에 관한 선생님의 글을 감명 깊게 읽었습니다. 월남에 대한 선생님의 애정이나 관심, 월남에 대해서 배워야 할 점, 너무나 가슴 뭉클한 20세기 후반부의 멋진 드라마 같아요.

리영희 미국이 베트남사태에 대해 군사적으로 개입한 1960년부터 미국이 패망하고 베트남에서 도망치다시피 철수한 1975년까지의 긴 세월 동안, 정말이지 나의 온 관심은 베트남전쟁에 쏠려 있었어요. 그동안 미국 군대의 포탄과 고엽제와 기총소사로 수없이 죽어간 베트남인들의 죽음과 고통과 눈물을 어느 하룻밤도 생각하지 않은 적이 없었어요. 나는 신문사 일에 몰두하고 술도 많이 마시는 생활을 할 때에도 아무리 바빠도, 그리고 아무리 취했어도, 고통받는 베트남인들을 생각하면서 분노하고, 그들을 위해 기도하지 않고 잠자리에 든 날이 단 하루도 없었어요. 그와 같은 신념은 바로 미국이라는 국가의 군대와 통치집단의 용서할 수 없는 폭력성과 잔인하고 사악한 본성에 대한 반감으로 굳어져갔지요.

그렇기 때문에 나는 한국이 1965년 베트남 파병을 하기 훨씬 전부터, 과거의 '인도지나'(베트남·라오스·캄보디아) 인민들의 식민지 해방과 반제국주의 독립투쟁과 사회혁명 등의 역사에 관한 광범위하고 깊이 있는 연구를 시작했지. 그리고 1961년 미국이 '베트남 인민의 자유·안전·민주주의를 지켜주기 위하여'라는 상투적 속임수로 본격적으로 베트남을 침공한 데 대해서 분노했어. 한국이 국군 파병을 결정한 1965년에 이르러서는, 더욱 베트남 인민의 입장에서 전쟁을 보는 시각으로 기사를 쓰고, 세계의 반전 여론을 적극적으로 지면에 반영했어. 특히 한국군 파병 이후 한국 신문들이 베트남전쟁을 '반공성전' 또는 '자유진영과 공산주의의 투쟁'으로 묘사하면서 전쟁열을 부추기고 있을 때, 유독 나는 그와 정반대의 입장에서 세계의 양심적 여론을 소개하는 데 힘썼지요. 아마도 많은 한국의 신문들 가운데서 유일하게 그런 관점에서 베트남전쟁을 다루었던 까닭에, 한국 국제정치학·외교학의 최고봉이라고 정평이 나 있던 이용희 교수가 내가 만든 『조선일보』 국제 면 기사를 자기 학생들의 강의와 세미나에 이용했지 않았겠는가 그렇게 생각해. 베트남전쟁에 대한 나의 이러한 입장 때문에 결국은 훗날 『조선일보』에서 쫓겨나게 된 거고.

임헌영 1965년에 미국의 요청에 의해서 한국정부가 베트남전쟁에 군대를 파견하고 본격적인 전쟁당사자가 되는데 이른바 베트남전쟁의 원인을 간략하게 정리해 주십시오.

리영희 미국의 패권주의 전쟁으로 시작해서 한국군까지 개입하게 되는 소위 베트남전쟁이라는 것은, 그 원인과 역사적인 배경이 굉장히 복잡합니다. 한국인들이 그 전모를 이해하기란 참 어려워요. 그래도 굳이 한마디로 요약한다면, 불란서와 베트남 인민의 전쟁이었던 1946년부터 1954년까지의 '제1차 베트남전쟁'이 종결되면서 제네바 휴전협정이 체결돼요. 그 뒤에 미국이 군사적으로 개입해서 확대된 전쟁이 말하자면 '제2차 베트남전쟁'이라고 할 수 있지요. 1954년 휴전협정은 북위 17도를 군사분계선으로 정하고, 남북 베트남으로 잠정적 행정 관할구역을 정한 뒤에, 2년 후인 1956년에 남북 베트남을 통틀어 총선거를 실시하여 통일정부를 수립한다. 이것이 1954년 정전협정합의의 핵심이었어요. 그런데 휴전성립 1년이 지난 1955년에 미국이 총선실시를 거부한 것이 제2차 베트남전쟁의 결정적인 원인이에요.

이 제네바협정 합의는, 우리 한국인들에게도 굉장한 의미가 있는 것이오. 바로 베트남전 휴전을 1년 앞둔 1953년에, 한반도에서의 휴전협정이 바로 이와 같은 절차를 결정하고 있지요. 그러니까 미국은 한반도에서의 통일정부 수립을 위한 평화협정 체결이나 남북 총선거를 거부했듯이, 베트남에서도 그 두 개의 핵심적인 합의를 거부했어. 베트남 인민들이 30년 동안 불란서 식민제국과의 피어린 투쟁 결과로 획득한 통일의 기대가 미국의 이 정책으로 수포로 돌아갔지. 독립과 통일에 대한 베트남 인민들의 염원을 짓밟은 미국은 베트남 민족과 국토의 영구한 분단을 획책하여 1955년 10월에 미국이 오랫동안 꼭두각시로 키워왔던 고 딘 디엠이라는 가톨릭 주교를 사이공에 데려다가 남베트남 국가와 정부의 수립을 선언케

했어. 한번 생각해봅시다. 한반도의 통일독립정부 수립을 공약했던 미국이 1948년에 미국의 꼭두각시인 이승만을 데려다가 남한 단독정부를 수립하여 한반도의 영원한 분단체제를 획책한 것과 동시대적인 동일한 미국의 약소국 지배 술책이었어.

북베트남은 그 후 줄곧 미국에 대해서 제네바협정에 의한 통일정부 수립 선거 실시를 요구했어요. 그러나 군사적으로 남베트남을 확고히 틀어쥔 미국은 오히려 분단상태를 더욱 확고하게 다지면서 남베트남의 사이공정권으로 하여금 군사적 대결 태세를 강화시켰어. 여기서 아주 재미있는, 국제정치에서 미국의 교활하고 사악한 음모와 술책을 알 필요가 있지. 당시의 미국 대통령은 아이젠하워였는데, 남북 베트남 내부 정세와 남북 베트남의 지도자에 대한 충성심에 관한 여론조사를 미국정부의 각 기관으로 하여금 실시하게 했어요. 그런데 놀라운 결과가 나온 거야. 미국인이나 아이젠하워로서는 도저히 상상할 수 없는, 그리고 이해할 수 없는 결과가 나온 거요. 여론조사 결과가, 1956년 그 시점에서 남북 베트남을 통튼 총선을 실시하면 베트남 인민의 83퍼센트가 호지명에게 투표할 것이라는 여론이었어. 어때요, 미국 통치배들의 등이 오싹해지는 베트남 인민의 결의 아니에요?

베트남 인민의 심중을 전혀 이해하지 못했던 미국정부와 아이젠하워는 이 결과를 보고 대경실색했지. 그래서 미국정부는 제네바 휴전협정의 공약인 남북통일 총선 실시를 폐기하기로 결심해요. 그리고 베트남 휴전협정 공동의장국가인 영국정부에 이 사실을 비밀리에 통고했고, 통일선거는 무위로 돌아갑니다. 이 새로운 사태에 직면해서 북베트남 인민은 물론, 남베트남의 대중들까지도 미국의 괴뢰정권인 고 딘 디엠 사이공정권 소위 '자유베트남정부'에 대한 전면적 투쟁을 개시하게 돼. 인민대중의 지지를 전혀 못 받는 사이공정권이 위기에 처하자, 미국은 본격적인 군사개입을 시작해서 베트남 인민과 미국과의 전면전, 즉 '제2차 베트남전쟁'이 10년 동안 계속되는 거예요. 한국인으로서는 한반도에 벌어진 동시대적인 사실에 견주어 베트남의 사태를 생각하면 훨씬 이해하기가 쉬워요. 베트남사태의 이해뿐 아니라 휴전협정이 정한 한국전쟁, 남북한 통일정부 수립을 위한 총선거 실시 합의를 어째서 미국이 거부해왔는가 하는 우리 민족 문제도 되지요. 요컨대, 한국군이 개입하게 되는 베트남전쟁은 처음부터 끝까지 미국의 의무 불이행에서 시작됐고, 당연한 결과로 남베트남정부와 미국의 패배로 끝나는 겁니다. 재미있지 않아요?

미국의 베트남전쟁 정책의 기만성

임헌영 한국 언론들은 미국정부는 베트남전쟁이 자유민주주의 대 공산주의의 전쟁이고 미국의 선에 대한 베트남의 악의 대립이라고 주장했고, 또 그러한 논리로 한국군이 베트남전쟁에 파병되었는데, 진실은 전혀 그렇지 않다는 것을 곧 알게 됐습니다.

리영희 한국 국민들만이 미국의 전쟁주의자들에게 속아 넘어간 것이 아니에요. 미국 국민들도 그렇고, 전 세계가 미국의 엄청난 기만·사기·허위·날조, 또는 과장된 선전에 속았던 거예요. 이걸 보시오. 이 문서는 베트남전쟁에 대한 미국정부의 허위사실들을 드러낸 유명한 '미국 상원외교위원회의 베트남전쟁 공청회 의사록'이에요. 이 책을 보시오. 이것은 또 베트남전쟁의 전체 과정을 통해서 미국 군부와 정부와 정보 당국자들이 미국 국민에게 제시하고 전세계에 주장했던 베트남전쟁의 크고 작은 문제들이 거의 완전하게 거짓말이었다는 사실을 폭로한 유명한 『펜타곤 페이퍼』(베트남전쟁에 관한 미국 정책기관의 최고 극비문서 모음집)입니다. 나는 한국의 외교 전문가들이나 그 분야의 교수들이나 지식인들이 이와 같은 미국 상원 공청회 기록이나 『펜타곤 페이퍼』라는 것이 있다는 것도 전혀 모르고 있을 때, 그것들을 전부 입수해서 중요한 부분들을 기사화했어. 그러니까 베트남전쟁이 얼마나 미국 자본주의의 식민주의적·제국주의적 의도의 표출이었는지를 소위 베트공이나 호지명 쪽의 자료가 아니라, 미국정부와 의회, 미국 국방부의 최고 기밀문서 그 자체를 동원해서 입증해나간 거예요. 내가 내 자랑을 하는 셈이 돼서 좀 뭣하지만, 이런 최고 비밀문서를 수없이 입수해서 다른 언론기관이 감히 생각조차 할 수 없는 베트남전쟁에 관한 진실을 밝히려고 무던히 애를 썼어.

그런 실례를 한두 가지 얘기해보는 것도 좋을 거야. 한국이 한국인에게 손가락질 한 번 해본 일이 없는 베트남인들을 죽이기 위해서 연 몇십만 명의 군대를 파병하게 된 계기와 배경을 아세요? 물론 모르겠지. 모르는 게 당연하다구. 그것은 1964년 8월 2일에 일어난 소위 '통킹만 사건'을 계기로 미국이 월맹에 대한 무차별 전면공습을 개시한 1965년에 들어서예요. 그런데 이 '통킹만 사건'이라는 것은, 미국 군대가 얼마나 치밀하게 허구를 날조했는가 하는 것을 보여주는 가장 큰 날조사건이야. 쉽게 말하면, 월맹 수도인 하노이의 외항인 통킹만에서 미국 해군 구축함 매덕스호와 터너 조이호가 공해상에서 어느 날 순찰을 하고 있는데, 월맹 어뢰정이 야밤에 그 공해상에서 그 구축함에게 어뢰 공격을 가했다는 거요. 미국은 이것이 공해상에서 일어난 미국에 대한 중대한 도전이라고 전 세계에 발표해요. 이것을 구실로 삼아서 미국 군부와 전쟁주의 세력은 의회 상하 양원에서 월맹에 대한 '대통령의 무제한의 전쟁수행권한'(Presidential War Power Act)을 부여하는 결의안을 통과시켰어. 말하자면, '선전포고' 격이지. 이 권한을 거머쥔 전쟁주의 세력과 미국 군부가 월맹에 대한 소위 북폭(北爆)이라는 무제한의 전면폭격전쟁을 개시함으로써 남베트남에서만 진행되던 미국의 전쟁을 북베트남까지 확대하는 거야.

그런데, 들어보시오. 이 미국의 베트남 전면전 확대의 계기가 되었던 소위 월맹 어뢰정의 미국 구축함 공격이라는 것은, 그 사건 1개월 전부터 미국 해군과 최고 전쟁기획 당국에서 만들어낸 완전한 가공의 시나리오에 따른 것이지. 훗날 미국 의회 내에서 폭로가 돼요. 이런 중대한 조작사건을 비롯해 헤아릴 수 없이 많은, 미국의 월남전 정책 이면에 은폐된 흉악한 사실들이 1972년에 『뉴욕 타임스』와 『워싱턴 포스트』에 의해 폭로되어 전 세계에 보도된 이 『펜타곤 페이퍼』에 낱낱이 기록돼 있어요. 우리 지식인들이 침략전쟁이나 전쟁 모험주의자들이 국민의 생명을 담보로 집단적·계급적, 또는 국가적 이기주의에 바탕해서 저지르는 전쟁행위에 대해서 언제나 날카로운 의식과 예민한 감각을 가지고 감시해야 한다는 사실을 이 『펜타곤 페이퍼』가 말해주고 있어.

합계 250만 자로 47권, 4,000페이지에 이르는, 미국의 베트남사태 개입 첫날부터 1971년까지의 방대한 극비문서가 어떻게 언론에 공개되기에 이르렀는가? 나는 여기서 정의를 사랑하는 지식인 일반은 물론, 특히 언론인의 표본을 본 거예요. 그 중심 인물은 대니얼 엘스버그라는 젊은 학자인데, 그는 열두 사람의 동료와 함께 맥나마라(Robert S. McNamara) 국방장관의 지휘로 미국의 베트남사태·전쟁개입의 역사를 서류로 정리하는 임무를 맡았어. 그 작업을 하는 동안 미국이 베트남전쟁 과정에서 발표한 모든 것이 거짓말이라는 것, 날조·확대·축소·조작된 사실이었다는 것을 알게 돼요. 엘스버그가 양심의 가책을 받고 지금까지 수많은 전쟁에서 젊은이의 목숨을 볼모로, 오로지 미국 소수집단의 이익을 위해서 각종 거짓말을 종합해 만들어서 많은 사람들을 희생시켰다는 이 문서를 『뉴욕 타임스』와 『워싱턴 포스트』에 복사를 해서 누설합니다.

『뉴욕 타임스』의 첫날 보도가 나니까 미국정부가 즉시 보도금지 가처분신청을 해서 일단 보도 정지됐어. 신문이 이의를 제기해서 제1, 2심을 거쳐 끝내 대법원은 "국가의 위신과 이해관계와 국민의 생명이 더 심각하게 위험에 처해질수록 그 전쟁의 진실을 국민이 더 잘 알아야 한다"고 판결했어요. 이는 무소불위의 군부세력과 제국주의적 전쟁에서 이익을 챙기는 막강한 미국 내 각종 전쟁주의자들에게 미국의 법이 제동을 건 거요. '국민의 알 권리'를 보호한 판결로 전 세계의 박수를 받았고 다방면에 걸친 교훈을 남겼어요. 나는 엘스버그와 같은 인텔리겐치아를 존경하고, 바로 그런 역할을 할 수 있는 지식인의 한 사람이기를 다짐하면서 베트남전쟁 시기를 살았습니다.

남북 베트남 인민의 사랑을 받은 호지명

임헌영 저는 호지명 전기를 읽고 너무 감동스러웠습니다. 세계의 여러 혁명가 중에서도 우리나라가 요망하는, '참으로 우리나라에 있었으면' 하는 지도자의 전형을 그에게서 느꼈습니다. 1969년, 제가 『경향신문』 주간지에 근무할 때 호지명이 죽었는데, 우리나라 신문들도 거의 비난을 안 했어요. 우리와 싸우던 대상이었는데 왜 욕하지 않을까 의아해했는데, 전기를 보면 누구도 용훼할 수 없는 인물임을 알게 되었습니다. 월남이란 나라에 한국군이 파병되지만 정작 우리가 얻은 건 민족주체성의 소중한 가치인 것 같습니다. 월남전 소재 소설들은 한결같이 당시 우리가 결여했던 민족의식을 그리고 있습니다.

리영희 호지명의 인격과 사상과 민족사랑의 정신에 대해서는 임 형뿐만 아니고 나 또한 그렇고, 미국의 소수의 전쟁광과 극우 반공주의자들을 제외하면, 전 세계의 선량한 사람들이 다 같은 경의를 표했어요. 베트남전쟁 중에도 그랬고, 그가 사망한 지 몇십 년이 지난 지금에도 그의 인간과 지도자로서의 위대함에 대한 세계의 높은 평가에는 변함이 없습니다. 대단한 지도자였지요. 나는 1990년대 중반에 베트남을 처음으로 방문했을 때 하노이에 있는 호지명 박물관, 전쟁기념관, 그리고 호지명 묘소를 두루 돌아봤어. 그가 평생 베트남의 지도자로서 살던 관저, 대통령궁이라는 것이 얼마나 검소한지 이루 말할 수가 없어요. 그의 대통령 집무실과 침실이라는 것이 야자수 목재를 엮어서 만든 남방 특유의 구조인데, 무슨 자그마한 방갈로 같았어. 베트남 인민들이 호지명을 '호지명 대통령'이니

40년 동안 고통을 무릅쓰고 글을 써온 목적은 한 사람의 소유물일 수 없는 진실을 이웃과 나누기 위해서였다.

'호지명 각하' 따위의 경칭으로 부르지 않고, 마치 집안 어른 대하듯 '호지명 아저씨'라고 부른 연유를 알 수 있었어요. 정말 감동적이었어.

 '한국 국민이 이런 지도자를 한 번만 가져볼 수 있으면!' 하는 생각을 그 자리에서 하게 되더라구. 그의 시신이 보존되어 있는 묘소도 아주 간소하고, 아무런 장식도 허식도 없는 건축물이었어. 그런 곳에 모셔져 있는 그의 유해를 경배하는 베트남 인민대중의 행렬이 아침부터 저녁까지 그치질 않더라구. 나는 그 몇 해 후에 북한을 방문한 기회에 김일성의 묘소에 안내받아서 참관한 일이 있는데, 그 화려함과 규모의 거대함과 참관인들을 주눅 들게 하는 여러 가지의 인위적 장치와 음향 등에 나는 그만 압도당해버렸어. 물론 김일성도 훌륭한 독립투사였던 것이 사실이오. 그리고 미국과도 싸운 사람이고. 그리고 북한 인민대중에게는 사랑과 존경을 받는 것 역시 사실이에요. 하지만 호지명 묘소를 참관하면서 내 마음에 자연스럽게 우러나온 경외감이 북한의 그분 묘소를 참관하면서는 우러나오지 않았어.

그런 민중의 존경과 사랑을 한 몸에 받은 그러한 위대한 지도자가 있었기에 베트남 인민은 세계 최대 최강의 미국 군대를 물리칠 수 있었을 거예요. 그런데 또 한 가지 중요한 사실이 있어. 우리 남한의 한국인들이 베트남전쟁을 이해할 때 허심탄회한 심정으로 대해야 할 일이에요. 미국과 한국정부나 국민들이 소위 '자유민주주의 반공국가'라며 어떤 동질감으로 군대를 파견했던 사이공정권의 모든 분야의 지배세력과 개인들은, 100년에 걸쳤던 불란서 식민지 시기와 태평양전쟁 당시 일본 지배 아래에 있던 4년 동안, 그리고 그 후 미국의 반식민지가 된 시기에, 거의 예외 없이 불란서 식민당국과 일본 식민당국에 빌붙었던, 한국식으로 말하면 '친일과 반민족행위자'들이었어. 실례로, 200만 사이공정권의 소위 '자유반공 군대'의 장교단에서, 과거 불란서와 일본 식민지시대에 민족독립해방 운동을 한 사람은 육군 중령 한 사람이 있었을 뿐이야. 이 중령에 관한 얘기를 미국 극비문서 속에서 봤는데, 지금 그 이름은 기억이 안 나는구만. 어쨌거나 남베트남 군대는 실질적으로 외세의 용병이나 괴뢰군대였어.

이와는 반대로 우리가 흔히 남베트남의 저항세력으로 '베트공'이라고 부르는 '민족해방전선'군과 호지명 휘하 베트공 세력의 중추 지휘부인 민족해방전선 중앙위원회 31명은 한 사람의 예외도 없이 과거에 항불·항일, 그리고 물론 현재의 항미 독립투사였어! 그 인적 구성을 보면, 정통적인 독립운동가들이 있는가 하면, 대학교수, 여성운동가, 간호사, 각급학교 교사 등 지난날의 민족해방투사들뿐이에요. 그들 31명의 경력을 보면 한 사람도 식민지시대에 형무소를 가지 않은 사람이 없어!

이 사실 하나만을 두고 보더라도, 베트남 인민이 소위 외세의존·반공주의 사이공정권과 민족해방세력 사이에서 어느 쪽에 더 민족적 동질감을 느끼며, 어느 쪽에 더 충성을 보낼 것인가 하는 것은 자명한 일이 아니겠어요? 앞서 내가 말한 아이젠하워 대통령의 제네바협정 공약을 폐기한 이유로서 83퍼센트의 남북 베트남 인민이 반공 자유민주정부라는 베트남정권을 지지하지 않고, 공산주의자인 호지명과 그 세력을 지지하고 충성을 바치는 까닭을 알 수 있지 않아요? 이 사실은 그 동일한 시기에 왜 미국이 한반도의 통일선거를 거부했느냐 하는 문제나, 지금 현재 아프가니스탄이나 이라크에서 왜 미국이 그 막강한 군대와 그 절대적인 힘을 가지고서도 그 지역 인민의 지지를 받지 못할 뿐만 아니라 배격을 받을 수밖에 없느냐 하는 문제와도 궤를 같이하지요.

임헌영 그러나 미국은 드골의 충고를 받아들이지 않지요. 이번 이라크전쟁도 마찬가지지만. 저는 이라크전쟁은 끝난 것이 아니라 이런 증오와 정복의 자세로 일관하면 앞으로 몇백 년의 전쟁이 될 것이라고 봐요. 21세기 들어서서 최초의 가장 비인도적이고 반문명적인 전쟁을 미국이 감행한 것이라고 생각합니다.

리영희 미국은 자기정의감에 완전히 마취된 상태로 허우적대면서 베트남전쟁에 들어간 거지. 자기의 힘만 믿고. 이라크도 그렇고.

임헌영 이라크전쟁이 석유를 탐낸 것이라면 베트남전쟁의 경우는 뭘 봤겠습니까? 어떤 이득을 노린 걸까요?

리영희 아시아에 또 하나의 '반공군사 전초기지'를 만들려는 것이지. 남한과 꼭 같은 성격과 기능이지. 1948년부터 미국은 중공과 소련, 동유럽 사회주의권을 섬멸하는 계획으로 유럽에서는 북대서양동맹기구(NATO)를, 이슬람 국가들을 포함시킨 아랍세계에는 중부방위조약기구(CENTO)를, 그리고 동아시아에서는 소련과 북한, 중공을 조이기 위한 동남아방위조약기구(SEATO)라는 것을 구축했어. 그러면서 남한과 일본을 거쳐 알래스카까지 연결하는 아시아 '대(對)공산 군사 포위망'을 구축하는데, 그때 동아시아의 약한 고리가 베트남이란 말이야. 그러니까 베트남을 놓치면 버마(미얀마)·라오스·캄보디아가 공산권으로 넘어간다는 논리였어요. 소위 '도미노이론'이라는 것인데, 패 하나가 쓰러지면 그 쓰러지는 패의 충격으로 모든 패가 줄줄이 쓰러진다는 게임의 이론이지요.

이 '도미노이론'이라는 것을 가지고 미국이 베트남전쟁을 정당화하려고 기를 썼는데, 그것이 얼마나 허무맹랑한 이론인가 보시오. 베트남이 호지명에 의해 통일된 뒤 그 지역의 어느 한 나라인들 도미노 패처럼 공산화된 사실이 있어요? 하나도 없는 거야! 결국은 어느 국가든 그것이 다른 강대국의 괴뢰적 성격이고, 인민대중의 복지와 이익을 도외시하고 국민의 권리를 짓밟고 소수 집권세력들만이 사리사욕을 취할 때, 그 국가는 공산화하게 마련이에요. 그때 공산주의가 된다는 것은 인민이 바로 정의를 선택한 행위지. 미국이 보호하고 지원했던 괴뢰적인 국가들은 다 내부적으로 부패하고 범죄적이고 타락했으니까.

임헌영 미국이 그 인구로 세계를 지배한다는 것이 저로서는 이해가 되지 않습니다.

리영희 로마제국도 그렇고, 심지어 개인의 경우도 힘에 도취되면 그 주체는 이성을 상실하게 돼요. 폭력의 전능성에 대해서 자기도취가 된 나머지, 미국이 자기비판을 할 이성적 기능을 상실하게 된 거지요. 베트남전쟁에서 우리는 많은 교훈을 얻어야 해요. 불행하게도 한국인들은 그 전쟁을 '반공성전'으로 착각한 탓에 아무런 교훈도 얻지 못한 거요. 한국인들의 머리는 시효가 다 지난 '반공주의'라는 마취제에 아직도 정신을 못 차리는 상태요. 가련하지.

어째서 미국이 그렇게 치욕적인 실수와 과오를 저지르고, 세계 인류의 규탄을 받으면서 마침내 미국 건국 이후 최초의 패전으로 베트남전을 마치게 됐느냐 하는 데는 그만한 이유가 있어요. 베트남 인민들 내부의 실정은 앞서 설명한 바와 같으니까, 이제는 미국 자신의 정신착란증을 검토해보는 게 좋을 거야. 베트남전쟁을 이끌었던 미국정부의 맥나마라 국방장관은 베트남전쟁에서 패망한 20주년에 해당하는 1995년에 자기반성을 겸한 회고록을 출판했어요. 서재에서 그 책을 가져올 테니 잠깐 기다리시오……. 이 책을 보세요. 여기 있는 이 책이 『과거를 돌아보며: 베트남전쟁의 비극과 교훈』(*In Retrospect: The Tragedy and Lessons of Vietnam*)이야. 맥나마라는 어찌나 전쟁정책과 계획에 천재적인 소질을 발휘했으며, 그 사고능력이 어찌나 치밀하고 예리했는지, 미국 사람들이 그를 '면도날 두뇌' '걸어 다니는 백과사전' '초능력 소유자' 등등의 최고 호칭으로 불렀을 정도였어.

맥나마라라는 인간은 무소불위하고 만능적 능력자로 정평이 났었어요. 그런 사람이 베트남전쟁에서 패망하고 20년 동안 자기반성을 한 결과를 이 책에 담았어. 특히 우리가 주목할 부분은 어째서 미국이 원시적 농업부족 집단과 같았던 베트남 인민들에게 패배했냐 하는 14가지 항목의 자기비판을 열거한 장이 「제11장 베트남의 교훈」이에요. 이것을 요약해서 한마디씩으로 줄이면 다음과 같아요.

① 전쟁 상대방의 성격과 능력에 대한 중대한 오판.
② 소위 베트공과 월맹의 지도자와 세력에 대한 인식 부족.
③ 지나친 미국이익을 추구한 정책의 오류.
④ 미국이 지원한 '반공적' 사이공정권 지도자들의 반민중성.
⑤ 오랜 식민지 지배에 시달린 베트남 인민의 외세에 대한 반감과 해방 독립을 위한 강력한 의지에 대한 몰지각.
⑥ 베트남 민족의 역사·문화·종교·정치·생활·관습 등에 대한 무지.
⑦ 미국식 자본주의와 정치제도를 유일무이한 인류적 생존양식으로 착각한 미국의 오만과 무지.
⑧ 현대적 무기와 군사력 등 물질적 전쟁수단에 대한 과신.
⑨ 무지하지만 자주독립의 민족적 미래에 대해서 '의식화된 인민의 원초적 역량'을 과소평가.
⑩ 세계 인민들과 국제적 협조·호응을 획득하는 데 실패한 고립된 전쟁.
⑪ 미국 국민에게조차 베트남전쟁의 의의와 필요성과 정당성을 이해시킬 수 없었던 정책적 실패.

⑫ 미국정부와 군부, 각 분야의 지도자들의 전지전능을 과신.
⑬ 전쟁수행 예측이 빗나갔을 때에 정부 내 각 분야의 협동 능력의 상실과 정책적 혼동.
⑭ 미국 건국 이후 불패의 군사적 역사에 도취하여 그 밖의 모든 요소들을 무시했던 힘의 오만.

얼마나 한심한 얘기야? 이런 말을 하는 건 좀 주저되지만, 지금 천재적 전략가·정책가라고 하는 맥나마라가 전쟁 25년 후에야 비로소 깨달은 베트남전쟁에 대해 미국이 저질렀다고 자인한 이 14가지 실책을, 베트남전쟁 기간인 1960년대에 『조선일보』 외신부장과 1970년대 한양대 교수로 있던 나는 하나도 빠짐없이 정확하게 인식했고, 전쟁 결과 역시 예측하고 있었던 거요. 어떻게 이렇게 멍청할 수가 있어. 미국 국방장관이라는 자가!

추악한 침략전쟁의 이면

임헌영 1966년 한 해 동안만 63만 8천 톤의 폭탄, 야포탄이 50만 톤으로 태평양전쟁 때 쏟아부은 65만 톤의 2배, 6·25 때의 3배에 해당하는 무기들을 월남에 쏟아부었다는 등의 치밀하게 조사된 자료가 선생님 글에 제시되어 있습니다. 그런데도 어떻게 월남이 버텨냈는지, 그 밑바닥의 민족의식이 놀랍지요. 최근에 연감을 보니까 우리나라보다 서구지배의 역사가 훨씬 긴데도 가톨릭이 10퍼센트 미만이고 불교가 80퍼센트 이상 된다고 합니다. 참으로 변하지 않는 민족적인 것을 느낄 수 있어요.

리영희　임형이 지금 말한 것과 같은 베트남전쟁의 많은 불가사의는 세계의 누구나가 한결같이 생각하는 것이에요. 한국 국민들에게는 그런 막강한 미국에 대해서 짚신 신고 화승총 같은 것을 메고 대항한 베트남 인민이 승리한다는 것은 상상을 초월한 사실이었지. 그런데 방금 내가 열거한 것과 같은 맥나마라 국방장관의 때늦은 자기비판을 듣고 보면, 하나도 불가사의한 것이 없다는 것을 깨달을 거예요. 한국인들은 미국의 물질적 힘만을 이해할 줄 알고 그것에 의존하려고만 하지, 그 물질적 힘을 제외한 나머지의 그 많은 요소와 덕성을 지닌 약소민족 인민대중이 지니는 힘을 불행하게도 이해하지 못해요. 해방 이후 반세기 동안을 오로지 미국의 사고방식에 길들어버린 한국인들은 진정으로 강력한 인간의 사상과 힘을 모르고 있어! 이것이 한국인들 머릿속에 긴 세월에 걸쳐서 주입된 미국식 사고방식의 해독이라고!

남한과 북한 동포들 사이에서도 맥나마라가 자기비평을 한 힘의 논리와 정신적·인간적 요소의 논리가 대립적으로 존재하고 있지 않아요? 우리는 소위 미국이 주장하는 북한의 '핵문제'를 놓고서 지난 20년 동안 그런 대립적인 힘의 요소를 목격하고 있어요. 그것뿐인가요? 아프가니스탄과 이라크의 그 보잘것없는 인민대중이 미국의 힘에 대항하는 장렬한 모습과 온갖 거짓으로 세계 최강의 군대를 동원해서 전쟁을 감행한 미국이 현재 직면하고 있는 상황에서도 그것을 우리는 보고 있지. 난 베트남전쟁에서 맥나마라를 비롯한 미국 권력집단이 값비싸고 쓰라린 교훈을 얻은 것과 마찬가지로, 이런 일련의 국제정세 속에서 한국 국민들도 고귀한 교훈을 찾아야 한다고 생각해. 그래서 나는 그런 교훈을 한국인, 특히 '무지몽

매'한 한국 지식인들에게 전하려고 많은 글을 발표하고, 많은 강연을 했지.

임형이 나의 글에서 인용한 '포탄, 야포탄, 총탄' 따위의 물질적 요소와 별도로, 미국 내에서의 인간적·정신적 요소들도 한번 살펴볼 만한 가치가 있어요. 미국 내에서도 그 시기에 자기 국가의 소수의 전쟁모험주의자들과 제국주의자들에 의한 베트남전쟁에 반대해서 미국 역사상 최초로 반전운동이 일어났거든. 한 예로, 미국 전체 대학생의 25퍼센트가 베트남전쟁 소집장을 거부했어. 게다가 베트남전쟁 기간 중에 27만 명의 미국인 청년과 대학생들이 징집을 피해서 국내에 잠적했거나 외국으로 일시 망명했어요. 이런 사실을 한국인들은 그 당시에 전혀 몰랐어. 그 27만 명 가운데 훗날의 빌 클린턴 대통령이 들어 있었어. 그중에 21만 명이 훗날 기소를 당했지. 심지어 미국정부는 베트남전쟁 소집을 거부하는 학생들과 탈영병을 체포하는 경관에게 25달러의 상금을 제공하는 웃지 못할 일도 있었어.

미국의 베트남전쟁이 얼마나 추악하고 정의에 위배되는 침략전쟁이었는가 하는 것은 외국의 여론이나 판단을 기다릴 것도 없어. 미국국민들의 태도에서 밝혀져요. 기록에 의하면, 베트남전쟁 기간에 무단 탈영, 도주한 병사가 자그마치 8만 4천 명이오. 베트남전쟁이 끝난 뒤에 그런 이유로 군법재판에 회부된 수만도 3만 4천 명이나 되고, 그 밖의 여러 군법 위반 행위로 불명예 제대한 수가 9만 7천 명이나 돼. 이런 숫자에서 볼 수 있듯이, 미국 군인·청년·학생들은 자기네 국가 위정자들의 범죄행위에 대해서 눈물겨울 만큼 투쟁했다고! 그것으로 말미암아서, 1960년대 말에서 1970년대 초에 걸쳐 미국 국민의 전국적이고 대대적인 반전 평화운동이 전개됐어.

베트남이라는 나라가 지구상 어디에 붙어 있는지도 모르는 남한의 청년들이 돈벌이를 위해서 미국의 용병으로 파견되었을 때에, 한국정부와 극우 반공주의 언론들은 마치 전 세계 국가와 민족들이 베트남전쟁에서 미국을 지원하는 줄로 착각했어. 미국의 압력에 못 이겨 군대를 파견해, 그따위의 범죄적인 전쟁에 협력한 나라는 남한 이외에 필리핀, 태국, 오스트레일리아 세 나라밖에 없어요. 한국에서 상시 5만 명의 전투부대를 보낸 것과 달리, 이들 나라에서 보낸 병력은 포병·공병·병참 등, 천 명 내지는 최고 3천 명 정도였어요. 그 밖의 다른 국가들은 미국의 압력에도 불구하고 파병을 거절했어. 영국은 혈연적으로나 인종적으로나 역사적으로 미국의 전쟁협력자가 아닐 수 없는 처지인데도, 마지못해 '유니온 잭'(영국 국기)을 앞세운 의장대 6명만을 파견했어. 600명도 6천 명도 아닌 단 6명이오! 사이공 공항에서 외국 귀빈을 맞이하는 의장대요. 수없이 많은 국제법 위반과 정치적 관례와 상식을 뒤엎는 행위들이 많았어. 나는 정말 베트남전쟁 기간 중에 오로지 미국 지배집단의 이 같은 범죄적 행위를 연구하고, 우리 한국의 극우 반공적 언론통제의 쇠사슬을 뚫고 진실의 편린이나마 전달하고자 무진장 애를 썼어요.

임헌영 그때 베트남 갔던 기자들 중에서 『뉴욕 타임스』 특파원인 심재훈 씨는 쫓겨왔다고 들었어요. 술 마시면서 군 장교를 향하여 오늘 양민 몇 사람 죽였느냐고 따졌다던 이야길 들었습니다.

리영희 한국 군대가 1965년에 파견돼서 1975년 미국의 패전으로 철수하는 10년 동안 한국 취재기자들 수십 명이 교대했지만, 그

중에서 조금이나마 신문기자답게 제대로 보고 쓴 사람은 극소수입니다. 심재훈 씨가 지금 임형이 말한 그런 시빗거리를 가지고서라도 한국군 파병에 대해서 소극적이나마 이의를 제기했던 케이스가 되겠지. 나머지 대부분의 특파원들은 한국군이 주는 특혜를 받고, 전선이라고는 한 번도 나가본 일 없이, 사이공의 호텔에 앉아서 외국통신 기사나 보고 베껴서 기사를 보내는 것이 고작이었어. 그리고 그 기사라는 것이 하나같이 한국 군인들의 용맹성이라든가 베트남 인민들이 한국군을 좋아한다든가 따위의 시시한 내용들이었어요. 외국의 특파원들은 전투지에 직접 나가 취재하고, 또 전쟁 중에 희생된 사람도 많이 있었지만, 유독 한국 특파원만은 사이공 시내의 호텔 안락의자에 편안히 앉아서 가상적인 전투기사를 써 보냈어요.

나는 직업정신에 반하는 한국 기자들의 이 같은 행동들을 멸시했어. 우리 정부와 군은 마치 한국군이 베트남 인민의 환영을 받는 것처럼 위장하기 위해서 많은 노력을 했지. 그 한 가지가 각 신문사의 부장들을 교대로 베트남에 데리고 가서 환대를 베풀고, 주지육림에 빠뜨렸다가는 돌아오게 했어요. 정치부장을 필두로 경제부장·사회부장·문화부장·편집부장 등을 번갈아가며 그런 식으로 타락시켰던 거요. 물론 그 부장들 자신이 십이분 타락할 용의가 있었기 때문에 그랬지만 말이오. 어떤 정치부장이 돌아올 때는 트렁크 속에서 녹용이 한 보따리 나오기도 했어. 이런 추태들이 보도되기도 했지요.

그런 과정에서 물론 각 신문사의 외신부장에게도 순번이 돌아왔지. 그러나 나는 무고한 베트남 인민들을 살상하는 한국 군대가 베푸는 그런 목적의 현지여행을 수락할 생각이 없었어. 두 번이나 그런 외신부장의 베트남 '위문 여행'이 있었는데, 나는 두 번 다 참석을 마다했어. 나로서는 자기 동포를 죽이는 나라의 인간으로서 베트남 인민들의 적개심의 대상이 되고, 미국 군대의 용병으로서 베트남 인민들의 멸시를 받을 거라는 것을 알았기 때문에, 베트남 인민들을 만나기가 부끄럽고 두려웠어. 지금도 친하게 지내는 『동화통신』의 이왈수(李曰洙) 외신부장과 『경향신문』 서동구(徐東九) 외신부 차장, 두 사람을 불렀어요. "나는 안 가겠는데 어떻게 하겠냐, 베트남전쟁에 갔다 와서 진실을 말 못 하고 거짓으로 말하거나 해야 하는, 저널리스트의 실천윤리하고는 너무나 동떨어진 출장일 것 같다"고 했지요.

미군 측도 한국 신문사 부장들을 베트남전쟁을 총괄하는 태평양사령부가 있는 하와이에 여러 번 초대했어. 한마디로 '세뇌 여행'이지. 나는 이 초청 역시 거절했어요. 하여간 나로서는 베트남전쟁을 정면으로 규탄하거나 반대하는 글을 쓸 수는 없지만, 적어도 나의 직업적 기능과 관련해서 할 수 있는 소극적인 의사표시는 했지요. 외국 신문이나 지식인들의 베트남전쟁 비판을 골라 실은 것도 그런 의사표시의 하나였지. 예를 들어, 영국의 버트런드 러셀 경이나 불란서의 사르트르, 또는 미국의 촘스키와 같은 저명한 베트남전쟁 반대론자의 글과 발언을 외신 면에 전재함으로써 나의 의사를 대변하려고 노력했지.

우리 정부와 군이 나의 베트남전쟁 비판에 대해서 결정적인 조치를 취하려고 마음먹기 전인 1967년경이었다고 생각돼요. 모든 한국 신문이 밤낮 소위 베트남 종군기자들의 어용성 '죠찡(提燈) 기사'만을 실으니까, 독자들의 불신을 받게 되었어. '죠찡 기사'는, 당시 언론계에서 쓰이던 일본식 신문용어로, 정부의 홍보와 아첨으로 일관된 기사를 말해요. 우리 국민들도 베트남전쟁이 여러 해 지난 즈음에는, 외국 언론기관의 일반적 반응이 월남전 반대로 기울어져 있다는 것을 차츰 눈치를 챘어요. 우리 정부나 군 당국도 오로지 홍보식 기사만을 갖고는 국민들을 납득시킬 수 없다는 사실을 깨닫게 됐지요.

바로 이 무렵, 중앙정보부에서 나를 회유하기 위해서 하나의 도전적인 제안을 해왔어. 뭔가 하면, 나에게 두 달 동안만 베트남 취재를 가달라는 것이었어. 꼭 한국군의 용맹성이라든가 한국군이 베트남 국민의 사랑을 받는다든가 하는 따위의 글이 아니라도, 약간의 비판적이면서도 무난한 정도의 기사를 두세 번 보내달라는 것이지. 현장에 갈 필요 없이 편히 쉬면서 일주일에 두어 번씩 '한국군 잘하고 있다'는 활동상황을 적당히 보내달라는 겁니다. 보수는 『조선일보』 외신부장 월급 외에 월급의 3배를 더 주겠다고 하더군. 그리고도 현지의 활동비는 따로 주겠다는 겁니다. 나는 거꾸로 정보부에 제안을 했어요. 내가 민간 저널리스트로서 자유롭게 취재하고 보고 느낀 것을 쓰고, 당신네들이 나의 인격과 직업적 윤리를 받아줄 수 있다면 가겠다고요. 결국 안 가게 됐지요. 뻔하지.

중앙정보부의 제안을 받은 날 저녁에, 나는 이미 그따위 제안은 거부한다는 결심이었지만, 그래도 집에 돌아와서 아내에게 그런 제안이 있었다는 얘기는 전했지. 가타부타 자기 의견을 내세우지 않는 아내의 일상적인 태도에 따라 그 문제에 대해서도 "당신이 알아서 결정하세요"라고만 대답하더군. 여러 해 뒤에 이 문제가 기억에서 사라진 어느 때인가, 아내가 그때의 이야기를 꺼낸 일이 있었어.

아내는 그때 여섯 식구의 생활 형편이 참으로 말이 아니었던 시절이어서, 남편이 그런 엄청난 제의를 받았다는 얘기를 듣고 속으로는 '제발 가졌으면' 하고 생각했다는 거예요. 아내로서는 충분히 그럴 수 있었다고 생각돼. 외신부장이라야 월급 4만 원도 될까 말까 한 때였으니, 노모를 모시고 세 아이를 키우는 아내로서는 당연히 그런 생각을 했을 거예요. 그 이야기를 들었을 때 나는 나의 직업적 윤리와 개인적 신념 때문에 너무 고집을 부렸었나 하는 가벼운 후회도 없지는 않았어.

나는 베트남전쟁 끝에 하나의 확고한 의견을 갖게 됩니다. 미국 자본주의는 그 본성으로 인해 국제사회에서 잔인무도할 수밖에 없다, 약소민족에 대한 전쟁 없이는 그 제국주의적 경제·정치·군사·과학기술체제를 유지할 수 없다는 확신이에요. 베트남전쟁이 그 노골적인 본보기이지만, 이미 그때에는 라틴아메리카의 10여 개 약소국을 잇달아 군사적으로 침범·점령했고, 약소후진국들이 조금이라도 민주적 복지와 자립적 경제정의를 추구하려고 하면 그런 정권들은 미국이 뒷받침하는 반동적이며 미국에 예속된 군부로 하여금 쿠데타를 일으켜서 전복시켜 왔어요.

그 대표적인 예가 쿠바와 카스트로정권 타도공격이지요. 제2차 세계대전 이후 라틴아메리카에서 가장 깨끗하고, 공정하고, 민주적인 선거를 통해서 사회주의정권을 세운 칠레의 아옌데 대통령 정권에 대해 미국은 역시 같은 음모적 수법으로 대통령을 사살하고 미국 예속 군부쿠데타를 조장하여 사회주의정권을 전복시킵니다(1973). 아르헨티나 군부쿠데타(1976), 볼리비아(1980), 과테말라(1983), 아이티(1988), 파나마(1989), 콜롬비아(1989) 등 열거하면 끝이 없어. 이것이 민주주의·정의·자유를 내세우는 '미국이라는 나라'요. 나는 한국인의 미신인 미국(美國)이라는 국가의 지배적 본성의 추악함을 깨우치는 노력을 나의 임무의 중요한 항목으로 삼았지. 오늘의 아프가니스탄, 그리고 이라크전쟁을 보시오. 이것이 나의 연구와 집필의 주요 동기였어. 이 모든 추악한 행위의 근본 동기는 미국 자본주의의 투자와 시장 확보와 미국 기업의 무한정적인 경제력 장악을 위한 것이지. 미국 자본주의의 목적에 조금이라도 제동을 걸거나 자주적이고자 하는 인민과 정권을 미국 자본주의는 결단코 용납하질 않는다구.

라틴아메리카에서뿐만이 아니지. 동남아시아에서나, 특히 아랍세계의 많은 국가와 정권들에 대한 미국의 음모 공작이나 노골적인 전쟁행위가 모두 이 동기와 목적에 속하는 것이오. 이런 미국의 본질을 50년 동안의 연구를 통해서 너무나 구체적으로 파악하고 있는 나로서는, 베트남전쟁뿐만 아니라 그런 사태가 벌어질 때마다 미국 자본주의에 대한 끝없는 저주가 내 마음속에 분노로 타오르곤 해요.

폴 베를렌의 시를 읊던 김일성종합대학 교수

임헌영 『조선일보』 외신부장으로 재직하실 때 접하신 당시 국제정세의 뒷이야기가 많았을 것 같습니다.

리영희 나는 1960년대 중반에 들어서서 미국과 소련 사이에 데탕트 기운이 돌기 시작하는 것을 이미 감지하고 있었고, 냉전 해소의 훈훈한 바람 속에 동구라파의 사회주의국가들도 상당한 정도까지 소련의 예속 상태를 벗어날 기미를 보이는 것을 느꼈어요. 원래 유럽 국가들이 가진 정서와 생활양식들이 있으니까 슬슬 독자성을 강조하기 시작한 때이지요. 마침 그런 때에 세계여자농구선수권 대회가 공산국이었던 체코슬로바키아 수도 프라하에서 열렸어요. 한국 여자농구단도 참가했는데, 그 선수단의 단장이 박신자였어. 아직 소련이 건재하던 때라서, 한국 특파원이 가는 것은 감히 생각도 못하던 때였지요. 나는 선수단이 들어갈 수 있다면 취재단도 가능할 거다, 이렇게 판단했어요. 그래서 파리와 독일을 담당했던 특파원에게 전보를 쳐서, '들어가라, 가서 취재하라'고 지시했어요. 『조선일보』 특파원, 당시는 특파원이라기보다는 통신원이었어요. 이 사람은 서울대 불문과 출신으로 서울대의 '산바가라스'(三羽烏: 삼총사. 일본어로 '특출한 세 인재'를 일컫는 말)라고 불렸던 사람 중 하나지. 또 한 사람은 이어령, 다른 사람은 누구던가?

내가 합동통신사 초기 시절 후암동의 삼촌댁에서 유숙하던 어느 겨울날 밤, 눈이 막 쏟아지는데 밖에서 큰 소리로 시를 읊고 가는 자가 있더라고. 2층에서 보니까 폴 베를렌의 시를 불란서어로 읊으며 한 놈이 비틀비틀 올라가는 거야. "Les sanglots longues des violon de l'automne……." 나는 장난기가 나길래 불어로 물었지. "야 거기 가는 자가 누구길래 야밤에 그렇게 큰 소리로 노래를 부르면서 가느냐." 그랬더니 "나 이기양이다. 나도 몰라?" 하더라고. 그 후부터 친해졌어요. 그래서 파리 간다길래 통신원 해라, 그런 거지. 그런데 정보부에서 이기양 기자가 가서 취재한 체육관계 기사는 신문사에서 직접 받아도 좋지만, 보고 듣고 느낀 다른 이야기는 완전히 자기들에게 먼저 제출해달라 그래요. 그래서 나는 좋다고 양해하고 전보를 쳐서 보냈지.

아! 그런데, 외신으로 한국농구단이 잘하고 있고 박신자가 어떻고, 경기 스코어까지 다 나오는데, 이 친구에게서는 들어갔다는 소식도 없고 게임을 취재한 기사도 안 오는 거야. 처음에 며칠은 기다리면 오겠지 했는데, 게임이 다 끝나고서도 소식이 없자, 아 이거 뭐 문제가 있구나, 가슴이 답답해지더군. 그래서 우리 정보부와 외무부와도 연락하고, 사장하고도 의논해서 세계신문인협회, 체코 공보부 장관 심지어 유엔기구까지 여러 군데로 찾아달라고 주소와 전문을 치고 그랬어요. 그런데 체코 기자협회에서 그런 한국 기자는 들어온 적이 없다는 얘기야.

나는 아차! 내가 너무 앞질렀구나, 가슴을 쳤어요. 미국 문정관 핸더슨 때도 그랬지만 내가 외신정보에 밝고 남보다 한발 먼저 상황 판단을 하다 보니, 이런 좋은 기회를 흘려보내기가 아깝다는 생각에 너무 앞섰던 거요. 내 결점이지요.

후에 온갖 노력을 해서 알아보니까, 1968년 한국사회를 떠들썩하게 하고 국제적 외교분쟁으로 확대되었던 소위 '동베를린 간첩단사건'에 이기양이 연루되었다는 것을 알게 됐어요. 정부가 발표한 대로는 '동베를린 거점 북한 대남공작단 사건'인데, 말하자면 당시의 유럽 각국의 유학생이나 저명한 남한 출신 인사들을 북한 측이 접촉해서 유럽 한인사회를 북한에 유리하게 구성하려 했던 일이에요. 정부가 그 공작의 일단을 파악하고 조금이라도 남쪽에 비판적이거나 북쪽에 친근감을 표시하는 유럽 주재 동포들을 일망타진한 사건이에요. 마취약을 뿌려 실신케 해서 부대자루에 집어넣어 끌어오거나, 그해 8·15광복절 기념식에 대통령의 특별초청이라고 속여서 데려오기도 하고, 자그마치 104명을 끌고 들어왔던 거요. 사실 국제적 '납치' 행위지. 이 104명 가운데, 독일정부 초청으로 뮌헨 세계올림픽의 주제가를 작곡했던 윤이상 선생, 또 세계적으로 존경받던 화가인 이응로 화백 같은 사람도 포함돼 있었어. 전 세계에서 한국정부의 국제법 위반과 남한 공작부대의 야만적인 해외동포 납치 범죄에 대해서 규탄의 소리가 일어났지. 특히 서독정부의 수상이었던 사회민주당 당수 빌리 브란트가 남한정부에 대해서 국교단절을 하겠다고 위협할 정도로 분노했던 사건이었어요.

이 사건은 결국 세계 여론과 서독정부의 국교단절 압력의 결과로 104명 전부를 다시 돌려보내는 것으로 일단락됐어. 대한민국이라는 국가와 정부와 그 정권은 외국에서 국제법을 노골적으로, 그리고 전면적으로 유린하면서 저질렀던 이 사건으로 얼굴에 똥칠을 하고 만 것이지. 이기양은 한국인 중앙정보부 요원이 유럽 거주 한국인들을 납치해 간다는 낌새를 알고, 체코슬로바키아를 통해서 그대로 평양으로 갔다는 것이 알려졌어. 그는 북한에 들어가서, 그 후 김일성종합대학 교수가 됐다는 소식이 있었어요.

임헌영   그렇게 되면 정부와 중앙정보부가 선생님이나 신문사에 상당한 책임을 묻지 않습니까?

리영희   내가 정보부나 외무부와 사전에 긴밀하게 협의하고 동의를 얻었기 망정이지 그러지 않았으면 큰일 날 일이지. 나에게 직접 추궁은 없었어요. 독일대사관까지 거쳐서 들어갔으니까. 다만 『조선일보』 사장이나 편집국장이 나를 못마땅하다고 생각하게 된 단초는 됐을 거예요. 베트남전쟁에 대한 나의 자세도 그렇고 하니까.

아무튼 이기양 사건과 관련해서 나는 신문기자로서의 직업적 적

성과 한 인간으로서의 옳고 그름에 대한 처신에 대해 반성을 했어요. 저널리스트로서의 문제는 하나는 긍정적인 측면인데, 그것은 나의 뛰어난 장점이기도 하지만, 동시에 결점이기도 했지요. 다시 말하면, 그 당시에 유럽은 이미 서방 자본주의 세계와 동방 공산주의 세계가 화해(데탕트)의 도도한 조류를 타고 있다는 것을 어느 한국의 저널리스트보다도 앞서서 파악을 했지요. 그렇기 때문에 뛰어난 국제부장일 수가 있었지. 하지만 그런 새로운 시대정신과 국제 정세의 물결이 한국에서 아직 일기도 전에 이기양 기자를 공산권 국가로 들여보냈다는 것은, 나의 특종 욕심이거나 다소간의 경솔함 때문이 아니었겠는가 하고 반성했어요. 나는 그 사건 이후에도 국제정세의 변화에 대한 상황 판단과 그에 따르는 행동에서 몇 번이고 같은 과실을 범했어. 뒤에 또 얘기하겠지만, 남북관계가 상당한 해빙의 단계에 들어갔던 1989년에 『한겨레』 창간 1주년 기념 사업으로 어떤 다른 신문도 감히 생각하지 못했던 북한취재 기자단 파견과 김일성 주석 인터뷰 계획을 구상했는데, 이것이 국가보안법과 관련해 문제가 되어 남북문제를 둘러싸고 한 언론기관과 정부가 일대 대결 양상으로 치달았고, 나는 국가보안법 위반 혐의로 기소되어 유죄 판결로 6개월간 구류되었다가 집행유예로 석방되었지. 나의 예리한 관찰력 때문에 언론인으로서는 놀라운 특종을 거두면서도, 또 한편으로는 어쩌면 회피할 수도 있었을 고난을 자초한 것은 아닐까 하는 자기반성과 자기비판을 하기도 해요.

푸에블로호 피랍사건의 진상

임헌영 조선일보사에 계시면서 '북괴'를 '북한'으로 표기했다는 사실은 널리 알려져 있습니다.

리영희 그랬지요. 그때까지만 하더라도 그냥 모두 당연한 듯 사용하던 것이 '북괴'라는 단어였는데, 1967년에 내가 '북한'으로 고쳐 쓰기 시작했지. 그 후 다른 신문들이 따르게 되었어요. 한 10년 후에는 정부가 공식적으로 따르게 됐고. 나는 여러 정보로, 북한이 결코 소련이나 중공의 괴뢰가 아니라고 믿을 만한 많은 증거를 갖고 있었어요. 오히려 1960년대에 중공에서 문화대혁명이 시작되자 북한과 중공 사이에 대립적인 관계가 형성되거든요. 소련이 제일 미워하는 국가도 북한이었어요. 한국사람들은 북한이 처음부터 중공이나 소련의 괴뢰인 줄로 착각하고 있었고, 또 그러기를 바라는 심정이었어. 남한 극우·반공주의의 선전이나 미국의 선전공작이 그랬으니까. 그런데 사실은 그것과는 정반대였다구. 방금 말한 것처럼 공산세계의 패권자인 소련이 그 당시에 제일 미워했던 정권과 당과 국가가 미국이 아니라 조선민주주의인민공화국이었다는 것을 한국사람들은 도무지 이해할 수가 없었고, 이해를 못 했던 것이오.

북한의 당과 군대와 정부, 그리고 지도자들이 중공이나 소련의 괴뢰가 아니라 그 두 강대국과 당당히 맞서는, 극히 자주적 존재였다는 것은 소위 '푸에블로호 피랍사건'으로 전 세계에 너무나도 분명하게 밝혀졌어.

푸에블로호 피랍사건(1968.1.23)은, 북한의 중요 해군항인 원산항에 바짝 붙어서 정찰 중인 미국 전자첩보함을 영해를 침범했다는 이유로 북한이 나포한 사건이지요. 미국이 두 척밖에 갖고 있지 않았던 전자통신 인터셉트 기능을 탑재한 세계 최첨단 첩보함 중 하나인 푸에블로호를 북한 해안선 부근에 상시적으로 배치해, 북한의 군사적 정보를 빼내려 하고 있었어요. 함장은 부커라는 소령이었어. 부커 이하 36명의 최고 전파스파이 기술요원들이 배와 함께 다 끌려갔어요. 북한군은 이때에 몇 차례에 걸쳐서 푸에블로호가 북한 영해 안으로 침범했다고 경고했어요. 그런 사태가 계속될 때에는 나포하겠다고. 미국은 그때 푸에블로호가 영해를 침범하지 않았고 공해상에 있었다며 항의했지.

당시의 국제해양법에 따르면, 영해를 최저기저선(간조 시에 드러나는 육지의 선)을 기준으로 설정했어요. 이것이 영해에 대한 첫 번째 원칙인데, 미국 같은 강대국들은 최저기저선에서부터 6마일까지를 영해라고 주장한 반면, 북한 등 제3세계의 약소국들은 전부 최저기저선에서부터 12마일까지를 영해라고 주장했지. 그런데 두 번째 원칙이 뭐냐 하면, 그 안에 섬이 있을 때에는 그 섬에서부터 다시 계산해야 된다는 것이오. 원산만 앞바다의 경우, 만의 입구 남북으로 웅도(熊島), 려도(麗島), 신도(薪島), 모도(茅島) 등의 작은 섬들이 있는데, 이게 영해 안에 들어와 있기 때문에 그 섬에서부터 다시 바깥으로 영해를 그어야 하는 겁니다. 이것이 영해에 대한 두 번째 원칙인데, 미국은 이 두 번째 원칙은 무시하고, 푸에블로호가 원산만의 최저기저선에서부터 6마일 선 밖 공해에 있었다고 주장한 거지. 그러나 섬들을 연결한 선을 기준으로 영해를 계산하지 않고, 설사 미국 측의 주장대로 6마일을 기준으로 한다고 해도, 푸에블로호는 영해 안에 들어와 있었던 것이오. 미국의 주장을 따르더라도 푸에블로호가 북한 육지에 얼마나 가까이 바짝 붙어 있었는가를 알수 있지. 어떤 적성국이 미국 허드슨만이나 어떤 중요해군기지 항구에 그런 영해이론으로 들어와서 군사작전통신을 도청한다면, 미국은 아마 경고도 없이 격침시켰을지도 모르지. 선전포고감이지. 이런 경위로 북한 해군이 몇 번의 '영해침입경고' 끝에 푸에블로호를 원산항으로 나포한 사건이 일어났지. 이에 미국이 '북한이 공해에 있던 미국의 군함을 불법으로 나포해갔다'며 석방 압력을 가했어. 핵항공모함 두 척을 포함해서, 합계 25척의 군함으로 구성된 제77기동함대를 원산만 앞바다에 배치시킨 겁니다. 전쟁 직전의 위기 사태가 조성됐어요.

미국이 푸에블로호를 구출하기 위해서 시도해보지 않은 방법이 없었습니다. 그 당시 미국은 소련과 '밀월관계'에 있었기 때문에, 미국은 앞서 말한 바와 같은 막강한 제77기동함대를 원산 앞바다에 배치시켜놓고 군사적 위협을 가하는 한편, 소련정부로 하여금 북한에 압력을 가해 푸에블로호를 반환하고 선원을 석방토록 하라고 한 거예요. 미국은 북한을 소련의 '꼭두각시' '괴뢰국가' 정도로 보고, '대소련'의 압력이라면 한마디로 굴복할 것으로 기대했던 거야. 만약 상황을 거꾸로 설정해서, 남한의 인천 앞바다에 들어온 소련 '푸에블로호'를 남한이 나포했을 때, 소련이 미국정부에 남한정부에 압력을 넣어 선원을 석방토록 했다고 상정해봅시다. 남한정부나 군이 감히 워싱턴의 명령에 거역할 수 있었겠는가! 이 비유를 생각해보면, 북한과 소련 사이의 관계와 남한과 미국과의 관계에 차이가 어떻다는 것을 알 수 있을 겁니다.

미국은 소련뿐만 아니라, 미국과 우호관계에 있던 공산국가 유고

슬라비아의 티토 대통령과 루마니아의 차우셰스쿠 대통령을 평양까지 가게 해서 김일성을 설득했어. 티토는 "미국이 정말 북한에 대한 전쟁을 할 결심이다. 원자탄을 사용할 용의가 돼 있는 것으로 본다. 그러니 약한 북한으로서는 미국의 요구를 듣는 것이 안전할 것이다"라고 설득했어. 이러한 미국의 직·간접적 압력에도 불구하고 10개월 동안 북한은 눈 하나 까딱하지 않았어. "영해를 침범했으니까 침범 사실을 시인하라. 시인만 하면 석방하겠다"고 했지. 결국 10개월 동안의 온갖 전쟁 위협과 외교적 수단으로도 뜻을 이루지 못한 미국이 소련을 통해 북한 영해를 침범했다는 사실을 시인하는 문서에 서명을 하고야 36명이 석방되어 휴전선을 넘었어요.

미국의 언론이라는 것은 꼭 지금 이라크 전쟁을 부추기는 것처럼 미국적 애국심에 불탔습니다. 그러면서 북한을 '5등국가'(The Fifth Rate Nation)라는 용어로 지칭했어요. 국제관계에서 관용적 표현으로 3등국가까지는 있지만 그 이하는 없거든요. 이런 '5등국가'에게 대미국의 시민이 나포되어 10개월을 보내고 있는데 정부는 뭐 하느냐 하면서 언론들은 정부에 화살을 돌린 거야. 그해가 대통령 선거 해였어요. 그러니까 존슨도 온갖 수단을 다 썼지요.

미국의 압력을 받은 소련은 어느 날 모스크바 주재 북한대사를 외무부로 호출했어. 여러 차례 그랬는데, 북한대사가 안 들어가는 거예요. 대소련의 외무장관이 요구해도 북한대사가 나타나지도 않은 거지. 모스크바 주재 북한대사관은 이 사건 때문에 인원도 증원되고 초긴장 상태에 있었어요. 미국정부가 워싱턴 주재 남한대사를 같은 경우에 불러들였다고 생각을 해보세요. 안 들어가고 견딜 수 있겠어요?

모스크바 주재 북한대사의 자세는 다른 나라들이 봐도 이상할 정도이지요. 어떻게 저렇게 행동할 수 있느냐? 전 세계의 외교문제가 되고, 전 세계 정치·외교·군사의 시선이 모스크바 주재 북한대사관에 쏠려 있었어. 소련정부가 무슨 수를 써도 북한대사가 응하지 않으니까, 소련 외무차관이 화가 머리끝까지 났어. 운전기사도 없이 자기가 직접 차를 몰고 북한대사관을 찾아간 거야. 보통 외교 프로토콜상으로는, 장관이나 차관이 오면 마땅히 대사가 현관에서 영접하는 것인데, 이날 북한대사는 나타나지 않았어. 일등서기관도 있고 이등서기관도 있는데, 초강대국 소련의 외무차관을 마중하기 위해 현관에 나온 것은 외교관직으로는 최하위직인 삼등서기관이었다고! 이것은 소련정부와 외교관을 완전히 무시하는 거지. 그 뜻은 '미국의 압력에 굴해서 우리에게 본때를 보이려고 한다면 우리는 대사는커녕 이등서기관도 안 나간다'는 거지. 차관이 크게 화를 내고 돌아갔는데 그게 외신을 타고 전 세계에 알려졌어. 그때에는 모스크바 주재 서방국가 특파원들이 온통 북한대사관에서 일어나는 사태를 주시하고 있었기 때문에 이런 과정이 낱낱이 외신을 타고 『조선일보』 외신부의 텔레타이프에 흘러나왔어. 나는 텔레타이프 앞에 선 채 흥분된 상태로 그 전체 과정을 지켜보고 있었어요.

결국은 10개월 만에 존슨 대통령이 굴복하고, 푸에블로호 함장 부커 소령이 영해 침공 시인 각서에다 사인하고 휴전선을 넘어옵니다. 북한은 지금도 푸에블로호를 끌어다가 평양 시내의 대동강 강변에 띄워놓고 있어요. 몇 해 전 평양에 갔을 때 그 푸에블로호의 모습을 대동강에서 바라보면서, 나는 1968년의 한때에 전 세계적 사태로 전개되었던 미국과 소련, 양 초강대국과 북한 사이의 일대

드라마를 실감나게 회상했어요. 그해 11월에 미국에 대통령 선거가 있었어요. 존슨은 이 선거의 승패에 목숨을 걸고 기어이 푸에블로 호와 그 승무원들을 석방하려 했는데 실패한 것이지. 존슨 대통령의 참담한 처지를 상상할 수 있지 않아요? 그야말로 세계의 적수가 없는 초강대국 미합중국 대통령의 모양 말이에요. 푸에블로호 선원들이 석방되기로 한 전날 밤에 국민에게 보고하는 TV특별프로그램에 나온 존슨은, 첫날부터 그날까지 10개월 동안 자기와 미국정부가 무엇을 했는가를 낱낱이 설명했어. 거의 한 시간에 가까운 상세한 보고를 끝내면서, 존슨은 다음과 같은 말로 대국민 보고를 끝맺었어요. 그 결론이란 다름이 아니라 "North Korea seems to be out of the pressure of the USSR"라는 겁니다. 그 결론은 우리말로 풀이하자면, '북한이라는 나라는 대소련의 이빨이 안 들어가는 나라인 것 같다'라는 뜻입니다. 정말 인상적인 말입니다. 이 사실들과 그 밖의 많은 유사한 사례들을 확인한 뒤에 나는 그 뒤로 '북괴'라는 관용어를 버리고, '북한'이라는 용어로 바꾸게 되었어.

지식인의 역할은 사물의 이름을 정확하게 쓰는 것

임헌영 '북괴'를 '북한'으로 바꿀 때 신문사 내부에서는 어땠습니까?

리영희 편집국 내의 몇십 년 묵은 반공의식과 북한에 대한 잘못된 적대감과 멸시 의식으로 굳어진 기자들이 약간 긴장도 했고 심리적인 거부 반응도 없지 않았어요. 그런데 다행히도 그때의 편집국장이 김경환이라는 분이었어. 김 국장은 반드시 진보적 정신의 소유자는 아니었지만 적어도 신문의 여러 가지 낡은 관습이나 불합리한 태도에 대해서는 상당히 합리적인 사고를 하던 분이었어요. 그런 분이었기 때문에 편집국장으로서 아무런 이의를 제기하지 않고, 그냥 『조선일보』 국제 면에서 그렇게 사용하는 것을 묵인해주었어. 다른 신문들에서는 『조선일보』 국제 면의 이 작은 용어 사용의 변화에 민감하게 반응했지만 처음 몇 달 동안은 따라오질 못했어요. 그러다가 몇 개월 뒤에 조간 경쟁지인 『한국일보』가 따라오니까, 석간의 다른 신문들도 거의 다 약간의 시차를 두고 따라오게 됐어요.

이와 같은 하나의 낱말을 사용하는 데 있어서도 나는 깊이 생각하고, 또 그 타당성 여부를 여러모로 검증하면서 언론인 생활을 했어. 무슨 말인가 하면, 나는 한국 언론계는 물론 지식인 전반과 국민들이 정상적인 사고와 논리적 고찰을 거치지 않은 채 '북괴'와 같은 용어를 사용한 것으로 인해, 극우·반공적 독재정권의 왜곡된 실체를 정확하게 인식하지 못하게 됐다고 생각하고 있었어. 이를테면 부패 타락한 박정희 군사독재정권을 놓고, 마치 '세종대왕의 재현'이니 또는 '민주주의'라고 표현하고 착각한 것이라든가, 한국 사회의 온갖 도덕적 타락과 윤리적 파괴를 두고 이를 무슨 정상적 사회생활이나 행복과 발전으로 착각한다든가, 미국의 베트남전쟁을 '반공성전'이나 '민주주의와 자유의 전쟁'이라고 칭하고, 세계를 오로지 자본주의(선)와 공산주의(악)의 종말론적 대결로만 착각하는 것과 같은 모든 도착된 인식이 낱말을 정확하게 쓰지 못하는 까닭에 일어나는 결과라고 생각했어요. 이 생각에는 지금도 변함이 없어.

공자의 『논어』에 「정언」(正言)편이 있어. 제자가 공자에게 "정치의 요체가 무엇입니까"라고 물은 데 대해, 공자는 "사물의 이름(명칭 또는 명분)을 정확하게 쓰는 것이다"라고 답했어요. 다시 말하면, 검은 것은 희다고 할 것이 아니라 검다고 해야 하고, 악은 선이 아니라 악이라고 칭해야 하고, 사슴은 말이 아니라 사슴이라고 불러야 하고, 말은 사슴이 아니라 말이라고 칭해야 하고……. 이처럼 모든 형태나 관계나 성격이나 형상의 본질을 정확하게 인식하고, 그 실체를 가장 정확하게 표현하는 언어를 사용해야 인간 상호 간의 생존에서 혼란을 예방할 수 있고, 또한 그 사고의 주체인 개인의 의식과 행위에 괴리가 생기지 않는 것이에요. 이런 사실은 서양의 경우에도, 그 유명한 구약성서의 바벨탑 우화에 잘 표현돼 있어요. 사람들이 분수를 모르고 하늘나라를 넘보면서 바벨탑을 쌓아 올라갈 때, 신이 건방진 인간들의 행위를 꾸짖기 위해 말(언어)의 혼란을 일으켜서 결국 다 멸망한다는 우화가 있지 않아요? 이것이 동양에서는 공자의 '정언론'에 해당한다고 생각해. 표현하고자 하는 대상의 제반 속성을 진실되고 정확하게 표현해야만 인식하는 주체의 사고가 정확할 수가 있다는 교훈이지요. 바로 이런 교훈을 나는 남한의 언론과 지식인과 국민 전반에게 적용해야 하고, 또한 지식인으로서의 기능이 바로 그러한 것이라고 생각했어요.

자본주의 모순에 대한 인식의 심화

임헌영 당시에는 어떤 책을 주로 읽으셨습니까?
리영희 1960년대에서 70년대 중반에 걸치는 시기는 내가 35세에서 40대 중반에 걸치는 시기예요. 세계의 지식인 누구나 그렇듯이 이 시기는 두뇌나 신체적 조건에 있어서 거의 일생 동안 하는 독서의 절반 이상을 하는 시기가 아닙니까? 나의 독서편력도 이 시기에 집중되었어요. 그 범위는 다방면에 걸쳤으며 그 깊이는 지금 회상해도 놀랄 만한 수준이었습니다. 독서를 내용적 성격에 따라 구분하면 다섯 가지로 나누어지겠지요. 첫째는 내가 지향하는 사회개혁적 이념을 위한 철학·사상·이론 분야, 둘째는 자본주의의 본질과 현실에 관한 다양한 주제의 현실분석적 독서, 셋째는 이와 같은 이념지향적·사회변혁적 세계관을 위해서 필요한 광범위한 주제의 높은 사상, 교양 서적입니다. 그리고 당연히 그런 지식과 사상을 토대로 해서 현실적 국제정세를 보다 깊이 관찰하고 이해하기 위해, 현실적 문제와 상황에 관해 연구했지요.

나는 이때 한국(남한)사회 자본주의의 반인간성에 대한 감각이 예리하게 촉발되어 있던 단계였기 때문에, 일본어를 해득하는 일제시대의 조선인 지식인들이 사회비평과 사회개혁을 위해서는 반드시 그 출발점에서 읽고 넘어가야 했던 책부터 시작했어. 일제시대의 조선인 지식인으로서 조선사회의 자본주의적 착취제도와 비인간화, 인간소외 등의 문제에서 출발하는 소위 이념 교과서의 ABC에 해당하는 것이 있었어요. 나도 자연히 그 절차를 밟았던 셈이오. 그것은 유명한 교토(京都)대학 경제학 교수 가와카미 하지메(河上肇)가 지은 『빈핍물어』(貧乏物語, 가난 이야기)와 사회주의 작가 고바야시 다케지(小林多喜二)의 『해공선』(蟹工船, 게 통조림 공작선), 그리고 호소이 와키조(細井和喜藏)의 『여공애사』(女工哀史) 등이었어. 가와카미 교수의 『빈핍물어』는 자본주의사회에서 왜 많은 사람들은 가난해야 하는가, 어째서 굶어 죽는 사람들이 대부분일 때에 소수의 부자가 존재하는가, 빈부격차가 비인간적 현실의 사회구조로서 어떻게 나타나는가, 구체적으로 노동자의 생존조건과 놀면서 먹고 사는 소수의 인간들의 모순이 어째서 허용되고 존재하는가 등을 탐구한 20세기 초기 자본주의의 진상을 파헤친 이론 서적이에요. 이런 책과 그 밖의 반자본주의적 휴머니즘의 고전을 출발점으로 하는 유사한 유명한 책들을 탐독했지. 그렇지만 나는 언제나 그렇듯이 한쪽 사상이나 사고방식에 빠지지 않기 위해서, 자본주의 경제이론서와 우익사상의 이론서들을 가능한 한 함께 읽었어. 현대 자본주의와 그 경제이론 및 정책의 이해를 위해서 새뮤얼슨, 프리드먼, 하일브러너, 홉슨, 갤브레이스 등 미국경제학자들의 이론과 사상을 이해하는 작업도 빼놓지 않았어. 나의 관심은 어떻게 하면 모든 사람이 경제적으로나 사회적으로 평등할 수 있으며, 경제적으로 착취하는 자와 착취당하는 자의 구분이 없이 가능한 한 공평한 물질적 생존을 영위할 수 있는가, 그리고 그와 같은 바탕 위에서 인간적·정신적으로 보다 정의롭고 공정한 삶을 누릴 수 있는 방법 따위의 모색이었어.

난 그와 같은 인간사회의 조건들이 완벽하게 이루어진 공상적 상태를 토머스 모어의 유명한 저작인 『유토피아』에서 배워요. 물론 『유토피아』는 공상의 인간사회를 그린 것이지만, 지난 500년 동안 동서양의 수많은 사람들에게 인간이 지향해야 할 '행복의 삶'의 원형이라는 영감을 주었지요. 나에게도 이 책은 형용할 수 없이 감동적인 영감을 주었어요. 예를 들어, 이 '유토피아'라는 섬나라에서는 가장 천한 물질이 금인데, 사람들은 실제로 사람의 구체적이고 현실적이고 생활에 직접적인 도움을 주는 물질의 가치를 가장 중요시하기 때문에, 효용가치는 없이 다만 번쩍거리는 금은 주로 요강이나 아기들의 똥그릇으로 쓰고 있다는 기발한 발상에 따른 것이지. 두말할 것도 없이 공상적이지만, 사람들이 오로지 이웃들의 행복과 기쁨을 위해서 물질의 가치를 결정하고 분배하고, 또 그와 같은 철학과 이념을 바탕으로 한 사회정치제도를 이룩하는 이야기이지요. 그 수많은 인간실존의 실례들을 통해 진정한 인간의 행복과 그것을 이룩할 사회구조, 다시 말해서 인류의 현재의 생존양식에 대한 반성과 문제제기를 이 책은 하고 있어요. 나는 500년 전의 이 책의 저자가 왜 그 사회의 왕권과 권력자들에 의해 단두대에 세워졌겠느냐 하는 것을 짐작할 수 있었어.

다음 네 번째 분야가 구체적인 인간 생존조건의 변혁과 그것을 가능케 하기 위해서 선행돼야 할 사회혁명 내지 개혁에 관한 글들이었어. 물론 그 핵심은 마르크스, 엥겔스나 모택동, 또는 룩셈부르크를 비롯한 유럽 및 독일의 혁명가들의 저서이지만, 보다 예비적인 독서를 많이 했고, 사회사상·정치철학·인류문명사·자본주의 발달사 등을 중심으로 하여 종교와 문화 등에 걸친 광범위한 독서였어. 아이작 도이처(Isaac Deutscher)의 유명한 『트로츠키전』(소련혁명사) 3부작, 러시아혁명의 역사적 분석과 혁명과정의 연구에서 세계 최고의 권위를 인정받는 E. H. 카(Carr)의 『볼셰비키혁명』, 트로츠키의 『영구혁명론』과 그 밖의 많은 책들이 있지.

라틴아메리카 인민들, 특히 그 농민들의 사회개혁적 운동에 공감해서, 그 주제의 책을 읽기도 했어요.

이 시기에 읽은 많은 책들 중에서 40년이 지난 지금까지도 수없이 되풀이하여 읽을 때마다 처음 읽을 때와 조금도 다름없는 지적·사상적 감동이 나에게 다가오는 책들이 있어요. 바로 페르디난트 퇴니에스의 사회심리학적 명저인 『게마인샤프트와 게젤샤프트: 순수사회학의 기본개념』이라는 책이지요. 나의 사회과학적 의식과 사상을 원초적으로 눈뜨게 한 퇴니에스에 대한 사랑과 존경은 50년 동안 변함이 없어요. 또 노신의 작품집과 에커만이 쓴 『괴테와의 대화』도 여행할 때 포켓에 넣고 다닙니다. 누구나가 다 아는 E. H. 카의 『역사란 무엇인가』, 러시아혁명을 그린 존 리드(John Reed)의 『세계를 뒤흔든 10일간』, 트로츠키의 『러시아혁명사』, 보다 민중적인 사회개혁의 사상적 감흥을 받은 파리 코뮌에 관한 것을 특히 나는 가슴의 고동을 느끼면서 탐독했어요.

그리고 마지막으로는 신문사 국제부장으로서 요구되는 현실적 세계정세의 변혁과 시대정신의 도도한 흐름을 깊이 이해하고 그에 필요한 정보와 지식을 누구보다도 먼저 섭렵하기 위해 많은 문헌과 참고서를 읽었지요. 광범위한 국제법 서적은 말할 것도 없고, 심지어는 군사학과, 주로 미국 CIA를 필두로 하는 정보기관들의 전 세계에 걸친 간첩·파괴·살인·공작 활동에 관한 소상한 참고문헌들을 탐독했어. 특히 이 마지막 주제의 문헌들과 자료는 아마도 한국의 일반 지식인 또는 언론사에 종사하는 사람으로서는 나보다 더 광범위하고 소상한 지식을 가진 사람이 없었을 거예요.

한참 뒤인 1980년대에 1960~1970년대의 내 기사와 논문들을 읽은 후배들이 "리영희는 틀림없이 US CIA와 KCIA 양쪽에 깊이 관련돼 있을 것이다. 그렇지 않고서는 이렇게 극비에 속하는 미국의 각종 정책·전략·공작 관계의 사실들을 알 수가 없지 않겠나?"라고 말하곤 했다는 얘기를 들었어요. 1970년대부터 한양대 교수로 재직하던 기간에는 현실개혁에 당장 도움이 되는 독서에서 벗어나서, 주로 현대 이데올로기 일반, 정치체제와 그 이데올로기, 세계 근현대사, 사회철학·사회사상사, 그리고 차츰 종교, 종교와 국가권력, 문명비평 등으로 독서의 주제와 범위를 높이고 넓혔어. 그러나 음악·시·소설·예술 등의 분야에는 소홀했어요. 나의 성향이 지극히 지적·분석적·합리적·현실적으로 인간생존상의 구체적 문제에 기운 탓에, 그 분야는 나의 큰 취약점으로 지금까지 남아 있어요. 이 시기에도 역시 우리 문학의 이름난 장편소설들은 별로 읽지 않았어. 나는 직업적 전공인 국제문제, 세계정세 등에 관한 문헌이나 논문 같은 것은 몇백 페이지라도 쉬지 않고 내리 읽을 만큼 끈기가 있는데, 소설은 장편을 끝까지 한번에 읽을 끈기가 없나 봐요. 더구나 열 권씩이나 되는 소위 '대하소설'이라는 것은 그 첫 권을 들기만 해도 열 권째까지 읽어야 한다는 심리적 압박감 때문에 읽지를 못해요. 이 시기에 제법 많은 문학작품을 읽었지만 단편과 중편소설, 수필 등이 대부분이었지.

여기서 나의 독서에 관해서 주석을 달아야 할 얘기가 있어. 지금 생각하면 어떻게 그 많은 책들을 그렇게 열심히 읽었는가 하는 것이 내 자신도 믿어지지 않을 정도이지. 그때 나는 신문사 일에 전신투구하면서, 또 제법 술도 마셨고, 친구들과의 교우관계도 소홀히 하지 않았어. 그러면서도 정신없이 책을 읽었어. 부업을 한 가지는 해야만 가정생활을 지탱할 수 있었으니까, 결코 경제적으로 넉넉하지 못했지. 그래서 필요한 책을 용케 구하면 기어이 사가지고 밤중에 집에 돌아와서는 책묶음을 대문 밖에 놓고 집안으로 들어갔다가, 아내가 모르는 사이에 다시 나와서 슬쩍 가지고 들어가 서재에 꽂았지. 어려운 상황이었지.

이런 책들을 읽으면서 나는 흔히 독후감을 책 뒤에 짧게 써넣는 습관이 있었어요. 한 예로 박정희 군부정권의 사상 탄압이 절정에 달했던 시기에 읽은 존 베리의 『사상의 자유의 역사』의 끝에 이런 독후감이 적혀 있어요.

> 초자연적 신학이론과 교회의 권위에 대항해서 인간과 인간 이성을 해방하기 위한 싸움이 보여주는 이 처절한 투쟁사는 바로 오늘날 남한 사회의 정치 이데올로기의 권위 앞에서 우리가 싸워야 할 자유사상의 투쟁의 현실과 미래를 말해주는 것 같다. 한때의 기독교가 차지했던 사상 탄압과 반진보적 역할을 지금 이 나라의 착도된 정치 이데올로기가 대행하고 있다. 이 정치 이데올로기가 그 권위를 지키고 국민에게 강요하기 위해서 사용하는 수단과 수법의 포악성도 중세의 기독교 권력의 그것과 동일하다. 그러면서도 인류의 사상사와 문명사는 반이성적 억압세력의 패배의 역사임을 입증하고 있다. 이 인식 없이는 자유사상을 위한 투사는 희망을 잃은 지 오래일 것이다.
> 1968. 5. 1. 밤에.

또 스에카와 히로시(末川博)의 『법과 자유』의 권말에는 이렇게 적혀 있지.

> 1968. 3. 5. 조선일보사 4층 구석에서.
> 이 책의 '권리와 탄압'이라는 장을 읽고 있는데, '공무원 노동자의 쟁

의권 일부 제한안'을 군사정부가 구상 중이라는 기사가 신문을 장식하고 있다. "노동자(근로자)가 자진해서 쟁의권을 포기하기 바란다"는 권력자의 말!! 노동자가 자진해서 쟁의권을 포기하라, 좋지!!

또 오쓰카 히사오(大塚久雄)의 『사회과학의 방법: 막스 베버와 마르크스』 말미에는 이런 기록도 있어요.

1971. 1. 15. 합동통신사 근무 중. 밤 10시 15분.
고부(姑婦)간 불화에 대해서 나의 의사 표시를 하기 위해, 한 주일간 회사 숙직실에서 기거하면서 이 한 권을 끝내고, 내일 집으로 돌아가기로 한 날 밤.

앞서도 얘기했지만 나의 어머니는 일자무식이었고, 그러면서도 평안도 벽동군 제일부자의 딸로 태어났다는 것과 시집올 때 엄청난 예장을 가져왔다는 것을 평생을 두고 자랑하던 분이에요. 그런데 내가 결혼했을 때가 1956년 6·25 직후의 군대시절이고, 그야말로 무일푼의 가난한 장교로서 알몸으로 결혼했고, 아내도 그 혼란한 시기에 별다른 예장 없이 시집왔어요. 그 난리통 시기에는 대부분이 그런 식으로 결혼을 했어. 그런데 어머니는 그것이 두고두고 못마땅했던 거야. 지난날의 부유했던 시절을 넋두리처럼 되뇌일 때에는 며느리에 대해서 안 좋은 감정을 노골적으로 드러내곤 했어. 사실 그 사이에서 나는 꽤나 마음고생을 했어요. 그러니 아내는 얼마나 고생했겠어. 그러던 어느 날 또 일이 터졌던 모양이지. 그래서 참다못해 내가 어머니에게 내 감정을 말없이 표현하기 위해서 합동통신사 숙직실에서 일주일 동안 집에 안 들어갔던 것 같아. 우리 세대의 결혼 생활에서 거의 예외 없이 누구나 감내해야 했던 괴로움이었지. 그 후 시간이 더 가면서 조금은 나아졌지만, 근본적인 해결은 되지 않은 채 어머니는 생을 마친 거지. 지금 사람들은 이 구세대의 결혼생활에 예외 없이 따르던 고부간 갈등을 이해하기 어려울 거요.

임헌영 그런 독서들이 개인사적으로 볼 때 어떤 변모를 가져왔다고 보십니까?

리영희 1960년대 중반부터는 다시 모택동이라든가 그 밖의 중국혁명과 관련한 기본적인 연구를 시작하기 위해서 아편전쟁 이후의 중국 근대사를 철저하게 연구했어요. 이른바 양무론(洋務論)시대의 학자 강유위(康有爲), 양계초(梁啓超), 엄복(嚴復) 같은 선각자들을 연구하기 시작합니다. 태평천국혁명(太平天國革命, 1851~64)에 관련된 것도 즐겁게, 또 놀라운 마음으로 읽었습니다. 이를 위해서 일본의 '동양문고'에서 나온 30권 정도의 총서도 읽습니다. 굉장한 흥미를 느꼈고 상당히 빠르게 봤어요. 특히 태평천국혁명을 읽으면서 중국사회의 지배구조와 농민들의 역동적인 잠재력에 대해서 알게 되자, 중국공산당의 힘과 이념이 태평천국혁명에 뿌리를 두고 있으며 그 연장선상에서 중국이 격변하고 있다는 것을 이해하게 되었어요. 동시에 아편전쟁 이후의 중국의 경제사회에 대한 연구도 해나갔어요. 가령 1870~80년대의 중국의 무역량이라든가 세관액수, 금액으로 본 경제개혁의 현실, 철도와 광산과 관련된 근대화, 이런 것을 주로 보았지요. 일제 '만주철도'(滿鐵)의 방대한 연구를 통해 중국의 정치적 사회변동의 현실을 알게 되었어요. 그 만철 자료에서 도움을 꽤 많이 받았어요.

『조선일보』 외신부장 시절의 어느 날
아내와 함께(1967).

임헌영 그 무렵은 문학서적을 읽으실 틈은 없었을 것 같은데, 선생님은 항상 루쉰의 작품을 가까이 하셨지요?

리영희 나는 그분의 인간에 대한 사랑, 특히 약자에 대한 사랑과 정신적·사상적 면모에 늘 변함없는 감명을 받았어요. 5억 중국인의 운명을 바로잡아주기 위해, 억압하는 자들로부터 가난한 자들을 해방하기 위해 '어떤 목적'으로 글을 써야 하는가? 글을 '어떻게' 써야 하느냐? '누구를 위하여' 쓰느냐? 등 글쓰기의 기본이념과 방법, 마음가짐을 노신의 글을 읽음으로써 터득하게 되었다고 할 수 있습니다.

인텔리는 필경 관념론자!

언론계 추방 – 육체노동자 실격 – 다시 인텔리로

이병주의 '사상전향'

임헌영 제가 알기로는 『조선일보』 외신부장 시절에 우리 사회에서 사상성이 짙은 여러 작품을 통해 등장했던 소설가 이병주 선생과 깊이 교유했다고 들었습니다. 그 사연들을 좀 말씀해 주시지요.

리영희 아마 1966년 봄쯤이었던 것으로 생각해요. 어떤 신사가 『조선일보』 외신부로 찾아왔어. 자기를 소개하기를, 글 쓰는 이병주라는 사람이라면서, 저녁식사에 초대하더구만. 알고 보니까 그는 부산에 있는 『국제신보』 주필로 있다가 5·16 박정희군부 쿠데타를 맞아, 평소에 '남북한 중립화 통일론'을 주장하는 사설을 써왔던 관계로 투옥됐어요. 군부정권은 쿠데타에 성공하자마자 국가보안법과 반공법 등을 동원해서, 좌익계·혁신계·노동조합·교원조직 등의 인사 2,000여 명을 소위 '용공분자'라는 죄목을 붙여 구속했어요. 대체로 8년형부터 무기징역까지 선고했어. 그들은 대부분 박정희정권 수립과 동시에 구속되어 3년 내지 3년 반을 복역하고 1964~65년경에 석방돼요. 이병주는 석방된 뒤에 자기의 투옥 기간에 전개된 국제정세의 변화를 추적하기 위해서 국내의 모든 신문을 읽다가, 『조선일보』 외신 면이 다른 신문들과는 다르게 정확한 보도와 평가를 해왔다는 것을 알았다는 거야.

나를 만난 첫날, 이병주는 그런 얘기를 하면서 나를 꼭 만나고 싶었다고 하더구만. 그때 이병주는 이미 그 작품 스타일에서 굉장히 서구적으로 세련된 소설 『소설 알렉산드리아』를 발표한 상태였어. 그 후에도 유명한 『마술사』『관부연락선』『지리산』 등 일제시대와 해방 후 조선인들의 사상적 갈등을 담은 장편소설들을 내놓아서 일약 문단의 총아로 자리매김했어요. 나는 그 후 10년 가까이 그와 친밀한 관계를 이루었고, 그에게서 많은 것도 배우고 한국사회의 고급 사교장(술집 내지는 주점)을 탐방하는 기회도 누렸어요. 하여간 비상한 머리의 소유자이고, 그 지식의 해박함이 놀라울 정도였지. 그리고 해방 전에 진주지방 만석꾼의 자식으로 일본의 와세다대학에서 불문학을 공부했던 분이라 그 취미와 언변이 세련되고 성품이 거침없이 호탕했지.

임헌영 참으로 놀라운 능력을 갖고 있었던 분이지요. 이병주 선생에 관해서 비화가 있으면 소개해 주십시오.

리영희 아마 문학계 동료들이나 문인들은 소상하게 알지 못할 만한 얘기를 한 가지 하지요. 이것은 거의 일주일에 4~5일은 그의 초청으로 고급 살롱에서 잔을 기울이면서 그한테 들은 이야기예요. 6·25전쟁 첫해에 유엔군의 인천상륙작전으로 남한 남단에까지 진격했던 인민군이 총퇴각을 하게 되자, 인공 치하에서 문화·예술 공작에 협력했던 사람들이 전부 지리산으로 모여들었대. 거기서 그들은 전황이 완전히 반전됐으니 어떻게 처신해야 할 것인가를 토론했대요. 이병주의 말에 의하면, 지리산의 깊은 어느 골짜기, 햇볕이 따스하게 비치는 평퍼짐한 곳에 모여서 회의를 했다는 거지. 퇴각하는 인민군을 따라 북으로 갈 것이냐, 모두 하산해서 투항할 것이냐를 놓고 열띤 토론이 여러 시간 계속됐다더군. 이병주 말이, 그런 절체절명의 궁지에 몰린 상태에서 남자들보다는 여자들이 그 신념과 이념에서 월등히 강직하더래. 북조선에서 내려왔던 문화예술총동맹(문예총) 소속 여성들뿐 아니라 남쪽에서 활약하다 입산한 여성들까지도 한결같이 그랬다고 해요. "상황이 바뀌었다고 해서 투항한다는 것은 말이 되지 않는다. 끝까지 이념에 충실해야 한다." 한편, 남쪽 출신 남자 문예인들은 온갖 구실을 찾아서 하산하자고 주장했대요. 토론의 결말이 나지 않자, 위원장이었던 이병주가 타협안을 제시하여 각자의 선택에 맡기자는 데 합의가 이루어졌대. 다만, "동지의 누가 어떤 길을 택하든, 다른 동지의 결정과 행동에 대해서 일절 비판할 수 없다. 각자의 양심에 따라 자기에게 충실하게 행동하자"는 다짐을 모두가 하고 그 자리에서 뿔뿔이 헤어졌대. 그렇게 해서 하산한 이병주는 그 후 투옥되었지.

임헌영 문단에 다 알려진 이야기지만 본인이 생전에 절대 공식화하지 않았거든요. 언젠가 하동 이병주 선생 생가와 문학비를 찾아간 적이 있었는데, 고향 분들의 이병주 선생 추앙은 대단했습니다. 한 작가가 생전에 현직 대통령(박정희, 전두환)으로부터 존경받은 경우는 드물지요.

리영희 이병주는 애석하게도 1975년에 발동한 군사정권의 악법 중 하나인 '사회안전법'에 해당돼서 전향서를 공표하느냐, 안 하고 청송감호소에 수감되느냐의 기로에 서게 됐어. 해방 후 좌익계와 혁신계 진보세력에 속했던 모든 인사들이 이 사회안전법에 적용되었지. 박정희정권은 이들을 제거하기 위해서 사회안전법을 제정하여 사상전향을 공개적으로 발표하든가, 아니면 청송에 새로 만든 감호소에서 평생을 썩거나, 둘 중의 하나를 택하게 한 거예요. 물론 대부분이 전자를 택했지.

이것은 일제시대에 조선인 공산주의자 또는 좌익 인사들을 박멸하기 위해서 신문지상에 자신의 사상전향을 공고하게끔 했던 수법을 그대로 따른 것이야. 그래서 1975년과 이듬해쯤에 걸쳐서 국내 신문들에는 '본인은 무지의 탓으로 남로당(또는 무슨 당 또는 무슨 단체)에 가입하여 국가와 사회에 해악을 끼쳤고, 경거망동했던 행위를 충심으로 반성하고 철저한 자기비판을 거쳐서 대한민국의 충실한 국민으로 탈바꿈하고자, 그 뜻을 공표합니다'라는 따위의 글이 매일같이 게재되어 사람들의 시선을 끌었어요. 동서양 모든 반공·파쇼국가들이 다 채택했던, 사상과 양심의 자유를 탄압하는 전형적인 조치였지. 이병주는 그 집안에 중앙정보부 차장이라는 유력 인사가 있었고, 그 자신이 유명한 분이었기 때문에, 이런 종류의 '사상전향서'를 신문에 공표하는 대신 『중앙일보』에 유럽 기행문을 쓰면서, 그 속에 반공주의적 사상을 담아냈지.

나는 그렇게 친하게 지냈고 많은 문학적 영향을 나에게 미쳤을 뿐만 아니라 현대적 시대정신에 앞장섰던 그가 그런 사상전향식 글을 계속 발표하는 것을 읽으면서 마음이 아프고 참으로 착잡해졌어요. 한 지식인의 양심과 신념이 포악한 권력에 의해서 유린되어야 하는 반문명적·반인간적 참상과 얼마 동안 계속될지 예측할 수 없는 반공·파쇼체제의 감방생활을 감수하기도 어려운 기로에 선 한 지식인의 처지가 마치 나 자신의 일일 수도 있다는 생각 때문에 못 견디게 서러웠어. 이것이야말로 사르트르의 실존주의적 선택의 고통이지. 이런 권력의 폭압과 상황의 분기점에 직면했을 때, 자신의 사상적 자기충실을 택해야 하는 것을 보고, 한때 내가 심취했던 사르트르의 이른바 "자유는 형벌이다"라는 명제가 처음으로 실감나게 와닿더구만. 나의 주변에서는 1957년 합동통신에 입사했을 때 차장으로 있었고, 그 후 그가 세상을 떠나는 날까지 서로 마음을 나누었던 친구이자 선배인 정도영 씨 역시 이 정신적 고통을 겪어야 했지.

임헌영 이병주 씨는 용산 시장에 있다가 김현옥 서울시장이 와우아파트 사건(1970.4.8)으로 물러났을 때 무슨 피해를 입은 것 같더군요. 권력이 무너지면 당장 손해를 입히는 우리 사회 풍조를 그대로 반영한 것이지요.

리영희 우리나라 속담에 '사람 팔자 알 수 없다'는 말이 있는데, 이것이 바로 그런 경우예요. 이병주는 와세다대학 재학 중, 태평양전쟁이 터지자 학도병으로 징집됐다가, 해방이 되어 고향인 진주에 돌아온 후 진주농림학교의 교사가 됩니다. 아까 내가 말한 것처럼, 워낙 세련되고 재력이 풍부한 데다 호남이었기 때문에 학교뿐 아니라 그 지방의 뭇사람에게 선망의 대상이 되었대요. 그때에 진주농림학교에 수업시간 시작과 끝을 알리는 종을 치는 사환으로 김현옥이라는 공부를 못한 청년이 있었대. 그 당시 남한의 못 배우고 돈 없고 빽 없는 젊은이들이 모두 출셋길을 찾아 국방경비대(육군)에 입대하던 예에 따라, 김현옥이도 그 후 군대에 들어간 거야. 그렇게 해서 그는 1961년 5월에는 박정희 군사쿠데타의 영관급 장교로서 독재권력의 중추부에 진입하게 됐지. 말하자면 엄청난 계급 변동이라고 할까. 그리고 서울시장이 됐어요.

방금 임형이 말한 그때에, 수도 서울의 왕자로 군림했던 왕년의 진주농림학교 사환은 종치기 때부터 존경했던 이병주에게 온갖 경제적 특혜를 베풀었어. 이병주 씨는 그 덕분에 서울 시내 여러 군데에 활동 근거지를 갖고 있었어요. 특히 용산 청과시장을 건설할 때 특권을 받아, 그 안에 자기의 큰 저택을 꾸몄어. 그와 내가 밖에서 술을 마시다 취하면, 으레 그 집으로 가서 토론도 하고 언쟁도 하고 책도 보고 하다가 밤을 새는 일이 흔했어. 다른 사람들이 모두 경제적으로 어려울 때에 맘껏 돈을 쓸 수 있었던 그는, 한량으로 노는 데도 돈을 썼지만, 귀한 책들을 사 모으는 데도 굉장한 돈을 썼어. 그의 집에 들어가면 마치 조금 과장해서 대학이나 큰 연구소의 도서관에 들어간 것처럼 압도당했어.

그에 관한 많은 이야기 가운데 빠뜨릴 수 없는 한 가지 이야기, 나만이 아는 이야기가 있어. 그의 도서실에는 제2차 세계대전 종결 후 히틀러와 나치에 대한 '뉘른베르크 전쟁범죄재판' 영문 기록이 완벽하게 들어 있었어. 대형 백과사전만 한 크기의 기록이 몇십 권이었는지 나의 기억이 확실치 않은데, 어떻든 한 면에 가득 찼던 것 같아. 그런 유의 희귀한 도서들을 그렇게 많이 소장하고 있다는 것은 정말로 놀라운 일이었어요. 하지만 나의 얘기의 요점은 그 장서에 관해서가 아니라, 이병주가 왜 그렇게 방대한 독재자의 전범재판 기록을 완전하게 보존했느냐 하는 거예요. 그와 내가 그의 서재에 앉아서 얘기를 할 때마다 그는 이렇게 말했어.

"내가 히틀러와 나치 전범재판의 방대한 기록을 구득한 목적은, 어느 날인가 박정희와 그 군부쿠데타 추종자 일당을 전쟁범죄자로 설정하는 대하소설을 쓰는 데 있지. 나는 이 방대한 분량의 전범재판 기록을 빠짐없이 읽을 테야. 그리고 박정희와 그 일당들의 죄악상을 나치정권 권력자들에 비유하는 굉장한 작품을 쓸 거야."

나는 정말로 눈앞에 앉은 이 이병주의 손에서 박정희 일당을 규탄하는 훌륭한 작품이 나오길 고대하는 마음이었어. 그런데 사람 일이란 알 수 없는 거야. 그러했던 이병주가 1975년의 '사상전향'을 기점으로 해서, 급속도로 박정희와 군부세력에 접근해요. 그는 박정희의 종신대통령제의 법적 기틀을 닦은 유신헌법이 선포된 어느 날 박정희의 자서전을 쓰기로 했다고 나에게 말하더라고. 이병주에 대한 나의 우정과 기대가 컸던 만큼, 그의 입에서 이 고백을 들은 순간 나는 큰 방망이로 뒤통수를 얻어맞은 것 같은 현기증을 느꼈어. 전쟁범죄소설은 간데없고 그 대신 이병주는 폭군에 아부하는 전기를 쓰기로 했지. 이때부터 나는 이병주를 멀리하게 됐고, 그 후 완전히 결별했지요.

참, 그때 『조선일보』 지면을 통해서 순수문학과 참여문학 싸움이 일어났는데, 그거 기억해요? 1967년 이맘때에 중국에서 이른바 문화대혁명 운동이 일어나고, 모택동과 중국공산당의 권력파가 5억 중국 인민의 사상개조를 하기 위해서 문학을 통한 이념논쟁을 시작한 때였지.

문학논쟁으로 김수영을 알게 되고

임헌영 김수영과 이어령 논쟁 말이지요? 정확히 1967년 12월 28일자에 이어령의 「에비가 지배하는 문화」가 나오자 김수영이 반박하면서 온 문단이 달아올랐는데, 이듬해 내내 여러 매체로 확산되었습니다.

리영희 『조선일보』 편집국을 현장으로 삼아서 그 논쟁의 주인공들이 들락거리고 원고가 교환되고 하는 것을 목격했지. 사실 이 시기는 내가 모택동의 사상개조를 위한 문학이론과 이념투쟁을 깊은 관심을 가지고 지켜보고 있던 때라서, 드디어 중국의 그런 문학논쟁의 초보적 형식이 우리 남한에서도 시작되는가 보다 하고 흥미진진하게 바라보았어요.

어느 날 외신기사 편집을 하고 있는데, 선우휘 편집국장 쪽에서 고성이 나요. 보니까 김수영이 베레모를 쓰고 편집국장 책상 앞에 버티고 서 있더군. 선우휘 국장은 앉아 있고 김수영은 서서 손에 원고를 들고 있는데, 선우휘가 김수영에게 그 원고 가운데 표현 몇 개를 고치라고 요구했어. 선우휘는 6·25 때 황해도에서 소위 유격대를 했다고 자기자랑을 하는 문인이었기 때문에, 그 사상이 어느 쪽인가 하면 참여문학에 비판적인 소위, '순수문학파'였어. 오히려 순수문학이라기보다 '우익문학'이랄까, 또는 반공문학이랄까, 뭐 그런 거였다는 것을 세상이 다 알고 있던 터이지. 내가 보건대, 그때 이어령 씨는 선우휘보다는 훨씬 문자 그대로 순수문학, '예술을 위한 예술' 쪽에 가까웠어. 선우휘는 이어령의 그와 같은 문학관이나 세계관에 대해서는 동조하는 폭이 넓은 셈이었지. 그렇지만 김수영에 대해서는 심히 못마땅해했던 거요.

그때 선우휘가 김수영에게 원고의 표현을 고치라고 요구하면서 구체적으로 어떤 표현을 문제 삼았는지는 기억이 잘 나지 않아. 아마 흔히 말하는 진보적 문인들이 사회적 이념을 표현하는 낱말들이지 않았겠는가 싶어요. 그러니까 김수영이 "무슨 소리 하냐! 그럼 당신은 이어령의 문장도 그런 식으로 고치도록 했느냐"면서 고함을 치더군. 그러면서 "필자에게 신문사 편집국장이 글의 일부를 고치라고 하는 반문학적·반상식적 요구를 한다면 이 원고를 『한국일보』에 가져가서 싣게 하겠다"며 화를 내더군. 그때는 서울에 있는 신문 가운데 『조선일보』와 『한국일보』가 조간신문으로 서로 기사 쟁탈전을 벌이고 있던 때였어.

임헌영 그때 이어령 선생은 『조선일보』 논설위원으로 재직(1966~72) 중이었기에 아무래도 유리했겠지요.

리영희 맞아요. 처음에 시작할 때 편집국장이, 첫 회에 다음에 실을 김수영의 원고까지 받아가지고 보여주고 반박을 실었어요. 아마 그다음에 김수영이 원고를 가져와서 다툰 거지. 그러니까 김수영이 선우휘 책상에 있던 원고를 손에 쥐고, 그따위 소리 하면 난 안 내도 좋다, 나는 이걸 가지고 『한국일보』에 가서 이 뒷이야기까지 붙여서 낼 거라면서 으름장을 놓아. 아주 무섭더구먼. 선우휘가 뭐라고 한참 달랜 뒤에야, 김수영은 원고를 놓고 가더구만. 유명한 '참여문학-순수문학 논쟁'이 그렇게 진행됐어. 그 몇 차례에 걸친 두 사람의 문학논쟁 기사가 끝난 뒤에, 선우휘가 마치 두 사람의 문학논쟁의 심판자 격으로 논쟁의 판정을 내리는 것 같은 글을 실었어요. 제목이 「문학은 효용이 아니다」라는 것으로, 마치 김수영의 글이 순수성을 무시하고 사회개혁적 주장을 하고 있는 것처럼 결론적으로 반박을 하는 글이었어. 이것은 선우휘라는 신문사의 편집국장이 자기가 편집하는 신문에 논쟁을 계속시키고 그 편집국장이 두 지성인의 머리 위에 앉아서 승부를 가리는 형식이었는데, 나는 이를 비겁한 태도라고 생각했어.

임헌영 그러나 그 논쟁의 수준은 별것 아니었습니다. 두 분 다 당시 젊은 비평가들의 사회과학적 수준에 못 미쳤지요. 사석에서는 훨씬 앞선 논의들이 오갔고 이미 『청맥』을 통해 매우 진보적인 글이 소개될 때였습니다. 다만 그런 논의를 일간신문을 통해 정식으로 거론하여 대중화하는 빌미를 줬다는 점에서 중요한 논쟁이었다는 평가입니다. 그 무렵 수입 위주의 서구의 학문·사상·예술에 대한 각성에서 '한국학'이라는 말이 유행되기 시작했고, 6·25 이후 금기시되었던 '민족주의'란 단어가 부활했습니다. 아시아·아프리카·라틴아메리카의 제3세계에 대한 연구가 발을 붙이려 할 때였지요.

리영희 나는 그 시기 한국 문단에서의 문학논쟁 수준이 전문 비평가들의 사회과학적 수준에 못 미쳤는지 어땠는지는 몰라요. 솔직히 말해서 나는 지금도 그렇지만, 한국 문학 작품을 많이 읽어보지 못했고, 나의 주된 관심은 나라 밖의 세계적 문제였으니까. 그래서 국내의 그런 문학논쟁에는 별로 관심이 없었고, 모택동의 문화대혁명 전개처럼, 수천 년 동안의 중국역사에서 본격적인 권력투쟁에 앞서 으레 있었던 문학논쟁들에 대해 알고 있었고, 이에 대한 중국 자료들을 흥미진진하게 읽고 있었어요. 모택동의 문학논쟁에 대해서 반기를 든 중국 작가 겸 사상가들의 문학담론이 유명한 오남성(吳南星)의 『삼가촌찰기』(三家村札記)와 마남촌(馬南邨)의 『연산야화』(燕山夜話)에 담겨 있어요. 이 책들에는 중국의 수많은 고사와 비유가 담겨 있는데, 즉 모택동의 사상과 정책에 대해 풍부한 은유를 동원하면서 간접적으로 반론을 전개한 셈이지. 훗날 이 두 책으로 엮인 많은 주제의 글들이 모택동의 혁명지향적 문학론에 대해서 이어령 식의 문학관을 전개한 것이었지. 이런 중국식 문학논쟁을 읽으면서 중국인들이 첨예하게 대립하는 현실적 주의주장을 문학이라는 간접적 방식을 통해 격돌을 피하면서 융통성 있게 부드럽게 해결해나가는 놀라운 지혜를 배웠어. 그런 중국식 논쟁 방식을 내가 한국사회에서 사회문제를 다루는 데 적용해보려고도 했지만, 어렵더라구.

한국문학계의 신풍 『창작과비평』

임헌영 문단에서는 신동엽·김수영 등의 작품이 성가를 올릴 때인데, 『창작과비평』 창간으로 젊은 독자에게 큰 호응을 받지요. 이 무렵에 선생님은 백낙청 선생과 교류를 하게 되었지요?

리영희 우리말로 된 문학논쟁들을 별로 가까이 하지 않고 살았던 내가 우리글로 된 소설, 시들을 읽기 시작하는 것이 어쩌면 이 '이념논쟁'의 덕인지도 몰라요. 중국 문화혁명과 관련해서 한국문학에도 비로소 관심을 갖게 되었어. 김수영의 작품을 다 찾아 읽는 것으로 시작했어. 신동엽의 감동적인 시를 읽게 된 때도 바로 이 직후가 될 거요. 그리고 살아 있는 우리 문단의 대선배인 요산(樂山) 김정한(金廷漢) 선생의 『사하촌』(寺下村)에서부터 그 후의 작품들을 더듬어 읽었어. 이 무렵에 창간된 『창작과비평』은 그 후 한국의 문학계뿐만 아니라 지식인 사회의 중심적 사상 토론의 마당을 제공함으로써 한국 사상계에도 큰 영향을 미치게 됐고, 그 발행인인 백낙청을 바로 그때에 알게 되었지요.

주로 『창작과비평』에 발표된 것과 그 밖의 문학지들을 통해서 우리의 시와 소설을 심심치 않게 읽게 됐어요. 대개 나와 동시대인인 시인과 작가들이지요. 평론은 제외하고, 시로는 고은, 조태일, 김정한, 김지하, 민영, 신경림, 이기형, 이시영, 최하림 등이고 소설로는 박완서, 김성동, 황석영, 이호철, 남정현(南廷賢), 송기숙(宋基淑), 박태준, 송기원, 윤정모, 김승옥, 조세희, 최일남, 현기영, 조정래 등이에요.

백낙청은 미국 유학에서 갓 돌아와 군복무를 마치고 제대한 30대 초반의 귀공자 타입의 백면서생이었어. 백낙청과 『창작과비평』과 인연을 맺은 것이 내가 그 후의 인생에서 굉장히 큰 지적 자극을 받는 계기가 되었어요. 또한 이 인연이 아니었으면 모르고 지냈을 한국의 수많은 문인들과 깊은 우정을 나누게 됐지요. 앞에서도 얘기했듯이 백낙청은 박정희 쿠데타정권이 그 이전 정권 아래서 돈 많고 빽 있는 부모들의 자식들이 줄줄이 병역을 기피했던 적폐를 고치기 위해서 병역 기피자들을 강제로 입대시킬 때, 미국에 유학 중이면서도 자발적으로 귀국해 입대했어. 아주 감동적인 일로, 한국사회에 큰 화제가 됐던 인물이오. 나보다 나이는 아홉 살 아래이지만, 그 지식과 사상 면에서는 오히려 선배와도 같은 친구였어.

내가 후배인 백낙청에 대해서 각별한 경의를 표하는 까닭이 있지. 해방 직후에 미국이 어린 한국 학생과 젊은이들을 미국화하기 위한 정책의 하나로서 세계의 많은 예속국가에서 영어를 잘하는 고등학교 학생들을 데려다가 '국제 영어웅변 경연대회'를 열었어. 이 대회는 미국의 『헤럴드 트리뷴』이라는 신문사가 주최한 것인데, 해방 후에 미국의 신천지를 넋을 읽고 동경했던 세계 각국의 학생들의 선망의 대상이었어. 그 첫해에 한국에서 간 학생이 고등학생 백낙청이야. 다음 해에 간 여학생이 이광수의 조카인가 그랬어. 이 여학생이 일주일 동안의 미국생활을 마치고 돌아왔을 때, 김포비행장에 기자들이 운집했어. 당시의 김포비행장에는 무연한 풀밭에 콘크리트 활주로가 달랑 한 줄 있을 뿐이었어요. 비행장 건물도 가건물이어서, 그날따라 많은 비가 내리길래 우산을 받은 기자들이 한참 풀밭을 걸어서 비행기 옆에 모였어. 비행기에서 내린 그 여학생에게 기자들이 으레 하는 식으로 소감을 묻지 않았겠어? 그런데 놀랍게도 미국에 고작 일주일 머물다 온 이 여학생의 첫마디가 "Well, well, I've forgotten Korean"(저어, 그게, 나는 한국말을 잊어버렸어요)이었어. 기자들이 아연실색했지. 근데 마침 비가 오는 날이니까, 비행장 풀밭에 있던 개구리가 그 사람들 사이에서 폴짝폴짝 뛰어다니고 있었어. 그 여학생은 그 개구리를 보더니, 기자들에게 "Frog, frog! How you say frog in Korean?"(개구리, 개구리! 'frog'를 한국말로 뭐라고 하지요?)이라고 했어. 이 이야기가 도하 신문에 실리자 한때 장안의 큰 화젯거리가 되었지. 내가 이 여학생 얘기를 하는 것은, 백낙청의 정신 자세를 높이 칭송하고 싶어서 그러는 거요. 고등학교 졸업 후 미국에서 하버드대학 박사과정까지 마친 사람인데도 '미국병'에 들지 않았을 뿐만 아니라, 세계적·수평적 인식과 사고를 견지하면서도 어디까지나 한국과 한국 문학, 그리고 한국국민의 정서적 차원에서 뛰어난 공헌을 했기 때문이에요. 바로 이 시기에 한국의 문단과 사상계에 모습을 드러낸 손꼽히는 인물이지.

  임헌영 선생님이 1967년 한스 모겐소의 「진리와 권력」을 번역하신 글을 읽었던 기억이 납니다.

리영희 1967년 봄호에 실렸습니다. 그때는 미국이 베트남전쟁을 본격적으로 확전해나가면서 베트남 백성들을 잔인무도하게 학살해, 세계의 양심을 거슬리게 하던 때였어. 바로 이런 상황에서 처음으로 미국의 최고 지성의 한 사람인 모겐소 교수가, 자기 나라 지배집단이 제3세계에서 감행하고 있는 오만불손한 야수적 행동을 비판한 글입니다. 내가 평소에 구독하여 읽고 있던 미국의 가장 진보적 평론지인 『뉴 리퍼블릭』에 그 글이 마침 게재됐기에, 번역해서 『창작과비평』에 게재했지. 내가 외신기사 면에 러쎌, 싸르트르 등 유럽 지식인 사회 거장들의 베트남전쟁을 반대하는 글들은 실은 적은 있었지만, 미국 최고의 지성인 촘스키 교수의 글을 제외하면 미국학자가 미국을 비판하는 글을 싣기는 이것이 처음이었어. 더욱이 반전 평화사상을 본격적으로 제기하고 미국정부 통치집단의 범죄적 행동을 비판하는 장문의 글이어서, 우리 국내의 호응이 꽤 높았어요. 『창작과비평』과 내가 글로 맺은 인연은 이 번역작업으로 시작되었어.

임헌영 닉슨이 한참 재선운동에 나섰을 때 그의 대외정책을 비판한 R. 바넷의 「닉슨: 키신저의 세계전략」이란 글도 인상 깊게 읽었습니다. 특히 베트남전쟁의 실상을 파헤친 선생님의 논문들은 재야나 운동권 학생들에게 많은 영향을 주었다고 봅니다.

리영희 베트남전쟁의 원인과 배경, 우리나라에서 멸시한 소위 '베트콩'과 호지명 그리고 '자유민주정부'라고 원조했던 남베트남 사이공정권의 본질 등에 관해서는 진실을 알고 쓴 사람이 나밖에 없었으니까 그랬겠지요.

앞서 베트남전쟁을 얘기하면서 언급하였듯이, 베트남전쟁에 대한 한국 지식인들과 언론인들의 의식과 철학은 완전히 반동적이었어요. 먼저 맥나마라가 자기가 저지른 베트남전쟁의 실패원인 14가지를 들며 자기 자신을 비판한 것을 인용했지만, 한국의 지식인들과 언론인들은 그 14가지 가운데 한 항목에 관해서도 올바른 인식과 지식이 없었다고 해도 과언이 아니에요. 오로지 해방 이후 병적이고 광적인 극우반공주의와 미국을 하느님처럼 섬기는 철저한 정신적·사상적 예속상태 때문에 그랬지. 임형이 지금 말한 그런 글들을 비롯해서 내가 발표했던 수많은 글들을 그 많은 한국의 지식인들이 하나도 접근하지 못하고 있었다는 것이 놀라울 뿐이야. 그렇게 철저하게 미국숭배사상에 푹 젖어 있었을까? 지금도 나는 이해할 수가 없어요. 자화자찬 같아서 쑥스럽기는 하지만, 내가 그 시기에 했던 일들을 생각하면 한국 지식인들의 눈동자에 끼어 있던 두꺼운 장막을 걷어주고 객관적인 세계 현실에 대해서 인식을 달리하게 만든 적지 않은 역할을 했다고 자부해. 그러기 위해서 내가 겪어야 했던 많은 고통은 이루 다 말하기 힘들지만 말이오.

존경하는 김정한 선생을 찾아

임헌영   조금 전에 신동엽과 김수영, 김정한 선생의 작품들을 시작으로, 부분적이나마 한국문학에 접근하게 됐다고 말씀하셨는데, 선생님 연배의 지식인으로서는 퍽 늦은 편이군요.

리영희   그분들에 관해서 나의 내면적 세계에 자리 잡게 된 한 가지 얘기를 하고 넘어가야겠구만. 불행하게도 나는 해방 당시와 그 이후 시기에, 일본어와 영어에 익숙해서 한국소설을 굳이 찾아서 읽고 싶은 충동이나 욕구가 별로 안 생겼어요. 그리고 한국문학이 나의 국제정세 연구에 별로 직접적인 도움이 안 됐다는 이유도 있었지. 말하자면 지적·정서적 욕구가 안 생겼던 거요.

내가 신동엽의 시「아사녀와 금강」과 그의 평론을 읽고 너무나 순수한 그의 삶의 정서와 뜨거운 겨레 사랑을 알게 되었고, 한번 꼭 만나보고 싶어졌어. 그러다가 어느 날 무슨 기회에 백낙청에게 부탁을 했어. 신동엽이라는 시인의 시에 대한 나의 감동을 말하고, 그를 직접 만나고 싶다고 말했더니, 놀랍게도 백낙청이 신동엽은 얼마 전에 죽었다고 말하더군! 내가 문단 소식에 어둡다 보니까 신동엽의 사망을 몰랐던 거요. 그런 훌륭한 시인을 생전에 사귀지 못한 것이 얼마나 원통스러웠는지 몰랐어. 그 훌륭한 문학작품을 분비물처럼 뱉어서 시로 엮어낸 그 뛰어난 정신을 구체적인 인간으로서 내가 사귈 수 있었더라면 나의 삶이 얼마나 더 풍요로워졌을까?

내가 그 무렵 작가 이병주하고 친하게 지냈었다는 얘기를 했지요? 이병주는 그때 김수영 같은 문인들 사이의 사귐이 퍽 깊었어. 다만 나와 김수영이 이병주를 통해서 상면한 일은 불행하게도 없었다고. 그래서 김수영의 시와 글들을 골라 읽은 뒤에 역시 신동엽에게서 느꼈던 것과 같은 정감 때문에 김수영과 사귈 기회를 기다렸지. 그런데 어느 날 이병주를 만났더니만, 아주 침통한 표정으로 어젯밤 자기 때문에 김수영이 죽었다는 말을 하더라고. 늦게 술을 마시고 헤어지는 길에 이병주가 김수영에게 내 차로 집까지 데려다 주겠노라고 하니까 김수영이, 취기에서 그랬겠지만 "너 같은 타락한 부르주아의 차 안 탄다. 내 발로 걸어갈 거야!"라면서, 어두운 길을 '갈 지'자로 걷다가 달려오는 버스에 치여서 죽었다는 거야. 그때 이병주는 서울시장 김현옥의 후견으로 물 쓰듯이 돈을 썼어. 그는 그 당시 서울에 두 대밖에 없는 고급 스웨덴제 '볼보' 승용차를 타고 다녔어. 다른 한 대는 미8군 사령부에 근무하는 어떤 문관이 탔대. 하여간 호화스러운 볼보 차로 김수영을 집까지 데려다주겠다니까, 평소에 김수영의 마음에 있었던 '아니꼽다'는 생각이 취중에 발동했겠지. 김수영은 그런 정신과 사상의 소유자였으니까 그럴 만해. 하여간 이렇게 해서 나는 또 한 번 만나보고 사귀고 싶은 훌륭한 정신의 소유자와 사귈 기회를 잃었어.

이런 거듭된 슬픈 경험 때문에 그 뒤로는 나의 마음을 감동시키고 경외감을 갖게 하는 인물은, 자연스러운 기회의 도래를 기다릴 것이 아니라 적극적으로 이쪽에서 찾아 나서야겠다는 생각을 굳혔어요. 문단과는 인연이 없는 내가 어느 날 일면식도 없는 노령의 김정한 선생을 뵈러 일부러 부산까지 찾아간 것도 그 때문이야. 그 인품을 접하고 따스한 마음씨에 큰 감명을 받고 돌아왔지. 이 만남은 문학적 정서가 결핍된 논리적 사유를 위주로 하는 나의 메마른 정서에 내린 단비와도 같았어요. 마침 『창작과비평』에 투고한 베트남전쟁 관계 글에 대해 원고료를 주길래, 내가 백낙청과 창비의 편집장이었던 염무웅에게, 나의 신동엽과 김수영에 관한 회한의 고백을 하고는, 두 사람에게 나의 원고료를 여비 삼아 김정한 선생을 뵈러 가자고 청했지. 선생 댁에 당도한 우리는 우선 큰절을 올리고, 광복동의 제법 괜찮은 일식집에 모셔서 푸짐하게 대접을 하고 돌아왔어요. 내가 몇십 년 글을 쓰면서 적지 않은 원고료를 받아왔지만, 김정한 선생을 모시는 데 쓴 이 원고료는 진정 값진 것이었어.

세계 곳곳에서 들어오는 민중들의 투쟁 소식에 밤을 지새우던 『조선일보』 외신부장 시절(1966년).

원고지 한 장에 담배 한 대

임헌영 화제를 돌려서 선생님께서 술과 담배를 굉장히 많이 하셨을 것으로 짐작되는데요. 언제부터 술을 하셨습니까?

리영희 난 대학 때도 그랬고, 군대 생활 7년 동안에도 별로 술과 담배를 많이 하지 않았어요. 첫째 이유는 술을 즐길 만한 경제적 여유가 없었고, 둘째는 음주생활이 사람의 정신을 흐리게 하고 또 정서적으로 맑고 깨끗한 생활에 방해가 된다고 생각했기 때문이에요. 한 가지 이유를 더 보탠다면 대학생활과 군대생활에서 알코올을 즐기는 사람들 중에서 진정으로 존경할 만한 사람을 본 일이 없기 때문에 술을 외면했지. 신문사에 들어와서도 그랬지만 그전의 청년

시기에 나는 일종의 정신주의자였다고 할까, 도덕적 결벽증이라고 할까. 딱히 한마디로 표현할 수는 없지만, 시간을 아껴 독서에 열중하고, 허튼 친구들과의 사귐을 멀리하고, 목적 없이 방황하는 식의 인생을 혐오하고, 시간을 아껴서 부족한 지적 교양을 충족해나가는 데 전력을 다해야 한다는 생각으로 살아왔어.

그러다가 언론계에 들어와서 그런 정서의 음주관이 크게 달라졌어. 대학 때나 군대시절에 만날 수 없었던 좋은 벗들과 사귀게 되었고, 그들이 다 나보다 우월한 능력을 갖춘 친구들이었을 뿐만 아니라, 그들이 대부분 술을 즐기는 사람들이었기 때문이지. 1950년대 중반에 처음으로 국산 맥주가 대중화되었고, 그러면서 을지로 입구에서 명동성당으로 들어가는 길에 처음으로 큰 규모의 대중 맥줏집이 생겼어요. 합동통신사가 바로 그 가까이에 있었기 때문에 우리는 일이 끝나면 그곳에서 어울리고 맥주 몇 잔을 기울이면서 수없이 많은 주제를 놓고 열띤 토론을 즐겼어요. 그중에서도 나의 정신적 삶에 길게 흔적을 남긴 친구가 민창기(閔昌基)라는 친구였는데, 그는 한편으로는 토착 신생종교인 원불교에 심취해 있으면서 간디의 숭배자로 '절대 평화주의자'이자 '비폭력주의자'였어. 민군은 그런 철학을 진실되게 생활화하면서 간디의 '시민불복종운동'을 통해서 사회의 모순과 악을 고쳐나가야 한다는 믿음을 얘기했어.

이승만정권의 악과 부패와 폭력에 대해서 민중이 대항할 수 있는 방법은 오직 각성된 문제의식과 어떤 혁명적 투쟁밖에 없다고 생각하고 있던 나에게 그의 말은 굉장히 신선한 방법론으로 다가왔어. 그는 『합동통신』 외신부 근무가 끝나면, 그 당시의 가난한 모든 외신부 기자들이 그랬던 것처럼 부업으로 생계를 유지했는데, 그의 부업은 주한미군 공병 건설본부에서 일하는 것이었어요. 그 부업에 대한 보수가 우리 외신기자들의 월급에 비하면 엄청나게 많은 액수였는데, 그는 그 수입의 상당 부분을 심정이 통하는 『합동통신』 외신부 몇 사람을 명동의 맥주홀과 을지로에 있는 무교동의 허름한 막걸릿집에 데리고 가 술을 사주는 데 썼지. 우리는 한결같이 군대생활에서 대한민국 군대 권력의 썩은 모습을 보아왔고, 이제 갓 30을 넘을까 말까 하는 혈기왕성하고 정의감에 불타는 청년들이었거든. 이런 술자리에 둘러앉기만 하면, 그 이야기의 주제와 정서는 시시한 세속적인 화제나, 자칫 그러기 일쑤였던 젊은이들의 카타르시스적 여성 행각에 대한 얘기가 아니라, 어찌 보면 지나치게 어울리지 않는, 사회와 국가와 국민생활이 병들어가는 문제들에 대한 한탄과 그 시기에 지각변동을 일으키면서 인류사적 굴곡을 전개하고 있는 반제국주의, 식민지 민중의 해방투쟁, 자본주의적 체제의 독점이 무너져 가고 있는 신생 해방 독립국가들에서 일어난 사회주의적 변혁 등에 대한 것이었어. 하지만 나는 다른 외신기자들과 다름없이 기본적으로 가난했기 때문에, 정치부·경제부·사회부의 기자들과는 계층이 다른, 주로 값싼 술집에서 술을 먹었지. 이런 가난을 지탱하기 위해 부업 삼아 많은 번역일을 해야 했어요. 번역일이라는 것이 고달픈 정신노동이었기 때문에 작업의 윤활유로서 담배를 피우게 되었고, 20~30년 그런 일을 계속하는 과정에서 거의 원고 한 장에 담배 한 대 꼴로 늘었지요.

특히 『조선일보』 외신부장이 된 1960년대 중반 이후에 나는 세계의 온갖 곳에서 활화산처럼 불을 뿜고 있는 수많은 민족들의 현상 타파의 열기에 감염된 듯이 흥분하고 몰두했어요. 예를 들어서 쿠바에서의 카스트로적 새로운 삶의 형식의 힘찬 실천 운동과 검은 대륙 아프리카에서 백인들에 의해 동물 취급을 당하던 흑인들이 전개하는 사회 혁명이라든가, 가까이는 베트남 민중이 세계 최강의 제국주의 미국 군대를 상대로 전개하고 있는 눈물겨운 투쟁, 중국에서 벌어지고 있는 모택동식 '제3의 생존양식'의 힘찬 전개 등의 뉴스의 홍수 앞에서, 나는 때로는 며칠씩 집에 갈 생각도 잊어버리고 그 뉴스의 흐름에 빠지기도 했어. 특히 '코리아문제'에 대한 UN 토의에서 제3세계의 신생 독립국가들이 단결된 모습으로 남북 코리아에 대한 반냉전적 토론이 총회의 분위기를 달구는 모습이나, 남한을 몇십 년 동안 지배해 온 미국이 코리아문제 토론에 대한 결정권에서 패배하는 표결 결과를 신문사나 통신사 외신부의 텔레타이프 앞에서 지켜보면서 꼬박 밤을 지새우기도 했지.

이런 날에는 으레 나와 죽이 잘 맞았던 김경환 편집국장과 함께 밤을 새우는 일이 많았어. 워낙 술이 센 김 국장과 나는, 아예 저녁 식사를 제치고 밤중에 중국집에서 빼갈과 군만두 한 접시를 시켜 제5판(서울 중심부에 배달되는 신문)이 떨어지는 새벽 4시까지 마시곤 했어. 그러다 보니까 나의 주량이 굉장히 늘어났고, 약한 도수의 술로는 성이 차지 않아서 자연히 빼갈을 즐겼어. 1967년 가을에는 위궤양이 악화되어 위벽이 거의 뚫릴 지경까지 이르렀어. 정말 무모하게 술을 마셔댄 셈이지. 대학시절과 특히 군대 7년 동안에 그렇게 술 마시는 사람들을 혐오하고 살아온 나로서는 거의 상상할 수 없는 변화를 겪었다고나 할까. 그 때문에 장기간 병원 신세를 져야 했고, 그 후에도 이런 일이 계속됐어요.

육체노동자가 되지 못한 부르주아 엘리트

임헌영 조선일보사에서 해직당한 후에 고생을 많이 하셨지요?

리영희 박정희 군사독재와 언론탄압이 심각해진 1960년대에 나는 외신부장으로서 저널리스트의 사명을 다하는 데 굉장한 갈등과 고민을 갖고 살았어요. 거짓을 가지고 마치 진실인 양 둔갑시켜야 하는 언론인의 기능과 처지에 대해서 나는 환멸을 느꼈어. 그런 정신적·심적 갈등과 고통이 거의 폭발 지경에 이르렀을 무렵, 『조선일보』와 정부가 나에게 사표를 내기를 강요한 거요. 나는 올 때가 왔구나 하는 심정으로 사표를 내고 나왔어. 1969년 초인가……

이것을 계기로, 이제부터는 다시는 동포에게 사기를 치고 기만하면서 불성실한 신문인으로 먹고사는 직업일랑 청산해야겠다는 결심을 했어요. 아예 육체노동자가 돼야겠다는 생각을 했어. 그런 심정으로 처음으로 생각했던 것이 양계예요. 양계에 관한 책을 사다 읽어보기도 하고, 양계장을 만들 땅을 임대할 요량으로 양주군 후미진 곳들을 찾아가 기웃거리기도 했어요. 그러나 정작 필요한 만큼의 땅을 임대하려니까 밑천이 한 푼도 없는 거야. 가진 재산이라야 대지 25평 위에 건물 13평, 270만 원짜리 제기동 집뿐이었지. 양계장에 관한 내 결심을 들은 어머니는 "내 눈에 흙이 들어가기 전에는 이 집 못 판다. 네 아버지가 남의 집 셋방에서 돌아가실 때 곡도 하지 못했는데, 자기 집이라고 이 집 하나 생긴 것을 내가 멀쩡히 살고 있는 동안에 팔아 없앨 수는 없다"라고 분개하셨어요. "부모가 대학 공부를 시키고 출세하기를 원했는데, 그따위 닭이나 쳐서 먹으려고 있는 집까지 팔아서 그 밑천을 삼겠다니 차라리 나를 먼저 죽으라고 해!"라며 역정을 내시는 거야. 아! 정말 어머니의 마음을 이해할 수 있지. 그게 어디 될 일이나 하겠어? 그래도 다시는 인텔리 직업으로 돌아가지 않겠다는 일념이었기에 택시 운전사를 하려고 생각했어. 1960년대 중반에 엔진은 일본에서 사다가 그대로 껍질만 씌워서 조립한 '국산택시' 소위 '새나라 택시'라는 것이 있었어요. 그 값이 290만 원이었어. 집을 팔아도 20만 원을 보태야 살 수 있었지. 집만 팔면 20만 원은 어떻게 보탤 수 있었기 때문에, 그 택시를 살 생각을 했어. 그러나 늙은 어머니는 아예 "나를 이 집에서 끌어내기 전에는 이 집 못 판다"며 노발대발하셨지. 그러니 내가 어떻게 하겠어? 결국 이것도 좌절됐지.

그런 실망과 좌절 끝에 어느 날 집에 누워 있는데, 옆에서 놀던 소학교 1학년의 큰놈이, 아버지가 자고 있다고 생각했는지 나지막한 목소리로 여동생 미정이에게 말하더군. "우리 이번 크리스마스에는 선물이 없을 것 같아"라고 하니까, 동생이 "왜 없어?" 하고 물어요. "아버지가 실업자래. 돈을 못 번대" 하더군요. 아이들이 어떻게 알았을까? 참 가슴이 아팠어요. 몇 푼이라도 벌어야겠다 싶어서 그길로 이병주를 찾아갔지요. 마침 그때 그이가 중편소설 『소설 알렉산드리아』(1965)와 『마술사』(1968) 등 몇 권을 쓴 뒤라 그걸 출판하려고 스스로 '아폴로'라는 출판사를 냈어요. 결국 내가 그 책 외판을 한 거야. 새끼로 묶어서 들고 다녔어요. 중고등학교 국어 선생들한테 안기고 월급날에 값을 받아오고 했지요. 그래서 서울의 웬만한 남녀중학교는 어디 있는지 다 알아요. 제일 고약했던 것이 한성여중이었어. 언덕 위에 있는데, 어찌나 가파른지. 거기에다 눈까지 쌓여 미끄러운 길을 레닌의 말대로 '일 보 전진 이 보 후퇴'로 오르는데, 그짓을 엄동설한 내내 했어요.

임헌영 선생님이 양계를 하시겠다고 책을 사신 것이 우리나라 지식인의 지조를 상징하는 것 같습니다. 현진건이 손기정 마라톤의 일장기 말소 사건(1936)으로 『동아일보』에서 쫓겨나지 않습니까. 그때 현진건도 양계를 시도했지만 실패했고, 시인 김수영도 그랬지요. 그래서 현진건은 생활고 속에서 장편 『무영탑』을 썼고, 김수영도 그 뒤 더 좋은 시를 남겼습니다. 선생님의 양계 좌절을 축하합니다.

리영희 현진건 씨의 경우는 내가 몰랐지만, 김수영이 실업 중에 양계업을 시작했다가 실패하는 과정을 감동적이고 예술적으로 쓴 작품을 나도 읽었어요. 그 뒤 이병주가 동양방송 라디오에서 7분짜리 칼럼을 했는데, 그 양반이 자기는 술 먹고 여성사업 하느라 바쁘다며 나보고 대신 쓰라는 거야. 그래서 내가 대신 썼는데, 원고료가 적지 않더라고요. 이런 식으로 1년 남짓을 몇 푼씩 벌어가면서 근근이 생활을 이어갔지.

무척 춥던 겨울 어느 날, 오버를 입고 양쪽 손에 각각 이병주 소설을 열 권씩 새끼로 묶은 책뭉치를 들고 이화여고 국어 선생들을 찾아가느라고 덕수궁 길을 걷고 있었어. 눈이 얼어서 미끄러운 길에서 간신히 발길을 옮기고 있는데, 누가 옆에서 갑자기 "이 부장님!" 하고 부르는 소리가 났어. 보니까 법조계 출신인 합동통신사의 젊은 기자더라구. 그는 나의 모습이 도저히 이해가 가지 않는다는 듯이 바라보면서, 말을 잇지 못하고 의아스러운 시선으로만 바라보더군. 그의 뜻을 알아차린 내가 출판사를 차렸다는 얘기와 함께, 아직 사람을 두지 못해서 직접 책을 배달하고 있다고, 진실 반 거짓 반으로 적당히 얼버무렸어. 그러고 나서 며칠 뒤에 합동통신사에서 외신부장으로 와달라는 연락이 있었어요. 그 젊은 기자가 합동통신사에 돌아가서 나를 만난 얘기를 퍼뜨린 모양이야. 마침 합동통신사에서는 기구 확장으로 외신부장이 필요할 때였어. 그래서 나에게 그런 청을 해온 것이지.

결국 나는 육체노동자가 되려고 했던 생각을 접고, 다시 인텔리의 자리로 돌아갔어요. 그러면서 나는 소위 머리에 먹물 든 인텔리라는 개인이 그 편안한 직업과 사회문화적 권위를 팽개치고 사회의 천시를 받는 육체노동자가 되려는 생각이 얼마나 관념적인가 하는 것을 뼈저리게 느꼈어요. 나는 무슨 변명을 해도 결국은 한국형 인텔리로서 다시 권력의 심부름을 할 수밖에 없는 언론인으로서, 독자 대중에 불성실한 사람이 될 수밖에 없다는 자신의 처지가 서러웠어. 다만 어차피 육체노동자가 될 수 없다면, 모든 외적 제약과 구속에 대해서 최대한으로 저항하면서 개인으로서 가능한 노력을 다할 수밖에 없다고 생각했지. 그것이 1969년 겨울의 일이었지.

다시 잡은 진실의 펜

임헌영 세계문학사를 보면 1883년에 모파상의 『여자의 일생』이 나옵니다. 그 2년 뒤 『벨아미』가 나오는데, 다 남성의 야망에 의한 여성의 불행을 그리고 있습니다. 그 야망이 뭘까를 따져보면 제국주의적 침략 야욕과 똑같다는 것을 느끼게 됩니다. 그 무렵이 월남과 불란서가 협정을 맺어 월남이 완전히 식민지체제로 들어간 때였고, 1850년대부터 월남에게서 빼앗아간 그 부가 축적이 되어서 불란서 부르주아사회 남성들의 도덕적인 타락이 시작됩니다. 돈이 생기면 남자는 맨 먼저 여자를 바꾸는데, 그 도덕적인 타락이 여자의 일생에 큰 영향을 미친다는 그런 얘기였어요. 저는 그런 식민화 정책이 후진국은 물론 선진국의 여성까지도 피해를 주는구나 생각했습니다. 월남은 우리 못지않게 많은 수난을 겪어서 근대 개화기 때 『월남망국사』(1906년 현채玄采의 중역으로 나옴)가 우리나라 신문학에서 중요한 비중을 차지합니다. 선생님이 월남에 관심을 가진 것이 물론 외신부 기자이기도 했지만 주된 동기는 미국 앞에 약소국인 우리 민족의 운명과 관련해서 남의 일 같지 않았기 때문이라고 봅니다.

리영희 단순히 베트남사태 그 자체 때문은 물론 아니지요. 임형의 그 견해대로예요.

임헌영 어쨌거나 『조선일보』 시절을 마감해서 고생하다가 1970년에 『합동통신』 외신부장으로 옮기신 뒤에는 그야말로 한 기자로서가 아니라 한국 최고의 지성인으로서 글을 쓰시게 되는 것 같습니다. 저는 그 무렵 김상현 의원과 윤형두 범우사 사장이 함께 하던 월간 『다리』에 있었는데, 선생님에게 중국문제의 이해를 돕기 위한 글을 청탁했습니다. 제목을 「권력의 역사와 민중의 역사」라고 미리 정해서 청탁드렸는데, 선생님의 여러 글 중 가장 호소력과 대중성을 확보한 명문이 아닌가 싶습니다.

리영희 그 글은 압박받는 빈민대중에 의거하고 그들의 역량을 동원한 모택동의 중공혁명과, 그 이전의 많은 왕조의 역성혁명들, 그리고 바로 전 단계인 장개석의 극우반공적·재벌 중심적·소수 지배계층 주도의 '정치혁명'이 어떻게 다른가 하는 것을, 긴 중국 역사를 통해서 논리화한 겁니다. 당시 우리나라에서는 중국공산당 지도하의 그 혁명에 대해서 단순히 '공산혁명' 또는 '적색혁명'이라는 딱지를 붙여서, 마치 그것을 일체의 인간적 가치를 파괴하는 악마적 운동으로 범죄시하는 소위 '반공정책'의 맹점과 악의적인 중상모략 일색이었지. 이런 한국 지식인들과 국민 일반을 위해 가능한 한 중국사회의 독특한 역사적 배경·정신·이념·현대혁명의 본질적 차이점과 그 전개과정과 지도적 인물들에 관해서 이데올로기적 편견 없이 사실적으로 기술을 했던 글이에요.

많은 글을 쓰다 보면 그것을 쓴 본인에게도 흡족한 글이 있고 마음에 차지 않는 글이 있게 마련이에요. 임형도 그럴 겁니다. 나의 경우도 그것은 마찬가지지. 한 40년 동안 써온 글이 제법 많은데, 그중에서도 언제 다시 읽어봐도 '참 잘 썼구나' 하며 약간의 지적 감상에 젖게 만드는 만족스러운 글 가운데 하나가 그것이에요. 그 글은 그 후 1974년에 나온 나의 첫 저서인 『전환시대의 논리』(창작과비평사)에 수록되어서 우리 사회의 지식인들에게 적지 않은 지적·사상적 영향을 미친 것으로 알고 있어요.

1990년대에 들어와서 어떤 중국학 교수의 이야기를 들었는데, 지금은 중국혁명이나 과거 100년의 역사에 관한 책들이 많지만, 이 글처럼 역사적 퍼스펙티브를 유지하면서 간결하면서도 중요한 요소를 망라해서 논리적 체제를 갖춘 글은 없다고 평가하더군. 그래서 중국학과 학생들에게 기본교재로 쓰고 있다는 이야기를 합디다. 사실대로 말해서, 나 자신도 중국의 역사적 변혁과정에 철학적 사고의 깊이까지 읽을 수 있게 하는 이 글을 내가 쓸 수 있었다는 것에 놀라곤 해요.

임헌영 지금 읽어도 문장 자체가 명문입니다. 힘과 호소력을 고루 갖추고 있습니다. 마치 마우쩌둥과 루쉰의 글을 합친 것 같다고나 할까요.

합동통신사 재직 시절 이후로 넘어가는데요. 선생님, 김지하의 담시(譚詩) 「오적」 사건과 전태일 분신(1970)을 또렷하게 기억하시겠지요. 특히 김지하와는 그 뒤 밀접한 관계를 유지하십니다. 김지하 재판정에서 제가 자리에 앉으시라고 하면 선생님께서 "나는 김지하의 재판에 와서 절대 앉지 않는다"고 하시던 기억이 납니다. '피고인 김지하'의 고통을 생각하면 방청석에 앉을 수 없다는 뜻이었습니다. 그래서 저도 앉을 수 없어 서 있던 기억이 납니다. 그 시절 김지하가 제일 스승이자 동지로 여겨 드나든 게 선생님이신데요.

리영희 김지하를 알게 된 것은 바로 김지하의 유명한 담시 「오적」이 발표된 직후였다고 생각돼요. 1970년대 초, 이 나라의 암울했던 지적·사상적 실정이 아득하게 생각되는 젊은 세대를 위해서 약간의 설명을 첨가해야겠구만. 그 「오적」이라는 것이 본래는 당시 지식인들의 자유사상과 반군사독재적 경향을 대표한 월간지 『사상계』에 실렸는데, 그때는 군사정권이 문제시하질 않았어요. 그런데 김대중 씨를 중심으로 한 신민당의 기관지였던 『민주신보』가 이것을 전재하는 순간에 전 사회적인 화제가 돼버리고 정권의 분노의 칼을 맞았지. 박정희정권의 지배집단인 국회의원, 장관, 재벌, 고급관료, 군장성의 다섯 지배집단을 짐승에 비교한 시였는데, 야당 신문에 전재가 된 까닭에 철추를 맞았지만 군사정권에 반발하는 대중들의 뜨거운 박수갈채를 받았지. 아마도 이때에 김지하를 먼저 알게 되고 다음에 김지하가 사숙하는 원주 가톨릭교구의 사상적 지도자인 장일순(張壹淳) 선생을 알게 됐을 거예요.

이 담시 때문에 『사상계』는 등록취소를 당했어. 이해(1970년)에는 박정희정권이 소위 '조국 근대화'라는 슬로건을 내세워, 베트남 파병 군인들의 피의 대가로 건설하기 시작한 경부고속도로가 개통되었어요. 완전히 어용화돼버린 한국의 신문·방송·잡지 등 모든 언론매체와 선전 기관이 경부고속도로 개통을 갖고 박정희정권의 영구집권 분위기를 조성하고 있었어요. 이와는 반대로, 박정희정권 경제정책의 무자비한 노동자 착취에 저항하는 운동으로서 섬유 노동자 전태일의 분신자살이 일어났고, 문화계에서는 김지하의 「오적」을 비롯해 작가 남정현 씨가 남한사회의 추악한 꼴을 문학적으로 묘사한 소설 『분지』(糞地)가 기소되는 사건이 일어났지.

'거지시인' 김지하의 고난

임헌영 김지하의 당시 작품은 위대하지요. 사실 20세기 세계문학사에서도 「오적」 같은 작품이 드뭅니다. 이 작품을 대내외적으로 선전하는 데 선생님께서도 일조를 하지 않았을까 생각합니다. 그런 면에서 기억나시는 것이 있습니까?

리영희 김지하의 담시 「오적」이 먼저 일본에 전달돼서 일대 센세이션을 일으킨 것은 누구의 힘을 빌려서가 아니라 그 담시 자체의 놀라운 폭발력 때문이지요. 「오적」이 일본에 소개된 것은 여러 경로를 통해서였어요. 나도 그런 역할의 일부분을 담당한 것은 사실인데, 그것은 주로 일본의 언론기관을 통해서였어. 1960~70년대는 내가 언론계와 한양대학교에 몸담고 있던 때지만, 그 어느 시기에나 한국에 와 있는 일본의 언론기관과 나는 굉장히 밀접한 관계를 유지했어. 일본의 유력 신문인 『아사히(朝日)신문』이나 『마이니치(每日)신문』을 비롯해서, 일본 전국의 신문에 독점적으로 기사를 제공하는 『교토(共同)통신』이나 잡지사들의 한국 주재기자들과 광범위한 인간관계를 유지했어.

한 예로 『교토통신』과의 관계를 말하면, 1960년대 중반 한일회담이 체결된 이후 『교토통신』은 서울지국을 정식으로 설립하고 한국 특파원의 상주 취재를 허용하기 시작했는데, 이미 그 이전부터 나는 그들의 한국사태 보도에서 일종의 감정사·필터 역할을 해주었어. 그 역할인즉, 취재 보도할 만한 한국 각계의 문제들에 대한 선택, 그 내용과 의미와 관련된 인물들의 인적 사항 등을 검증해주거나, 그들이 독자적으로 얻은 정보의 진실성을 확인해주는 것 등이었어요. 그 20년에 걸친 기간에 일본 언론기관들의 주한 특파원은 수없이 많이 바뀌었지만, 그들은 모두 나에게 빚을 진 셈이지. 특히 『교토통신』은 서울 주재 특파원이 바뀔 때마다, 본사의 편집국장이 사전에 다음 특파원이 될 사람의 인적 사항과 경력들을 나에게 통보하고, 나의 의견을 사전에 물어보는 관례가 성립돼 있었어. 이런 관행은 일본 언론기관의 공적 성격이 아니라 어디까지나 그들이 리영희라는 어떤 한국인 언론인 겸 교수에 대한 믿음의 표현이었다고 말해야겠지.

사실 일본 특파원들도 나의 제기동 집을 수시로 드나들었어요. 그때마다 집 가까이 있는 유명한 '홍릉갈비집'이 말하자면 그 아지트 역할을 한 셈이지. 나는 적극적으로 김지하를 그들에게 소개하였어. 나와 김지하가 외국인 특파원들과 진지한 담론의 시간도 가졌고, 때로는 밤을 새워 마시면서 국경을 초월한 인간적인 우정을 다진 일도 참 많았어. 나나 김지하나 서울 주재 외국인 특파원들이

나 한결같이 군부정권의 철저한 감시를 받고 있는 상황에서 오랜 세월을 두고 이런 관계를 유지했다는 것은 참으로 어려운 일이었지요. 김지하에 국한된 것이 아니라, 다른 많은 문인이나 운동가들도 나를 통해서 그런 협력관계와 인간관계가 맺어졌어요. 그로부터 30여 년이 지난 지금도 나는 일본에 들를 기회가 있으면 으레 그렇게 맺어진 일본인들의 환대를 받음으로써 엄혹한 정세 속에서 맺어진 외국인들끼리의 인간관계의 진실성을 재확인하곤 해요.

임헌영 시인의 역량으로 보면 물론 세계적이었지만 김지하를 세계적인 문인으로 만들어준 건 많은 분들의 도움이 있었음을 잊어서는 안 될 것입니다.

리영희 그 의견에 전적으로 동감해요. 혁명과도 같은 격동과 위난의 시기에 생명을 보존한다는 것조차 힘겨운 판에, 그 이름이 세계적으로 알려지고 유명해지기 위해서는 많은 사람의 뜨거운 사랑과 동지적 유대감이 필요하지요.

김지하는 그 어렵던 1970년대에 제기동 우리 집에 수시로 드나들었어. 그가 워낙 외모에 무관심한 사람이다 보니까, 남루한 옷차림에 두발은 언제 이발했는지 알 수 없을 정도로 자란 데다가, 수염까지 손질을 안 해서 그 모양새가 말이 아니었어. 게다가 그는 언제나 가방이 아닌 괴나리봇짐 같은 걸 메고 들어오는데, 그때마다 몸을 가누기 어려울 만큼 휘청거렸어. 어딘가에서 밤 늦게까지 마신 거지. 이런 모양의 김지하가 우리 집 대문에 와서 초인종을 누르면, 밤중에라도 문간방에 계신 어머니가 나가서 문을 열어주셨어. 나의 어머니는 김지하를 거지 같다고 생각했어요. 그런 남루한 꼴의 '거지'가 유명한 시인이라는 설명을 들은 다음부터는 지하가 밤중에 찾아올 때마다 어머니는 안방을 향해 "야, 거지시인 왔다"라고 소리치곤 했어요. 나와의 관계는 그랬었지.

지하는 1974년의 소위 '민청학련사건'으로 투옥됐다가 나온 뒤에, 나의 제기동 집에서 묵던 어느 날, 투옥 중에 소위 인혁당 사건의 관련자들에게서 몰래 들었다는 이야기, 즉 인혁당 사건이라는 것이 박 정권이 완전히 날조한 작품이고, 그들이 중앙정보부에서 얼마나 야만적인 고문을 당했는가 하는 사실을 폭로하는 글을 쓰겠다고 말하더라고. 나는 김지하의 그 계획을 듣고 말렸어요. "너무 오랫동안 집중적으로 계속 당하면 훗날을 기약할 수 없게 될지도 모르니, 지금은 당분간 휴양하는 셈으로 시골 여행이나 해라. 그동안 동학농민혁명에 깊은 관심을 가져왔으니, 녹음기 한 대를 구해 둘러메고 호남 지방 일대를 돌면서 동학 현장의 녹취나 하는 것이 어떻겠느냐? 동학농민혁명의 기록을 문학으로 남기기 위한 작업이 지금 김지하에게는 더 의의가 있지 않겠는가?" 지하는 바로 그게 자기가 하고 싶은 일이라고 답변하더군. 그러고는 집을 나갔어요. 그리고 얼마 되지 않아서 나는 신문에서 그가 다시 구속됐다는 기사를 읽고 깜짝 놀랐어. 김지하가 나에게 말했던 대로, 옥중에서 인혁당 관계자들에게서 직접 들은 사실들을 글로써 고발한 「고행 1974」 때문이었어.

임헌영 인민혁명당의 준말인 인혁당 사건은 군부독재정권의 용공조작의 한 전형이지요. 처음 이 사건이 터진 게 1964년 8월 14일, 바로 한일협정 반대운동인 6·3사태 직후 학생운동 탄압용이었음은 널리 알려져 있습니다. 오죽했으면 당시 공안부 검사들이 기소 유지가 불가능하다며 기소를 거부하는 등의 물의를 빚었겠습니까? 이렇게 흐지부지 끝난 사건을 재탕한 게 1974년 긴급조치 때였습니다. 4·3사태로 알려진 민청학련사건 때 그 배후조종 세력으로 인혁당을 지목하여 고문하고 엉터리 재판을 해서 8명을 사형에 처하여 시신을 다 화장해버린 사건인데, 국제적인 물의를 빚었습니다.

1974년 1월 저는 문학인 사건으로 서대문교도소에 갇혀 있었는데, 그 한참 뒤에 김지하가 들어왔더라구요. 그러니 저절로 인혁당 관련자를 만나게 되었고, 온갖 진실을 다 알게 된 김지하는 석방 즉시 그 진실을 담은 「고행 1974」를 써서 다시 체포당합니다.

리영희 김지하는 1970년에 「오적」으로 고생하다가 나왔는데, 1974년 민청학련사건 때 다시 구속된 거지요. 그때 지하는 잠깐 나와 있는 동안에 흑산도로 하길종과 영화 만들러 갔어. 그런데 무엇 때문인지 그 섬에까지 경찰의 추격망이 좁혀 들어왔던 모양이야. 어느 날 제기동 집에 전보가 한 장 배달됐는데, 발신지가 흑산도로 돼 있더라구. "급히 여비가 필요하니 ○○여관으로 5만 원을 전보 송금으로 보내달라"는 지하의 다급한 청이었어. 경찰의 손을 피해서 육지로 도망하려는 위급한 상태였던 것 같아. 전보를 받은 나는 김지하에게 닥친 다급한 상황이 눈에 보이는 듯이 선하더라구. 그런데 나도 참 가난할 때야. 그 당시 우리처럼 어려운 사람들을 도와주거나 비호해주는 박윤배(朴潤培)라는 분이 있었어요. 강원도에 있는 '흥국탄광'의 현장 책임자였지. 이 광산은 내가 많은 신세를 진 채현국(蔡鉉國)이라는 분의 부친이 운영하던 광산이야. 서울대 철학과 출신인 채현국은, 그 당시 표면에는 일절 나서지 않으면서 군사정권의 지명수배를 받거나 도망다니는 사람들을 그 탄광에 받아서 그들에게 호신처를 제공하고, 또 음으로 양으로 반독재의 노선을 추구하는 지식인들과 학생들 그리고 문인들을 경제적으로 도와준 훌륭한 분이오. 지하의 전보를 받고 나는 박윤배 씨에게 달려가 사정을 설명하고 5만 원을 받아가지고 지정된 여관으로 송금했어요. 채현국이나 박윤배도 다 김지하와 친근한 사이였으니까. 그렇게 송금을 하고 김지하의 안전한 탈출을 기원하고 있던 나는 다음 날, 그가 흑산도에서 나와 목포부두에 상륙하려는 순간 경찰에 연행됐다는 소식을 들었어. 앞이 캄캄해지더구만.

임헌영 『무기의 그늘』 읽으셨습니까? 역시 황석영만이 쓸 수 있는 작품입니다. 베트남 사람들의 민족의식과 주월 미군들의 부패상이 제대로 드러난 거지요.

리영희 1980년대 초에 일본의 진보적 언론을 대표하는 월간 『세카이』하고 대담을 하는 가운데, 베트남전쟁과 황석영의 사상적 관계에 대한 부분에서, 한국 지식인들에게 베트남 사태와 전쟁의 본질에 관한 이념적·역사적 인식을 심어준 분이 리영희 교수라고 말하고 있더구만. 황석영뿐 아니라 나의 제기동 집을 자기 집처럼 드나들었던 수많은 문인들, 또 그들의 영향을 받은 다른 많은 문인들이 베트남전쟁관과 미국이라는 국가의 본질이 무엇인가 하는 문제에 대해서 냉정한 인식을 갖게 된 것이 나에게 기인한 측면이 없지 않겠지.

인류사적 변혁의 믿음으로 버틴 암흑의 시절

임헌영 1971년 '64인 지식인선언'에 참가해 합동통신사에서도 강제로 해직당하셨지요? 당시의 문헌들을 찾아도 자료가 나오질 않네요. 연표를 보니까 10월 15일로 나오는데요.

리영희 이 '64인 지식인선언'은 내가 조선일보사에서 강제로 쫓겨난 지 2년 만에 다시 합동통신사에서 해직당하는 원인이 됩니다. 1971년이라는 해는 우리 한국사회가 그 끝이 보이지 않는 암담한 암흑의 굴 속으로 더욱 깊숙이 들어가고 깊이를 헤아릴 수 없는 정치적 암흑 속에 깊숙이 빠져들어 간 해라는 것을 먼저 알아야 해요. 이해에 박정희는 영구집권을 위해서 제7대 대통령 선거를 폭력으로 강행하여, 야당의 김대중 후보를 꺾고 당선됨과 동시에 국가를 온통 공포 분위기로 몰고 갔어요. 그 방법으로 노동조합·노동운동·학생운동의 자유와 국민의 정치적 권리 일체를 박탈하는 소위 '국가보위법'을 발동했어. 이어서 실시한 국회의원 선거도 공포 분위기 속에서 다수 의석을 얻어낸 박정희는 영구집권에 필요한 모든 정치적·법적 틀을 만들어버렸지. 이것은 사실상 미국과 일본이 뒷받침해준 공동작품이었어.

그 증거로, 박정희 대통령 취임식에 해방 후 처음으로 일본의 삼군 참모총장이 44명의 고위 장교들을 이끌고 축하차 내한했어. 미국에서는 애그뉴 부통령이 참석했어. 나는 그 상황을 보고, 남한과 일본이 사실상 반북한 군사동맹체제로 들어가는 표시로 이해했지. 물론 그 뒤에 미국이라는 상전이 끄나풀을 쥐고 있다는 것은 분명했고. 내가 더욱 참을 수 없었던 것은 일본군이 과거에 자기들 졸개였던 박정희라는 자가 대통령이 된 것을 축하하기 위해서 왔다는 사실과, 그 44명의 일본군 장교들이 당선축하 단상에 공개적으로 모셔져 착석했다는 사실이오. 이것은 그때부터 박정희 독재권력을 미국과 일본이 공개적으로 지지하겠다는 표시였어요. 그리고 여태까지의 구차스러운 변명과 위장을 벗어던지고 노골적으로 영구집권을 하겠다는 박정희정권의 확고한 정치적·군사적 의사표시로 나는 단정했어요.

이런 무서운 상황변화와 관련해 야당의 대통령 후보였던 김대중은 선거유세 기간에 "이번 선거가 마지막 공개선거가 될 것이다. 박정희는 이번 선거로써 '총통제'를 실시하려 하고 있다"며 거듭 경고의 함성을 질렀어. 그래서 유권자들 사이에서는 1971년 선거가 대통령 선거라고 불리지 않고 '총통선거'라는 표현으로 불렸어! 지나고 보면, 바로 김대중이 소리쳐 경고했던 박정희의 영구집권 총통식 체제가 이 선거를 고비로 해서 실시된 것을 알 수 있어. 일본군 참모총장 일행의 내한 축하는 그 사실을 방증해준 것에 불과한 것이지.

내가 그런 '총통정권'에 의해 언론계에서 다시 추방되는 계기가 된 '64인 지식인선언'이 나온 것은 총통체제의 영구집권에 반대하기 위해서 각 분야의 지식인들이 궐기한 것이었어요. '총통제' 실시 이후에 전국의 대학생들이 반대투쟁을 위해 궐기했어. 학생들은 구체적인 행동강령으로 대학에서의 군사교련 반대, 군사훈련 장교들의 대학 철수, 학원의 병영화 반대를 외치고 일어났어. 전국 대학의 이와 같은 반총통제 데모에 대해서 박정희정권은 드디어 10월 15일 서울 전역에 위수령(衛戍令)을 선포하고, 주요 10개 대학에 무장 군부대를 투입해 점령해버렸어. 이때에 고려대학교를 점령하고 들어간 대대장이 전두환 중령이었다는 것은 알아둘 만할 거요. 그러면서 군부는 데모 주동 학생 174명을 제적해버리고, 거부학생 6,332명을 처벌하고, 특히 그중 43명은 현장에서 입영영장을 발부받아 군으로 끌고 갔어. 이때부터 소위 '반체제 학생'의 강제 징집제도가 실시된 것이오. 그리고 그 후 그 많은 강제 집행 학생들의 원인 모를 죽음이 꼬리를 물고 사회에 알려지기 시작했어요. 이런 현실에 대해 재야의 지도자들이 처음으로 집단적·공개적·직접적 저항운동을 결성한 것이 김재준(金在俊) 목사, 이병린 변호사, 천관우 전 『동아일보』 편집국장 등을 중심으로 한 '민주수호국민협의회'였지. 나는 이 민주수호국민협의회의 제2기 이사로 참여했어요. 그러면서 총통 영구집권제와 대학 자유 말살의 부당성을 지적하고, 체포 대학생의 즉시 석방, 제적 대학생의 복적, 강제 입영의 중단, 대학을 점령한 군대의 즉시 철수 등을 요구하는 성명을 냈어. 이것이 '64인 지식인선언'이지.

임헌영 그때 신문기사는 좀 났습니까?

리영희 위수령 아래서 신문에 대한 완전 검열이 실시되었기 때문에 기사 한 줄 나지 못했지. 그러니까 자료들이 남아 있지 않을 것이오. 그때 언론계에서는 나하고 천관우가 서명했어. 그 64인 사회 원로들을 규합하는 데 관원의 삼엄한 경계망을 피하면서 서명을 받아낸 것이 김승균(金昇均)과 그 또래의 몇 운동가였어요. 그 공이 크지. 결국 언론계에서는 천관우와 내가 권력의 압력으로 각기 동아일보사와 합동통신사에서 쫓겨났어요. 1969년 조선일보사에서 같은 일로 해직된 지 2년 만의 일이지. 그런데 1971년을 고비로 한국 내의 숨막히는 정세 속에서 그래도 완전히 절망하지 않고 희망을 견지할 수 있었던 것은 어째서일까?

나는 박정희의 영구집권체제가 굳어지는 이 같은 상황에서 자살 충동이 일 정도로 절망적이었어. 그런데도 내가 한 지식인으로서 삶의 자신감을 잃지 않은 것은 세계적 조류가 희망을 주었기 때문이지. 한국을 제외한 나머지 전 세계에서 일어나고 있는 정세 변화는 소위 동서진영 대결체제의 와해, 즉 '해빙'으로서, 전 세계를 지배해온 모순·갈등·힘의 압박체제가 급속히 해체되기 시작했어요. 그 정도일 뿐만 아니라 오히려 적극적으로 미래를 낙관할 수 있는 강력한 희망적 요소들이 지배적이었어요. 무엇보다도 유엔총회에서 그때까지 미국이 억지와 조작으로 유지해온 '타이완의 중국 대표권'이 63표 대 62표로 처음으로 대륙 중국의 승리로 끝난 것이오. 그리고 당당하게 중화인민공화국이 중국 7억 인을 대표하는 국가로서 유엔 의석을 확보했을 뿐만 아니라, 국제 정세의 방향을 결정하는 5대 안전보장이사회 국가의 하나로 등장했어. 이 이벤트는 1944년 유엔이라는 국제기구가 창설된 이후 미국이 마음대로 주무르고 농락했던 유엔 정치의 허구성이 깨졌다는 것을 의미하지. 국제정치의 하나의 큰 장애물이었던 허구가 제거된 것은 미국이 앞으로는 세계 정치를 마음대로 농락할 수 없다는 신생 독립국가들의 결집된 힘과 의지의 표시였어. 곧 이어서 이집트가 미국과 영국의 맹렬한 반대공작에도 불구하고 소련의 원조로 건설 중이던 나일강의 '아스완댐'이 완공됐어. 이것은 미국, 영국, 불란서 등 전통적인 백인 제국주의·식민주의가 아프리카 대륙에서 지난날의 피압박 민족을 더 이상 지배할 수 없다는 결정적인 증거로서 전 세계에 큰 충격을 주었어.

전통적 제국주의 세력의 퇴조를 뜻하는 역사적 변혁은 석유를 둘러싸고도 일어났어. 이해에 신생 독립국가인 리비아에서 쿠데타로 서구제국주의의 괴뢰왕조를 전복한 카다피 육군중령은 즉시 서방 제국주의 자본이 소유했던 유전의 국유화를 단행했어요. 이것은 아랍세계 인민이 결정적으로 서방 자본주의의 착취를 거부하는 몸부림이었어. 리비아의 선례에 따라, 다른 석유 생산국인 나이지리아와 알제리도 서방자본 소유 석유기업의 전면적 국유화를 단행했어. 나는 이집트의 나세르 대통령과 리비아의 카다피 원수가 장구한 세월에 걸친 백인 제국주의·식민주의 자본을 추방하며, 그 자리에 아랍 인민의 주권을 선포하고 새로운 시대의 삶의 방식으로서 비자본주의적 경제체제를 선포하는 것을 보면서, 국내 현실로 말미암은 질식과 절망의 상태에서 해방되는 것과 같은 기쁨을 느꼈어.

게다가 그해 여름에 일본과 북한 사이에 소위 '재일조선인 북한송환협약'이 체결돼요. 신생 독립국가 건설에 동참하기 위한 정열에 불타는 재일조선인들이 북한으로 돌아가기 시작했어. 어째서 재일동포들은 북한을 선택하고 남한을 택하지 않았을까? 그들은 대부분이 남한 출신인데. 이 북송 조치는 일본적십자사와 국제적십자사, 그 밖의 세계의 인도주의적 단체들 모두가 환영한 거사였어. 나는 이 결정을 지켜보면서 많은 것을 곰곰이 생각하게 되었고, 또 미처 몰랐던 많은 사실들을 깨닫게 되었어. 격동의 해인 1971년을 마감하기나 하려는 듯, 미국 워싱턴에서는 미국의 권력 집단과 이익집단들이 민주주의·반공·자유의 가면을 앞세워 베트남을 침략했던 10년 동안의 베트남전쟁의 흉계와 음모와 거짓 선전을 폭로하는 소위 '베트남전쟁에 관한 미국정부 극비 문서'(『펜타곤 페이퍼』)가 『뉴욕 타임스』와 『워싱턴 포스트』 두 신문을 통해서 전 세계에 낱낱이 폭로되었어. 여태까지 미국의 교묘하고도 조직적인 거짓 선전에 속아 넘어갔던 미국 국민뿐만 아니라, 전 세계는 베트남전쟁이라는 것이 미국의 돈 가진 자들과 군대와 정보부와 군수기업체와 광신적 반공주의자들이 결탁한 침략 전쟁이라는 사실이 미국정부 자체의 극비문서를 통해 천하에 밝혀졌다는 점에 놀랐어요. 결국 이 문서로 말미암아 베트남전쟁은 미국의 패망으로 끝이 났어.

이것을 보면서 나는, 결국 국제적 정의가 승리하고 만다는 믿음을 더욱 굳게 갖게 되었어. 나는 또 한국 내에서는 전혀 그 존재조차 몰랐던 『펜타곤 페이퍼』와 조작된 사건들, 미국 권력집단의 범죄적 행동들을 맨 먼저 세상에 알릴 수가 있었어. 같은 언론계의 국제 관계 종사자들이나 대학의 국제정치, 외교 분야의 교수들이 까맣게 모르고 있었던 베트남전쟁의 실체를 내가 밝혀줄 수 있었다는 것에 희열을 느끼면서 나는 1971년 한 해를 보냈어. 이런 세계적 변화가 머지않아 한반도와 남한에 광명의 햇살을 비춰줄 것이라고 예상하고 기대했어. 이것이 국내의 질식할 것만 같은 반죽음의 상태를 참을 수 있게 하는 활력소였어요.

임헌영 1971년 이 사태로 선생님은 전반생에 걸친 언론계를 마감하시게 되는 것 아닙니까? 이 사건을 통해 언론인의 자세 문제를 저서에서 언급해 오셨는데요. 우리 언론계의 제일 큰 문제가 정치 외압인가요 언론 자신의 문제인가요?

리영희 정치권력의 외압도 있고, 언론기관과 언론인 자신들 내부의 문제도 있어요. 게다가 잊어서는 안 될 사실은, 언론이 부패되는 보다 직접적인 요소는 경제권력, 즉 돈의 유혹이에요. 여기에 보태어서 원천적인 문제는 해방 이후 식민지체제와 관습을 청산하지 못하고, 미국 군대에 의한 지배, 즉 미국 군정 3년과 군정을 이은 이승만정권 시기에 신생 독립민주국가를 건설해야 할 민족과 국민의 목표를 오히려 공산주의로 몰아서 탄압한 까닭에 언론계가 광적 반공

이데올로기의 중병에 걸린 탓이에요.

임헌영 기자 하나하나는 외국 언론에 비해서 뒤지지 않겠지요?

리영희 그렇기도 하고 그렇지 않기도 하고. 일률적으로 말할 수는 없지. 1960년대에 들어와서는 기자공개채용 제도가 거의 확립되어서, 대학교육으로 말하면 능력 있는 젊은이들이 기자로 들어오게 됐어요. 가령 1965년 내가 『조선일보』 외신부장일 때에, 채용 시험에 합격해서 맨 먼저 외신부에서 수습기간을 시작하는 6명의 수습은 어떻게 된 셈이었는지 모두 서울대 법대, 문리대의 졸업생들이었어. 당시에는 아직 한국의 산업화가 이뤄지지 않아서 엘리트들이 취업할 분야가 많지 않았어요. 고등고시 아니면 은행, 신문사 입사가 가장 인기 있고 선망되던 진로였다고 할 수 있지.

임헌영 지금 말씀하신 국내외의 정세 변화, 특히 국제 정세에서 거의 지각 변동이라고 할 수 있을 만한 격동의 해인 1971년에 대해 많은 연구 결과를 발표하신 것으로 알고 있습니다. 언론계를 청산하는 직업적 노력의 표시인 것 같기도 합니다.

리영희 사실이 그렇습니다. 조금 전에 상당히 길고 자세하게 국내외 정세의 격변을 열거했는데, 이런 인류사적 변혁은 나의 지적 활동에 굉장한 활력소와 자극제가 되었어요. 언론계 15년 동안 넓고 깊게 모색하고 연구했던 국제관계 관련 지식이 언론계를 청산하고 대학으로 옮겨가는 해인 1971년에 숱한 논문으로 표출되었어. 지금 돌이켜보아도 통신사의 부장 역할에 시간과 정력을 온통 쏟아넣으면서도 어떻게 그렇게 많은 굵직한 글들을 발표할 수 있었는지 나 자신도 이해가 안 갈 정도예요. 그중 몇 가지를 열거해보는 것으로 나의 문제 의식의 방향과 지적 추구의 수준을 대충 짐작할 수 있어요.

우선 본격적인 논문 형식으로 보아도, 「일본 재등장의 배경과 현실」 「주한미군 감축과 한-미-일 안보 관계의 전망」 「한국 유엔 외교의 새 국면」 「한미안보체제의 역사와 현실 및 전망」 「중국 외교의 이론과 실제」 「(중국에서의) 권력의 역사와 민중의 역사」 「강요된 권위와 언론 자유」 등을 비롯한 여러 가지 주제의 국제관계 논문을 꼽을 수 있겠지. 이것들은 각기 그 시기마다 국제적으로, 또는 한국 정치외교의 차원에서 새롭게 대두된 주제들을 다룬 것인데, 원고지 300매 내외의 묵직한 글들이었어. 이 논문들이 발표될 때마다 자화자찬은 아니지만, 우리 한국 지식사회에서 전혀 문제의식으로 파악을 못 했거나 심지어는 전혀 무관심했던 문제들에 대해서 화제가 되고 논쟁의 계기를 제공했어.

이런 크고 육중한 글들 외에도 20여 편의 평론과 해설을 합쳐서 대학으로 옮기기 전인 언론인으로서의 마지막 2년 동안에 약 30편, 분량으로 말하면 원고지 4,000매가 넘는 지적 활동을 한 셈이었어요. 이것으로서 나의 저널리스트 생활을 마감하고 1972년 1월에 학문적 연구의 영역으로 들어갑니다.

4

한국 현대 중국혁명 연구의 개척자
선지자는 고향에서 박해받는다
무신론자의 인간관 · 사회이념

"몇 번에 걸친 3년 반가량의 형무소 투옥 기간에,
나는 끊었던 담배를 딱 한 번 피웠어요.
어머니가 돌아가신 날 밤이에요. 들어온 밥과
사과 한 알하고, 김지하가 보내준 사탕을 놓고 제사를 지냈어요."

한국 현대 중국혁명 연구의 개척자
자본주의도 공산주의도 아닌 제3의 길을 찾아

늦깎이로 시작한 학자의 길

임헌영 1971년 11월에 합동통신사를 나와서 1972년 신학기부터는 한양대학교에 가시게 됩니다. 어떻게 가신 겁니까? 처음 한양대 교수직 발령 때 선생님의 독특한 이력과 학위 관계로 바로 교수 발령을 받지 못하셨다는 이야기를 들었습니다.

리영희 그전에 『조선일보』에 있을 때, 한 2년 정도 한양대 신문학과에 특별강사로 나간 일이 있었어요. 그때 신문학과 학과장이 장룡(張龍) 교수였는데, 6·25전쟁 때 제11사단의 병기중대 통역장교로 있었어요. 나의 연대본부와는 거리가 멀었지만 연대 탄약보급 수령을 위해 자주 들렀기 때문에 친분이 생긴 거지. 휴전 후 그는 미주리대학에 유학을 하고 와서 한양대 신문학과 교수로 있었어요. 그러다가 내가 합동통신사에서 파면되니까 그럼 교수로 와달라고 하더군. 장 교수의 추천으로 한양대학교에 가게 됐어. 내 나이 43살

때의 일이었지. 이 나이는 교수생활을 시작하기에는 너무나 늦은 나이였지요. 적어도 정통적 단계를 밟은 사람이라면 늦어도 20대 후반에 조교로 시작해서, 43살에는 이미 정교수가 되어야 했을 단계지요. 그래도 어려운 상황에서 얼마나 고마웠는지 몰라. 사실 나는 박사학위 소지자가 아니었기 때문에 교수직에 임명될 줄은 생각지도 못했지만, 그 당시에는 구제(舊制) 대학졸업자에게 논문 제출을 조건으로 교수 임명이 가능했어요. 그리고 언론계 15년 동안의 실제 업적이 있었기 때문에, 우선 잠정적으로 채용한 뒤에 논문 제출을 하면 문교부에서 교수 발령이 나올 수 있는 과도기적 시대였어. 2년가량을 전임강사 신분에서 대학본부의 보직을 겸임한 이후에, 정식 교수 발령이 나왔어요.

당시 문교부에서 심사한 내용은 그동안에 썼던 논문들, 책들, 이런 것들이었고, 그나마 아카데믹하다고 할 수 있는 배경으로는 1959년부터 1960년 초까지 가 있었던 미국 노스웨스턴대학 신문대학원 병설 특별연구과정 경력이 고작이었지요. 몇 달에 불과한 기간이지만 그 경력을 인정해서 심사를 통과시켰어요. 그러면서 언론계 16년 경력은 전혀 인정해주지 않더군요. 이상하게도 무슨 '연구소'라는 이름의 기관에 근무하면 이공계이건 문과이건 다 인정해주는 것이 상례인데, 언론계의 경우는 그렇지 않았습니다. 언론계 경력이 인정되었다면 내 경우도 쉽게 됐을 거예요.

임헌영 외신부장을 경력으로 인정하지 않는다니, 당연히 경력으로 인정해야 하는 것 아닙니까?

리영희 물론이지요. 그런데 '연구소'라는 이름이 아니라는 것이지! 잠정적으로 조교수 교내 발령을 받았다가, 2년 뒤에 정식 임명을 받았어요. 1975년 박정희정권 말기에서 전두환정권 초기까지 이런 특례가 있었어요. 말하자면, 일제시대 구제 중학교를 다닌 사람들은 그 후에 정규대학 과정에서 박사학위를 안 했더라도 논문을 써내면 그것으로 교수자격 심사기준을 대신하는 특별전형제도가 있었어요. 해방 후에 박사과정을 안 했던 우리 또래의 사람들은 그런 식으로 다 박사학위를 받았어요.

임헌영　일제 때 구제 중학교는 지금의 고등학교에 해당하는데, 그 후에 정규대학을 안 나왔을 경우에 박사학위가 없어도 논문으로서 대체하는, 그런 임시방편이 있었던 거지요? 선생님 연배의 교수들 중에 그런 분들이 많은가요?

리영희　비정상적인 교육과정으로 보이지만 상대적으로 대단한 비정상도 아닙니다. 지금 사람들은 모르는 사실인데, 해방 이후 1946~48년에 서울대학교에 입학한 학생들은 국립종합대학안, 소위 국대안(國大案) 반대라는 큰 파동 때문에 강의를 일 년에 2시간 이상 받아보지 못한 경우가 많았어요. 사실상 만 2년 동안이나 서울대학교는 폐교 상태였으니까. '국대안'이라는 것은 일제시대에 경성(서울)에 있던 각 전문대학들을 미국 군사정부가 미국식 종합대학으로 만들기 위해서, 그 공립단과대학으로 승격시켜 하나로 통합하려는 안이었어. 당시 독립적인 단과대 학생들은 교수와 학생들이 주로 좌익계였어요. 그들은 '국대안'이 자기들의 헤게모니를 미국 군사정부가 분쇄하기 위해서 통합대책을 만들려는 것으로 보고 대대적 반대투쟁을 벌인 거요. 이 학원소동으로 좌익계 학생들이 대거 제적당하고, 그 자리에 서북청년회 소속이라든가 대학생 자격 미달의 지방학생들과 청년들이 대거 입학했어요.

'앰네스티 인터내셔널' 한국지부 창립(1972년 3월) 주역들과 함께. 왼쪽부터 민병훈 변호사, 한승헌 변호사, 이항녕 교수, 김재준 목사, 윤헌 목사, 그리고 본인이다(1974년경).

 들으면 놀라고 믿기지 않을 이야기지만, 송건호(宋建鎬) 씨는 서울대 법과대학을 다녔는데, 실제로 법학 강의는 고작 2시간 듣고 졸업했다는 거야! 그러니까 나 같은 경우는 지금 눈으로 보면 비정상이지만 당시에는 그렇지도 않았어. 적어도 1945년대부터 6·25 끝나기까지의 한국 대학은 사회가 너무나 불안정했기 때문에 공부고 뭐고 없었으니까. 당시는 거의 중퇴하고, 먹고살기 힘드니까 일하다가, 후에 학교에서 소집하면 가서 등록하고 졸업장 받는 식으로, 대부분의 대학이 그런 식이었어.

임헌영 선생님은 그런 과정 속에서 논문을 내신 것도 아니지요?

리영희 나는 어떻게 생각했냐 하면, 그런 식으로 강의 2시간 받고 졸업하는 사람들이 수두룩했던 서울대나 다른 대학이나, 우리 연령 때에는 하여간 해방 후 대학교육 과정이 대체로 다 그랬으니까 나는 '박사'에 대해 우습게 생각했어요. 그런 의미에서 내가 좀 오만했는지 모르겠지. 언론계에서 한양대학교에 가기 전에 나는 국제관계 분야의 문제에 대한 수많은 논문을 발표했을뿐더러, 그 분야에서 나만큼 공부하고 알고 있는 교수가 별로 없는 게 사실이었으니까. 또 하나는 그때 이미 민주화운동이 일어나 형무소를 가야 했고, 갔다 오니 또 4년 해직되고, 이런 속에서 박사학위랍시고 형식적인 논문을 만드는 것이 오히려 학문적인 비양심으로 느껴졌어요. 나는 사회를 위해 할 일이 많았어요. 앰네스티 인터내셔널의 이사였고, 민주회복국민회의 이사였고, 박정희정권 말기의 엄청난 민족과 국가의 사회적·정치적 문제들이 많을 때, 몸으로 헌신하는 것을 우선으로 생각했어요. 후에 어떤 불이익을 받더라도, 차라리 그런 식의 엉터리 논문을 쓰고 형식뿐인 박사학위 받고 그러지는 않겠다고 생각한 거지.

실제로 나는 그런 식의 논문을 써주고 박사학위를 얻어주는 아르바이트를 한 적이 몇 번 있어요. 나의 연구 분야도 아닌 상경계열의 박사학위논문인데, 어느 아시아 국가의 5개년 계획에 관한 그 정부의 예산구조와 투자내역을 분석하는 논문이었어. 물론 언론학 분야나 국제관계 분야에 대한 학위논문도 있었지. 당시 나는 많은 공부를 하고 있었기 때문에, 형식에 매인 그런 식의 논문을 쓰는 것에 대해 일종의 결벽증이 작용했어요. 논문을 안 쓰고 지금까지 지내온 이유이기도 하지.

언론계에서 한양대학교로 간 뒤에 줄곧 해온 다른 고민이 있었어요. 내가 신문학과의 젊은 교수들이 미국 대학이나 국내 대학에서 소위 '저널리즘' 전공으로 학위를 한 것과는 입장과 조건이 다르지 않아요? 신문사에 오래 있었지만, 나는 신문 그 자체에 관한 연구를 한 것이 아니라 어디까지나 국제관계를 전공으로 하는 외신부 기자로 장기간 근무했어. 그리고 나의 연구실적에서 보이듯, 국제관계 문제나 당시의 중국혁명에 관한 한 한국에서는 거의 개척자 역할을 했다고 해도 과언이 아니야. 내가 스스로 그렇게 평가하고 주장하는 것이 아니라, 나의 글과 저서에 영향을 받은 수십만 지식인들이 그렇게 인정했지. 그렇기 때문에 나는 언론학 분야보다는 국제정치학 가운데 '국제관계론'을 강의하거나, 그 일부로서 '중국 근현대 혁명론'을 강의하기를 원했어요. 그러나 문교부와 대학의 여러 가지 규정상 내가 연구하고 강의하고 싶은 학과에 소속될 수가 없었어. 언론계에 오래 있었다는 경력 때문에 신문학과로 오게 된 거지. 사실 그 후 동경대학, 버클리대학, 서독연방기독교사회과학연구원에서 나를 초청할 때의 강좌명은 언론학과는 전혀 관계없는 한반도 국제관계와 외교문제에 관련된 것이었어. 실제로 이 분야가 나의 연구 성향과도 맞고, 그렇기 때문에 그만한 업적을 남길 수 있었다고 생각해.

임헌영 학생들이 대환영이었습니까?

리영희 그렇지도 않았을 겁니다. 1970년대 초 한양대 학생들의 사회의식 수준은 낮았어요. 정식으로 입학시험을 치러서 들어온 학생에다 비공식으로 들어온 학생들이 섞여 있어서 학구열도 높지 않고 산만하더군요.

새로운 가능성을 찾은 중국혁명

임헌영 1974년에 선생님께서 관여하셨던 한양대 중국문제연구소로 화두를 돌리겠습니다. 당시로서는 엄청난 자료를 확보하여 일약 유명연구소가 되었는데, 선생님 공로 같습니다.

리영희 1960년대 중엽부터 특히 나의 관심을 끌었던 것은 현대 중국혁명의 문제인데, 한양대학에 간 이후로 많은 연구를 했고 더 많은 글을 발표했어요. 그러다가 1974년에 처음으로 한양대학교에 중국(중공)문제를 전문으로 다루는 연구소가 설립된 것이지. 물론 나는 중국문제연구소 개설의 시초부터 관여하고 본격적인 활동에 들어가서도 중요한 역할을 했어요. 연구소 발족 당시의 정식 창립 멤버는 서양정치철학 전공의 차인석(車仁錫) 교수와 조선공산주의운동 연구자인 유세희(柳世熙) 교수와 나, 이렇게 셋이었지. 그 밑에 몇 사람의 보조 인원을 두었어요.

한양대학교 '중국문제연구소'는 해방 후 한국에 설립된 최초의 '중공'(中共) 관련 연구소였지. 정부기관에는 중앙정보부가 있어서 정보적 측면에서는 중공에 관심이 있었을 것이고, 민간연구소로서는 고려대학교의 '아세아문제연구소'가 있었지만 그곳의 연구 대상은 거의 중공 이외의 아시아지역 국가였어요. 한양대학교 중국문제연구소는, 마침 중공의 유엔 가입과 닉슨 미국 대통령의 중국방문(1972. 2)에 따라 중공의 존재가 현대 세계정치에서 움직일 수 없는 확고부동한 지위로 확립된 것을 계기로 설립된 거예요. 그런 의미에서는 세계사적 시대정신의 차원에서 한국 학문기관으로서는 굉장히 앞섰다고 말할 수 있겠지. 정부 정보기관에서 갖춰져 있지 않은 공산주의 사상·사회주의·혁명이론과 혁명적 실천 등과 관련한 세계 각국의 발간물, 소위 '불온문서' 취급을 정부가 허락한 것도 세계정세 변화에 부응한 탓이지. 이런 문서, 학술자료, 논문, 정기간행물 등을 선택하여 수입·구득하는 업무를 내가 담당했지. 그때서야 나 자신도 『인민일보』라든가 『홍기』 중국공산당 공식 자료와 같은 제1차 자료를 가지고 연구할 수 있게 됐어요. 그 이전까지 제2차 내지는 제3차 자료밖에 접할 수가 없었던 것을 생각하면, 이런 제1차 자료를 거의 무제한으로 이용하면서 중공문제를 연구할 수 있다는 것이 나에게 얼마나 큰 기쁨이었던가를 상상해보세요. 어쨌든 이런 '불온문서'는 한 건 한 건이 중앙정보부에 보고되고, 또 허가를 얻고 나서야 연구소 내에 비치할 수 있었어. 그것들은 연구소 내에 설치된 거대한 금고라고 할 수 있을 만큼의 든든한 장치인 '불온문서 서고'에 보관됐지. 첫 몇 해 동안은 몇 사람의 연구소 정식교수들만 열람할 수 있었어. 심지어 대학 내의 다른 교수들에게도 열람이 금지돼 있었지. 그러다가 1980년대에 들어가서야 차츰 중국관련 인접학문의 대학원 학생들에게 서고 안에서는 열람할 수 있도록 허용되었지.

임헌영 실제로 그때까지 국내 중국연구 전문가가 김상협 선생 정도라고 할 수 있을 텐데요.

리영희 남한사회에서 실제로 중공 연구분야는 황무지였어요. 그토록 큰 세계사적 변동을 초래할 것이 분명한, 그리고 초래하고 있는 중국혁명에 관해서 수용하기는커녕 완고하게 소수의 연구자 양성조차 금지했던 나라는 세계에 없었으니까. 말하자면 당시에 대한민국은 학문분야에서 '야만사회'였다고 말할 수 있지요. 대한민국의 정치외교학이나 국제경제학 분야에 종사하는 교수들이 다소라도 앞을 내다볼 수 있는 선견지명이 있었다면, 그중 몇 사람이라도 중공의 현실에 관해서 관심을 가졌을 테지만, 그런 사람들이 없었어. 그럴 수밖에 없는 것이, 한국의 대학교수들의 기본이념이 미국 국가정책에 순응하고, 또 해방 이후의 광적인 반공주의에 길들여진 의식에 의한 것이었거든.

또 하나 중요한 이유가 있어. 그 당시에는 중공에 관한 연구를 하더라도 그 연구 결과를 발표할 기회가 없었어요. 또 학문적 업적으로 인정되지도 않는 폐쇄적 학풍이었기 때문에, 그런 논문으로 교수 승급을 이룰 수도 없었어. 발표하면 오히려 신세를 망치는 재난을 각오해야 했으니, 그런 위험을 무릅쓰면서 중공문제에 학문적으로 접근하려는 교수들은 없었던 것이에요. 그런 지적 황무지 속에서 그나마 혁명중국에 대한 관심을 가지고 공부를 한 사람은 고려대학교의 김상협 교수나 신상초 교수 정도였어. 한심한 상황이었지. 예를 들어서 내가 『조선일보』 외신부장이었던 1967년에 '문화대혁명'이 도대체 무엇인지 알 수 없었던 때에, 한 방송사에서 그에 대한 대담을 계획한 적이 있어요. 그 방송사에서 온갖 대학의 교수들을 탐색해본 결과 대담을 할 정도의 지식을 최소한으로나마 갖춘 사람이 그 두 사람과 나, 이렇게 세 사람밖에 없었다고 실토하더라고.

브리지 게임의 명수 등소평

임헌영 1921년에 창당한 중국공산당은, 불과 몇 년 만에 기하급수로 확산되어 대륙통일을 이룩합니다. 마오쩌둥을 중심으로 모여든 많은 인물들을 자세히 조사 분석하면서 과연 누가 후계자가 될 것인가에 관해 쓰신 선생님의 글을 보면, 수난의 대륙을 통일하고 역사적인 업적을 이룬 한 혁명가에 대한 남다른 애정을 읽을 수 있습니다. 그 이후 세대에서 관심과 애정을 갖춘 인물로는 누구를 생각하셨습니까?

리영희 그 당시 나의 중공연구는 그 체제변혁의 혁명논리와 중국공산당 이론의 실제 적용 현상에 집중돼 있었어요. 혁명운동 그 자체가 내 관심사의 초점이었지, 후계자가 누구일 것이냐 등의 문제는 당면 관심사가 아니었어요. 물론 연구가 깊어지면서 당연히 모택동 뒤의 인적 요소도 관심의 대상이 됐지만, 적어도 초기 단계에서는 그렇지 않았어. 그런 나의 중공연구에서 내가 남다른 애정과 노력을 모택동에게 쏟았던 것은 당연하다고 하겠지. 나는 중국공산당이 지향하는 미래의 중국사회체제, 중국 인민의 새로운 가치관, 그것을 인민의 생활로 구현할 새로운 사회구조와 정치형태 등에 관한 모택동의 사상과 철학, 그리고 실천적 행동양식에 공감했어요.

다시 말해서 나는 미국식 또는 전통적 서구 중심의 자본주의체제와 문화도 아니고, 그렇다고 소련의 관료중심적·비밀주의적 공산주의도 아닌, 그 양 체제의 장점을 취사해서 동양적 가치관으로 수정된 '제3의 사회제도'랄까, 그런 것을 중공혁명에서 찾아보려 했고, 또 그렇게 기대했던 거예요. 같은 공산주의의 계보에서 탄생한 혁명권력이지만 민중적 공감과 인민대중의 적극적이면서 자발적인 참여가 활발한 중국공산주의에 비하면, 소련공산주의는 이미 사회주의라는 이름에 걸맞지 않는 스탈린식 통치방법과 체제의 부정적

1974년 국내에서 최초로 설립된 한양대학교 부설 중국문제연구소 현판식. 현판 오른쪽이 차인석 교수, 그 옆이 유세희 교수이다.

현실이 누구의 눈에나 뚜렷이 보였어요. 소련공산당의 현실적 운동 에너지는 주로 공장노동자를 바탕으로 하는 인텔리 중심적 성격이 짙었던 것과는 달리, 모택동의 중국혁명의 변혁 에너지의 주인은 압도적으로 농민대중이었다는 것이 혁명주체 역량의 기본 성격상 분명한 대조를 이루었지. 그러기에 소련공산주의는 소수 지배의 하향적 명령 방식이었던 것에 비해서 중국공산혁명은 이론과 이념이 이론대로 실천되지는 않았다 하더라도, 저변의 대중 속에서 운동의 목표·방향·행동방식 등이 상향적으로 기능하는 형태라고 나는 해석했어.

군이 후계자 문제를 얘기하자면, 고도의 정치적 능력과 확고한 혁명적 통찰력을 갖춘 주은래(周恩來)를 꼽았지. 유소기(劉少奇)는 중국 인민의 압도적 다수를 점하는 농민보다는 현대적 기능집단이자 생산계층인 노동자 중심의 혁명가이고 너무 이지적 측면이 표출되는 것 같아 보였어요.

모택동 이후에 중국의 현대화를 이끈 등소평에 대해서 나는 별로 좋지 않은 평가를 했어요. 왜냐하면 1920년대 초에 불란서에 '공학도'(노동하면서 공부하는 '勤功儉學' 계획으로 유럽 선진국들에 파견된 장학생)로서 유학하여 유럽 중국공산당 조직의 일원이었던 등소평의 일상생활은 다른 동시대적 공학 유학생들에 비해 훨씬 서구화돼 있었어. 등소평은 불란서인들과 함께 브리지 게임에 탐닉했지요. 그는 적수가 없을 정도로 브리지 게임의 명수였어. 나도 6·25 전쟁 시기에 미국 군사 고문관이 가르쳐준 카드놀이 가운데 브리지 게임이 있어서 알지만, 이 카드놀이는 다른 카드놀이들과는 비교가 안 될 정도로 복잡하고 지능적인 두뇌 활동을 요구하는 소피스케이트한 게임이에요. 나는 그런 방식의 놀이를 도저히 마스터할 수가 없어서 도중에 포기했어. 물론 등소평의 두뇌는 나같이 평범한 사람에 비할 바가 아닐 정도로 매우 뛰어났겠지. 하지만 본국에 있는 혁명동지들이 목숨을 걸고 싸우고 있고, 불란서에 노동자 학생으로 온 유학생들이 분초를 아껴서 기술을 배우고 그 여가시간에 학문을 연마하려던 것과 대비해보면서, 나는 등소평에 대해 호감이 가질 않았어. 물론 결과적으로는 중국을 오늘의 수준으로 '현대화'한 공은 크고, 지도력의 탁월함도 입증되었지만, 혁명과정에서 그가 번번이 '주자파'(主資派, 자본주의 노선을 가는 사람)로 비판받고 권력에서 거듭 낙마했던 것이 그의 반대세력의 탓만은 아니었다는 생각을 하고 있어.

임헌영　중국에 대한 기자적인 관심에서 지식인적인 기대로 바뀐 것을 언제쯤으로 봐야 할까요?

리영희　『조선일보』외신부장 재직 후반기인 1960년대 말경이지요. 그 이전에는 본격적으로 연구하는 태도이기보다는 다분히 현실 해석을 위한 저널리스트적 관심의 단계였어요. 그때에 쓴 기사도 대체로 '계몽적' 성격이었어요. 나 자신의 학문적 지식도 미천했고, 또 한국사회의 일반적 중공 인식수준이 완전히 제로였거나, 오히려 극우반공적인 시각에서 중공혁명에 대한 전면 거부의 상황이었기 때문에, 내 글의 목적은 해석적 내지 해설적 성격을 띠고 있었어요. 내가 바랄 수 있었던 것은, 아무리 높이 잡아도 중공혁명에 대한 병적인 편견, 거부감, 그리고 공포심에 대해서 조금이라도 진실을 드러내 보여주는 정도였어요. 그러니까 학문적 수준이 아니라 계몽적 수준이었다고 해야겠지.

여기서 한 가지 추가해서 말하자면, 연구소의 다른 교수들이 중국어에 전혀 문외한이었던 데 비해서, 나는 일제시대 중학교 때부터 중국어를 배워왔고 해양대학 3학년 연습생 시기부터 중국혁명에 대해 간접적으로나마 관심을 가짐에 따라 중국어 공부를 다시 시작했기 때문에, 어느 정도 수준의 중국어 문서를 해독할 수 있었지요. 그래서 1960년대 중반부터 중국어를 다시 공부하기 시작했어요. 서울에 있는 화교 소학교의 교과서를 가지고 다시 했지요. 서울에 있는 화교 소학교의 교과서는 타이완에서 편찬된 것으로, 1년에 두 학기를 하기 때문에 6년 동안 열두 권이에요. 전체 360과나 돼요. 아주 다양한 내용인데 전부 북경어였어요. 타이완에서 발행한 교과서를 공부하는 과정에서, 내가 하나의 큰 충격을 받은 사실이 있어. 6학년 동안 12권의 국어 360여 단원에는 주로 중국인 소년소녀들의 기본교양과 중국인으로서의 도덕적 함양을 주로 한 것일 뿐, 대륙 중국을 '점령·지배'하고 있다는 중국공산당과 그 지도적 인물, 또는 당의 이념 등을 매도하거나 그에 대해 악담하는 내용을 담은 단원이 단 하나도 없어요. 이 사실을 발견했을 때, 나는 감탄했어요. 공산당에 의해서 쫓겨나와 타이완에 자리 잡은 장개석 총통정권 입장에서는 중공이 원수일 텐데, 장 총통정권의 2세 교육과정에 중공에 대한 적개심을 고취하는 내용이 단 한 단원도 없다는 것을 생각해보세요. 놀라운 일이 아닙니까? 당시의 남한의 초등학교 교과서가 북한에 대해서 어떻게 기술하고 있는지는 다 아는 일 아닙니까? 최근까지도 민족 간의 증오와 적개심만을 고취하는 우리나라 초등학교 교과서와 비교하면서, 나는 중국민족의 높은 민족성과 도덕성에 감복했어요. 바로 이러한 교훈들을 중국문제에 관해서 글을 쓰고 발표했던 전 시기에 걸쳐서 우리 사회와 국민들에게 가르치고 싶었던 것이야.

중국인민의 위대한 서사시

임헌영 아무리 큰 나라일지언정 혁명운동의 정상에는 한 개인의 인간성이 강하게 작용하게 마련입니다. 마오쩌둥 같은 그런 사람이 아닌, 일본공산당사에 나오는 인물들을 보면 첫 장부터 '이건 안 되겠구나' 하는 생각이 들더군요. 마오쩌둥의 경우에는 중국이란 나라의 저력이라고 할까요, 압도당하는 느낌을 받았습니다.

리영희 중국공산당의 혁명운동 철학과 전략 그리고 파란만장한 궤적은 일본공산당의 그것과는 비교의 전제조차 안 되겠지. 중공혁명은 19세기 중엽에 사실상의 농민 주체적·공산주의적 국가와 정권을 수립했던 태평천국혁명이라는 역사적 업적의 유산입니다. 현대 중공혁명을 깊이 이해하기 위해서는 반드시 그로부터 80년 이상을 거슬러 올라가 1851년에 시작된 태평천국혁명을 철저히 이해해야 해요. 태평천국혁명은 완전 평등주의에 입각한 공상적 공산주의 사회를 목표로 했고, 또 중국의 광대한 지역에 걸쳐서 그 이념과 꿈을 16개 성의 광대한 영토에 국가와 정권의 형식으로 구현했던 농민혁명입니다. 그들의 이념과 인간적 덕성과 정치적 목표와 같은 것을 알면 알수록 감탄을 금할 수가 없어요. 태평천국농민전쟁은 중국공산당의 사상으로 전수되기 이전에 이미 조선으로 그 사상이 전달되어, 평등사회를 목표로 하는 동학농민전쟁(1891~94)의 지도이념으로 개화(開花)했지요.

실제 문제로서 홍수전(洪秀全)과 이수성(李秀成) 등이 실현하고자 했던 그런 제도와 사회가 그 당시의 여건에서 영속하기는 어려웠지. 서구 제국주의와 국내 봉건권력의 협동작전으로 인해 단명으로 끝났지만, 완전한 평등주의를 지향하고 실천했던 그 혁명은 참으로 감동적인 거예요. 나는 러시아혁명의 현장 체험기록으로서 뛰어난 문학작품인 리드의 『세계를 뒤흔든 10일간』과 태평천국혁명의 현장체험담을 기록한 오거스터스 린들리(Augustus F. Lindley)의 방대한 기록 문학인 『태평천국혁명의 역사』(*The History of The Taiping Revolution*) 등을 밤을 새워 읽으며 깊은 감동을 받았어요. 일본공산당의 운동은 이런 대국의 혁명운동과는 도저히 비교를 할 수가 없어요. 일본의 경우는 선각적인 인텔리들의 운동으로서, 러시아나 중국에서와 같은 하층 대중의 에너지와는 단절된 운동이었어요. 일본의 경우는 소수의 선진 지식인집단의 수입된 이론과 지식에 선도되어, 말하자면 관념적·정치적 변혁운동에 그쳤던 거야. 일본 공산당 운동의 정상부에 노동자-농민이랄 수 있는 사람은 거의 존재하지 않았고, 주로 의식이 앞선 인텔리로 구성돼 있었어.

중공혁명 초기의 고난의 기록이라고 할 수 있는 스노의 『중국의 붉은 별』(Red Star over China)을 비롯한 많은 혁명 현지기록과 웨일스, 애나 루이스 스트롱(Anna L. Strong), 오토 브라운(Otto Braun)의 『대장정의 기록』같은 외국인 기록문학가들의 저서를 통해서 우리는 중공혁명이 그때까지 인류사에 없던, 상상을 초월하는 규모의 '민중혁명'이라는 사실을 알게 돼요. 당시는 중국인이 쓴 중국공산당의 역사책이 없었어요. 중국인 지식인들도 혁명의 격동 속에 있으니 책을 쓸 겨를이 없었지. 외국인 저널리스트들의 당혁명사밖에 없는 까닭이 이것이죠. 중공혁명은 나쁘게 말하면 무지막지한, 그리고 노신의 표현을 빌리면 '구제할 수 없을 만큼 타락하고 무력한, 그리고 완전히 자기상실 상태'에 빠진 중국 농민들과 그 후 노동자들을 주체로 해서, 우리가 본 바와 같이 중국을 거대한 역사적 주체로 바꾼 기적을 낳았어. 이런 경천동지(驚天動地)할 인간 집단의 자기혁명은 일본이나 조선이나 그 밖의 혁명의 역사적 유산을 별로 갖지 않은 곳에서는 상상할 수 없을 거라고 나는 생각해. 서양에서 이에 조금 가까운, 민중적 혁명의 원초적 형태로서는 1870년에 시작해서 역시 단명으로 끝난 불란서의 '파리 코뮌'을 들 수 있겠지만, 이것은 그 가담자들의 영웅적 자기희생 미덕에 비해서는 너무나 무모한 모험이었어. 파리 코뮌을 알려면 조르주 브루제의

『파리 코뮌』을 한번 읽어볼 만하지. 여기서도 역시 계급 없는 완전평등주의를 지향했지만, 그것은 불란서의 그때 그 시점에서, 그리고 그 권력구조의 상황에서는 소수의 숭고한 이상주의적 자기희생이지만 가능성은 애초에 없던 것이었지.

임헌영 그런 혁명적 비전이 지구상에서 보편적으로 적용될 수 있을까요?

리영희 방금 역사적 기록을 통해 자상하게 지적한 것처럼, 그런 비전은 극히 제한적으로 적용될 수밖에 없겠지요. 실제로 중공혁명 다음에 그런 비전과 실제적 행동은 어디서도 우리가 찾아볼 수 없지 않습니까? 중국이니까 가능했지요. 우리나라의 1930년대 이후의 개혁운동도 다 실패했습니다. 중국은 혁명의 민중적 두께가 두껍고 혁명주체들이 투쟁과정에서 은신할 수 있었던 무한정에 가까운 방대한 지리적 이점이 있었고, 그들을 마치 바다의 배처럼 띄워줄 수 있는 수억의 피압박 인민이 존재했기 때문에 비로소 가능했겠지. 또 무한한 인구가 있었기 때문에, 손실된 인간적 투쟁 역량을 지속적으로 교체·보충할 수 있었지요. 되풀이하지만, 노신의 『아Q정전』의 주인공 같은 그런 무지하고 한없이 가난한, 그렇지만 어떠한 힘으로도 짓누를 수 없는 중국 인민대중의 특성 때문에 그 혁명이 가능했던 것으로 보입니다.

임헌영 1949년 10월 1일 천안문광장에서 중화인민공화국을 정식 선언할 때까지의 과정은 세계 역사에 나타난 가장 위대한 서사시입니다.

리영희 5억 인구의 운명이 달라지는 그 장대한 과정은 세계사에서 유례가 없다고 할 수 있지요. 실제로 '중화인민공화국' 창건 이후 등소평시대까지 중국인민의 발자취는 전 인류의 놀라움과 감탄을 자아낼 뿐이지요.

문화혁명 30년의 괴리

임헌영 러시아도 그 무대의 광막함이나 인물들의 다양함, 거기에다 유럽 일대에 걸쳐 전개된 망명과 혁명의 드라마는 일품이지요. 그 대서사시를 연출했지만, 중국의 문화대혁명을 과연 어떻게 평가하느냐에 대해서는 끊임없는 논란이 제기되고 있습니다. 전문가가 아니라도 다 한마디씩 하는 사건 아닙니까? 선생님은 실제로 문화대혁명을 어떻게 생각하십니까?

리영희 혁명 와중의 현실 인식과 그것이 다 끝난 뒤인 1970년대 후반과 1980년대 등소평시대까지 와서 정열이 식은 후에 전체 과정을 냉정한 머리로 평가할 때하고는 많이 다르지요. 내가 문화혁명의 와중에 그것을 보고 쓰고 할 때에는 진실의 전모를 다 파악하기가 참 어려웠어요. 더구나 남한 같은 극히 제한된 정보와 자료 속에서는 누구나 그랬지요. 일본의 중국연구자들만 하더라도 중국에 비교적 자유롭게 왕래할 수 있었는데, 나 개인으로서는 겹겹이 제한된 상태에서 관찰할 수밖에 없었어요. 도대체 '문화혁명'이라는 것이 사회주의혁명에서 어떤 의미를 지니며 왜 필요하며, 그것이 운동의 발전법칙상 어떻게 상호 연관되는가 하는 점을 완전히 파악하기조차 정말 어려웠으니까.

1990년대 중반 이후에 들어와서, 다시 말해서 모택동의 문화혁명에서부터 30년이 지난 뒤에, 일부 식자들 사이에 사후적으로 밝혀진 문화혁명이 30년 전 리영희의 중국문화대혁명관하고 많은 차이가 있는데 이것을 어떻게 해석해야 할 것인가라는 질문이 나왔어요. 거기에 대해서 나는 이렇게 답변하겠어.

30년 전의 문화대혁명 시기의 평가와, 30년 후의 실제적 검증 사이의 괴리는 비단 나 한 사람에 한정된 문제일 뿐 아니라 전 세계의 중국현대사 연구자들에게 거의 공통된 사실이오. 앞에서 말한 것처럼, 다른 외국의 학자들에 비해서 월등히 열악하고 한정된 범위의 정보밖에 없던 나에게는 그 후 알려진 이른바 '홍위병'의 반문화적 파괴행위로 말미암은 여러 가지 부정적 사실은 정확히 파악할 방법이 없었어요. 내가 세계정세 전반, 특히 중공혁명에 관련한 어떤 문제에 천착·평가하든지 간에, 그와 같은 나의 지적 행동에는 한 가지 목적과 원칙이 있었어. 외부의 현상을 한국에 투영할 때에 나의 가장 큰 관심사는 우리 남한사회와 국가 내부의 온갖 부조리와 왜곡을 파악할 수 있도록 그 대조적인 현상으로서 외부의 현상을 제시하는 것이지요. 그것들이 지니는 '반면교사'(反面敎師)적 효용과 의의를 중요시한 거요.

즉, 중국의 전통적 계급지배에 대한 인민대중노선, 자본주의적 제도의 물질주의에 대한 정신주의와 도덕적 인간 행위의 숭상, 자본주의적 이기주의에 대한 자기희생적 헌신의 미덕, 인텔리의 개인적·집단적 권위주의에 대해 민중적 생활가치의 존중, 지식인 계급의 독점적 권위와 지배적 제도를 타파하기 위한 하방(下放)제도, 즉 폐쇄적 인텔리 집단의 특권을 부정하고 그들을 하층 생산노동자와 농민들 속에 일정 기간 투입함으로써 그들 머릿속의 특권의식을 청소하고 하층 대중에 대한 이해를 도모하고, 중국 하층 대중생활의 구체적 조건을 터득케 하려는 정책, 계급주의적 사회질서에 대한 평등주의적 사회정신, 그 대표적 표현으로서 인민해방군 내부의 계급에 따른 차별과 계급장 제도의 철폐, 군대의 약탈적 성격에 대한 인민봉사의 규율 강조, 정부와 당·관료 등 명령권자적 존재에 대한 대중의 간부 비판의 권리와 자유의 제도화, 모든 사회집단의 하향식 의사결정 원리에 대한 대중 토론에 기초한 '상향식 의사결정원리'의 강조, 전통적 남녀불평등 제도에 대한 양성평등 제도의 존중, 온갖 미신과 비과학적 현상에 대한 합리적·과학적 사고의 철저화, 자본주의사회 운영의 기본 개념인 경쟁적 출세주의를 배격하는 우월자의 열등자에 대한 동반적 상승의 의무화(그 전형적 실천으로서 모든 학교의 학습에서 일정한 단위의 우수한 학생들이 열등한 학생을 책임지고 자기들의 학습수준으로까지 끌어올려야 하는 협동적 공동책임제의 실시), 물질적 행복 추구에 대한 검소하고 질박한 실용적 물질생활의 존중, 그리고 외국숭배사상에 대한 자민족 문화와 전통에 대한 긍지와 자존심 고취……. 이러한 것들에 대한 나의 글은 무조건적 공감이나 편애(偏愛) 때문에 쓴 것이 아니었어.

나는 모택동 말기의 '문화혁명'을 추상적·철학적·이론적 측면에서 관념화하는 학자 간 토론과는 반대로, 구체적 생활조건과 중국 민중의 생존적 환경에서 오랜 제도·관습·인습·신앙·가치관을 뒤엎는 실제적 목적과 효과에 연구의 중심을 두었던 거요. 진정 그런 문제들을 가지고 중공의 문화혁명을 남한사회의 독자들에게 전할 때 자본주의사회의 병든 생활방식과 존재양식에 대해서 대조적인 삶의 모습을 제시하고 싶었던 겁니다.

임헌영 하기야 러시아는 문화혁명과 같은 혁명의 정화 역할, 역사의 악역 구실을 스탈린 개인이 했는데, 중국은 그럴 수 없었기에 문화혁명이 야기된 게 아닌가 하고 저는 봅니다. 중국문제연구소에 계실 때 가난뱅이 문인 한 사람을 구제해준 적이 있으셨지요? 양성우 시인 말입니다. 그때 봉급을 상당히 많이 받게 해주셨다는데, 양성우 시인이 중국어를 못 해서 선생님이 열심히 변호까지 했다고 들었어요.

리영희　양성우가 중국어를 못 했기 때문은 아니었어. 그가 중국어를 알 리가 없고 나도 그것을 알고 있었지. 중국문제연구소 학술지 『중국문제연구』의 편집과 관련된 문제였어. 내가 『중국문제연구』라는 학술지의 출판실장이었어요. 이 학술지의 편집·출판 업무를 그때 실직 상태에 놓여 있던 시인 양성우에게 맡겼어. 양성우는 광주의 한 고등학교에서 국어교사로 재직하고 있었는데, 박정희정권의 야만성을 풍자하는 「겨울 공화국」이라는 시를 발표한 탓에 교직에서 파면됐어. 나는 양성우와 일면식도 없는 사이였지만, 이 젊은 교사 시인의 그 시를 읽고 굉장한 감명을 받았어요. 그런 때에 창작과비평사에 놀러갔더니 마침 양성우가 거기에 와 있더구만. 내가 "무슨 일자리라도 구했냐"고 물었더니 일자리가 없어서 무척 어려운 형편이라고 대답하더군요.

그래서 내가 『중국문제연구』의 편집업무를 맡길 테니 모르는 일은 창작과비평사 편집 담당자들의 협력을 얻어서 해보라고 했지. 그 작업에 대한 보수는 내가 결정할 수 있었기 때문에 상당히 파격적인 액수를 제시했고, 그것은 실직 상태의 양 시인에게 적지 않은 경제적 도움이 되리라고 생각했어요. 그런데 편집을 마치고 제본을 해서 납품한 『중국문제연구』 제1호에 몇 가지 중요한 결점이 있었어. 이 때문에 나는 당시의 연구소장 차인석 교수로부터 몹시 불쾌한 질책을 들을 수밖에 없었어요. 나는 이 일에 관해서 여태껏 누구에게도 입 밖에 낸 일이 없는데, 임형까지 알고 있는 것을 보면, 아마 양성우가 지인들에게 이 얘기를 전한 모양이구만. 어쨌든 이 이야기는 그랬던 것이오.

두 거인의 사망과 함께 막을 내린 한 시대

임헌영 그 당시의 한국 상황에서 이데올로기적 제한 말고 다른 어려움은 없었습니까?

리영희 1960년대 말부터 1970년대 중반까지의 시기에 개인적으로 중국문제를 연구하는 학자가 얼마나 자료수집에 고난을 겪었는지를 보여주는 한 예를 얘기해보지. 정권당국의 엄격한 반공법과 출판물 단속이야 주지의 사실이니 말할 필요도 없고, 연구자 개인으로서는 지금 사람들은 상상도 할 수 없는 기술적 장애가 있었어. 그것이 뭐냐 하면, 복사기 문제야. 지금이야 전자방식을 통해 단숨에 책 한 권 분량을 복사해낼 수 있지만, 내가 중공문제 연구에 전력투구하고 있던 그 시기에는 복사기라는 것이 원시적인 '탄소미립자 복사 방식'이었어. 임형도 그게 뭔지 짐작이 안 가지요? 물론 듣지도 보지도 못했을 것이니까. 이 방식의 복사기는 우선 크기가 장롱만했어. 상상이 안 갈 거요. 이 복사 방식은, 큰 철제용기에 좁쌀만한 까만 탄소미립자를 수북이 깔고서 그 위에 원본을 놓고, 강력한 전기조명을 가하면서 그 용기를 기계적으로 진동시키는 것이에요. 그러면 탄소미립자가 전기가 투과된 그 활자면에 현미경적 크기의 까만 가루가 되어서 부착돼요. 그것을 꺼내면 한 장이 복사되는 거요. 그리고 한 2~3분 동안 건조시켜. 그다음에 같은 절차를 반복해 두 장째, 석 장째를 복사하는 거예요. 두툼한 책 한 권을 복사하려면 하루가 꼬박 걸려. 중공관계 희귀본을 나의 개인장서로 만들기 위해서는 이런 방식으로 복사를 해야 했으니, 그 기술적 난관도 보통 큰 것이 아니었어. 이런 복사기가 1970년대 초까지 쓰였는데, 지금은 어떤 박물관에 보존돼 있는지 알 수 없군.

한양대학교 재직 첫 6년 동안은 지적 생산에서 최고의 실적을 올리던 시기였어. 이 사실은 이 기간에 내가 연구·발표한 논문의 일람표를 봐도 알 수 있어요. 「사상적 변천으로 본 중국 근대화 100년」(1972, 『창조』), 「중공 평화5원칙 외교 연구」(1972, 『정경연구』), 「중공 국가지도체제의 형성과정」(1973, 『세대』), 「베트남전쟁 정전협정 분석」(1973, 『정경연구』), 「주은래 외교의 철학과 실천」(1974, 『서울평론』), 「소련 반체제 지식인의 사상적 유형 연구」(1975, 『한양대학논총』), 「모택동의 교육사상 연구」(1976, 『대화』) 등 그 밖에도 수많은 사회평론, 문명비평 글을 생산했어. 그렇게 바쁜 와중에도 민주화운동의 현장에서 요구되는 일은 거의 마다하지 않고 참여했으니까, 나의 의지력이나 사명감도 대단했지만 육체적 건강도 놀라웠던 것 같아.

1975년 4월에 미국의 베트남전이 패망으로 끝나고 남북 베트남을 합친 베트남인민공화국이 호지명 대통령 영도하에 다시 수립됐어요. 이것은 아무리 미국이 세계 무적의 군사력을 가지고도 끝내 억누르지 못했던 피압박 민족의 위대한 승리이고, 미국과 남한을 제외한 전 세계 인민이 쌍수를 들고 환영했던 현대사의 일대 사건

1974년 여름 한양대학교 유네스코 학생서클의 농촌돕기활동 중에 열린 씨름대회에서 대학생 두 명째를 이기는 순간이다. 세 번째 학생에게 깔려 갈비뼈에 가는 금이 갔다.

이었지.

미군의 완전 철수와 베트남 통일정부 수립이 현실화된 1975년 4월에 북한의 김일성 주석이 이런 성명을 발표했어요.

"미제는 베트남에서 패망한 치욕을 씻기 위해서 조선반도에서 새로운 전쟁을 시작하려 하고 있다. 만약 미제가 조선에서 다시 전쟁의 불장난을 시작하면 우리가 잃을 것은 민족의 분단이요, 우리가 얻을 것은 조국의 통일이다."

나는 이 정보를 접하고 소름이 끼쳤어. 나의 상황 분석으로는 김일성이 미국 베트남전 패망을 기회로, 베트남의 경우와 같이 통일을 위한 전쟁을 구상하고 있다고 판단한 거요. 나는 이 민족의 분단을 해소하고 통일을 이룩하는 민족적 과제가 아무리 숭고하고 민족적 지상목표라고 하더라도, 다시는 6·25전쟁이나 방금 끝난 베트남전쟁과 같은 그런 잔인하고 처참한 결과밖에 예상할 수 없는 군사력에 의한 어떠한 시도도 용납될 수 없다고 생각했어요. 그 발언 직후에 김일성의 북경 방문이 발표되고, 주은래 수상과의 회담이 있었다는 외신을 접했어. 그로부터 얼마 후 간접적인 소식통을 인용한 외신이, 김일성이 중국 지도자에게 한반도 통일의 필요성을 강조하고, 필요하다면 군사력에 의해서라도 이 기회를 놓쳐서는 안 된다는 의견을 표명했다는 거요. 이에 대해서 주은래 수상과 중공 최고지도부는 중국은 한반도에서 미국이건 북한이건 남한이건 어느 누구에 의한 군사행동도 용납하지 않으며, 지원하지도 않을 것이라는 단호한 태도를 보였다고 전해줬어. 나는 이 정보를 접하고 한시름 놓았어요. 이 소식을 듣고 나서야 안심하고 연구에 몰두할 수 있게 됐어.

그리고 반 년 후인 1976년 1월에 내가 그토록 존경하던 주은래 수상이 사망했어. 석 달 뒤에 이어서 모택동마저 사망하더라구. 중국 정세에 대한 내 판단으로는, 이제 중국은 최소한 10년 동안 대란의 시기를 맞이하게 될 것이라는 새로운 불안감이 들었어요. 아니나 다를까, 그때 모택동시대의 청산을 요구하고 사회의 통제 분위기의 해소를 갈망하는 청년 대학생들의 운동인 천안문 사건이 일어나고, 정권 수뇌부의 추잡한 권력투쟁이 계속되더군. 그런 시기인 1977년에 『8억인과의 대화』 『전환시대의 논리』 『우상과 이성』을 한 묶음으로 몰아친 반공법 위반으로 투옥되어 대학을 떠나게 됐지. 그 후로 중국문제연구소와의 관계는 끊어지고, 1980년 봄 4년 반 만에 복직한 뒤에는 다시 중공문제에 대한 연구를 하기가 어렵게 돼버렸어요. 돌이켜 생각하면, 1960년대 중반 조선일보사 외신부장으로서 본격적으로 중공문제에 관해 쓰고 발언하면서 중국 사회주의에 대한 남한 국민들의 올바른 이해를 촉진하려 했던 내 일종의 계몽적 활동은 15년 정도의 업적을 가지고 사실상 막을 내렸다고 할 수 있지. 나에게는 굉장히 섭섭한 일이었지만, 그래도 그 기간에 한국 지식인과 대학사회에 외부세계에서 일어나고 있는 시대적 변혁 전반에 대한 진실을 알리고, 병적인 극우반공 교육의 해독을 상당한 정도까지 중화시킬 수 있었다는 자부심으로 만족했어요.

궁지에 몰린 군사정권의 단말마

임헌영 1976년에 이른바 교수재임용제도를 만들어 정권에서 못마땅하다고 보는 교수들을 쫓아내기 시작했는데, 1차로 걸리셨지요?

리영희 박정희정권이 눈엣가시로 생각하던 반체제 교수를 추방하기 위한 교수재임용제도와 그로 인해서 희생당한 교수들과 나의 얘기는 잠깐 뒤로 미루고, 박 정권이 어째서 그런 극단적 조치를 단행할 정도로 몰리게 됐는지 알기 위해서는 당시의 시대상황에 대해 인식할 필요가 있어요.

1973년에는 남북평화통일을 주장했던 야당대표 김대중을 일본 호텔에서 부대 속에 잡아넣어 현해탄에서 수장해버리려다가 뜻을 이루지 못하고 국내에 들여와 석방하는 추태를 부리지. 국내에서는 박 정권의 유신독재에 반대하는 헌법개정 청원운동이 장준하와 백기완 등의 주도로 100만 명 서명운동으로 진행되었고, 국제적으로는 한국이 파병 참전했던 소위 '민주주의와 자유를 위한다'는 베트남전쟁에서 미군이 참패하는 사태가 벌어졌어. 이듬해인 1974년에는 베트남전쟁에서 미국이 패전한 것을 목격한 박정희가 연초부터 연속적으로 '대통령 긴급조치'라는 것을 제1호에서 제9호까지 발동하여, 사실상 헌법을 정지하고 일체의 국민의 권리를 박탈하는 단말마적 몸부림을 쳤어. 임형과 이호철이 소위 '문학인 간첩단사건'이라는 올가미에 씌워져 구속된 것이 아마 이때이지요? 서울지검 공안부가 지식인 탄압의 일환으로서 그런 명목의 사건을 억지로 꾸며낸 것으로 보도됐는데, 임형도 고생 많이 했군요. 이것은 죽음의 위기에 처한 동물들이 온몸에 경련을 일으키는 정치적 경련과 같았지.

유명한 '민청학련사건'으로 김지하와 일부 학생들에게 사형을 선고하고, 7명은 무기징역에 처했어. 결국 다 석방되기는 했지만, 이것은 박 정권 종말의 신호탄이 터진 것으로 해석됐어요. 아니나 다를까, 그해 여름에는 박정희의 부인 육영수가 8·15행사 축하장에서 피격돼 사망하는 불상사가 일어났어. 이런 일련의 독재 발악에 대항해서 재야인사로 구성된 '민주회복국민회의'가 발족하고, 여태까지 독재정권에 순응했던 종교계도 굴욕적 자세를 깨고, '천주교정의구현전국사제단'이 구성되기도 했어요. 이런 상황 속에서 그해 6월 나의 첫 평론집 『전환시대의 논리』가 창작과비평사에서 발간되어 지식인 사회에 큰 파문을 일으키기 시작했어요. 언론계에서도 비로소 저항의 몸부림이 일어났지. 140명가량의 『동아일보』 기자들이 '자유언론실천선언'을 통해 집단적으로 항거하기 시작했고, 곧이어 40여 명의 『조선일보』 기자들이 권력의 언론압살에 대항하는 투쟁을 시작했어요.

그와 같은 범국민적 저항에 부딪친 박정희정권은 1975년 4월 전국의 대학에 휴교령을 내리고, 다시 서울 주재 21개 대학에 군대를 진주시켰어. 감옥에 있는 김지하의 유명한 '양심선언'이 발표된 것이 이때예요. 박 정권은 심지어 전 대통령 윤보선과 천주교 원주교구의 지학순(池學淳) 주교를 비롯해 무더기로 많은 이들을 투옥하기에 이르렀어! 이런 상황의 여파로, 중앙정보부의 짓으로 여겨지는 장준하의 의문사가 발생한 거요. 이만하면 어떤 판단기준에서도 대한민국이라는 국가는 국가적 기능을 상실한 상태가 됐지. 이런 정권 위기를 더 가속화하는 사건으로서 국제적으로는 유엔총회에서 처음으로 남한과 북한에 대한 지지 표수가 동점으로 나타나 한반도 정세에 대한 미국의 일방적 농락이 한계에 달했음을 세계가 공인하기에 이르렀지. 설상가상으로, 1975년 4월에는 호지명 주도의 베트남 해방군이 남베트남 수도 사이공을 점령하고 120년 만에 베트남의 식민지 해방과 반제국주의 투쟁의 막이 내리고 분단된 남·북 월남을 아우르는 통일월남공화국이 수립됐거든. 국내 정세에 대한 나의 절망감이 더욱 심해지는 상황 속에서도 내가 살아야겠다는, 그리고 살 수 있다는 집념과 의지력을 버리지 않을 수 있었던 가장 큰 요인은 세계정세의 변화였어. 국제 정세에서 전개되고 있었던 이와 같은 시대정신의 도도한 흐름과 힘의 판도에 나타나는 구체적 변화 때문이었어.

임헌영 그때 발동한 교수재임용제도로 인해 처음으로 해직당한 대학교수는 백낙청, 김병걸 선생 같습니다. 백낙청 교수는 민주회복국민회의에 참여하면서 바로 해직이 되었고 김병걸 교수는 권고사직당했습니다. 선생님도 사직을 강요당하셨습니까?

리영희 당시의 교수재임용제도는 박 정권의 죽음을 앞둔 그러한 상태에서 지식인의 첨단인 교수들 가운데서 독재정권에 동조하지 않는 교수들을 대학에서 추방한 거요. 주로 연구실적 부족, 학생지도 부실, 기타 교수로서의 자격 부족 또는 품위 훼손 등의 어거지 사유를 갖다 붙여 강제로 퇴직시켰어요. 개중에는 그런 교수도 있고 사립대학의 경우는 설립자나 재단에 밉보였거나 시비가 있는 교수들도 그 기회에 싹쓸이된 거지. 전국 98개 대학교의 도합 460명의 교수가 이 숙청으로 대학에서 쫓겨났습니다. 국공립대에서 212명, 사립대에서 248명이었습니다. 그 가운데 주요 인물은 소위 '반체제 인사'로 알려져 있던 약 50분들이지. 물론 나를 포함해서 이에 해당하는 교수들은 대부분 4년 후인 1980년 봄, 즉 박정희가 살해된 1979년의 10·26사태 이후에 복직됐어요.

이탈리아의 파시스트 무솔리니가 1922년에 집권하면서 대학교수 전원에게 파시스트체제와 정권에 대한 소위 '충성서약'을 강요했어요. 그중 서약을 거부한 교수가 22명이었어. 그 22명은 모두 이탈리아 연해의 외딴 섬에 수용됐어요. 23년 뒤인 1945년 봄에 파시스트정권이 몰락한 뒤, 그 격리수용소에서 살아서 돌아올 수 있었던 교수는 22명 중 2명밖에 없었어요. 이것에 비하면, 그래도 박 정권의 조치는 조금은 나은 것인지도 몰라.

내가 한양대학교에서 강제로 해직된 것은 백낙청 교수나 김병걸 교수와 마찬가지로 민주회복국민회의의 이사였던 나에게 정권이 교수직과 국민회의 이사직 중에 선택을 강요한 데 따른 겁니다. 나는 이 당시에 국민회의의 이사였을 뿐 아니라, 그때에 처음으로 양심수들의 국제적 원호기관인 '앰네스티 인터내셔널'의 한국지부 이사이기도 했어요. 앰네스티 인터내셔널 한국지부는 진보적 기독교의 선구자인 김재준 목사와 송지영(宋志英) 선생의 주도로 결성된 것인데, 세계의 정치범·양심수의 구호기관인 앰네스티의 임원이라는 것도 문제가 됐던 거지.

나는 해직이 거의 확실해졌을 때, 한양대 학생들뿐만 아니라 한국의 대학생들이 들어보지도 못했고 어느 교수도 강의하지 않았을 마르크스-엥겔스사상의 기본이자 원천이라고 할 수 있는 유물사관 원론인 『도이치 이데올로기』를 두 번에 걸쳐 특강을 했어. 나에게 수업을 듣는 이 졸업반 학생에게라도 자본주의사회의 구조와 운영원리를 해부하고 대안을 제시하는 사상을 접할 수 있는 기회를 주고 싶었지.

임헌영　김연준 총장에 대한 선생님의 에세이를 읽어보면 두 분의 관계가 어떤지 통 감이 안 잡혀요. 비판도 찬양도 아닌, 아마 선생님 쪽에서 하실 말씀을 안 하시는 게 아닌가 싶습니다만.

리영희　밖에서는 김연준 씨가 내가 1978~79년 2년 동안 형무소에서 고생할 때 우리 가족을 상당히 돌봐준 것으로 아는가 본데, 이 말은 절반은 맞고 절반은 틀립니다. 내가 사표를 써주고 나가니까 그대로 방기하지 않고 『한양대학교 40년사』 편찬연구실을 만들고 나를 편찬위원회의 한 사람으로 발령을 내서 월급이 나오게끔 했어요. 1977년 11월에 내가 형무소에 갈 때까지 거기서 월급을 받았지. 그러나 투옥된 뒤에는 반공법 위반자라 도울 수 없었기 때문인지, 아무튼 형무소에 간 뒤부터는 한 푼도 도와준 것이 없어요. 박정희 죽고 사면복권되고, 모든 해직교수들이 복직될 때 나에게는 복직발령을 내주지 않았어요. 내가 한양대학교 출신도 아니고, 대학본부 안에 아무런 인간적인 유대나 연고도 없었기 때문이겠지만,

『전환시대의 논리』 출판기념회에서 염무웅, 고 한남철, 창작과비평사의 대표 백낙청과 함께.

나를 안 받으려고 하다가 신문에서 들고일어나니까 어쩔 수 없이 복직시켰어요.

임헌영 1980년 잠깐 복직하신 후에도 연구소는 계속 관여하셨습니까?

리영희 그 후엔 안 했어요.

임헌영 유신통치의 실질적인 출발인 1972년에서 불과 2년이 지나자 저항세력이 급증하여 1974년부터 박정희는 긴급조치를 계속 발동했습니다. 저희 문학인 간첩단사건(1974.1) 재판 때 선생님께서 자주 법정에 나오셨어요. 이 무렵이 되면 전반적으로 유신독재 체제를 도저히 용납할 수 없다는 소리가 언론계에서도 일어나지요. 육영수 저격사건(1974.8.15)에 못지않게 충격적인 중요한 사건은 선생님의 첫 저서 『전환시대의 논리』가 출간된 1974년 6월 5일이

한국 사회에 엄청난 지적 파동을 몰고 온 『전환시대의 논리』와 『우상과 이성』.

아닐까요. 저희들이 갇혀 있을 때 제1심 판결이 언도되던 6월 26일을 이 책의 출판기념일로 잡으셨어요. 반드시 이 친구들 나온다, 그러면 출판기념회를 이 친구들과 해야 한다, 그러셨다구 하더군요.

세상을 바꾼 한 권의 책 『전환시대의 논리』

리영희 『전환시대의 논리』는 그 내용 하나하나가 남한사회의 기형적인 상식과 신념이나 이념이 일상화되어 있는 지식인·대학생·청년·노동자들에게 너무나 새롭고 신선했던가 봐요. 그들의 가치관이나 신념체계가 책을 읽어나가는 동안에 소리 내어 무너졌다는 거요. 몇십 년 동안 자연스러운 것, 당연한 것, 최상의 것, 그것밖에 없는 것이라고 교육받고 그렇게 알고 그렇게 믿었던 것들의 가면과 허위가 드러나 보이니까 놀랍고 무섭고 부끄럽고 해서 오랫동안 정신을 차리지 못했다고들 야단이었지요. 해방 이후 반세기 가까운 세월을 인류사회에는 오직 광적인 반공주의적 가치관과 병적인 극우적 세계관밖에 없는 줄 알고 살아온 한국인들에게 그것과는 반대인 것, 때로는 그것보다 훨씬 높은 가치와 가치체계, 그것과 다른 인간적 사유와 존재양식도 있다는 사실, 그리고 그런 것으로 이루어진 사회와 국가들이 많다는 현실 등을 처음 알게 된 거지요. 그러니까 정신이 몽롱해질 정도로 큰 충격을 받은 거지. 잠깐 사이에 그런 경험을 말하고 또 감사해하는 편지가 수백 통이나 배달돼 왔어요. 그러니까 의식화된 거지. 정권이 긴장한 것이 당연하지.

임헌영 이 책이 나오고 사회과학 서적으로는 처음 베스트셀러가 되었고 이 책 때문에 그 후로 제일 높은 등급의 감시를 받게 되시는 거지요? 이 책의 전체 흐름은 중국과 월남 문제, 사상의 자유 문제 등으로 1974년 이전에 쓰신 글이 거의 다 실렸는데, 지금도 중국문제 전문가나 1970년대의 우리나라를 이해하려면 이 책을 봐야 하고, 이보다 더 좋은 중국 연구서가 없다고들 합니다. 사실 중국학이라고 할 만한 연구서는 그 후 한동안 안 나오지 않습니까?

리영희 『전환시대의 논리』가 자극한 것은 중국에 대한 현실인식만이 아니지. 그것은 일부에 불과해요. 책의 효과를 한마디로 요약하면, 남한적 이념(가치관과 이데올로기)의 허구성과 진실을 위장했던 굳고 딱딱한 '가면'이 그것으로 벗겨졌다는 거지. 말하자면 '가치의식'의 총체적 해체라고 할 수 있을 거요. 광적 반공극우정권이 그 책과 저자를 '의식화의 원흉'으로 단정한 것이 그 때문이에요. 중국인식은 둘째 문제고. 1980년대 후반에 가서야 한두 권이 나오기 시작했지. 그 시점부터는 많은 젊은 학자·지식인이 중국을 학문적 연구대상으로 삼아서, 마치 중국이라는 사회에 빨려 들어가듯이 들어갔다구요. 이걸 보고서 엉뚱한 학문을 하던 이들이 전공을 확 바꿔 가지고 중국을 연구하기도 했지요. 한 학자가, 한 지식인이 글을 써서 책을 내면서 지적 활동의 결실이 이렇게 큰 영향과 파동을 일으킬 수 있느냐 하는 것에 대해서 나도 스스로 믿어지지 않을 정도였어요. 곧 이어 『8억인과의 대화』(1977.9.1)를 내놨더니, 그것이 일으킨 지적 파동은 『전환시대의 논리』가 나갔을 때 이상으로 엄청난 것이었어요. 이어서 한길사에서 『우상과 이성』(1977.11.1)까지 나오니까, 당국이 가만 있지 않았지요.

임헌영 필화사건이 될 것으로 예상하셨습니까?

리영희 조금은 염려했지만 그렇게까지 될 것이라고는 예상하지 못했어요.

임헌영 이 무렵에 『동아일보』 기자들의 '자유언론실천선언'(1974.10.24)을 시발로 자유언론운동이 확산됩니다. 이어 1975년 1월부터 『동아일보』 광고탄압 사태가 일어납니다. 즉 광고주가 이유를 묻지 말라며 계약했던 광고를 무더기로 해약하는 사태가 터집니다. 결국 자유언론을 외치던 『동아일보』와 『조선일보』 두 신문사의 언론인들이 회사로부터 대량 해고당하고 맙니다. 지금 『한겨레』의 주요임원들과 이부영, 임채정 의원을 비롯한 한길사 김언호(金彦鎬) 사장과 문학과지성사 김병익 사장 등이 다 이때 해고된 인사들이지요. 사회안전법이 1975년에 시행되고, 오랜 민족운동 투사들이 재수감되는 등 혹독한 탄압이 자행되었습니다.

부드러운 얘기 좀 하겠습니다. 으악새클럽 얘깁니다. 1970년대 초반, 정확하게는 1972년 10월 유신선포 직후 제일 먼저 투옥당했던 김상현 의원이 1974년 12월 석방된 직후라고 기억되는데, 한승헌 변호사, 지금은 고인이 된 이상두, 장을병(張乙炳), 윤현, 윤형두 선생 등이 모이면 주로 김 의원이 술값을 맡았는데, 술타령을 하면서 그 잔혹했던 시절에 호연지기를 부리곤 했지요. 제 기억으로는 당시 선생님의 가치관의 단면을 엿볼 수 있는 사건이 하나 있습니다. 김 의원이 여자 있는 꽤 좋은 술집으로 우리를 데려갔는데, 선생님이 여자 나오는 것을 보고는 부르주아 운운하시며 판을 깨버렸지요. 선생님의 순수성이랄까 결벽성이랄까, 사상의 실천적 성향을 느끼게 했어요. 그 뒤에 보니 아름다운 여자를 참 좋아하시기도 하던데, 아마 상품으로서의 여성은 일체 거부하는 것 같았어요.

리영희　나는 군대생활에서도 그랬거니와 사회생활을 시작한 시기에는 그런 점이 없지 않았어. 그렇지만 언론계 생활과 대학에서의 삼십여 년 생활과정에서 나도 세파를 헤치며 살다 보니까 적당히 타락했지. "하늘을 우러러 부끄럽지 않고, 땅을 굽어보아 뉘우침 없는" 시인 윤동주와 같은 삶은 나에게서 멀어져갔어요. 나도 적당히 '이중인격자'가 되어갔고 위선자가 되었어. 윤동주는 멀리 하늘과 땅을 보면서 부끄러움이 없었지만 나는 멀리 볼 것도 없이 바로 내 마음속에 있는 거울 앞에서 부끄러운 내 자신의 얼굴을 마주해요. 서글픈 일이지.

임헌영　생활에서 선생님은 좀더 유연해지신 것 아닙니까?

리영희　지금은 어디든지 둥글둥글 굴러갈 수 있지만 그때는 모난 돌멩이였어. 가정에서도 난 아이들을 안고 다니면서 위자(慰藉)하고, 뭐든지 달라는 대로 사주고, 무슨 말이나 다 들어주는, 그런 아버지가 아니었다고 할까. 나의 관심과 행동의 초점은 가족에 있지 않고 사회에 있었으니까. 나는 한국사회에서 부패와 부정을 일삼고 힘없는 대중을 속이고 등쳐 먹는 집단들이 불법과 부정한 수법으로 가로챈 돈과 권력으로 그런 방탕을 일삼고 있는 것에 대해 참을 수 없는 심정이었어요. 그 당시는 정말로 마음속에서는 사회주의건 공산주의건 이따위 사회를 확 뒤집는 것이라면, 그것이 무엇이든 어떤 체제든 다 정의롭다고 생각한 적도 가끔 있었어. 한국보다 더 나쁜 사회가 지구상에 어디 있겠는가 하는 생각이었어. 그래서 나는 술 마시고 여자 끼고 돈 뿌리면서 이 사회의 현실과 타협하는 작태를 못 참았어요. 내 마음이 너무 좁았던 거지. 세상을 좀 더 넓게 여유를 가지고 보지 못했던 거지. 철저하게 검색하면, 나의 그런 태도는 이율배반일 수 있고 어쩌면 비정상적으로 편향적이라고 할 수도 있겠지. 당시의 나의 사고와 행동이 반드시 객관적으로도 옳았다고 말하지 않아요. 다만 그런 심정이었고, 그것 아닌 다른 자기의식이 없었다는 것을 실토할 뿐이오.

임헌영 그건 너무 겸손한 말씀입니다. 현실적으로 타협하고 그래서 한 발 빠지고 또 빠지다 보면 결국 타락하고 말지 않습니까. 어떻게 보면 선생님의 그런 곧은 성품이 스스로의 사상을 성실하게 지켜왔을 거라는 생각이 듭니다. 선생님께 저희가 느끼는 외경심의 원천도 바로 그것이지요. 어쨌든 그 무렵에 선생님을 둘러싸고 있던 사람들, '으악새클럽' '거시기산악회', 창비그룹, 언론인 모임 등 리영희 선생님과 그 주변의 인맥은 그대로지요?

리영희 인맥이라기보다 늘 가깝고 친했던 동지들이지요. 그러나 나는 그렇게 의식하고 인간관계와 사회적 유대를 맺어나가지 않았습니다. 대인관계에서 나는 비(非)처세, 아니 무(無)처세적입니다.

임헌영 선생님께서 그러신 것이 아니고 저절로 주변에서 형성된 거지요.

리영희 그것도 나는 의식하지 못했어요. 실제로 『전환시대의 논리』나 『8억인과의 대화』 『베트남전쟁』 『우상과 이성』이 그렇게 큰 영향을 미치고 있다는 데 대해서도 잘 몰랐어. 그 까닭도 어쩌면 나의 인생관이랄까, 삶을 살아가는 원리 때문인지도 몰라요. 나의 지적 활동과 실천의 결과가 이 사회에 큰 감화를 미치거나 영향을 미치리라고 생각해본 일이 없어요. 많은 사람들이 당시의 소감을 말하며 자기 세계관이 '코페르니쿠스적 질적 전환을 했다'고들 할 때에도 나는 '정말 그럴까?' 반신반의하는 심정이었어요. 나는 그저 당연한 사실을 썼다는 정도의 생각이었으니까. 1980년 봄의 광주항쟁을 거치고 전국적으로 민주화투쟁이 점차 번지고 있던 1980년대 초반에 민주화·반독재투쟁의 주체인 젊은이들로부터 많은 편지가 왔어. 자기들이 전혀 모르고 있던, 아주 새롭고 신선한 가치관과 사회의식과 신념체계에 접하면서 '공포를 느낄 정도'였다고 구체적인 체험들을 고백하고는 그것이 투쟁에 뛰어들고 목숨까지도 바칠 결심을 하게 된 큰 동기였다고 실토해요. 그런 과정에서 나는 '아! 조금은 영향을 미쳤구나' 하는 생각을 하게 됐어요. 겸손해서가 아니라, 나는 나의 지적·정신적·사상적 행위의 결과가 어떤 그런 큰 영향을 미칠 만큼의 수준과 내용이냐 하는 점에 대해서 항상 비판적이려고 해요. '좀더 잘 쓸 수 있었을 텐데, 좀더 넓게 볼 수 있었을 텐데, 좀더 멀리 그리고 더 깊고 크게 볼 수 있었을 텐데……' 늘 부족하다는 생각이 앞서니까.

1980년대 초에 중앙정보부에서 작성한 한국 학생운동의 사상적 맥락을 다룬 연구 책자를 우연히 누가 보여주더군. 그것을 보니까 대학생들이 사상적 영향을 받은 도서 30권을 골랐는데, 1위가 『전환시대의 논리』, 2위가 『8억인과의 대화』더구만. 세 번째가 송건호의 『한국 민족주의의 탐구』이고, 네 번째가 박현채(朴玄埰)의 『민족경제론』, 다섯 번째가 다시 나의 『우상과 이성』이었어요. 그것을 보니까 비로소 이런 영향이 모여 그 수많은 의식화된 젊은이들과 지식인들이 형성됐고 1980년대가 가능했다는 사실을 인정하게 되었어요. 그래서 권력과 이권의 수혜집단이 나를 지식인·대학생과 대중의 머릿속에 '생각'을 불어넣는 '의식화의 원흉'이라고 매도했겠지요. 그 이후, 나는 군부독재·극우·광적 반공주의자들의 '의식화의 원흉'이 돼버렸어. 영광이지. 하하하!

'의식화의 원흉'으로 매도된 인생

임헌영 선생님을 개인적으로 형님이라고 부르는 분이 고은 시인, 김상현 의원, 한승헌 변호사, 학계에는 장을병 교수인데 우연인지 몰라도 '으악새'가 압도적이네요. 선생님 쪽에서 학계나 언론계의 참스승을 꼽으신다면 누구를 꼽으시겠습니까?

리영희 분야는 다르지만, 원주의 장일순 선생입니다. 나이는 일년 반 정도 위인데 인격·사상·품위·경륜 모든 것으로 해서 내가 십 년 위로 모시고 싶은 분이었어요. 마음으로는 항상 웃어른으로 모셨어. 민주회복국민회의를 이끌었던 이병린 선생도 내가 스승으로 존경하는 어른이지요. 학문적으로는 직접 관계가 없지만 인격적으로 그렇습니다. 사적으로나 공인으로서나 충실하게 살아오신 분으로 박형규(朴炯圭) 목사, 이돈명(李敦明) 변호사도 존경해요.

임헌영 이돈명 변호사를 아신 것이 언제부터입니까?

리영희 1970년대 들어왔을 때지요. 두 번째 사건 때 내 변호를 맡았으니까요. 이돈명 변호사는 1970년대부터 1990년대까지 근 30년에 이르는 기간에 있었던 소위 '간첩사건'이나 '반국가단체 사건' '민주화운동' 그리고 '빈민인권운동' 등과 관련한 사상범에 대한 변호인단이 구성될 때에는 반드시 그 대표를 맡아, 재판의 최전방에 서왔어. 그런 연세에 그만큼 엄청난 영향을 미치면서도, 아주 여리고 착하고 부드러운 어른이에요. 나는 한국 법조계에 관해서는 내 사건 관련 지식밖에 없지만, 내가 읽고 들은 한도 내에서 말하면, 가장 올곧고 양심적이며 악한 정치권력과 정면으로 대했던 대표적 변호사가 김병로, 이병린, 이돈명 이렇게 이어지는 세 사람이라고 생각해요.

임헌영 장일순 선생님이 계시던 원주에 처음 가신 것이 언제입니까? 어떤 계기로 가셨습니까?

리영희 확실한 기억은 나지 않지만, 아마 1971년이나 1972년이었을 겁니다. 원주에서 진행되고 있던 가톨릭공동체, 그땐 농민·교육·운동을 다 합쳐서 할 때니까, 그 이야기를 듣고 흥미를 갖고 가서 뵙게 된 것이 동기이고 시초인 것 같아요.

임헌영 그 뒤에도 자주 가셨지요?

리영희 그분과의 인간관계가 깊어지면서 수시로 가서 자고 오곤 했지요. 마을 앞에 강이 있어요. 그때는 맑고 차고 깨끗했거든. 어두워지면 강으로 나가 멱 감고, 소주 한잔하면서 이야기하다가는 집에 들어가서 자곤 했어. 몇 차례라고 말할 수 없을 정도로 자주 그랬지. 내가 일면적이고 평면적인 사고나 사상과 정서로 인간적 포용력을 못 가진 데 비하여, 그분은 다면적이고 복합적이고도 중층적이면서 아무 모순 없이 이질적으로 보이는 제반 사상들을 하나의 커다란 용광로처럼 융화시켜 나가는 분이었어요. 그 인간의 크기에 압도되지.

임헌영 흔히 장일순 선생님 하면 노장사상과 사회적인 식견까지 갖춘 분으로 얘기합니다. 가톨릭·노장사상·사회의식이 조화된 분이라고 알고들 있지요.

리영희 그뿐만 아니라 불교도 깊었어요. 오히려 그분의 생활양식은 노자적이면서 불교적이고, 오히려 비기독교적이라고 볼 수 있었어요. 그분의 생활양식은 가톨릭의 규율이나 범주에는 전혀 매이지 않았어. 어느 이념이나 종파에도 매이지 않기 때문에 모든 것을 포용할 수 있었다고 봅니다. 지학순 주교가 반독재·한국 기독교 개혁에 큰 역할을 했는데, 장 선생이 그 뒤에서 영향을 줬다고 얘기하잖아요? 그런데 정작 본인은 '난 아무것도 한 일이 없어'라고 말씀하셨어. 이렇게 이야기하니 장 선생이 정말 보고 싶어지는군.

임헌영 1980년대에 세상에 널리 알려진 산악회 '거시기'는 어떤 분들의 모임이었습니까?

리영희 박정희가 총 맞아 죽고 광주항쟁이 난 뒤 투옥됐다 석방된 지식인들, 직장에서 강제추방된 후 할 일이 없는 이들이 함께 산행을 하게 된 거야. 그 누구나가 다 시대의 양심을 대표하는 사람들이었지. 이돈명 변호사, 송건호 『동아일보』 전 편집국장, 백낙청 교수, 소설가 이호철, 경제학자 박현채, 후일 김영삼정권에서 민정수석을 맡은 김정남, 인혁당사건 관련자인 사업가 박중기, 유인호 중앙대 교수, 조태일 시인, 김영덕 화백, 변형윤 서울대 교수, 정기용,

절친한 문인들과 지리산 천왕봉에 올랐다. 내 옆으로 송기숙, 고 이문구, 이호철이 서 있고, 『창작과비평』의 주간이었던 이시영과 먼 곳을 바라보는 김주영의 모습이 보인다.

박석무 그리고 나 등으로 구성됐어. 내가 그 험난한 세월 속에서 연속적으로 권력에게 강타당해, 기진맥진해진 몸과 마음에 휴식을 제공받고 동지애의 포옹 속에서 삶의 기운을 되찾을 수 있었던 곳이 '거시기산악회'였어요. 다른 분들도 각기 그런 정서로 만나서 허튼 소리도 하고, 기염도 토하고, 비분강개하기도 하고, 많이 웃고, 많이 마시기도 하고 지리산, 설악산, 안 간 산이 없지. 권력에서는 소외됐지만, 오히려 그렇기 때문에 행복한 모임이었어요.

임헌영 그때는 '거시기'라는 이름도 붙지 않았겠습니다.

리영희 '거시기'라는 산악회의 명칭에는 아무런 의미도 없어요. 그 마음 맞은 산행 동지들이 어느 날 북한산 일선사 뒤의 양지바른 바위에서 점심을 먹다가, 제각기 작명의 시간을 가졌어. 그때 이돈명 변호사가 좋은 이름이 생각나지 않으니까, 그의 전라도 사투리로 "거시기, 거시기……"만 되풀이하더라고. 그래서 누군가가 이름을 지을 것 없이 '거시기'를 따서 '거시기산악회'로 하자고 했어. 그렇게 해서 산악회의 이름으로 정해진 거지 뭐.

선지자는 고향에서 박해받는다
'사상의 은사'와 '의식화의 원흉' 사이에서

훈장 대신 반공법 위반이라는 딱지를 달고

임헌영 선생님은 1977년 11월 23일에 다시 투옥되셨습니다. 이른바 『우상과 이성』『8억인과의 대화』 필화사건인데요. 아침 7시에 연행된 것이 맞습니까? 어떤 기록에서는 이발소에 갔다 오시다 연행되었다고도 하는데요. 집에 못 들어가고 골목에서 연행되신 겁니까? 책을 내고 난 뒤 위험을 느끼거나 전화를 걸 때 이상한 낌새를 느끼거나 그런 것이 있었나요?

리영희 아침에 동네 이발소에서 이발을 하고 일어서니까, 밖에서 기다리고 있던 수사관들이 에워싸며 가자고 하더군. 집에 들렀다 갔지요.

『현대사 연표』를 보면, "1977년 11월 23일, 『우상과 이성』과 『8억인과의 대화』가 반공법 위반 도서로 이영희 체포되다"라는 기록이 있어요. 11월 15일쯤부터 그런 기미가 있었습니다. 1977년 늦봄에

『8억인과의 대화』를 탈고하고, 오래간만에 집사람과 둘이서 제주도 여행을 갔어요. 서울에 돌아오니까, 여러 서점에서 형사와 정보요원 같은 사람들이 나의 책에 관해서 꼬치꼬치 탐문하더라는 이야기가 창작과비평사를 통해서 나에게 들어왔어요. '뭔가 있을 것 같다'는 느낌이 오더군. 조금 긴장은 했지만, 창비도 그렇고 나 자신도 그렇고, 후에 일어난 것과 같은 그런 큰 사건으로 정보부와 대공반이 일을 꾸미는 줄은 몰랐어요.

임헌영 가택수색은 안 당하셨습니까? 그리고 어디로 끌려가셨습니까?

리영희 나를 연행해놓고 그 뒤에 나의 서재를 샅샅이 뒤져서 한 가마니의 책과 서류들을 훔쳐갔어.

치안본부 대공분실에 갔지요. 용산구 남영동, 전철 1호선의 남영역 한편을 높은 광고 간판 같은 것으로 길게 가린, 그 아래 너비가 10센티미터 정도인 좁은 창문들이 뚫려 있는 5층짜리 누런 벽돌 건물이에요. 나는 30년이 지난 지금도 남영역을 지날 때마다 소름이 끼쳐서 눈을 감아요.

임헌영 아침도 못 드시고 가셨다면서요. 문제 삼은 글들이 많은데, 『우상과 이성』에 나오는 「농사꾼 임군에게 보내는 편지」에서 임군은 누구입니까?

리영희 남산의 중앙정보부나 치안본부 대공분실이나, 인간 취급 안 하는 것은 똑같지요. 밤을 새워서 자기들이 의도하는 대로 신문조서를 꾸며야 하니까, 식사니 뭐니 그런 것은 아예 이야깃거리가 되지 않지요. 임군은 1975년인가에 내가 처음으로 결혼 주례를 선, 서울대 농대 출신 학생운동가 임수태였어요. 경상남도 마산 근처 진동에서 계몽운동을 하면서 농사를 짓고 있었는데, 그 임군에게 보내는 편지 형식의 글이었지.

임헌영 공소장이나 심문 기록들은 여러 저서에서 조합을 할 수 있었을 것 같습니다만 고문을 당했습니까? 심리적인 부담은 대단했을 테고.

리영희 당시의 정보부나 군 수사대에 끌려간 사람들의 취조과정은 다 비슷했겠지요. 모든 것이 다 고문이지. 사흘 동안 잠을 재우지 않고, 4명의 대공반 수사요원이 번갈아가면서 심문을 하지요. 자기들이 미리 짜놓고 요구하는 답변을 끄집어내기 위해서 같은 사항을 계속 반복해서 물어요. 자기들이 원하는 답변이 안 나오면 몇백 번이고 반복합니다. 결국 누구나 지쳐버리게 되지. 무지막지한 고문이지. 도저히 빠져나갈 수 없는 절대적 좌절감과 공포감에 빠지게 만들어요. 버틸 장사가 없어. 나흘 닷새 지나면 결국은 요구하는 대로 대충 쓰게 되지요. 끝내는 대충 그자들이 각본을 짰던 대로 무인을 찍어주게 돼요. 우선 살고 보자는 생각에서.

임헌영 러시아의 누군가가, 유형을 떠나면 훨씬 편한데 유형 가기 전까지의 과정이 더 고달프다는 말을 남겼지요. 정말 실감나요. 그냥 미우니까 가둬둔다 하면 될 텐데, 말도 안 되는 소리를 몇 번이고 고쳐 쓰게 해 재판정에 세워서 입씨름을 하는 반인간적 과정을 반복하는 겁니다.

리영희 그 후에도 나는 그런 경험을 세 번 더 합니다. 똑같은 과정과 공포 속에 빠져 나 자신을 상실하는 단계까지 가는 고통을 겪었어요. 군사독재의 광적인 극우반공집단은 모두가 '사디스트'들이오. 약한 상대를 학대해서 고통을 주고, 상대가 죽도록 괴로워하는 것을 보면서 성교를 즐기는 '가학성·변태성' 음란증 환자들이야. 『전환시대의 논리』 『8억인과의 대화』 『우상과 이성』 이 세 권과 함께 나를 공산주의자로 만들어가는 거지. 창작과비평사의 발행인인 백낙청이 공범이 되고 한길사의 공식대표로 되어 있는 김언호 사장의 부인 박관순(朴冠淳) 여사가 입건됐어. 『전환시대의 논리』와 『우상과 이성』이 1974년에서 1977년 사이, 워낙 짧은 기간에 한국 지식인들의 '의식화 교과서'가 되면서 군사정권에 대항하는 세력을 키우는데, 게다가 『8억인과의 대화』가 나오자마자 며칠 사이에 몇천 부가 팔리니까, 거기에 나를 엮는 구실로 이용한 것이지. 나를 '공산주의자'로 만들려고 해도 뜻대로 안 됐지. 아무리 봐도 내가 공산주의자는 아니거든. 북에서 가족 다 내려왔고, 6·25전쟁에 7년 동안 장교로 참전한 데다 군에서 표창도 받았으니까요. 표창은 은성공로훈장인데, 사단장 오덕준 소장이 사단사령부에 모아놓고 줬어요. 지나간 일인데 그 후 어떻게 된 일인지 사단본부의 부관실 인사과에서 기록을 하지 않은 것 같아. 그래서 육본의 상훈기록에 나의 수훈 사실이 누락됐어. 나에게 사건이 날 때마다 조회하면 그 사실이 안 나오는 거야.

임헌영 훈장은 있습니까?

리영희 없어요. 난 군대가 워낙 싫었기 때문에 이런 것을 받는다는 것이 영광은커녕 내겐 아무 의미가 없었어요. 전선에서는 우선 약식훈장을 받는데, 그런 것 다 무시했기 때문에 어디 있는지도 몰라요. 6·25전쟁 시기에 보병병과의 인사장교가 연락장교를 군인 취급하지 않았으니까 기록을 말살한 것인지도 모르지. 야차 같은, 도대체 인간적 정서를 손톱만큼도 갖지 않은 대공반 조사관들이라도 내 기록과 행적을 보면 공산주의자로 꾸며낼 수는 없겠지요. 나는 당시 대학생들이 남영동의 대공반 그 조사실에서 당했던 물고문, 전기고문 같은 폭력적이고 치명적인 고문은 별로 안 당했어요. 김근태(金槿泰, 보건복지부 장관을 지냄) 학생이 당한 그런 고문은 안 당했어. 수없이 위협은 당했지만 내 몸에 물리적으로 손을 대진 않더군.

임헌영 백 선생도 고생했지요.

리영희 백낙청 교수에게는 하버드대학 졸업생이라는, 남한사회에서는 특권적인 조건이 있으니까 아마 나하고는 다른 대우를 했겠지. 미국 시사주간지 『뉴스위크』가 나의 필화사건을 상당히 크게 보도했어요. 그런데 나를 중심으로 보도한 것이 아니라 백낙청을 중심으로 했더군. 그것이 백 교수에게는 결정적으로 유리한 증언의 역할을 한 셈이지요. 미국은 물론 세계 도처의 유력한 하버드 동문들의 항의서가 한국정부에 보내졌고. 그들은 나를 잡으려고 한 거지 백낙청을 잡으려고 한 것이 아니니까.

대공기관 수사요원은 모두 사디스트

임헌영 반공법 제4조 제1항, 적성국가 고무·찬양죄가 적용돼서 들어가셨는데, 수사관의 윤리나 가치관, 그런 것에 대해서 나름대로 느끼신 점이 많았을 겁니다.

리영희 대공분야 수사기관 요원들의 인간형은, 아까 말한 대로 그들은 한마디로 사디스트라니까! 인간을 벌레처럼 학대함으로써 쾌감을 느끼는, 성적 상대가 괴로워하는 것을 보면서 성적 쾌락을 느끼는 병적 인간들을 사디스트라고 하잖아요? 사디스트가 아니면 인간을 그렇게 벌레처럼 대할 수 없어요. 적어도 생명과 감정과 감각이 조금이라도 있는 인간이라면 상대를 그렇게 원수처럼 취급할 수가 없는 거지. 그런 의미에서 교육수준이니 뭐니 말하기 전에, 한국의 반공주의의 첨병에 섰던 각종 대공기관 종사자들은 예외 없이 사디스트라고 생각해. 그네들은 구제의 대상이 될 수 없는 인간형에 속한다고 봅니다. 그러면서 한편으로는, 실존적으로 말하면 그들도 광적 반공주의와 그 체제의 희생자라는 생각이 들었어. 그들도 존재론적으로는 '소외된 인간'이에요. 그들이 학대하는 피의자보다 더 소외된 존재지. 극우반공체제란, 그 속에 존재하는 모두를, 누구 가릴 것 없이 '비인간화'하는 체제요. 그런 뜻에서 '반인간' '반생명'적이고 '반윤리'적 체제라는 생각이 들더라고.

임헌영 사건을 맡은 책임자의 이름을 기억하십니까?

리영희 기억하지 못해요. 백기영이라는 조금 젊은 사람이 기억나고. 반장은 김 무엇인데, 본명인지 가명인지 모르겠지만. 그런 인간형 속에서는 백기영이 조금 나았던 것 같기도 하고. 나는 나보다 몇십 배 혹독한 고문을 당하면서 몇 번이고 까무러치는 상태에서, 고문한 그 조사관들의 얼굴과 이름을 다 기억하고, 그 날짜와 시간까지 대충 재생해서 훗날 그들에 대한 법적 징계를 가능케 했던, 서울대 학생 김근태의 초인간적 능력에 오직 감탄할 뿐이에요. 그 고문을 당해본 사람만이 알지만, 생명이 들고 나고 하는 극한 상황에서 김근태같이 적의 정체를 머릿속에 담아두고 있을 수 있었다는 것은 초인간적이라. 나는 그런 점에서도 김근태는 장차 큰일을 할 만한 인물이라고 확신하고 있어.

임헌영 서대문구치소로 가셨을 때는 밤이었습니까, 낮이었습니까? 교도소에서는 독방에 계셨습니까?

리영희 검찰조사가 끝나고 서대문구치소로 보내는 시간은 늘 밤이지. 언제나 밤이고, 언제나 혹독하게 추운 겨울이에요. 하필 영하 14도의 날씨에 밤중에 들어갔는데, 20여 명의 소년범들이 틈새도 없이 누워 자고 있는 방에 나를 집어넣더군. 나는 어디 누울 자리가 없어요. 막막해서 문간에 앉아 있으니까, 조금씩 자리를 만들면서 자라고 하더군. 잔다는 것이 모로 눕는 칼잠이지. 몸을 비벼 넣고 자는 거지. 그런 상태에서 잠을 잘 수 있는가? 소년들이 낮은 소리로 "꼰대 들어왔다"고 하더군. 나는 '꼰대'가 무슨 뜻인지 몰랐어. 뒤에 알았는데 '늙은 것'이라는 형무소 용어더군.

임헌영 저는 문학인 사건 때 보안사 있다가 서대문구치소로 넘어갔는데 너무 시달렸던 탓인지 잘 잤어요.

리영희 혹독하게 당한 뒤라 그랬겠지요. 알 만해. 이부자리도 없고 잠을 이룰 수가 없었어. 참담하더군. 얼마 있다가 두 평쯤 되는 방으로 옮겨주었는데 거긴 6명이 있었어요. 주로 절도범들이 들어 있는 방이오. 그런데 형무소가 워낙 지저분했어. 서대문형무소 생긴 이후 몇십 년 동안 한 번도 손질하지 않았으니, 벽지가 썩고 물이 새고 악취가 나고……. 소설이나 영화 같은 데서 인간의 생존조건의 밑바닥을 보긴 했지만 이것은 정말 참기 힘들더군. 그런데 같은 감방에 들어와 있는 아이들이 밤낮으로 싸우는 거야. 거기 앉아 있다가 싸우는 데 깔리면 안 되니까, 벽을 끼고 이리저리 몸을 피해야 하는 거요. 아이들은 완전 고아들이야. 팬티도 없어. 밖에서 사과 한 알 차입되지도 않아요. 밖에서 나에게 과일이니 뭐 들어오면, 여섯 토막을 내어 나눠줄 수밖에. 이들 잡범들은 사회 밑바닥의 인간이라고 정의되는 그런 종류의 아이들이지.

그런 처우를 받고 스스로 그렇게 행동하고 있는 개인들과 처음으로 한 공간에서 보름을 지냈어요. 이런 이야기 해도 괜찮을지 모르는데, 밖에서 나에게 칫솔이 들어오니까 그 칫솔을 하나 달라고 해. 그러더니 딱 부러뜨리더니만 그 더러운 벽에다 문질러서 가는 거야. 직경 5밀리미터, 중심 높이 2밀리미터쯤의 반원형으로, 그 끝이 날카로워지니까 두 놈이 한 놈의 자지 껍질 밑으로 그것을 밀어 넣더라구요. 소위 '다마'(玉)를 박는다는 건데, 그런 놈들이 여자를 상대할 때에는 어떻겠어요? 그 가운데 한 놈은 22살 정도밖에 안 되었는데, 자지가 완전히 곪아서 고름이 질질 흐르고, 어쩔 줄을 모르는 거야. 악질 교도관은 그 소년범을 불러내어 직사하게 패는 거요. 무슨 이유가 있는가? 그저 심심하니까 '사디스트'적 본질을 드러내는 거지 뭐. 지옥이 따로 없어. 서대문형무소가 바로 생지옥이에요! 형무소 교도관이란 직업은 그 속에서 갇힌 자들만 상대하니까 자신들도 절반은 징역을 사는 거지 뭐. 상대하는 인간들이 다 그런 범죄자들이니까, 비인간적으로 대하는 과정에서 자기 자신들도 비인간화된단 말이야.

거기서 한 보름 지났는데 도저히 견딜 수가 없었어요. 그중 제일 큰 아이가 감방의 소위 '방장'인데, 온갖 잡스러운 일을 다 하다가 들어온 놈인데, 형무소에서 나갈 때가 되니까 나가본들 갈 데가 없다며 고민을 해요. 내가 "정말 마음잡고 제대로 사람답게 살아갈 결심이 있느냐?"라고 진지하게 묻고, "그런 생각이 있다면 내가 먹고 살 수 있는 자리를 마련해주마" 그랬지. 무슨 생각으로 그랬냐면, 홍국탄광을 생각한 거예요. 거긴 인원이 많이 필요하니까. 또 박윤배 지배인은 그런 아이들을 잘 다루었고 사람 만들 수 있는 분이에요. "너 나가서 후에 오늘 이야기한 것을 잊지 않으면 나를 찾아오라"고 했지. 꼭 찾아오리라고 기대한 것은 아니지만 찾아오지 않더구만.

나는 처음에 절도범들 방에 들어갈 땐 인텔리의 내 머리를 바꿔보자, 그런 생각을 했어요. 사회의 최하층에서 가장 천대받는, 인간구실 못 하는 사람들이 어떻게 살며, 어떤 정서를 지니고 있는가? 착취당하고 억압당하고 버림받은 사람들에 관해 인텔리들이 이야기하고 고상한 글을 쓰고 하는데, 이번 기회에 그런 아이들과 살아보자, 그렇게 생각했지만 역시 그렇게 안 되더라구요. 어렵더구만.

임헌영　그중에서 선생님을 따른 아이는 없었습니까? 선생님이 사상범, 아니 이 명칭도 박정희가 좌익수로 바꿔버리지요. '사상범' 하면 괜히 존경스러워진다나, 어쨌건 선생님이 사상범인 걸 알았을 텐데 소년들의 감정은 어땠습니까?

리영희　며칠간의 동거로는 서로를 알 수 없지요. 충분한 시간적 여유가 없었어요. 누가 그런 말을 하던가요? '좌익수'를 존경한다고? 나는 한 번도 그런 존경 받아본 적 없어요. 반공법으로 들어가면, 3센티미터 정도의 빨간 사각형 플라스틱 모양을 가슴에 붙여요. 히틀러 나치가 유대인의 가슴에 황색의 표시를 붙인 바로 그것이오. '빨간 딱지'를 붙인 사람에 대해서는 살인범이나 파렴치범과 잡범들마저 마치 자기들과 적대적인 인간이 들어온 양 비웃거나 증오해요. 그렇게 교육을 시켰으니까. 모든 논리와 가치관을 단순화해서 '빨갱이'는 곧 '적'이라는 식으로 보니까 처음에는 굉장히 적대적인 감정 표시를 해요. 멸시도 하고, 두려워하기도 하고. 그러다가

2층 독방으로 올라갔어요.

임헌영 아마 3사동 상 4방이었을 겁니다. 동학교도 사형장이었던 그 자리에 일제가 형무소를 지은 게 1907년이었습니다. 숱한 애국투사를 괴롭히던 서대문교도소는 1987년 의왕으로 이전하면서 공원이 됐지요. 그 3사동은 지금 없어졌습니다. 그때 같은 동의 다른 방에 누가 있었습니까?

리영희 동아일보사에서 자유언론투쟁을 하다 해직당한 '동아투위' 소속 기자들 가운데 '주동자' 몇 사람이 들어와 있었어요. 그중 모퉁이 방의 정연주(鄭淵珠)를 포함해서 성유보 등 여섯 사람이던가? 재미나는 것은 사람에 따라 '징역체질'이 있더군. 지금 KBS 사장인 정연주는, 밥 먹는 시간 이외에는 하루 종일 감방 한쪽 구석에서 이불 뒤집어쓰고 앉아서 자요. 다른 사람과 이야기도 안 하고. 그래서 나는 어떻게 저렇게 지낼 수 있나 의아스러워했지. 나중에 물으니까 "애태워봤자 어차피 나갈 수도 없는 거니 마음이나 편하게 먹고 징역을 살자"라고 체념했다는 거요. 나는 그를 도사급으로 보게 되었습니다. 그리고 훗날 환경운동연합의 최열(崔洌) 학생이 있었고, 김관석 목사의 아들, 훗날 친일파 문제에 투신한 김봉우(金鳳宇) 학생, 재일교포로 한국에 왔다가 간첩이라고 사형선고 받은 최철교(崔哲敎), 서울대 김부겸을 비롯해 수없이 많은 학생들이 있었어요. 그리고 후에 김지하가 들어왔어요. 김지하는 절대 '통방'할 수 없도록 험악한 상태로 격리돼 있었지. 다른 사람과 절대 소통할 수 없는 상태 말이에요. 그것은 참 무서운 생존조건인데, 그야말로 인간의 용기와 덕성과 수양을 최종적으로 시험을 당하는 그런 환경이었어요. 그리고 그런 완전고립 속에서 용케 그 유명한 '양심선언'

을 밖으로 보내서 세상에 발표한 거지. 그 밖에도 한 20명가량이 더 있었는데, 주로 대학생들이었어.

마르크스도 알지 못하는 수재 공안검사

임헌영 김지하가 들어갔을 때 취조를 받으면서 스스로가 인정을 해버렸어요. 그래서 우리가 밖에서 위기다 했는데, 그때 양심선언이 나왔어요. 선생님은 들어가시기 전부터 김영삼정부 시절 청와대에서 일한 김정남 선생을 잘 아셨던 것으로 알려져 있습니다. 「오적」 사건이 1970년인데 이때 이미 김지하 뒤를 많이 봐줬던 이가 김정남 선생이었어요. 밖의 소식도 그분을 통해 들으셨을 것 같습니다.

리영희 그 훨씬 전부터 잘 알지. 1970년에 『합동통신』 외신부장 시절부터요. 그 후에 알았지만, 나와 백낙청 교수의 변호인들이 서대문형무소에 면담을 와서 사건 내용을 확인하고 소송준비를 하는데, 변호사들 뒤에서 사건 관련 사실들과 변론 방법 등에 관한 모든 것을 김정남이 코치를 했어. 변호사들의 변론내용의 상당한 부분을 쓰기도 했지. 안에 있을 때는 나도 그랬지만 김지하도 그랬고, 밖에서 일어나고 있는 정세에 관해서 요긴할 때는 김정남이 세밀한 정보를 적어서 안으로 전달해줬어요. 이것은 엄청난 모험이지. 민주화·반독재·동지애의 숭고한 정신과 결연한 각오가 없으면 불가능한 행위지요. '고오리'라고 해서, 일제시대에는 서류를 묶는 데 핀이 없으니까, 얇은 종이를 찢어서 손으로 꼬면 끈이 되는데, 이것에다 깨알보다 더 작은 글자로 밖에서 일어나고 있는 일을 적어서 전달해주는 겁니다. 그런 일을 해준 분이 교도관 전병용(全炳鏞) 씨였습니다. 그는 반독재 운동가들에게는 지옥에서 보살을 만난 것과 같은 역할을 해준 은인이에요. 나와 백낙청의 변호사로는 이돈명, 정준용, 조준희, 박두환, 김강영, 황인철, 홍성우 변호사 등이 수고해줬어.

전병용 씨는 만약 그런 일이 적발된다면 법률적인 형벌도 대단했겠고 박 정권의 혹독한 고문에 의해 죽었을지도 모르는 위험한 일을 해준 겁니다. 그런 상황에서 그런 일을 해줬다는 것은 참 대단한 일입니다. 김정남과 전병용은 이 시기의 '얼굴 없는' 위대한 투사였습니다.

임헌영 검찰취조를 받으러 나갔을 때 수사기관에서 해온 것을 그대로 피고인에게 뒤집어씌워 공소장을 만드는 것이 검사의 역할이었습니다. 이런 정황을 「D검사와 리교수의 하루」란 소설에서 잘 다루셨습니다. 이제 D검사의 이름을 밝혀도 될까요?

리영희 그때의 하루 일을 쓴 것이 하나의 단편소설처럼 됐는데, 쓴 그대로 사실입니다. 「D검사와 리교수의 하루」는 바로 어머니가 돌아가신 1977년 12월의 어느 하루예요. 집사람이 처음으로 면회허가를 받아 검사실로 와서 한마디 한 것이 "어머니 돌아가셨어요"라는 말이었습니다. 어머니가 돌아가시니까 밖의 '반체제' 세력이 궐기해서 잠깐 영전에 분향이라도 하게끔, 정부를 압박하고 있었어요. 그러는 한편으로, 우선 아내의 면회허가를 얻어서 검사실에서 모친 사망 소식을 전하게 한 거요. 나는 그 말에, 한순간 막막해지더니 다음에 눈물이 쏟아져 내리더군.

그 검사는 황상구(黃相九) 공안검사였어요. 그는 "경상남도 거창

고등학교 출신의 수재로 소문났었고, 서울대 법대 3학년 때 사법고시에 합격했다"는 말을 나에게 수십 번도 넘게 되풀이하더군. 그런데 왜 'D검사'라고 했냐 하면, 황 검사가 여전히 활동하고 있으니까 그대로는 못 쓰고, H자로 표기되는 성씨가 많아서 오해를 살까 봐, 영어 이니셜로 무엇을 쓸까 고민하다가 그럴 듯하면서도 성씨와 관련이 없어 보이는 'D검사'라고 호칭했지. 그 후에 누군가의 이야기가, 마산 어딘가에 도(都) 검사라는 분이 있대요. "검찰에 D자 성이 나밖에 없는데"라며 오해했다는 소리를 들은 적이 있어요. 그분에겐 미안하게 됐어.

1960~70년대에는 책을 많이 사고 읽었어요. 나 먹을 것은 괜찮지만 어머니, 아내와 아이들 먹을 것, 입힐 것을 줄여가면서 모은 책들이지요. 게다가 그런 책을 구하는 것이 또 얼마나 어려운 일이었겠어요. 나의 피가 맺혀 있는 책들인데, 그런 귀한 책을 압수해다 증거품으로 쌓아놓고, 하나하나 번호를 매겨서 책의 내용, 저자, 이런 것을 묻고 쓰고 해요. 3분의 2는 일본어 책이고, 3분의 1은 영어 책이에요. 그러다가 두 권으로 된 『자본론』의 차례에 왔어. 『자본론』은 절반 정도 읽다가 다 못 읽었어. 『자본론』은 방대하고 상당히 난삽해서 시간이 좀 걸려. 경제학 이론으로서 『자본론』을 이해하면, 나머지 이치는 훤하게 볼 수 있지만, 그렇게 되기까지에는 모래알을 씹는 것 같은 난해한 과정이 있지. 황 검사가 그 책을 들고서 조서를 작성하는데, "무슨 책이냐?"고 물어요. 나는 자기가 고시 합격하고 수재라고 자칭했으니까, 그것쯤은 잘 알면서 나를 시험해보려고 일부러 그러는가 보다 생각했어요. 공안검사가 『자본론』이 무슨 책이냐고 묻는 것은 필시 계략이겠지 하면서 답변을 안 하고 한참

서대문형무소에 수감되어 상주가 참석하지 못한 가운데 화양동 집에서 진행된 어머니의 발인식(1977년 12월 29일).

쳐다보고만 있었어. 그러니까 "물으면 답변을 하시오" 하고 아주 야단을 치는 거야. 나도 심술이 나서 대꾸를 했지. "그거야 기독교의 성경이 어떤 책이냐고 묻는 것과 같지 않습니까?" 그랬더니 "누가 농담을 하자고 했소?"라는 거야. "마르크스가 누구요?"라고 하길래, "그거야 뭐 성경을 누가 썼냐고 묻는 것과 같지 않겠소?"라고 대답했지.

하루 종일 심문과 조사가 계속됐는데, 저녁 무렵이 다 돼서도 내가 계속 그렇게 나오니까, 서울대 법대 출신이자 자칭 '대수재'인 공안검사께서 창피해지지 않겠어? 얼굴 구겼지. 눈에 띄게 얼굴색이 변하더니 조사관에게 "오늘 그만! 나 나가니까, 이 사람 서대문으로 보내"라고 호령하고는 문을 탁 닫고 나가더라구. 그 사연을 작품에 쓴 거지. 공안검사에게서 숱한 모욕을 당하고 완전 쭈그러졌던 내가 비로소 크게 숨을 들이쉬고, 허리를 쫙 펴고, 승리감 같은 것을 느꼈지요. 황 검사는 취조 중에 '박정희(대통령)'라는 글이나 말이 나올 때는, 아무렇게나 자세를 흩트리고 앉아 있다가도 순간적으로 바짝 몸을 일으켜 앉고 심문을 계속해요. 일제시대에 '천황폐하께서'라는 말이 나오면 뛰다가도 멈추고, 누웠다가도 일어나는 '충량한 제국신민' 같더구만. 어머니 돌아가신 것을 알게 된 날이 조사가 끝나는 날이고 기소된 날이었어요. 1977년 12월 27일이었지. 임종도 못 했어. 불효자식이지.

사과 한 알과 사탕을 놓고 지낸 옥중 제사

임헌영 바로 1977년 12월 27일입니다. 어머님께서는 향년 86세, 저희들 모두 선생님이 안 계신 화양동 댁으로 몰려갔었지요.

리영희 밖에서는 변호인단과 민주화운동 동지들이 청와대에 탄원서를 넣어서 장례식 분향이라도 할 수 있도록 힘을 썼대요. 어쩌면 분향을 할 수 있을지도 모른다는 이야기를 아내가 말하고 갔지만, 결국 자식 없이 어머니가 묻히셨지. 후에 많은 분들이 화양동 집에서 밤을 새워줬다는 이야기를 들었어요. 박 정권은 나를 세 권의 저서와 엮어서 반공법으로 잡아넣어야 내 책을 읽거나 가지고 있는 다른 학생들과 지식인들을 잡아넣을 수 있으니까 유죄판결을 내기 위해 퍽이나 살벌했어요.

박처원(朴處遠)이라는 남영동 대공분실처장은, 내가 1983년 기독교사회문제연구소 사건에 관련해서 두 번째로 들어갔을 때, 한번

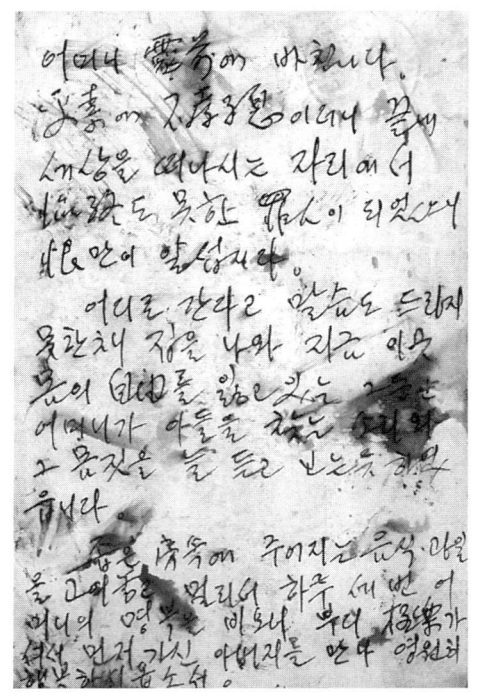

임종 못 한 불효자가 서대문 형무소의 감방에서 집필 특별허가를 얻어 어머니의 영전에 바친 한 맺힌 엽서.
12월 27일에 소식을 듣고 28일에 써 보낸 엽서에는 30일자 광화문우체국 소인이 찍혀 있고, 배달된 엽서의 글씨는 쓰면서 흘린 눈물로 얼룩져 있다.

은 자기 방으로 부르더군. 그가 하는 말이 "두 번째 나와 맞서게 됐구만. 첫 번째 사건의 재판 때 당신은 석방될 수 있거나 집행유예가 될 수도 있었고, 모친 돌아가셨을 때 최소한 분향이라도 하게끔 잠시 나갈 수도 있었지. 그런데 그 모든 일을 못 하게 한 것이 사실은 나야"라고 하더군. 그러면서 자기의 경력을 이야기해요. 17살 때 평양에서 '반소(련)운동'을 했고, 남조선에 내려와서 종로경찰서에 들어가, '빨갱이'를 잡겠다는 일념으로 경찰 대공과를 지망했고, 밑바닥에서부터 30년 동안 일해왔다는 거야. "내 손으로 수천 명을 잡아넣고 골로 가게 만들었지"라면서 아주 자랑을 해요. 자기 둘째 손가락을 보라고 하더군. 보니까 굳은 살이 잔뜩 나와 있더라구요. "30여 년 동안 펜대를 잡고 빨갱이 잡는 조서를 밤낮으로 쓴 그 유물이 바로 내 둘째 손가락의 뚝살이오" 하는데, 정말 소름이 끼치더군!

덩치도 크고, 단도직입적으로 자기의 행위를 윤색하지 않은 언어로 자랑해요. 모든 대공관계 사건은 정부의 5개 부처 합동으로 최종 결정을 내리는데, 사실 중앙정보부에서는 『전환시대의 논리』『8억 인과의 대화』『우상과 이성』이 세 권의 책을 가지고는 반공법으로 공소를 유지하기 어렵다는 이야기가 나왔다는 거요. 학자가 쓴 중국혁명 관계의 객관적 내용이라는 일치된 평가였는데, 자기가 고집해서 뒤집어놓았다고 자랑하더군. 그 사람의 표현을 빌리면, 『전환시대의 논리』로 '젊은 애새끼'들이 전부 '빨갱이'가 된다며, 또 이런 책이 나오면 "우리가 해방 후 40년 동안 공들여 세운 반공국가의 토대가 송두리째 무너지게 생겼다. 그것을 확신하기 때문에 정보부에서 그따위의 얘기가 강력하게 나오고 나에게도 견제가 들어왔지만, 만약 이영희를 잡아넣지 않으면 대한민국의 대공사찰의 기둥인 나를 집어넣으라고 했다"는 거야. 자기가 청와대로 직접 올라갔대요. "이영희를 이번 기회에 유죄판결하고 본때를 보여주지 않으면 앞으로 사상통제를 할 수 없다. 그리고 내 부하들이 조서를 꾸밀 수가 없다. 여하간 법률적인 것과 관계없이 무슨 방법을 써서라도 유죄판결 내려야 하고 징역을 살려야 한다. 그렇게 해서 유사한 일들이 앞으로 나오면 반공법 위반으로 때려잡도록 전례를 남겨야 한다"고 주장했대. 단호한 어조로 말하더군. 자기가 용감하게 다 뒤집었다고, 무용담 삼아 이야기를 하더구만. 그 소리를 듣고 있는 나의 속이 어땠겠소?

임헌영 수감 후에 어려운 문제는 없었습니까?

리영희 어려운 일이 한두 가진가. 많은 수감자들이 담배 때문에 고생하지. 나는 들어가는 그날부터 싹 끊었어요. 자기 자신에게 규율을 가하고, 그 규율이 자기 삶에 의미 있는 규율이기 때문에, 기꺼이 그것에 따름으로써 보다 승화된 삶의 모습으로 변하는 것, 이것이야말로 '자유의 본질'이라는 사실을 깨달았어요. 남이 준 것으로 인해 자유의 영역이 확대되는 것이 아니라, 자기가 오히려 자신에게 제약과 규율을 가하는 속에서 그것이 보다 더 의미 있고 높은 정신성으로 자신을 승화시킨다는 진리를 터득했어요. 그 피우고 싶은 유혹, 많은 사람들이 못 견뎌서 담배 하나 얻기 위해 애걸복걸하고, 복도에서 꽁초 주워서 피우며 자기 자신을 비굴하게 만드는 이 담배에서 스스로 해방되고자, 나의 의지로 안 피우는 것이다. 그러니까 아무 생각도 없게 되더군. 간단해요. 정신적 해방이지.

몇 번에 걸친 3년 반가량의 형무소 투옥 기간에, 딱 한 번 피웠어요. 어머니 돌아가신 날 밤이에요. 들어온 밥과 사과 한 알 하고, 김지하가 보내준 사탕을 놓고 제사를 지냈어요. 그러니 못 견디겠더라구. 아는 교도관이 순찰 왔길래 담배 하나 피우겠다 했지요. 86년 평생 어려운 고비를 다 겪은 어머니에게, 어디에 간다는 말도 못 하고 끌려왔으니, 어머니는 가족에게 아들이 어디 갔는지를 물을 것이고……. 그러다가 돌아가셨으니, 참 뭐라 말할 수 없는 심정이었지요. 훗날 들으니, 집사람이 "학생들과 제주도 갔다가 풍랑을 만나서 못 온다"고 말씀드렸다고 합니다.

반공법 상고이유서 24,200자

임헌영 판사는 누구였습니까?

리영희 유경희라는 판사였어요. 반공법 재판이라는 게, 보통은 고작 두세 번으로 결심하는 것이 관례였는데, 1978년 5월 18일에 열린 단독심에서, 예외적으로 열한 번을 아무 말 안 하고 다 들어줬어요. 그러니까 많은 사람들이 와서 듣고, 나는 나대로 대학 강의처럼 책의 내용에 대해 설명하고 항변하고, 변호사들도 신문하고 싶은 이야기를 다 했어요. 유 판사는 가만히 듣고만 있어요. 그 후에 알았지만 정보부에서 판사에게 계속 쪽지를 보내왔다는 거야. 놀랍게도 제1심에서 5년 구형해서 2년 언도하고 뭐 집행유예도 될 수 있었다고 합니다. 집사람 일기 보니까 내가 나올 줄 알고 목욕물 끓여 놓고, 김치 담가놓고 마지막 재판에 왔더라구. 그 정도로 낙관을 했는데, 실제로는 판사가 그와 같은 압력을 받고 있었지. 그래서 자기로서는 어떻게 할 수 없다는 그 심정을, 재판과정에 하고 싶은 말이라도 다 하라고 11회나 공판을 계속하도록 봐준 것 같아요.

임헌영 제2심 재판은 어땠습니까? 제2심 끝나고 바로 광주로 내려가신 겁니까?

리영희 제2심은 징역 2년이었지. 내 경우는 대법원 확정 판결이 난 다음에 갔어요. 재미나는 것이, 제1심 판결문이라는 것이 기소장에 쓰여 있는 검사 이름을 지우고 그 자리에 판사 이름을 쓰고 하면 끝이지. 아직도 기억하는데 기소장이 8,600자로 13장 정도 되는데 판결문도 글자 하나 안 바꾸고 8,600자예요. 검사의 공소장을 그냥 복사해서 판결이 나오는 겁니다. 재판이라는 행위와 절차는 아무런 의미도 없었던 시대지요. 군인독재체제의 사법기관이란 허수아비이고 재판은 다만 '요식행위'일 뿐이었지. 한심하지.

임헌영 상고문은 서대문에서 쓰셨습니까? 그때의 상황을 말씀해주세요.

리영희 그때는 고등법원 끝나고 대법원 유죄 판결이 나올 때까지는 서대문형무소에 있었으니까요. 대법원 상고이유서에 관해서 잠깐 얘기할 필요가 있을 것 같아요. 내가 50년 가까이 글을 써왔는데, 나에게 가장 소중한 글이 뭐냐 돌이켜볼 때, 바로 이 상고이유서라고 생각해. 상고이유서를 쓸 그 당시 우리 검찰과 형무소는 애당초 반민주적이어서 세계의 형사법 재판절차 과정에서 아마 그런 유례가 야만국이 아니면 없었을 겁니다. 내가 제2심에서 2년의 유죄판결을 받고 대법원에 상고이유서를 써야 하는데, 왜 나를 반공법으로 유죄 판결을 내렸냐 하는 그 기소문과 판결문에 나오는 바로 나의 저서를 보여주지 않아요. 제2심의 기소장과 똑같은 판결문에 언급된 그 내용만을 참고자료로 해서 완전히 나의 기억력을 토대로 해서, 나의 지적·사상적·이념적으로 축적된 것을 기초로 공중에서 구름 잡듯이 그냥 써야 했어.

그런데 그해 겨울이 영하 12~14도로 추웠어요. 12월에 일주일 만에 상고이유서를 제출하도록 되어 있었는데, 그 추위에 손이 굳어서 글씨가 써지질 않았어요. 게다가 지금 사람들은 상상을 할 수도 없는 것이, 먹지라는 검은 복사용 종이를 얇은 종이 사이에 한 장씩 끼워서, 복사지 4부를 써야 하니까 넉 장씩, 8장을 힘을 줘서 밑에까지 글자가 묻어나게끔 써야 해. 손은 얼어서 장갑을 껴봐야 소용이 없어요. 너무나 추우니까. 그런 상태로 참고할 이론적·학문적 근거인

> 영하의 감방에서 아무런 참고자료도 없이 8장의 종이 사이에 7장의 먹지를 끼워서 한 자 한 자 새기듯 쓴 24,200자의 상고이유서.

문헌도 없이 써야 했어. 심지어는 기소가 된 내 저서를 보아야 하지 않느냐 해도 안 된다는 거야. 얼마나 야만적 법행정이냐 말이야!

참으로 어처구니가 없었어요. 그렇게 일주일 동안 나는 썼습니다. 그 고생을 생각하면, 내가 정말 용케도 참았구나 싶어요. 그런 악조건에서 200자 원고지로 계산해서 121매 분량의 상고이유서를 썼어요. 미농지로는 110매입니다. 말하자면 110매를 먹지까지 합해서 8장씩 만든 것입니다. 실제로 글자를 세어 봤는데 24,200자입니다. 이렇게 긴 글을 영하 10도 추위의 상상할 수 없는 악조건과 환경에서 쓴 겁니다. 이 글은 나중에 나의 아홉 번째 저서 『역설의 변증』에 기념으로 넣었습니다. 어떤 문헌 한 조각, 참고자료 한 줄도 없이, 오로지 기억으로써 저만한 분량의 상고이유서를 써낸 내 힘과 기억력에 대해서 지금도 스스로 감탄해요. '살려주시오' 따위의 애원이 아니라, 유죄를 내리든 무죄를 내리든 난 관계없고, 아주 완전한 하나의 논문 형식으로 그렇게 썼어요. 지금도 미농지를 보고 있으면 그때 생각이 납니다. '인간승리'를 쟁취한 듯한 감동을 느껴요. 사실 나는 이 상고이유서를 통해 어떤 긍정적인 효과를 기대하지 않았습니다. 1979년 1월 16일에 난 대법원의 최종 판결(대법원판사 김윤행, 이영섭, 김용행, 유태홍)은 제2심 판결과 다름없었지.

임헌영 감동적이고 논리정연한 글이었어요. 옥중에서 쓰신 글로서는 알려진 것 중에서 가장 긴 글이 아닌가 합니다. 한용운 선생도 썼고, 여러 사람의 기록이 있지만. 대개 20~30매가 넘지 않거든요.

당시 판결은 대부분 그랬습니다. 판결문이 그대로 공소장이 되는 것인데요. 한승헌 변호사는 이걸 '정찰제'라고 불렀습니다.

리영희 박정희 독재체제에서는 일체의 민주적 절차가 희화화됐던 거지. 이런 사실들이 지금 사람들은 상식적으로 이해가 안 갈 겁니다. 이것이 정말인가 하겠지.

임헌영 형은 그대로 주더라도 판결문은 고쳐도 되는데 전혀 고치지 않았습니다. 검사와 판사가 따로 있을 필요도 없지요. 판사들이 일부러 그랬던 것 아닐까 싶기도 해요. 광주로 가실 때 이야기를 좀 해주세요.

리영희 기소장의 틀린 맞춤법까지 그대로지. 포복절도할 노릇이야! 인류문명의 수치지. 그게 자유민주주의라는 간판을 내건 '대한민국'이라는 국가의 사법제도의 실체였어. 자유민주주의! 대한민국! 참 뻔뻔했지. 그런 것에 충성 바쳐야 했으니 웃겨도 한참 웃겼지.

영하 10도의 날씨가 계속되어 발가락이 다 동상에 걸렸어요. 그래서 피를 뽑아야 했지. 관급 이불이 발에 닿으면 아파서 자질 못해요. 두루마리 휴지 가운데 딱딱하고 둥근 종이심이 있지? 궁리 끝에 그것을 빼서 발 앞에다 세워놓고 이불을 놓으면 발가락에 닿지 않으니까, 그렇게 하면 되리라 생각했는데, 잠자다 그것이 쓰러지면 아파서 또 깨고, 그러다가 또 피를 뽑고 그랬어요. 감방 안에서는 어떤 뾰족한 것도 허용되지 않아요. 그런데 어떻게 새 양말에 핀이 꽂힌 채 들어와서, 그 핀으로 찌르는 거야. 시커먼 죽은 피를 내는 거지. 피를 뽑으면 시원해져요. 그런데 핀을 들키면 압수당하니까, 교도관들이 지나가지 않는 시간에 돌아앉아서 피를 뽑아야 해. 서대문형무소는 일제시대부터 수십 년을 썼는데, 얼마나 지저분한지, 변기는 구더기로 우글우글하고, 유리창도 깨진 그대로고, 방한 시설이 안 돼 있어서 얼마나 추웠는지 모릅니다. 저녁에 더운물을 조금 주는데, 이리저리 쓰고 남은 것을 방 안에 놔두면 완전히 얼음덩어리가 되는 거야. 발밑에 놔두면 완전히 어는 거지. 냉장고의 냉장칸이 영상 3~4도, 냉동칸이 영하 6도 정도 될 거요. 그러니까 감방은 냉동칸만 한 거지. 물통의 물이 얼음덩어리니까. 대한민국이라는 소위 민주공화국에서 있었던 일입니다.

광주로 이감될 때는 세 사람이 굴비처럼 엮인 채 갔어요. 모두가 '사상범'들이었으니까 빨간 딱지를 좌측 가슴에 붙이고. 용산역에서 일반객차의 한 구석에 탔어요. 먹지도 않고 갔으니까 오줌도 안 나와. 그렇게 광주에 가는데, 비타민 결핍증으로 머리에서 진물이 줄줄 흐르는 거야. 시베리아의 수인들이 형을 사는 것보다도 더 극악한 대우지. 광주에 가서야 비타민의 차입이 허용됐어. 그것을 먹으니까 일주일 만에 머리가 싹 말라버려요.

임헌영 교도관은 몇 사람 동행했습니까? 광주형무소라는 데가 아주 악명 높지 않았습니까?

리영희 둘인가? 들어간 곳이 이른바 정치범과 북한의 잠입수를 함께 넣는 '특별 사동'이었어요. 북쪽 사람들이 34명 있었고, 남쪽 출신은 민간인과 학생들이 37명, 합쳐서 71명이었지. 들어가니까 밤이 됐더군. 그런데, 재소자들이 내가 온다는 것을 미리 알고 있었어요. 우리 쪽 학생들과 공감을 가지는 교도관들이 귀띔을 해줬나 봐요. 들어가니까 나를 부르면서 박수를 치고 "잘 오셨습니다"라고 환호성을 질러요. 밤시간인데도 요란한 소리로 맞이해줘요. '여기서는 살 수 있겠구나' 하는 느낌이 들더군. 우리는 1.1평의 독방이고, 0.9평 독방에는 북쪽에서 온 사람들이 들어 있었어요. 그 사람들은 박 정권의 소위 '전향공작'으로 모진 고문과 매질을 당한 사람들입니다. 전향서를 쓴 사람과 안 쓴 사람들을 분리해놓았어요.

박정희의 사망과 먹방

임헌영 같이 있었던 사람들 중 기억나는 사람이 있습니까?

리영희 광주형무소 이야기를 좀더 자세히 해야겠지. 내가 광주형무소에 있었던 건 1978년 12월에서부터 1980년 1월 9일까지요. 내가 가니까 바로 조금 전에 긴급조치로 들어온 민청학련사건 관련 학생들 중에 서울대의 유인태, 이현배 이런 젊은이들이 방금 나가고, 서울대 김병곤(金炳坤), 서강태, 경북대 이강철, 한국외대 선경식, 한신대 전병생, 김광일, 서강대 장정수 군들이 남아 있었어. 그 밖에도, 일본에서 유학 온 교포학생 3명이 같이 있었고, 학생들의 수가 이렇게 해서 10여 명이 됐지. 다른 일반사동에는 그때 '우리의 교육지표 선언'을 발표하고 들어왔던 전남대의 송기숙 교수와 연세대의 성내운(成來運) 교수가 있었지만 우리와는 다른 사동에 있고 거리가 멀어서 직접 언어소통을 할 수 없었어요. 학생들과 살면서, 참 극한 상황에서 나눌 수 있는 정을 나누면서 외롭지 않게 잘 지냈던 것을 지금도 기쁘게 생각합니다. 그 젊은이들이 고생은 했지만 지금은 각계 분야에서 지도급으로 활동하고 있으니까 흐뭇합니다.

내가 가장 인상적으로 기억하는 사람은 김병곤 군입니다. 훌륭한 남자의 체구와 용모와 기골을 갖춘 서울대 경제학과 학생이었습니다. 리더십이 뛰어나서 아마 정치인이 됐더라면 훌륭한 인물이 됐을 겁니다. 나와서 안타깝게 암으로 작고했지만, 김병곤이는 사동 대표로서 거의 모든 사람에게 존경을 받고, 수완과 능력을 발휘했지요. 인격적으로도 훌륭했어. 심지어 북쪽에서 온 30여 명의 사람들도 김병곤에게 일체 모든 것을 맡겼으니까. 사동의 일을 김병곤 학생이 맡으면서 한 시간에 불과하던 운동시간이 3~4시간까지 늘어났지. 북에서 온 사람들에게도 함께 같은 혜택을 누리도록 교도소 당국과 교섭하고 타협하고 싸워가는 그 수완이 대단했어요.

학생들은 밤낮 통방하고, 밤에는 노래 시합을 하고, 당국에 맞서 단식도 하고 싸우기도 하고. 김병곤 군이 재소자와 당국 사이에서 조정 역할을 원만히 수행했지요. 우리는 아침 먹고 오전 내내 나가 있다가 점심 때 들어와요. 그러고는 우리 쪽 사람과 북쪽 사람 차별

없이 오전 내내 운동을 할 수 있게 됐어요. 후에는 탁구대를 가져와 시합을 하기도 했지. 테니스공과 라켓도 넣으라고 요구했는데, 테니스는 안 됐어. 사식 들여다가 다 나눠주고, 그 속에서 우리는 남북 구별 없이 서로 하나의 인간으로서 대우를 했어요.

아, 그래, 이 이야기는 꼭 해야겠어. 민주화운동을 하던 많은 동지들 중에도 '벌방'이라는 데 들어가서 '이중감옥'을 살고 온 사람은 몇 안 될 거예요. 벌방은 정말 짐승을 만드는 방이에요. 만기 출소일이 1980년 1월 9일인데, 1979년 11월에 나를 특별사동에서 떼어서 잡범들이 들어 있는 일반사동으로 옮겨요.

어느 날 아침 김병곤이 운동 나가는 길에 몰래 빠져서 포복을 하다시피 해서는 뛰어와서 "박정희 죽었어요, 총 맞았어요" 그러고는 쏜살같이 도망가는 거야. 그 말을 들으니까 그 순간에 나는 눈물과 웃음이 한꺼번에 터져 나오더군. 지금까지 억누르고 있던 이 세상의 압력, 시커먼 모든 것이 한순간에 거두어지는 것 같은, 죽음에서 살아난 것 같은 그런 상태인데, 눈물과 함께 마구 웃음이 나와요. 누구였더라? 김지하가 그랬던가? 지하는 그 순간에 인간무상을 느꼈다고! "그 권력자가 총을 맞아 죽다니" 운운하는 글을 썼다던데, 나는 그런 식의 감상은 없고, 오로지 내가 저 무거운 바다 밑에서 온 바다의 압력을 느끼다 꺼지려던 것이 한순간에 바다 위로 떠오른 것 같은 정신적 무중력 상태가 됐어요. 그러니까 웃음과 울음이 동시에 마구 나와. 박정희가 어떻게 죽었는지는 모르지만 눈물이 펑펑 쏟아지면서 큰 소리로 웃기도 하고 울기도 하며 뒤범벅이 됐지.

그런데, 그날 아침에 밥은 들어왔는데 언제나 하던 운동을 못 하게 하더라구요. 형무소가 무덤처럼 조용했어. 기쁨에 넘친 나는, 내

영치금에서 돈을 낼 테니까 김치를 수용 인원수대로 몽땅 돌리라고 주문했어. 백몇 개가 돌려졌어요. 각 방에서는 "어느 방의 누가 보낸 거야?" 하며 떠들썩해요. 아침밥을 먹고 나서 복도 건너 마주 보이는 내 앞방의 한 놈이 얼굴을 내밀어. 김치 줘서 고맙다고 하면서, 내가 웃고 있는 것이 무슨 일이냐고 의아한 눈치로 물어요. 그래서 "자네들 어쩌면 그렇게 오래 안 살아도 될지 몰라" 그런 이야기를 했는데, 조금 시간이 지난 후에 그놈이 또 얼굴을 내밀더니 내게 묻는 거야. 그래서 지금 대통령이 뭔가 잘못된 것 같은데 그렇게 되면 새 대통령이 취임할 것이고, 그러면 사면이라는 것이 있을 수도 있어서 하는 이야기라고 그랬어요. 말을 하고 나서 "아차! 실수했구나" 했어요. 아직 그 사실은 전혀 모를 때니까. 내 속에서 감격이 억누를 수 없이 북받쳐서 그만 입 밖으로 나온 것이지. 그러던 것이 낮 11시쯤 되니까 박정희의 암살 소식이 스피커로 알려졌어요. 비상집중경비태세를 완비하여 소동이 일어나지 않게 해놓고는 알려줬어요. 오늘은 일체 밖에 나가는 일이 없다고 하면서.

그런데 이틀 뒤엔가 갑자기 나를 나오라고 하더군. 심상치 않게 끌고 가요. 가니까 험상궂은 놈들이 와 있어요. 합동수사본부에서 왔다고 해요. 박정희가 죽자마자 비상경계태세가 선포되고 합수부가 장악했으니까 광주지부 합동수사반의 소령 누구, 뭐 이러면서 나에게 이제부터 신문조서를 꾸미겠다는 거야. 뭐냐 그랬더니 당신이 재소자들에게 '혁명이 일어날 것'이라고 했고, '이북에서 곧 내려올 것'이라고 했고, 그러면 이북 공산당이 재소자들을 다 석방할 것이라고 했다는 거예요. 그래서 그것에 대한 조서를 이제부터 작성한다고 해요. 황당하더군. 도대체 말이 안 되는 소리야. 물론 난 그런 이야기를 한 적이 없다고 했지. 뒤에 알고 보니, 내가 얘기해 준 그자가 전과 6범이더라구요. 거짓말을 꾸며 밀고를 한 공으로 감옥을 나가보자는 심산이었어. 결국은 그런 조사를 한 사흘 계속하다가 벌방에 집어넣더군.

얼마나 작은지 관만 해요. 가만히 누운 채로 있어야 합니다. 사동 안의 복도를 콘크리트로 막아 사람이 드나들 수 있게만 해놓고 창문도 없어 안에는 한 구석에 변소가 있고, 온통 새까맣게 칠했어. 벌방에는 최대 40일 동안 잡아넣을 수 있어요. 내게는 '22일 벌방형'이 나왔어. 벌방은 '먹방'이라고도 해요. 말 몇 마디 한 탓에 또 하나의 징역을 사는 거지. 형무소에서 '곱징역'이라고 하는 거요. 약식재판을 했어. 내가 여러 차례 끌려들어 가서 모욕을 당하고 했지만, 지식인에게 이것 이상 고문이 뭐가 있겠어요! 그래도 그때까지는 육체적 모욕이 없었는데, 거기서 조사받으면서 구타를 당했어요. 그러면서 그놈들이 하는 말이 "이북에서 빨갱이들이 내려올 때 뭐 한자리 해먹으려고 그러지!" 그래요. 그러다간 또 "김대중이 집권하면 비서실장 한자리하고 싶은 거지?"라고도 하고. 밖의 상황을 모르는 나는 그게 다 무슨 소리인가 종잡을 수가 없었어요. 온갖 항변과 진술은 하나마나였어. 22일을 거기서 살게 됐어요. 그런데 먼저 있던 특별 사동의 어떤 비전향수 한 사람이 그 어려움 속에 어떻게 했는지, 특사에서 내가 있는 옆 사동에 들어와서 빵과 우유를 집어넣어 줬어요. 자기가 문을 따고 줄 수는 없고, 간수가 어떻게 해서 살짝 주고 가는 것을 묵인한 겁니다. 박정희가 암살되는 전후의 그 지옥 속에서도 그런 일이 있었어요.

박정희가 죽고 나서 박 정권의 졸개들은 독이 올랐어요. 정권 뺏

기고 자기들이 당할지도 모른다는 두려움 때문이지. 그러나 일부 간수들은 정치범들과 많이 접촉하고 상황 변화에 대해 눈치가 있으니까, 그런 일이 가능했던 겁니다. 그리고, 서울에서 내 석방을 위해 국회에서 항의하는 발언들이 나오고 있다는 얘기를 하더군요. 그이는 남한에서 고등학교 선생을 하던 사람인데, 공작 사건에 연루되어 장기수로 복역하던 분이었어.

22일간의 고생이 끝나고 1980년 1월 19일 석방이 되는 날인데, 그 장기수가 자기 집사람이 지금 전남 어딘가의 댐 공사장에서 먹고살기 위해 인부들에게 밥을 지어주면서 살고 있으니 기회가 있으면 한번 안부를 전해주면 좋겠다고 했어요. 내가 먹방에 있는 상황 속에서, 들키면 아마 또 형기가 연장될 수도 있는 위험을 무릅쓰고 내게 도움을 준 걸 생각하면 당연히 그랬어야 했지. 그런데 나온 뒤에 병원에 입원해야 했고, 퇴원하고는 광주항쟁이 났어요. 그 사이에 가보지 못하고 말았어요. 그 후에 병으로 돌아가셨다고 합니다. 세상이란 엉뚱한 사람에게 도움을 받기도 하는 반면, 같은 국민에게 밀고를 당하고 형용할 수 없는 고통을 받기도 하는 그런 것인지, 난 머리가 혼란해졌어요.

임헌영 만 52세의 몸으로 세상을 다시 밟으신 것이죠. 출소 때 뭘 쓰라고 하지 않았습니까?

리영희 그런 것을 요구하지. 나갈 때 "뭔가 남겨놓고 가야 한다"고 하길래 뭔가 써서 줬어요. 참 한 가지 생각나는 것이 있습니다. 우리 집에는 항상 형사가 와 있었고, 상당한 기간 광진구 화양동 집 담벼락에 붙어서 초소를 만들어놓고 상주하면서 경계를 했어요. 아내는 먼 서울에서 매월 15분간 면회하기 위해서 하루 꼬박 걸려서

반공법 위반혐의로 구속되어 2년 복역을 마치고, 1980년 1월 광주교도소 문을 나서고 있다.

광주까지 오곤 했어요. 그런데 어느 달에는 안 와. 왜 안 내려올까 하고 겁나는 상상만 하고 있었지. 다음 달에 왔을 때 물어보니까, 미국 대통령 카터가 방한했을 때 미국대사관 앞에서 항의데모를 하다가 끌려가서 15일간 구류를 살았다고 하더라구요. 하하! 지금이니 웃지만 그때는 분노에 치를 떨었어.

감옥과 독서의 관계

임헌영 감옥 안에 있으실 때는 주로 어떤 책을 읽으셨습니까?
리영희 감옥과 독서의 관계를 말할 때에는, 미결 상태와 대법원 확정판결 이후의 기결 상태를 구분해야 합니다. 미결 상태의 1년 동안은 언제 불려 나갈지 모를 검찰조사와 공판관계로 차분하게 독서를 할 마음의 여유가 없어요. 임형도 경험해봐서 잘 알 테지만, 미결 상태에서는 잠시 틈을 내서 소설을 읽거나 가벼운 주제의 독서를 하는 것이 고작이지요. 서대문형무소의 생활환경이 열악한 데다가 겨울에는 냉장고 속과 같은 추위를 겪어야 하고, 전등불은 5미터 높이의 천장에 15와트짜리가 있을 뿐이고, 저녁 먹고 나면 벌써 취침 시간이 되지 않아요? 나도 미결수 기간에는 무게 있는 책을 별로 읽지 못했어.

그 기간에는 미하일 숄로호프의 『고요한 돈강』의 영역본을 비롯한 몇 권의 소설을 읽었어. 또 구속되기 전에도 이미 몇 번이나 읽었던 책들, 예를 들어 현대문명 비판서인 배로스 던햄(Barrows Dunham)의 『현대의 신화』(*Man against Myth*), 베리의 『사상의 자유의 역사』, 앤드류 화이트의 세계적 명작인 『그리스도교에서의 신학과 과학의 전쟁사』 등의 일역본을 다시 읽었어.

대법원 확정판결로 나머지 1년 동안을 살아야 할 광주형무소로 이감된 뒤부터는 독서 환경이 한결 나아졌지만, 여기서는 주로 건강 유지를 위해서 감방 밖에 나가 운동으로 보내는 시간이 많았기 때문에, 대단한 독서를 했다고는 말할 수 없겠지. 한 예로, 김대중 전 대통령이 어느 회고담에서 300권에 가까운 딱딱한 내용의 책들을 읽었다고 말한 것이 기억나. 그의 경우는 감방 밖에서의 운동이 극히 제한된 상태에서 주로 감방 안에만 있었고, 사형수로서 언제 끝날지 모르는 무한한 시간을 전제로 해서 차분한 마음으로 독서를 하니까, 그럴 수가 있었을지 몰라. 나는 좀 달랐지. 하지만 그런 조건과 상황에서도 제법 많은 책을 읽은 셈이오. 서대문에서 읽었던 책들을 가져가서 다시 읽기도 했고, 천장도 서대문의 감방보다 한결 낮고 특별히 요구해서 60와트 밝기의 전등을 들여왔기 때문에, 책 읽기가 훨씬 편했지. 이곳의 간수들은 우리 시국사범들에 대해서 동정적인 편이었기 때문에, 늦게까지 자지 않고 책을 보아도 굳이 제지하질 않았어요.

시국사범들과 사상범들에게는 사회과학 분야의 책은 금지했기 때문에, 나는 굳이 그들과 싸울 필요 없이 편안하게 1년을 살다가 나가려는 마음가짐으로 다른 책들을 읽었지. 그때 내가 읽은 책들을 크게 네 분야로 분류할 수 있는데, 첫째는 거의 무제한으로 허용되었던 종교서적들이었고, 둘째는 각 시대, 각 민족의 사상적 각성을 지도한 위인들의 자서전과 전기, 셋째는 사상적 교양서적이었어. 넷째는 불란서어로 된 소설과 평론집 따위였는데, 불란서어 연마를 겸하기도 했지.

무신론자의 인간관 · 사회이념

'유일신'과 '절대주의' 없는 삶을 향해

교회도 절에도 안 가는 예수와 석가의 제자

임헌영 선생님이 종교를 믿지 않으시는 것은 잘 알려진 사실입니다. 저도 감옥에서 성경을 읽은 적이 있습니다만 힘든 상황이라서 그런지, 어떤 위로도 받을 수가 없었습니다. 성서는 희대의 명작이지만 그리스도의 처형 장면 묘사만은 실패인 것 같습니다. 고통스러울 때는 자신보다 더 고통스러운 장면을 읽어야 위로가 되는데 신약성서의 처형 장면은 그런 점에서 아쉬웠습니다. 선생님은 어떠셨습니까?

리영희 나는 기독교 신자도 불교 신자도 아닐뿐더러 무신론자를 자처하기 때문에, 아무리 징역이라는 최악의 생존환경에서도 종교에서 어떤 위안을 구하고 싶은 생각은 전혀 없었어. 다만 현실사회의 정신적 동력으로서 '종교'가 적지 않은 세력을 행사할 뿐 아니라 인간의 여러 생활양식에 지대한 영향을 주고 있기 때문에, 주로 '지식'으로서 종교에 접근하려 했어요. 하지만 종교서적 독서를 통해서 나는 기독교에 대한 거부감은 더욱 굳어진 반면, 불교에 대해서는 오히려 새로운 이해와 인식을 갖게 되었고, 그 속에서 적지 않은 깨달음을 얻게 됐어요. 이것은 내가 기대하지 않은 정신적 수확이라고 할 수 있겠지.

고은 시인이 불교 관련 서적을 많이 차입해줘서 그것들을 읽을 수 있었는데, 국역 『팔만대장경』으로 경전 전반에 관한 기초적인 이해를 하게 되었고, 그 밖에 몇 개 경전의 본문을 통해서 좀더 본격적으로 석가모니의 정신에 접근할 수 있었어요. 그중에서도 훗날 자유로운 삶을 누릴 때까지 내게 영향을 미친 것은 『금강경』이에요. 나는 부처님의 삶과 사상에서 무심사상·무소유·자비·평화·생명존중 등을 철학적으로 공감했을 뿐 아니라 깊은 정서적 감동을 받았어요. 그 이후 줄곧 불교에 대한 나의 관심이 깊어졌고, 지금까지도 나에게 필요한 것은 굉장히 깊이 있는 불교의 철학적 사유입니다. 알면 알수록 빠져드는데, 기독교에는 불교만큼의 철학적 깊이가 없는 것 같아요.

종교뿐만 아니라 모든 사고와 신념에서 '유일사상'과 '절대주의'처럼 위험한 것은 없어요. 더욱이 큰 조직체를 이루고 부정할 수 없는 규율의 울타리를 형성하는 종교에서 그것은 특히 그러해. 여호와 유일신을 신봉하는 예수교가 그렇듯이 '알라' 유일신을 절대시하는 이슬람교의 비이성 또한 그러해. 『코란』은 "신은 오직 알라뿐이다. 알라 이외의 어떤 것도 신으로 숭배할 수 없다"라며 알라 신을 절대화하고 있는데, 이런 절대신·유일신을 모시는 기독교와 이슬람교가 몇천 년을 두고 인간에게 평화보다는 전쟁과 파괴, 사랑과 자비보다는 증오와 적대감을 강요해온 것은 당연하지. 지금 '유일신'과 '절대신'을 믿는 기독교 원리주의자인 미국 대통령 조지 부시가 마찬가지로 절대신과 유일신을 신봉하는 탈레반을 비롯한 아랍 인민들을 악으로 규정하고, 전쟁을 오히려 기독교적 '사랑의 행위'로 왜곡하는 것도 다 유일신과 절대신을 강조하는 종교적 광신 때문이라고 생각해요.

나는 극락이건 지옥이건 내세를 믿지 않기 때문에 부처님의 그 부분에 대해서는 생각을 달리하지만, 나를 포함한 누구나가 노력해서 내세와 다름없는 현세에서 '깨달음'의 경지에 이를 수 있다는 가르침에는 깊이 공감해. 예수 그리스도의 경우에 하느님(하나님)이라는 신이 만물을 창조했다거나, 자기가 만든 남자의 늑골을 하나 빼서 여자를 만들었다거나, 에덴동산의 남녀와 사과와 뱀 따위의 성경 기록이라든가, 선인과 악인을 가려서 하나님나라 천당이나 지옥으로 보낸다는 따위의 이야기도 나의 이성과는 무관한 일이야. 그러나 예수님의 다함없는 사랑의 정신과 가르침, 그리고 그것을 위해서 자기 목숨을 바친 고귀한 인간적 삶을 나는 죽도록 따르고 싶어하는 사람이야. 그러기에 나는 '불교 신자'라고 말하지는 않지만, '부처님 제자'라고는 말해. 마찬가지로 교회나 성당을 가는 행위로서의 '기독교 신자'는 아니지만, 그리스도의 은총을 입고 싶어하는 '예수의 제자'이고자 하는 마음은 평생을 두고 변함이 없어요.

나는 17세기의 영국신학자가 기독교의 하나님이 천지를 창조한 시간을, 성서에 기재된 연대기들을 모두 종합하여 계산한 결과, 인류의 창조시간을 '기원전 4004년 10월 23일 오전 9시'였다는 따위의 황당하고 반이성적인 신학에서 해방되지 않은 기독교(또는 그 밖의 어떠한 유사한 신학)도 승인하기를 주저해요. 나는 어떤 '유일신'이나 '절대적 존재'를 믿지 않는 사상에서는 '무신론자'인 셈이지만, 철학적 종교관에서는 차라리 '이신론자'(理神論者) 또는 '자연종교론자'(自然宗敎論者)에 가깝다고 할 수 있어요. 무신론 또는 이신론을 주장하여 신학의 허구를 밝히고, 초자연적 종교의 자리(권능·권위·신앙)에 자연법칙에 의한 우주 지배원리를 올려놓은 인류의 사상적 스승들인 루소, 볼테르, 불란서 백과전서학파의 디드로, 존 로크, 다윈, 에드워드 기번, 심지어 시간을 거슬러 올라가 기독교 성서의 우주창조설의 신학적 도그마를 목숨을 걸고 부정한 조르다노 브루노, 코페르니쿠스, 신념 때문에 교회권력에 의해서 혀를 뽑히고 그것도 모자라서 화형에 처해진 이탈리아의 대석학 루칠리오 바니니, 갈릴레오 갈릴레이 등, 나는 이런 무신론 내지 이신론적 종교관의 충실한 제자이에요.

내가 종교를 믿지 않는 이유

임헌영 다나카(田中角榮) 일본 수상이 중국에 간 것이 대략 1972년인 것 같은데요. 마오 주석을 만났을 때 무슨 얘기를 했을까 개인적으로 참 궁금했습니다. 신문에 난 것만을 보면 마오 주석이 제일 먼저 불교문화 이야기를 했다고 해요. 불교문화를 화두로 잡아서 아시아와 동양 전반의 이야기로 나아간 것인데요. 참 마오 주석다운 심도 있는 문화적 접근이지 않았나 생각한 적이 있습니다. 기독교 관련 책도 많이 읽으셨겠습니다.

리영희 기독교 관계 서적은 물론 흔한 신·구교의 영문판과 불어판 성경과 몇 가지 관련 서적들을 읽었고, 르낭의 불어판 『예수전』도 불어공부 삼아 읽었어요. 그렇지만 나는 유일신과 절대자와 초자연적 불가사의의 권능을 전제로 하고, 선악을 준별하여 징벌을 교화의 방법으로 설정한 기독교에 대해서는 부처로부터 받는 자애로움의 감흥 같은 것을 느낄 수가 없어.

괴테의 말을 빌리자면, "그리스도는 절대적 존재와 유일적 존재로서의 신을 구상하여 그 신에게 예수 자기 자신의 마음속에서 완전하다고 느껴지는 온갖 속성을 부여했다. 신이라는 것은 사실은 그리스도 자신의 아름다운 심정 그 자체이고 그리스도 자신과 같은 선의와 사랑에 넘치는 존재로 그려진 것이다. 그렇기 때문에 선량한 사람들이 신뢰의 정을 가지고 그에게 헌신하며 그 가르침을 천국에 이르는 가장 감미로운 가교로 두는 것은 가장 당연한 일이었다." 바로 이것이 예수와 예수교라는 종교의 성격이라고 나는 생각하지. 내가 보기에는 사람들이 현실에서 좌절하고 실의에 빠지고 마음의 기둥을 상실하고 방황할 때에, 뭔가 그들에게 위안을 주는 것을 찾으려 하고, 그것에서 다시 분발해서 재기할 수 있는 자극과 힘을 얻는 데 대해서는, 신의 존재 여부를 떠나서 그만한 현세적 가치가 있다고 생각해요.

기왕 얘기가 나온 김에 나의 종교관을 말하자면, '신'이라는 것은 대자연이 인간의 인식 능력을 초월한 온갖 형태의 변화를 발동하는데 공포감을 느낀 원시인간들이 그 공포심으로 말미암아 발상한 것이라고 생각해요. 또한 유한한 생명체인 인간이 현실의 생존조건에서 겪는 생로병사의 고통과 좌절, 슬픔, 그리운 이와의 영원한 헤어짐에 대한 두려움과 어디선가 다시 만나고 싶은 마음의 간절함 등을 인간적 운명의 한계를 넘은 어딘가에서 위로와 보상받고, 괴로움과 쓰라림의 상처를 치유받고자 하는 간절한 바람에서 '신'이라는 기능적 존재를 상정했다고 생각해요. 요컨대 나에게 신이란 것은, 원시시대 인간의 '자연에 대한 공포심'과 시간을 초월해서 영원히 살고자 하는 유한한 생명을 가진 인간이 가질 수밖에 없는 생존의 공포심, '인간적 한계를 충족해줄' 어떤 존재로서 신을 창조했고 또 '신을 필요로 했다'고 생각하는 거요. '신'이 인간을 창조한 것이 아니라, 인간이 자기의 필요 때문에 신을 '창조'했다고 나는 믿고 있어. 이 기회에 나의 종교관을 좀 이야기하고 싶은데, 어느 글에선가 다음과 같이 말한 적이 있어요. 몇 구절을 인용하면 이래요.

나는 마르크스처럼 종교가 계급적 지배이념으로서의 아편이라고 단정하지는 않는다. 분명히 그런 역할을 다분히 해온 역사적 사실을 부인할 수 없지만, 나는 아편이라고까지 단정하고 싶지 않다. 또 프로이트처럼 종교는 심기가 허약한 사람들의 환상 또는 환각적 믿음이라고 멸시하지도 않는다. 역사상에는 훌륭한 정신과 영(靈)의 소유자들의 감동적인 종교적 삶을 입증해주는 수없이 많은 실증이 있기 때문이다.

나는 현세 이외의 어떤 내세를 전제로 하거나 그것을 기대해서 예수교나 불교를 믿는 식의 종교생활을 받아들이지 않는다. 현세, 즉 이 속세를 살면서, 그 속세를 예수교나 불교의 이상인 천당 혹은 극락, 그런 세상으로 만들기 위해서 사람들이 어떻게 살아야 하는가를 생각할 뿐이다. 그런 믿음의 삶을 인도해주는 가르침의 원천을 예수님과 부처님에게서 찾는 것이다. 천당이나 극락이 있건 없건, 그것과는 전혀 관계없이, 인간이 태어난 생명을 누리며 살지 않을 수 없는—살 수밖에 없는—삶의 현실을 가장 슬기롭게 지나갈 수 있도록 해주는 길잡이가 예수의 가르침이고 부처의 가르침이라고 생각하는 한도 내에서, 나는 예수의 신자이고 부처의 신도인 것이다. 예수교를 믿어야 천당 간다거나 부처를 안 믿으면 지옥 간다는 식의 예수교 신자도 아니고 불교 신도도 아닌 대신, 위대한 두 분을 동시에 한꺼번에 마음속에 귀히 모시려는 것이다.

종교의 '미신화'(迷信化)가 큰 문제이다. 종교가 과학이어서는 안 되는 만큼 종교가 미술이거나 미신이어서도 안 될 것이다. 두말할 나위도 없는 일이다. 그런데 우리나라의 종교를 미신화하거나 건강한 사고를 병들게 하는 아편적 성분이 치사량(致死量)으로 함유되어 있는 경우를 자주 보게 된다. 종교를 위해서 가슴 아픈 일이 아닐 수 없다.

아들을 낳거나 딸을 낳거나, 출세를 하거나 못 하거나, 신자들이 탄 비행기가 안전하거나 않거나, 전쟁에 나간 자식이 총에 맞거나 않거나, 수백 명의 열렬한 신도들이 하느님이나 부처님을 열렬히 경배하고 있는 성당의 지붕이 그들의 머리 위에 무너져내리거나 않거나, 초월자를 경배하려고 수백 명의 열렬한 신도들이 타고 가는 성지순례의 배가 풍랑으로 가라앉거나 말거나, 어쨌든 인간들의 삶에서 일어나는 모든 인간사와 자연의 작용을 하느님의 뜻이나 부처님의 예정된 응보 또는 징벌로 신비화하지 않으면 좋겠다.

자칫 그러다가는 신에게 욕을 돌리는 난처한 일을 당하게 마련이다. 역시 하느님의 것은 하느님에게 돌려주고, 인간의 것은 인간에게 돌려주어야 한다. 그것이 신을 위해서나 인간을 위해서 두루 온당한 일이다.

인간의 일과 초월자의 일, 신앙의 일과 과학의 일, 영혼의 영역과

나는 종교뿐만 아니라 모든 사고와 신념에서 '유일신 신앙'과 '절대적 존재'처럼 위험한 것은 없다고 믿는다.

물질의 영역은 각기의 본령(本領)에 맡길수록 그 모두와 각자에게 다같이 축복이 될 것이다.

한국의 기독교가 지배권력을 지나치게 좋아하는 체질도 문제일 것 같다. 일제 식민지에도 일본천황귀신인 '신도'(神道)의 신사참배에 굴하고, 이승만시대는 그 야만적 통치를 찬성하고, 박정희 유신독재시대에는 그 폭력통치권력과 유착하고, 전두환 살인정권의 '조찬기도회'로 바쁘고, 미국이라면 성조기 들고 나와 '아이 라브 유에스에이'를 합창하면서 마치 미국인이 된 듯이 황홀해 한다. 미국이 침략전쟁으로 전 세계의 규탄을 받아도 남한에서만은 예수교 신자들의 사랑을 받는다. 세계최강의 권력이니까. 예수님의 얼굴을 보고 싶다.

소위 '영혼'이라는 문제에서도, 그것은 인간의 생물적 활동 기간의 현상이며, 생물적 기능의 종식과 동시에 영혼이라고 불리는 속성은 종식되는 것으로 생각해. 육체의 생물학적 종식, 그 자체가 소위 '영혼적' 기능의 해소를 뜻한다고 나는 생각해. 나로서는 유일신이라는 신학이나 사상이나 철학에 동의할 수가 없어. 만약에 예수교가 상정하는 신이 전지전능한 권능을 지닌 '유일'하고도 '절대적인' 존재라면, 그리고 그 하나님이 모든 인간을 창조했다면, 어떻게 자기를 믿는 예수교가 아닌 다른 많은 인간들이 또다른 '절대적 권능'을 가지고 '오로지 하나밖에 존재하지 않는 유일신'을 각기 만들어낼 수 있을 것인가? 그리고 그것을 허용했을 것인가? 현대적인 차원에서 말한다면, 어떻게 예수교 신의 제자들이 알라 신의 제자들인 아랍의 이슬람교도들을 그토록 학살할 수 있는가? 또한 유일신이 말 그대로 하나뿐이라면, 어떻게 자기가 창조한 똑같은 자식들이 다른 절대자의 이름으로 서로 살육을 계속할 수 있겠는가? 하는 의문이 들어요.

나는 도저히 이해가 가질 않아요. 머리가 나빠서 그런지, 내가 기독교가 말하는 '악'의 인간이어서 그런지, 잘 모르겠어요. 나는 아까 괴테의 말을 인용한 것처럼, 좌절한 많은 인간이 '하느님'(하나님)의 이름으로 위안을 받고, 행복을 구하는 그런 심정과 행위에 대해서는 크게 기뻐하는 바예요. 하지만 그것은 개개인 차원에서의 평화와 위안이지 기독교라는 하나의 '집단'으로서의 사상과 행동의 궤적을 볼 때, 때로는 여호와건 알라건 또는 어떤 이름으로 불리는 절대자건, '신'이라는 것은 인간이 창조하지 않았더라면 인류에게는 오히려 더 행복이었을 것이라고 생각해요.

서기 1100년대와 1200년대의 200년 동안, 절대신을 받들고 그리스도의 이름으로 예수 교회가 11회에 걸쳐서 일으킨 십자군의 잔인성·폭력성·무제한의 약탈과 살육, 그들이 물러간 뒤에 남겨진 생명과 자연의 황폐 등의 역사를 보면 볼수록, '사랑의 종교'라는 예수교에 대해서 소름이 끼칠 때가 있어요. 불교와 예수교 사이에 많은 좋은 공통점이 있음에도 불구하고, 한 가지 분명한 차이는 불교에는 없는 소위 '정의' 또는 '하나님의 정의'가 예수교에는 그 중심 교리로 있어요. 그런데 이 '정의' '하나님의 정의'라는 것은 하나님이 만들었다는 '인간 형제들 모두에 대한 차별 없는 정의'가 아니고, 오로지 기독교 교회의 일방적 이해관계에서 출발하는 규정으로서의 정의예요.

이 때문에 얼마나 많은 비기독교의 인간과 재물과 자연이 재앙을 입었어요? 그래서 나는 기독교가 없었더라면, 기독교의 이름으로 이룩한 여러 가지 낮은 차원의 '선'보다도, 그로 말미암아서 행해지고 결과된 '악'이 몇 배나 크다고 생각하는 거요. 중세기에 예수교가 사랑의 이름으로, 하나님의 정의의 실현이라는 명분으로 얼마나 많은 '이교도'를 학살했으며, 얼마나 많은 선량하고 무고한 여자들을 '마녀'로 몰아 살육했는가 하는 것은 기록된 역사가 소름 끼치게 밝혀주는 것이지. 예수교의 이런 범죄적 행위에 대해서 교황 바오로 2세가, 20세기가 저무는 마지막 해에 전 세계 인류 앞에 속죄하고 사과를 하기는 했어. 그러나 그 행위의 역사와 인류의 머리에 각인된 기억은 지울 수가 없지.

기독교는 신의 성격규정상 '선'(善)인 신의 존재조건으로 '악'(惡)과 악의 존재를 설정해요. 선의 하나님을 긍정하려면 '부정돼야 할'

존재로서의 '악'을 '필요'로 하는 것이지. 이것은 '유일신' 또는 '절대존재'라는 기독교 신의 규정이나 개념과 모순돼요. 따라서 그 신은 '다수의 신'들 중의 하나이며 '악'적 신에 대한 상대적 존재라고. 그런 까닭에 기독교가 '선'과 '정의'를 자처하는 한, 선과 정의가 '쳐부수고, 승리하고, 멸망시키고(시켜야 하는)' 어떤 악적 대상을 설정할 수밖에 없어요. 그래서 그렇게 믿는 사람에겐 항상 전쟁이 '필요'하고 '승리'가 필요한 거요.

중세에는(지금도) 이슬람이 적이었고, 과학자들(코페르니쿠스, 갈릴레오, 브루노 등)이 '적'이고 '악'이었으며, 다른 종교의 선량한 신자들이 '죽여버려야 할 이교도'였잖아요. 근대에는 '하늘나라'에서의 행복보다 '현실적·인간적 행복'을 찾으려는 마르크스적 신념과 그 신봉자들과 공산주의 내지는 사회주의와 제도(소련·중공 등)가 악이었지요. 베트남에서는 83퍼센트의 대중적 지지를 받는 호지명과 '베트콩'을 '마귀'로 설정했고, 라틴아메리카에서는 칠레 정치사상 처음으로 완전한 민주주의 선거로 수립된 아옌데 대통령정부를 '악'으로 낙인찍어, 살인마인 피노체트 장군을 부추겨서 '천사'의 쿠데타로 대량학살을 감행했어. 이어서 쿠바를 비롯한 10여 개의 지역·국가·정부를 상대로 악마에 대한 천사의 전쟁을 감행했지. 코리아반도에서 김정일이라는 '마귀'를 만들어 핵전쟁을 여러 차례 계획하고, 그것도 모자라서 빈 라덴, 후세인이라는 '악'을 만들어내야 했지. 이것이 미국 '자본주의 기독교'의 '선악 전쟁'의 본질이오! 현재는 그 모든 전쟁대상들 다음으로, 다시 이슬람교와의 전 세계에 걸친 조지 부시식 '선·악' 결전이 필요해진 것이지!

기독교의 신학적 원리를 따르면, '악'이 없는 인류사회를 용납할 수 없어요. 전쟁을 할 구실이 없어지기 때문이지요. '증오'가 '사람' 보다 앞서는 가치인 거지. '악'적 대상이 없으면 만들어라도 내야 해. 미국의 '근본주의 기독교' 집단이 강해질수록 미국이 전쟁을 해야 할 종교적 필요성은 증가하고, 인류가 겪는 재앙은 더욱 커질 수밖에 없어. 그들의 목적은 '평화'가 아니라 '전쟁'이니까.

우리가 바로 지금 눈앞에서 목격하고 있는 아랍 민중의 참상이, 현대판 기독교 십자군의 소행에 따른 것이오. 그것이 하루에도 몇 번씩 하나님의 사랑의 이름으로, 인류의 행복과 정의와 사랑을 위해서 기도한다는 부시라는 충실한 기독교 신자, 즉 기독교를 사회 신념으로 국민들이 받드는 'United States of America'라는 국가가, 일말의 인간적 양심의 가책도 느끼지 않고 자행하고 있는 잔학 행위가 아닙니까? 나는 유일신·절대신·전능신·사랑의 하나님 종교가 잘못될 때 어떤 인간재난이 초래되는가가 미국식 하나님, 부시식 하나님 종교라고 생각해. 한국은 바로 그 미국 하나님을 직수입해서, 지금 우리들의 눈앞에서 '부시 하나님'을 따르고 있어. 서울시청 앞 광장을 보세요! 이게 한국민들이오! 미국민들이오!

우리나라의 경우를 말하면, 나는 지학순 주교, 박형규 목사, 함세웅(咸世雄) 신부, 장일순 선생을 비롯해 꽤 많은 예수의 독실한 제자들이 얼마나 선량한 인간인가 하는 것을 잘 알고 있어. 그 밖에도 경건한 하나님의 제자일 뿐만 아니라 우리 속세의 비신도들에게까지 존경을 받는 적지 않은 신자들이 있어요. 하지만 해방 후 오늘날까지 우리 국민생활의 고난의 고비고비에서, 이승만시대도 그랬고 특히 박정희와 전두환의 반인간적 학정의 시대에, 하나님의 정의와 예수의 사랑을 위해서 군사독재에 대한 항거의 전선에 나와 비신도들의 대중적 투쟁과 뜻을 같이하고 더불어 행동한 기독교 신자는 전체 한국 기독교 신자의 5퍼센트도 안 됐다고 알고 있어요. 90퍼센트 이상의 소위 '예수와 하나님의 제자들'이라는 한국 기독교인들은 인간의 자유와 존엄성과 민주주의의 권리를 위해서 피 흘리는 수십만, 수백만의 비신자 대중의 아픔에 눈을 감았을 뿐만 아니라 오히려 적대시해 왔어요.

나를 서글프게 하는 또 하나의 사실은, 남한의 기독교 교회가 그 교회의 세에서 지구상의 160여 개 국가 가운데 으뜸간다는 통계적 사실이야. 미국에서 발행된 『세계 크리스천 연감』 1991년판에 의하면, 지구상의 전체 국가에서 50개의 맘모스 교회(거대 교회)를 선정했는데, 남한의 교회가 최대 교회 5개 가운데 3개를 차지하고, 10개 가운데 7개를 차지하고, 50개 가운데 23개를 차지하고 있었어요. 나는 그 시기의 한국사회의 인간적 생존의 참상을 생각하면서, 지구상의 50개 최대 교회 가운데 한국 기독교가 홀로 23개를 차지한다는 사실이 과연 한국 국민에 대한 축복인지, 저주인지를 분간할 수가 없었어.

나는 존경하는 인류의 보배 같은 인물들 가운데 한 사람으로서 영국의 대수학자·철학자이자 인도주의적 사상가인 러셀 경을 좋아해요. 그의 철학과 사상이 나와 많은 공통점을 갖고 있기 때문인데, 그중에서도 종교와 교회에 대해서 그래요. 그의 자서전의 한 구절을 여기서 인용해보는 것도 나쁘지 않을 것 같아. 그는 「나는 왜 기독교인이 아닌가?」라는 장에서 이렇게 말하고 있어.

이 이상한 사실, 즉 어느 시기든 종교가 강하면 강할수록, 그 독선적인 신앙이 깊으면 깊을수록, 그 종교의 잔인성은 더했고, 상황은 악했습니다. 소위 '신앙의 시대'에는 사람들이 정말 철저히 기독교를 믿었는데도, 종교재판에서의 고문은 극에 달했습니다. 불행한 여성이 수없이 마녀로 몰려 화형에 처해지고, 종교란 이름으로 모든 종류의 사람들에게 갖가지 잔학행위가 가해졌습니다.

세상을 돌이켜볼 때, 여러분은, 인간감정의 털끝만 한 발전도, 형법상의 조그마한 개선도, 전쟁을 억제하려 하는 어떤 방안도, 유색인종의 대우개선을 위한 어떤 대책도, 또는 노예제도의 완화나 이 세상에서의 어떤 도덕적 진보도, 모두가 세계의 조직된 교회에 의하여 철두철미하게 반대되어 왔음을 발견하게 될 것입니다. 나는 교회로 조직된 기독교인의 종교가 세계의 도덕적 진보의 으뜸가는 적이었고, 지금도 그러하다는 것을 신중히 말씀드리는 바입니다.

또 톨스토이가 종교와 인간의 문제에 관한 의미심장한 다음과 같은 말을 한 것을 그의 글에서 읽은 기억이 납니다.

우리는 사람을 평가함에 있어서, 그 사람이 기독교 신자냐 아니냐를 묻기 전에 그 사람이 도덕적이냐 아니냐를 알 필요가 있다. 그 사람이 도덕적인 사람이라고 한다면, 기독교 신자냐 아니냐 하는 것은 물을 필요가 없다.

이는 다른 사람이 아닌, 그리스도교의 가르침에 따라 살려고 노력했고, 실제로도 그렇게 예수처럼 살려고 고행을 하다가 죽은 톨스토이의 말이에요. 나는 이 톨스토이의 말이 종교와 인간에 관한 현세적 가치와 의미를 한마디로 요약했다고 생각해요. 그 이상 더 알 필요가 뭐 있고, 그 이상 어려운 신학 논쟁을 할 필요가 뭐 있겠어? 하나만 더 보탠다면, 기독교 원리주의가 강하면 강할수록 그 개인이나 그 사회의 지적 발달이 반비례하고, 인간적 생존의 현실 조건도 낙후·침체된다는 것이 도처에서 입증되고 있어요.

많은 실례들 가운데서 한 가지 유명한 사실만을 인용한다면, 1960~70년대까지도 미국의 49개 주 가운데 교육 수준, 문화 수준, 경제생활 수준 등에서 제일 낙후된 주가 남부의 미시시피주였어. 그런데 그 미시시피주는 미국 전체에서 유일하게 학교 교육에서 인간을 비롯한 생물의 진화론적 발전이론을 학교에서 가르치는 것을 불법화하고 있어. 오로지 기독교의 하나님이 인간과 모든 생물을 창조했고, 세상은 그 창조한 그 상태로 영구불변하게 존속한다는 주장만을 가르치게 했어요. 각급 학교에서 지각 있는 교사들이나 교수들, 또는 지식인들이 '진화론'을 가르치거나 주장했다는 이유로, 미시시피주의 법으로 유죄판결을 받고 형무소에 투옥되기도 했지요. 말하자면, 학문·예술·과학·의학 등 온갖 분야에서 인간의 발전을 보장하는 지적·사상적·이론적·과학적 학설이나 견해는 무조건 반기독교적이라는 딱지를 붙여서 징역을 살게 한 거예요. 지금도 미시시피주의 이 상태에는 별반 변화가 없을 것이고, 그것은 바로 기독교의 큰 자기부정적 요소가 되고 있지.

1.1평의 도서관

임헌영　다른 분야의 책은 어떤 것을 읽었습니까?

리영희 아까 말한 것처럼 훌륭한 인물의 전기와 자서전 같은 것인데, 역시 가장 큰 감명을 받은 것은 간디의 자서전이지. 또 네루의 옥중집필서인 『아버지가 딸에게 보내는 편지』를 읽고는 네루의 혁명가적 정신과 아울러 영국적 사상교육 정신을 체현한 인격자로서의 면모를 느낄 수 있었어. 몽테뉴의 『수상록』, 파스칼의 『팡세』, 루소의 자서전 격인 『고백록』, 위고의 『레 미제라블』 등을 읽었어요. 또 플라톤의 『소크라테스와의 대화』, 괴테 평전 격인 에커만의 『괴테와의 대화』, 베토벤의 전기, 존 스튜어트 밀의 자서전, 그리고 아주 특별한 감동을 받으면서 읽은 것이 배우 찰리 채플린의 자서전입니다. 그 밖에도 서너 권의 자서전이 있는데 지금 생각이 잘 안 나는군.

지적인 측면에서는 밀의 자서전이 아주 계몽적이고, 사상적인 측면에서는 네루의 일대기가, 인간적 위대함에 대한 감동의 측면에서는 간디의 자서전이 으뜸이었어. 하지만, 하나의 인간이 태어나면서부터 최악의 빈궁상태의 생존을 체험해 오면서 자신의 능력을 극대화하는 감격적인 감동은 사회악에 항거하며 많은 사람의 의식을 열어준 희극배우 채플린의 자서전 이상이 없더군.

일반 교양서적은 미결수일 때부터 차입돼 들어와 있던 책과, 신문사와 대학에서 탐독했던 책들 가운데서 차입한 책들을 읽었지만, 그 수와 양은 대단치 않아요. 먼저 말한 것처럼 국가보안법으로 들어온 대학생들과의 각종 투쟁으로 원래는 30분밖에 못하던 운동을 오전 2시간, 오후 2시간 정도나 하게 되니까, 아침 먹고 나가서 저녁식사 전에 들어올 때까지는 독서할 시간이 거의 없었어요. 사실 골치 아픈 독서보다는 1.1평의 감방에서 해방되어 넓진 않지만 마당에서 공을 차기도 하고 뛰기도 하면서 운동하는 것이 차라리 나에게는 독서보다 귀중했지.

불어로 된 책들은, 조선일보사 재직 시절의 절친한 친구인 임재경(任在慶) 씨가 한 달에 두어 권씩 차입해주었어. 대개 소설이었지만 그렇게 해서 읽은 것 중 루소의 『고백록』(Les Confessions)이 있어. 흥미롭게 읽었지만, 1,100쪽에 달하는 부피이고 모르는 단어가 한 페이지에 평균 2~3개씩 나오는 바람에 진전은 빠르지 못했어. 하지만 전통적 고급 불어를 공부하는 데는 많은 도움이 됐지. 물론 루소의 인간성·사상·철학·문명비판 등을 다룬 그 책의 내용 역시 내 지식의 향상에 큰 도움이 됐어. 한 사람의 작품으로 제일 많이 읽은 것은 오히려 러시아 작가 도스토옙스키 작품의 불어 번역본들이었어.

맨 처음에 읽은 『죄와 벌』에서 나는 기독교적 사회주의자 내지는 인도주의적 사회주의자 도스토옙스키를 알게 됐어. 뒤마의 『몬테크리스토 백작』의 분량은 1,000쪽에 가깝지만 워낙 흥겨운 내용이어서 비교적 쉽게 그리고 즐겁게 읽었어. 그리고 위고의 유명한 『레미제라블』은 권당 600쪽짜리 3권이었기 때문에 읽는 데 꽤 많은 시간이 걸렸어요. 그 밖에도 발자크, 모파상, 도데의 단편소설집들이 있지. 이것들은 워낙 짤막짤막하면서도 짜릿한 에스프리가 넘치는 소품들이어서, 다른 일을 하다가 간간이 시간 날 때에 읽어치우기가 편리해 좋았지.

나의 '수양'을 위해 몇 권의 한문책도 읽었어. 나와 같은 한문 세대가 으레 좋아하는 『논어』『맹자』 등은 필독서이고, 검소한 인간관과 세계관을 담은 『채근담』『명심보감』을 하루의 징역생활이 끝나고 자기 전에 몇 구절씩을 골라서 조용히 음미하는 마음으로 읽었지. 이런 고전에 속하는 수양서들은, 감옥이라는 특이하고 암울한 생존 상황에서 자칫 흩어지기 쉬운 사람의 마음가짐과 정신상태를 안정시켜주는 큰 효과가 있어요. 그리고 고대의 중국시(漢詩)도 조금 감상할 줄 알기 때문에 당시(唐詩)를 자주 읽었어. 이것은 물론 앞에서 말한 교훈적인 내용과 달리 정서적인 위안을 얻기 위해서였지요.

앞서도 말한 것처럼, 김대중 전 대통령은 군 형무소에서 300권 안팎의 상당히 딱딱한 주제와 내용의 독서를 했다는데, 나는 광주에서 보낸 시간이 1년이었고 게다가 마지막 한 달가량은 먹방에 들어가 겹징역을 산 탓도 있고 해서 전부 합쳐 봐야 한 50~60권 될까 말까 하는구만.

임헌영 1980년 다시 해직되신 후에는 아무래도 사회과학 쪽 책을 많이 읽으셨겠지요. 자료는 어떻게 구하셨습니까?

리영희 중국문제연구소에 의존하는 것은 1980년에 거기서 나온 후로 끝났어요. 그래서 일단 가지고 있던 중국 관련 책들을 쓰고 차츰 다른 분야로 전환하기 시작하는 기간인데요. 나의 지적 궤적의 변천시기였습니다. 이때부터는 사회변혁이나 중국혁명, 사회주의 이론뿐 아니라 자유의 문제, 사회사상사, 한국 사회와 대칭적인 사회의 대응·치료 방법으로서의 새로운 이념·가치관·삶의 형식·인간소외 이런 문제들에 대한 해답을 구하던 시기였어요. 대체로 마르크스적 이데올로기를 거름으로 삼고 기본적인 철학·사상이나 자유나 권리나 국가의 문제나 정치철학 같은 문제에 관심을 가졌던 시기지요.

자유와 평등의 이념과 실천

임헌영 선생님이 그 무렵에 생각하신 이상적인 비전이라고 할까요. 우리 사회가 가지고 있는 온갖 국내적·국제적 모순에 대응방식으로 가졌던 비전이 있었을 것 같습니다. 비록 글은 못 쓰셨지만 마음속에 가졌던 비전은 어떻게 설명할 수 있을까요?

리영희 나는 해방된 날부터 6·25전쟁을 거치면서 일본 식민지의 제도적·인간적 잔재를 청산하거나 처단하지 못한 것이 한국사회의 결정적인 문제점이라고 생각합니다. 이러한 인물들이 지배하는 사회로서의 한국, 거기에 몰입되어버린 미국식 자본주의의 이기주의·배금사상·물질주의·소비와 사치주의적 생존양식, 이런 것이 합쳐진 한국의 생존조건들은 부정되어야 한다고 생각했어요. 그 사회적 표현인 인간소외와 다윈의 적자생존이론에 바탕한 무한경쟁주의 등을 거부하는 사회주의적 인간생활양식과 사회구조를 생각했지요. 그러나 폐해가 심각한 소련식 공산주의는 미국식 자본주의와 다름없는 부정적 성격과 실상 때문에 역시 거부돼야 한다고 보았어. 이때쯤에 이르러서는 모택동의 중국혁명이 지향하는 '제3의 생존양식'에 기대를 걸어보기도 했어. 결론적으로는 자본주의적 요소를 결한 사회주의도, 사회주의적 요소를 결한 자본주의도 마찬가지로 비인간적 제도라는 신념이 굳어졌어요. 인류의 한 발달 단계로서는 부족한 대로 '북구라파식 사회민주주의'가 현실적 선택이라고 생각했지.

임헌영 선생님은 자유에 대해서 글을 많이 쓰셨습니다. 그런데 어떻게 보면 자유라는 이름을 가장 많이 남용하고, 자유라는 술어로 비자유스럽게 한다거나 또는 인간의 가치를 떨어뜨리는 제도가 자본주의 아닙니까. 또 이 자유라는 개념으로 사회주의까지도 무너뜨린 것 아닙니까?

리영희 나는 불완전한 인간들이 모여서 형성하는 인간사회에서 어쩌면 영원히 불가능할 것이라는 분명한 전제를 놓고 말할 때, 가장 이상적인 인간사회는 '자유'와 '평등'이 함께 충족되고 유지되는 상태라고 생각합니다. 종교적으로는 어떤 종교나 다 '궁극적 행복'의 상태를 상정하는, 종교마다의 명칭으로 불리는 상상적 인간생존의 '이상향'이 있습니다. 불교·기독교·유대교·이슬람교·힌두교·라마교……. 각 민족·부족의 부족신이 다스리는 그런 곳이 우주 어딘가에 있고, 심지어 각종 미신을 믿는 '완전 행복'의 땅이 어딘가에 있습니다. 좀더 있을 법한 인간 두뇌의 상상 또는 희망적 결과로서는, 중국의 '대동'(大同)사회가 있고, 서양의 '유토피아'(토머스 모어)가 있고, 공상적 사회주의의 목표인 '공산'사회가 있어요. 심지어 인간의 약육강식 원리와 불평등적 속성의 토대 위에 세워지고 유지되는, 자본주의 신봉자들이 믿는 '보이지 않는 이기주의의 손으로 자동조절'된 물신숭배 사회도 있어요. 종교가 설정하는 것이건 인간이 희망하는 것이건, 그런 이상향은 없습니다. 인류가 장구한 역사과정에서 거쳐온 한 단계에 실재했던 이해관계를 초월한 공동체로서의 '게마인샤프트'가 상호 간 이해관계의 이기주의적 계산관계로 존재하고 운영되는 '게젤샤프트'로 변한 지 오랜 세월이 지난 지금, 아마도 다시는 되돌아갈 수 없는, '영원히 잃어버린' 이상적 생존형식이지요. 이 문제에 대해서는 자본주의사회의 생성과정과 그 본질의 연구에 있어 최고의 명저로 손꼽히는 독일의 대표적 사회학자 퇴니에스의 『게마인샤프트와 게젤샤프트』가 거의 완벽하게 대답해주어요. 내가 언제나 옆에 가까이 놓고 찾곤 하는 책이지. 누구에게나 권하고 싶은 명저예요.

우리가 경험했고, 또 경험하고 있는 온갖 성격과 형태의 사회에서, 오랜 체험과 그것으로 얻어진 예지로써 이제 내릴 수 있는 한 가지 결론이 있다고 생각합니다. 즉, 자유와 평등은 동등하고 동격의 가치를 지닌 요소이지만, 집단적 인간의 행복 추구의 실천적 순서로서는 '자유'가 '평등' 앞에 있다는 사실입니다. 가까이 인류의 근현대사에 점철된 수많은 봉기·민란·폭동·반란·혁명·민족해방 전쟁 등에서 우리는 목표 추구의 질적 무게는 같지만, 목적 달성의 선후 또는 완급에서는 '자유'가 평등보다 앞섰다는 많은 실례를 정확히 평가하고 인식해야 하리라 생각합니다. 자유는 '인간' 생명체의 원초적 본성이고, 평등은 개개인의 집단적 생존이 형성된 뒤에 생명이 요구하는 '추후적·사회적 조건'이라고 생각해요. 이것이 임형이 고민하는 물음에 대한 답이 될 수 있는지 모르겠구만. 현실 공산주의가 자본주의에 패한 이유 중의 하나가 이것이라 생각합니다. 진정한 자유는 진정한 평등으로만 가능하지만, 현실적·사회적 생존차원에서는 개개인에게 가치 있는 것은 자유가 먼저이고 다음에 평등을 욕망하게 되니까요.

임헌영 선생님이 생각하는 자유를 오해하지 않기 위해서는, 민족적 주체성과 개인적 주체성을 위한 변혁 에너지로서의 자유라고 볼 수 있을까요?

리영희 그 질문에 대한 답변도, 먼저 이야기한 개체적 생명체인 개인을 민족에 대입하면 자명하지 않을까 생각해요. 지난 독재체제 아래서나 미국과 남한이라는 국제적·국가적 종속관계에서나 마찬가지지요.

임헌영 인간다운 삶을 위한 투쟁으로서의 자유에 가깝다고 볼 수 있겠습니다. 당시 지배계급은 어떻게 보면 헤겔이 말하는 소수 자유론자들로 볼 수 있지 않습니까. 선생님이 말씀하신 자유는 결국 새로운 역사창조를 위한 자유로 보면 될 것 같습니다. 우리가 보통 개념으로서 이해하는 자유가 아니라, 억압받는 자들을 위한 자유인 것이지요?

리영희 구체적인 여러 조건 속에서, 생물적 존재이자 정신적 존재인 인간에게 그 반생명적이고 자유억압적 조건들을 보다 인간적 조건으로 만들어가기 위한 변혁의 개념이 자유라는 것이지요.

박정희 덕택에 고친 만성위장병

임헌영 감옥에서 나오셔서 제일 먼저 하고 싶었던 것은 뭐였습니까?

리영희 물론 대학으로 돌아가는 일이지요. 바로 갈 수 있을 것으로 생각했어요. 형무소를 나와서 보름 동안은 원주 교구의 지학순 주교가 원주의 병원에 방을 마련해주어서 요양하면서 쉬었지. 그리고 서울로 와서 해직교수 복직운동을 시작한 거지. 사실 그때는 박정희의 18년 암흑기가 가고, '한국의 봄'이 올 듯이 모두 희망에 부풀어 있었어. 해직교수들에 대해서 신문이나 방송들이 호의적이었고, 특히 일본의 『아사히신문』은 내가 다시 강의하는 장면을 촬영·보도하기도 했어. 국내신문뿐 아니라 해외신문까지도 큰 관심을 보였어요.

임헌영 그러니까 선생님도 박정희 피격 이후를 낙관하신 거지요?

리영희 일단 낙관했지요. 이제는 민간정부가 들어설 것이고 감히 군인들이 정권을 노리는 짓은 못 할 것이다, 그렇게 생각했지. 또 국민들도 이번에는 적어도 군부의 야만적인 철권정치, 인간의 가치를 박탈당하는 그런 수모는 용인하지 않을 것이라는 그런 심정일 줄 알았지. '서울의 봄'이라고 나도 초기에 그렇게 느꼈어요.

그런데 조금 지나면서 미국 측 정보를 알게 됐어. 한국에는 다섯 개 계통의 미국 첩보채널이 와 있어요. 이 다섯 개의 미국 정보활동을 총괄하는 관리자라고 할까 정책평가의 가장 강력한 권위를 지닌 사람이 있는데, 그 사람이 바로 1970년대 유명한 농구선수 박신자의 남편인 브래드너라는 사람이에요. 문관이면서 미국정부 다섯 개 정보기관의 현지 최고 관리자였지요. 이 사람의 한국인 친구 초대로 용산 미8군기지 안에 있는 그의 집에서 만난 적도 있고, 그 사람과 가까운 한국 사람에게서 들었는데, 그 사람 이야기가 한국민들의 의지와 희망에 따라 민정으로, 즉 김대중이나 김영삼을 중심으로 갈 수밖에 없다는 것이 그 첩보기관들의 대체적 판단이었다는 겁니다. 그러나 브래드너는 정반대로 "여기서 민정으로 넘기면 남한은 큰일 난다. 다시 군대가 장악해야 한다" 강력하게 그런 의견이었대요. 그래 다른 기관들의 상황평가를 누르고 브래드너가 군대가 정권을 장악해야 한다는 쪽으로 워싱턴에 정책·전략 판정을 건의함으로써 본국 정부가 군부 쪽으로 지원정책을 돌렸다고 합니다.

임헌영 이미 1979년에 12·12사태가 났잖아요. 그런 지경이면 정치인들이 정신 바짝 차리고 민주주의를 위해서 헌신하고 단합해야 되는 거 아닙니까. 4월혁명 때 당하고, 1980년에 또 당합니다.

리영희 12·12사태는 광주형무소 안에서 들었는데 무슨 일이 어떻게 발생했는지 종잡을 수가 없었어요.

임헌영 1980년대 초에 복직하신 이후 정치인들과 직접 만나거나 하신 적이 있나요?

리영희 나는 평생에 정치인들과 '친교'를 맺은 일이 없어요. 정치인·군인·정부고관들·실업가들, 즉 사회적 지배계층에 속하는 인사들 중에서 아는 사람이 별로 없어요. 이 사회를 쥐고 흔들고 군림하는, 돈과 힘을 가진 개인들을, 그런 자리에 있는 사람들을 나는 경원했지. 내가 이 사회에 더 큰 영향을 미치려 생각했다면 적극적으로 그 계층의 인물들과 교제를 넓혔을 텐데, 그러지 못했고 그러지 않았어요.

임헌영 개강은 했지만, 실제 강의가 진행되었습니까? 모처럼 교수가 된 보람을 느끼실 때가 아니었나 싶습니다만.

리영희 박 정권의 학원탄압 분위기가 사라지니까 대학 분위기가 싹 달라져서 학생들이 굉장히 열정적이었어요. 역시 모든 인간행위에서와 마찬가지로 '자유의지'가 동기를 유발하더군. 나도 물론 보람을 느꼈고. 4년 만에 형무소에서 나와 서게 된 강단이고, 다시 만난 학생들이니까. 학생들도 캠퍼스에서 군인과 경찰의 모습이 사라지고, 무엇보다도 독성 연막탄 때문에 강의실에서 쫓겨나 이리저리 피신해야 했던 고통에서 해방된 듯했으니까 그런 부푼 기대와 기분으로 강의실이 꽉꽉 찼지요.

임헌영 너무 오랫동안 옥고에 시달린 뒤라서 대사회적인 활동을 좀 억제하면서 가르치는 일에 전념하자 생각하셨나요? 아니면 오히려 더 적극적으로 다른 지식인과 교수들처럼 경우에 따라서는 정치인들과 어울려서 더 열심히 활동을 할 수도 있었을 텐데, 선생님은 어느 쪽이셨습니까?

리영희 격렬하게 활동하고 행동한 다음이라, 좀 차분히 투쟁과 경륜의 열매를 학문적 분위기 속에서 반추하여 제자들과 나누며 누리고 싶었어요. 19년 동안의 폭력시대가 끝났다고 생각한 사람들이 온통 '새 시대'의 정치행동에 정열을 태웠지만, 나는 원래 권력·정치행위와는 무관하게 살아온 사람이어서 연구활동에 몰두하려고 결심했지. 영원불멸할 것만 같았던 박 정권의 체제가 한순간에 끝나니까 다음에 어떻게 무엇을 해야 할 것인가에 대해서 지식인들이 망설이고, 암중모색을 하는 상태였어. 오랜 전투를 끝낸 대학가의 지식인들은 가끔 모이면 토론이나 하고 했지, 행동을 적극적으로 할 마음이 아니었어요. 또 적극적으로 하기에는 휴식을 취해야 할 필요도 있었고.

임헌영 출옥·복직한 뒤의 집안 생활은 어땠습니까?

리영희 2년 동안의 형을 마치고 대학에 복직된 어느 날, 나는 우연히 그동안 아내가 기록해 둔 일기장 같은 것을 발견하고 호기심에 펼쳐봤어. 바로 제2심에서 2년 징역형을 선고받은 날의 글이 눈에 띄더군.

오늘은 여러 달 동안 계속되어온 재판의 항소심 마지막 결심의 날이다. 나는 한 발 한 발 조용히 발을 옮기면서 법원으로 갔다.

날씨는 맑고 하늘은 높았으나 나는 무거운 마음으로 방청석에 나온 인사들을 맞았다. 오늘 석방되리라고는 생각지 않지만 그래도 마음의 한구석에는 조그마한 희망이 없지도 않았다. 어젯밤에는 김치도 담가놓았고, 아침에 집을 나오기 전에 목욕물도 데워놓았다. 하지만 방청 온 분의 누구에게도 이런 이야기를 하지 않았다.

뜻밖에도 징역 2년이라는 판결을 받는 순간, 나는 분노와 증오심으로 몸이 떨렸다. 걷잡을 수 없이 흐트러진 마음을 억누르면서 친구들과 함께 집으로 돌아왔다. 실컷 목놓아 울고만 싶었다. 그러나 친구들에게도 아이들에게도 엄마의 이런 가련한 모습을 보이기는 싫었다. 앞으로도 1년이 넘는 세월을 어떻게 보낼 것인지 암담하기만 하다.

저녁에 아이들이 돌아왔다.

"아버지 재판 어떻게 되었어요?" 나는 아이들의 물음에 짐짓 태연한 표정을 지으면서 대답했다. "2년형을 받았단다. 앞으로 1년 이상 더 기다려야겠다. 너희들은 몸 건강하게 공부 잘하는 그것이 아버지를 생각하는 길이다."

아내의 일기를 읽고 나서 공책을 내려놓고 잠시 눈을 감고 회상에 잠겼지.

임헌영 원주병원에서 퇴원하신 후 건강문제는 자신이 있으셨나요?

리영희 재미나는 이야기인데 나는 감옥에서 16년간 앓던 만성위장병을 고치고 나왔어요! 역설적인 농담으로 이야기를 하지만, '박정희 덕택'에 2년 동안 형무소 안에서 조악하기는 하지만 같은 질과 같은 양의 밥을, 같은 시간에, 같은 속도로 먹고, 술·담배 안 하고, 잡념 없이 지내니까. 나뿐만 아니라 일단 들어가면 이제부터 몇 년이 되든 수양을 하는 시간이라는 차분한 마음도 들고, 그런 신체적·정신적·정서적 자기규율 같은 것이 위장에는 도움이 됐지요.

최종판결 받고 광주 가서 많이 나아졌어요. 그 안에서는 관에서 나오는 콩밥, 그것을 먹지 않으면 죽으니까. 마치 절에 들어가 도 닦는 스님과 같은 마음가짐으로 생활했으니까 그런 효과가 있었다고 생각해요.

  임헌영 당시 광주가 부식이 나빴을 텐데요. 전국에서 제일 나빴다고들 하던데, 선생님이 출소하신 그해 저희 남민전 수감자들이 대거 광주교도소로 이감 갔습니다. 기억하실지 모르겠는데, 선생님께서 출소 직후, 그러니까 1980년 1월에 저는 서대문교도소에 있었는데, 선생님이 밖에서 사과를 잔뜩 저에게 차입해 주셨더라구요. 얼마나 반가웠는지요. 먹는 게 반가운 것보다 아, 선생님께서 드디어 출소하셨구나 하고 저는 무척 기뻤습니다. 그 후 5월 광주항쟁으로 광주교도소의 장기수들을 다 다른 지역으로 이감시킨 뒤 우리가 그곳으로 갔는데 정말 최악이었어요.

5 | 배신당한 서울의 봄 1980년
23년 만에 얻은 '자유의 날개'
동서양 인류문화의 현장으로
캄캄한 하늘에 뜬 큰 별 『한겨레』

"바닷속 깊이 눌려 있던 몸이 순간적으로
수압이 없는 바다 표면에 확 떠올려지니까,
나의 정신과 몸이 거대한 풍선처럼 부풀어 오르는,
또 부러졌던 두 날개가 다시 돋아나서 마음대로
훨훨 날아다니는 느낌이었어요."

배신당한 서울의 봄 1980년

민족의 정기가 광주에서 꽃필 무렵

광주의 비극으로 끝난 서울의 봄

임헌영 다른 해직교수들보다 탁월한 국제적 감각을 가지고 계신 선생님께서는 1980년 '서울의 봄'을 미국이라든가 일본이, 특히 미국이 과연 어떻게 볼 것이라고 예상하셨습니까? 서울의 봄을 과연 따뜻하게 맞을 수 있을까 하는 생각을 하셨을 것 같은데요?

리영희 나는 박정희사태 이후 미국이 취할 대응방식에 대해서 어느 한쪽으로도 확신하지 못했어요. 만약 한국 국민이 정치주도세력과 협력해서, 미국이 일방적으로 개입하는 것을 거부할 만큼 잘 단결한다면 미국도 한국 국민의 주체적인 결정 방향을 일단 수용할 것이고, 만약 그렇지 못한 상황이 전개될 때에는 미국 이익 위주의 정책을 강요하기 위해서 개입할 것이라는 정도로 생각했지.

이것은 이승만정권 몰락 후의 정세와 닮은꼴이었지요. 1960년의 그때에는 한국 국민이 4·19학생혁명을 절정으로 장기간의 국민적

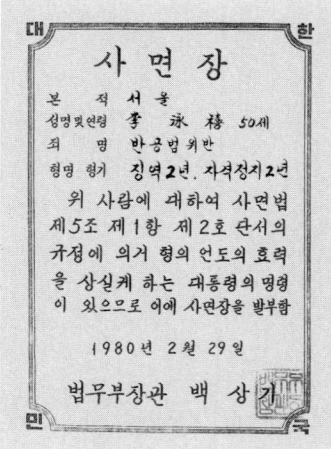
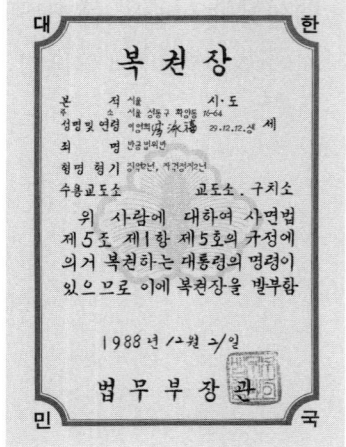

사면을 가져다준 '서울의 봄'은 곧 독재자 전두환의 집권으로 끝나고 말았다. 구속·기소된 지 11년 만에, 사면된 지 8년 만에 복권되었다.

저항이 있었기 때문에, 미국으로서는 일단 반독재정권을 추구하고 친미 일변도의 이승만정권을 거부하는 일치단결한 한국 국민의 역량을 처음부터 거역할 수는 없었어. 그리고 미국정부의 내부에서도 장면을 비롯한 민주당 세력과의 긴밀한 관계를 유지하는 분파가 있었단 말이에요.

그러니까 일단 한국 국민의 압도적 지지를 받고 있던 민주당 정권에게 기대를 걸어봤지. 그러나 민주당정권의 내부 분열과 장기간의 혹독한 탄압으로 질식 상태에 있던 진보계열 및 혁신계가 우후죽순처럼 생겨나서 점차 국내 정세가 혼란해지니까 미국은 박정희 주도하의 군부세력으로 이것을 대체해버리지 않았어요? 그러니까 미국은 이승만정권 붕괴 이후에 한국정부의 문민정부체제와 잠재적 군인 권력의 두 가능성을 놓고 저울질하면서 군부를 집권시킬 수 있는 적절한 시기를 기다리고 있었던 것으로 나는 봐요.

그로부터 18년 후인 박정희정권 몰락 후에도 미국은 대체로 같은 가능성을 놓고 저울질했다고 생각해. 만약 김대중과 김영삼으로 대표되는 비군부 문민정치세력이 단일세력으로 타협·단결해서 광범위한 대중적 지지기반을 구축하고, 그 위에서 분열과 대립이 없는, 적어도 단일문민세력의 결렬을 초래하지 않을 정도의 정부를 수립할 것 같은 상황적 심증이 갈 때에는, 미국은 그것을 묵인했을 거예요. 그러면서도 동시에, 미국은 이승만 몰락 후의 상황을 경험 삼아 승승장구하고 있는 북한의 우월한 국가적·사회적·경제적 위상에 대항할 수 있는 강력한 통제력을 발휘할 군사정권을 다른 한쪽에 준비하고 있었다고 생각해. 다시 말하면 좌우 두 손에, 한쪽 손에는 잠정적인 우선권을 부여하는 통합된 민주세력을, 다른 한쪽 손에는 국제적 불신을 받더라도 준박정희식 군부독재 극우반공정권을 동시에 놓고 저울질하고 있던 것으로 생각해요. 그런 내외 정세에서 김대중과 김영삼은 처음부터 대통령 후보를 양보할 생각이 없어 보였고, 겉으로는 단일화의 당위성을 각기 역설하면서도 시간이 갈수록 자기의 집권 가능성을 확신한 나머지 두 세력의 단일화를 완전히 거부했어요. 미국이 박정희 암살 직후부터 전두환 같은 자들에게 다시 군부독재체제의 수립을 기대했거나 약속을 했거나 적극적으로 지원했는가. 아니면 김영삼, 김대중이 국민의 뜨거운 열망에도 불구하고 단일화할 가망이 없어 보인 그 단계에서, 두 사람에게 각기 미국이 '윤허'를 내리는 식의 배후조정·음모공작·정치적 모략을 적극적으로 행사했는가 하는 문제에 대해서는 나도 뭐라고 말할 수 없겠어.

또 박정희가 암살된 시점부터 미국의 조종을 받는 전두환 같은 체제를 처음부터 정책화했는지, 몇 달의 시간이 지나면서 상황변화에 따라서 결정했는지도 나는 정확히 판단할 수가 없구만.

임헌영 8·15 후나 10·26 후나, 또 6월항쟁 후나 지금이나, 정치인들의 일관된 민족의식이 없기 때문에 외세에 당할 수밖에 없는 비극이 되풀이되는 것이 너무 비슷하지 않습니까? 그런데 과연 미국이 관망하다가 그렇게 했을까요? 마치 8·15 후에도 미국은 애초에 한반도에 대하여 어떤 대안도 갖고 있지 않았다가 그렇게 되었다는 주장처럼 말입니다. 진실은 그렇지 않을 수도 있지 않을까요? 이라크 폭격을 보면서 그런 생각이 굳어지지는 않습니까?

리영희 나는 미국의 일반적 성향으로서 흉악한 그 국가적 체질에 대해서는 확신을 가지면서도 그들이 크고 작은 모든 시도에서 일사분란하고 완전무결한 사전준비와 구상과 계획을 짜놓고 추진하는, 그렇게까지 완벽한 능력을 갖춘 집단이나 국가는 아니라고 생각해. 실제로 미국의 거듭된 많은 전쟁의 집행과정이나 세계 정치사의 전개를 연구하는 사람에게는, 미국이라는 나라의 통치집단이 언제나 완벽한 능력을 가지기는커녕 오히려 나와 같이 평범한 하나의 국제관계 연구자가 보아도 허술하기 짝이 없는 결점 투성이인 것을 알 수 있어요. 한국전쟁·베트남전쟁·라틴아메리카 침공·대소련 정책과 전략, 그리고 세계문제 전반에 걸쳐서 우리는 그런 사실을 확인할 수 있지 않아요? 임형이 미국의 이라크 폭격을 인용하면서 미국의 전쟁 주도세력들의 행동을 지적했지만, 실제로 이라크전쟁의 전개를 보면 얼마나 미국 이익에 반하는 자기부정적인 졸렬한 행동이나 결과를 초래하고 있는가를 볼 수 있지 않습니까?

임헌영 선생님 지금 말씀은 미국을 아주 좋게 보시는 것 같은 말씀인데요.

리영희 나는 수십 년간의 오랜 관찰의 결과로서 갖게 된 미국관이 '미국을 아주 좋게 보는 것'도 아니고 '미국을 아주 나쁘게 보는 것'도 아니라고 생각해. 그저 나의 능력으로 50년 동안 관찰하고 연구한 것으로 도출한 진실에 입각한 결론이라고 생각하는 거지. 특히 임형의 '이라크 폭격을 보면서 그런 생각이 굳어지지 않는가' 하는 질문은 박정희가 사살된 1979년에서 25년이 지난 시점에 일어난 이라크 폭격에 관련된 평가를 25년 전에 미리 단정하기란 사실상 불가능하거니와, 논리적으로도 정확한 유추방식이 아니라고 생각해. 내가 그때 한국에 주둔하는 미국의 정보 최고사령관 격인 한 민간 정보책임자에게서 들은 이야기를 한 것을 기억하세요? 이 사람은 민간인이면서 '제네럴'(장성)의 권위와 대우를 받는 굉장한 고위급 인사로서, 이승만정권 때부터 지금까지 한국정세 분석, 특히 정치 분석의 최종 판정권을 갖고 근무해온 사람이에요. 그 사람의 한국인 친구가 나를 초대한 자리에서 그는 양 김씨의 단일화 가능성과 한국 국민의 선택 방향에 관해서 깊은 관심을 표하더군. 그때까지만 해도 그는 문민정부 수립의 가능성에 대해서 관심을 가지는 것 같았어요. 나는 본래 권력정치나 현실정치에 대해서 직접적으로 깊은 관심을 안 가지기 때문에 지금 기억나는 것은 그 정도의 상황이었어.

본인이 모르는 '광주폭동 배후조정 주모자'가 되어

임헌영 1980년대 우리 지식인 가운데 아무리 진보적이라 하더라도 남한의 지식인은 미국이 그렇게까지 광주항쟁을 방관하리라고는 생각지 못했던 것 같습니다. 5월이면 선생님도 의욕에 차고 학생들에게 기대를 가졌을 땐데, 이때 5·18전국비상계엄 확대를 아신 것이 어디서였습니까?

리영희 나는 1980년 봄에 서울을 비롯한 전국 각처에서 일어난 각종 정치집단과 학생·노동자 대중들의 시국 관련 시위와 운동들이 자기 규제와 운동세력 간의 상호 조절 없이 난동하는 상태를 상당히 불안한 마음으로 지켜보고 있었어. 4년 동안 대학에서 추방당했다가 복직한 지 며칠이 안 되었기 때문에 나는 대학에서 강의와 연구 그리고 집필에 전념할 생각이었어. 그래서 적극적인 사회참여를 삼갔어요. 사실 그럴 시간도 없었고. 오직 한 번 시국에 대한 의사표시를 한 것은, 교수 134명이 군부의 자중을 촉구하고 동시에 국민대중의 질서 있는 의사표시를 당부하는 지식인성명에 동참한 일뿐이었지요.

내가 5·18전국비상계엄 확대를 어디서 알았는지를 물어봤는데, 나는 5월 17일 밤부터 3개월 동안 무슨 일이 일어났는지 아무것도 몰랐어요. 사람들이 알면 놀라기도 하고 황당무계하다고 생각하겠지만, 나는 5월 17일 밤 11시 30분에 전국비상계엄 발동과 전두환 군부세력의 광주대학살 음모를 꿈에도 예상하지 못한 상태에서 남산 중앙정보부 암굴 지하 3층 감방에 느닷없이 끌려갔어요.

1980년 5월 18일부터의 이야기를 하기에 앞서서, 5월 17일 밤의 이야기를 조금 하고 넘어갈 필요가 있어. 이날 저녁 늦게, 광주교도소 시국범 수용 특별사동을 담당하던 교도관 한 분이 화양동 집에 찾아왔어요. 대학생들과 나 같은 시국사범들이 그 어려운 박정희정권 말기에 그 특별사동에서 이 교도관의 신세를 많이 졌지. 겉으로는 충실한 형무소 관리인이면서 뒤로는 우리의 편의를 여러 가지로 봐줬거든. 이분이 무슨 쪽지를 하나 가지고 왔어요. 아직 광주교도소에 남아 있는 사람이 써 보낸 건데, 감방용어로 '비둘기를 날린' 거지. 일제시대부터 형무소에 수용된 사람들이 바깥 세상과 연락하거나 바깥에서 수용자들에게 비밀로 연락하는 것을 형무소용어로 '비둘기를 날린다'고 하지. '비둘기'가 가져온 내용인즉, 아직도 안에 있는 분들이 밖에서 벌어지는 사태가 궁금하니 이 교도관을 통해서 자세히 전해달라는 거였어.

지난날 그 교도관에게서 받은 친절에 보답하는 의미로 저녁과 술잔을 마련해서 몇 시간 얘기하고, 그는 10시 30분에 집을 나섰어요. 내가 잠자리에 들기 위해 이부자리를 펴는데, 11시 30분에 시커먼 옷을 입은 괴한들이 들이닥쳤어. 대문도 현관문도 열어주지 않았는데 어느새 담을 타고 넘어와서는 방안으로 들어온 거지. 그러고는 나를 둘이 감시하면서 세 사람이 집 안을 수색하는 거예요. 아내와 나는 전혀 영문을 알 수 없었어. 방금 말했듯이 시국과 관련해서 아무것도 한 일이 없는 나에게까지 다섯 명이 들이닥칠 만큼 중대한 상황이라고 생각되지 않았단 말이에요. 이렇게 해서 내가 심야에 끌려간 것이 남산의 중앙정보부이고, 가자마자 남산의 바위를 파서 만든 지하 3층의 암굴감방의 맨 아래층 제1호실에 나를 처넣더군. 이렇게 끌려와서 조사와 닦달을 받는 몇 달 동안 나는 나의 행적에 대한 두려움보다는 광주형무소 간수가 갖고온 그 비밀 '비둘기' 쪽지가 그들의 손에 들어가지나 않았는지에 대해서 오히려 더 걱정했어요. 결국 그 쪽지가 그들 손에 들어가지 않아서 다행이었지만.

임헌영 비둘기 '쪽지'도 아니면 무슨 이유로 연행되신 거지요? 남산 중앙정보부에서는 어땠습니까?

리영희 머리 숙이고, 제1터널로 올라간 것 같아. 캄캄해서 알 수 없어. 한참 있다 보니까 또 남산이었지. 엄청난 바위덩어리를 뚫어서 만든 3층의 감방, 한 층에 감방이 열서너 개 되는 것 같더군. 그때, 한 50에서 60명이 거기 연행됐던 것 같아요. 나는 들어갈 때는 몰랐는데, 지하 3층의 제1호실이야. 끌려온 이유가 뭔지도 모르는 거지. 그런데 다른 사람들은 조사관이 4명인데, 나에게는 하나가 더 붙어서 5명이야. 후에 알고 보니까 나를 굉장한 거물로 취급했거나, 제일 악질이거나 영향력이 있다고 봤던 것 같아. 나를 담당한 합동수사반 5명 가운데 악질이 둘 있었는데 무척 시달렸지.

오직 김대중 씨 이야기를 집요하게 묻더군. 그래 김대중에게 뭔가 문제가 있구나, 그렇게 생각했지. 광주에서 무슨 일이 났다는 것은 전혀 눈치도 못 챘지. 그러다가 며칠 지난 후에, 내가 빨리 결말을 내달라, 대학의 중간고사 시기가 되었으니 나가야겠다고 말하니까 이자들이 "걱정 마쇼!" 그래. "출판사에 넘긴 원고 좀 수정하고 교정봐서 줘야 할 텐데"라고 해도 역시 "걱정 마쇼" 하는 거야.

제2호 감방에는 해방신학자 서남동(徐南同) 목사가 있었는데, 서 목사를 고문하는지 신음소리가 간간이 들렸어. "이 새끼야, 네가 무슨 목사야!" 등등 입에 담을 수 없는 인격적 모욕을 몇 시간씩 퍼붓고 그래요. 내 옆방에서 일부러 들리게 하는 거지요. 다른 방에 누가 끌려왔는지도 몰랐어. 소변도 정보부와 합수부 놈들의 감시하에 한 사람만 끌고 가니까. 고문당하는 소리로만 누군지 짐작할 뿐이지. 송건호, 장을병도 그 밑에 있었다는 것을 석방 후에야 알았으니까. 김상현 의원도 그렇고. 이자들이 조사하다 말고 조서지를 가리고 필담을 하는 겁니다. 가끔 가다 "광주 갔다 왔어?" "갔다 왔지" 하는 거야.

나는 '이 살인귀 같은 놈들이 이렇게 사람을 잡아다 놓고 이 지랄을 하면서도 계집들 데리고 광주에 놀러갔다 왔구나!' 그렇게만 생각했지. 끝내 광주에서 뭐가 일어났는지를 전혀 모르고 지냈다구. 그런데 나를 조사하는 팀장은 나에 대해서 인격적으로 모욕하지도 않고, 육체적으로 괴롭히지도 않아. 다른 놈들과는 달리, 일종의 중립적인 태도를 지키는 거예요. 내 심문에도 직접 가담하지 않기에 이상하다 싶었어. 두 달 동안 나를 심문해도 아무것도 캐낼 것이 없으니까, 밤에 소주하고 중국집 만두 등을 시켜서 함께 한잔하기도 하고 그랬어요. 나가게 될 때쯤인지, 어느 날 샤워를 시키더군. 김동길(金東吉) 교수가 샤워하러 가는 소리가 나고 그러더니, "방을 옮기시오" 하더라구. 나갈 때까지 나간다는 말을 안 해줘. 그저 방 옮겨놓고 명령을 기다리느라 닷새를 묵게 하는데, 죽이려고 하는 건지 나가는 건지, 몹시 괴로운 시간이었어.

아무튼 나오게 됐는데, 나오기 전에 '신변인수 및 보증서'라는 것을 쓰게 해요. 이미 그전 조사단계에서 앰네스티 한국지부 이사직뿐 아니라 회원신분까지 사퇴한다는 각서를 쓰게 하고, 또 총장 앞으로 사표를 쓰게 해요. 모든 걸 안에서 다 받아놓고 내보내더군. 후에 알고 보니까 내 집에 와서 도장까지 찍어서 학교에 제출했어. 마치 자발적인 사직서처럼 만드는 거요. 신변인수·보증인을 골라서 제출케 하는 것은 석방시킬 때 하나의 필수적인 요식 문서입니다. 그런데 조건이 있어요. 정치인은 국회의원, 행정부는 차관급 이상, 군대는 장군 이상, 우선 이 세 가지로 자격을 제한하더라구요. 난 본래 군대에는 장군급은 고사하고 영관급도 아는 사람 하나 없었어요. 군대를 워낙 싫어해서 일절 상종하지 않았으니까. 행정부도 마찬가지이고. 국회의원을 쓸까 해서 김상현을 쓰니까, 다른 사람을 쓰라고 해요. 남재희를 쓰니까 "다른 사람 없소?" 하더군. 없다고 하니까 "아, 우리는 거물인 줄 알고 제1방에 모셔놓았는데 형편없구만! 높은 데 아는 사람이라곤 하나도 없구만!" 하더라구. 할 수 없이 한양대 대학원장 이름을 썼더니, 합수부 중령이 그것을 가지고 그 원장에게 갔던 모양이야. 석방 후에 만났더니 나의 '신변 보호자'가 되라고 해서 겁이 났었다고 실토하더군. 나올 때까지 그렇게 60여 일 동안 심문을 받았어요.

임헌영 실제로 심문당하신 것은 김대중 선생 관련입니까, 아니면 다른 것도 물었습니까? 김대중 선생과 관련해서 대답은 어땠고 실제로는 어떠셨습니까?

리영희 어디선가 열린 김씨의 강연회에 참석했던 일 말고는 직접적으로는 아무 개인관계가 없었어. 나는 김대중, 김영삼은 물론 어떤 정치인들과도 가까이 지내질 않았으니까. 그러니까 김대중 씨와의 관계에 대한 심문은 한두 주로 끝났어요. 나머지 두 달여 동안은 가끔 이것저것 참고로 묻기도 하는 그런 거였지. 그런데 어느 날 경향신문사에 있던 서동구의 심문조서라고 하면서, 내가 앞서 광주형무소에서 나온 후에 서동구와 만난 일이 있느냐고 그래. 그렇다고 했지. 내가 조선일보사 부장으로 있을 때 차장으로 일하기도 해서 비교적 친한 사이니까. 그 심문조사를 보니 도표가 그려져 있는데, 김대중이 집권하면 조세형이 신정권 아래서 새로운 신문 하나

5·18광주민주화운동을 탄압하기 위해 전두환정권이 사태의 배후조종자라고 발표한 것을
그대로 보도한 1980년 5월 19일 자 신문기사.

를 만들고, 서동구를 편집국장으로 하고, 나를 논설주간으로 배치한 따위의 도표더라구. 뭐 그런 것을 의논하지 않았냐고 윽박지르는 거요. 그때 나는 2년 동안의 형무소 수감 뒤 병원에 입원하고 나서 대학에 복직했고, 몸도 안 좋아서 편안하게 있고자 했을 때니까, 신문을 만들고 뭐고 할 심정이 아니었어. 그런 말도 한 적 없고. 그쪽 얘기로는 틀림없다는 거야. 나는 틀림없이 아무 관계도 없다고 버텼는데, 나에게 친절한 그 팀장이 "별거 아니니 써주라"고 눈짓을 하기에 그렇다고 써줬지. 나에게 요구한 것은 그것뿐이었어요.

놀라운 사실은 다른 데 있었어요. 두 달여 만에 석방되어 나오니

배신당한 서울의 봄 1980년 543

까, 집사람이 나에게 신문을 한 장 보여줘. 두 달여 전 연행된 바로 이튿날 5월 18일 아침 호외예요. 내가 '광주폭동 배후조정 주모자'의 한 사람으로 돼 있더라구! 입이 딱 벌어져서 다물어지지 않더구만. 고은, 김동길, 예춘호, 영등포에서 도시산업 선교하던 인명진 목사하고 내가 폭동을 주동했대! 하하! 기가 막힐 노릇이지. 그 옆에는 김종필, 이후락 등 한 20명이 부정축재자로 주먹 같은 크기의 대서특필로 열거되어 있고, 또 한쪽에 김대중, 한완상, 이문영 등 10여 명이 '김대중 내란 음모자'가 되어 있더군. 이것을 보고서야 나는 처음으로 광주사태를 알았어. 그들을 숙청하는 것과 우리를 양날의 칼로 잘라버리려는 시도였지. 부정축재자와 사회불안인자를 숙청하는 게 5·18계엄의 허울 좋은 명분이었더군. 사실 나는 광주에 간 적도 없어요.

임헌영 172개의 잡지가 등록 취소당하고(7.31), 언론은 통폐합되었으며(11.14), 지식인들을 꼼짝 못 하게 만들었습니다.

리영희 그런 일도 나는 까맣게 모르고 있었어요. 그러다가 대학에서는 복직 2개월 만에 다시 쫓겨났지.

재판정에서 실감하는 사상적 영향력

임헌영 1982년에 부산 미문화원 방화사건이 일어납니다.

리영희 난 모든 사건에 직접으로 관계한 일은 없지만 거의 모든 사건의 '간접적 주범'이 됩니다. 주범인 문부식(文富植), 김은숙(金銀淑) 두 사람의 재판에도 나는 증인으로 불려 나갔어요. 내 책을 보고 그런 생각을 했다고 그들이 진술했으니까. 역시 『전환시대의 논리』가 그들의 반미의식의 원천이라고 검찰이 몰아붙이더군. 여기서도 나는 나의 책들이 이 나라의 정의감에 불타는 젊은이들에게 미친 영향력을 실감했어요.

임헌영 나중에 문부식, 김은숙 씨와 친해지고 선생님의 제자가 되지 않습니까. 이 무렵의 반미의식이라고 할까, 국민적인 각성이라고 할까, 결국 국민들은 1980년 광주항쟁을 보고, 그것이 계기가 되어 국민 전체가 미국을 비판할 수 있는 자유를 얻었다고 할까요. 그런 조그마한 자유 속에서 국민적 정서의 힘을 얻어 일어난 것이 미문화원 방화라는 엄청난 사건으로 우리 민족 운동사에서 보면 굉장히 중요한 것이었습니다. 기존의 운동권 출신도 아니었고, 신학대 출신의 순수한 젊은이들이었지요. 이런 학생이 그런 생각을 갖기까지 선생님의 저서가 큰 영향을 주었다는 건 이해가 갑니다.

리영희 그런 경향이 미문화원 방화사건으로 기소된 젊은 학생들의 재판에서 처음 비롯된 것은 아니지요. 그런 사건은 1970년대부터 여러 형태로 우리 사회 전반에 걸쳐서 발생했어요. 정부는 각종 사건마다 체포와 재판을 하면서 내 책이 그 사건들에 영향을 준 점을 강조해요. 그래서 여러 차례 법정증언을 했어. 한국사회의 현실에 대해 어떤 문제의식도 없던 젊은 지식인들, 심지어 노동자들까지 비로소 문제의식을 갖게 된 것이지. 재판과정을 통해서, 나 자신은 알지 못했던 나의 사회비판 사상적 영향력을 확인할 수가 있었지요. 우리 민중이 이제 몽매하지 않다는 사실을 절실히 느꼈어요. 충분히 가르칠 사람이 있어서 올바른 지식과 사상과 이념을 전달해 줄 수만 있다면, 돌처럼 굳어진 머리에 인식의 빛과 판단에 필요한 산소를 집어넣어 줄 수 있고, 젊은 귀머거리의 귀를 열어주고, 벙어리의 입을 열어 소리를 지르게도 할 수 있다는 것이 입증된 듯한 느낌이었어. 그 상황은 엄혹하고 야만적이었지만, 그 속에서 나는 흐뭇한 역사를 낙관할 수도 있는, 미래에 대해 미소 지을 수 있는 희망을 볼 수 있었지요.

20세기 중국 5억 인민의 사상적 스승인 노신의 글에 이런 구절이 있어요.

> 4천 년의 억압적인 봉건억압제도에 의해서, 중국 인민이 빛도 공기도 들어오지 않는 무쇠로 된 단단한 방 속에 갇힌 채 질식 상태로 죽어가고 있다. 감각이 마비됐기 때문에 죽어간다는 사실조차 인식하지 못하고 '편안하게' 죽어가고 있다. 그런데 그런 상태로 죽기를 거부하는 몇 사람이 그 속에서 정신을 차리고 그 무쇠의 방 벽에 바늘만 한 작은 구멍이라도 뚫어서 죽는 줄도 모르고 편안하게 죽어가고 있는 사람들이 바깥을 볼 수 있는 가는 빛과 숨을 쉴 수 있는 공기를 넣어준다면, 그것은 오히려 편히 죽어가는 사람들에게 고통만을 주는 일이 아닐까?

이어서 그는 정신과 감각이 마비되어 죽는 줄도 모르고 죽어가는 사람들이긴 하지만, 그래도 그렇게 해서 생각하고 볼 수 있는 빛과 공기를 줄 수 있다면, 몇 사람이라도 죽음의 상태에서 깨어나게 하여 함께 힘을 합쳐 무쇠방을 부수고 모두를 살려낼 수 있는 가능성이 전혀 없다고도 할 수는 없지 않은가? 이렇게 끝을 맺었어. 노신에 비유하려는 것은 아니지만, 나도 남한의 민중이 질식해서 자기가 죽어가는 줄도 모르고 무리들에 의해 의식을 잃고 죽어가고 있을 때, 그들이 의식을 되찾고, 자기 운명의 주인이 되어 독재권력에 항거하는 데 내가 조금이나마 도움이 되지 않았나 생각해요.

임헌영 당시 문부식 씨가 선생님께 영향을 받았다고 한 부분이 기억나십니까?

리영희 한국 지식인 전반이 내 책에서 깨달은 것은, 1945년 8월 15일부터 지금까지의 교육 전체를 통해서 한국인들이 속임을 당해왔고, 자기들의 생존환경의 구체적 사실들에 대한 사실인식이 거꾸로 서 있다는 잘못된 사회인식, 그리고 세계와 자신의 관계형태를 착각하고 있다는 사실에 눈뜬 거지요. 그런 착각에서 깨어난 하나의 효과가 '아름다운' 미국이라는 국가의 가면 뒤에 숨어 있는 일그러진 흉측한 얼굴을 비로소 확인하였다는 것이지요. 나는 미국 민주주의의 정치철학적인 연구가 아니라, 현실적으로 집행되는 구체적인 사실을 미국의 간교한 약소국 통치술, 우방이라는 간판 뒤에 숨은 미국 국가이기주의적 목적과 전략, 이런 것들을 구체적으로 밝혀냈는데, 이런 것이 그들의 의식에 각성제, 자극제가 되었다고 봅니다.

진실의 밑바닥까지, 각주가 사라질 때까지

임헌영 선생님의 그런 사회과학적 방법론이 굳이 누군가에게서 영향을 받았다면, 외국학자로서 누구를 들 수 있을까요?

리영희 외국학자에게 영향받은 것은 없어요. 나의 본능적인 진실 규명 정신과 문제의 핵심에 도달할 때까지 파고드는 집념의 결과예요. 따지고 파고들다 보니 진실을 만나는 거지요. 사실 이것은 나의 강점이기도 하면서 인간적인 약점이기도 해요. 인간적인 너그러움과 부드러움이 없고, 치밀하게 따지기 일변도지요. 나의 인간적 품성에도 그 같은 면이 약점이에요. 나는 이공계 교육을 받는 과정에서 모든 것을 기계설계나 건축설계를 하듯 정말 치밀하게 분석하고 종합·체계화하는 것이 습관이 됐어요. 그냥 막연한 이해로는 만족하지 못해. 한 치의 오차가 있어도 건축물은 무너지니까. 그런 식으로 치밀한 설계 위에 완전히 균형이 잡힌 조직체로 짜기도 하고, 정책이나 사물 관계나 구조물의 구성에 필수불가결한 재료들, 즉 논증자료들을 찾아 모아서 철저하게 해체·분해·해부해서 알맹이를 드러내지 않으면 멈추지 않는 기질이에요.

임헌영 저희들이 배워야 할 점이기도 합니다. 인문학에서는 상당히 독특한 연구방법이십니다. 외국의 문헌을 보더라도 선생님처럼 그렇게 수치를 따져서 하는 분석방법은 흔하지 않지요. 지금도 생활하시면서 무언가 새로운 것을 보면 계속 캐물으시는 경향이 있지요. 주변 사람들을 아주 귀찮게 하실 것 같아요.

리영희 사람들을 피곤하게 하나요? 그건 좋은 일이 아니야. 내가 반성할 일이지. 어떻든 압도적 다수의 한국 교수들은 미국이라는 나라에서 유학하는 과정에서 거의 자기를 상실할 정도의 미국 숭배자가 되고 만다고. 미국과 너무나 격차가 심한 한국사회에서 월등한 문명의 미국사회에 들어가, 학비가 없어 식당에서 접시닦이를 하면서 공부했건, 돈이 있어서 편안하게 학위과정을 마쳤건, 미국적 생활방식과 사고방식, 가치관에 압도돼버리는 거야. 학문적으로는 무조건 미국 중심 이론과 사상을 흡수하게 마련이지. 결국 민족적 주체의식과 개인적 자의식이 있는 소수의 유학생이 아니면, 그의 머리는 미국 이기주의적 학문과 이론으로 세뇌될 수밖에 없어.

그런 머리와 의식으로 한국에 돌아와서 교수나 이론가가 됐을 때, 그들의 학문이라는 것은 결국은 한국인들을 '미국인화'하는 문화적 첨병 역할을 할 뿐이라구.

국제정세의 어떤 문제나 운동양식 등을 파악하고자 할 때, 흔히 "미국 교수 누구누구는 이렇게 말했다"는 식으로 외국인 지식에 대한 권위주의적 노예가 돼요. 학문연구의 주체의식이 희박해. 큰 문제야. 자기 나름의 문제의식이나 분석방식 없이 남의 이론을 빌려서 자기의 권위로 이용하는 작태를 나는 멸시해요. 내 글에는 누구는 이렇게 말했다는 식이 없어. 정치이론도 사회비평도 다각도로 교차검증한 다음에 일단 소화하고, 내 머릿속에서 내 것으로 만들고, 충분히 반죽해서 자신의 누룩을 가미해서 발효시켜서, 내 것을 만들어내는 것이지요. 서양 어느 박사의 어느 논문, 미국의 어느 교수의 이론이 어떻고 하는 것은 나의 머릿속에 떠오르지 않아요. 그것을 일부러 명시하지 않는 것이 아닙니다.

나는 현학적인 것을 제일 싫어하는데, 그런 현학적인 글을 쓰는 사람들은 그 인용한 누구의 이름에 자기를 동일시하려는 허영에서 출발해요. 자기의 지식이 돼버린 것은 굳이 누구의 것이라고 할 수 없어요. 대신 뼈를 깎는 노력을 통한 철저한 '자기화'가 필요하지. 나의 수많은 논문과 평론, 심지어 신문, 잡지에 발표한 평범한 주제의 글도 다 이 정신과 방법으로 쓴 것입니다.

임헌영 선생님 글을 보면 데카르트적 방법론 같은 인상을 받습니다. 그 방법론을 다 터득하시고 실천하시는 것 같습니다. 우리나라 글에 각주가 붙은 것은 1960~70년대 미국식 본을 받으면서 그렇게 됐다고 볼 수 있습니다. 현재는 너무 각주식 논문이 많고 어떻게 보면 각주 안 붙여도 되는데 각주 숫자만 늘리려고 관계없는 서적을 집어넣는 것을 보기도 해요. 선생님 하신 것을 보면 객관적인 수치라든가 증거나 통계청 자료, 미국방성 극비문서 등을 중요한 증거, 논거로 해서 선생님 나름의 방법론으로 접근하고 있습니다. 아마도 이런 방법론은 선생님 이후의 후배들은 전수받기 어렵지 않을까 생각합니다. 왜냐하면 모든 사회과학은 물론이고 문학·철학도 마찬가지지만, 학문의 방법이 미국화되어서 각주가 없는 논문은 인정을 안 해 주니까요. 사실 세계적인 명저에는 각주가 없습니다. 그런 의미에서 저는 선생님 방식을 지지합니다.

리영희 물론 자기 것이 아닌 이론이나 논리의 인용에 대해서는 다 밝히고 미국식 논문의 형식에 따르는 학술적 격식이 있으니까 따르는 것이 좋지요. 그러나 나의 글에 대해 평가했듯이 내가 아는 것이 100이라고 하면 그 100가지 하나하나가 전부 남의 것을 빌려다 쓴 것이 아닌 한에서는 그럴 필요가 없어요. 그것은 100가지의 인용을 명시해야 할 만큼 아직도 자기 머릿속에서 자기 것이 안 됐다는 증거밖에 안 되니까요. 완전히 자기 것이 되기 전 단계라는 것은 밝혀야겠지. 아직 이것은 내 것이 아니니까, 또는 이 논문에서 이 관점이나 생각은 이 사람의 것이라고 밝혀야겠지요. 그러나 그런 것들을 다 죽처럼 만들어서 다시 이겨가지고 누구의 것도 아닌 '내 것'을 만들어야지요.

핵전쟁의 위험에 내몰린 한반도

임헌영 선생님, 다시 현실 이야기로 돌아가보겠습니다. 1983년 1월

29일이 되면 미국과 일본이 동해와 태평양의 전략기지를 합의합니다. 동해와 태평양 해역에서 유사사태가 나면 일본을 미국의 전초기지로 한다는 것입니다. 한반도나 동해, 태평양 지역에서 그 이전까지 미국이 하던 것을 일본이 맡는다는 것인데, 결국은 그것이 점점 가속화해서 한반도에 대한 포위라고 볼 수 있습니다. 이에 대해 선생님께서 쓰신 글이 「한반도는 핵전쟁의 볼모가 되려는가」였지요?

리영희 그 특정 시점에 미국의 대한반도 군사전략·전쟁준비 등의 문제가 뭐였나 생각해보세요. 북한과 전쟁을 하기 위한 미국의 남한 내 핵무기(핵전력)에 관한 논의였어. 당시는 한반도에 핵무기가 있느냐 없느냐 하는 논쟁으로 시끄럽던 때지요. 미국은 1956년에 이미 남한에 핵무기를 들여왔다고 발표합니다. 한국전쟁이 끝난 3년 뒤인 1956년에 핵무기 배치를 공개적으로 언명했어요. 미국의 합참의장 래드퍼드가 한국에 '신무기'가 있다고 발표했어요. 이 신무기라는 것은 핵무기를 말하는 표현이야. 1953년 7월 27일에 서명한 정전협정에서 쌍방은 각자가 휴전 시에 보유하고 있던 '같은 종류의 무기'를 일 대 일로 교체할 수 있지만 그 이외는 안 된다는 규정이 있어요. 잠깐만, 조약집을 가져올 테니…… 협정문을 봅시다.

'제2조 A 총칙 제12항 (d) 무기교환 및 반출입' 바로 이 항목입니다. 신무기는 안 된다는 것이지요. 1956년 8월 3일에 미국의 합참의장이 이렇게 발표하고, 이것을 들여다 놓기 위해서는 휴전협정에서 신무기를 들여오지 못하게 한 조항을 무효화시켜야 한다고 하는 겁니다. 그리고 1957년 5월 16일에 아이젠하워 미국대통령이 한국에 신무기 배치를 고려 중이라고 발표해요. 이어 6월 30일에 정식으로 이를 북 측에 통고하고 신무기를 금지한 휴전협정의 그 조항을 일방적으로 폐지했어요. 1958년 2월과 3월에는 한미 양국군이 핵전쟁 훈련을 시작합니다. 이보다 앞서 1957년 7월에는 유엔군사령부가 동경에서 한국으로 이동합니다.

미국 군대에는 원칙이 있습니다. 하나는, 미국 군대가 다국적군을 형성할 때 미국군 사령관의 지휘만 받는다는 것이지요. 그러니까 전체를 미군사령관이 지휘하든가, 그것이 여의치 않으면 미군은 독립적 부대로 미군지휘관의 지휘를 받는다는 것입니다. 둘째, 미군은 어느 나라에서건 미군의 공무집행상 형사적 범죄에 대해서 주둔 국가 사법기관의 재판을 받지 않는다는 것이지요. 요즘 논란이 되고 있지만, 사실 이것은 한국전쟁 때부터 일관된 원칙이었어요. 셋째는 지금의 논의와 관련해서 제일 중요한 것인데, 미군은 핵무기의 직접적 원호를 받을 수 있는 상황 아래서만 해외에 배치한다는 것이요. 그러니까 미군이 왔다거나 주둔한다면 그 배후에는 핵무기가 와 있는 겁니다. 이렇게 간단한 미국 군사력배치 원칙인데, 이것을 모른 채 1970~80년대에 남한에 미국 핵무기가 있느니 없느니 논쟁하는 것이 애당초 넌센스지. 이럴 때 나는 그 상황을 너무나 한심하게 생각했어요. 그리고 1959년에는 미군당국이 한국에서 전쟁이 일어나면 즉시 30분 이내에 원자탄을 투하할 태세를 갖췄다고 밝혔어요.

한국 사람들은 다음과 같은 사실을 소름 끼치는 마음으로 정확히 인식해야 해. 미국이 서유럽의 동맹국가들, 즉 북대서양동맹기구 국가들의 영토에 핵무기를 배치하고 있다는 사실은 누구나 알지요? 그런데, 미국이 핵미사일이나 핵폭탄을 러시아와 동유럽 공산국가들, 즉 바르샤바동맹 국가들에 대해서 발사하거나 투하하기 위해서는 나토 회원국가들과 사전 협의를 하고 그들의 동의를 얻게끔 돼 있어. 미국을 제외한 15개 동맹국가들은 그 목적과 기능을 위해서 영국·불란서·독일 등 5개국으로 하여금 미국 핵무기 사용에 대한 '핵협의기구'를 설치하고, 상시적으로 가동케 해요. 다시 말해서 서유럽 국가들은 자기 영토에 있는 미국 핵무기에 대해서 그 배치의 초기 단계에서부터 정세분석과 미국의 핵전략 전반에 걸친 협의권을 가지고 있단 말이야. 이것이 적어도 독립국가 또는 주권국가라고 할 수 있는 자세가 아니겠어?

그런데 한국의 경우는 전혀 달라요. 앞서 미국 핵무기의 배치나 북한에 대한 사용 계획 같은 것을 연도별로 설명했지만, 미국은 북한이나 소련에 대해서 남한에 있는 기지의 핵무기를 발사할 때에 나토 국가들과 달리 한국정부와는 어떠한 협의도 할 필요없이 단독으로 결정할 수 있어. 1981년 11월 미국 육군참모총장 에드워드 마이어 대장은 서울에 와서 공식 공개기자회견을 열어 이렇게 말했어요. 잘 들어요. 무서운 사실이니까(서울발 『AP』 『UPI』에 따르면).

① 미국은 통상적 전쟁에서도 전술 핵무기의 사용을 원칙으로 하고 있고, 이 전략 개념은 당연히 한국에도 적용된다.
② 미군이 핵무기의 사용이 필요하다고 판단할 때에는 현지 야전군사령관, 한국의 경우는 한미연합군사령관이 그 필요 여부를 판단하고 대통령에게 건의한다.
③ 한국에서의 미국 핵무기 사용의 가부결정은 15개국과의 협의를 거쳐야 하는 나토의 경우보다는 훨씬 간단한 문제다.
④ 미확인이지만, 현재 북한에는 핵무기가 존재하지 않는 것으로

믿고 있다.

이 중 제3항은 한국 대통령이나 한국정부는 미국의 핵무기 사용에 대해서 협의권이나 가부간의 발언권이 없다는 것을 시사하는 말이지.

마이어 대장의 이 발언은 한마디로 남한과 한반도에서 미국이 핵전쟁을 일으킬 때에 한국정부나 한국 국민은 아무런 발언권도 없고, 심지어 사전협의조차 할 확고한 절차가 없다는 것을 의미하는 거예요. 그리고 제4항에서 말한 것처럼, 북한에는 핵무기가 없는데, 미국의 핵무기는 남한에 배치돼 있고 그것들을 언제나 전쟁 수단으로 삼고 있다는 말이지. 이거 얼마나 남북의 한민족으로서 모욕을 느낄 만한 얘기야? 자기 생명에 대한 결정권이나 협의권이 한국정부나 한국의 대통령이니 국회에는 전혀 없고 미국 야전군사령관의 결정 하나에 달려 있다는 말 아니겠어? 이런 공개적인 발언이 있은 후에도, 한국의 국방부장관이나 정부대표라는 사람들이 '한국 영토 내에 미국 핵무기가 있는지 없는지 모른다' 또는 '있다고도 없다고도 말할 수 없다' 따위의 무책임하고 멍청한 소리를 계속했으니, 얼마나 한심한 일이오! 소위 미국에서 학위를 받고 공부를 해왔다고 하는 교수들도 매스컴에 나와 발언할 때에는 그런 말을 앵무새처럼 되풀이했어요. 이것은 누구나가 다 아는 일이지 않아요? 이 같은 위급한 정세 때문에 논문을 써서 발표한 거예요.

임헌영 한반도에서 전쟁이 나면 6·25와는 상당히 다른 엄청난 전쟁일 것이라고 사람들은 생각하지만, 강대국들의 핵전쟁 볼모로까지 딱 집어서 이야기하지 않았습니다. 이때 우리나라 안보를 맡고 있는 부처나 당국자들은 지금 선생님께서 말씀하시는 것을 알고 있었을까요?

리영희 우리 군부는 잘 모르고 있었습니다. 미국정부가 그렇게 발표를 하는데도 군에서는 거의 인식을 못했어요. 그때까지만 해도 우리의 군대는 육·해·공군을 막론하고 그런 정보도 없고 관심도 없는 거지. 그런 문제의식도 없고. 왜냐하면, 그런 것은 모두 미군이 장악하고 있고 한국군은 알 필요가 없었으니까요.

핵폭탄 문제는 너무나 확연한 사실이었어요. 국민을 속여서 대북한 반공으로 몰아갈 생각만 했지, 실제로는 무지몽매했던 거예요. 이러니 대한민국이라는 나라의 국민만 처량한 신세이지! 덧붙여 이야기하면, 나의 글들이 독일과 일본에서 번역돼 유력한 평론지에 수록되었어. 처음으로 한국인 학자가 이런 각도와 이런 수준으로 한반도 주변정세의 질적 변화를 원고지 210매 분량의 긴 논문으로 써서 핵문제를 다루었어. 일본에서 그 논문을 읽은 커밍스는 비로소 나를 알게 되었고, 나에 대한 글을 쓰게 된 거지. 그 이후에 서로 교류하게 되었어요.

임헌영 네, 저로서도 충격이었습니다.

리영희 '볼모'라고 하는 용어를 왜 썼는가를 설명해야겠군. 그 까닭은 1982년 2월 미국의 남한주둔 중거리 핵미사일이 만약 북한뿐만 아니라 블라디보스토크나 시베리아를 공격하면 소련이 남한을 핵보복공격할 것이라는 가상을 전제로 한 것이었어. 사실 그런 사정거리를 가진 미국의 중거리 핵미사일 탄두가 남한에 수백 개나 있었으니까. 당시 소련공산당 서기장 안드로포프가 이런 발언을 했어요. "남한에서 미국 핵무기가 혹시라도 우리를 위협하는 무기라고 착각한다면 남한은 소련의 중거리 미사일의 표적이 될 수밖에 없다." 한국정부가 제주도를 미국의 핵미사일 기지로 양도하겠다고 하는 발언이 나왔을 때지요. 사실은 박정희 때부터 나온 얘기지만 그것은 소련의 핵무기가 남한을 쑥대밭으로 만들 수 있는 '볼모'인 것이지요. 아주 위험한 상황이었어요. 그런 상황에 대해서 잠자는 한국 대중의 꿈을 깨우고 남한에 있는 미국 핵무기의 위험성을 경고하기 위해서 썼던 논문이에요.

임헌영 일본의 어느 잡지에 실렸습니까?

리영희 『세카이』(世界). 본래는 서울에서 발간되는 진보파 기독교 이론잡지인 『기독교사상』 1983년 8월호를 위해서 쓴 것인데, 어떻게 알았는지 일본 지식인 사회의 이론지인 『세카이』가 나도 모르게 번역·전재했더군.

불행한 시대, 선구자의 멍에를 지고

임헌영 정말 귀중한 작업이었습니다. 1980년대에는 선생님의 명성 때문에 학생들이 선생님을 가만히 두지 않았을 것 같습니다. 복직까지 공백이 길어졌는데, 이 무렵이 어떻게 보면 그전에 『조선일보』 그만두고 고생하신 것과 학교 그만두고 고생하신 것, 투옥되신 것보다 더 어려운 때였을지 모르겠습니다. 시대적으로도 각박하고 무서운 시기여서 참 궁금합니다. 1980년대 초 선생님의 기록은 거의 없습니다. 이 무렵에 어떻게 지내셨습니까?

리영희 나는 대외적인 활동이 별로 없었어요. 불행한 이 기간에 글을 써서 책이나 내자 그렇게 생각했지, 적극적으로 혼탁한 사회에 끼어들어 뭔가를 하고자 하는 생각이 없었어요. 누구나 자신의 특기와 장점을 살려서 사회에 공헌해야지. 나는 스스로 직접적·현장적 행동으로써가 아니라 남들보다 앞선 지적 봉사, 즉 머리와 지식과 글로써 남이 못 하는 선구적 계몽자 역할의 큰일을 할 수 있다고 믿었으니까. 실제로 그랬고. 그래서 이 무렵에는 주로 책 쓰는 것으로 시간을 보냈어요. 이 기간에 나온 책이 『중국백서』 『10억인의 나라』 『베트남전쟁』 『역설의 변증』 『분단을 넘어서』예요. 생활은 어려웠지.

임헌영 이때 『창작과비평』도 폐간되고 글을 발표하실 지면이 없으니 단행본 쪽으로 쓰신 거지요?

리영희 그렇지요. 특히 해직돼 있던 그 어려운 시기에 낸 『중국백서』는 학문적으로 하나 기여해야겠다는 생각으로 쓴 책입니다. 이 책은 미국의 적극적 지지를 받던 철저하게 부패·타락한 반인민적 장개석정권이 결국은 4억 5천 중국 노동자와 농민들의 지지를 받는 모택동 중국공산당군에 의해서 그 긴 내전을 거치고 타이완으로 쫓겨나올 때까지, 30년 동안의 극비문서만을 가지고 편저한 겁니다. 경제·문화·인적 자원·군사작전·군사원조 모든 분야에 관한 미국정부, 미국대통령, 국방부, 주중 미국대사와 장개석 국민당정부·군대와 또는 세계 각국 원수들 사이에 교환된 극비문서를 미국 무부가 편집한 것을 번역·주해·보완한 거지요. 본책은 1950년에 나왔어요. 장개석이 패망한 것이 1949년 10월 1일이니까요.

중국이 공산당에 넘어간 책임 전가를 누구에게 하냐면 장개석정권과 극우반동·친미적 금융재벌이 잘못해서 중국을 '뺏긴' 거라고 합니다. 미국은 모든 필요한 조치를 다 했다. 사실 그것을 보고서를 통해 드러내려고 한 것입니다. 그 보고서에는 1921년 7월 공산당이 생긴 후부터 1949년 장개석은 패망할 때까지 미국이 관여한 모든 비밀문서가 다 들어 있어요. 이것은 한국사회에서 중국사회에 관심을 가지거나, 한국사회에서 미국에 기대하는 세력들·수구반공세력·미국숭배학자들이나, 한국 국민 전반에게 실제로 어떻게 중국의 사태가 돌아갔느냐를 일깨울 수 있는 엄청난 계몽적 효과가 있어요. 고명한 교수들도 중국의 사태에 대해서는 몰랐으니까. 그리고 중국의 극우·보수·반공주의 집단과 세력들이 얼마나 타락하고 썩고 인민의 배척을 받았는지 중국공산당이 얼마나 청렴하고 농민·노동자들의 지원을 받았고 인민과의 일심동체로 공산당을 움직여 왔는가 하는 것이 미국 측 극비문서들에 리얼하게 다 나와 있어요.

미국 국방장관과 연합참모총장이 대통령에게 보낸 보고서에는, "이렇게 철저하게 썩은 한쪽 세력을 미국이 돕고 있는데, 중국 농민의 열정적 지지를 받고 있는 너무나 훌륭한 집단을 상대로 싸우는 장개석을 밀어봐야 실패할 수밖에 없다"는 평가와 건의가 많이 있어요. 나는 이미 대체로 아는 내용이었지만, 방대한 책을 읽고 번역하고, 필요한 주석과 해설을 달고 인명록을 붙였습니다. 이런 식의 주석이 본문의 분량만큼 되었어요. 이것을 내놓으면, 우리 국내에서 중국 공산주의자가 인민들을 강압하고 피로 숙청하는 극악한 무리들이라는 남한에서의 세계 공산주의에 대한, 왜곡된 인식을 바로잡을 수 있겠다고 생각했지요. 내 얘기는 한마디도 안 넣고 오로지 미국정부의 극비문서만 가지고 얘기한 겁니다.

임헌영 이 글을 쓰실 때 책으로 나올 수 있을 것이라고 생각하셨습니까?

리영희 나올 수 있으리라고 생각했지요. 언제나 글을 쓰면서는 낙관하니까. 특히 그 책은 미국정부가 의회에 제출한 공식 보고서니 한국정부가 그것을 어떡하겠어요? 다행히도 김진홍(金鎭洪) 현 외국어대 교수가 동아일보사에서 언론자유실천운동을 하다가 쫓겨나서 출판사 '전예원'을 운영하고 있었어요. 원고를 자기에게 달라고 하더라구요.

외로운 늑대의 벗

임헌영 그 시절 가까이 지내신 분은 얼마나 됩니까? 어떤 분들이셨나요?

리영희 먼저 이런 이야기를 해야겠군. 공자의 『논어』의 맨 첫머리에 "유붕자원방래, 불역낙호"(有朋自遠方來, 不亦樂乎)란 말이 있잖아요? '서로 뜻이 맞고 생각을 같이하는 벗이 멀리서 왔으니 반갑지 아니한가?'라는, 누구나 아는 구절인데 지난날 군사독재의 긴 암흑시대에는 친구를 갖는다는 것이 때로는 나 자신이나 그 친구의 목숨까지도 걸어야 하는 인간관계를 말했어. 임형도 잘 알고 실제로 그로 인해서 고초를 겪었지만, 그 조건에서 서로 믿고 행동을 같이하는 것은 더 말할 것도 없으려니와, 말 한마디를 섣불리 나눈다는 것이 몇 년의 징역을 뜻하거나, 심지어는 사형을 뜻하기도 했잖아요. 그렇기에 내가 그 시절에 가까이 지냈던 분이라고 할 때에는, 그러한 상황을 견딜 수 있는 벗만을 지칭하는 것이오.

그렇기 때문에 그 질문에 대한 나의 답변은 '많지 않았다'에 그쳐. 이승만 시기에서 전두환 말에 이르는 40년 이상의 극한 상황에서 나는 하나의 확고한 교우관(交友觀)을 지니게 됐어요. 친구를 사귀는 일종의 기준인데, 나는 20년을 사귀어야 그 사람을 웬만큼 알았다고 생각하고, 그 극한 상황 속에서 믿을 수 있는 벗이라고 할 때에는 30년쯤 사귄 사람을 말해. 적어도 20년을 두고 봐야 사람을 알 수 있고, 30년쯤 험난한 행보를 같이해야 믿을 만한 벗으로 생각하는 거야. 『명심보감』에 이런 구절이 있어요. "노요지마력 일구견인심"(路遙知馬力 日久見人心). 우리말로 '먼 길을 가야 말의 힘을 알 수 있고, 긴 세월을 지내봐야 사람의 마음을 알 수 있다'지요. 내가 방금 질문에 대해 '과히 많지 않다'고 말한 것은 바로 그 정도의 기준을 전제로 말한 거예요.

나의 엄격한 기준에서 말할 때에, 옛날 합동통신사 초년병시절, 즉 1950년대부터 변함없는 벗으로 삼는 정도영 씨와 이왈수 씨가 있어. 그 이후의 시기에 고난을 같이하고 서로 마음을 터서 살아온 분들로는 백낙청과 고은이 있고, 1960년대 초부터 오늘까지 변함없는 우의를 유지하고 있는 과거 조선일보사 동료 임재경 씨와 내가 외신부장이 된 1965년에 수습기자로 들어왔다가 1975년에 『조선일보』 언론자유투쟁을 선도하여 강제 해직된 후배인 신홍범, 정태기가 있지. 교수가 된 후부터를 말하면 한양대 이강수 교수와 고 이수인 영남대 교수를 들 수 있어요. 1970년대부터의 수난시대를 더불어 겪어온 지우들로서는 장을병, 김상현, 한승헌, 고 이상두, 윤형두, 임헌영 등이 있어요. 내 여러 차례에 걸친 사건을 변론해주고 인간적 유대로 얽힌 이돈명, 홍성우, 조준희, 고 황인철 등 변호사 몇 분이 있지요. 그 밖에 광주의 조성삼(趙省三)도 있고, 세어보니 나에게도 좋은 우인들이 적지 않은 셈이군! 이것도 다 큰 복이라고 할 수 있지.

그런데 그 많은 좋은 벗들 중에도 내가 벗으로서 사귀게 된 것을 하늘이 내린 축복이라고 고마워해 마지않는 분이 있어요. 그이는 원주에 사시는 장일순 씨예요. 그는 한마디로 말해서 살아 있는 '노자'라고 할 수 있어. 그뿐 아니라 그는 그의 집안의 본래 종교인 천주교 신자로서 한국 기독교 신자 가운데 어쩌면 제일 예수에 가까운 인간이었을지도 몰라. 이런 표현이 혹시 어폐가 있을지 모르고, 과찬의 말로 들릴 수 있겠지만 적어도 나는 30년 이상의 관계를 통해서 그렇게 믿어. 또 나는 그의 무소유의 삶과 어느 누구나, 심지어 박정희·전두환시대에 그를 박해한 상대 당사자들마저도 너그러운 아량으로 품에 안을 수 있었던, 애증을 초월한 인간이었다는 뜻에서 부처님에게도 제일 가까운 한국인이 아니었을까 싶어. 그는 현실적으로 핍박받고 가난에 찌들리는 농민과 노동자와 가난한 상인들을 위해서, 헌신적으로 그들의 한 사람이 되어 보살핀 삶으로 보건대 동학의 진정한 신도였다고 생각해. 사실 그는 동학의 교주인 수운(水雲) 최제우 선생과 해월(海月) 최시형 선생을 매우 존경했어. 그리고 노자 사상의 기본 원리인 '무위자연'(無爲自然), 즉 '함이 없이 처해야 할 상태에 그대로 융화해서 존재하는' 그런 도사적 삶으로 평생을 산 사람이지.

이와 같이 장일순은 그의 삶에 녹아 있는 동서의 성현들의 원리를 터득한 사람으로서, "처무위지사 행불언지교"(處無爲之事 行不言之敎, 함이 없이 일을 처리하고, 말하지 않고 가르침을 행한다)라는 노자의 정신을 실천했지. 이처럼 무슨 일에나 스스로 작위함이 없이 살면서 그는 천주교의 개혁과 나아가 한국 기독교의 병폐와 고질을

> 경이로운 시인 고은은 나를 '형님'으로 대하는 몇 안 되는 벗이다. 그에 관한 인물론으로 「경이로서의 시인 고은」의 원고.

바로잡는 교회 내부운동의 원천이 되었어요. 또 사회문제에 대해서 설교 같은 언사를 전혀 말한 일이 없음에도 불구하고 그의 사상은 은연중에 한국 온누리에 번졌어. 정치적으로는 민주화운동으로 발전했고, 인간 생존적 측면에서는 인권운동으로 발전했으며, 생명존중사상을 원리로 하는 '생명운동'을 전파하고 실천하는 자가 되었어. 빈민문제에도 영향을 미쳐 각종 경제적 구호활동의 씨앗이 되었어요. 장일순에 관해서는 너무나 많은 이야기가 필요하지만, 하여간 나뿐만 아니라 이 나라의 뜻있고 정직한 수많은 사람들이 각기 마음에 간직하는 보배가 되어주었어. 수많은 나의 벗들이 다 훌륭하지만, 그중의 으뜸은 역시 장일순이라고 하는 데 망설임이 없어. 그 밖에도 지난날의 어려웠던 시기를 함께 손잡고 힘겨운 길을 걸어온 분들과 나와 나의 가족을 남몰래 뒤에서 도와준 여러 분들이 계셔. 다만 일일이 거명하기에는 너무 많고, 그렇게 할 필요도 없겠지.

역시 내가 나의 마음가짐으로 소중히 여길 뿐 아니라 교우들에게도 그 원칙을 적용하는 격언이 있어. "군자지교 담여수 소인지교 감여례"(君子之交 淡如水 小人之交 甘如醴, 군자의 사귐은 덤덤하기가 물과 같고, 소인의 사귐은 그 맛이 달기가 감주와 같다)라는 말이에요.

나는 사실 평생을 두고 독불장군으로, '외로운 늑대'처럼 소리 지르는 처지였어요. 북한에서 내려온 소학교 친구도 없고, 동향 사람도 없고, 중학교라는 것이 일제말기 친구들과는 내가 가는 길이 전적으로 다르니까 어떤 교류가 없었어요. 해양대학의 동창들은 다 바다로 나가 있는데 나는 육지에서 6·25전쟁 7년 동안 향로봉 등에 있었으니까. 아니면 형무소에 수감되어 있거나 지하실 감방에 있거나. 그런 의미에서 난 참 외롭게 살아왔어요. 그런 것이 나로 하여금 누구의 호의나 힘에 의지하지 않고 그저 나 혼자 하는 것이라는 정신 자세를 은연중에 내 내면에 구축하지 않았나 그렇게도 생각합니다.

임헌영 그것은 어쩌면 선생님께서 갖고 계신 사상이 현실세계와 안 맞다는 것을 스스로 알고 타협보다는 자기사상을 지키려면 확고한 자기관리가 필요하다는 것을 느끼셨기 때문이 아닐까요?

리영희 그렇다고도 하겠지. 또 하나는 가령 술자리에서 시시한 농담이나 와이담(야한 얘기)을 하며 시간 보내는 모임에는 아예 가까이 가지 않고 피하지. 시간도 아깝고, 또 좀 진지하자는 거지. 처음 몇 마디 근황을 묻고 나서는 농담으로 가니까 생리에 안 맞아. 이왕 그런 얘기가 났으니 말인데, 나는 여태껏 윷·화투·짓고땡·고스톱·투전·카드놀이 등을 몰라요. 바둑·트럼프·마작·골프 이런 것들도 몰라. 사실 바둑은 배우고 싶은 때도 있었지만, 결국은 그것도 배우지 못하고 말았어. 내 주변의 많은 좋은 벗들이 바둑 애호가들이기 때문에 함께 즐거운 시간을 가질 수 있었을 터인데, 그만 바둑을 못 두는 탓에 언제나 구경꾼 노릇만 했지. 물론 돈 놓고 돈 먹는 복권이나 돈내기오락, 경마 같은 오락은 나의 성에 맞지 않아요. 그뿐만 아니라 아예 인생철학에도 위배되기 때문에 해본 일이 없어요. 미국 대학에 가서 가르칠 때에도 그랬고, 관광 여행에서도 라스베이거스 같은 곳을 지났지만, 나와는 무관한 곳이지. 여러 가지 대중적 오락을 마다하는 나의 이런 생활 태도가 반드시 건전하다고만 할 수는 없지. 스스로 생각해도 나는 '멋이 없는 사람'이라구요. 지나치게 외골수이고, 호오(好惡)가 지나치지 않나 생각해요. 자기비판도 해요. 하여간 그런 인간이 리영희요.

신문기자 생활을 시작한 20대 말부터, 나는 내게 부족한 공부와 실력을 양성하는 데 몰두했기 때문에 이런 소일거리에 관심을 가지지 않았던 거지요. 기자실에서 출입기자들은 아침과 저녁에 한 차례씩 출입처를 한 바퀴 돌고는 나머지 시간의 대부분을 으레 이런 종류의 오락을 하면서 소일하기 일쑤지. 책이라고는 거의 거들떠보지도 않아. 화투나 치고 하루를 보내다가 신문사로 돌아가는 모습을 보면서, 나는 저러지 말아야겠다는 반사심리에서도 그런 것들을 멀리하게 됐지. 또 나는 노름판의, 서로 상대방의 마음속을 들여다보고 읽어가는 그런 행위에 심리적으로 거부감이 앞섰어요. 또 한 가지 약점을 고백한다면, 나의 두뇌로는 그런 승부놀이에서 밤낮 질 것만 같았어. 나는 승패에 집중하는 마음가짐을 감당하기 어려웠어. 그것 때문에 얻은 것도 있고 잃은 것도 있을 테지만, 어쨌든 여태까지 그런 것은 모르고 살고 있어요.

나는 그런 오락놀이에 끌린 일이 없고, 또 그것들을 멀리한 것에 대해 별로 후회는 없어요. 그러나 두고두고 아쉬운 일이 한 가지 있어. 그것은 한 가지 악기를 웬만한 수준까지 다루고 싶은 욕망이 있었는데 결국은 그럴 수 있는 시간과 마음, 그리고 생존환경의 여유를 갖지 못한 탓에 희망으로만 끝나고 말았어. 지금도 늙은 나이에 우리 연배의 어떤 사람이 아마추어로서 한 가지 악기를 능숙하게 다루고 즐기는 것을 보면 아주 부러워요. 나의 인생에서 빠진 것이 저것이구나 하는 생각으로 아쉬움을 느껴요.

임헌영 객관적으로 보면 선생님과 비슷하다고 볼 수 있는 분이 백낙청 선생이 아닐까요? 이성적인 자세로 자기궤도를 절대 이탈하지 않고 일관된 태도를 유지해요. 선생님도 그렇고.

리영희 나는 백낙청을 못 따라가. 나는 때로는 현실과 타협하고 타락도 좀 했고, 정도에서 이탈도 했고……. 그러나 백낙청은 달라. 1980년대에는 내 병을 고치는 데 굉장히 귀한 약을 백병원 약 창고에서 갖다줘서 도움도 많이 받았습니다. 무척 고마웠어요. 학문하는 자세와 문화적 행위에서도 본받을 분이지요. 그이야말로 술도 담배도 허튼소리도 안 하고, 고고한 선비답게 품위를 지키는데, 나는 술 담배 하고, 할 건 다 합니다. 품위가 좀 달라요.

임헌영 고은 선생과도 호형호제하시지요? 고은 선생을 아신 것은 언제입니까? 고은 선생과는 아무래도 궁합이 안 맞을 것 같은데 친하시단 말이에요.

리영희 그에 관해서는 내가 인물론도 하나 썼지. 작가로서 사회과학을 공부하면서 내 글 같은 것에 친근감을 느끼고 자기와는 전혀 다른 삶에 대해 관심을 가진 거겠지요. 가까워진 것은 1970년대 초였어. 고은과 내가 '광주항쟁 주동자'라니까 그 이후부터 아무래도 더 가까워지게 된 거지. 그는 나를 '형님'으로 대하는 몇 안 되는 벗이지. 나는 또 그를 평안북도에서 친근한 손아랫사람을 부르는 '저그니'(적은 이)로 부르고, 그렇게 대하고 있어요. 대단한 인물이지. 조정래, 염무웅, 황석영 등도.

23년 만에 얻은 '자유의 날개'

극우반공의 동굴에서 눈부신 햇살의 하늘로

변모하는 중국을 바라보는 시선

임헌영 1982년 부산 미문화원 방화사건이 일어나면서 암담하던 민주화운동은 열기를 더하게 됩니다. 1984년에 선생님이 『중국백서』와 『10억인의 나라』를 냈을 때는 정작 중국에서는 혁명사상이 시련기를 맞을 때인데 역사적인 안목으로 어떻게 평가하시겠습니까? 1981년에 들어와서는 훨씬 더 실용주의적인 덩샤오핑이 정권을 잡아서 완전히 개혁·개방화되는데, 이 무렵에 『중국백서』를 쓰시면서 중국의 변화를 보신 겁니까?

리영희 그 시기에 소련과 중국에서 진행되는 다면적인 사회변화를 관찰하면서 사고의 혼란을 경험한 것이 사실이에요. 그것은 당연히 사회적 가치관과 심리적 안정에 동요와 회의를 초래했어. 나는 1980년대 후반에서 1990년대로 넘어가는 시기, 등소평과 고르바초프로 표상되는 중국과 소련 두 사회에서 거대한 사회구조의 균열이 일어나고, 따라서 그 속의 구성원들의 행동양식에서 이기주의의 징조를 보았을 때 실망하면서 고민하기 시작했어. 소련사회의 그런 변화는 이미 1960년대 말경부터 확인되었던 까닭에 덜했으나, 등소평 집권 이후 중국 사회주의의 급격한 퇴행은 나에게도 예상 밖이어서 혼란스러웠어요. 내가 등소평이 20대 청년시절 공장에서 일하며 공부하던 시기에 불란서인들과 브리지라는 까다로운 카드놀이를 하며 소일한 기록을 1960년대에 읽고, 그를 부르주아적 성향과 행동양식을 지닌 인간으로 생각했다는 이야기는 앞에서 했지요. 역시 그대로였어. 물론 등소평 철학이 중국인민에게 필요한 시대적 처방이라는 사실을 지금은 인정하지만 말이오.

등소평 중국의 변화를 관찰하면서 모택동 사회주의의 역사적 후퇴의 의미를 자본주의와 사회주의의 원리적 차이로 파악하려고 노력했어요. 나의 생각을 요약하면 이렇게 돼요.

인간의 원초적 속성인 이기주의: 인간의 선천적 본성은 이기주의이다. 후천적·사회적 제도와 '훈련' 및 '규율'(discipline)은 그것이 지속되는 한도에서 어느 정도까지 이기적 본능을 억제할 수 있지만, 그 외적 강요는 영구적일 수 없고, 따라서 외적 조건만 이완되면 잠재했던 이기적 본능이 부활한다. 갓난아기가 물건을 독점하려 하고 다른 어린애와 나누지 않으려는 배타적 소유 본능이 인간의 '본원적 속성'을 증명한다. 장성하는 과정에서의 사회적·법적·제도적 제약과 도덕적·종교적·교육적 규율도 이 속성을 크게 수정하지 못한다. 인간 유전자 조작과 각종 생명공학으로 인간이 '인간 아닌 생명체'로 질적 변화를 하지 않는 한 영원히 그럴 것이다.

인간의 하반신적·동물적·물질적 조건과 상반신적·인간적·정신적 자율성은 통합적·균형적·동가치적(同價値的)이다. 그러면서 그 충족의 우선순위는 하반신적·물질적 요소가 앞선다. 모택동의 사회주의적 원리와 인간관은 상반신적 의지, 즉 정신적 자율성과 그 사회결정적 요소를 지나치게 과대평가하고 인간의 일면, 아주 기본적 일면인 동물적 생존을 지탱하는 물질적, 즉 경제적 소요를 과소평가했다. 그 구체적·행위적 표현이 문화대혁명에서 '홍위병'이었다. 다소 직선적으로 비유하면, 하반신적 욕구우월주의가 자본주의고, 상반신적 도덕우선주의가 모택동 사회주의이다. 진정한 사회주의는 그 두 요소와 건전한 인간의 생명유기체처럼 잘 통합되어서 균형적으로 유지되는 상태이다. 그렇지만 그 충족의 순서는 동물적·하반신적 충족이 앞선다. 생명의 유지라는 절대적, 그리고 인간 의지에 의해서 좌우되거나 지배되지 않는다는 뜻에서 '필연적'인, '밥'적(물질적·경제적) 소요를 억제하려고 모택동 사회주의는 지나치게 도덕주의·정신주의에 의존하고 그 가능성을 거의 절대시하였다. 정신주의의 힘은 혁명 초기단계에서는 자기희생의 영웅적 위력을 입증했다. 하지만 그것은 '동물적', 즉 하반신적 충족이 이루어지지 않은 생명체에게 기약 없이 요구될 수는 없는 '인간조건'이다.

그 밖에도 이런 요인·요소들에 못지않게 중요한 사항들이 있습니다. 그 문제들에 대해서는 앞에서 임형이 질문한 '자유'와 사회주의의 상호작용에 관한 나의 답변을 여기에 첨부하면 되지 않을까 생각해요.

임헌영 선생님의 중국관련 논문을 보면 덩샤오핑에 대한 평가는 저우언라이에 비해서 소략하다고 할까요, 덩샤오핑에 대한 깊은 관심과 애정은 아니라는 생각이 듭니다. 덩샤오핑에 대해서는 어떻게 생각하십니까?

리영희 예, 그래요. 앞서도 이야기한 대로 나의 세계관의 탓이기도 하지만, 등소평에 대해서 중국의 장래를 이끄는 데 적격자라고 생각하지 않았어. 그의 혁명가로서의 자세에 환멸까지는 아니지만 좀 회의를 갖게 됐어요. 정치판에서는 쓰러졌다 다시 일어나고, 졌다가 이기고 하는 것이 정치하는 사람들의 능력을 입증하는 '오뚜기'(不倒翁)적 상규인데, 너무나 재주가 비상해서 나의 비정치적 소양의 인간평가 기준에는 잘 안 맞았어. 내가 워낙 비정적 인간이고, 권력투쟁을 경원하는 짧은 견식의 탓인지도 몰라. 나의 편견이기도 할 것이고.

되풀이되는 구속과 복직

임헌영 정말 선생님다운 평가입니다. 1984년이 되면 또 문제의 사건이 터집니다. 그해는 회상하시기 싫은 해일 듯합니다. 기독교사회문제연구소가 국정교과서 내용 가운데 민족분열적이고 반통일적인 내용과 지향을 분석·조사하는 사업을 추진하는데, 그 작업의 일환으로 한 강의 '분단의 국제정세'가 문제되어 반공법 위반으로 기소되셨는데, 그해 1월에서 3월까지이지요.

리영희 아, 그 사건! 흔히 '기사연 연구사건', 또는 더 줄여서 '기사연 사건'이라고 부르지. 조승혁(趙昇爀) 목사가 원장으로 있는 기독교사회문제연구소(기사연)는, 세계 냉전상황이 퇴조하고 북한도 주적(主敵)에서 교류·화평·공존해야 할 상대로 그 위상이 변하는데, 우리 각급학교의 국정교과서는 어린이들에게 어떻게 가르치고 있는가를 검색하는 작업을 했어요. 각급학교 국정교과서들의 내용을 분석하고, 그 속에서 사용하고 있는 내용과 표현에 대한 연구결과를 정리·종합해 문교부에 시정건의서를 제출하자는 취지였지요. 그래서 북한을 적으로 묘사함으로써 한국 젊은이들의 머리를 병들게 하고 있는 냉전·극우·병적 반공·군사력숭배·반평화·반통일적 내용과 서술방식이나 용어를 보다 평화적·객관적·우호적·통일지향적으로 바꿔야 하지 않겠는가 하는 교과서 편찬 개혁안을 문교부장관에게 건의한다는 취지였던 것으로 알았어.

사실 난 그런 검토 작업을 하고 있는 줄도 몰랐어. 그 사람들이 작업을 거의 다 마무리 짓고 자문이 필요했던 거지요. 그래서 서울대 김진균(金晋均) 교수가 부탁받은 것은 '사회학적 분석방법론'이고, 고려대 강만길(姜萬吉) 교수가 맡은 것은 '분단과 통일의 과정으로서의 역사적 배경'이었어. 나에게는 '남북의 분단 현실과 분단을 유지하고 있는 제반조건'이라는 주제로 강의를 해달라고 하더군. 내 강의에서 문제가 된 것은 '6·25전쟁을 어떻게 볼 것인가', 즉 6·25전쟁의 성격과 정의에 대한 문제였어요. 각급 교과서에서 6·25전쟁을 모든 남북 적대관계의 출발로 삼으니까.

임헌영 좀더 구체적으로 들려주셨으면 합니다.

리영희 기사연은 세검정에 있었어요. 나는 기사연의 국제전문위원인가를 맡고 있었어. 강의는 진지한 사후토론과 함께 잘 끝났지요. 참여자들은 20~30명의 초·중·고교 교사들로서, 관심도 높고

의식도 있는 그런 교육자들이었지요. 그런데 문제가 발생한 것은 엉뚱하게 그 강의가 있은 지 몇 달 후입니다. 나는 그 일은 다 잊고 있었어요. 그 작업에 참여했던 토론반의 좌장 격인 유상덕(劉相德) 교사라고 있었어요. 전교조 핵심교사로 김대중 대통령 시기에는 서울시 교육위원이 됐던 교사야. 나의 강의를 메모한 이 친구의 노트가 문제가 됐어요. 내가 강의에서 6·25전쟁은 그 성격을 규정할 수 있는 여러 가지 측면이 있고, 그 측면 하나하나에 따라서 각기 다른 성격화와 명칭이 있을 수 있다. 나는 분명히 6·25전쟁은 북측 공식 주장인 남측의 선제 무력공세에 대한 북측의 반격이 아니라, 북쪽이 군사적 침공을 사전준비하고 행한 것이다. 우리 정부가 말하는 '무력남침'이라는 점을 분명히 전제하고 시작했어. 하지만 그것은 국제법 규정에 근거한 전쟁책임 논리이고, 그 밖에도 분열된 민족의 재통일을 위한 통일지향세력과 반통일세력의 투쟁, 현상 유지세력과 현상 타파세력의 투쟁, 민족자주 노선과 외세의존·외국 보호세력의 투쟁, 민족의 실지(失地) 회복이라는 민족생존권적 접근 등 여러 측면의 해석과 정의가 가능하다고 다른 민족과 국가들의 경우를 들어가면서 설명했지.

또한 이승만 대통령도 군사력으로 북한을 공격해서 이른바 '북진통일'을 하기 위한 전쟁을 정당화했던 것처럼, 김일성도 통일을 위한 민족적 과제의 행위 중 하나로서 그랬을 수도 있고, 그 밖에 여러 가지 상상할 수 있는 명칭이나 개념이 있을 수 있다. 이런 이야기였지요. 그런데 이 친구가 그런 여러 가지 해석을 처음 들으니까, 그 기록을 자세히 적고 보존을 하려고 했는지, 벽시계 속에 그 노트를 숨겨놨대. 그러다가 무슨 다른 사건으로 가택수색을 당했는데,

그 시계에 숨겨놓은 것이 나온 거지. 그러니까 민족의 역사적 과제로서의 통일전쟁이라는 말을, 내가 그렇게 주장한다면서 문제 삼은 것이지. 그래서 어이없게 고초를 치렀지요..

임헌영 역시 대공분실입니까?

리영희 그랬지. 내보낼 때 서대문형무소로 보내서 나온 거지. 그때 내 담당이 이희윤 검사였는데, 박정희에게 아주 충직한 인물이었지요. 공안부장은 이건개(李健介)였고. 간첩문서나 나온 듯이 큰일을 만들려고 했지. 알고 보니 강의내용이 그랬는데 용두사미로 내보낼 수도 없고, 또 밖에서는 항의운동이 열화같이 일어나고 하니까, 이건개가 나에게 제안을 하더군. 하여간 사전에 '내가 잘못했다'는 녹화테이프를 촬영한 후 그것이 텔레비전을 통해서 보도되면 풀어주겠다는 이야기였어요. 그래서 내가 그랬지.

"무슨 이야기도 할 수 있다. 그러나 녹화방송이 아니라 라이브(생방송)로 하자. 라이브로 하면 좋다."

그러니까 당황하는 거지. 녹화방송으로 장면과 내용을 조작하려는 의도를 내가 몰랐겠어? 그래서 조작 못 하게 생방송을 고집한 거지. 그것 가지고 또 일주일 연기되고 하다가, 결국은 내보낼 테니 뭔가 한마디는 해야 하지 않겠는가, 뭐 그런 이야기를 하더라고. 당시 나는 한참 공부하고 연구에 몰두하며 차후의 구상과 계획도 많았기 때문에 문제가 복잡해지지 않길 바라는 심정이었어. 나오면서 그들이 요구했던 것에 크게 못 미치지만, 아무 소리도 안 할 수 있는 상황은 아니어서 '사회에 물의를 일으켜서 죄송하다'고 이야기했지.

임헌영 그러고 나서 바로 복직이 되셨지요. 1984년 7월 17일입니다. 이때도 무슨 시비는 없었습니까?

리영희 아니지. 오히려 그 반대요. 기사연 사건과 대학 복직은 아무 관계가 없어. 내가 기사연 사건으로 구속됐던 시기는 1983년 1월이었고, 전두환정권이 광주민주항쟁 시에 구속하고 정치활동금지로 묶었던 정치관련자 500여 명을 해금하고, 해직교수도 전원 복직 허용한 것은 6월이에요. 물론 나도 그에 해당하지. 해직교수 36명 중 35명이 다 됐는데 나만 안 돼요. 그러니까 신문들이 그 사실을 문제시하고 한양대의 처사가 부당하다는 투의 기사를 썼어요. 그때 나는 기소유예 상태였지. 그렇게 해서 뒤늦게 복직됐지.

복직해서 처음 받은 월급이 100만 7,700원이더군. 이 월급봉투를 집에 가서 아내에게 말없이 건네줬더니, 아내는 그 액수를 보고 시무룩한 표정을 짓더군. 4년 고생 끝에 받는 월급이라는 게 겨우 이거야!라고 생각하는 것 같더군. 그 심정을 이해하지.

북한의 남한 수재민 구호물자

임헌영 복직된 다음에 문제는 없었습니까?

리영희 4년씩 두 번 해직되어서 8년 만에 다시 돌아오니, 해직 전에 비해서 한양대학교 학생들의 기풍은 놀랄 만큼 급진적으로 변화해 있더군. '광주민주항쟁'을 겪고 난 뒤 전국 대학의 이념적 지형이 거의 한 세기를 뛰어넘은 것과 같은 상태였던 만큼 한양대도 예외가 아니었어요. 특히 신문학과 대학원생들 사이에서는 그때까지 단 한 시간의 정식 강의도 들어보지 못한 사회주의 언론, 철학, 정책, 마르크스주의 이론강좌, 모택동 대중언론 이론 등, 이른바 좌파 매스컴 강좌의 특설을 요구하고 나섰지. 학생회관 2층에 공개

강의실을 마련하고 외부강사를 초빙하여 활발하게 학문적 신풍을 불러일으키고 있었어요. 대학원생과 학부 상급생들 사이의 이 움직임을 본 교수들은 크게 당황했다더군. 처음 당하는 학풍의 변화였으니 당연한 반응이었겠지. 심지어는 사태의 진전에 겁을 먹은 '지식 장사꾼' 교수들은 학생들을 위협하기까지 하면서 방해하기도 했대요. 나도 학생들의 시대적 각성의 표현인 이와 같은 지적·사상적 변화에 호응해서 강의시간에서 보수적 매스컴 이론과 진보적 이론을 아울러 제시하려고 노력했어요.

앞에서 말한 대로, 학교에서는 나를 받고 싶어 받은 게 아니었어요. 대부분 사립대학이 그렇듯 자기 대학 출신도 아니고, 전혀 무관하게 들어와서 이사장(총장)과 당국의 말도 안 들으니 동창회가 나의 복직을 반대한 거지. 한양대의 입장도 이해해야지요.

복직 후 한참 지나서, 어떤 인사가 나에게 이야기한 내용은 의미심장해요. 제1차 해직 당시, 이승만시대에 문교부 차관을 지낸 분이, 같은 함경도 고향친구인 김연준 이사장을 찾아와 담소하다가 "이영희라는 교수의 사상은 문제가 있다고들 하는데, 어떤가?"라고 묻더래. 김 총장이 대답하기를 "대학이란 여러 가지 이론과 사상이 공존해서 발전하는 곳이 아닌가?"라고 반문하더래. 나에게 그 이야기를 전한 분이, 그때 마침 무슨 용무로 그 자리에 동석해 그 장면을 목격했다고 하더군. 사람은 누구나 졸속으로 판단하지 말아야 한다는 교훈을 주는 에피소드예요.

내가 한양대학교에 복직한 바로 그 시기에 남북 간 문제에서 큰 일이 있었어요. 그 전해에 남한에 대홍수가 일어나서 굉장히 많은 수재민이 생겼어. 그때 북한에서 쌀 4~5만 섬과 옷감 50만 미터, 그리고 의약품 등을 수재민 구호용으로 보내왔어요. 북한 선박을 통해 인천에 수송되어서 수재민들에게 분배되었어. 물자는 주로 해상으로 왔지만, 육지를 통해 구호물자를 실은 트럭들이 군사분계선을 넘어와서 남 측에 인계하기도 했어요. 이북 5도청에서 그중 약간을 분양받아 가지고 이북 출신에게 우선 조금씩 나누어 주길래 우리 가족도 북한산 쌀과 옷감을 조금씩 받았어요. 하여간 1972년의 남북공동성명 이후에 있은 남북민족 간의 대사였던 거요. 아주 감격적인 민족화해 정신의 표현이었어. 그런데 우리 남한정부는 이 수재민 원조물자를 마지못해서 받기는 받았으나, 온갖 잡스러운 짓으로 그 민족화해의 정신이 일반 대중에게 호감으로 받아들여지지 않도록 별의별 농간을 다 부렸어요.

수재민 구호물자가 도착한 날, 당국은 느닷없이 대구에 간첩이 나와서 사람을 죽였다는 발표를 해. 이날 따라 서울종합운동장에서 대대적인 준공식을 거행하면서 운동경기의 기사와 사진이 하루 종일 텔레비전과 라디오를 장식했어. 신문도 라디오나 텔레비전에 질세라 그 지면을 운동장 행사로 메웠어. 해방 후 처음 있는 민족화합의 구체적 실증인 구호물자 장면은 신문면의 하단에 깔렸어. 신문이나 텔레비전은, 구호물자를 싣고 온 북한 측 트럭운전사들이 신고 있는 북한제 운동화를 화면 가득히 비춰내고는, 그것이 남한 사람들이 신고 있는 미제나 외제 운동화보다 못하다는 유치한 코멘트를 붙이기도 하고, 온갖 야비한 작태를 다 부렸어요. 해방 후 처음 있는 일인데 말이오! 나는 이런 꼴을 며칠 동안 보면서 남한의 병적 반공주의와 극우주의자들의 심정에 민족적 순수성의 싹이 돋아나기 전에는 민족 간 화해는 요원하다는 생각에 마음이 괴로웠어.

한길사가 주최한 '역사문화기행'으로 경북 안동 병산서원으로 가던 길에서(1985). 왼쪽부터 본인, 조정래, 백낙청, 고은, 강만길이다.

한편, 이 무렵 오래전에 썼던 「광복 32주년의 반성」이라는 글이 일본의 『세카이』에 실립니다. 1977년에 썼던 이 글은 1984년에 쓴 「해방 40년의 반성과 민족의 내일」과 비슷하지만 나로서는 민족문제에 대하여 심혈을 기울인 글로서, 언제나 그렇듯이 신생독립의 한국이 과거의 반역자·친일분자는 물론, 일제식민지 아래의 온갖 제도와 언어와 관습을 고스란히 계승해 쓰면서, 어떻게 일본의 과거 역사를 비판만 할 수 있는가, 남한 안의 우리 자신과 제도를 혁파하기 전에는 일본만 매도할 수는 없고, 진정한 민족국가·민주정부도 불가능하다는 취지였어요.

임헌영 늘 선생님이 주장하시는 내용이 아닙니까. 분량은 전자는 짧고 후자는 좀 길고, 글의 짜임새로 보면 앞의 글은 짜임새가 있었고, 뒤의 글은 논점을 많이 다루신 것 같습니다. 그런데 『세카이』와 선생님의 관계에서 야스에 료스케(安江良介) 선생을 빼놓을 수 없을 것 같습니다. 『세카이』 편집장을 하다가 나중에는 이와나미출판사 사장까지 지냈지요. 야스에 씨와의 교분은 언제 시작되었습니까?

리영희 직접 대면은 복직된 다음 해인 1985년 동경대학에 갔을 때였지요. 23년 만에 처음으로 출국허가가 나와서 동경대학 초청으로 가게 된 거지. 야스에 씨는 북한에 자주 왕래하며 김일성 주석과 장시간 대담도 했던 명저널리스트로 알려져 있습니다. 그뿐만 아니라 한국의 삼엄한 독재시기에 한국의 민주화를 위해 기여한 고마운 분입니다. 『세카이』는 1945년 일본의 침략전쟁 패망 후에, 일본 지배세력의 천황주의·군국주의·제국주의적 과거에 대한 통렬한 자기비판을 일본 지식인들 사이에서 선도하기 위해 창간된 고급 정론지예요. 그때까지 누구도 건드리지 못했던 일본천황의 전쟁책임을 따지고, 천황주의의 반민주성을 여론화했어. 군부와 재벌과 극우반공주의 세력의 전쟁책임을 신랄하게 규탄하고, 일본 국민에게 민주주의와 인권과 평화의 가치를 교육하기 위한 전후 개혁언론의 선두에 섰어요. 또 1960년대에 들어와서부터는 아시아에서의 미국의 패권주의와 극우반공정책의 반이성적 작태를 비판하고 진보적 사상과 정치프로그램을 옹호하는 데 크게 기여했지. 원래 자유주의적이고 진보적이었던 이와나미출판사가 출판문화사업으로 운영한 잡지인데, 당시의 미소냉전체제의 위험성을 꾸준히 지적하고 논박하면서 일본국민 전반의 평화사상을 고취하는 데 크게 공헌한 잡지예요. 남북한 문제에서는 가능한 한 어느 쪽에도 기울이지 않으면서 공정한 평가를 원칙으로 견지했지만 미국의 전쟁정책에 예속된 남한의 상태와 군부독재에 좀더 비판적이었던, 비교적 진보 색채가 농후한 잡지였죠.

야만의 세계에서 문명의 세계로

임헌영 일본에는 어떻게 가시게 되었습니까?

리영희 「광복 32주년의 반성」이라는 글이 일본 지식인 사회에서 반응이 대단했어요. 한국 지식인은 으레 일본인을 비난하고 공격하면서 자기비판이 거의 없다시피 한데, 이 필자는 일본에 대한 비평과 역사적 진실에 대한 일본의 책임을 정확하게 깔아놓고, '그렇다면 왜 일본인들은 해방이 된 32년 이후까지도 한국을 폄하하고 비방하고 조롱하는 발언을 계속하느냐, 그것은 우리 남한이 해방 이후의 새로운 국가건설에 새로운 인간·제도·관습·법률·이념을 도입하지 않고, 일제 식민지의 모든 유제(遺制)를 말끔히 청산하지 않았기 때문이다'라고 주장했다는 거지. 아직도 이 남한, 대한민국은 일제 식민세력에서 해방되지 않았다는 너무나 명백한 증거들을 제시하면서 신랄한 자기비판을 병행한 장문의 시론이었어.

식민제국에 의해 노예화됐던 민족이 독립된 존재로 자기를 회복하려면 우선 노비문서가 찢겨져야 해. 노비문서는 미국이 찢어줬지만 그 민족의 부정적 요소들을 스스로 다시 부정해야만, 즉 '부정의 부정'을 통해서만 '자기긍정'을 할 수 있는데, 일제가 자기를 부정한 모든 것을 마치 무슨 자산인 것처럼 군대와 경찰과 행정과 정치와 학계와 법률 모든 것을 그대로 운영하고 있으니 일본인들이 어떻게 우리를 존중할 수 있겠는가. 일본인으로 하여금 우리를 멸시하게 만드는 이 국가내부의 '내적 근거'가 우리 속에 있지 않은가. 그런 내적 근거를 제공한 우리 자신이 우리에게 모욕적인 언사를 서슴지 않고 있는 일본만을 탓할 수 있는가. 그러니 우리는 늦었지만 이제라도 자기혁명을 해야 한다. 이런 내용이었지요. 원래 일본 탓만 할 게 아니라 자민족 반성도 준엄하게 해야 한다는 각성을 촉구하기 위해서 국내지에 1977년에 발표한 겁니다.

그랬더니 일본에서 굉장한 반응이 일어났어요. 그전에 서울에 와 있던 『교토통신』 편집국장이 감동해서 이 글을 두 번이나 읽었다고 전화를 해오기도 했어. 일본사회에서는 '편견에 사로잡히지 않은 이성적 지식인이 한국에 있구나' 그런 평이 있었어요. 마르크시즘에서 터득한 방법론인데, 종합적이고 변증법적인 사고였어.

임헌영 자아를 객체화해서 보신 것이 아닌가 합니다.

리영희 나의 글이 나가니까 일본의 연구소에서 초청이 오는 거예요. 유명한 아시아경제연구소라는 큰 연구단체가 있는데, 거기서는 일부러 사람들이 왔어요. 이 글 때문에 1년 동안 공동연구를 하고 강의를 해달라며 나를 초청했지. 그래서 정부 측에 출국허가와 여권발급을 신청했는데 안 된다는 거예요. 그러던 중 동경대학이 또 초청을 해왔습니다. 동경대학 총장이 일본대사관을 통해 한국정부에 공식 절차와 무게를 실어주니까 출국허가와 여권이 나왔어요.

임헌영 23년 만에 나가신 것인데, 어떤 느낌이셨습니까?

리영희 29세였던 1957년 처음으로 미국 노스웨스턴대학에 갔을 때 느꼈던 문화충격과 거의 비슷한 느낌을 받았어요. 박정희·전두환시대의 야만사회 같은 상황에서 2시간 만에 동경에 내린 겁니다. 바닷속 깊이 엄청난 압력으로 눌려 있던 몸이 순간적으로 수압이 없는 바다 표면에 확 떠올려지니까, 나의 정신과 몸이 거대한 풍선처럼 부풀어오르는 느낌이었어요. 또 부러졌던 두 날개가 다시 돋아나서 마음대로 훨훨 날아다니는, 해방된 그런 느낌이었지요. 가고 싶은 곳에 가고, 내려앉고 싶은 곳에 내려앉는, 누구도 나를 방해하지 않는 그런 자유! 일본에서 처음으로 느꼈던 것이지. '자유'의 희열이었어요. 그래서 나는 일본이라는 사회를 분주히 관찰하느라고 애썼지.

임헌영 가셔서 만난 처음 주제는 무엇이었습니까? 여행도 많이 하셨겠습니다.

리영희 동경대학에서 중국 근현대사를 연구하는 곤도 구니야스(近藤邦康) 교수와 소련문제 연구가이자 남한 민주화운동을 지원하는 단체의 중심인물인 와다 하루키(和田春樹) 교수가 나의 공동 추천자였지요. 와다 교수는 일본의 전후 평화헌법에서 규정한 전쟁권 포기와 재무장과 군사화를 반대해서, 일본의 민주주의를 공고히 하고 대외적으로 선린관계를 수립하는 인류적 이상과 이념을 실현하고자 노력하는 일본을 대표하는 몇몇 양심적 지식인 중 한 분이었어요. 그런 정신으로, 미국의 베트남전쟁 기간에는 베트남전쟁에 참전한 미국 군인들의 탈주와 망명을 돕는 '베트남에 평화를'이라는 반전운동을 선도했어요. 또한 와다 교수는 한국의 박정희·전두환 독재정권하의 민주화 투쟁세력에 대한 일본의 지지세력을 대표하기도 해요.

그 당시 반독재 전선의 대표격이었던 김대중의 '동경 납치사건' 때에는 김대중의 생명을 보호하고 석방을 위한 국제적 연대운동을 전개하기도 했어. 또 반독재 운동으로 생명까지 위협받을 수 있었던 학생운동가들을 공식·비공식의 온갖 방법을 이용해서 일본에 데려가곤 했지. 사실 동경에 24년 만에 가서 비로소 내가 알게 된 사실이지만, 동경대학 총장을 움직여서 일본 외무성, 그리고 한국 정부에 영향력을 행사하는 등, 나의 동경대학 초청을 처음부터 구상하고 끝내 성사시킨 장본인이 와다 교수였어요. 와다 교수는 일본에서 번역된 나의 글들을 많이 읽어서 나를 알고 있었기 때문에, 전두환정권의 집중적 탄압을 피할 수 있도록 나를 일본으로 데려온 거요. 표면상으로는 동경대학 '사회과학연구소'의 중국 연구주임 곤도 교수를 앞세워서 중국문제 공동연구를 목적으로 한다고 했지만, 실제로는 나를 한국에서 끌어내 안전하게 하기 위한 배려였어요. 나로서는 정말 고마운 분이지.

임헌영 일본에서 중국에 대한 연구의 방향이나 깊이가 선생님이 생각하시던 것과 어떤 차이가 있었습니까?

리영희 일본의 연구는 아주 깊어요. 일본 학계의 중국 연구는 세계적이니까요. 중국에서 일본이 만든 사전을 갖다 쓸 정도니까. 비교가 안 되지요. 감히 못 따라갈 정도로 깊습니다. 나도 일본 사람들의 연구자료를 가지고 중국을 공부했으니까.

임헌영 중국 관계 일본학자 중에서 선생님의 취향과 맞는 학자가 있었습니까? 평소 만나보고 싶었던 학자라든가요.

리영희 『8억인과의 대화』에 수록했던 글의 저자들을 만나게 되었지. 그런데 처음으로 동경에 간 나는 자유와 해방감에 젖어, 몇 달 동안은 책상에 앉아 연구할 마음이 나지 않더군. 그저 자유를 만끽하고 싶었어요. 그런 분들과 인사가 끝난 이후에는 구체적으로 교제를 가질 기회는 별로 없이 지냈어.

임헌영 제일 많이 가신 곳이나 특별히 즐기셨던 것은 어떤 것이었습니까?

리영희 역시 서점이었지. 서점에 가는 것 자체가 공부가 되는 것이니까. 마침 동경대학 동양경제연구소에 초빙된 서울대 안병직(安秉直) 교수가 있었는데, 국내에서 아무런 문제가 없던 분이니까 정상적 교환교수로서 나보다는 훨씬 좋은 조건으로 체류하고 있었어요. 안병직 교수가 고맙게도 생활비의 일부를 도와주기도 했어. 책을 많이 살 수는 없었지만, 주로 중국 본토의 서적을 골라 샀지요. 일본에는 중국 책뿐 아니라 북한의 책들이 들어오니까 그런 책들도 많이 살펴봤어요. 삼십여 권으로 되어 있는 북한의 『조선통사』는 내가 보기엔 과학적·학문적 체계와 논증이 결여되어서 역사저술이라고 할 수가 없더군. 북한의 학문과 역사기술은 학문이 아니라 이데올로기 일변도적 선전문건 같더라구. 참 문제가 많더라구. 가령 『조선통사』의 절반이 김일성 주석 개인의 가보(家譜)나 다름없는 서술이오. '김일성' 그러면 줄이 바뀌어요. 굵은 고딕 글자로 말이지. 그리고 만주에서 독립운동을 했건 중국에서 했건 국내에서 했건 김일성 이외에 독립운동을 한 사람의 이름이나 이야기가 없어요! 그 한 사람만이 독립운동을 다 한 것이지. 한참 읽으니까 더는 못 읽겠더라구. 이건 역사가 아니라 소설이라고 할까, 프로파간다라고 할까. 그 책을 보면서 북한의 조작된 학문, 스스로 과학적 사회주의라지만 그 지적 생산물을 볼 때 나는 큰 실망과 불쾌감을 금할 수가 없었어요. 나는 북한에 두 번 갔었는데, 김일성 숭배가 지나쳐. 나는 북한 인민대중과 김 주석의 애정과 존경의 관계를 잘 알아요. 그런 글도 여러 번 발표했지. 그래도 북한의 김일성 숭배방식은 과거 일본국민에게 강요됐던 '천황숭배'와 다를 바 없어요. 아무리 위대하다 해도 인간의 '신격화'는 인간소외의 한 형태야.

임헌영 중국의 경우 모택동에 대한 숭배는 어떤 양상이라고 할 수 있습니까.

리영희 그것이 서양 사람들이 늘 제기하는 문제이지요. '김일성 숭배'하고는 성격이 달라요. 북한의 역사서술에서 대부분의 현대사가 김일성 한 사람만의 것이고 통일민족해방 행위를 한 사람도 그 한 사람이지만, 중국의 혁명운동 관계문헌이나 기록에는 모택동 이외에 나올 사람은 다 나와요. 모택동의 역할이 다른 사람들이 마땅히 받을 평가보다 높은 비중으로 묘사된 것은 사실이지. 분량에서나 빈도에서나. 그러나 모택동 숭배사상은 김일성 숭배하고는 달라. 상당히 객관성을 유지하고 있습니다. 모택동 자신이 "이런 식으로 기술하지 말라"라고 분명히 훈시하기도 했고. 본인이 '역겹다'고 공식자리에서 이야기를 하니까요. 김일성 숭배하고는 많이 달라 보여. 다만, 최후기인 '홍위병' 시기는 숭배적으로 묘사된 것이 사실이지. 모택동도 인생 말기에는 정신이상 상태였으니까.

역사의 단절과 역사의 상속

임헌영 일본에 대한 정서적 반감이랄까요, 그런 것은 없으셨습니까?

리영희 별로 없었어요. 물론 남의 나라이고 다른 민족의 사회니까, 일정한 위화감이 있는 것은 당연하지. 일본을 실제로 알면, 일본인들의 특성, 문화와 관습, 삶의 정서 등 다른 어느 나라나 민족과 마찬가지로 매혹될 만한 점도 많습니다. 일본은 역사적 행적과 정치적 집권자들과 현재의 우익·반공 세력만을 가지고는 거부해야 할 사실이 많지만, 인간적 또는 국민적 차원에서 일본을 잘 모르면서 무조건 배척하거나 반감을 앞세워서 매도하는 것은 잘못입니다. 한 예로 독일의 장인정신이 유럽에서 최고라고 한다면 일본의 장인정신은 아시아에서 최고라고 할 만하지요. 동경 시내의 어떤 우동집은 8대에 걸쳐 계속한다는 것이 자랑이고, 전통을 아끼고 가꾸고 발전시키는 마음, 직업에 대한 긍지와 성실성 같은 것은 우리가 배워야 할 장점이에요. 일본인들의 정치적 측면과 일본 고유의 문화적 특성을 분리해서 보려면 일본을 상당히 깊이 알아야 가능해져요. 어느 민족, 어느 국민의 경우도 마찬가지지만. 나는 일본 국가와 민족으로서의 조선 식민지화와 황국신민화 정책 등에 대한 부정적 역사적 평가를 견지하면서, 동시에 인간과 사회와 그 문화에 대한 객관적 평가를 위해서는 선입감을 배제하려고 노력해요. 일본인이 한국인에게서 배울 장점이 있듯이 한국인이 일본인이나 일본 문화나 사회에서 배워야 할 장점이 많습니다.

나는 한일관계에서 일본의 조선침략과 합방, 그리고 식민지 문제들에 대한 법적·정치적 죄과에 대해서는 응분의 준엄한 대가가 있어야 한다는 민족적 입장을 취하지요. 이것은 세상이 다 알고 있는 사실일 겁니다. 그러면서도 동시에 나는 한일 두 나라의 문제를 과거의 역사적 사실만을 강조하면서 일본인 또는 일본 민족에 대해 일방적 비난이나 규탄을 일삼는 배타적 민족주의에 대해서는 공감하지 않아요. 19세기 말의 한민족이나 당시 우리 선조들이, 어느 모로 보나 나라를 지키는 데 허물이 없었다면 모르지만, 실제로는 당시 우리 선조들의 책임도 컸어요. 이것은 누구도 부인하지 못하는 엄연한 진실이지요. 자기 민족의 허물은 비단 보자기로 덮어두고 상대방의 행위만을 극악하게 그려내는 것을 나는 반대해요.

나 자신의 개인적 처신에 대한 경구로 삼으면서 동시에 우리 국민과 민족 전체에도 같은 기준을 적용해 생각하는 중국의 옛말이 있어요.

"남이 자기를 업수이 여기는 것은 먼저 자기 자신이 자기를 욕되게 했기 때문이다. 가문이 흩어지는 것은 남이 그렇게 하기에 앞서서 울타리 안에서 형제끼리 싸우고 밖에서 오는 욕됨을 함께 막으려 하지 않았기 때문이다. 나라가 기우는 것은 남이 나라를 무너뜨리기에 앞서 그 나라의 군신이 스스로 먼저 나라를 기울게 했기 때문이다."

나는 미국의 반인도적인 범죄행위에 대해 비판을 하는 데 누구 못지않은 사람이에요. 그러나 역시 미국을 비판할 때에도 한국, 특히 남한의 국민·인텔리들·지도급 인사들·정부 그리고 국가로서 마땅히 지녔어야 할 자긍심과 자주적 민족심과 독립주권 의식을 상실한 채 미국이라는 국가를 맹목적으로 숭배하는 자화상에 대해서 준엄한 자기성찰과 비판을 게을리하지 않아요. 그리고 남에게도 그것을 권하는 말을 하고 글을 써왔어요. 임 선생은 일본을 비판하는 평소의 지론과 현재 하고 있는 친일파 문제 등에 관한 단체의 입장에서 나의 그와 같은 철학에 동의하기 어려울지도 몰라. 그것도 잘 이해하지만, 하여간 나는 자기비판을 겸하지 않은 타자비판만으로는 자칫 지난날의 역사적 과오를 되풀이하지 않겠느냐고 걱정하는 사람이에요.

임헌영 저도 일본여행을 할 때마다 양심적인 지식인과 교양 있는 성실한 개개인들의 우수성에 탄복하곤 합니다. 다만 우리나라처럼 극우 보수주의자들의 행태가 섬뜩하게 두려움을 끼치고 있다는 점만 빼면 너무나 좋은 나라지요. 지구 위에서 밤중에도 안전하게 거리를 돌아다닐 수 있는 나라가 몇 안 되잖습니까.

리영희 일본에서 겪은 한 가지 경험을 얘기할 필요가 있겠어. 1985년 5월, 바이츠제커의 유명한 '독일국민의 역사적 반성'이라는 담화가 나왔어요. 전 세계의 지식인들에게 깊은 감명을 준 바이츠제커 대통령의 독일 민족을 대표한 참회였지요. 그의 참회의 요지는 임형도 아는 대로 히틀러와 나치시대의 반인류적 범죄행위를 오늘날의 독일국민들이 스스로 자신의 과오와 죄과로 받아들이면서, 지난 나치시대의 역사와 완전히 단절된 새로운 독일역사를 창조해 나가야 한다는 취지예요. 천황제도를 그대로 존속하면서 과거의 천황제도와 군국주의, 제국주의 역사를 반성하고 자기비판하기를 주저하는 일본 사람들 속에 앉아서 그 성명을 들었을 때 나의 영혼이 깊고 숭고한 선율을 일으키는 듯한 감동에 사로잡혔어요.

그 성명은 독일인 모두가 자기 자신이 저지른 죄가 아니었다고 하더라도, 그리고 전후세대의 독일인들이 관여한 범죄가 아니었다 하더라도 나치시대 선조들의 행위를 '민족의 기억'으로 간직하면서 엄중한 자기반성을 해야 한다는 취지 아니었어요? '역사의 기억'을 상실하는 개인이나 국민이나 민족은 반드시 지난날의 과오를 되풀이할 것이라는 철학과 사상은 전 세계인에게 가슴 떨리는 감격으로 받아들여졌어요. 나는 바이츠제커 대통령의 그 짧은 성명 속에서 우리 국민에게도 그대로 해당되는, 동시에 일본인들에게 일침을 가

하는 의미를 찾았어.

그런데, 석 달이 지난 8월 15일 일본 수상 나카소네는 집권당인 자민당의 일본 패전 45주년 기념행사에서 "전후는 끝났다"고 선언하더라구. 패전 이후 40년 동안 패전국민으로서의 열등의식과 죄의식으로 살아온 일본국민들은 이제 그럴 필요가 없다고 말한 셈이야. 서독 지도자의 철학이 민족의 부정적 역사와 단절하고 새로 태어나는 민족의 철학인 '역사의 단절'이라고 한다면, 일본 지도자의 이런 태도는 부정해야 할 지난날의 역사를 그대로 이어가고자 하는 '역사의 상속'으로 전자와는 완전히 상반되는 철학과 사상이었어. 이 두 사실은 나 개인에게도 귀중한 세계관으로 남게 됐어.

이길 수 없는 전쟁, 질 수 없는 민족

임헌영 선생님께서 일본으로 가신 그해에 『베트남전쟁』을 펴내시지요. 실로 베트남전쟁 종전 10년 만입니다만, 그 나라에 깊은 애정을 가졌던 선생님의 감회는 남달랐을 겁니다.

리영희 이 책은 고작 225쪽에 불과한 작은 분량이지만, 나로서는 그야말로 심혈을 기울여 쓴 책이에요. 훗날 베트남전쟁 파병 한국군 현지사령관으로 명성을 날렸던 채명신(蔡明新) 장군하고 어느 텔레비전에서 베트남전쟁에 관한 회고 대담 프로그램에 나간 일이 있었어. 베트남전쟁이 지난 지도 30년이 가까워지고 한국군 파병에서부터는 35년이 됐으며, 나의 책이 나온 지 20년이 지났는데도 채명신 장군은 나의 『베트남전쟁』을 완벽하게 읽고, 그때까지 그 내용을 정확히 다 기억하고 있더라고. 베트남전쟁과 베트남의 패망

베트남전쟁이 끝나고 10년 만에 나온 『베트남전쟁』에는 베트남에 대한 나의 애정과 관심, 그리고 학문적 성취가 집약되어 있다.

이유와 세계 최강국 미국의 패전이 불가피했던 모든 사실들을 말해주는 내 책의 내용에 대해서 그는 경의를 표하더라구. 그는 그의 위치 때문에 나의 견해나 베트남전쟁을 패망으로 몰고 간 그 모든 사실들에 대해서 공개적으로 동조하거나 찬동하기는 어려운 입장이니까, 간접적인 표현으로 그렇게 하더군. 어쨌든 이 책을 읽으면 리영희라는 저자가 베트남사태와 베트남전쟁의 몇십 년의 기간에 걸쳐서 얼마나 깊이, 그리고 정열을 다해서 연구했는가 하는 것을 알게 될 거예요.

이 책을 쓰기 위해서 나는 미국 상원 비밀청문회의 2,000페이지에 달하는 기록을 입수해서 읽었고, 드골 불란서 대통령에서 시작되는 과거 베트남전쟁의 기록과 미국 국방장관을 필두로 한 정부와 국방부와 CIA와 현지사령관들의 희귀 문서들을 섭렵했어. 그 분량은 어마어마하지. 당시의 한국에서는 어떠한 군부의 전략연구가들이나 민간 국제관계 학자들이 들어보지도 못한 것들이 많아요. 각국의 비밀문서와 정부 각급, 각 단위의 비밀교환 문서들을 나는 정말로 힘겹게 입수해서 이용했어요.

결과적으로 이 220쪽의 책은 그대로 소설과 같은, 그것도 보통 소설이 아니라 아주 흥미진진한 소설과 같은 도취감을 갖고 읽게 돼. 그것은 내가 1983년 제2차 교수해직 기간에 심혈을 기울여서 번역하고 주석을 붙여서 편집·출판했던『중국백서』만큼이나, 또는 그 몇 배로 흥미진진한 읽을거리이기도 해.

미국이 제2차 세계대전 이후에 군사·정치·외교·경제력, 그리고 온갖 선전기관을 총동원해서 지원한 정부나 국가라는 것이 하나도 예외 없이 철저하게 부패하고, 철저하게 국민과 유리된 소수의 억압적인 지배집단에 의해 통치돼 왔다는 사실과 그런 미국의 전쟁은 결국 치욕스러운 미국의 패배로 끝난다는 사실을 아주 극명하게 입증해준 거예요. 적절한 비유인지는 모르겠지만,『중국백서』와『베트남전쟁』, 이 두 책을 읽다 보면,『삼국지』를 읽을 때에 느끼는 즐거움을 얻을 수 있지요. 그러는 사이에 제2차 세계대전 이후 아시아 대륙에서의 소위 극우적·반공적·반민중적·외세의존적 권력과 집단이 코믹하기도 한 비극적 종말의 생리를 우리는 알게 돼요. 나는 많은 책을 써왔지만, 특히 이『베트남전쟁』은 한국 국민들에게 굉장한 계몽적 역할을 했다고 생각해. 크게 '의식화'를 시켰지. 지금도 이 책을 읽고 비로소 역사적 진실을 인식하는 눈을 떴다고 나에게 실토하는 한국인이 많아요. "이럴 수가 있느냐!" 하고 놀랐다는 거지. 그런 고백을 하는 많은 사람을 만나면, 나는 나의 험난했던 지식인으로서의 과거에 보람을 느껴요. 나의 삶이 헛되지 않았다는 자기위안이기도 하고 만족감이기도 하고.

임헌영 제일 궁금한 것은 월맹이 어떻게 미국을 이길 수 있었나 하는 점입니다. 당시 월남과 월맹 인구는 3대 1 비율로 월남이 많았고, 화력은 미국의 원조로 9대 1 정도였다니, 무엇으로 보아도 월맹이 승리를 할 수 없는 상황이었습니다. 저도 그때 선생님 글을 보면서 옳기는 옳지만 과연 승리할 것인가 하는 의구심이 들었습니다. 미국이라는 나라가 워낙 막강하니까요. 그런데 선생님께서는 연구하시면서 기대는 하셨겠지만 월맹의 승리를 예견할 수 있었는지요. 월남문제에 대하여 가졌던 기대가 이라크에도 해당될 수 있겠습니까?

리영희 그 질문에 대한 답변에 해당하는 얘기는 내가 앞서 많이 했기 때문에, 차라리 이번에는 드골 전 불란서 대통령을 불러서 나 대신 답변을 시켜보지요. 1858년에 베트남이 불란서 식민지가 되고, 1954년에 9년 전쟁을 통해서 해방될 때까지 베트남의 식민통치국가였던 불란서의 대통령만큼 베트남의 사정을 속속들이 알고 있는 사람은 없을 겁니다. 더욱이 드골 대통령은 월맹의 호지명 대통령과 그의 군대에 의해 9년 동안이나 계속된 제1차 베트남전쟁에서 불란서군의 마지막 거점인 디엔비엔푸에서 결정적인 패배를 당할 때까지 전쟁당사자였으니까. 드골은 그의 자서전 『희망의 기억』(*Mémoires d'espoir*)에서 이렇게 말했어요.

> 인도차이나 전쟁에서 불란서가 패망하고 떠난 뒤, 미국은 고 딘 디엠 정권을 뒷받침하면서 경제원조라는 표면적 간판 아래 미국 원정군의 제1진을 베트남에 들여놓기 시작했다. 케네디는 나에게, 미국

의 목적은 그곳에 소련 포위용 기지망을 구축하려는 것임을 이해해 달라고 요청했다. 나는 그가 요청하는 승인과 동의 대신에 (케네디 대통령에게) 그가 잘못된 길을 택하고 있다고 말해주었다.

나는 그에게 다음과 같이 말해주었다. 이 지역에 한번 발을 들여놓으면 당신은 끝없는 미로에 빠져들 것이다. 민족이라는 것이 한번 눈을 뜨고 궐기한 다음에는 아무리 강대한 외부세력도 그 의사를 강요할 수는 없는 것이다. 당신은 스스로 이 사실을 깨닫게 될 것이다. 일부의 베트남 현지 지도자들이 순전히 이기적인 이유와 목적에서 당신을 섬길 생각이라 하더라도 민중은 그들을 따르지 않을 것이며, 더구나 당신을 원치도 않을 것이다. 당신이 내세우는 이데올로기는 그들에게 아무런 관심도 불러일으킬 수 없을 것이다. 인도차이나의 민중은 오히려 당신이 말하는 이데올로기를 당신의 지배욕과 동일시할 것이다. 당신이 그곳에서 반공주의를 내세워 깊이 개입하면 할수록, 그곳 민중에게는 공산주의야말로 그들의 민족적 독립의 기수로 보이게 되리라는 것이 바로 이 때문이다. 그러면 그럴수록 민중은 공산주의자들을 더욱 따르고 지지하게 될 것이다. 당신은 지금 우리 불란서가 떠난 그 자리에 들어서려 하고 있고, 우리가 끝맺은 전쟁을 다시 되살리려 하고 있다. 한마디로 당신네 미국인들은 인도차이나에서 과거의 불란서의 자리를 차지하고 있다. 우리는 신물 나도록 그것을 경험했다. 당신에게 한마디 더 충고하고 싶은데, 그것은 아무리 돈과 인원을 인도차이나에 쏟아부어도, 오히려 그럴수록 당신네들은 그곳에서 밑이 없는 군사적·정치적 늪 속으로 몸을 가눌 수 없게끔 한 발 한 발 더 깊숙이 빠져들어 갈 것이라는 분명한 사실이다.

임헌영 여기서 월남인들의 국민성을 생각하게 합니다. 앞에서 선생님께서 우리나라 국민성에 대해 비판을 한 적이 있는데요. 사실 분단 이후 우리 문학사에서 민족의식을 강화시킨 계기가 월남전 소설이었습니다. 황석영, 박영한 등 여러 작가를 봐도 이 점을 확인할 수 있습니다. 월남에 가서 우리나라 군인들이 전혀 느낄 수 없었던 면을 본 것이겠지요. 월남 군인들조차도 호찌민이라고 하면 욕을 하지 않는다고 합니다. 아이들조차도 호 아느냐고 하면 호 아저씨라 하며 친근감을 표시하구요. 우리와 비교하면 참 부러운 일입니다. 왜 월남은 민족의식을 유지할 수 있었는지 그것이 불교적인 것인지 그것이 어떻게 가능할 수 있었는지, 어떻게 생각하십니까?

리영희 베트남 민족의 불가사의한 강점인데요. 우선 불교가 80퍼센트인 단일 종교라는 데서 유대감이랄까 공동체의식이랄까 그런 것이 크게 작용했지. 우리와의 가장 큰 차이는 민족 전체의 마음을 한 몸에 그대로 끌어안으면서 민족의 염원과 꿈과 희망과 전통이 한 몸에 그대로 인간화된 호지명이라는 위대한 지도자가 있었다는 사실일 겁니다. 베트남 인민은 그런 인물을 가지고 있었고, 우리에게는 그런 지도자가 없었지요.

나는 베트남전쟁의 종말을 고한 승부에 관해서, 미국 베트남전쟁 휴전협상 수석대표였던 에이버렐 해리먼 이상으로 정곡을 찌르는 답변을 할 수 있는 사람은 없으리라 생각해요. 해리먼은 역대 미국 정부의 최고정책결정과정에 직·간접적으로, 또는 중심에서나 외부에서나 큰 영향을 미친 정치가의 한 사람이야. 제2차 세계대전 말기에는 루스벨트정부의 주소련대사로서 연합국 4개국 정상들의 최고전쟁전략회의의 중개자였고, 종전 후에는 민주당 대통령후보 지명전에 나서기도 한 거물 정치인이지. 그는 베트남전쟁을 종결지은 파리휴전협상의 미국 수석대표로서 존슨 대통령을 대신하여 거의 전권을 행사했던 인물이에요. 어떻게 농민군대와 다름없는 호지명의 베트남 군대가 승리하고, '절대로 패배할 수 없는' 미국 군대가 패배했는가를 한마디로 말할 수 있는 인물로 해리먼 이상의 적격자는 없을 거요.

그는 1969년 1월 20일, 오랫동안 베트남 측의 정전협상 대표를 상대로 계속해온 미국 수석대표직을 사임한 직후의 기자회견에서 이렇게 말했어요.

남베트남에서의 투쟁의 승부는 이미 결정이 난 것이나 다름없다. 한쪽은 자기 민족을 억압한 식민지 세력에 협력한 사람들이 이끄는 집단이고 다른 한쪽은 긴 독립·반식민지 투쟁에 몸 바쳐 싸운 애국자들이 이끄는 집단이다. 어느 쪽 지도자들이 베트남인을 더 사랑하는가는 분명한 사실이다. 민중의 사랑을 받는 쪽이 결국은 승리할 것이다.

어때요. 드골 대통령과 해리먼의 말로 베트남의 모든 진실이 밝혀지고, '절대로 질 수 없는' 미국이 어째서 패배했는지를 알 수 있지요?

27만 명이 징집을 거부한 전쟁

임헌영 호찌민이 당 간부 요건으로 외국어 구사능력을 중요시했다던데, 어쨌든 다른 나라 공산당 간부들과는 확실히 다른 인간상이 호찌민이지만, 그렇더라도 당파가 생기게 마련인데 그런 지도자상과 국민성, 이런 것들이 잘 맞아떨어졌겠지요?

    리영희 그 질문에 대해서도 앞서 대체로 설명했다고 생각해요. 한 가지 단적인 실례를 덧붙이면, 1954년에 호지명의 베트남군이 불란서군을 패망시키고 정전협정이 성립돼. 이 협정에서 관련 국가정부들은 2년 후인 1956년 여름까지 남북 베트남에서 민주적 총선거를 실시하기로 합의하고, 그 선거를 통해서 남북을 합친 통일 베트남 정부와 국가를 창건하기로 체약했어. 모든 관련 당사국이 서명하거나 서약한 국제협정이지. 그런데, 그 유예기간인 2년이 지날 무렵인 1956년 초에, 미국이 전 정보력을 동원해서 남베트남 대중의 정치적 충성도에 대해 여론조사를 하니까 83퍼센트가 호지명을 지지한다고 나왔어요. 통일선거를 실시하면 당연히 그의 세력이 승리할 것이라는 예측을 낳게 했어요. 오해하지 마시오! 이건 북베트남 인민대중의 충성도가 그렇다는 것이 아니라, 미국이 전력을 다해서 지원하고 있는 남베트남, 소위 '사이공정권' 아래서 그랬다는 거예요.

    다급해지고 당황한 아이젠하워 미국 대통령은 이 사실을 베트남 정전 협정 의장국의 하나인 영국의 이든 수상에게 알리면서, 휴전협정에 따르는 총선 실시를 백지화하게끔 압력을 가합니다. 이러한 미국의 협정 위반은, 같은 시기에 한국전쟁 정전협정의 규정을 폐기해버리고, 통일선거를 거부하기로 한 미국정책과 쌍을 이루는 거예요. 미국의 이 총선파기 결정 때문에, 9년 동안의 항불전쟁에서 승리하고 2년 동안 통일선거를 위해서 기다리고 참아왔던 남북베트남 인민대중이 함께 들고일어난 거야. 이것이 소위 '베트남전쟁의 발발 원인'이오.

미국정부는 공산주의에 반대하는 '베트남인의 자유와 행복'을 위해 베트남전쟁을 시작했다고 선전했지요. 한국 국민들은 이것에 완전히 속아 넘어갔지. 그렇지 않았나요? 그런데, 여기서 그게 아니었다는 사실을 미국 자신으로 하여금 고백하도록 해봅시다. 1964년 11월 29일 미국방부 극비문서자료 제27은 미국의 베트남사태 개입 목적을 다음과 같이 밝히고 있지요.

① 반(反)침략의 보호자라는 명성을 지킨다.
② 동남아시아에서의 도미노 효과를 저지하기 위해.
③ 남베트남을 '붉은' 손에서 지키기 위해.

이 극비문서가 고백하듯이 미국의 베트남전쟁 목적 중 베트남의 공산화를 저지한다는 것은 세 번째 항에 불과해. 미국의 베트남전쟁 개입은 애당초 베트남 인민을 위한 것이 아니었던 거야. 그 증거는 앞의 베트남전쟁 개입 목적에 이은 다음의 국방부 극비문서가 너무나 솔직하게 실토하고 있어.

70퍼센트: 미국의 굴욕적인 패배를 저지하기 위해.
20퍼센트: 남베트남(과 이웃 여러 나라)의 영토를 중공의 손에서 지키기 위해.
10퍼센트: 남베트남의 국민에 보다 나은, 자유스러운 생활을 보장키 위해.
그리고, 견딜 수 없는 심각한 재난이 남지 않도록 하면서 위기(베트남전쟁)에서 빠져나온다.

그러나, 만일 미군이 철수를 해야 할 때에는, 그대로 남아 있기는 어렵지만 미국의 본래 목적은 어디까지나 '벗(우방)을 돕는 것이 아니다.'

(맥너턴 국방차관보가 맥나마라 국방장관에게 보낸 「남베트남을 위한 행동계획」 - 1965년 3월 24일)

이것이 미국이라는 국가라고. 한국인들은 미국을 마치 천사처럼 착각하고 있어. 지금 이라크 보고서도 그래. 특히 예수교 신자들이 문제야. 극우·반공주의자들은 으레 그렇다 하고 말이오.

여기서 분명하듯이 미국의 베트남전쟁 목적은 90퍼센트가 미국 자신의 이익을 위한 것이고, 베트남인들을 위한다는 목적은 10퍼센트밖에 안 됐어! 그런데 이 보고서 작성자인 맥너턴 국방차관보는 지금 부시정권에서 아프가니스탄 전쟁, 이라크 전쟁을 처음부터 구상하고 밀고 나간 부시 전략팀의 한 사람이야. 미국 지배집단은 그 본질이 절대 바뀌지 않아요. 미국에게 약소국가들에 대한 국제조약이나 협정의 준수를 기대한다는 것은 아예 가당치 않은 일이에요.

임헌영 일종의 시너지효과인데요. 당시 앤절라 데이비스라든가 존 바에즈, 그리고 제인 폰다 등 미국 내에서도 반전운동이 강렬했습니다. 또 미국병사들도 탈영하여 스웨덴에 가서 평화운동을 했습니다. 선생님이 그런 움직임을 『베트남전쟁』에서 상세히 밝힌 것처럼, 미국의 언론계나 미국의 지식인들이나 예술인들을 보면서 그래도 미국에 이런 양심들이 있구나 하고 느끼지 않았습니까?

최근 걸프전이나 이라크 전쟁을 대하는 미국언론은 어떻게 볼 수 있을까요?

리영희 그때와는 미국 내 상황이 많이 달라졌어요. 당시 미국 국민은 이런저런 전쟁의 쓰라린 경험에서 교훈을 얻었어요. 1940년대를 거쳐서 미국은 부패 타락한 장개석 국민당정부를 전면적으로 도와서 중국공산당의 모택동 혁명정권과 싸웠는데 결국 패합니다. 그때 미국이 지원한 돈과 탱크와 비행기와 군함은 엄청난 수량이었어요. 군사원조가 그렇게 엄청났는데도 불구하고 미국은 중국공산당 농민군대에게 밀려 중국대륙을 포기하고 나왔거든. 이 사실과 과정을 『중국백서』에 내가 소상히 밝힌 거예요. 곧 이어서 한국전쟁이 일어납니다. 미국은 이 전쟁에서 역시 승리하지 못합니다.

아시아의 두 전쟁에서 겪은 미국의 쓰라린 체험과 수치스러운 경험이 다시 잇따라 베트남에서 재현되니까, 미국 지식인들 사이에 자기반성이 일었어요. 그런 심정과 자기비판적 분위기가 가득 차 있는데 베트남전쟁이라는 또 하나의 엄청난 비리를 범하니까 결국 전 지식인들이 들고일어납니다. 그러나 그 후 미국은 베트남전쟁을 경험했음에도 불구하고 지속적으로 미국의 일국지배, 특히 소련과 사회주의가 붕괴된 이후에 세계의 단일지배 패권국가가 되니까, 결정적으로 오만해진 것이지. 아무런 자기비판과 반성이 없는 상태로 그렇게 세력이 점점 강대해지니까요. 1960년대와는 상황이 다릅니다. 1960년대 베트남전쟁 당시만 하더라도 미국의 271개 대학의 총학생회가 징집거부 결의를 했어요. 아주 놀라운 일이지. 대학생과 청년들은 징집영장을 불태우고 형무소에 들어가거나 망명을 택합니다. 그 수가 무려 27만 명이나 됐어. 27만 명이나 되는 미국의 대학생들이 베트남전쟁을 반대하고 투옥·잠적·도피·망명한 것인데, 이것은 엄청난 사태였지. 의식의 대혁명이라 볼 수 있지요. 클린턴

전 대통령이 조지타운대학 학생으로서 그 한 사람이었다는 사실은 이제는 다 알려져 있지.

임헌영 1960년대부터 월남전 때 강제방문 압력과 한 달만 가서 기사 몇 개 써주면 엄청난 보수를 주겠다는 정부의 유혹을 다 뿌리치고 안 가셨는데, 월남에 처음 간 것이 언제입니까? 어떤 계기로 가시게 되셨지요?

리영희 다소 엉뚱하게 한국의 조계종과 관련해서 갔어요. 개인적으로 간 것은 아니었습니다. 나는 혁명의 발자취를 돌아보기 위해 중국여행을 가고 싶었지만 1980년대까지는 못 갔고, 용맹스러운 베트남 인민들이 싸웠던 곳을 두루 찾아보고 싶었지만 그런 기회 역시 갖지 못하고 있다가, 1990년대 초에 불교 스님들과 '한·월 불교 친선협회'를 결성하는 계기로 방문했어. 『법보신문』 고문으로 있을 때이지.

임헌영 그때 월남의 인상은 어땠습니까?

리영희 월남은 잘 알려진 대로 통일은 됐지만 경제적으로 피폐하고 전쟁의 쓰라린 흔적은 그대로 남아 있었어요. 베트남인들의 삶에서 전쟁기간 중에 발휘됐던 도덕적인 영웅심이나 민족애 등의 덕성이 그대로 유지되기는 어렵지. 어떤 경우든 그 시점에서의 생존을 위한 요구가 사람들의 삶을 결정하는 것이니까. 북부베트남(구 월맹)도 가긴 갔지만 주로 안내를 받으면서 여행했지. 월맹에 의해 해방이 됐다지만 주로 남부베트남은 오랜 기간 빌붙어 살았지요. 불란서가 들어오면 불란서에 붙어살고, 제2차 세계대전 직전과 직후의 4년 동안 일본이 들어오면 일본에 붙어살고, 또 미국이 들어오면 미국에 붙어살고. 미국이 자기 민족을 대상으로 피바다를 만들고 있는데도 미국에 붙어먹고 산 월남이었으니 전쟁 중이나 전쟁 후나 표면에 보이는 사람들은 별로 그렇게 도덕적으로 존경할 만한 상태는 아니라고 느꼈어요. 그럴 수밖에 없지.

동서양 인류문화의 현장으로

일본·독일·미국에서의 교수 체험

분단독일민족과 분단조선민족의 차이

임헌영 동경대학에서 한국에 오셨다가 하이델베르크로 가셨나요, 아니면 동경에서 바로 가셨습니까? 기독교사회연구소는 어떤 곳인가요? 독일은 우리와는 다르게 교회에 관련된 단체들도 진보적인 성격을 띤다고 들었는데요.

리영희 동경대학에서 바로 하이델베르크에 갔어요. 본래는 동경대학에 1년 있기로 했지만, 경제사정이 그리 좋지 않고 또 물가는 비싸고 해서 어려웠어요. 특히 교통비가 비싸서 여행하기가 어려웠어. 나는 책과 지식으로서 일본을 잘 알기에, 많은 곳을 여러 날에 걸쳐 찾아보고 싶었어. 그런데 그것이 안 되더라구. 내가 무슨 돈이 있나. 그러던 차에 하이델베르크에서 초대가 왔어요. 대우도 좋은 편인 데다 과제도 구체적이었어요. 일단 23년 만에 외국에 나갈 수 있는 허가를 향유했으니까, 일본은 또 가까운 장래에 나올 수 있겠지 생각하고 1985년 초여름에 하이델베르크 소재 '독일 연방교회 사회과학 연구소'(Forschungsstätte der Evangelischen Studiengemeinschaft) 로 갔지요.

독일의 교회는 한국의 기독교와 성격이 전혀 달라요. 서독의 교회는 국가교회입니다. 국가교회라고 해서 뭐 국가에 충성을 바쳐야 한다는 뜻이 아니라, 한국의 기독교가 굉장히 많은 파로 분열되어서 전체로서의 정체성이 확립되어 있지 않은 것과는 달리, 연방정부가 교회를 전부 지원합니다. 재원은 신자들이 '종교세'를 냄으로써 그것이 정부예산으로 들어가고, 그것이 다시 배분되어 목사의 월급이 되고 교회의 신앙 활동비와 유지비가 됩니다. 문화사업도 지원하고 각 분야의 연구도 지원합니다. 교회와 교회 사업의 내용, 필요 인원의 인선과 임무 등은 전부 자치적으로 운영돼요. 여기에 연방정부가 그 예산에 해당하는 액수만큼 보태서 보조합니다.

임헌영　참 특이한 제도입니다. 언제부터 그런 정책을 폈지요?

리영희　제2차 세계대전 후부터예요. '독일교회'라고 할 때에는 우리 식의 장로교회다 감리교회다 이런 식으로 이해하면 안 되고, 어느 교회나 같은 구조와 형식과 대우를 받지요. 또한 제2차 세계대전이 끝난 이후 독일교회 내부에서 히틀러와 나치체제에 협력했던 과거사에 대한 참회운동이 일어나, 자체 정화운동이 철저하게 이루어져요. 남한의 경우, 일제시대 친일·반민족 행위를 해놓고서도 해방 후에 오히려 그런 자들이 정계니 교육계니 기독교의 이름으로 활보하지 않습니까? 한국 기독교가 해방 후 미국 군정과 이승만정권의 비호하에 자기정화의 과정을 거치지 않은 것과는 전혀 달라요. 독일교회는 히틀러의 나치체제에서의 교회의 궤적을 철저하게 내부 비판하고 완전히 다시 태어났어요.

나를 초대한 사회과학연구소엔 십자가 같은 것도 없어요. 식사 전에 기도도 하지 않아요. 그런 틀에 박힌 낡은 표식이 없어요. 예배도 안 봐요. 직제도 목사가 아니에요. FEST는 서독교회가 필요로 하는 전체의 방향이나 철학, 예를 들어 제3세계에 대한 사회·문화적 지원과 그 방법 등과 같은 문제를 연구하는 기관입니다. 여러 가지 주제의 연구결과를 연방교회의 사업으로 건의하는 임무를 띠고 있지요. FEST의 인원은 그런 광범위한 사업을 하기 위한 고급 연구자들로 구성돼 있고, 그 연구자들 중 약 20명이 박사학위 소지자이며 그 밑에 많은 실무진과 행정요원이 있어요. 인권문제를 어떻게 볼 것인가에 대한 문제도 다룹니다. 같은 분단국가인 한국의 문제를 어떻게 독일과 연결해서 연구할 것인가, 이런 보다 범사회적인 가치를 지향하는 기관이에요. 분단 코리아와 분단 독일의 비교 연구, 남북한 문제와 동서독 문제에 관한 FEST와 나의 분담 세미나를 하기 위해 날 부른 것이지요. 아주 개방적이고, 진취적이고, 학문적인 분위기가 마음에 들었어요.

나는 독일인들의 실용주의·합리주의·효용주의에 관해서 많이 읽기도 했고 듣기도 했지만, 실제로 연구소에 도착한 그날의 첫 대면에서 그것을 확인하고 정말로 감탄했어. 우리 한국 같으면, 남의 나라 교수를 초대하면 우선 차를 마시고 긴 덕담을 하고 또 식사를 하고 휴식을 취한 뒤에, 대개 그다음 날 다시 만나서 초청하게 된 경위나 앞으로 할 프로젝트의 내용 설명이나 상호 간 견해 교환 같은 것을 하게 마련이지 않겠어? 그런데 그날 나와 아내가 프랑크푸르트 공항에 도착해서 기차로 하이델베르크의 연구소를 찾아가는

데 두 시간가량 걸리더군. 점심시간이 지났기 때문에 우리는 굉장히 허기져 있었어. 그런데 이 연구소의 교수들이 나를 맞이하자마자 홍차 한 잔씩 내놓고는 다짜고짜 앞으로 내가 해야 할 세미나 관계와 자기들 연구소가 나에게 기대하는 세미나와 토론에 관련된 계획서를 잔뜩 펼쳐놓고 토론부터 시작하는 거야. 꼼꼼하고 치밀하게 작성한 계획서에 따라서 설명하고 나의 의견을 묻고 각자의 의견을 제시하면서 진행을 하더군. 약 두 시간이 걸려서 끝났어요. 그제야 "식사를 하러 갑시다"라고 하더군. 자기들도 안 먹고, 우선 문제의 업무부터 처리하는 그 독일인의 철저한 현실주의적 업무처리 방식을 보면서 정말 감탄했어요. 그곳에 가기 전에 있었던 일본 동경대학에서, 한국의 허례허식·형식주의·비실용적 관념주의 따위를 깨닫고 부끄러움을 느꼈는데, 독일에서는 더했지.

임헌영 아, 그런 모습은 전혀 생각지도 못했어요. 그러면 연구소는 하이델베르크대학 내에 있습니까?

리영희 아닙니다. 하이델베르크대학의 종교학과나 FEST 사업과 관련된 학과하고 밀접히 연계되어 있긴 하지만, 완전히 독립된 연방교회 부속연구소예요. 하이델베르크의 아름다운 언덕 위에 있는데, 이곳은 독일 관광지로도 유명한 '슐로스'라고 불리는 성(城) 옆에 있어요. 슐로스가 독일어로 '성'이라는 뜻이지만.

임헌영 정식명칭은 어떻게 됩니까?

리영희 '독일 연방교회 사회과학연구소'(FEST)라고 합니다. 나는 독일어를 전혀 못 해요. 일상생활이나 남북한 세미나에서 영어를 썼어. 연구소 직원들이나 연구위원들도 다 영어를 잘해서, 불편은 하나도 없었어.

임헌영　한국인으로서는 선생님이 처음인가요? 그 뒤에는 누가 갔습니까?

리영희　내가 처음이었어요. 제3세계 국가 연구를 위해서 해마다 다른 나라에서 학자를 1년 동안 교대로 초대한다고 들었는데, 그 후로는 잘 모르겠어. 여기서는 한국 내 문제, 남북한 문제 등에 관해 나에게 세미나를 부탁하고, 나는 연구소 학자들의 학술토론회에 참석하기도 하고, 수도 본에 있는 내독문제연구소(동서독문제연구소) 같은 기관을 방문하기도 했어요.

하이델베르크성에서 한시를 읊으며

임헌영　하이델베르크는 참 아름다운 도시지요.

리영희　참 아름답지! 독일을 찾아 세계 각처에서 오는 관광객의 절반 이상이 꼭 찾아온다는 아름다운 곳이지. 하이델베르크대학 가운데 괴테가 강의했던 건물과 강당이 있고, 낭만적이고 아름다운 네카어강을 끼고 있지. 유명한 영화 「황태자의 첫사랑」에 나오는 맥줏집도 있구, 교칙위반 대학생들을 가두어놓는 구금소 벌방도 있어요. 또 하이델베르크 옛 영주의 성, 아주 아름다운 성인데 거기에 각기 70만 리터와 30만 리터의 포도주 통 두 개가 있는데, 나는 그것을 보면서 어느 시대 어느 나라에서나 농민들의 고혈을 짜 먹은 지배자들의 생활이라는 것을 생각하지 않을 수 없었어요. 이런 거대한 통에 포도주를 채워 넣어야 할 농민들 자신은 술 한 방울 제대로 마셨을 리 없으니까 말이야. 그러면서 영주들과 귀족들은 미희들을 끼고 춤을 추면서 그 엄청난 양의 포도주를 밤을 새우며 마셨을 테니 그 아름다운 성의 의미가 뭐냐, 그런 생각을 하곤 했어. 그 장면을 떠올리면 자연히 암행어사 이도령이 남원 사또의 술판에 나타나서 술 한잔 얻어먹는 대신 써냈다는, "금준미주천인혈 옥반가효만성고 촉루락시민루락 가성고처원성고"(金樽美酒千人血 玉盤佳肴萬姓膏 燭淚落時民淚落 歌聲高處怨聲高, 금으로 만든 술통에 든 맛좋은 술은 천 인의 피요, 옥으로 만든 쟁반에 담긴 맛있는 안주는 만백성의 고혈이라. 촛농 떨어질 때 백성의 눈물도 떨어지고, 노랫소리 흥겨울 때 원망의 소리 또한 높도다)가 머리에 떠오르곤 했어. 그 시를 읊으면서 성 앞을 지나 연구소로 가곤 했어요. 매일 주변의 아름다움을 즐기면서도 동양에서 간 손님으로서 쓸데없는 고민을 한 셈이지.

임헌영 숙소는 어디에 마련하셨습니까?

리영희 지은 지 100년이 된다는 오래된 독일의 옛 농가를 개조한 큰 집에 살았어. 거대한 마구간과 건초창고, 곳간 등의 부속 건물들이 그대로 달려 있는 옛 농촌 부잣집이었어. 네카어 강가에 있었어요. 전원적인 도시 속의 아름다운 곳에 머물렀지요.

임헌영 독일의 음식은 어떠셨습니까?

리영희 독일 음식이라, 글쎄요. 뭐라고 해야 할까, 한마디로 말하기 어려운데 다만 내가 경험한 동서양의 많은 나라들 중에서 음식으로는 제일 뒤지는 것 같은 느낌이었어. 세련미가 덜한 것 같아. 집사람과 같이 갔으니까 한국 음식을 자주 해먹었지요. 나는 음식에 관해서는 코스모폴리탄이라서 서양 음식이건 어느 나라 음식이건 다 좋아해요. 그런데 아내가 '신토불이'라서! 독일에서 배운 것이 있다면 포도주 맛을 익힌 거라 할까. 처음으로 포도주를 매일 마시게 됐으니까. 당시 1달러가 2.7마르크 정도 됐는데, 3마르크짜리 포도주로 시작해서 차츰 비싼 포도주의 맛을 음미하게 됐어. 사람의 입이라는 것이 간사해. 결국 10마르크짜리로 손이 가더니 십몇 마르크까지 올라갔어. 그 이상은 나의 지갑사정 때문에 참았지. 포도주 값은 아주 싼 편이었지.

임헌영 이때 만났던 독일 쪽 연구원의 전공은 무엇이었습니까? 내독문제입니까?

리영희 그 연구소가 한 단과대학만 한 규모예요. 연구원들의 전공은 다양하지요. 군축문제·평화문제·남아프리카의 인종문제·후진국가 농촌원조 연구 등 각 분야에 걸쳐 있어요. 나의 상대 연구원은 리네만이라는 분이었는데, 이 사람은 라틴아메리카나 남아프리카 국가들의 독재정권·군부탄압·민중운동·빈곤문제·인권투쟁 분야의 전문가였어요. 아시아에서 바로 그런 상황이 극에 달했던 남한에서 나를 초대한 까닭이지요.

임헌영 한국 문제에 대한 인식은 어느 정도였습니까?

리영희 거의 없었지. 내가 처음 갔으니까. 남한에 관해서 별다른 연구가 없었던 것 같아요.

임헌영 다른 독일 지역에 비해서 하이델베르크에는 많은 유학생들이 있었을 법한데요. 선생님을 찾아온 유학생들이 많았습니까?

리영희 독일에 있던 유학생들이 내가 왔다고 하니까 하이델베르크의 학생이건 다른 대학의 학생이건 많이 찾아왔어. 나도 여러 대학의 학생들에게 초대받아 갔고. 그들은 그 후 대부분 귀국해서 다 교수가 되거나 언론계와 정계로 진출했지. 또 그 당시에는 한국에서 간 탄광노동자와 간호사들이 많았어. 그분들도 내가 온 것을 반가워했고, 여러 가정이나 모임에서 초대를 해줘서 고맙기는 했지만 나는 대부분 고사했어요. 왜냐하면 박 정권의 소위 '동베를린 간첩단사건'으로 재독 교포들이 백여 명이나 납치되어 간첩으로 몰려 고생을 하고 돌아간 지 20년도 안 된 때라, 독일에서의 나의 거동은 굉장히 조심스러웠지. 더구나 독일을 거점으로 한다는 북한의 공작활동도 역시 남한의 첩보기관의 그것과 마찬가지로 치열한 때였기 때문에 나는 만사에 경계심을 늦추지 않았어요. 남북분단 상태를 그대로 옮겨다 놓은 이런 정치적 대결상황은, 남북을 초월하려는 민족화해 지향적인 지식인, 어느 한쪽 국가나 체제와 권력에 대한 충성을 거부하는 나 같은 정신과 사상의 소유자에게는 불쾌한 경험이었어.

대학총장과 목공이 평등한 사회

임헌영 송두율 교수도 이때 만나셨습니까?

리영희 물론 송두율 씨도 만나고, 윤이상 선생도 만났지요. 연구소가 있던 하이델베르크의 성에 크고 아름다운 홀이 있어요. 윤이상 선생이 베를린에서 와서, 거기서 한국적 정서를 표현한 곡들과 광주항쟁 후에 작곡한 큰 작품의 연주회가 열렸지. 유명인사들이 초대됐고, 나는 특별히 윤 선생 옆자리에 마련된 자리에 앉아 감상했지.

임헌영 우선 윤이상 선생의 인상부터 들어보고 싶은데요.

리영희 그럴 거요. 독일정부가 예술인들을 대우하는 것을 한국에서는 상상하기조차 어려워요. 윤이상 선생만 하더라도 베를린 교외의 언덕 위 조망이 좋은 위치의 숲속에 널찍한 저택을 가지고 있었어요. 내가 누구 소유냐고 물으니까, 정부에서 준 것이라고 하더군. 후에 알고 보니 독일은 사회주의적 복지국가여서 외국에서 온 유학생들에게도 집을 주더군요. 그런 예술인에게 그만한 좋은 생활환경을 보장해주는 것은 당연한 일이겠지요. 후에 놀란 일은 우리나라 대학생들이 연방정부의 장학금으로 가면, 한국에서 염려해야 하는 등록금과 납부금은 물론이고, 생활비와 주택을 공급해 주는 등 사회보장제도가 이루 말할 수 없을 정도로 좋아요. 사회주의 정당이 현존하다 보니 국민생활의 모든 면에서 자본주의적인 이익추구 위주의 생활방식과 다른 복지 위주의 정책이 이루어집니다. 물론 자본주의적·이윤추구적 경제생산양식과 함께 인간 위주의 사회·문화 정책이 조화되어 있어요. 정말 부럽더군. 그런 국민생활을 보면서, 보다 훌륭한 제도가 인류에 의해서 실현될 때까지는 북유럽국가와 독일처럼 남한(한국)도 사회주의를 공인하고, 사회주의 정당이 자본주의 정당과 공존하면서 경쟁하는 정치, 즉 사회민주주의로 발전해야 한다는 생각을 갖게 되었어요.

임헌영 서구가 그런 복지정책을 실시하지 않으면 부르주아 지배가 위험해지니까 그런 것입니까, 아니면 부르주아의 각성으로 봐야 합니까? 말하자면 투쟁의 결과입니까 인도주의의 결실입니까? 물론 두 가지의 결합이겠지만.

리영희 1870년대 독일의 비스마르크 재상 시대에 채택된 겁니다. 놀라운 사실은, 비스마르크는 스스로 철(鐵)·피(血)·힘(力)과 민족을 내건 수구반동의 제국주의자이지. 온갖 진보적인 사상 또는 지주와 자본가에 대항하는 집단적인 항의나 노동조합의 노동운동을 탄압하고, 공산주의·사회주의 정당을 무자비하게 박멸한 사람이에요. 가장 극우적인 비스마르크정권은 이른바 사회주의적 인간가치와 사회복지를 모든 정책의 중심개념으로 요구하는 세력들은 가차 없이 탄압해버리고는, 그 대신 사회주의가 표방하는 제반 복지정책을 싹 자기 것으로 만든 것입니다. 1870~90년대 비스마르크 집권 동안 유럽의 다른 정부들도 몇몇 사회보장제도와 복지제도를 정책화해요. 지금으로 보면 초보적인 단계였다 하더라도 처음으로 시작한 것입니다. 비스마르크가 내세우는 정치기반인 귀족·자본가·지주·고급 인텔리·상층군인, 이들이 중대한 혁명의 도전을 안 받고 안정적으로 지배할 수 있기 위해서 노동자와 농민에게 약간의 시혜를 베푸는 우민정책을 편 것입니다.

임헌영 당시 비스마르크가 사립학교도 없앴을 겁니다. 독일의 교육제도가 오늘처럼 이상적으로 될 수 있는 기초를 마련해줬지요.

리영희 그것은 정식국가정책으로 1871년에 비스마르크는 그때까지 분립해 있던 제후통치를 규합하여 '독일제국'을 건설하고, 황제가 된 빌헬름 6세를 받들어 재상으로서 강권통치 강화와 함께 백성의 무마책으로 그런 사회정책을 도입하지요. 동양에서 일본의 메이지유신과 같은 시기에 비슷한 통치철학을 정책화한 거지요. 흥미로운 현상이에요.

임헌영 나폴레옹조차도 사립학교를 폐지하려다가 가톨릭의 반대로 실패를 했는데, 비스마르크는 성공했습니다. 그는 독일통일을 이룩하는 혁혁한 공로와 함께 침략전쟁을 감행한 제국주의자로서의 면모를 동시에 갖고 있는 인물이었지만, 후진국 프로이센을 선진국 독일로 변모시킨 점만은 부럽습니다. 선생님께서 보시기에 독일의 교육이 미국이나 다른 나라에 비해 어떤 장단점이 있습니까?

리영희 나는 교육 분야에는 문외한이기 때문에 깊이 알지 못해. 현지에서 인상 깊었던 것은, 이제는 한국인들도 교육문제의 고통 때문에 참고하는 경우가 많아져서 대체로 알게 되었지만, 직업교육에 대한 국가적·사회적·제도적 지원과 기술인에 대한 사회적 존경심, 자기 직업에 대한 높은 긍지와 애착, 이런 덕성이 확고하게 생활화되어 있는 점이었어요. 가령 목공이 대학에 와서 공사를 한다고 하면 한국의 대학총장이 상대를 하겠어요? 그런데 내가 재직했던 그 연구소에서 목공들이 일을 하게 됐는데, 직업적인 위신과 인간적인 존엄성이 연구소 소장과 다름이 없어요. 연구소 소장도 나가서 같이 그 사람들과 다정하게 대화하고, 목공들도 소장이라고 해서 자기를 비하하거나 스스로 굽신거리는 일이 하나도 없었어요. 자연스럽게 상호 간의 직업과 인간성을 서로 존중합니다. 그런 것이 자연히 생활 속에서 의식에 녹아들어 있더구만. 그러니까 저런 높은 산업과 기술의 발달이 가능할 수 있지 않았나 생각했어요. 원래 중세의 직업 '길드'의 전통이 확고한 탓에 '장인정신'이 놀랄 만큼 굳건해요. 동양에서는 일본이 그렇고. 이 두 나라에 비할 때, 한국에는 '장인정신'이 없고, 지금도 펜대 놀리는 인간들이 근로계층과 노동자를 대하는 태도는 가히 반인간적이고 망국적이라 해도 옳을 정도예요. 한국의 이공대학 계열 학생들이 펜대 놀려가며 기업·단체·사회·정부를 지배하는 경제·경영·감리·회계·행정·법관 등의 출세기관 학과로 대거 이동하는 슬픈 현실을 보면서, 독일의 경우가 더욱 생각납니다.

이것은 일본에서도 발견한 국민성입니다. 전문성과 장인정신의 긍지가 대단하지. 한국과는 달라요. 우리의 경우 이공계 나온 사람이 관리직을 맡는 것은 쉽지 않지요. 언제나 인문계나 상경계 사람들이 독식하지. 실업학교와 농업학교, 이들은 조선시대부터 관리가 되는 이른바 글공부한 인문학교의 하위단계의 존재로밖에 인정하지 않지요. 독일이나 일본사회를 알면 한국사회의 직업적 귀천의식이 우리의 '국민병'으로 느껴져요.

두 이방인, 윤이상과 송두율

임헌영 윤이상 선생을 저는 한 번도 뵌 적이 없고 그저 명성만 듣고 있습니다만, 유럽에서는 높게 평가받고 있는 것 같습니다.

리영희 나는 원래 고급예술에 대해 잘 모르거니와 정직히 말해서 그분의 음악을 난 잘 모르겠어요. 나에게는 음악기법 측면에서 좀 어려워요. 그의 인상은 고도의 세련된 작곡가라기보다는 시골사람같이 투박하고 말도 좀 눌변인 편이오. 세 번인가 만났는데, 마지막 만났을 때는 어떤 학회의 초대로 독일에 갔을 때지. 건강이 무척 상해 있었고, 마음이 피로한 듯했어요. 남북관계로 시달린 마음의 상처가 아주 컸던 것 같았어. 1995년에 댁을 방문했는데, 돌아가시기 두 달 전이었구만. 남한사람으로는 내가 마지막 본 걸 겁니다. 윤이상 선생은 남한에서 온 사람은 잘 만나질 않았어요. 정체가 뭔지 알 수 없고, 또 불순한 의도가 아니더라도 공연히 말썽이 날 소지가 있으니까. 독일에 있는 한국인도, 한국 계통의 독일인도 만나지 않는다고 했어요. 한국사람들끼리의 대립·갈등·중상모략 이런 것 때문에 마음의 평안을 누릴 수가 없다고 합니다. 나는 윤 선생에 관해서『한겨레』의「한겨레논단」에「누가 윤이상 씨를 두려워

하나?」라는 제목의 글을 쓴 일이 있는데, 어떻게 이런 세계적인 음악가를 한국정부 또는 남한체제가 못 받아들이느냐, 이렇게 옹졸한 국가가 어디 있느냐, 그런 내용이었어요. 그것을 다 읽고 계시더군. 전화했더니 반갑게 받고, 또 부인이 요리를 해주면서 좋아하시더군. 내가 윤이상에게 북한과 가까워진 계기나 이유를 물었어요. 이런 대답을 하시더군. 1950~60년대에 조선(한국)민족의 얼과 음악형식을 서양식 오케스트라 곡에 담거나 재현시켜보고 싶어졌다. 그래서 서독주재 남한대사관과 동독주재 조선대사관에 그런 생각을 설명하는 글과 그 목적에 이용할 만한 음악·예술 관계자료들을 제공해주기를 바란다는 희망을 전달했다. 그리고 기다리는데 조선대사관 쪽에서는 본국에서 굉장한 분량과 종류의 자료를 가져왔더래. 그런데 한국대사관 쪽에서는 몇 달이 지나도, 일 년이 지나도 부탁한 자료는커녕 가타부타 답장도 없더래요. 이 같은 대조적인 반응과 태도를 겪다 보니까 자연히 자기와 자기예술에 대한 북조선의 이해를 감사하게 되고, 그런 정신적·자료적 상호이해가 두터워진 반면에, 전혀 그런 이해가 없는 한국과 멀어졌다는 거야. 이것이 윤이상 선생의 설명이었어. 이 이야기에서 짐작할 수 있는 남과 북의 정권·이념·체제·가치관 등의 차이는 우리에게 많은 것을 암시해요. 그렇지 않아요?

기관지가 안 좋다고 했어요. 그 학회에 온 일본인 이토 나리히코(伊藤成彦) 교수가 윤이상 선생한테 일본의 이즈(伊豆)반도, 태평양 쪽의 따뜻하고 좋은 요양지인데, 거기에서 윤이상 선생을 존경하는 여러 사람들과 함께 모시겠다고 했어. 거기 아담한 요양소가 있으니 겨울나시면 좋을 거라고. 윤 선생도 그렇게 하자고 했는데, 거기가시지 못하고 돌아가셨어. 고국의 땅을 밟아보지 못하고 외국에서 돌아가셔서 참 안타까워요.

임헌영 돌아가신 뒤에는 한국에서도 재평가되고 있는 것 같습니다. 송두율 교수에 대해서도 말씀 좀 해주시지요.

리영희 송두율 교수는 체구가 왜소한 천재형으로 생겼고, 그러면서 꾸준히 독일 내에서 분단문제에 대한 계몽운동에 참여하고 있고 방송에 나가서 우리 민족 분단의 슬픔을 이야기하며, 특히 그 당시의 남한의 군사정권과 그 뒤의 일련의 사태에 대해 민족통일의 관점에서 적극적인 논지를 펴고 있었어요. 내가 가면 독일 여러 군데를 안내해주곤 했어.

임헌영 전공은 다르지만 현실적 관심이 선생님과 유사하지요?

리영희 내 글을 독일 잡지에 적극적으로 소개해줬어요.「한반도는 핵전쟁의 볼모가 되려는가」를 비롯한 많은 글들을 소개해주었지만, 내가 독일어를 모르니까 대충 더듬어서 이 부분이 그 부분인가 보다 하고 추리할 정도였어. 그런데 참 애처롭게 살아요. 몇몇 학생을 제외하고는 대사관 직원과 한국인 교수나 상사 주재원 등이 그를 이상한 사람처럼 여기면서 전혀 관계를 안 하고, 그분 역시 전혀 사귀지 않으니까. 사실상의 망명인데. 외롭지요.

임헌영 송두율 교수가 고난을 겪고 있습니다. 북한을 바라보는 '내재적 발전론'의 주창자로 몰아세운 거지요. 제가 보기에는 북한뿐 아니라 어느 나라 어떤 사건이나 사물이든 그런 시각이 필요한 것 같습니다. 객관적 인식론이 결여된 주관적 관념론을 옹호하는 측의 억지지요. 제가 보기로는 북한을 가장 객관적으로 바라본 분은 아마 김남식 선생일 겁니다. 독일은 유럽에서 한국 민주화와 통일운동의 메카라고 말하는 여러 분들이 더 계시지 않습니까?

리영희 그 밖의 분들로는, 프랑크푸르트와 뮌헨 등에 몇 분 계셔요. 1950년대 이승만정권은 서울대학교의 수학과와 물리학과 수재들만 뽑아서 독일에 유학을 보냈어요. 정부의 재정이 어려울 때인데도 이승만 대통령의 계획에 따라 서독에 나가 공부하게끔 지원을 하면서 원자탄 제조 방법을 연구시킨 것이지. 그런데 이 학생들이 공부 열심히 하다 보니까, 이승만이 자기들의 지식을 이용해서 원자탄을 제조하는 데 성공하면 이것을 어디다 쓸 작정인가, 이런 회의와 함께 보다 고차원적인 민족의 운명에 의식이 미치게 된 거예요. 그래서 그 공부를 그만두고 정부의 목적과는 다른 방향으로 의식화가 되어 간 거야. 그래서 아주 고생을 했습니다. 1967년 소위 '동베를린 간첩단사건'이라는 조작극으로 한국으로 납치되어 사형선고까지 받았다가, 서독정부의 압력과 세계의 여론에 밀린 박 정권이 이들을 모두 석방함으로써 다시 독일에 돌아갈 수 있게 됐지만 살림도 어렵고, 외롭고, 고생이 많더군. 독일 각지의 유명대학에서 유학 중이던 정범구, 유재찬, 박성환, 어수갑, 박호성…… 등 많은 학생들이 찾아오기도 하고. 많은 간담회에서 토론이 있었지.

임헌영 인간은 어디에서든 어떤 상황에 처하든 올바른 길을 선택할 수 있는 기회가 있는 것이지요.

리영희 프랑크푸르트의 정 박사는 두부공장을 하면서 살고 있고, 뮌헨의 안석교 교수는 부인이 피아니스트인데 피아노 교습을 하면서 살고 있고, 너무 외롭고 가난하게 살았어요. 이런 많은 유사한 현실을 볼 때, 나는 임형의 그 같은 단호한 낙관주의에 공감하기가 힘들어.

물가에서 제비를 날리고 있다. 1986년 한길사에서 주최한 '삼별초' 역사기행 중 완도 해변에서.

임헌영 이승만정권이 감히 핵무기를 만들려고 시도를 했던 건가요?

리영희 물론이지. 이승만정권의 목표가 군사력에 의한 '북진통일'이었지 않아요. 그래서 우선 핵물리학자 양성을 시도한 것이지. '북진통일'을 하기 위해서는 M1 소총이나 카빈총만 가지고는 안 되지 않겠어요? 그분들 아마 다 돌아가셨을 거예요. 그분들은 이북을 왕래하는 그런 분들이 아닙니다. 그저 과학자적인 탐구생활과 자기에게 주어진 이승만정권의 사명을 하다 의식적인 변신을 한 뒤에, 정신·사상·의식 면에서 새로 태어난 거지. 인간으로서의 고민과 회의, 민족의 통일을 위한 염원으로만 살다 간 거지. 좋은 인물소설감이라고 생각지 않아요?

100년 동안 끊이지 않는 꽃다발

임헌영 눈물겨운 이야기들입니다. 독일에 계실 때 여행은 자주 하셨습니까?

리영희 하이델베르크에서 유럽 지역을 좀 돌았어요. 1달러를 내니까 여행 기간 중에 의료보험이 전 유럽에서 다 되더라구요. 그러니까 유럽공동체(EC)라고 하는 하나의 단일 정치공동체·금융공동체가 그 당시에 단계적이고 부분적으로 이루어지던 때니까요. 국경을 지났다는데 언제 지났지도 모른 채 이 나라에서 저 나라로 다닐 수 있다는 경험은 놀랍더구만! 이때는 아직 지금 우리가 아는 바와 같은 유럽연합(EU)이 실현되기 한참 전이었는데도 사실상 유럽은 다방면에 걸쳐서 하나의 국가 같은 느낌이더라구. 그런 것을 경험하면서 나는 칸트의 염원이고 구상이던 '영구평화'와 '세계국가'의 초기 단계적 현실이 가까웠다는 것을 느꼈어. 민족국가로 갈기갈기 찢겨 있는 우리 주변이나 전 세계의 현실에 비추어볼 때 놀라운 일이었어. 역시 유럽은 그리스 이래의 철학·사상·세계관·실생활·관습 등이 고도로 발전한 세계야. 때로 히틀러 같은 돌연변이 현상이 나왔지만. 유럽의 사회를 보면서 나는 '자유인'일 수 있다는 실감을 했어. 귀중한 견문과 체험이었어.

임헌영 코스는 어떻게 잡았습니까?

리영희 영국과 벨기에 그리고 남쪽으로는 스위스·불란서·오스트리아·이탈리아 그랬던 것 같아요. 영국 런던에 가서 물론 여러 가지 경험을 했지만, 마르크스의 묘지를 찾아본 것도 큰 의미가 있었어요. 런던 시영(市營)의 크고 낡은 공동묘지에 있는데, 상반신의 석조 조각을 대좌에 올려놓은 모양이더군. 이 대좌에는 마르크스사상의 정수인 "철학자들은 세계를 단지 여러 가지로 '해석'해왔을 뿐이지만 중요한 것은 그것을 '변혁'시키는 일이다"가 새겨져 있더군. 마르크스 저작의 책이나 그 관계의 책 속표지에 나오는 낯익은 그 석상이에요. 주변에 있는 고전적인 집채만 한 묘소보다는 한결 간소하더라고. 그런데 다른 큰 묘소들과 다른 점은, 다른 묘소들에는 생화가 별로 놓여 있지 않은데, 마르크스의 석상 앞에는 세계 각처의 공산당이나 그를 숭배하는 개인들의 이름이 적힌 꽃다발이 수북이 놓여 있었어. 적힌 날짜도 제각각인 것으로 미루어, 매일 세계 각지에서 참배하러 오는 것 같았어. 근대의 최고 사상가에 걸맞은 추앙이더군. 사후 꼭 100년이 되는데도. 아주 인상적이더군.

그다음에 간 파리 여행에서는 지식인들이 흥미를 가지는 많은 문화적 유산을 돌아본 것은 물론이고, 나에게는 또 하나의 목적지가 있었어. 내가 공부하면서 오랫동안 관심을 가져온 것이 '파리 코뮌'이오. 1871년 3월 공동체 구성원의 평등한 정치·경제·사회체제를 선언하고 시민의 독자적 정권을 수립한 '파리 코뮌'의 젊은 용사들이, 지배계급의 중앙정권과 2개월 동안 벌인 투쟁 끝에 5월 27일, 마침내 그 영웅적 투사들 전원이 전사하고 마지막 몇십 명이 계급통치의 반동적 정부군에 의해 총살당한, 피어린 역사적 장소인 파리시립공원의 '피에르 라시에즈' 묘지가 그 목적지였어요. 광대한 파리시립묘지의 일부분인 피에르 라시에즈 묘지를 둘러싼 3미터 높이의 돌담을 방패 삼아서 부르주아계급 정부군에 끝까지 대항하다 사로잡힌 용사들의 목을 매달아 죽인 굵은 쇠갈고리만이 남아 있더군. 인류사에서 처음으로 평등사회를 건설하기 위해, '자유로운 노동' '평등의 정의' '우애의 질서'라는 숭고한 이상을 위해서 궐기했던 수만 명의 노동자와 지식인의 공동투쟁은 이렇게 막을 내린 거지. 나는 파리 코뮌의 최후의 영웅들이 사살당하고 교수형에 처해진 그 돌담 앞에 기록된 설명문 앞에 서서, 깊은 명상에 잠겨 오랫동안 발을 돌릴 수가 없었어요.

파리에서는 유학 중인 영상예술가 최민의 안내로 망명 중인 '파리의 택시운전사' 홍세화(洪世和)를 만나서 반가웠어. 이때 마침, 소련의 체르노빌 원자력발전소 폭발사건이 일어났어요. 전 유럽이 방사선을 뒤집어쓰고 큰 소동이 벌어지는 사태를 목격하고 체험했어. 하지만 그 사건이 고르바초프정권이 몰락하는 도화선이 되고, 마침내는 대소련제국의 붕괴를 초래하는 엄청난 '정치적 폭발'을 결과하리라고는 유럽의 누구도 몰랐고, 나도 예상치 못했지요. 다만 유럽인들과 내가 걱정한 일은, 체르노빌에서 날아온 낙진으로 오염된 야채와 우유를 먹느냐 마느냐 하는 걱정이 고작이었어. 이 사건으로 나는 원자력발전소에 관해 비로소 심각하게 생각하게 됐어요.

물론 파리에 관광을 가는 누구나가 그렇듯이 많은 문화적 유물에 황홀감을 느끼고 도취되지. 나는 아내와 함께 에펠 탑에 올라가기 위해서 군중 속에 섰다가, 적어도 3시간은 기다려야 순번이 올 것 같은 긴 장사진에 위압을 느껴서 줄에서 빠져나왔어. 탑을 올려다보면서 많은 생각을 했어. 감회에 잠겼어요. 이 탑은 315.65미터 높이의 철제 구조물이고, 1889년에 열린 파리만국박람회의 개최를 기념하기 위해서 준공됐다는 안내판 앞에서 잠시 생각했어. 엘리베이터로 올라갈 수 있는 현기증 나는 높이의 이 철제탑이 건설된 1889년에, 이미 불란서는 철광석 채취 기술, 광물의 야금 기술, 철 재료 용광로의 규모와 기능의 수준, 강철재를 뽑는 압연기술, 300미터가 넘는 구조물을 구성하는 기술이론적 구조역학, 재료공학 등…… 기술이 종합적으로 발달해 있었다는 것이지. 엘리제 궁을 비롯한 헤아릴 수 없이 많은 그 웅대하고 화려한 건축미의 극치를 이루는 석조건물들 앞에서도 나는 같은 심경이 돼 있었어.

어쨌든 에펠 탑의 그런 인간 지식과 능력의 높은 발달 수준을 종합한 업적을 보면서, 나는 언제나 그렇듯이 우리 민족이 그 동시대에 이룩한 것이 무엇인가를 늘 생각하는 거요. 아무것도 없다는 생각밖에 안 나. 조선말과 한일합방에 걸친 시기의 서울 시내 풍물사진첩을 보면, 건물이라고는 2층집도 없고, 가옥은 누추한 초가집뿐인 데다가, 길이라는 게 수도의 한복판인데 오물이 고인 더러운 진창길이고, 수송수단이라고 움직이는 것이 고작 몇 개의 달구지고, 대부분은 옹기와 장작을 등에 지고 나르는 지게꾼들이지! 철조건물은 고사하고 석조건물 한 채도 보이지 않는 1900년대 초까지의 조선, 대한제국의 수도 서울! 그것도 수도의 중심인 종로의 원시적 생활수준과 사회상! 남은 에펠 탑을 짓고, 연기를 내뿜는 '철마'를 타고 유럽 대륙을 여행하고 있었는데. 국수주의적이고 편협한 민족지상주의자들은 언짢게 들을지 모르겠지만, 역시 '사람은 보는 것만큼 알고 아는 것만큼 본다'는 말이 사실인 것 같아.

그 후 스페인의 알함브라 궁전에서 1600년대 말에 제조된 약 2미터 크기의 사각입방형 모양을 한 정밀한 시계를 보았을 때 역시 같은 생각에 잠겼어. 그 시계에서 치차(齒車)의 정밀성이라든가, 그 모든 부속품의 완벽성은 300년 후의 제품같이 완벽했어. 놀라운 과

학기술의 결정체라고 하지 않을 수 없더라고. 1600년대 우리 조상들은 무엇을 만들었을까? 거기서도 또 한참 동안 머리 숙인 채 그 생각에 잠겼었어. 로마의 원형경기장 콜로세움, 그 밖의 유럽 나라들의 어디서나 마주치는 놀라운 인간 두뇌와 지성과 정서의 물질적 표현을 보면서, 나는 한편으로 같은 인간들의 놀라운 업적을 찬탄하는 동시에 우리 민족의 업적의 빈약함을 너무나 절감하곤 했어. 그런데도 마치 한국 민족이 세계 문명과 문화에서 중심적이거나 선도적인 역할을 한 것처럼 착각하고 있는 편협한 애국주의자들에 생각이 미칠 때, 많은 한국인들이 유럽을 두루 살펴보고 배우고, 그리고 자기반성을 할 필요가 있다는 생각이 들었어.

나는 일부 한국인들의 이 같은 자기중심적 우주관과 역사관, 유치하고 맹목적인 민족주의를 경멸해요. 그런 교수·지식인·단체는 조금은 '비애족주의'가 될 필요가 있다고 생각해요. 그래야 진실이 보이고, 진실이 보여야 허황된 견강부회식 자민족 과대망상증에서 풀려날 수 있어요. 그러면 비로소 있는 그대로의 자민족의 모습이 보일 거요. 그때부터 냉철한 이성으로 민족의 발전을 도모할 수 있다고 생각해요. 최근에 어떤 학술모임에서 어느 교수가 한국의 문물과 집의 구조와 재료(기둥·기와·서까래·창호지문·벽 등)가 인류의 최고 작품이라고 열변을 토하더군. 세계의 어떤 민족도 조선과 같은 우수한 문물을 조상에서 물려받은 예가 없다고 자랑하는 것을 본 일이 있어요. 정신문화 분야에서도 그런 지식인이 적지 않아. 우물 속 개구리 같은 그런 견식과 '민족적 자부심'은 큰 문제야.

민주화운동의 최전선에서

임헌영 1985년부터는 민주화운동이 왕성해질 뿐만 아니라 2월 12일 총선에서 야당인 신민당이 돌풍을 일으킵니다. 23개 대학이 전학련을 결성했으며, 5월 23일에는 대학생 73명이 서울 미문화원을 점거하고 단식농성을 하는 등 걷잡을 수 없는 사태로 번집니다. 아마 이 무렵부터 제 기억으로는 온갖 단체들이 선생님을 고문이나 자문위원으로 모시게 되지요. 1986년은 엄청난 격변의 시기였습니다. 김세진(5.3), 이재호(5.26) 두 젊은이가 분신자살을 하고, 전국 30개 대학생이 연세대에서 민민투를 결성합니다. 5월에는 인천에서 개헌 연대집회(5.3)가 열렸으며 23개교 265명이 참여한 교수연합 시국선언(6.2), 권인숙의 부천서 성고문 사건 폭로(7.2) 등의 사건이 연이어 일어납니다. 저도 이때 현장에 많이 다니느라 글 쓸 틈이 없던 때였습니다. 선생님의 이름이 빠진 성명서가 아마 없었을 정도일 겁니다. 선생님이 원하든 원하지 않든 깊숙이 관여하게 되었던 것 같습니다. 이 당시 알게 된 인사들과의 인간관계랄까요, 생각나시는 대로 말씀해주세요.

리영희 오히려 생각보다는 그렇게 많지 않아요. 직접적으로 내가 관심을 가지고 스스로 관계를 갖게 되는 것은 몇 단체 안 될 거요. 그래도 아마 꽤 많은 단체와 내가 알지 못한 사이에 연관되어 있거나 내 이름이 이용됐거나 했을 겁니다. 나의 책과 글들을 읽고 크게는 한미관계·남북문제·한일문제·동북아정세 등의 문제와 국가 문제에서 작게는 자신의 인간적 자유와 권리에 눈뜬 청년·학생·지식인·노동자들이 현실개혁 운동과 반독재·민주화운동 등에서 나에 대한 기대가 크고, 나의 선도적 역할을 요구했기 때문에 그랬겠지요.

임헌영 초청강연은 거의 선생님이셨습니다.

리영희 강연을 많이 다녔지. 그런데 지금은 많은 시간이 흘렀고, 또 1999년 말 뇌출혈로 뇌신경이 손상되어 반신마비가 된 뒤에는, 기억력이 떨어져서 그 하나하나를 다 기억할 수가 없어요. 그때 가깝건 멀건 우리 민주화운동 과정에서 표면에 섰던 인물들은 다 관련됐다고 볼 수 있을 거요. 가장 직접적으로 관여돼서 싸웠던 것은 '민주교수협의회'지요. 해직교수협의회는 복직된 후에도 사적·공적으로 모임을 갖고 성명을 내고 시내에서 항의 데모에 참가하고 했으니까.

기독교교수협의회의 교수들은 별도로 행동했어. 전체 해직교수협의회에는 들어와 있었지. 현실문제와 정권에 대한 행동양식에서는 상당한 차이가 있었어. 기독교 관계 교수들은 적극적으로 표면에 나서는 것을 별로 달갑게 생각하지 않았던 것으로 기억합니다. 그분들은 성당과 교회에서 시국기도회를 열고 신자들에게 시대적인 방향을 제시하는 역할로 만족했던 것으로 기억해요. 실제로 지금 문제가 되고 있는 많은 단체나 서울시청 앞과 아스팔트에 뛰어나와서 최루탄 얻어맞고, 울면서 골목으로 도망치고, 학생들과 노동자들과 어깨동무하고 뛰고 하는 차원의 현장 행위에 참가한 교수, 실제 움직인 사람은 그렇게 많지 않았어요. 각기 방법이 달랐으니까요. 물론 박형규, 문익환 목사와 함세웅 신부 등 종교계 인사들도 많이 참여했지만, 가두시위까지 마다 않고 밤낮으로 그 속에서 살던 대학교수들로만 말한다면 많지 않아요. 송기숙을 포함한 광주 지방 교수들은 활발히 현장에 투신했지만 확실히는 알 수 없어. 대부분의 교수는 모임에 참가하고 성명에도 동참하여 뜻은 다 같았지만, 육체적으로 부닥치는 행위는 '교수답지 않다'고 여기는 소극적 경향이었어요. 재미나는 일은 그렇게 소극적으로 '점잖게' 지낸 분들이 역대 문민정권에서 여러 가지 혜택을 '적극적으로' 누리고 있는 현실입니다. 박해를 받는 지식인과 열매의 분배를 받는 지식인은 따로 있는가 봅니다.

한 명으로 충분한 레닌

임헌영 지식인 쪽에서 이른바 사회구성체 논쟁이 일어났는데, 선생님은 흥미가 없으셨을 수도 있을 것 같습니다. 이것이 엄청난 논쟁이 되었고 심지어 운동권 안에서도 그랬습니다. 선생님은 그런 것을 보시면서 어떤 느낌이 드셨습니까? 국제적인 감각을 갖고 당면한 현실적 문제의 본질을 파악하신다면 어떻게 볼 수 있을까요?

리영희 나는 그것을 다분히 추상적인 공쟁(空爭)이라고 봤습니다. 나는 '구체적인 상황에 구체적으로 대응하는 구체적 행동'이 현실을 바꾸어 나갈 수 있다고 생각했기 때문에, 지나치게 섬세한, 마치 학문적인 정밀성을 자랑이라도 하듯이 각기 자기들이 좋아하는 '이론'으로 세분화한 말들은 당면한 상황의 극복에는 다분히 비생산적인 '논쟁을 위한 논쟁'으로 비치더군. 투쟁의 과정에서 그런 이론의 분화와 정밀화와 세분화된 슬로건의 단계도 피할 수 없는 경우가 있겠지. 하지만 1980년대 후반에 우리나라의 젊은 투사들 사이에서 드러났던 현실대응에 대해서는 내가 공감할 수 있는 영역이 별로 없었어. 나는 그쪽에 대해서, 어떤 의미에서는 냉담했다고 그럴까. 그것이 우리 전체가 직면하고 있는 역사적 단계에서 해결해야 할 구체적인 문제를 극복하는 데 오히려 전력을 분산·소모하지 않을까 우려했어요. 그 당시에는 상당히 광범위하게 출판물이 비공개로 회람됐으니까, 젊은 사람들이 지나치게 그런 책들을 읽고 그것을 이론의 체계화로 잘못 생각하고 역량을 분산한 것이 아니었나 해요. 현학적인 이론의 장난에 빠진 것 같이 보여서 나로서는 달갑지 않게 생각했던 시기입니다. 그래서 나는 상당히 거리를 두었지요.

세계의 정치개혁운동사에서, 어느 나라의 경우에나 큰 공통점이 있어요. 즉, 우익(右翼)은 이권으로 뭉치고 좌익(左翼)은 이념으로 모이지만, 동시에 우익은 이권분배의 크기로 분열하고 좌익은 이념을 지나치게 정밀화·세밀화하는 '작음'의 고질적 아집 때문에 망한다는 역사적 경험이에요. 경험적으로 그렇지 않아요?

임헌영 그때 젊은이들에게 그 논쟁에 대해 이야기를 하신 적이 있습니까?

리영희 그런 담론에 대해서 적극적으로 내 의견을 표시할 생각은 없었어. 다른 사람은 다른 사람대로, 현실에 대한 대응방식은 이거다 하고 노력하고 있을 때, 내가 그러지 말라고 찬물을 끼얹는 식의 대응은 운동하는 사람의 자세가 아니니까. 그러나 술자리에서나 좀 편안한 자리가 이루어졌을 때 그런 토론이 격렬해지면 나는 언제나 거기서 비껴 있었고, 그렇게 해서 무슨 생산적 결론이 나느냐 그렇게 반문하는 정도였지. 그런 논쟁이 지금 현실을 극복하는 데 어떤 보탬이 되느냐, 상호 간의 갈등으로 전력을 소모하는 것이 아닌가 하는 의견을 말하는 정도였지요.

임헌영 저도 그런 회의를 했어요. 왜 이렇게 극단적으로 나뉘어야 하는가, 이한열 군의 장례식을 준비하는 모임에서조차 파벌로 나뉘어 정치논쟁을 전개하는 현장을 보고, 이게 순수한 것에서 온 것이냐 아니면 수상한 기관에서 분열을 조장하려는 저의는 아니냐 하는 그런 엉뚱한 생각까지도 했습니다.

리영희　그런데 이런 것이 있습니다. 최근에 유럽에서 일어난 1960년대와 1980년대의 지식인·청년·노동자혁명에서도 그랬지만, 중국의 1920년대와 1930년대, 1800년대 말에서부터 1917년의 러시아혁명 이후까지도 그런 이론 투쟁이라고 할까, 달팽이 뿔 위에서 서로 아옹다옹하는 분파경향이 많았지요. 하면 할수록 본의 아니게 상대방의 이론체계보다 우위에 서기 위해 더욱 정밀해지고, 그렇게 되면 결국은 남는 것은 없고 자기 운동역량의 분산·갈등·대립만 깊어졌어. 심지어 투쟁의 대상자에 대해서보다 더 적대적 구도가 운동 내부에 확립되는 폐단을 어느 시대, 어느 나라의 좌파적 개혁 세력 내에서도 경험했지요. 결국은 '자기부정적'이지. 마지막에는 당초의 목표와는 달리 아주 엉뚱한 데로 흐르는 경우가 있지요. 일본의 유명한 1960년대의 좌파 학생운동도 계속 분파로 세포분열하고 온갖 파가 서로 대립하여, 마침내는 어제의 동지끼리 피 흘리고 목숨을 빼앗는 '우치게바'(내부투쟁)로 전락해 전체 사회의 지탄의 표적이 되었지. 결국은 공멸해버리는 슬픈 결과로 끝났어. 1980년대의 우리나라 젊은이들도 그에 가까운 과오를 범한 것 같아.

'사회구성체론'을 가지고 그 현상을 부채질한 교수·지식인들이 있다고 들었어. 그런 식으로 세분화되고 어제의 동지가 오늘은 적이 됐다 하더구만. 투쟁해서 극복되어야 할 진정한 적은 공세를 취할 자세로 있는데 그 허약한 진영 내에서 낱말 하나 가지고 몇십 가지의 분열을 생산해낸 것이 일본 좌파 학생들의 행태와 비슷한 것 같아요. 그때 무슨 영어약호로 칭해진 많은 단체가 있었는데, 나는 그것들을 이해도 못했어요. 분열은 더 심해지고 마치 적을 대하는 것처럼 싸우더군. 그런 이야기를 마치 자기만이 혁명을 하는 이론가처럼 '입으로 싸우는' 방식을 이해할 수 없었어요. 그래서 나는 1980년대 후반의 일부 젊은 학생들의 '이념투쟁'이라는 행동방식에 대해 상당히 냉담한 자세를 취했지요.

임헌영 레닌이 하나만 있으면 혁명에 성공하는데 우리는 레닌이 3,000명이나 된다는 그런 글을 쓴 적이 있습니다. 이 기간을 거쳐서 선생님께서 1987년 8월에 버클리대학으로 가시게 됩니다. 그 직전에 박종철 고문치사 사건(1987.1.14)과 민주헌법쟁취국민운동본부 결성(5.27), 이한열 사망(7.5)과 같은 사건이 일어납니다. 그리고 드디어 역사적인 6월항쟁(6.10)이 전개되고 노태우의 개헌선언 연극(6.29), 민주화를 위한 전국교수협의회 창립(7.21) 등등 숨 가쁜 역사변혁의 시기였습니다.

리영희 임형이 열거한 그런 사건들은 독재정권과 공포정치의 종식의 과정에서 중요한 이정표였지요. 나에게는 그런 국내 사건들에 못지않게 이 시기에 일어난 중요한 인류사적 변혁과 인류의 진보를 뜻하는 사태들이 더 감동적이었어요. 그토록 애타게 기다리던 인간이성의 승리와 세계평화를 향하는 힘찬 세계사 전진 말이오. 나의 관심은 국내정세 못지않게 언제나 인류의 평화적 생존을 가능케 하는 세계적 평화였으니까. 내가 버클리대학의 교수로 초빙되어 1년 미국에 있는 동안을 전후해서 일어나는 변화상으로 말미암아 나는 정말 오랜만에 '사는 맛'을 느꼈어요. 1987~88년에 걸쳐서 소련을 변모시킨 고르바초프의 '페레스트로이카' 철학과 정책이 그것이오. 미제국주의의 반응과 관계없이 소련군의 일방적인 대대적 감축을 단행하고, 주변국가들을 겨냥했던 중거리 핵미사일의 완전폐기를 선언했지. 그뿐만 아니라, 공산당 단독지배체제의 종식과 의회제도 민주화, 사회·경제·문화·종교 분야의 개방, 자본주의식 시장경제방식도입, 시민생활과 자유의 권리도입 등으로 세계는 아연 밝아졌지요. 군축 면에서 미국도 마지못해 긍정적으로 호응하게 되었으니. 소연방 해체와 예속 이민족 공화국들의 해방·독립이 뒤따랐지. 중국도 인민의 경제생활 향상을 위해 자본주의적 시장경제 도입을 단행하여 '사회주의적 시장경제'체제로 눈부신 발전을 계속했어. 또 내가 기뻤던 사태변화는 120여 년 동안 영국제국주의에 약탈당했던 홍콩이 1987년에 마침내 중국인민에 되돌아온 일이었어. 곧이어 마카오의 수복으로 제국주의 약탈방식에 의한 식민지는 사실상 소멸했지. 인종격리정책, 즉 '아파르트헤이트'로 350년 동안 인류양심에 꽂힌 암적 존재였던 남아연방공화국에서 흑인정권이 서고, 사회주의자인 흑인 혁명지도자 만델라가 대통령이 되었지. 나의 기쁨은 말할 수 없이 컸어. 마지막 백인제국주의의 소멸! 그리고 분단독일의 통일(1990)! 흥분과 감격과 기쁨의 연속이었어. 남북한의 유엔 동시 가입으로 1990년대가 마감됐어.

 그 밖에도 나를 기쁘게 한 많은 변화가 있었지. 그것들은 모두 세계적 화제가 된 사건들이었어. 그런데 나에게는 신문에서도 무시되고, 인류의 관심을 거의 건드리지 않고 지나간 '작은 일'처럼 감격적이고 중요한 '사건'은 없었어. 1988년 9월 교황 요한 바오로 2세가 갈릴레오 갈릴레이의 명예회복 결정을 내린 것이오. 기독교의 미신성·반과학성·반지성·열성·독존성·비인간성·반관용·잔인성·이중인격성·반동성 등 모든, 그리고 온갖 악적 과거를 간접적으로 그러나 공개적으로 고백한 중대사이지. 종교적 야만과 미신에 대한 인간이성의 승리선고였지. 거꾸로 인간이성과 과학(적 사고)에 대한 기독교적 무지와 폭력의 패배선고이기도 하고. 1642년에 기독교회의 혹독한 박해 끝에 생을 마친 인류 최고의 과학자의 원혼이 350년 뒤에 교황의 참회 한마디로 풀렸는지, 나는 알 길이 없어요. 다만 기독교에 대한 나의 부정적인 견해에는 아무런 변화가 없다는 사실만 고백해.

버클리에서의 '한민족 외세투쟁 백 년사' 강좌

임헌영 1987년 8월부터 이듬해 3월까지를 버클리에서 보내신 건가요?

리영희 버클리대학의 초청을 받아 정식 부교수 발령을 받고, 일주일에 90분 강의를 화요일과 목요일 두 번 하는 3학점 강좌였습니다. 정식 강의이기 때문에 한국의 교수들이 휴식년에 소위 '교환교수'라고 자칭하면서 사실은 놀러가는 그것과는 다른 거예요. 평화 지향적인 버클리대학에 'Peace and Conflict', 즉 평화와 갈등의 문제를 연구하는 학과가 있어요. 남녀 간 성갈등, 계층 간 반목, 노사문제, 민족해방전쟁, 인종 간 갈등, 부족 간 내란, 국가 간 전쟁 등 이런 평화의 대립개념으로서의 갈등과 그것을 어떻게 평화적으로 해결할 것인가를 연구하고 가르치는 학과예요. 여기서, 국내적 분쟁과 대립과 투쟁, 반독재 투쟁에다 민족분열과 분단을 배경으로

정식 부교수 자격으로 미국 버클리대학에서 강의하는 것을 보도한 시사주간지 『뉴스위크』의 기사(1987년 10월 학원판).

한 사회정치적 갈등이 극점에 도달해 있는 남한의 교수를 부른 겁니다. 'Department of Peace and Conflict'라는 명칭의 학과가 아시아지역학과(Asian-American Dept.)와 공동으로 초청을 해서 강좌를 개설한 것이지요. 내가 가기 전에 바로 라틴아메리카의 분쟁문제 때문에 그 지역 대학의 교수가 와서 강의를 했어. 나 다음에는 필리핀 교수가 오게 되어 있었어요. 그런데 처음 시작하는 강의이기 때문에 아무런 텍스트가 없었어요. 학생들에게 읽힐 두 권으로 된 800페이지 분량의 텍스트북을 만들어야 했기 때문에 6월항쟁의 막바지 시기부터는 이 준비작업을 위해서 집에 들어앉을 수밖에 없었어요. 그곳에 미리 가서 그쪽 학생들과 마주 앉아서 제목과 참고자료를 최종적으로 정하고, 또 내 강좌를 위해서 박사학위 과정의 학생 4명을 조교로 붙여줬어요. 특별대우라고 해야겠지. 그 조교들과 자료를 정리하고 해서 텍스트북을 만들었어요. 정신없이 바빴어.

임헌영 버클리대학은 한국 학생이 많기로 유명한 곳이지요.

리영희 한국 학생들이 꽤 많지요. 나의 강좌는 한국 학생이나 한국계 미국 학생을 포함해서, 인종과 전공학과를 가리지 않고 수강하는 고급반, 즉 3, 4학년 대상의 공개강좌였어요. 인종별로는 대충 6개 인종 학생들이 등록했어. 버클리대학은 미국 유수의 대학이고, 특히 베트남전쟁 반대에 앞장섰던 대학이지. 버클리시는 미국의 도시들 중에서 유일하게 사회주의자가 시장으로 선출되어 있어서, 도시와 그 지역 전체의 일반적 사회분위기가 눈에 띄게 개방적이고 자유주의적(liberal)이에요. 그뿐 아니라 버클리시와 이웃 오클랜드시를 포함하는 샌프란시스코의 연방의회 하원의원 선거구에서도 역시 유일하게 사회주의자가 당선되곤 했어요. 아주 재미있는 도시지. 그래서 저소득층 위주의 복지 등이 시의 중심정책이었고 평화와 반전을 지향했어. 버클리시는 버클리대학 학생들의 경제 수준에 맞게 집값, 전세값 등을 통제하고 있었어. 이런 시의 세제 내지 재정정책은 상당히 '비미국자본주의'적이지! 그렇지 않으면 버클리대학 학생들이 유권자의 대부분인 그 시에서는 시장으로 당선될 수 없으니까. 나의 가치관에 들어맞는 도시였지.

버클리대학은 이른바 지배계층 지향적인 이웃 스탠퍼드대학과는 분위기가 달라요. 자유분방하지. 그런 분위기였기 때문에 나는 참 편했어. 재미나는 이야기가 있어. 도착한 다음 날 환영 저녁모임을 한다고 하기에, 진보적이고 리버럴한 대학이니까 넥타이도 매지 않고 대학의 분위기에 맞춘 가벼운 옷을 입고 갔어. 그런데 학과장은 넥타이를 하고 정중하게 정장차림으로 왔더라고. 그래서 내가 정장을 안 한 것을 사과하면서 이러한 이유 때문에 정장을 안 하고 왔다고 말하니까, 학과장은 자기는 평소에 넥타이를 한 일이 없는데, 한국에서 교수를 초대했는데 보통의 옷차림으로 나올 수가 없어서, 없는 넥타이 찾아 매고 오느라고 고생했다고 해요. 모두가 한바탕 크게 웃었어. 내 강의의 반응이 좋아 80명에 가까운 각종 인종의 유학생들이 등록해서, 학과에서도 굉장히 좋아했어요.

임헌영 강의의 주제는 무엇이었습니까?

리영희 정식으로는 '한민족 외세투쟁 백 년사'였어요. 그것을 박정희 시기까지로 잡았지. 우리나라 근대 민족운동사를 일제의 강제병탄(1910), 3·1운동, 이승만정권, 4·19혁명, 이런 식으로 접근한 겁니다.

사실 나는 이 강좌를 별 부담 없이 가벼운 마음으로 맡았어. 그런데 화요일 첫 번째 강의 시간에 책을 끼고 강의실로 가는데, 강의실이 가까울수록 긴장이 점점 더 고조되고 입술이 바짝바짝 타더라고. 첫 번째 시간에는 인사하고 강의 내용을 설명하고는 대충 끝냈지. 그런데 목요일의 두 번째 강의에 들어가면서도 입술이 계속 타요. 충분히 강의준비를 했다고 생각했는데, 80명의 학생들 앞에서 거리낌 없이 영어로 90분간 강의할 것을 생각하니까 마구 긴장되더군. 세 번째 강의에 갈 때에는 드디어 입술이 타는 정도가 아니라 바늘로 명치 끝을 찌르는 것 같은 느낌이 들었어. 내가 지나치게 소심한 탓이었던 것 같아. 이런 몇 시간의 경험을 겪고 나니까 둘째 주의 네 번째 강의 때부터 입이 잘 풀리고, 준비한 대로 강의를 진행할 수 있었어. 전혀 예상치 못한 경험이었어요. 한 학기가 끝날 무렵 시사주간지 『뉴스위크』에서 내 강의를 취재해서 기사화하더군. 한참 뒤에 그 취재보도의 기사를 보고 무척 기뻤어요.

나는 학기 초에 학생들에게 미국 대학의 관습이 아닌 규칙을 통고했어. '나의 강의시간에는 교실에서 담배를 못 피우고, 모자는 벗어야 하며, 다리를 책상 위에 올려놓지 못한다.' 이런 규칙에 익숙하지 않았던 미국 대학의 3, 4학년 학생들은 나의 요구에 좀 어리둥절해하기도 하고 어떤 학생들은 재미있다고 하기도 했어. 어찌됐건 끝까지 잘 지켜줬어요. 외국인 교수니까 양해한 거겠지. 고마운 일이야. 일주일의 강의가 끝나면 조교들이 4개 분반으로 나누어, 일주일간 강의의 요점을 정리해 토론하고, 간단한 레포트를 제출토록 했어. 나는 그것을 면밀히 검토했어요. 버클리대학은 다른 대학의 시메스터 제도가 아닌 텀 제도를 택하고 있었는데, 한 텀이 끝나면 교수의 강의에 대해 학생들이 평가서를 제출하도록 돼 있어요. 일단 학과장에게 제출되어 검토된 후에 해당 교수에게 돌아와요. 학생들의 평가가 좋았어. 한두 명의 학생이 초기에 나의 어떤 발음을 잘 알아듣기 힘들었다는 소감을 쓴 것도 있었는데, 강의의 내용과 진행 등에 대해서는 대체로 만족했다고들 썼어. 어쨌든 보람 있는 경험이었어요. 내가 가르쳤다기보다 더 많은 것을 배워서 왔다고 하는 것이 옳을 거예요.

버클리대학에 훌륭한 한국인이 한 분 계셨어요. 최봉윤(崔鳳潤) 교수인데, 일제시대에 버클리대학에 가서 학위를 받고 정치학과 교수를 했어요. 태평양전쟁이 일어나기 전에 젊었을 때, 독립운동단체에 가입해서 운동하시고, 태평양전쟁이 나자 미군에 지원해서 미국의 한국전선에 투입될 군부의 요원들에 대한 교육을 담당했다고 해요. 해방된 후에는 한국에 와서 미군정 교육부의 교육관계 책임자로 일했어요. 미군정 시에 서울대학교에 정치학과를 창설하는 역할을 한 분입니다. 샌프란시스코 지역에서 신망이 높은 분이었지요.

임헌영 학생들 중에서 개인적으로 자기 나라의 문제나 갈등에 관해서 물어온 학생이 있었습니까?

리영희 한국에 대한 관심이 많았지요. 최근 부시정권 이후, 미국과 북한의 갈등에 관해서 미국인 전문가의 의견을 한국 신문들이 싣는데, 그때 나에게 배운 한 미국인 학생이 자주 기고해요. 내 강의가 계기가 돼서, 졸업 후에 한국에 나와서 공부하고 돌아가서 학위를 한 피터 베크라는 젊은이에요. 지금은 아시아연구소의 부소장으로 있을 거예요. 좋은 한국학 제자를 하나 양성한 셈이지. 또 미국 서부에서 동양계 인종문제에 대해 자주 발언하고 권위를 얻은 제자로 미국시민권자인 장태환 교수가 있어요. LA흑인폭동이 났을 때, 한인들이 흑인들의 공격목표가 되었을 때도 장태환 박사가 중재적 발언을 하곤 했지요. 내 조교를 했어요. 또 이승만정권 이후에 유엔대사를 지냈던 임창영 대사의 아들인 폴 림(Paule Liem)이 적극적으로 나의 강의를 지원해주었고, 그 뒤에도 버클리대학의 한국문제·한인사회문제·한미관계에 대해서 적극적으로 도와주었어요.

반생으로 끝나야 했던 자전 에세이 『역정』

임헌영 일본·유럽·미국을 두루 다니셨는데, 그런 세계적 시각을 가지신 선생님으로서 사회주의의 위기를 느끼신 것이 언제쯤입니까?

리영희 글쎄, 정확히 언제부터라고 딱 잡아 말하기는 어렵겠네요. 하지만 이 문제에 대해 나는 두 가지 측면에서 관찰했어. 하나는 사회주의 세계 내부에서 발생하는 위기상황의 요인들이고, 또 하나는 사회주의 진영과 서방 자본주의 진영과의 경쟁관계에서 파생되는 상황들이었어. 이야기의 순서를 거꾸로 해서 먼저 사회주의 진영과 자본주의 진영 사이의 상황에 대해 말하자면, 1960년대까지는 상대적으로 세력은 약했지만 공산권과 기타 제3세계의 비동맹노선 또는 사회주의국가들에서 발동하고 있는 국제정치상의 에너지가 괄목할 만큼 활발하던 때였어. 나 자신도 그 시대정신과 인류사의 변혁이 장기적 안목에서 보았을 때 자본주의 세력과 필적하거나 어쩌면 우월할 수 있는 잠재력도 없지 않을 것이라고 생각하던 때가 있었어. 하지만 1970년대 들어서면서 줄곧 경제생산 능력에서나, 진영 내 국가들의 결속력과 단결력에서나, 당면하는 문제를 처리하면서 내일의 변동하는 사태에 적절히 대응해나가는 국가정책 결정의 신축성과 잠재적 능력에서, 공산권의 사회주의국가들이 꾸준히 열세에 몰리는 듯했어요. 그런 상태가 실제로 1990년대까지 계속되지 않았어요? 그러는 사이에 1970년대에 소련체제는 본래적 의미의 '사회주의'에서 변질하여 관료주의 통치형태로 더욱 경화하는 징후가 역력했어요. 사회운영체제의 '동맥경화증' 현상 말이오.

공산권과 사회주의권 국가의 세력에서나 진영 내부의 국가 관계에서도, 역시 1960년대에 들어서 불안한 요소들이 증대하기 시작했어. 동유럽 공산국가들, 이를테면 헝가리·체코슬로바키아·폴란드·유고슬라비아·알바니아 등이, 시기의 차이는 있지만 소련의 제국주의식 헤게모니에 도전했고, 진영 내부결속이 붕괴되는 실태가 꾸준히 계속됐어. 가장 큰 '사회주의' 세계의 두 기둥이라고 할 수 있는 소련과 중공 사이는 어느 한시도 동맹국가이거나 우호국가인 적이 없고, 오히려 그들의 경쟁상대 내지는 타도대상으로 여기는 미국을 비롯한 자본주의국가들과의 관계보다 더 긴장하고 때로는 파국적이었어. 1960년대 초까지만 해도 그들의 진영 내부결속을 흔히 '한 덩어리 바위'라고들 표현하지 않았나요? 그런데 스탈린이 1953년 여름에 사망하자, 벌써 소련에 정치·사회적 내부균열이 일어나기 시작했어. 후임 흐루쇼프가 '반(反)스탈린' 노선을 선언하고, 과거의 죄상을 공개적으로 규탄·폭로하면서부터 중공은 벌써 소련을 적대시하게 됐어요. 동유럽 동맹국가들의 이탈 현상도 꾸준히 가속화했어. 진영 내부의 소련의 정치적·도덕적 지도력은 권위를 상실했어. 이런 현상이 동시적으로 진행됐지. 중공과 소련의 이른바 '이념분쟁'은 그들이 이론적 측면에서 자랑하는 '내부 민주주의'적 방법에 의한 해결은 고사하고, 마침내 중국 동북지역과 소련의 시베리아를 가르는 우수리강(송화강)에서 전쟁과 다름없는 군사충돌이 발생했어.

어쩌면 그간에 진행된 대적관계가 더욱 심화한 결과라고 보는 게 옳겠지만, 이 사건을 계기로 중공과 소련은 다시는 회복할 수 없는 사실상의 적대관계로 들어간 거요. 이념문제에서도 대립은 격화일로를 달렸지. 첫째로 자본주의와의 전쟁을 회피할 수 있느냐 없느냐의 문제, 둘째로 사회주의의 실현이 단계적 성숙의 절차를 거쳐야 하느냐, 아니면 중간과정을 뛰어넘고 그 실현이 가능하느냐 하는 문제, 셋째로 자본주의와 공산주의의 평화적 공존이 가능한가 불가능한가 하는 문제, 주로 이 세 가지 쟁점에서 소련은 온건노선에 서고 중공은 강경노선을 고집함으로써 '이념분쟁'은 완전한 적대관계로 악화해버려요. 이 두 공산권 거인국가가 대립함과 동시에 1960년대 말에 들어와서는 소련이 중공에 대한 핵공격을 준비하고, 그 사실을 오히려 이론상 비우호적이라고 할 수 있는 미국에게 알리고 사전협의를 하기까지에 이르러요. 이런 제반 정세와 그 밖의 크고 작은 많은 적대분쟁 요소들로 말미암아서 사회주의가 자본주의에 대한 경쟁능력을 상실하게 되지요. 이런 30~40년에 걸친 과정을 면밀히 관찰하고 있었기 때문에 사회주의의 위기를 처음으로 느낀 것은 1960년대 초반이고, 1970년대 말에서 1980년대에 이르러서는 거의 결정적인 흐름으로 인식하게 됐지요.

임헌영 미국에 계실 때 국내의 구체적인 문제에 관해 관심을 가질 여유가 있었습니까?

리영희 나는 미국에 있는 동안은 한국 내의 상황에 대해서 큰 주의를 할 수 없었어요. 또 언제나 그렇듯, 나는 내가 있는 그 현장에서 내가 맡은 일에 전력을 다하는 성격이에요. 대학 강의만도 정신이 없는 상태였으니까. 그런데 창작과비평사에서 원고 보따리를 소포로 보내왔어. 나의 소년시절부터 1962년까지 시기를 다룬 자서전 『역정』 원고의 마지막 손질을 빨리 해달라며 보내왔어요. 1980년 광주민주화항쟁 당시에 내가 제2차 해직(1980~84)을 당한 4년 동안, 나는 아마도 이 전두환정권하에서는 글을 쓰기가 힘들지 않을까, 이것이 마지막이 되지 않을까 생각할 정도로 절박한 상황이었어요. 그래서 생각한 것이 마지막 집필 작업으로 자서전을 쓰기로 한 것이었지. 중앙대학교의 유인호 교수가 양평에 농장을 가지고 있었는데, 농장관리를 위해 지어놓은 허술한 집에 가서 이것을 쓰기 시작했어요. 쓰기 시작해서 1962년까지 썼는데 어느 날 느닷없이 괴한들이 들이닥치더라구요. '기독교사회문제연구소' 사건이 터져서 붙들려 가게 되니까 그 원고가 그해까지로 끝난 거지.

나는 버클리 있는 동안 『말』의 청탁으로 일주일에 한 번씩 미국사회 평론을 보냈어요. 강의 준비도 벅찬데 이 일까지 하려니까 관광 같은 즐거움을 누릴 여유가 없었어. 그때 레이건정권의 최고수뇌 보좌관들의 범죄행위에 대한 재판이 열렸어. 올리버 노스라는 미 해병대 중령이 금수 대상인 이란에 무기를 밀수해 팔아서 받은 돈으로 라틴아메리카 니카라과의 콘트라라는 반혁명분자들을 부추기고 니카라과 합법정부를 쓰러뜨린 일이 있었어요. 그런 사건을 포함해서 그들의 불법행위가 너무 엄청났기 때문에 레이건정부 수뇌부의 50여 명이 다 끌려들어 가고, 그 대부분이 유죄판결을 받고 형무소로 간 사건이요. 나는 그것을 보면서 반공을 내세우면 내세울수록 그 최고수뇌부들이 민간인이든 정치가이든 군인이든 부패하고 타락하고 비열한 짓을 하는 파렴치한 범죄자가 된다는 사실, 또 그런 자들이 주로 공화당정권을 담당하는 세력이라는 미국정부에 대해 깊은 생태학적 인식을 했지. 이에 관해 써 보냈지. 내가 전부터 가지고 있던 신념을 또 한 번 굳히게 되었습니다.

버클리대학 체류기간 중에 고르바초프가 미국을 방문했어. 그 자신과 지성적 매력이 넘치는 부인은 '뿌리가 돋친 공산주의자'라는 편견으로 굳어졌던 평균적 미국시민을 매혹시켜 버렸어. 미국이나 서방세계의 어떤 지도자보다도 세련되고 이성적인 그들에 대한 호응과 환호가 대단했어. 그런데 그것과 정반대의 반응을 보이는 소수 미국인 집단도 있었어. 일부 자본가·군수산업 대기업가·군고위층 그리고 무엇인가 '악'적 존재를 설정해놓지 않고서는 불안해서 못 견디는 반공·국수적 원리주의 기독교였지. 하루는 『뉴욕 타임스』에 고르바초프의 일방적 군축, 탱크 몇천 대의 폐기, 군비예산 감축, 병력 50만 제대조치 등의 결정에 관한 기사들이 대서특필로 게재되었어요. 그런데 그 신문의 독자기고란에 놀랍게도 「평화가 온다는데……」라는 제목의 글이 실렸더군. 어떤 취지와 내용인지 짐작이 가요? 안 갈 것이오. 그 내용은, "소련이 저렇게 비군사화를 본격적으로 추진하고 평화의 환경이 확대·심화되면 미국의 군대와 군수공장은 어떻게 되며, 미국의 경제는 파탄에 빠질 것이 뻔하니, 평화를 환영해선 안 된다"는 주장이었어. 유명한 경제계의 어떤 거물의 기고문이었는데, 지금은 잊어서 생각이 안 나요. 미국이라는 나라가 어떤 나라인지를 단적으로 말해주더군. 나는 무서웠어. 그건 내가 확신하고 있던 '미국관'을 더욱 굳혀주는 증거였어요. 미국이라는 국가는 전쟁으로 유지되고, 미국 자본주의는 전쟁을 필요로 해. 왜 미국이 그 많은 다른 국가를 침략하고 약소국들에 무기를 넘기고 팔아서 군사분쟁을 부채질하는가? '선량한 한국인'들이 제정신으로 생각해야 할 문제예요.

임헌영 선생님이 버클리에 계셨던 1987년 후반기에 한국은 판금도서 해제(10.19), 개헌 국민투표(10.27) 등을 거쳐 대통령직접선거(12.16)를 치렀습니다. 격렬한 투쟁을 거쳐 얻어낸 대통령직접선거였지만 김영삼·김대중의 대립으로 노태우가 당선되는 꼬락서니를 지켜보게 됩니다. 선생님께서도 아무리 미국에 계셨을망정 나름대로의 생각을 가지셨을 것 같습니다.

캘리포니아 주립대학 버클리 분교(약칭 버클리대학)의 초빙교수로 한 학기 동안 한국 현대사를 강의하던 1987년 가을, 학과장 존 허스트 박사와 함께 대학 본관 앞에서.

리영희 물론이지요. 1980년 봄에 실패했는데, 또 전철을 밟고 분열과 대립의 결과로 과거청산이 지연되는구나 하는 두려움 때문에 어떤 의미에서 나는 단순한 낙담이 아니라 한국 국민성에 대해 다시 깊은 회의로 고민해요. 새로운 역사의 전개를 이제 다시 볼 수 없는 것은 아닌가 하는 절망감에 가까운 정신적 침체에 빠지기도 했지요.

캄캄한 하늘에 뜬 큰 별 『한겨레』

'주한 미국 총독'과의 '광주대학살' 책임 논쟁

반독재 투쟁의 결실을 한 장의 신문에 모아

임헌영 1988년 봄에 귀국하셔서 『한겨레』 창간에 관여하셨는데요. 당시 발행인설까지 있지 않았습니까?

리영희 『한겨레』는 내가 버클리대학에 가기 전에 이미 구상을 짰던 것입니다. 언제나 친하게 지내던, 1974년 자유언론투쟁에 앞장섰다가 각기 『조선일보』와 『동아일보』 『한국일보』에서 추방된 임재경, 이병주, 정태기 그리고 대학에 있는 나 이렇게 4명이었다고 생각되는데, 어느 날 강남 어딘가의 대중사우나 휴게실에서 맥주를 마시면서, 이제부터 어떻게 할 것인가 의논을 했어. 진정한 민주주의를 표현하고 민중의 뜻과 희망이 반영되고, 구태에서 벗어난 통일지향적이고 혁신적인, 그것도 신문값이 싼 신문을 만들면 얼마나 좋을까, 이런 이야기를 했지요. 그때 구체적인 신문의 스타일 등에 대한 복안(腹案)을 정태기가 주로 이야기했어. 말하자면 그때까

1988년 5월 15일 온 국민의 염원을 담은 『한겨레』 제1호가 나오는 순간 윤전기 앞에서 초대 편집국장 성유보와 함께.

지 없던 가로쓰기, 한글전용, 활판인쇄가 아니라 컴퓨터편집인쇄·국민주주 모집·편집국장 선거제·민주방식 등으로, 한국 신문역사에 혁명적인 새바람을 일으키자는 아이디어는 그렇게 등장했습니다.

그러면 사장은 누구로 할 것인가? 신문사를 운영할 만한 권위가 있어야 하고 국민적·대중적 존경을 받는 인물로 정신적으로나 인격적으로 표상이어야 한다는 데 의견을 모았어. 지금 와서 이야기지만, 맨 처음 이야기된 분은 부산의 김정한 선생입니다. 김정한은 일제에 굴하지 않고 독립운동에 나서다 투옥되기도 한 소설가였지. 작품을 통해 일본의 태평양전쟁을 지지하거나 일제를 찬양하던 일제시대의 다른 작가들과 달리, 그러한 집필 활동을 거부한 고결한 인격의 소유자이지. 이승만시대에 정권에 밉보여 부산대 교수직에서 일찌감치 추방당하기도 했고 대중과 함께 가슴 아픈 시대에 대해 눈물을 흘린 분이오. 이런 이유에서 존경받는 지식인의 상징이라 할 수 있는 김정한을 한겨레신문사의 초대 사장으로 추대한 것이지.

그런 발상을 한 후에 내가 버클리대학에 간 겁니다. 그 사이에 한국에서는 정태기, 임재경, 이병주 등이 해직된 기자들을 모아서 창간준비를 시작했어. 그러나 김정한 선생이 고사했기 때문에 그다음으로 송건호 씨 쪽으로 간 것입니다. 버클리대학에서 돌아와 보니까 안국동에 사무실을 빌려서 상당한 정도까지 진전이 되어 있더군. 그렇게 해서 그때부터 나는 한양대학교에서 근무하면서 신문사 운영에 참여하게 됐지.

임헌영 선생님은 어떤 역할을 맡았습니까?

리영희 아마 고문이었던 것 같아요.

임헌영 그 이후에도 『한겨레』와 계속 관계를 맺어 오셨지요?

리영희 논설고문, 이사, 이런 식이었지요. 하여간 『한겨레』가 1988년 5월 15일 창간되어 나올 때, 인쇄기에서 신문이 회전하면서 첫 장이 떨어질 때의 감격은 이루 말할 수가 없어요. 지난 20~30년 동안의 반독재 투쟁이 이 순간에 이 종이 한 장으로 결산된다는 생각이 들더군. 정말 벅찬 감격이었어요. 다 눈물을 흘렸어요. 참 대단한 일이었지.

50년 만에 본 북녘땅 내 고향 사진

임헌영 세계사도 이 무렵 엄청나게 회전합니다. 중국이 시장경제로 전환하겠다고 발표했고, 동유럽과 남아프리카의 민주화운동이 한국 못지않게 격렬해졌습니다. 국내에서는 민주사회를 위한 변호사 모임(5.29), 전국언론노조(11.26) 등이 창립합니다. 또 서울 올림픽이 열렸습니다. 선생님께서는 1988년 6월 16일에 『한겨레』에 「북녘땅 내 고향 사진」 칼럼을 발표해서 세인을 깜짝 놀라게 했지요. 선생님은 가끔씩 이렇게 사람 놀라게 하는 취미가 있으신가 봐요. 그 뒤 소식이 궁금합니다.

리영희 나는 짧은 글로 세인의 의식의 눈을 뜨게 하는 노신의 에세이식 글을 좋아해요. 사실 많은 동시대의 한국인에게 감명을 준 글들은 긴 논문형식의 무거운 평론보다는 원고지로 10매 또는 20매 정도의 짜릿한 계몽적 글들이라고 생각해요. 그 대표적인 것이 1988년 창간부터 1989년까지 기고한 「한겨레논단」이지. 반응이 대단했어. 그 논단에 대해서는 이후의 소식보다 앞의 소식을 설명해야 할 거예요. 원고지 9매밖에 안 되는 그 짧은 글은 내가 버클리대학에 가 있는 동안에 겪은 이야기를 쓴 것이지만, 그 글을 쓴 나의 의도와 목적은 군인정권이 북한의 군사력을 과대선전하고, 북한 군대가 하루면 서울을 점령할 수 있다는 따위의 허무맹랑한 극우반공주의자들의 전쟁부추기기에 속아 넘어온 국민들의 머리를 한마디로 깨쳐버리기 위해 쓴 것이었어요. 내용이 뭐냐 하면, 버클리대학에 있던 어느 날 『뉴욕 타임스』의 한 기사가 눈에 띄었어. 독자기고인데, 젊은 남녀 두 사람이 자기들이 결혼식을 올릴 예정인데, 남이 하는 대로 예식장 안에서 하기는 싫어서 들판에 나가서 하련다는 사연이었어요. 그러면서 요금을 내면 민간 인공위성회사가 그런 장면을 촬영해준다는 말을 들었는데, 그 방법을 알고 싶다는 내용이었어. 굉장히 재미있는 발상 아니에요? 나는 여기에서 두 가지를 즉각 생각했어. 민간 인공위성이 지구상 어디나 누구의 요청이건 돈만 내면 정밀한 사진을 촬영해준다는 놀라운 사실이 그 하나고, 둘째는 이미 불란서, 네덜란드와 그 밖의 몇몇 나라에 그런 위성사진을 촬영해주는 민간회사가 있는데 그 촬영 정밀도가 아주 높다는 사실이었어. 가령 트럭·탱크·함선 등의 이동을 몇 시간마다 위성이 회전하면서 정확하게 판단해낸다는 사실을 안 거요.

군사용 간첩 인공위성은 민간 인공위성의 정밀도보다 훨씬 높아서, 이미 그 당시에 농구공만 한 물체라면 완전히 식별할 만큼 빠짐없이 잡아낸다는 것을 나는 이 글에서 우리 국민들에게 알려주고 싶었던 거예요. 우리 군대와 정보부가 밤낮 국민들을 접주기 위해서 북한의 10만 공수부대가 하룻밤 사이에 포항 지역까지 투하되어 남한의 영토를 삼시간에 점령한다는 따위의 거짓으로 국민을 속여왔는데, 미국과 소련의 군사스파이 위성이 각기 남북한의 군대 이동을 삼장법사가 손바닥에서 노는 손오공을 보듯이 빠짐없이 파악하고 있기 때문에 남한도 북한을 공격하지 못하고 북한도 남한을 침략할 수 없다는 군사적 현실을 일깨워주기 위해서 쓴 것이에요. 그런 내용의 내 논단이 나가자 당시 나의 후배 친구의 형님이던 공군참모차장이 "이런 일이 있을 수 있느냐? 나는 처음 알았다. 이 교수는 어떻게 이런 놀라운 사실을 알았을까?"라고 하더라는 거야. 한심한 일이 아니겠어? 나 같은 민간인 군사연구가가 소상히 알고 있는 군사정보를 한국의 공군참모차장이 모르고 있었던 거예요. 그러니 이 글을 읽은 일반 독자들이 얼마나 놀랐겠나 생각을 해봐요.

며칠 동안 수많은 이산가족에게서 전화가 왔어. 좀더 자세하게 알고 싶다는 거지. 나는 그 논단 끝에 내 글의 신빙성을 입증하기 위해서 언제나 하듯이 아예 그 민간 인공위성 회사의 주소를 포함해서 회사에 관한 사실들을 다 밝혔던 거지. 어쨌든 미소 양국의 민간·군용 인공위성이 남북한의 구석구석까지 들여다보며 탱크건 부대건 뭐든지 농구공만 한 것은 사진을 촬영해 그 동태를 파악하기 때문에, 6·25 때와 같은 기습공격 전쟁은 아예 불가능하니 속아 넘어가지 말라는 말로 논단을 끝맺은 거지. 굉장한 충격을 주었어. 나는 언제나 이처럼 우리 군부나 정보부나 극우·반공·반통일적 전쟁주의자들이 몽매한 국민을 속여가며 그들의 정권 연장을 도모하고 민족의 화해를 거부하는 그들의 주장의 가면을 벗기기를 사명으로 여겼지. 대중에게 진실을 밝히고 깨우쳐주려고 했어요. 그리고 자랑은 아니지만 상당한 성과를 이룩했지.

그런데 어느 날, 한겨레신문사의 사진기자가 남의 눈을 피하면서 나를 찾아왔어요. 그러면서 하는 말이 판문점 회담의 취재를 했는데, 북쪽에서 온 기자가 신문을 하나 주면서 나에게 전해주라고 부탁하더라는 거예요. 내 고향 평안북도 삭주군 대관의 사진을 찍어달라고 내가 미국 민간 인공위성회사에 부탁을 한 그 사연을 쓴 「한겨레논단」이 나간 지 정확히 1년이 되는 1989년 6월 17일 토요일 자에 북한의 『통일신보』가 전면으로 특집을 했더라구요. 그리고 편집자주에, "리영희 교수가 50년이나 못 본 고향을 안타깝게 그리면서 미국 인공위성회사에 돈을 내면서 부탁했는데, 우리가 인공위성회사 대신 직접 찾아가서 리영희 교수의 고향을 취재 탐방하려 한다"는 글이에요. 그렇게 편집자의 의도를 쓰고, "지척이 천 리라고 기차로 하루면 왕래할 수 있는 거리인데 50년을 못 보았으니 우리 민족의 슬픔을 말해주는 것이 아닌가"라면서 전면을 나에게 할애했어요. 고향 대관의 사진을 7장이나 실었는데, 내가 소년시절을 보냈던 낚시터와 떨광이 따러 다니던 산 연대봉의 사진이 있고, 국민학교를 찾아간 사진이 있었어. 또 내 동기동창이라는 3명의 사람을 찾아내어 이야기를 시켰는데, 옛날 소년시절의 앳된 용모는 없고 세월의 바람으로 주름이 찬 노인의 얼굴에서는 내가 알던 흔적은 찾아볼 수가 없었어. 그리고 옛날 대관마을의 사진과 지금의 달라지고 커진 사진도 같이 배열했어. 굉장히 감동적이고 고마웠지.

주한 미국대사에게 광주학살의 책임을 묻다

임헌영 1988년 우리 분단사에 아주 중요한 논쟁을 하나 하셨는데요.『동아일보』5월 27일 자에, 광주항쟁 배후세력으로서 미국의 책임을 회피하는 릴리 주한 미국대사가 광주항쟁과 한국 대학생들의 미국공보원 도서관점거(1988.2.24)에 대해 언급을 했고, 이에 대해 선생님께서 주간『평화신문』7월 3~9일 자에 이 두 가지 문제에 대해 반박을 하시고 거기에 대해 또 릴리 대사가 반박합니다. 현지 대사와 논쟁하는 일은 역사적으로도 드문 일입니다. 요지는 광주항쟁이 미국에 책임이 있느냐 없느냐였던 걸로 기억합니다.

리영희 그렇습니다. 광주민주항쟁 이후 1980년대를 통해서 남한 학생들과 젊은이들의 미국에 대한 감각이 크게 달라지기 시작했어. 큰 정치운동으로 확대됐지요. 그렇게 되니까 미국이 이 같은 한국인의 민심이나 관념의 변화를 두려워한 나머지, 현지 릴리 대사가 『동아일보』와 합작하여 여러 가지 사실을 들어가며 "미국은 광주대학살에 책임이 없다. 전두환 군부정권의 행위와 미국은 아무런 관련이 없다"고 발뺌하는 인터뷰 기사를 게재했더라구요. 전두환의 광주학살 사건이 7년이나 지난 1988년의 시점에서 한국사회와 국제사회의 의식 변화에 당황한 『동아일보』와 미국정부의 합작품이지. 나는 『동아일보』와 릴리 대사가 이 기사로써 한국 대중을 농락하는 데 대해 매우 불쾌하고 분노했어. 그래서 A4 용지 6매에 해당하는 영문으로 된 항의서한을 써서 릴리 대사에게 보냈어요. 우리 두 사람 사이에는 그 뒤에도 두 번 공개서한이 교환됐어. 일본의 과거 조선총독과 다름없는 주한 미국대사와 한낱 한국의 민간인 학자가 이런 중대 문제를 놓고 공개적 언쟁을 벌인 것은 해방 후 처음이고 앞으로도 없을 큰 사건이지.

특히, 대학생들의 미국공보원 도서관 점거행위, 반미시위, 분신자살 등이 세상의 이목을 끌어 세계의 대미국 여론을 악화시키는 정치적 의도에서 나온 비열한 행위라고 규탄하는 내용이었어. 그래서 나는 이렇게 반박했어. 한국 현대정치사에서 중요한 의미를 갖는 일이니까 이 글의 일부나마 기록으로 남겨놓는 것이 좋을 거라고 생각해요. 나는 릴리 대사에 대한 항의 편지의 첫머리에 이렇게 썼어.

반미행동으로 나온 학생들이나 미국을 비난하는 유서를 남기고 분신자살한 조성만 학생 등 분신한 한국 학생들 모두가 20대의 청춘입니다. 그러기에 그들은 지금 60세인 릴리 씨가 자기 목숨을 아끼

1980년 한국군부의 광주대학살 사건에 관해 미국의 결백을 주장한 릴리 주한 미국대사에게 미국정부의 묵인·방조 사실을 들어 논박한 지상 논쟁을 보도한 신문기사(1988년 7월 3일 ~9일, 『평화신문』).

는 것에 못지않게 자신의 목숨을 아끼는 사람들입니다. 릴리 씨 연령까지 살려면 40년 이상의 시간이 있는 이 대학생들이 그 아까운 목숨을 던지는 것이 대사가 주장하는 것처럼 단순히 세상의 이목을 끌기 위해서였을까요? 만약 당신과 미국정부가 한국 학생들의 행위를 이렇게 이해한다면, 그것은 학생들의 진의를 전혀 이해하지 못한 겁니다. 이 대학생들은 국민적 긍지와 자존심을 지닌 새로운 세대로서 지난 40여 년 동안 어떠한 비판도 한국에서는 허용되지 않았던 미합중국에 대해 의견을 정정당당히 표현하려는 세대입니다. 그들은 '반미'(Anti-American)가 아니라, '애국자들'입니다.

또한 나는 릴리 대사가 한국 학생들이 '히트 앤드 런'(치고 빠지기)식의 '비겁한 수법'을 쓰고 있다는 비난에 대해서는 이렇게 답했어.

사실인즉 대학생들은 '히트 앤드 런'만 한 것이 아닙니다. 그들은 미국 국가건물을 점거하고 미국에 대해 자기들의 견해를 공식적으로 전달하고자 노력했습니다. 한국 대학생들이 '히트 앤드 런'으로 상대방을 대하는 것을 비겁하다고 비난할 때 아마도 미국 서부 활극에서 등 뒤에서 쏘는 것을 금기로 삼는다는 소위 미국의 '영화윤리강령'을 말씀하시는 것 같습니다. 하지만 한국 대학생들은 미국인들이 서부를 점령·통치하던 시기에 (인디언들에 대해서) 결코 공정하지도, 정정당당하지도 않았다는 사실을 잘 알고 있습니다. … (중략) … 미합중국은 강대국입니다. 그렇기 때문에 미국은 상대방을 '히트'하고 나서 '런'할 필요가 없습니다. 하지만 '런'하는 사람들을 모멸적인 시선으로 비난하는 것은 강한 자의 논리입니다. 대사께서 한번 생각해보십시오. 어째서 지구상에서 그렇게 많은 테러가 미국과 미국인에 대해서 끊임없이 행해지고 있는지 대사께서 조금이라도 진지하게 생각하신다면, 지금 한국사태에 대한 올바른 판단을 내리는 데 도움이 될 것입니다. 세계 도처에서 그렇게 하는 사람들의 투쟁방식은 '히트 앤드 런'입니다. 미국은 그들의 방식을 비난하지만, 미국이 후진국 국민들이나 약소국 국민들에 대해서 공평하고 정의롭게 행동한다면 미국인들에 대한 테러행위는 자취를 감출 것입니다. 'Strong and powerful' 국가인 미합중국은 어디서나 '히트'하고 난 다음에도 그 자리에 stay, 즉 머물 수가 있습니다. 하지만 약한 자들은 미국을 '히트'하고는 '런'할 수밖에 없습니다. 이 두 행동양식 사이에 어떤 도덕적 차이가 있을까요? 차이라고 한다면 오직 미국은 강하고 다른 상대들은 약하다는 것뿐입니다. ……니카라과를 보세요. 온두라스를 보세요. 엘살바도르를 보세요. 또는 파나마를 보세요. 라틴아메리카의 그 나라들에서 어떤 일이 벌어지고 있습니까? 만약 한국인들이 그런 나라들에서의 미국의 행동에 관해 알지 못하고 있다고 생각한다면, 그것은 미국의 오만이거나 인식 착오라고 해야겠지요. 당신이 주장하는 한국인들의 미국에 관한 '오해'는 미국이 그런 행동방식을 바꿀 때에 비로소 소멸될 것이라고 생각합니다. 미국은 바로 한국인의 그 '오해'에서도 배울 것이 많을 겁니다. 그렇게 될 때야 한미 양국 사이의 불행이 축복으로 바뀔 수 있을 겁니다. 귀하의 건투를 빕니다.

리영희.

이 땅에 미군이 있는 한

임헌영 그런데 왜 그때 『평화신문』에 실으셨습니까? 더 영향력 있는 신문에 실었을 법한데 말입니다.

리영희 그때 내가 이 기사를 『동아일보』에 줬지요. 그런데 게재를 거절당했을 겁니다. 그런데 마침 『평화신문』이 광주문제를 다루고 있는데, 김정남 씨가 『평화신문』에 관여하고 있었어요. 미국 대사관 공보과에 친한 한국인 친구가 있었는데, 그 친구 이야기가, 내 글이 『평화신문』을 통해 나가자, 그날이 일요일인데도 불구하고 대사관 정치담당 미국인들과 한국 직원 번역반이 전원 긴급동원되었다고 해. 대사관이 벌집 쑤신 듯이 소란해지고, 즉시 번역을 완료하라고 해서 몇 사람이 달라붙어서 번역해서 워싱턴에 보고하고, 그러고는 6월 17일 릴리 대사가 나의 글에 대해서 회신 겸 반박하는 글이 나왔어요.

미국대사가 다시 나에게 자기주장을 폈지요. 그래서 나는 미국대사에게 재반박을 할 때에는, 이젠 신문지상에서 하지 말고 한국 국민 모두가 들을 수 있도록 나와 대사가 직접 공개적으로 토론하자, 나는 당신하고 충분히 영어로도 대담을 할 수 있고 또 내가 미국 대사관에 가서 할 수도 있지만, 그동안 한미문제에서는 그저 무조건 영어로 해야 하고 미국 대사관에서 지시하는 장소나 시간, 방식대로만 해왔던 그동안의 한국인 지식인들의 미국 추종적 낡은 방식을 나는 따르고 싶지 않다, 그러니 당신은 영어로 하고 나는 한국말로 하자, 이런 이야기를 썼지요. 그것으로 릴리 대사와의 지상공방 제2라운드가 끝났어요.

임헌영 저도 그 글을 보았습니다. 선생님이 조목조목 따지신 데 대해서 릴리 대사의 두 번째 서신 형식의 글에는 전혀 해명이 없는 것을 보았는데, 말하자면 논리적 반박은 전혀 없고 다만 릴리 대사가 강조하는 것은 한국 학생운동의 시위 행태에 대한 언급뿐이었습니다. 그러니까 릴리 대사가 선생님이 열거하신 논점을 논리적으로 부정하지 못한 채 끝난 것이지요.

리영희 이런 문제를 놓고 정밀분석을 하는 것이 내 특기이니까요. 빠질 구석이 없을 만큼 반박을 했지요. 그랬더니 미국에 있는 인권문제 연구기관들이 이것을 전면 보도했어요.

임헌영 이런 일은 비단 광주항쟁뿐 아니고 8·15 이후부터 한국전쟁, 4·19, 5·16 등 현대 한국사의 모든 사건과 연관된 것으로 계속되어 왔던 것을 선생님이 적시하신 것이지요. 릴리 대사의 말 중에 '현지에 사령관이 없었다'는 말은 일종의 넌센스였습니다.

리영희 유치한 변명에 지나지 않아.

임헌영 우리나라뿐 아니고 다른 여러 나라들에서도 미국 대사의 영향을 생각해보게 됩니다. 1980년 광주항쟁이 일어난 당시에는 릴리 대사의 재임 때도 아니지 않습니까?

리영희 대사라는 것은 어느 시기에 부임했건 본국 정부를 전면적으로 대표하는 '전권대사'이기 때문에, 본국이 행한 사실에 대해서는 자기의 임기냐 아니냐와는 관계없습니다.

임헌영 이때는 한창 반미시위가 극렬할 때였습니다. 그런데 제가 볼 때는 릴리 대사의 글이 오히려 반미시위를 부추기는 것으로 받아들여질 수도 있었을 텐데, 어떤 의도로 봐야 할까요? 그런 터무니없는 말이 한국 국민에게 통할 수 있다고 본 걸까요?

리영희 실제로 한국 사람들에게는 미국이 광주대학살에 관련되었냐 하는 문제에 대해서는 그 당시 '확증'이 없었으니까요. 1980년대에 들어와서 첨예하게 대미의식이 개발된 운동권 이외에는 대부분의 국민들이 미국은 역시 관련이 없고 전두환 군부정권만이 저지른 범죄라고, 대충 그렇게 생각하고 있었어. 릴리 대사가 해명하면 대충 그대로 먹힐 것으로 생각했지요. 현지 대사로서는 한국 국민의 여론 악화와 학생의 반미운동을 방임하면 직무유기로 중대한 문책감이었기 때문에, 그러한 글을 통해 조치를 취하는 것이 당연했지.

임헌영 제 상식으로는 다른 회유책을 써야지, 왜 그런 부인하는 글을 썼을까 하는 생각을 했습니다. 노골적으로 미국은 뭐든 할 수 있다는 시위 같습니다.

리영희 아니지. 그것은 미국으로서는 당연합니다. 그것은 미국측의 판단착오라기보다는 한국사람 대부분이 숭미적이고, 미국은 절대 그런 짓을 도왔을 리 없다고 생각하니까 미국숭배세력에게 힘을 실어주면서 국면을 전환시키려는 의도가 하나고, 그런 엄청난 시위사태가 일어났으니까 그 나라에 주재하고 있는 현지 대사로서는 뭔가 변명을 해야 하는 직무상 책임이었지. 당연한 임무수행이라고 볼 수 있지. 세계 어디서나 동일하지요.

임헌영 2002년 양주에서 일어난 미군 장갑차(운전병은 36세의 마크 워커 상병)에 의한 심미선·신효순(둘 다 14세의 여중 2년생) 여중생 압살사건에 대한 대응도 똑같지 않습니까?

리영희 그렇게 말할 수도 있겠지만, 광주대학살과 여중생 사건은 좀 다릅니다. 양국관계를 규제하는 법적·정치적 해석이 다릅니다. 광주에 대해서는 한국의 작전지휘권이 국내의 소요를 진압하는 데 미국 지휘권과 관계없이 독자적으로 할 수 있다는 주장이고, 여중생 사건의 경우는 한미방위조약 제4조를 근거로 해서 만들어져 있는 주한미군 법적지위협정, 즉 SOFA에 입각해서 미군이 공적 업무를 수행한 때에 일어나는 한국 국민의 피해에 대해서는 미국 군대는 책임을 지지 않는다고 되어 있기 때문에 여학생 사건의 경우는 미국이 그것을 내세워서 합법적이라고 주장하는 것이지요. 당사자를 형식상 군사재판에 회부했지만 무죄판결 냈지. SOFA의 법적 해석에 근거한 것이지요. 하나는 작전지휘권 또는 한미 양국관계의 정치적 문제이고, 여중생 사건의 경우는 협정조항 법률해석의 문제이지.

임헌영 사건의 성격과 법적 대응은 다르지만, 어떤 사건이든지 거기에 대응하는 자세는 결국 자기들은 잘못이 없다는 논리가 되잖아요. 그 자세는 예전이나 지금이나 전혀 변화가 없는 듯합니다.

리영희 미국 군대가 주둔하면서 발생하는 문제와 관련한 기본자세는 변함이 없습니다. 여중생 압살사건이 일어난 지 2년이 지났고, 나와 릴리 대사와의 논쟁이 있은 지는 15년이 지난 2004년 오늘의 현시점에서도 상황은 달라진 게 없어요. 미국은 유엔 안전보장이사회에서, 세계의 평화유지군으로 배속된 미군이 저지른 범죄행위에 대해서는 어떠한 나라든 또 어떤 사법기관의 법적 재판이든 면제된다는 협정을 여러 나라와 체결하고 유엔에서 강제로 승인시켰습니다. 구소련권 9개 나라와는 원조제공이라는 매수 방법으로, 이에 불응하는 다른 유엔 가입국들에게는 강요를 해서 동의서를 받아냈지요. 그것을 유엔 안보리에 제출해 통과시켰어. 막대한 돈과 힘을 이용해서 미국이 정치·외교적 폭력을 행사한 경우입니다. 본질적인 문제와는 무관한 미국의 정책 관철을 위한 상투적인 수법인 매수와 협박 아니겠어요?

임헌영 선생님께서 당시 릴리 대사와 논쟁한 내용을 현재의 여중생 사건처럼 모든 국민이 알 수 있도록 언론이 보도를 했다면 어떻게 됐을까요? 과연 전두환 독재가 가능했겠습니까?

리영희 어려웠을 거라고 생각하는데! 여중생 사망 이후 전개되고 있는 지식인들과 학생들 속에서 일어나고 있는 민족애와 미국이라는 나라에 대한 정확한 의식의 발로는 광주사태 때에는 없었거든요. 광주사태와 여중생 사건을 비교하면 그만큼 우리 국민들의 의식수준이 평균적으로 진보·고양됐다는 증거예요. 그것이 미국으로 하여금 2003년 6월 13일, 압살사건 당사자인 미군사단 내 교회에서 해군사령관과 미국대사가 참석한 가운데 추모예배를 하는 따위의 시늉이라도 하게끔 한 것입니다.

국방부와 정보기관을 뒤흔든 논문

임헌영 1988년에 선생님은 「남북한 전쟁능력 비교연구」를 한길사가 펴내는 월간 『사회와 사상』에 발표합니다. 아마도 이 글이 가장 충격적인 글이 아니었나 합니다. 당시 어떤 군사전문가도 상상할 수 없었던 냉전이데올로기에 대한 비판으로 쓴 글인데요. 이 나라의 진보적인 사람까지도 충격을 받은 글이었습니다. 이런 자료는 어떻게 구하셨습니까?

리영희 그 글은 완전한 논문의 격식과 내용을 갖춘 것으로, 그런 유형으로는 나의 많은 군사관계 논문 중에서도 획기적 성과이지요. 동원된 분석자료는 미국·일본·영국 자료 또는 국내 자료지요. 내가 작성한 논문의 자료는 북한이나 소련의 정부와 학자들 것은 일체 쓰지 않았어요. 그런 것을 자료로 쓰면 곧장 반박을 받을 수 있으니까. 그래서 완전히 우리 군과 미국의 국방부·정보부·서방 세계 국가들의 자료만 가지고 써. 사실 이 논문뿐만 아니고 나는 그전부터 군사관계를 많이 집필해 왔어요. 여러 분야에 걸쳐서 다방면으로 글을 써왔지만, 특히 미국의 핵군사력과 그 전략, 핵무기의 종류, 특히 한국에 배치된 핵전력의 현황, 지휘명령계통 등과 주한미군 문제, 한미방위조약 문제에 관해서 상당히 심도 있는 문제제기를 해왔어요.

이 논문은 처음 국회 통일정책특별위원회가 1988년 8월 4일에 한 북한군의 대남전략과 쌍방 군사력 비교에 관한 공청회에 초대되어 대략적으로 요약한 형식으로 발표한 것이에요. 한 달 후『사회와 사상』9월호에 보충·정리한 전문이 게재되었고, 1990년에 간행된『自由人, 자유인』에 수록되었습니다. 연구 논문은, 역대 군부독재정권과 그 권력기반인 광적인 각종 극우·반공세력이 그들의 영구집권을 위해서, 북한의 군사적 우월성을 부당하게 과장하여 고의적으로 대북한 공포·불안의식을 조성하던(누구나가 그렇게 믿고 있던) 시기에 그들의 주장이나 선전이 진실이 아님을 논증하려고 발표한, 그런 목적으로 우리나라에서 최초로 나온 공개적 연구 결과예요. 이 논문이 국회에서 공개되고 그 후 출판물에 의해서 사회에 소개됨에 따라 아연 사회공론이 비등해졌지. 정부(군)는 종래의 군사 기밀주의 및 '남침위기론'의 부당성을 깨닫고, 대국민 홍보용으로 석 달 동안에 화급히 국방 관계 자료들을 6부 360페이지로 편찬하여, 대한민국 건국 이후 최초의『국방백서 1988년』을 발간·공표하였습니다(1988년 12월 발행). 이어서 1990년에는 백서의 구성과 내용의 향상을 기하였고,『국방백서 1990년』(1990년 11월 발행)에서는 마침내 남한의 군사적 질적 우위와 종합적 전쟁수행 능력의 우위를 시인하기에 이르렀습니다. 나의 논문으로 몇 가지의 중요한 군사적

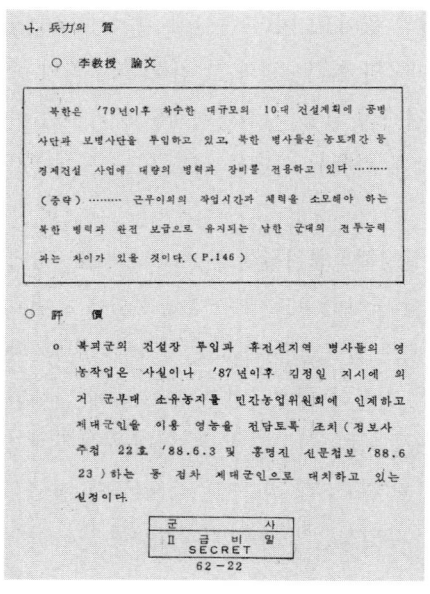

눈 오는 날 밤 화양동 집 담 너머로 누군가가 던지고 간 국방부의 비밀문서는 내 논문 「남북한 전쟁능력 비교연구」가 야기한 엄청난 파장을 단적으로 보여준다.

변화를 초래했지요.

이 군사관계 글에 대해 어떻게 내가 이런 글을 쓸 수 있는가 하고 의아스럽게 생각하는 사람이 많아. 사실 전부터 줄곧 써왔던 유형의 글이었지만, 결정적으로 여기서 커다란 모멘트를 만든 것이지요. 말하자면 분단 50년 후의 고정된 미신, 누구도 의심하려 들지 않았던 신앙 같은 거짓의 우상을 깨버린 것이지요. 이 논문이 실린 것이 아마 가을쯤일 겁니다.

『사회와 사상』에 나간 뒤 아주 큰 문제가 됐지. 성동구 화양동에 살던 그해 겨울 어느 날, 마당에 눈이 내리고 있었는데, 아침에 일어나서 밖으로 나가보니까 담 너머로 어떤 봉투가 하나 눈 속에 떨어져 있더구만. 주워보고 깜짝 놀랐어. 이 논문을 국방부와 각 군의 연구반과 안기부 등 군사정보 관계기관의 전문가들이 모여서 검토회의를 한 거예요. 내 논문을 반박하거나 비평하거나 종합적으로 세밀하고 정밀한 분석작업을 한 결과인 최종 보고서가 그 봉투 속에 들어 있었어. '2급비밀' 도장이 찍혀 있는 비밀취급 문서요. 나는 지금도 누가 그 눈 오는 날 밤에 그걸 나의 집 마당에 던져 넣고 갔는지 모릅니다. 군이나 정부 내에 있는, 내 논문에 대해 공감하는 사람이 아니었을까 생각은 하지만, 알 수가 없어. 그 논문이 우리 정부에 엄청난 충격을 주었음을 반증하는 것이겠지요. 국민들과 사회가 받은 충격도 대단하더구만. 지금도 그 비밀문서가 있어요.

임헌영 그것을 읽어보신 기억을 토대로 볼 때 수긍할 만한 그런 대목이 있었습니까?

리영희 한두 가지 전술적인 숫자에 얽힌 비판과 반론은 있었지만, 전략적 측면에는 별로 없었던 것 같습니다. 이 논문 말고도 군 전략·무기·전쟁 등에 관해 많은 글을 썼어요. 내가 어떻게 이런 군사적인 글을 쓸 수 있었나를 내 살아온 과정과 관련해서 간단히 설명할 필요가 있을 겁니다. 내가 6·25에 참전하면서 미국 고문관들과 7년을 같이 살았어요. 정전 후의 후방 근무 3년 반 동안은 직접 같이 기거하지는 않았지만 업무를 항상 같이 봤고, 전방 3년 반 동안은 늘 같이 살았어. 전쟁에 관한 연대급, 사단급의 전술·전략회의와 토의에 언제나 참가하곤 했어요. 고문관이 가지고 있는 군사 매뉴얼, 즉 군사학 교본을 많이 읽었어요. 전투가 없으면 늘 그런 것을 보았으니까. 미국 정규 육군사관학교인 웨스트포인트를 나온 한 소령은 최전방에서도 큰 야전천막을 혼자 쳐놓고, 온갖 전략지도를 천막의 벽 사방에 붙여놓고는 문헌들을 연구하곤 하더구만.

클라우제비츠·나폴레옹·맥아더·브래들리·레닌·트로츠키를 비롯해서 제2차 세계대전 중의 독일군 전략가들, 그리고 중공의 모택동과 고대 중국 전술가인 손자 등에 대한 번역판 서적들, 미군의 주요 무기들과 무기체제, 그리고 소련군과 중공군에 대한 같은 주제의 서적들을 그 고문관의 장서들 속에서 틈나는 대로 읽었지. 나는 군대나 전쟁 그 자체는 좋아하지 않지만, 전략이나 전술의 치밀한 구성과 운영 방식에 대해서는 아주 흥미를 가졌어. 6·25 당시의 미·소, 중공 각국의 무기에 대해서도, 내가 정밀기계와 물리학에 대한 기본 지식이 있기 때문에 그 특성들을 쉽게 파악할 수 있었어. 그렇기 때문에 나는 한국군 사단장 정도도 알지 못하는 수준의 군사 지식을 웬만큼 갖게 됐다구. 이건 괜한 얘기가 아니에요.

한국군 소대장·중대장·대대장·연대장이라야 고작 번역된 육군 보병교본 몇 권을 6개월 동안의 사관학교 과정에서 읽는데, 나는 그것들은 물론 전술·전략서들을 미국 군사교본의 원문으로 읽었어요. 그 후에 언론계에 들어와서는 남북한 관계·베트남전쟁·남북한 군대의 비무장지대 문제와 6·25전쟁 정전협정 등에 관해서 써야 하니까 군사관계의 자료를 새로 많이 구했어. 6·25전쟁에서 축적된 지식 위에 1960~70년대 현실에서 알아야 할 새로운 정보와 지식들이 종합되어, 나 나름대로의 관점과 이론을 갖게 되었지요. 버클리대학에 재직할 때 사 모은 책은 크게 세 분야로 나눌 수 있는데, 첫째는 제3세계의 혁명운동 관계 서적, 둘째는 군사관계 서적, 셋째는 미국 CIA 등의 음모·공작 실태에 관한 책들이었어.

나는 고급 국제군사 문제와 전략, 미국 국방정책을 연구·분석·비판하는 연구소에서 발행하는 『디펜스 모니터』(The Defense Monitor)의 장기 구독자이자 한국 유일의 구독자였어. 1959년 미국에 갔을 때 이미 내가 이름을 알고 있던 그 연구소를 찾아가서 연구소 부소장인 라로크 해군 퇴역소장과 개인적인 관계를 맺었어. 그 후 그 연구소에서 나오는 여러 가지 고급 국방·군사 정보와 자료들을 받아 보았지. 1980년대에 와서 나의 글과 정보의 영향을 받고 군사문제를 연구하게 된 후배들이 도저히 나의 군사관계 정보를 따를 수 없다고 하면서 내가 가지고 있는 정보원을 전수해달라고 하기에, 방금 말한 그 연구소와 그곳의 출판물들을 소개해줬어요. 그 다음부터 후배들이 하는 군사관계 연구소에서 그 정보를 이용할 수 있게 됐지.

임헌영 선생님이 아니면 결코 못 해낼 일이었습니다. 군사문제를 이렇게 깊이 연구하게 된 직접적인 동기는 무엇입니까?

리영희 두 가지로 요약할 수 있지요. 하나는 한반도 내의 군사적 대치의 위기상황이라는 직접적 현실이 있고, 둘째는 세계 도처에서 미·소 강대국이 개입한 고강도 전쟁이나 저강도 전쟁이 그치질 않고 국제정세에 작용하기 때문이지요. 그것이 그 후에 미국이 세계 곳곳에서 벌이는 저강도 전쟁을 분석·해석하는 데 크게 도움이 되었습니다.

나의 「남북한 전쟁능력 비교연구」라는 논문이 던진 충격이 워낙 컸기 때문에, 국회 국방통일위원회에서 나보고 국회의원들을 위한 공개토론회에서 증언해달라고 했어. 박관용 위원장이 사회를 하고. 나에 대한 반론 제기자로 나온 분이 과거에 군에서 군 정보사령관을 했고 20여 년 동안 정보계통만 전문으로 했다는 김모라는 퇴역

중장이었어. 이분이 주로 나에 대한 반론과 문제제기를 하더군. 오전 10시에 시작해서, 많은 국회의원들은 내가 제시한 내용이 새로운 지식인 데다가, 전혀 상상 밖의 통계와 사실들을 알게 되니까 계속 듣길 원하고, 그래서 발표·토론회가 끝나고 저녁 먹으러 간 것이 거의 밤 10시였어요. 그러니까 점심시간을 포함해서 12시간을 꼬박 한 것이지. 나는 하나하나 다 답변하고 반증했지요. 그들이 전혀 생각지 못한 판단요소로 분석한 거니까. 통일원 장관 이홍구 교수도 나의 논문 내용에 유효한 반론을 별로 제기하지 못하더군.

20년 중국연구를 후학에게 넘기는 소회

임헌영 그 글은 북한 군사력 절대우위라는 명제를 들먹이며 국민을 반공독재로 몰아쳤던 독재정권의 명분이 흔들리는 계기가 됩니다만 지금도 '북으로부터의 위협론'은 극우파들의 전유물 아닙니까. 그때 박현채 선생이 그 글을 읽고서 "진짜 잘 썼어, 그러나 참 섭섭해" 하던 독후감이 뇌리를 떠나지 않습니다. 그건 1975년을 전후하여 북한이 남한에 뒤처지기 시작하여 이 무렵이면 비교하기 어려울 만큼 격차가 나버린 역사적인 현실에 대한 날카로운 지적이기도 했습니다. 이듬해인 1989년도 격변의 연속이었습니다. 전국농민운동연합이 결성되고(3.1), 황석영(3.20)·문익환(3.26)·임수경(6.30)의 방북이 감행됩니다. 또 전국교직원노동조합이 결성되었습니다(5.28).

리영희 우리 국내정세는 어느 특정의 해가 그랬다기보다, 어느 해나 그 정도의 변화·격동의 연속이었지요. 나도 그런 정세 변화에 예민한 감각이었지만, 임형이 열거한 전국농민운동연합 결성 등 국내 정치·사회적 사건 못지않게 나의 관심은 주로 세계적 문제와 국제정치의 변화에 있었어요. 이란에서 미국과 그 앞잡이인 팔레비왕 정권을 몰아낸 호메이니 이슬람혁명의 전개, 미국 레이건정권의 대이란 저강도 전쟁 개시, 미국의 사주를 받은 이라크 후세인의 이란 공격과 8년 동안의 전쟁, 미국의 아프가니스탄 전쟁, 니카라과 농민혁명정권 타도를 위한 미국 주도 군사작전의 지역전쟁으로의 확대, 그에 따른 구지주·자본가 세력의 정권 재장악 등의 사태로 나는 슬픈 나날을 보냈어. 한편 중국에서는 나를 기쁘게 하는 역사적 사태가 있었으니, 앞서도 말했지만 영국 제국주의가 120년 동안 지배해온 홍콩을 마침내 원주인인 중국인민에게 반환한 일이오. 나는 영 제국주의가 끝까지 발톱을 걸고 매달리려고 안간힘을 쓴 홍콩 반환 조약 조인식을 보면서 중국인민 자신들보다도 기뻐했어.

하지만 같은 시기에 중국과 관련하여 시원섭섭한 일도 있었어. 등소평이 명실공히 중국 최고권력자로 추대되고 사회개방 조치와 함께 자본주의 도입에 박차를 가한 것이 1980년대 초기요. 중국과 중국인민의 물질생활 향상을 위해서 마땅히 가야 할 길인 것이지. 그러나 동시에, 자본주의화하는 중국에 대한 연구는 더 이상 나의 몫이 아니라고 결정했어. 나는 인류 삶의 제3의 길로서의, 중국 사회주의 실험장으로서의 중국혁명에 연구의 정열을 쏟아온 것이지, 자본주의 중국이라면 전통적 서구·미국식 경제연구가들의 몫이라고 생각해서 단념했지. 이때부터 나는 소위 '중국연구'에서 손을 떼고 당연히 글도 안 썼어. '시원하기도 하고 섭섭하기도 하다'는 그때의 내 심정을 이해하겠지요? 그리고 나의 서재의 한 면을 차지하는 중국혁명 관계의 문헌과 자료들을 바라보니 만감이 교차하더군. 그것들은 온갖 어려움을 무릅쓰고, 먹을 것을 아끼면서, 그리고 '때로는'이 아니라 너무나 여러 번, 신변의 위험과 재앙을 각오하고 내 손에 넣으려던 것들인데……. 앞으로의 연구는 역시 나로 인해 배출된 수많은 신진기예의 후배·후학들의 몫이 되는 거지.

그 결정 이후, 나의 연구 방향과 정열은 남북 민족관계 문제와 통일문제, 그 최종 목표까지의 과정에서 예상되는 전쟁회피·군축·군사적 협력·휴전선 문제·미국의 변함없는 한반도에서의 불장난 가능성과 그에 관한 구체적 문제들에 집중됐어. 1953년 정전협정 문제, 특히 미국의 한반도 전쟁을 위한 핵 전력과 그 사용 수순, 모든 문제들의 시발점이자 중심적 요소인 한미 군사관계, 한미방위조약과 행정협정 문제, 한미 양국군의 무기와 장비, 한국군의 전력·이념·조직 개념, 남북 전력 비교 연구 등으로 집중됐어. 특히 1994년 미국과 북한 사이의 '핵'갈등과 그것을 빌미로 한 몇 차례의 미국의 대북한 전쟁 준비와 결의, '팀 스피리트'라는 연례적 핵전쟁 예비훈련, 한반도 위기상황과 세계의 주요 관심 국가들의 반응 분석과 정책 등, 나의 정열과 두뇌와 시간을 요구하는 연구 대상은 너무나 많고 복잡하고 어려웠어. 여기서도, 만족하기에는 너무나 미미하지만, 무시할 수 없는 성과를 제시할 수 있었다고 자부해요. 나의 역할은 언제나, 어떤 문제에 관해서나 '계몽자'의 그것인가 봐요. 한국 국민이 전혀 알지 못하고 있는 자기 운명에 관한 중요한 사실들과 진실, 이런 것을 밝혀서 그들의 '의식의 눈'을 뜨게 하는 것이 내가 스스로 나에게 부과한 임무였어.

이 시기에 단속적으로 간략히 적혀 있는 일기를 뒤지면, 거의 매일같이 나의 글과 책들에 대해서 협박전화가 왔다는 아내의 말이 눈에 띄는구만. "노동자 폭동을 선동했다" "국가의 안전에 역행하는 내용" "군의 사기를 떨어뜨린다" 등으로 다양해. 군 보안사가 문공부에 대해, 『분단을 넘어서』가 군의 사기를 해치고 군의 위신을 손상하니 판매금지하거나 아니면 수록된 원고지 500매 분량의 「전장과 인간」을 전부 빼버리라고 압력을 가한다는 한길사 김언호 사장의 말도 있고. "한심한 작태들! 도대체 언제의 이야기길래! 게다가 군이 무슨 신성불가침인 것처럼 착각(아니면 확신)하고 있으니 앞날이 암담하다"는 나의 감상이 그 뒤에 적혀 있어. 하루 이틀의 일인가!

폐간위기에 몰린 『한겨레』

임헌영 선생님께서 1989년 4월에 또 사건에 휘말리셨습니다. 『한겨레』 창간기념 북한취재기자단 방북기획 참여로 국가안전기획부에 구속됩니다.

리영희 그 시기는 이미 전 세계적으로 냉전이 끝나서 화해·교류의 기운이 뜨거웠고, 남북한 사이에도 냉전의 고비를 넘는 많은 정세의 진전이 있을 때였어요. 신문으로서, 특히 '한겨레'의 제호를 모신 진보적 신문으로서의 시대적 사명이 북한을 직접 방문해서 현장을 취재하고 보도하는 것은 당연한 일이었지. 그래서 신문창간 1주년 사업으로 기자단 방북취재를 구상했지. 내가 구속되기 전 4~5일 사이에 그런 낌새가 있었어요. 캐나다 토론토대학에서 나를 학회에 초청하는 제안이 있어. 그래서 팩스를 교환하는데, 그쪽에서 보낸 팩스 중 한 장이 매번 안 와요. 훗날 알았지만 내게 오는 팩스를 전

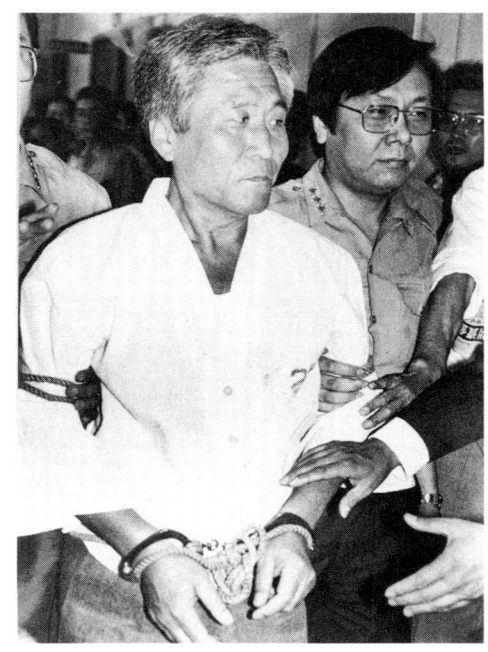

『한겨레』 창간기념 북한취재기자단 방북기획 사건으로 서울 구치소에 구속되어 검찰의 조사를 받으러 나가고 있다.

부 관계기관에서 감시하고 있었어. 우리가 기획했던 『한겨레』 창간 1주년 기념 특별사업으로 북한취재기자단 방북구상을 알고, 내가 토론토대학과의 관계로 팩스가 오고 가는 것을 이북에 밀입국하려는 것으로 넘겨짚었나 봐요.

취재기자단 방북계획 건으로 동경에 가서 『세카이』 잡지의 사장 야스에 료스케를 만나 북쪽 주요 인사에게 소개장을 써달라고 부탁을 했지요. 소개장에는 나를 거론하고 또 『한겨레』가 북한취재를 해야 할 시대적 당위성 같은 것을 쓰고 했지요. 그것을 가져와서 집 캐비닛에 넣어놓았지. 그런데 마침 문익환 목사가 동경에 망명한 문필가 정경모 씨와 함께 평양을 들어간 때와 한 일주일 사이일 겁니다. 내가 일본에 가 있을 때에 문익환 목사가 동경에 있었을 거예요. 그러니까 수사기관에서는 문익환 목사가 동경에 있는데, 내가 정경모 씨를 만나서 술 한잔하고, 그 이튿날 정경모 씨하고 문 목사가 동경을 출발해서 북한으로 들어갔으니까 당연히 나를 의심했겠지. 그런데 정경모는 그날 저녁 자기들의 계획에 관해서 나에게 전혀 낌새도 보이지 않았어. 난 신문, 뉴스를 보고서야 알았어. 그러니까 안기부에서는 당연히 문익환이 동경에 있을 때의 동태와 군부정권을 반대하는 정경모를 상시적으로 추적했으니까, 내가 점과 저녁을 같이 하고 한 일을 다 알고 있었겠지요. 내가 돌아와서 토론토대학 교수로부터 팩스를 받고 하니까 내가 북으로 들어가는 줄 알았겠지요. 나는 문익환 목사가 북한에 도착했다는 사실이 보도된 이틀 뒤에 느닷없이 연행되었어요. 가택수사를 하면서 내 캐비닛을 뒤지는데 하필 그 소개장이 나온 것입니다. 그러니까 꼼짝없이 걸린 거지.

임헌영 야스에 씨가 가지는 비중은 어떻습니까?

리영희 야스에 씨는 『세카이』를 통해서 일본의 반전·평화·민주주의·국가정책 개혁 등의 전위적 문제와 분야에서 큰 영향력을 행사한 인물이에요. 그 후 1990년대에 들어와서는 아예 일본의 최고 지성을 대표하는 출판사인 이와나미출판사의 사장이 됐어요. 그러니까 일본의 우익화·재군비·천황주의와 미국과의 지나친 예속적 군사동맹 등에 반기를 들었지. 일본 '평화헌법'을 뜯어고쳐서 군사대국화의 길을 트려는 과거 일본 군부의 맥을 잇는 세력과 재벌들, 우익 반공주의 세력들에 맞서는 일본 여론조성의 선봉에 섰어요.

1970년대에 이와나미에 있을 때 일본의 진보 지식인 교수의 대표 격인 미노베 료키치(美濃部亮吉)가 동경도지사로 선출되자, 그는 미노베 지사의 요청을 받아 도지사의 오른팔 격인 비서실장을 여러 해 지냈어. 혁신계로서 처음이자 마지막인 미노베가 지사로 있던 몇 년간이 패전 후 일본 정치에서 수도 동경도가 혁신·평화 노선으로 중요한 역할을 했던 유일한 시기예요.『세카이』는 1980년대까지 국내에서는 읽을 수 없고, 가지고만 있어도 당국에 연행됐어. 그 잡지의 사장인 야스에 씨는 남북한의 화해를 도모하고 한반도에서 전쟁이 발생하지 않도록 해서 동북아 전체의 평화구축이라는 큰 안목으로, 북한을 방문하여 김일성 주석과의 친교를 상당히 두텁게 쌓게 됐어요. 한 다섯 번 갔다 왔지. 김 주석의 자본주의사회에 대한 깊은 안목이나, 특히 미일의 북한에 대한 여러 가지 사실에 대한 지식은 야스에 씨에게 도움을 받은 것으로 알려져 있어요.

　임헌영　선생님께서는 정경모 선생께 부탁하셨을 것 같은데요.

　리영희　나는 정경모 씨가 그런 관계 일을 하는 줄 몰랐어요. 나는 정경모 씨가 일본 내에서 한국의 반독재 운동에 열렬히 앞장서는 것은 문필활동으로 잘 알고 있었지만, 북한에 문익환 목사와 함께 들어갈 만큼 그런 세계관과 행동양식을 갖고 있는지는 몰랐어요. 그러니까 당연히 야스에 씨에게 부탁을 한 것이지. 나의 글이 일본의『세카이』에 여러 번 번역·소개되었거든요. 야스에 씨는 그런 인연으로 해서 흔쾌히 받아들여줬어요. 김 주석이『세카이』에 실린 나의 여러 논문을 보고 이렇게 민족적 양심이 투철한 지식인이 남한에 있다는 것은 반가운 일이라는 얘기를 했다는 말을 야스에 씨가 전해준 적도 있어요. 김 주석은 항일독립투사이지만 일제시대에 중학교를 나왔으니까 일본어 책을 읽을 수 있었나 봐요.

임헌영 어디로 연행되셨습니까?

리영희 안기부지. 그때는 정권이 한겨레신문사를 압살하려 하는데 대한 국내외의 항의가 대단했지. 국보법 혐의자에 대한 조사 도중에 변호사와 가족의 면회를 허가한 것은 국보법 역사상 처음이라면서 나를 중부경찰서에 데리고 가서 아내와 변호인단과의 면담을 시켜주더라구. 홍성우, 한승헌, 조용래 변호사와 집사람이 함께 왔어. 내가 고문을 당하지 않았다는 것을 입증하려는 거지요.

참고인으로는 임재경 한겨레신문사 부사장, 정태기 총무국장 두 분이 불려 가서 고초를 당했지만 기소는 안 되고, 재판은 나 혼자 받았어요. 정권은 이 사건을 가지고 『한겨레』를 폐간하기 위해서 굉장한 압력을 가했지. 창간된 지 1년밖에 안 된 한겨레신문사가 문래동의 어떤 기계공장을 빌려 있던 때인데요, 경찰과 정보부 요원 수백 명이 며칠이고 신문사 사옥을 포위하고 폐간시킬 기세였어요. 한겨레신문사로서는 '풍전등화'의 위기였지. 참으로 어려운 시련을 겪었지요. 나는 의왕에 새로 만든 서울교도소에 수감됐는데, 시설은 내가 경험한 여러 다른 교도소들보다는 훨씬 낫더구만. 방마다 수도도 있고 변기도 있었으니까.

나의 재판으로 재정위기 벗어난 『한겨레』

임헌영 법정에서는 어떠셨습니까?

리영희 국가보안법상의 불법탈출·입국음모죄인가 뭔가로 기소됐어. 비교적 순조로운 공판 끝에 6개월 만에 나왔어요. 그래도 유죄판결은 피하지 못했지.『한겨레』는 창간 1년 사이에 기초 투자를 많이 했기 때문에, 5만 명의 주주에게 푼푼이 투자받은 자산이 거의 다 바닥이 났어요. 아주 어려운 상황이었지. 백억 원을 목표로 '발전기금'을 모집하려는 때었어. 그런데 마침 그 사건이 터져 내가 투옥되고 했던 것이 전 주주들의 위기감을 자극했던 모양이에요. 1988년 8월부터 1989년 6월까지 목표액을 훨씬 뛰어넘는 성금이 쏟아져 들어왔어요. 오히려 신문사가 독자들의 파도치는 열정에 압도되어서 모금을 119억 2천만 원으로 마감해야 할 정도였지. 참으로 감격스러운 정열의 표현이었어요.『한겨레』는 이 사건을 계기로 의기충천했지.

3번씩이나 구속·기소가 되니 아내에게 정말이지 미안한 마음이 더군. 재판이 열리기 전날 아내에게 쓴 편지에 그때의 심정이 잘 담겨 있어요.

사랑하는 아내 영자에게

30여 년 만에 당신을 이름으로 불러보니 각별한 심정이 되오. 매일 접견에서 만나면서도 제한된 시간에 허둥지둥, 많은 이야기를 하려다 보니, 정작 차분히 서로 얼굴을 마주 보면서 하고 싶은 이야기는 못 하고 흘러갔소. 오늘도 방금 접견하고 돌아와서 이 편지를 쓰기 시작해요.

내일 1989년 7월 5일 오후 4시, 재판정에서야 비로소 당신을 가려지지 않은 모습으로 볼 수 있겠소. 결국 재판이오. 당신은 물론이지만, 많은 사람들, 선량한 이 사회의 시민들이 "무슨 재판까지 할 일이 있는가? 기소할 일도 못 되는 것을!"이라고 생각하는 일이지만 권력

『한겨레』 창간기념 북한취재기자단 방북기획 사건 재판 도중 방청석의 아내에게 "여러 번 고생시켜 미안하다"고 말하는 순간, 입회형무관이 급히 제지하는 모습을 어느 방청객이 몰래 찍은 사진이다.

을 쥐고 있는 자들의 쪽에서는 그런 것이 아님을 증명하는 것이오.

중앙정보부에서 끌고 가 **** ****(검열로 지워짐)에서 연일 조사한 끝에 변호사들의 강력한 요구와 그들 스스로의 사회에 대한 어떤 계산된 효과를 위해서 중부경찰서에서 당신과 변호사들을 면회시킨 자리를 기억하지요? 그때 내가 "마음의 준비를 해야지……"라고 말하니까, 당신이 한마디로 "아니!"라고 대답했지. 나는 당신의 그 답변을 얼핏 해석하기가 힘들었소. 당신은 "이까짓 일로" 무슨 마음의 준비까지 할 필요가 있나, 그럴 "필요 없다"는 아주 단호하고도 간단한 답변이었지요. 정보부에서 그렇게 당하고 나온 나의 감각으로서는 지하실에서의 느낌과 밖에서 생각하는 일반적 반응이 너무나 차이가 있어서 오히려 당황했었어요. 그자들이 나를 얼마나 ○○처럼 여기는지, 당해보지 않은 당신으로서야 짐작이나 할 수 있었겠소? 낙관적으로 단정한 것이 당연하지. 결국 보석신청도 무효였지 않소? 지금의 판사들, 재판부(사법부)가 무슨 독자적인 판단을 할 수 있기에.

이제 결국 재판이 열리게 되고, 내일 나는 법정의 피고인석에, 당신은 방청석에 안타까운 마음으로 같은 공간에 떨어져 자리하게 되었소. 당신은 세 번째로 법정에 서는 남편을 보게 되었소. 난들 그러고 싶은 까닭이 있겠소. 『한겨레』의 북한취재보도 구상을 처음 들었을 때 당신이 "편안히 살고 싶다"고 조용한 목소리로 대응한 것을 나는 지금도 선명하게 기억하고 있어요. 당연한 심정이지요. 당신은 개인적 평안이나 가정·식구의 안일보다 공적 정의를 앞세워 생각하는 경향의 남편 때문에 당신과 자식들의 행복을 얼마나 희생했소. 당신의 그 심정을 잘 아는 나이고 보니, 내일 다시 통일을 거부하는 자들에 의해서 재판의 피고인석에 서게 되는 마음 정말 괴롭기 한이 없소. 당신에게 뭐라고 말해야 당신 마음의 상처를 달래고 속으로 흐르는 눈물을 멈추게 할 수 있을지 알 수가 없소. 죄송하오.

그런데 어제 면회 때에 가정 내의 일로 또 당신의 마음을 아프게 했으니⋯⋯. 당신과 면회실에서 헤어지고, 저녁밥을 먹고 나서 밖에 어두워진 방 위의 철창을 내다보며 오랫동안 반성했소. 오래간만에 눈물이 흐르더군요. '내일 면회 오면 아내의 마음을 풀어주고, 가정 내의 일은 일체 "당신의 판단에 따르겠소"라고 해야지.' 그렇게 마음을 다짐했던 것이오. 오늘 면회에서 당신에게 그렇게 말하고 나니 지금 나의 심정이 한결 가벼워요. 내가 아직도 노여움을 참지 못하니, 앞으로 많은 수양을 해야겠다는 생각이오. 다시 어울려 생활하는 날까지 노력하겠어요.

오늘 점심에는 닭 훈제를 뜨거운 식수에 넣었다가 꺼내서 아욱국에 찢어 넣어 먹으니 참 맛이 좋았어요. 어쩌다가 한 끼, 밥 먹는 것이 즐거운 때가 있어요. 오늘 낮의 식단은 관식으로 나온 보리밥, 아욱국, 선 깍두기 게다가 풋고추와 된장, 이것이 신선한 맛을 준 탓인가 봐요. 게다가 조금씩 곁들여 먹는 것이지만 마늘장아찌, 김, 삶은 달걀 한 알(이것들은 '사간식'이라고 구매하는 것).

내일의 재판이 당신의 애당초 기대했던 것과는 달리, 주변 외적 상황이 흉흉해지는 속에서 열리는 까닭에 좋은 전개를 예상키 어려울 것 같아요. 또 판사라는 자가 과거의 정권에 충성했던 소위 '5공 판사'라니 더욱이나 그렇고. 그런 자에게 사건심리를 맡기게끔 되어 있는 것이라는 이야기들이오. 그러니 당신은 마음 침착하게 먹고, 낙관적 기대의 결과로 와 실망에 좌절하지 않도록 하세요. 내일 법정에서 봅시다. 출입구 가까운 곳에 있다가 잠깐 손이라도 만져보면 좋겠소. 물론 이 편지는 재판이 다 끝나고 며칠 뒤에 당신 손에 배달되겠지요. 방청석에서 당신이 얼마나 애타게 앉아 있을까. 가끔 돌아다보겠소이다. 당신이 부디 부탁한 대로 의연하게 재판에 임해야겠지요. 이렇게 많은 사람들이 통일의지 때문에 형무소에 처넣어진다는 것은 진실로 민족의 비극이외다. 비극이에요.

글을 마무리 지으면서 어제 면회 때에 당신의 마음을 상하게 한 일을 다시 사과합니다. 나는 당신의 마음을 상하게 해서는 안 되고, 당신이 살아온 인생에서 나로 말미암은 고통을 생각하면 내가 그래서는 벌을 받을 것이오. 깊이 반성하였소. 저녁식사 시간이 돼요. 편히 쉬시오. 나의 하루도 저물어가오. 지루한 하루였소. 내일을 위해 깊이 잠들겠소.

1989년 7월 4일(화)

암흑에 찾아드는 희망의 빛

임헌영 160일 만에 석방되셨지요. 징역 1년 6월에 자격정지 1년, 집행유예 2년이었습니다. 나오신 후에는 "대한민국은 유엔총회가 승인한 한반도의 '유일 합법정부'가 아니다"를 발표하십니다. 상당히 충격적인, 아마 재야에서도 상상을 못 한 그런 내용의 글이었습니다.

리영희 그 글은 유엔총회결의의 조문 해석과 그것이 나온 근거인 1948년 5·10선거의 법적 성격을 파헤친 거지. "대한민국이 한반도의 유일 합법정부"라는 주장에 따라서 북한정권이 그런 합법정부국가의 영토를 불법점령하고 있으며, 그래서 "대한민국의 정부를 찬탈하려는 '불법적' 반란집단"이라는 국보법과 반공법의 기본전제의 허구를 처음으로 논증한 연구예요. 수많은 지식인·학생·시민이 '유엔 합법정부'라는 주술에 묶여 있지 않아요? 나는 공판과정에서 '신화'처럼 돼 있는 그런 전제가 모두 허구라는 사실을 유엔결의와 구체적 사실들을 들어 낱낱이 반박했어. 그 법들이 입법된 후 몇십 년이 지나도록 그 허구나 형태가 남김없이 논파된 것은 처음 있는 일이었지. 모두 놀랐을 거예요. 재판장도 그것을 시인했으니까. 그러면서도 "그렇기는 하지만 현실 상황이 어쩌구저쩌구……" 하면서 '유죄' 판결을 내렸어. 즉, 'Korea의 독립문제에 관한 총회결의 제112의 II, 1947. 11. 14'와 'Korea 총선거 감시에 관한 결의 제583의 A, 1948. 2. 26' 그리고 '대한민국의 승인 및 외군철수에 관한 총회결의 제195의 III, 1948. 12. 12' 등의 '제한적 영토' 조항 내용도 이들 결의의 상정과정이나 결의정신을 아는 학자가 없는 거예요.

그래서 엉뚱한 '아전인수'격인 결론과 견해가 몇십 년 동안 마치 진실인 양 믿어졌던 거예요.

한국 대학의 국제정치 교수들, 국제법 교수들 중 한 사람도 제대로 유엔 안보리의 그 결의를 해석할 줄 몰랐어. "유엔이 승인한 한반도 내 유일 합법정부"라고 하니까, 그저 그런가 보다 하는 거지. 한국의 지식인들 참 문제입니다. 이런 문제에 대해 국제법·유엔결의·국제조약을 연구하는 교수들이 아무런 탐구심도 없이, 심지어는 유엔총회의 그 결의문을 읽어보지도 않고, 또 읽어봐도 '유일 합법정부'라는 문구 앞에 어떤 제한적 지적들이 있는지, 그것이 무엇을 말하는 건지, 그리고 그 제한적 조항이 어째서 본 조항에 들어갔는지를 생각해본 일이 없어요. 얼마나 한심한 지식풍토요? 어떤 지식인, 어떤 학자도 자기 국가의 문제와 관련됐을 때, 그저 반공·반북한의 '맹목적 애국주의'의 틀에서 벗어나지 못해요. 이러니 과학적 학문이 성립하고 존재할 수 있어?

나는 1977년에 출판된 저서 『우상과 이성』(한길사)의 서문에서 나의 지식인으로서의 기본철학과 정신을 다음과 같이 천명한 바 있어. "글은 쓰는 나의 유일한 목적은 '진실'을 추구하는 오직 그것에서 시작하고 그것에서 그친다. 진실은 한 사람의 소유물일 수 없고 이웃과 나누어야 하는 까닭에, 그것을 위해서는 글을 써야 했다. 글을 쓴다는 것은 '우상'에 도전하는 행위이다. 그것은 언제나 어디서나 고통을 무릅써야 했다. 과거에도 그랬고 지금도 그렇고, 영원히 그럴 것이다. 그러나 그 괴로움 없이 인간의 해방과 행복, 사회의 진보와 영광은 있을 수 없다." 나는 손에서 펜을 놓는 날까지 이 정신으로 탐구하고 쓰고, 세상에 알릴 결심이에요.

오랫동안 지식인의 사회적 책임감 때문에 가족의 행복에 소홀했던 나는 스스로 늙음을 깨달 으면서 가족의 사랑으로 돌아왔다. 왼쪽부터 막내아들 건석, 딸 미정, 나, 아내, 장남 건일이다.

임헌영 대단한 열정입니다. 바로 이해, 즉 1989년에 회갑을 맞아 기념논문집 출판기념회를 12월 6일에 하십니다. 감회가 새로웠을 것 같습니다.

리영희 변변히 한 일도 없는데 많은 분들이 정성껏 축하해주셨어. 무척 고마웠고 송구스럽기도 했어요. 나는 1980년대 말과 1990년대 초에 걸치는 5~6년의 기간에 세계가 경험한 인류사의 대전환을 보면서 느낀 만족과 기쁨이 내 회갑을 맞아 축하를 받는 기쁨에 못지않게 컸어요.

한국 내에서는 군사정권을 종식하려는 민중의 열화와 같은 열망과 달리, 민간 정치인들의 분열·대결로 말미암아 다시 노태우정권이 들어서, 수구세력의 집권이 계속됐습니다. 또 미얀마(버마) 상공에서 대한항공 여객기가 폭발해 115명의 생명을 앗아간 불상사가 일어났어. 지금도 전모가 밝혀지지 않고 있는 이상한 사건이지. 한편으로는 1988년에 올림픽대회가 서울에서 개최되기도 하고, 한국이 소련·중국과 국교를 수립하고 과거 공산권인 동구권 국가들과의 외교관계를 수립하는 등의 여러 가지 국제적 상황의 변화는 내가 오랫동안 열망하고 예측한 방향으로 전개된 것이었어. 전 세계의 국제적 상황 전개는 나에게 희망을 안겨주었어. 1987년에는 고르바초프가 스탈린 이후의 소련의 강권정치에서 모든 분야를 개혁·개방으로 전환하고 인민의 자유를 대폭 보장하는 등, 탈 일당독재의 문을 열었어. 등소평이 집권한 중국은 같은 시기에 시장경제로 전환한다고 선언하고 조심스러우면서도 대담한 개방·개혁 정책을 단행하기 시작했어.

동북아시아에서는 미국 지배체제의 거대한 허구적 상징이던 장개석 총통의 사망도 이때의 일이오. 말하자면 중국 10억의 인민들을 옥죄고 있던 미국의 신화도 사라지고 오랜 제도적 모순도 풀리기 시작했어. 아시아의 인민들에게 재난의 원천이었던 일본 군국주의·제국주의의 상징인 히로히토 천황이 1989년에 사망했고, 역시 미국 패권주의의 오랜 상징적 작은 괴물이었던 필리핀의 독재자 마르코스가 한국민중을 본딴 민중혁명으로 쫓겨나서 하와이에서 객사하거든. 이렇게 오랫동안 왜곡돼온 비이성적 국제정세가 극히 미묘하나마 이성과 합리의 길을 찾는 것 같았어. 미소 양 핵대국이 드디어 중거리 핵미사일의 폐지에 합의했어. 이것은 한때 600~700기로 추산되는 남한 소재 미국의 어마어마한 핵무기가 이 땅에서 철수되는 것을 의미했어요. 얼마나 후련한 일입니까? 남북한 사이에

'한반도 비핵화 선언'이 이루어지는가 하면, 드디어 1992년에는 남북한의 유엔 동시 가입이 실현됐어요. 한반도 위에서 모든 요소들이 정신을 잃고 미친 듯이 자살의 길로 달리고 있던 상황에 일말의 희망의 빛이 비치기 시작했어. 나는 한반도와 동북아시아에서 일어난 이 모든 변화를 목격하면서, 사람은 죽지 않고 기다려볼 만하다는 생각을 하게 됐어. 그런 많은 상황 변화 끝에 베를린 장벽이 허물어지고 마침내 '유럽의 한반도'인 동서독의 통일이 이루어졌거든. 나는 이런 인류사적 변동 앞에서 산다는 것의 의미와 기쁨을 생각했어.

임헌영 그해에 또 언론자유공로상을 받으십니다. 주한외국언론인협회가 준 것인데요. 어떤 경위로 받게 되신 겁니까?

리영희 그간의 나의 국제문제·국내문제에 관한 연구발표와 권력의 탄압에 굴하지 않은 나의 언론자유의지, 『한겨레』 방북기획과 그것으로 말미암아 겪은 나의 고난 등을 합쳐서 주어진 상이에요. 그 상은 한국에 와 있는 외국의 특파원들이 구성한 언론단체가 창설 후 두 번째로 수여한 것이었어요.

6 | 21세기 인류의 행복조건
펜으로 싸운 반세기의 결산

"나의 글 쓰는 정신이랄까, 마음가짐이랄까 하는 것은
바로 노신의 그것이에요. 글 쓰는 기법, 문장의 아름다움,
속에서 타는 분노를 억누르면서 때로는 정공법으로,
때로는 비유·은유·풍자·해학·익살로 상대방을 공격하는
세련된 문장 작법을 그에게서 많이 배웠지요."

21세기 인류의 행복조건

미국식 자본주의의 지양은 가능한가

당산과 뉴욕의 참변이 주는 교훈

임헌영 1990년에 들어서면 동유럽 사회주의가 실질적으로 약화되거나 붕괴됩니다. 이해 5월에는 장을병 교수를 비롯한 1,041명이 토지공개념 촉구 시국성명을 냅니다. 참여정부가 이 문제를 거론하고 있습니다. 그 이듬해인 1991년에는 동구 사회주의 붕괴라는 충격파가 닥칩니다. 중국과 북한, 쿠바를 제외하고는 제2차 세계대전 이후에 형성된 사회주의권이 다 붕괴해버리고 서구에서는 정당으로서의 사회당이나 공산당만 남아 있는 상황이 됩니다. 동경대와다 하루키 교수가 『역사로서의 사회주의』란 책을 쓰기도 했습니다. 선생님께서도 연세대 한국정치연구회 월례토론회에서 「변혁시대 한국 지식인의 사상적 좌표」라는 주제의 초청강연을 하셨고, 그것을 수정해서 「사회주의의 실패를 보는 한 지식인의 고민과 갈등」 「사회주의는 끝난 것인가? 자본주의는 이긴 것인가?」 등을 발표하시는 등 민감한 반응을 보이셨습니다. 선생님은 이전에 쓰신 글에서 사회주의사회에서의 인간성에 대해 말씀하셨습니다. 1976년 중국의 공업도시 당산(唐山)에서 대지진이 났던 바로 그해 가을 뉴욕에서 12시간 정전됐을 때를 비교하면서, 당산대지진은 그렇게 많은 사람이 죽었는데도 질서가 유지됐고, 뉴욕은 사람은 안 죽고 정전만 되었는데도 온갖 범죄가 난무하는 상황을 사회체제와 인간성의 문제로 지적하신 적이 있습니다. 그런데 막상 사회주의체제가 붕괴되는 과정에서 그리고 붕괴된 이후의 행태를 보면 인간적인 이기심, 탐욕, 온갖 것들이 난무합니다. 이 같은 현상을 보면서 대안으로서의 사회주의에 대해 어떤 생각을 하셨습니까?

리영희 임형의 그 시기의 나의 발언과 글들에 관한 연대기적인 설명은 대충 내가 겪었던 감상을 잘 정리한 셈입니다. 특히 그 글에서 나는 당산과 뉴욕의 경우를 통해 사회주의적 진정한 '공동사회'적 인간형과 자본주의의 이기주의적·물질지상주의적 인간형이 윤리·도덕적 측면에서 어떻게 대조되는지를 한국인들에게 각성시키려 했어요. 그 대조는 한국사회에 하나의 충격을 던졌지. 우선 그 월례토론회의 배경을 얘기하지요. '한국정치연구회'는 소장 정치학자들의 학회인데, 매년 정초에 외부인사를 초청해 강연회를 가졌어요. 그해 정초에는, 소련 등 공산권의 붕괴가 전 세계의 이슈였기 때문에 그 학회에서 나에게 견해를 듣고자 초청한 것이지. 문화혁명을 통해서 인간을 개조하려고 했던 모택동의 노력도 실패했다는 역사적 사실을 깔고 출발할 수밖에 없었어요.

사실 모든 인식이 거기서 시작했으니까요. 자기희생적인 이른바 '사회주의적 인간이 왜 안 됐느냐?' 결국 그런 생각에 미쳤을 때, 생

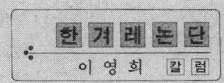

『한겨레』에 장기 연재한 칼럼 가운데 당산사태에 관한 글. 칼럼이 실린 날은 서울 시내 가판 판매에 영향을 줄 정도로 큰 반응을 일으켰다 (1988년 11월 6일 자).

물학적인 인간의 속성에 대해 착안했어요. 결국 나는 인간은 원래 선하지도 않고 악하지도 않지만, 차원 높은 공동선을 지향하기 위해서는 인간의 속성인 '이기심'을 극복하거나 적어도 조절할 수 있어야 하는데, 문화혁명을 통해서도 또 사회주의 제도로도, 그리고 비록 사이비과학으로 파탄 났지만 소련 심리학자 파블로프가 짐승을 이용해 시도한 '조건반사'적 반복 훈련을 통해서도, 인간의 속성을 고칠 수 없다는 사실이 입증됐어요. 다 실패로 돌아갔지.

나의 결론은, 인간의 이기심은 인간이라는 종(種)의 생물적 속성 그 자체이며, 그런 속성을 제도나 교양교육을 통해 일시적으로 억제할 수는 있지만 인간의 영구한 속성으로 바꿀 수는 없다는 것이었어. 본능만으로 움직이는, 기어 다니는 갓난아이를 가만히 관찰하고 있으면, 한번 쥔 것은 절대로 놓지 않고, 다른 아기와 나누려 하지 않아요. 어쩌면 이것이 인간종의 정신작용의 원초형태가 아닐까? 욕망의 충족 뒤에는 나눔이 있겠지만 그렇지 않는 한, 자기만이 소유해야 한다는 욕심, 배타적 소유욕, 그리고 이기심이 원초적 인간 그 자체라는 생각이 들었어요. 자본주의는 인간의 속성인 '이기심'에 호소하는 방법과 제도로, '물질적' 생산을 극대화시켰고 그것으로 승리했다고 본 거예요. 그러나 인간과 인류의 진정한 승리는 그것과 다른 의미의 절반의 승리를 필요로 한다는 것이 나의 결론이었지요. 두 제도의 경우에서의 인간적 자유와 사회적 평등의 조건에 관해서는 앞에서 설명했지.

'자본주의적 이기심'의 원천적 강점

임헌영 저는 개인적으로 '소련 및 동구권 사회주의의 붕괴'이지 그것을 '사회주의의 붕괴'라고 표현하는 것은 정확하지 않다고 봅니다만, 어쨌든 현실 사회주의의 약화와 함께 20세기가 마감됩니다. 한국을 비롯한 제3세계 국가들이 지향해야 할 바가 무엇이라고 생각하십니까?

리영희 공산주의는 실제로 불가능한 유토피아적 가상이며 소련식 공산주의는 애초에 코뮤니즘이라고 명칭할 수 없었던 인위적 제도라고 규정했지요. 그러나 사회주의는 달라요. 사회주의는 역사에서 퇴출된 공산주의와는 다르다는 사실을 그 학회에서 강조한 것이오. 나는 우리가 그렇게 믿어온 철학과 정책으로서의 사회주의가 '절반은 졌고 절반은 이겼다'고 생각해요. 사회주의에 이겼다는 자본주의도 마찬가지로 '절반은 이기고 절반은 졌다'고 봐. 자본주의가 앓는 사회적 암을 치유하는 데 사회주의라는 항생제가 필수적입니다. 철저한 자본주의적 계급통치자인 비스마르크가 이미 1870년대에 사회주의적 시책을 처음으로 채용한 까닭이 바로 그거예요.

사회주의가 없는 자본주의는 부패·불법·부정·타락·빈부격차·폭력·범죄·잔인·인간소외 등을 낳게 마련이에요. 그것들은 자본주의의 '본태성 질병'이에요. 어쩔 수 없어요. 사회주의의 인간 중시적 가치관만이 그러한 자본주의의 반인간적 측면을 방지하고 보완하는 기능을 수행할 수 있다고 생각하기 때문입니다. 다시 말하면, 자본주의의 질병이 그 제도의 골수에까지 심화하여 제도 자체가 붕괴하는 위험을 어느 정도의 선에서 예방하고 존속하기 위해서는, 또 그렇기를 원한다면 사회주의가 필수불가결하다는 것이지요. 나는 우선 지난 300~400년 사이에 인류의 발전을 이루어왔던 제도의 변화를 바라보면서, 그래도 상대적으로 바람직한 것이 자본주의와 사회주의의 적절한 배합이라고 생각합니다.

사회주의는 지금의 시점에서 자본주의에게 일단 열세에 있다고 해야 하겠지요. 자본주의는 원리적으로도 그렇고 실제 운용의 구체적 방법론에서도 그렇고, 개인의 사리사욕과 이기심과 끝없는 소유욕을 인간 행위의 원동력으로 삼고, 그것을 제도화하고 법적으로 보호함으로써 성립되지요. 심지어는 자기가 소유한 것으로 남을 죽이든지, 남을 죽이는 독약을 만들어서 돈을 벌든지, 또는 범죄 행위를 해서 돈을 획득하든지 간에, 일단 사유재산이라는 것을 인정합니다.

자본주의적 생산은 이념이 앞서는 사회주의보다는 인간 본능을 그대로 개방해서 그것을 물적 획득과 생산을 위한 인센티브의 에너지로 동원하기 때문에, 사회주의의 인간중심적 생산방식이 자본주의의 생산력을 이길 수 없음을 인정해야 합니다. 단순하게 말하면, 이 같은 반인간적·반생명적인 '생산동기'가 이윤을 창출하고 그것이 합쳐서 사회(국가, 심지어 자본주의 세계)의 '생산력'을 이루고 이른바 '국민총생산'(GNP)으로 나타납니다. 반생명적·반인간적 행위와 생산을 철학·윤리적으로 배격하고, 그런 동기와 유인의 경제력화를 비윤리적으로 해석하여 억제하는 사회주의적 생산경제는 '자기제한'적이기 때문에 경쟁에서 열세일 수밖에 없지 않겠어요?

예를 들어, 1960년대에 영국의 제약회사가 만든 타리도마이드(Thalidomide)라는 신경안정·진통제 복용자에게서 많은 기형아가 출산했어. 그런데 원인이 밝혀지고 비난이 쏟아지는데도 그 제약회사는 책임을 부인하면서 약의 판매를 계속했어요. 이런 엄청난 기형적 인간을 만들어내는 자본과 기업체는 오직 돈을 벌기만 한다면 인간의 복지나 행복이라는 것을 생각할 필요가 없는 거지요. 자본주의적 생산과 생활양식은 기본적으로 '돈을 더 벌기 위한' 목적과 '이윤 극대화'의 제도이므로, 아무리 정책적 시도를 해도 기본적 행태에서 벗어날 수가 없어요.

자본주의의 발전원리는 '인간의 가치'를 무시하고, 소유의 '물신숭배' 신앙으로 물적 생산과 낭비와 파괴를 인간 행복의 필수적인 전제조건으로 삼고 있어요. 그 대신 물질적 획득과 소유가 커지면 커질수록 인간적 요소들은 손상되고 무시되고 파괴되는 위험도 정비례적으로 커집니다. 자본주의사회 어디서나 그렇고 우리나라는 더욱 그렇지요. 법률이나 종교가 아무리 해도 인간의 소유욕을 다스릴 수는 없으니까. 그래서 결국 나의 결론은 인간은 물질적 요소로 존재하는 동물이니까 자본주의적 요소로 말미암은 필연적인 비인간화적 결과를 5할 정도의 선에서 인정하고, 그러나 그것으로 인해 일어날 수 있는 인간성 파괴의 측면을 보완하기 위해 게마인샤프트적 사회주의적 요소를 5할 정도 융합하는 방식으로 사회민주주의적 체제가 현실적으로는 결함과 약점이 없지 않지만, 그래도 인류사회의 현 발전단계에서는 가장 낫고, 사회주의 없는 미국식 체제보다 우월하다고 확신해요.

유럽의 사회체제는 소련의 체제보다 훨씬 나은 데다, 미국사회의 속성인 이기주의·폭력주의·극심한 빈부격차·범죄·타락을 상당한 정도까지 극복하지 않았나 생각합니다. 우리는 아무리 희구해도 이미 먼 옛날에 인류의 사회적 형태로 지나온 '게마인샤프트'(물질적 이해관계가 아니라 인간적 유대가 기본원리인 공동체)로 돌아갈 수는 없으니, '게젤샤프트'(서로의 이해관계의 계산을 매개로 이익 추구를 목적으로 하는 사회)와 적절히 배합한 인간 생활형태를 미래의 상으로 그려볼 수밖에 없겠지요.

최근에 한 국제 전문기구가 세계 146개국의 국가별 '부패인식지수'(CPI)를 조사 발표했는데, 부패도가 낮은 순서로 1위에서 10위 사이에는 자본주의 일변도 체제의 국가는 하나도 없더군. 뉴질랜드·덴마크·아이슬란드·싱가포르·스웨덴·노르웨이·네덜란드 순으로 '사회주의적 자본주의' 체제의 국가들이 전부예요. 이것이 무엇을 뜻하는가 진지하게 생각할 일이에요. 한국은 47위의 '영광'(?)

을 차지했더군!

임헌영 역사라는 것이 묘하게 역설적입니다. 자본주의는 철학으로 보면 관념론이고 사회주의는 유물론인데, 유물론 철학을 숭상하는 사회주의는 물질 때문에 빈곤해지고 정신만 남게 되고 자본주의에서는 정신은 간데없고 물질만 풍요해지고 있지요. 어쨌든 세계의 어떤 석학도 사회주의 이후의 대안을 못 내놓은 상태지요.

리영희 유물론에서 출발한 사회주의에서 남은 것은 정신뿐이라는 표현은 어휘의 개념에 혼란이 있는 것 같아서, 조금 정의를 엄밀히 할 필요가 있어요. 임형이 거기서 말하는 '유물론'은 마치 자본주의적 '물질주의'와 혼동한 듯한데, 마르크스주의에서 말하는 '유물론'은 사회의 물질적·문화적 변화, 즉 인간사회의 변화는 사유와 관념으로 이루어지는 것이 아니라 물질의 생산·소유·분배의 형식과 관계의 변화에 따르며, 즉 그에 상응해서 사상·도덕·가치관·법률·정치양식 같은 정신적 현상도 변한다는 이론과 믿음이 아닙니까? 자본주의는 철학으로는 관념론이라는 말도 정확치 않은 것 같아요. 자본주의야말로 그 발상과 생성요소와 실제적 다이나믹스가 물질, 즉 '부'가 아닙니까? 소련뿐만 아니라 사회주의 제도를 따르는 국가들이 자본주의보다 물질적으로 열세일 수밖에 없는 근본 요인에 관해서는 조금 전에 자세히 설명한 대로이지요.

임헌영 그렇지만 결과적으로 보면 유물론을 믿으면서 경제적인 토대를 소홀히 했기 때문에 그런 것이 아닐까요?

리영희 글쎄요. 그렇게 생각되지 않는데. 나는 소련사회의 붕괴는 경제적인 토대를 소홀히 해서가 아니고, 자본주의 바닷속에 자본주의와는 이질적인 사회주의가 한 통의 물로 들어앉은 상태에서 이 한 통의 물이 바다의 물과 압력관계의 갈등을 일으킨 나머지 그 압력의 차이를 견디지 못하고 패배한 것으로 봅니다.

영원히 끝나지 않는 역사

임헌영 선생님은 한 통의 물이라고 표현하셨지만, 세계의 3분의 1이 사회주의권을 형성한 것을 보면 그렇게 말할 수 있을까요?

리영희 사실 1917년의 러시아혁명과 뒤이은 소비에트 사회주의 공화국 연방(소련)의 성립 당시에, 사회주의는 자본주의 바다에서 한 통의 물도 되지 않았던 거지. 임형이 말하는 3분의 1이라는 것은 엄밀히 관찰하면 다분히 과장된 평가라고 해야겠지요. 몇 가지로 나누어 평가해봅시다. 1980년 당시로 말하더라도, 소련이 지배하는 공산주의국가 수는 세계 자본주의국가 수의 3분의 1에도 훨씬 못 미쳤어. 국가의 수로서도 그렇지만, 그것보다 더 중요한 것은, 아시아의 잠재적 강대국으로 성장하던 중공과의 긴밀한 동맹관계가 유지될 때에는 그 명목상·잠재적 역량은 자본주의 세계의 '3분의 1'이었다고 평가할 수도 있을 거예요. 즉, 흔히 그 당시에 국제정치에서 말하는 '국제공산주의'가 소련, 동유럽 국가들과 아시아의 중공, 북한이 한 덩어리 공산주의 세계로 지칭되던 때에는, 그 잠재적인 역량을 세계의 3분의 1 내지는 4분의 1로 평가할 수도 있었다는 얘기지. 그렇지만 그런 상태는 1960년대 말에 이미 끝났어요.

스탈린이 사망한 후 권력을 계승한 흐루쇼프가 1956년에 '스탈린 비판'을 하고, 제20차 소련공산당 중앙위원 총회에서 말렌코프, 몰로토프, 베리야 등 스탈린체제의 집권파를 '반당집단'으로 몰아

숙청해버리자, 아시아의 공산국가인 중국과 북한이 결정적으로 소련과의 관계를 끊어버려. 1961년 쿠바사태에서 미국의 압력으로 소련이 굴복함으로써 유럽공산당과 중공·북한 등 국가는 소련에서 이탈하지요. 앞서도 얘기했다고 생각하는데, 1959~61년에 중·소 관계는 최악의 한계점에 이르렀어요. 실제로 만주의 소·중 국경에서 양국 군대가 전투를 했을 뿐만 아니라, 소련이 중공에 대한 핵전쟁을 계획하면서 미국과 협의할 지경에 이르렀어. 이건 말도 안 되지. 즉, 1960년을 기해서 '국제공산주의'는 없어진 거야. '국제공산주의'를 형성했던 중공과 북한이 단순히 이탈했다는 산술적 마이너스 효과가 아니라, 아시아 공산주의국가들이 소련에 대한 사실상의 '적대관계'에 서게 되니까 이건 소련세력의 기하급수적 약화를 초래했어. 이 단계에서 이미 소련이나 동유럽의 공산주의는 미국을 중심으로 하는 서방 자본주의 세력과 비교할 수 없는 열세에 선 거요.

신생 독립국가들 중에 1960년대에 사회주의 노선을 취한 국가들, 이를테면 가나, 탄자니아, 또는 기존의 이집트 등은 1960년대 초반에 노선을 변경해서 나머지 중간세력인 인도, 인도네시아와 같은 큰 나라들과 연대하는 70여 개 '비동맹 세계'를 구축해요. 비동맹 세계는 미국 측의 동맹도 아니고, 소련 측의 동맹도 아니란 의미지. 그 신생국가 중에 사회주의를 표방했던 나라들까지를 소련 세력권으로 간주할 수 있었을 때에는, 적어도 국제정치적 측면에서라면 3분의 1이라는 개념도 전혀 부당하진 않았어. 그러나 그런 상황마저 1960년대 중반기에 이르러서는 달라졌어.

다음으로 경제력을 비교해볼 때, 미국·유럽·캐나다에 막강한 독일과 일본이라는 공업 대국을 합쳤을 때에는, 사회주의권의 경제력 총량은 이들의 3분의 1은커녕 5분의 1도 안 됐어. 소련만이 농업생산에서 그 당시 미국의 70퍼센트까지 갔어. 그리고 급격한 공업화로 일본과 독일을 합친 것만 한 역량을 갖고 있었어. 그렇지만 그 밖의 공산권 국가로는 2급 공업국인 체코슬로바키아와 동독밖에 없었어. 폴란드·알바니아·헝가리·불가리아·루마니아 등은 완전한 농업국가로서 소련에 대한 식량공급 역할밖에 못했어. 만약에 1960년 이후의 쿠바를 소련 진영에 넣는다고 하더라도 한 나라도 예외 없이 선진 고도성장 공업국가인 유럽 자본주의와 일본·미국·캐나다 등의 5분의 1도 되기 어려웠어요.

한 가지 강점은 소련의 중공업 생산력인데 미국에 대항하는 무기와 군사력을 확장하는 토대였고, 핵무기와 대륙간 탄도탄 두 가지가 서방 자본주의 진영과 공산권의 지위를 대체로 동등하게 유지시켜줬어. 국민생활의 수준과 내용을 결정하는 경공업력은 그보다 더 열등했고 교역량의 총량을 비교해도 공산권의 열세는 너무나 뚜렷했어. 이른바 '사회주의권'으로 칭해지는 소련과 그 위성국가들 사이에는 대외무역보다 역내무역을 원칙으로 삼았기 때문에, 무역량을 양자 비교의 '결정적 요소'로 간주하는 것은 부적절할 수 있어. 그렇지만 국제적 경제교류 규모의 열세는 바로 소련을 비롯한 예속 국가들의 인민대중의 생활수준을 계속 열악한 수준으로 유지시켰지. 인민대중의 물적 생활수준과 조건의 지속적인 열세는 당연히 사회안정 확립에 역작용했고, 사회적 불안은 다시 정치적 동요를 초래했어. 그것이 바로 헝가리·체코슬로바키아·폴란드 등에서 1960년대와 1970년대에 지속적으로 일어났던 반소(反蘇) 민중봉기의 배경이지. 이 단계에서 이른바 공산주의권이라고 칭해지는 소

1980년대에 사회문제에 관한 나의 발언을 요청하는 수많은 글과 인터뷰로 개인적인 생활은 거의 누리기가 힘들었다.

련 지배하의 동유럽 국가들은 동맹이라고 하기에는 너무나 취약한 상태였어요.

과학·기술 분야에서도 소련의 우주항공과학 기술과 탱크를 위시한 무기공업을 제외하면, 도저히 미국을 비롯한 서방 자본주의 세계에 상대가 안 되었지요. 3분의 1이 아니라 5분의 1도 되기 어려웠어요. 그 밖에도 소련이 지배하는 동유럽 공산주의권과 미국이 지배하는 자본주의권의 제반 우열 관계를 계량할 여러 가지 요소와 측면이 있는데, 대충 비슷한 상태였어. 그래서 자본주의라는 바다에 사회주의라는 한 통의 물이라는 표현은 러시아혁명이 일어난 20세기 초 그 당시를 말하는 것이지만, '사회주의 세계'가 형성된 제2

차 세계대전 종전 후로부터 1980년대까지의 약 35년간의 두 체제·진영 사이의 제반조건을 비교하면, 오로지 공군·탱크·핵무기와 미사일 분야를 제외하면 5분의 1도 되기 어려웠어요. 소련과 그 지배진영의 국가들을 그나마 자본주의 세계 속에서 30~35년간 유지시킨 것은 주로 소련의 군사력 때문이었어요. 물론 자본주의적 부정의에 반기를 들고 소련공산주의에 희망을 걸고 영웅적 계급투쟁에 헌신했던 5대륙 각지의 이상주의적 혁명역량이 현상타도·식민지해방 공표 전선을 형성했던 1970년대 중반까지의 정치적 역량도 무시할 수 없는 요소였지요.

임헌영 1970년대만 해도 자본주의국가에서조차 사회당이 약진을 하는 그런 상황이었는데 불과 한 20년 만에 왜 그렇게 몰락의 길을 걸어야 했는지가 잘 이해가 되질 않습니다. 저는 농담으로 아이스크림과 컴퓨터에 패배했다고 말하지만, 사실은 경제구조의 패배가 아닌지요?

리영희 1970년대와 그 이후 자본주의국가들에서의 정치정세를 그렇게 논단해서는 안 되지요. 1980년대에는 유럽 자본주의국가들에서 11개국이나 좌파정권이 선출됐지 않아요? 1990년대에는 우파정당의 세가 다시 주류가 됐고. 한 시기의 형상만을 보고 긴 정치운동사의 큰 사이클을 못 보면 안 되지. 모든 다른 분야의 인간활동에서와 마찬가지로 물질적 생산·공급 활동과 조직체계의 계량적 자동화, 즉 컴퓨터화 경제활동이라는 새 요소는 중요한 의미를 갖는 것이 분명해요. 그 지적에 나도 동의합니다. 미국 자본주의에 비하면 상품항목이 몇 분의 1 정도나 될까 말까 하는 물적 생활수준인 소련의 생산·공급·분배의 계량 항목이 1,300만 가지였다고 고르바초파가 말한 바 있어요. 그런 방대한 항목을 자동적 전산화로 다 처리할 수 없게 되었다는 거예요. 그런 방대한 양과 항목의 원자재 구입 체계, 생산 종목별 현장 공급체계, 방대한 양과 항목의 생산시스템 가동, 그렇게 해서 생산된 상품(제작품)의 관리체계 등을 각급의 수요기관(공관·기관·조합·가족 단위 등)에 적시적소에 적량을 차질 없이 공급할 전국 규모의 시스템, 전체 시스템의 기능·가동을 검토하기 위한 전산화, 그리고 그것을 바탕으로 전체 기구를 재편성·재가동하는 작업이 중앙통제방식과 컴퓨터 자동처리로는 불가능함이 판명되었다는 거지요. 이것은 자본주의 경제방식을 도입하기로 결정한 고르바초프 자신이 1991년에 직접 공개적으로 시인한 내용이에요. 그 방대한 경제를 효율적으로, 자동적으로 처리하는 방법으로는 소위 '시장기능'과 '시장 메커니즘'밖에 없다는 것을 알았다고 고르바초프가 시인했어.

즉, 전통적 사회주의 경제시스템은 현대적 시장처리를 능률적으로 처리하지 못한다는 말이지. 문제는, 그렇게 전적으로 시장화하면 인간복지·인간가치적 기능은 사회주의의 인간우선적 철학과 정책으로 보완·확보해야 할 필요가 생겨요. 이 기능을 이론적·경험적으로 적절히 배합하는 게 유럽 사회민주주의(또는 민주사회주의) 제도라는 데는 현재 거의 누구나가 동의하고 있지요. 그러기에 '사회주의가 패배했다'는 미국의 사이비 자본주의 철학자 프랜시스 후쿠야마의 소위 '역사의 종언'은 그의 주장이 나옴과 동시에 자기부정을 당한 셈이지. 나는 그렇게 생각해요. 남북한도 시장경제와 사회주의를 절반씩 도입해서 비슷한 경제·문화가 되어야 각기 국민(인민)의 행복이 증진할 수 있어요. 그렇게 서로 상대방의 장점을 절반씩 가미한 제도의 국가는 통합되기가 쉽지. 이 방식이 내가 주창하는 '체제수렴적 통일론'이에요.

핵 없는 한반도의 미래상을 위해

임헌영 1992년에는 하노이 주재 한국연락대표와 주한 중국대사관이 개설됩니다. 그리고 북핵문제가 대두됩니다. 이에 대해 선생님께서 『사회평론』 5월호에 「미국-북한의 PTSD적 특징」을, 그리고 9월호에 「한반도의 비핵화, 군축, 그리고 통일」을 쓰셨어요.

리영희 핵위기가 닥칠 것을 나는 일찍이 예감했어요. 한반도의 핵문제는 동유럽 붕괴와는 별 상관없어요. 미국이 주장하는 소위 '북한 핵문제'는, 소련이 남한과의 국교정상화를 결심하고 북한과의 동맹관계를 단절하는 통고를 한 그때에 이미 북한에서 시작된 거예요. 남한과 미국의 군사동맹과 마찬가지로 북한은 핵무기 보호를 소련에 의존해왔기 때문에 소련의 핵보호가 철수되니까 북한이 독자적인 핵개발 노선으로 나아가게 된 것이지. 1970년대에 미국이 베트남전에서 패배하고, 그의 예속동맹국들에서 미군을 부분적으로 철수하면서 예속국가들에게 독자적 안보태세를 촉구하는 소위 '닉슨독트린'이 나왔어. 그러니까 박정희 대통령이 '자주국방'을 내세워 한편으로는 재래식 무력의 증강과 동시에 한쪽으로는 핵무기 생산계획을 추진했지 않아요?

이 같은 남북한을 둘러싼 동북아 정세가 전쟁 직전의 위기 상태였기 때문에, 나는 미·소 초강대국의 이기주의와 패권주의의 본질을 한국 대중에게 납득시키려고 그 논문과 해설을 쓴 거예요. 뭐든지 미국이 하는 짓은 옳고 북한의 행동은 옳지 않다고 여기는 한국인들의 '신앙' 같은 미신을 깨려는 노력의 하나였어요.

임헌영 동유럽이라도 있었으면 북한으로서는 조금은 든든할 텐데 동유럽조차도 붕괴되니까 더 위기를 느꼈겠지요?

리영희 물론 그렇겠지요. 그러나 그것은 비변증법적 사고이자 비현실적 전제입니다. 소련의 지배하에 있고, 그 원조에 의해서만 존립할 수 있었던 동유럽 국가들이 소련이 자본주의화·대서방 개방·국가이기주의·대미 협력·공조 노선으로 전환하는 정세 속에서 소련이 안 하는데 북한을 도왔을까요? 또한 동유럽 국가들 자신들도 오랜 친서방적 과거 질서로 돌아가려는 강한 욕망을 갖고 있었어요. 그들 국민은 고르바초프보다 앞서 친자본주의·자유주의 노선을 채택하려다가 소련의 무력침공을 당한 바 있었다는 점을 고려하면, 그러한 전제가 비현실적이라는 점이 더욱 명확하지요.

임헌영 남북한이 다 그전부터 핵무기를 개발하고 있지 않았습니까?

리영희 그랬을 겁니다. 몇십 년에 걸쳐 미국 핵무기의 위협하에 놓여 있었고, 심지어 1982년 11월 13일에 마이어 미국 육군참모총장이 서울에 와서, "언제든지 미국은 북한에 대해 핵무기를 사용할 수 있다"는 협박적 발언도 했으니까. 북한으로서도 원자로의 용량과 성능은 별것이 아니지만 그런 필요성과 구상은 있었겠지요.

1990년에 내가 가장 관심을 가지고 연구했던 문제는 한반도 남북한 정세를 급변시킬 지역 정치구도의 변화에 대한 것이었어. 나는 이것을 굉장히 중요시하면서 상황의 전개를 걱정했어요. 셰바르드나제 소련 외무장관이 1990년 9월에 평양에 가서, 북한에 대해

소련과 남한의 국교수립 합의를 통고해요. 이어서 1991년에 소련은 남한과 우방이 되는 대신에 북한과의 '우호협력 및 상호원조에 관한 조약'의 일방적 폐기를 통고해요. 말하자면 '한미방위조약'을 미국이 일방적으로 폐기하면서 북한과의 국교수립 결정을 한국정부에 통고하는 거나 같지. 강대국은 언제나 그런 것입니다.

소련과 북한의 관계는 아주 냉랭해졌어. 그것이 그 후 10년 동안 남북한의 존립형태에 위급한 영향을 미칩니다. 소련 외상이 이 통고를 하러 오니까 김일성 주석이 면담 요청을 거부했어. 김영남 외상이 김 주석을 대신해서 만나, 소련이 남한과 미국의 동맹이 유지되는 가운데 북한과의 동맹을 폐기하겠다는 것은 미국과 남한에 의한 북한의 점령 또는 흡수통일을 묵인하거나 지지하는 것이 아니냐고 격하게 항의합니다. 당연하지요. 소련은 그것을 묵인할 용의도 돼 있었으니까.

'조선민주주의인민공화국'에 대해 1948년 건국 후 최초의 승인국가인 소련이 배신을 했다는 것, 1945년 조선민족의 분단에 소련은 미국과 함께 직접적인 책임자인데 그 책임을 다하지 않고 이런 방식으로 나올 수 있느냐는 항의였지요. 북한은 소련의 '배신'행위에 대한 대항으로서 소비에트 연방의 각 공화국들을 국가로 승인할 뿐만 아니라 소련 예속하에 있는 다른 공산국가들과도 수교할 것이라고 선언했어요. 그리고 앞으로 북한은 국가정책에 있어서 소련과 일체의 협의를 하지 않을 것이고, 국방문제에 있어서도 소련이 군사동맹으로 유지해 왔던 핵우산을 거두어간 이상 자기들이 독자적으로 국가안보의 태세를 갖춰갈 것이라고 밝혀요. 이제 자기들은 필요한 어떤 무기도 보유할 수 있다는 선언이지. 즉, 독자적 핵무기

개발을 단행하겠다는 결의를 밝혔어.

남한은 오히려 북한보다도 더 일찍, 박정희 대통령이 1972년에 미국 몰래 불란서 우라늄 재처리 시설을 2,300만 달러에 계약했지. 박정희는 1975년까지 핵폭탄 생산에 들어가고, 핵과 병행적으로 추진하던 미사일 개발 계획을 1976년쯤에 성공시킴으로써, 핵과 미사일 결합의 남한 독자적인 대북한 핵공격 전력을 확보하려 했지요. 미국이 그 계획을 탐지해서 백지화되었지만. 1978년 방한한 카터 대통령과 박 대통령 사이가 험악했던 이유의 하나가 그것이지요. 베트남전에서 미국이 핵무기를 못 쓰고, 동맹이라던 남베트남에서 도망치는 것을 본 박 대통령의 결단이었지요. 베트남 이후 닉슨 대통령이 방위부담을 남한에 떠맡기고 주한 미군 1개 사단을 철수시킨 소위 '닉슨독트린'의 발동이 박 대통령의 결심을 굳힌 거지. 그 후에도 역대 정권은 북한에 대한 독자적 핵억제력을 보유하기 위해서 그 꿈을 버리지 않았지. 최근에 폭로된 2002년의 비밀 실험이 그 연장선상에 있는 거요. 북한은 남한보다 훨씬 위험한 실정인데 왜 안 하겠소?

임헌영 같은 주제로 그해 9월 서울대 신문연구소와 MBC 공동주최 학술 심포지엄에서 선생님이 「동북아 지역의 평화적 질서 구축을 위한 제언」을 발표하셨습니다. 한반도 핵문제와 관련한 동북아 전체 지역의 평화구축 방안을 제시하신 겁니다.

리영희 그 발표문은 큰 국제회의에 한국 측 대표로 제출한 논문이기 때문에 영어로 쓴 거예요. 북한의 핵이나 남한의 핵이나 한반도의 비핵화, 가능하면 궁극적으로는 통일 한국의 비핵화·중립화로 동북아시아 6개국의 공동체적 평화체제를 구축할 수 있지 않을까 하는 제안을 했어요. 여태까지 공개적으로 제기된 바 없고, 이승만 시대 이후 그에 가까운 견해를 내는 것은 국가보안법에 따라 사형 또는 징역감이었던 사실을 생각하면 굉장히 대담하고 또 새로운 통일론적 발상과 지역 평화안을 제시했다고 생각돼요. 당장에 실현 가능한 구상과 제안은 아니지만, 기존의 북진통일론이나 고작해서 '부국강병' 지향적 미래 통일국가의 상(像)에서 발상의 틀을 넓혀보자는 뜻에서 발표했던 것이에요.

'북핵문제'는 북한의 문제가 아니라 미국의 패권주의의 문제

임헌영 이제 그로부터 10년이 지났는데, 북한 핵문제가 선생님 예감대로 세계적인 관심사로 떠올라 있어요. 지금도 그 전략이 옳다고 생각하십니까?

리영희 변함없이 그것이 유일한 방법이라고 생각합니다. 큰 틀에서는 나의 그런 제안에 동조하는 학자들이 많습니다. 다만 남북한 중립화 통일안에 대해서는 극우일수록 반대합니다. 심지어 그런 의견을 언제가 백기완 씨가 있는 사석에서 말했는데, 극우가 아닌 백기완 씨가 굉장히 화를 내요. "통일된 조선민족이 왜 중립화를 해야 하느냐"고 반발하더군요. "한반도 민족이 강대한 국가를 건설해야지, 그게 뭐냐"는 거지. 나는 통일된 국가가 반드시 '강대한 국가'일 필요가 없다는 생각입니다. 군사적으로 막강한 국가보다는, 평화지향적이고 주변국가들과 협조하면서 전쟁 위험을 주지도 않고 받지도 않으면서, 정치·문화·경제적으로 남에게 존경받는 훌륭한 국가를 만들 수 있다고 생각합니다. 또 그래야 해요. 백기완 씨는 아마도 강력한 민족주의의 입장에서 그런 생각을 했겠지요. 통일된 한반도의 국가는 강대해야 한다는 생각이 대부분일 겁니다.

임헌영 어째서 핵을 보유한 몇몇 나라들은 기정사실로 인정하고, 어느 시점에서 그때까지 못 가진 나라는 개발하지 못하게 하느냐, 이것이 핵심이 아닐까요?

리영희 사실 그것도 강대국 중심사상의 표현이지요. 실제로 '히로시마' 이후, 미국이 유일 원자탄 보유국일 때에, 미국만을 유엔이 공인하는 유일 핵국가체제안을 유엔에서 역설하기도 했어요. 당연히 소련은 미국안의 수락을 거부하고 독자적 핵개발로 나아가 마침내 미국과 양대 핵초강국이 됐지. 제2차 세계대전의 전승 연합국인 영·불에 이어 중국이 핵을 가짐으로써 1965년 처음으로 유엔 안보리 회원국 5개 핵보유 공인 그룹이 형성돼요. 중국이 들어오니까 유엔 상임이사국들이 이제 여기서 핵의 문을 닫아야겠다고 결정한 겁니다. 그전에 소련과 미국 사이에 다른 국가들의 비핵화 방안을 놓고 협상이 시작됐다가 중국이 거부했어요. 미국과 소련의 핵독점체제를 거부한다는 것이지요. 그래서 '핵확산 금지조약'을 만들지 못하고 있다가, 중국까지 핵을 갖게 되니까 연합군 5개국, 즉 유엔 상임이사국이 다 핵보유국이 되니까, 유엔 상임이사국만으로 핵독점체제를 만든 거지.

임헌영 그러나 그 뒤에 몇몇 나라들이 더 가지지 않았습니까.

리영희 미국이 북한에 대해서 핵문제로 전쟁을 하려고 했던 1994년 5월과 6월의 단계에서, 미국이 북한이 핵을 소유하려고 한다며 북한을 규탄할 때, 실제로는 세계에 '핵확산 금지조약'에 가입하지 않은 국가가 38개국이나 있었어요. 유엔 가입국이면서 조약에 가입하지 않은 국가들이지요. 북한은 핵확산 금지조약에 1977년 가입했어요. 그 후 탈퇴한다고 발표했지만 그동안 국제원자력기구의 사찰을 받고 있었어. 북한은 상당한 정도로 국제기구에 협조를 한 셈입니다. 38개 국가는 조약에도 가입하지 않고, 사찰도 거부한 나라들이에요.

그중에서도 특히 문제가 되는 것은 이스라엘입니다. 이스라엘은 1982년 당시, 미국의 우라늄과 노하우의 비밀 지원으로 핵탄두 약 100개, 중거리 미사일 약 200기를 사실상 보유한 상태였어요. 그리고 후의 이야기지만, 히틀러에 버금가는 악랄한 인종주의정권인 남아공화국에 미국은 비밀리에 핵무기 개발을 원조했어요. 아랍세계를 지배하고자 하는 미국의 앞잡이로서 이스라엘의 핵무장을 도운 미국은, 아프리카를 지배하기 위해서 남아공을 핵무장한 것입니다. 미국은 1991년 7월, 미국 기술자들을 보내 6개 반(半)의 핵탄두를 남아공 기술자들과 합동으로 해체했어. 왜 6개 반이냐 하면, 1991년 7월 당시 6개는 핵폭탄으로 완성됐고, 제조단계에 있던 것이 절반쯤 진행되고 있었어요. 그래서 6개 반이야. 그런데 왜 자기들이 필요해서 만든 핵탄두를 해체했겠어요? 당시 남아공화국의 '흑인혁명'으로 1993년 만델라가 지도하는 흑인정권이 서게 되니까, 미국이 급해진 것이지. 특히 만델라가 사회주의자니까, 미국이 재빨리 이런 짓을 한 겁니다.

아랍국가들이 미국에 대해서 이스라엘의 핵무기는 지원하고 묵인하면서 아랍국가들의 화학무기 제조에는 왜 간섭하느냐, 이스라엘의 핵무기에 대항하는 아랍 무기가 뭐가 있느냐, 이런 식으로 대항하던 때가 있었거든요. 이런 식으로 미국은 아랍세계 지배의 대리인 역할을 하는 이스라엘을 막강한 핵국가로 만들었어요. 남아공화국의 경우도 그렇고. 그러니까 미국은 타국의 핵무기 보유 노력을 반대하거나 비난할 정치적·도의적 자격이 절대로 없는 국가입니다. 이것이 중요해요. 미국은 국제규범이나 협약을 절대로 지키지 않는 나라예요. 한국인들은 이 사실을 늦게나마 깨달아야 해. 내가 핵문제에 관해서 많은 글을 발표한 이유는 이 때문이에요.

임헌영 1993년 클린턴 대통령이 취임하는데, 여전히 이 문제는 계속되지 않았습니까. 정권이 바뀐 것이 미국의 정책과 관련성이 있지 않을까요?

리영희 누가 미국의 대통령이 되도 마찬가지예요. 과거에도 그랬고 앞으로도 그럴 거예요. 부시정권도 북한이 핵무기를 가지게 되면 남한의 핵무기 소유를 촉발할 것이고, 남한이 핵무기를 갖게 되면 일본이 갖게 될 것이며, 일본이 갖게 되면 중국이 핵세력 증강에 총력을 다할 것이고, 그렇게 되면 타이완이 핵을 갖게 된다고 보겠지요. 타이완의 장개석 총통 시절이 우리나라 박정희정권 때인데, 1970년대 초에 장개석 총통이 독자적 핵무기 개발계획을 추진했어요. 그런 이유로 해서 미국 클린턴정부 때에는 지역적 안정구조가 깨진다는 것 때문이기도 하지만, 구실을 만들어 북한을 압살하려는 미국의 변하지 않는 정책으로 북한에 대해서 강력하게 나간 것이지. 그것을 아는 북한이 클린턴하고 몇 차례 어려움이 있었지만, 1994년 10월 핵협정 조인으로 일단 타협이 됐던 거지요.

임헌영 김 주석이 1994년 7월 8일에 타계했습니다. 한반도에 어떤 영향을 주었다고 볼 수 있을까요? 이때 김영삼 대통령과 사실상 정상회담이 이루어질 시점인데, 역사적 가정입니다만 이루어졌으면 어떻게 됐을지요?

    리영희 김영삼 씨는 정치사상이 반공주의밖에 없는 사람인 데다 정치지도자로서 세계적 차원의 인식이나 지식이 없는 사람이에요. '평화의 비전' 같은 것은 아예 없는 위인이오. 그런 것을 기대할 수는 없었을 겁니다. 게다가 그의 정치적 측근들이나 지지세력도 주로 경상도 출신의 구시대·구체제적 수구반공주의자들이어서 운신의 폭이 좁았지요. 대통령 취임사에 "민족에 우선하는 동맹은 없다"는 구절이 처음에 박수를 받았고, 이로써 뭔가 그에게 기대를 걸고 반응도 좀 있었던 것이 사실입니다. 그러나 그 구절은 부총리 겸 통일원 장관으로 입각할 예정이었던 한완상 교수가 취임사에 집어넣은 것이지요. 김 주석 사망 후의 김영삼 대통령의 태도가 그의 사상과 국제정치의 무식을 입증하지 않았어요? 김영삼, 그 사람은 전혀 그런 수준의 민족적 의식이나 철학이 없는 사람이오.

    김 주석이 좀더 살았으면 미국과의 문제가 어쩌면 상당히 극적으로 트였을지도 몰라요. 1994년 5월 16일에 클린턴정권은 북한과 전쟁하려고 3군의 현역 대장급들을 전부 소집하여 전쟁계획을 알리고, 6월 15일로 전쟁 개시 날짜를 정했어요. 그런데 전임 대통령 카터가 급히 평양으로 가서 김일성을 설득합니다. 카터는 "미국정부는 지금 이성적인 정신상태가 아니다. 그러니 양보하라, 그러면 어떻게든 전쟁이 일어나지 않게 하고 협정체결을 돕겠다"고 약속한 것이지요. 소련은 북한과의 군사동맹을 폐기했을 뿐 아니라, 오히려 남한과 국교관계를 갖는 우방국가가 됐고, 중국은 등소평의 개방정책과 자본주의화가 진행되고 있는 상황에서 중국의 권력자들도 북한과의 과거의 이념적·역사적·동지적 유대가 희박해졌을 때

조광조를 보내고 이퇴계를 맞는 심정으로 지내는 인생의 황혼기.

입니다. 김일성은 오히려 미국을 통해 어떤 활로를 찾으려고 했던 겁니다. 김일성은 소련도 중국도 믿을 수 없기 때문에 차라리 극적 대전환을 해서 미국과의 관계를 통해 활로를 모색해야겠다는 구상이었던 것으로 알려져 있어. 이 시기에 김일성이, 통일 후에도 주한미군이 남아 있어도 좋다든가, 남북문제의 해결과정에서 주한미군의 역할을 인정한다는 등의 발언을 했지요? 그 정도로 김일성은 소련이나 중국과의 유대가 도저히 계속될 수 없다는 현실을 인식하고 차라리 미국과의 공존과 화해를 모색했던 것입니다. 대단한 변화지요. 한국(남한) 국민은 이런 사실을 알아야 해. 병적 반공주의자들과 50년 전 의식으로 미라가 된 극우주의자들이 제발 이런 사실을 알아야 하는데, 참 안타까워! 암담한 심경이야.

임헌영 그 무렵 우리가 베트남과 관계정상화를 하게 되었습니다. 베트남전쟁 기간에 한국 지식인 중에서 유일하게 베트남 인민의 입장에서 고군분투하신 선생님으로선 매우 감개무량하셨을 것 같습니다.

리영희 '베트남 인민의 입장'이라기보다 '공정·공평한 입장'이라고 해야겠지. 하여간 베트남을 직·간접적으로 옹호하다가 정부의 압력으로 조선일보사에서 쫓겨나고 극우반공주의자들과 미국 숭배자들에게서 비난받으며 고군분투해온 나로선 첫 통일베트남 대사가 서울에 부임해왔다니 말할 수 없이 기뻤어요. 어느 날 주한 통일베트남인민공화국 대사관에서 전화가 왔더군. 응우옌 푸 빙 초대 주한 대사가 우리말을 잘해요. 베트남전쟁 중에 김일성종합대학에 유학 가 있던 사람이니까요. 호지명 주석이 전쟁 중에도 승리할 것에 대비해 미래의 통일베트남을 끌고 갈 젊은 인재들을 죽이지 말아야 한다는 원대한 계획 아래 똑똑한 대학생들을 체코·소련·북한 등에 유학 보냈거든요. 어쨌든 전화로 한번 만나고 싶다고 해서 대사관을 방문했지.

한국과의 수교에 대해 내부적으로 협의하던 기간에, 베트남전쟁 동안의 한국사회 각 분야의 동태를 외교부와 연구기관에서 연구·검토했대요. 베트남 인민이 미국과의 전쟁에서 생사를 걸고 싸울 때, 남한 내에서 베트남 인민의 아픔을 자기 아픔처럼 이해해주고 꾸준히 진실을 밝혀준 내 글들이 주목을 받아서 그 글을 읽었대. 고맙다는 인사를 하더군요. 그리고 몇 달 후인 10월 초하루 국경일에 초대장을 보내왔어요. 서울에 있는 외국대사들 다 부르고, 가난한 나라니까 성대하진 못했지만, 아주 귀하게 영접해 주었어요. 나는 지난 30년 동안 해왔던 일에 대해 보람을 느꼈어요. 나는 그 대사에게, 베트남 인민이 미국을 상대로 전쟁할 때 한국 군대가 가서 많은 인명을 살상했으니, 그 전사자들 가운데 한 사람의 자제 중 대학생이 된 젊은이가 있으면, 내가 가난하기 때문에 많이 도울 수는 없지만, 한 학생이 대학을 졸업할 때까지 필요한 납부금과 비용을 부담하겠노라고, 그런 학생을 추천해달라고 했어요. 문의해보니까, 의식주는 국가가 해결해주니까 학비는 연간 몇백 달러면 되겠더구만.

열정의 삶에서 관조의 삶으로

임헌영 아, 선생님 그렇게까지. 선생님께서는 전부터 우리가 베트남 인민에게 먼저 사죄부터 해야 한다는 글도 계속 발표하셨지요? 선생님의 일관된 주장은 우리가 미국에 대해 당당하기 위해서는 우리 자신부터 스스로에게 떳떳해야 한다는 생각이신데 정말 공감이 갑니다.

선생님은 『한겨레』 방북기획 사건과 관련하여 고초를 겪고 몸도 좋지 않아 1990년 초에 전남 영암군 월출산 구림마을에 요양을 가십니다. 거기서 한학자 최준기 선생을 만납니다. 이분이 선생님께 존경의 뜻을 표하면서 이퇴계와 조광조를 비교하며 이제 선생님께서 이퇴계처럼 말년을 조용히 지내시라는 덕담을 하셨다고 들었습니다. 선생님은 그걸 어떻게 받아들였습니까?

리영희 '조용히'가 아니라 '원숙하게'라고 했지, 하하. 조광조처럼 그렇게 의지만 앞세우지 말라는 말인 듯해요. 상당히 긍정적으로 받아들였어요. 1990년까지 오니까, 한 40년 동안 한 지식인으로서 사회적 삶을 살아오면서 써온 글로 인해 겪어야 했던 고난의 길을

정보기관의 보호 아래 공개적인 활동을 전혀 하지 않던 황장엽 전 북한노동당 비서는 남한에 온 지 1년여 만에 처음으로 언론(『한겨레』)과 대담을 가졌다.

돌이켜보면 최준기 선생의 말씀이 가슴에 와닿았어요. 이제 나이로도 그렇고 경력으로도 그렇고, 내가 겪어온 고난의 길에서 나는 뭔가 깨달음이 있어야 한다, 보다 더 원숙해질 인격적·지적 변화와 세계관의 변화가 마땅히 있어야 하겠다는 생각을 했어요. 조광조는 사회를 바로잡아야겠다는 일념이었지만, 나야 그것을 정책으로 실현할 만한 아무런 힘도 수단도 갖고 있지 않은, 한낱 무력한 현대의 '선비'에 불과했으니까. 임금의 무한한 총애를 받으며 최고의 벼슬과 권세를 누린 조광조와는 정반대로, 나야 국가의 권력에 항거한 나머지 온갖 박해만 받아온 처지니까 비유를 할 형편도 아니지. 38세의 나이로 그토록 큰 발자취를 남기고 간 조광조에 비하면 75세로 정확히 두 배나 더 산 나는 차라리 무위도식했다고 함이 옳겠지. 나는 그 시점에서 피로하기도 했지만 스스로 내면적인 성찰·반성·자기점검을 함으로써 새로운 깨달음을 얻고자 했어요.

임헌영 1998년에 황장엽과 대담을 하셨습니다. 대담하시면서 선생님은 인간 황장엽의 생애를 어떻게 평가했습니까?

리영희 정치망명객은 정보부에서 필요한 정보는 다 짜내고, 일정한 기간이 지나야 외부에 노출시켜요. 어느 나라 정보기관이나 마찬가지지. 또 거물이니까 그 기간이 길었고. 그러다가 처음으로 남한 사회에 얼굴을 보이는 의례적 행사였다고 볼 수 있지요. 황장엽에겐 '통과의례'라고 해야겠지. 그 첫 상대가 나였어. 만나 보니까 황장엽이 나를 잘 알고 있더라구요. 만나자마자 "그렇지 않아도 만나고 싶었다"고 얘기하더군. 어떤 이유로 나를 잘 알고 있었는지는 묻지 않았어. 그것은 어쨌든, 인간적으로 자아를 상실한 사람 같았어. 신념이나 이념이나 교조(敎條)나 그런 것을 품고 살아온 사람일수록, 그 신념의 내용이 바뀌게 되면 심한 자기상실증에 빠지지 않아요? 바로 그 자기상실 현상이지. 나를 만났을 때가 그런 정서·심리 상태였던 것으로 보이더군. 말이 왔다 갔다 하고. 그러면서 일방적인 변명만 하고. 실제적 망명 동기는 북한 지도체제의 눈 밖에 난 모양이더군.

　김일성 주석에 대해서는 굉장한 경의를 가지고 있더군. 김정일 국방위원장 세대가 권력중심에 배치되니까 그와 같은 과거의 인물은 배척을 당한 것 같기도 하고, 미국이나 남한 정치첩보공작에 넘어간 것 같기도 하고. 김정일 국방위원장에 대해서는 굉장히 비판적이더군. 급변한 자기의 주변상황에서 그만한 지식인이면 각오하고 내려왔을 것이고, 새로운 좌표와 방위각을 정했을 텐데, 말과 생각이 왔다 갔다 하더라구요. 말하자면 정신적인 불안정 상태인 것 같았어. 참 비극이지요. 나는 한 지식인, 그것도 권력체제의 내부에 들어가 최고의 권위를 즐기다 굴러떨어진 지식인을 연출하는 '비극배우'를 대하는 심정이었어. 그 개인의 신념이나 가치관이나 사관과 민족사랑이 투철하다면, 적어도 민족 간의 전쟁을 부추기는 따위의 발언만은 하지 않았을 겁니다. 그만한 지위에 있었고 알려진 것처럼 대단한 철학자라고 한다면, 뭔가 인류보편이나 민족보편이 추구해야 할 목표나 원리를 철학적으로 개진해야 할 텐데, 그렇지가 않고, 기회주의적 말단 정치인이나 시정잡배나 할 차원의 소리를 계속하더라구요. 인간 비극이지요. 누군가의 소설에서 가련한 피에로 같은 이런 주인공을 만난 것 같은데, 오래돼서 생각이 안 나는군…….

국가정권이라는 높은 권위집단에서건 시정잡재의 깡패집단에서건, 변절자와 배신자는 스스로 자신의 존재가치를 부정한 존재요. 변절자의 일시적인 약간의 효용가치가 사라지면 자신을 판 상대에 의해서도 버림받게 마련이지. 그러면 그 인간은 주체적으로나 객체적으로 파멸의 운명을 맞는 거지. 우리는 어느 사회의 역사와 현재적 생활 속에서 이것을 확인하는 바요. 황장엽이라는 인간이 바로 그것이었어. 비참한 일이지! 하지만 그와 동시에 우리 모두에게 준엄한 '인간의 조건'을 가르쳐 주는 비극이기도 해. 이것이 중요해.

펜으로 싸운 반세기의 결산

조광조를 보내고 이퇴계를 맞는 명상

누님을 찾아 평양으로

임헌영 1995년은 대망의 정년퇴임의 해였습니다. 이해에 제9회 단재 학술상을 받으셨고, 이때가 되면 WTO 출범 절차가 완료되어 그다지 달갑지 않은 '세계화'라는 술어가 보편화됩니다. 또한 미국무부가 북한·이라크·시리아 등 7개국을 테러지원국가로 점을 찍어버리게 됩니다.

리영희 '단재 학술상'은 그간의 나의 연구와 저작의 업적에 대한 것이고, '만해상'은 불교계에서 백담사의 오현 큰스님이 수여인으로서 주는 상이에요. '만해상'은 5개 부문이 있는데, 그중 으뜸이 '만해실천상'이에요. '만해 한용운 선생과 같은 정신으로 실천했다'는 것인데, 나에게는 너무 과분한 상이에요. 6·25전쟁 초기에 북진할 당시, 눈 쌓인 혹한의 설악산 전투 중 내가 있던 제9연대 군인들이 신흥사(新興寺)에 들어가 국보급의 귀중한 불경목판을 마구잡이

1945년 연합국 회담이 열린 포츠담의 역사적 명소 체칠리엔호프궁을 송두율 교수와 방문했다.

로 꺼내다가 불사르는 현장에 당도한 내가 불을 끄게 하고 목판을 거두어 원상태로 안치했어. 그래도 한 4분의 1은 재가 된 뒤였지. 만해상과 별도로, 나의 선행에 대해서도 50년 후에 한국 불교계에서 감사장과 상금을 주었어요. 고맙더군.

그 무렵에 독일에 다녀오기도 했어요. 독일에서 두 차례, 한 번은 학술회의고, 한 번은 한인단체의 문화행사였어요. 그것과는 별도로 함부르크대학에서 남북한 문제를 다루는 학술회의를 했는데 남한 측 대표의 한 사람으로 두 번 초청되어 참가했지요. 1997년에는 나와 아내의 결혼 40주년 기념으로 관광도 하고 견문도 넓히기 위해서 지중해 주변 7개국을 19일 동안 여행했지. 이집트 문명, 로마 문명, 사라센 문화, 히브리 문화, 그리스 문화 등 참 유익했어요. 나의 인류·문화적 지식과 인식을 높여주고 수평을 넓혀주는 기회였어.

임헌영 선생님의 1997년 지중해 여행기를 저는 아주 재미있게 읽었어요.

리영희 그것은 짧은 인상기에 지나지 않아요. 그 여행은 나와 아내의 결혼 40주년을 겸해서 지중해 주변 7개국을 19일간 두루 살핀, 즐겁고 유익한 여행이었어요.

이 시기에 나의 지적 노력은, 남북 민족의 공멸을 초래할 것이 분명한, 미국이라는 국가와 그 통치세력이 꾸미고 있는 전쟁 흉계를 파헤치고, 그 진상을 국민에게 알리는 작업에 집중했어. 그 이전 시기에 내가 해온 연구작업이 다 그랬듯이, 이 시기의 연구와 발표들도 외로운 싸움이었어. 그 하나의 글이 발표될 때마다 큰 반응이 일어나 나를 고무시켜주었어. 그 글을 통해서 숨겨진 '진실'을 알게 된 많은 분들의 뜨거운 감사와 정성어린 경의의 표시가 없었다면 그런 고된 작업을 계속할 수 없었을 거예요.

그런 논문과 시론들 가운데 대표적인 것들만 몇 개 골라서 기록에 남기고 싶군. 나의 땀과 아픔과 애정이 묻어 있는 글들이니까.

- 국가보안법 없는 90년대를 위하여: '한반도 유일합법정부'의 허구
- 남북한 전쟁능력 비교연구: 한반도 평화토대 구축을 위한 시도
- 릴리 주한 미국대사에게 묻는다: 미국은 '광주사태'의 책임을 회피할 수 없다
- '미국'이라는 사회와 국가: '악의 약자'와 '선의 제국'이라는 흑백논리
- 1953년에 체결한 '한·미 방위조약' 해부: 한·미 예속관계의 본

질과 구조
- 사회주의는 끝난 것인가? 자본주의는 이긴 것인가?
- 수교협정에 앞서 베트남 인민에 먼저 사과하라
- 민족통일의 세계사적 인식
- 동·서독 기본조약과 '남북기본합의서' 비교분석
- 조·미 핵 및 미사일 위기의 군사정치학
- 소위 '서해 북방한계선'은 합법적인가?: 진실을 알고 주장을 하자
- 미국군사동맹체제의 본질과 일반성격 연구
- 동북아지역 평화질서 구축을 위한 제언(영문)

이 밖에 그때그때의 국내외 문제나 현상에 관해, 또는 발표기관의 요청으로 쓴 많은 사회비평 또는 문명비평적 성격의 글들이 이 시기에 발표된 거요.

임헌영 선생님, 이곳 산본으로 이사하신 것이 1994년입니까?

리영희 예, 나는 여기가 무척 좋아요. 아파트의 편리함을 처음 알게 되었습니다. 나보다도 아내가 아주 좋아해요. 나와 아내는 여기 이사 오기 전까지 샤워시설이나 욕탕이 없는 집에서만 살았으니까. 더운 물이 자동적으로 나오는 집에서 살아본 적이 없어요. 부끄럽지만 그게 사실이오. 그래서 1994년 가을에 여기 와서 최소한의 문화적 생활이라는 것을 처음 하게 된 겁니다. 내 나이 65세 때요.

임헌영 1998년 11월 9일 북한을 방문하셨지요? 17일 동안이나 다녀오셨는데 글을 참 아끼셨어요. 저는 심정적으로는 이해가 가는 부분이긴 합니다만 그래도 선생님은 나름대로 북한에서 보는 평가가 있었기 때문에 다른 방문객에 비해 비교적 자유스럽지 않았습니

까? 선생님이 원하시는 일은 다 하셨을 것 같은데요.

리영희　17일간이 아니라 5일간이에요. 북한에서는 그런 장기간 방문을 누구에게도 허가하지 않아요. 나의 위상에 응분한 광범위한 관찰과 여행의 경험을 하지 않았느냐고 묻는다면 나는 "노!"라고 답할 수밖에 없어요. 애당초 내가 가려고 한 것은 아니고, 한겨레신문사의 부속사업기관인 '남북 어린이 어깨동무'라는 북한 어린이 돕기 구호단체가 자기들 사업 때문에 가려고 접촉하는 과정에서 저쪽에서 "당신네들이 올 때 리영희 선생을 모시고 올 수 있느냐"고 묻더래요. 나에게 그런 의사를 전하기에 나는 작은 누님의 생사여부를 확인할 수 있는 좋은 기회라고 여겨서 통일원에 북쪽의 의사를 전달하고 접촉 허가서를 받았지요.

가서 보니까 북쪽 당국자들은 일단 나를 별도로 모시려고 했더라구요. 그런데 난 그때까지만 하더라도 나의 안전을 위한 경계선을 내 주변에 치고 행동했어요. 무슨 구실이라도 잡히면 시끄러운 문제가 생길 수 있으니까요. 그래서 남북 정부당국에 형님과 누님의 생사 확인을 목적으로 한다는 전제를 분명히 했어요. 그래서 항상 나의 주변에 한겨레신문사 사장이라든가, 누군가 있게끔 배려했어. 나는 문익환 목사처럼 낭만주의자가 못 되고, 용기도 없는 사람이야. 다만 냉철한 현실감각으로 판단하고 행동하는 사람이니까. 형님은 정전 후인 1957년에 장질부사로 돌아가셨고, 작은 누님은 내가 평양을 방문하기 5년 전에 65세인가에 돌아가신 것을 확인했어. 누님의 아들인 조카만 평양 고려호텔에서 만나보고 왔어요. 해방 전 그 애가 두 살 때 만난 것이 마지막이었는데.

신문기자나 운동권의 사람이었다면 일주일 동안 평양을 보고서도 여러 이야기를 쓰겠지. 그러나 내가 쓴다면 내 위상에 걸맞게 북한사회의 본질적인 문제라든가 집권자들의 철학이라든가, 경제구조나 현실의 내용을 원근법적으로 파악하고, 높은 시각의 글이 되어야 하는데, 전혀 그런 글이 나올 수 있는 여행이 아니었지요. 임재경 씨는 내가 그냥 본 것을 인상만이라도 쓰면 의미가 다르지 않겠느냐고 했어요. 그러나 나는 무슨 글이든 깊이가 있고 핵심을 포함하지 않은 글이나, 피상적인 관찰로 끝나는 글은 쓰고 싶지 않았어요. 그것이 첫 번째 질문에 대한 답변입니다.

'의식' 없는 지식은 죽은 지식

임헌영 1999년 6월, 서해교전으로 남북은 무척 긴장된 순간이었습니다. 이럴 때 가만히 계실 선생님이 아니시지요. 「북방한계선은 합법적 군사분계선인가?」를 통해 국제법을 두루 섭렵하면서 검토한 뒤 전혀 근거 없음을 지적했는데, 그 내용을 여수에 가서 그대로 강의를 하셨습니다. 참여사회아카데미가 여수시와 1년 계약으로 저명인사를 연사로 공무원과 시민들에게 강의를 실시하는 기획의 일환이었습니다.

리영희 나는 오랫동안 미신처럼 남한사회에서 믿어오던 '허위'와 여러 가지 크고 작은 정치적·사상적 우상의 가면을 벗기는 일을 했는데, 이 논문도 그중의 하나입니다. 그 해상충돌이 일어났을 때, 하도 우리 국내의 반응이 한심하기 때문에 쓰지 않을 수 없다고 생각해서 쓰게 된 것입니다.

내가 늘 지식인들에게 하고 싶은 말이 있어요. 실제로 그렇게 이

1998년 11월, 53년 전에 헤어진 형님과 작은 누님의 생사를 확인하기 위해 평양을 방문했으나, 두 분 모두 돌아가셔서 누님의 아들만 만날 수 있었다.

야기를 해왔고. 지식이 아무리 많아도 '의식'이 없으면 그 지식은 죽은 지식이다, 국제법을 몇십 년을 공부해도, 박사학위를 몇 개씩 받아도, 아무런 '회의'도 없이 그저 정부가 내놓은 대로만 '지식화'하면 영원히 무식자로 남을 뿐이라. 그것이 우리 교수들·전문가들·박사들의 실정입니다. 서해교전에서 북한이 '한국영해를 침공했다'느니 '대한민국이 주권이 침해당했다'느니, 그런 식으로 야단을 했지요. 그때 서울대 법대 학장이라는 교수가 쓴 것을 보면 참 한심하기 짝이 없어요. 그래서 내가 진실을 밝히는 논문을 또 써야겠다고 결심한 것입니다. 아주 고생해서 썼어요.

휴전협정 조인할 때 만든 중국인민의용군 대표, 조선인민군 대표와 유엔군 대표가 서명한 지도(해도)가 있어요. 나는 1960년대에 이미 소위 '서해 북방한계선'이라는 것이 불법적이라는 사실을 알고 있었어. 나의 그 논문에 나와 있지만, '북방한계선'이라고 하는 것은 다음과 같은 이유에서 만들어진 것입니다. 이승만은 휴전에 반대했는데 미국의 주도로 휴전이 성립된 것이 못마땅해서, 전쟁을 다시 시작할 수 있는 구실과 방법을 찾았어요. 그래서 생각해낸 것이, '한국군이 북한을 공격하면 북한과 중국 지원군이 반격을 할 것이고, 전투가 확대되면 미국이 아무리 싫어도 다시 참전하게 될 것이다, 그렇게 되면 제2의 한국전쟁으로 확대되지 않을 수 없다'고 생각한 거요. 전쟁 재발을 이용해서 압록강까지 북진통일을 하려고 한 것입니다. 그래서 황해도 연안을 계속 공격했어요.

그런데 미국의 아이젠하워 대통령은 휴전협정을 조속히 체결하여 미군을 그 가족에게 돌려보낸다는 공약으로 당선됐으니까 빨리 휴전협정을 체결하려고 전력을 다했지. 이승만 대통령이 계속 분쟁을 일으키고, 휴전이 성립된 뒤에도 계속 그것을 깨려고 하니까 화가 났어요. 정전협정 체결 뒤에도 계속 그러니까, 아이젠하워는 이승만을 체포해 대한민국정부를 해체하고, 백선엽 육군참모총장으로 하여금 군정을 선포케 하고, 이승만정권을 완전히 붕괴시켜 휴전협정을 준수하는 새 정부를 내세우기 위한 쿠데타 준비까지 다 했거든요. 한국 해군이 다시는 황해도를 침공할 수 없게 유엔사령부가 남한의 군함이 북한의 황해도 해안까지 더 이상 올라가지 못한다는 하나의 선을 그은 겁니다. 그것이 소위 '서해 북방한계선'이라는 거예요. 그것은 정전협정으로 금지된 선이지만 미국은 그것을 북한을 대상으로 한 것이 아니라 한국(남한) 해군의 '출입금지선'으로 유엔군사령부 내부 규정으로 한국정부와 한국군에 실시한 거요.

이 사실이 가장 중요한데, 내가 1960년대에 이미 알고 있었던 이 과정을 아는 지식인이 없는 거야!

그런데 한국의 법학자, 정치학자, 전문가들이 이런 배경도 모르고, 또 휴전협정 위반인 것도 모르고 '영해침범'이니 '침략'이니 외치는 거예요. 북방한계선이라는 이 용어 자체에서 알 수 있지 않겠어요? '북방한계선'이라는 것은 남쪽의 군함이건 어떤 물체건 '북쪽으로 이 이상은 못 올라간다'고 설정한 선인 것이지요. 만약에 북쪽에서 남쪽으로 이동하려는 군함이나 물체가 남쪽으로 더 이상 못 내려온다고 규정한 선이라면, 당연히 '남방한계선'이라고 해야 하지 않겠어요? 소학교 2학년생의 아이큐로도 이해할 수 있는 문제이지! 명칭 하나로써 벌써 그 모든 문제의 핵심이 드러나는데, 남한의 저명하다는 지식인들이 이것을 깨닫지 못하는 겁니다. 그래서 내가 철저한 고증을 거쳐 세밀하고 상세하게 논문을 썼지요. 6·25에 관한 미국정부의 최고급 극비문서가, 권당 3,000쪽의 부피로 7권인데, 그중 세 권이 이 문제를 다루고 있어요. 그것을 다 읽고 쓴 글입니다. 훗날 여수 강의를 들은 청중 가운데 한 사람이 너무나 놀라고 믿고 싶지 않으니까 검찰에 고발했어. 그러나 검찰은 내게 아무 말도 하지 않더군. 왜냐하면, 기소를 하기 위해서는 내 논문이 사실이 아니거나 어떤 허점이 있어야 하는데, 논박할 수 있는 여지가 없었기 때문이지. 내가 아까 열거한 논문들은 발표 당시에 대개 그런 무식한 반공주의자들에게서 한두 번씩 고발당한 것들이에요. 하지만 어떻게 하겠어.

임헌영　2000년에 들어와서 『반세기의 신화』 일어판이 나오고, 출판기념회도 일본에서 열렸던 것으로 압니다.

리영희　그렇지요. 동경에서 출판기념회를 가졌어요. 일본인 학자와

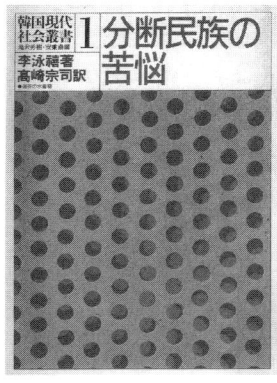 

일본어로 번역된 두 권의 저서, 『분단민족의 고뇌』(分斷民族の苦惱, 御茶の水書房)와 『조선반도의 새로운 밀레니엄』(朝鮮半島の新ミレニアム, 社會評論社).

언론인, 민단계와 조총련계 인사 등이 함께 왔어요. 나의 논문들과 시론들을 모은 일본어 책이 일본에서 두 권 출판돼 있는데 모두 다 유능한 번역자가 나의 동의를 얻어 번역했지. 한 권은 1985년에 나온 『분단민족의 고뇌』(分斷民族の苦惱)이고, 또 하나는 그 출판기념회를 한 『조선반도의 새로운 밀레니엄』(朝鮮半島の新ミレニアム)이에요. 1970년대부터 한 30년간 한국 격동기에 발표한 나의 글들이 그때마다 일본 유수의 여러 신문과 출판물에 번역 수록된 탓에, 일본인과 재일교포 독자들이 제법 많습니다. 가면 모두 반가워하지요. 글 쓴 보람이랄까.

수리산 산책길에서 되돌아보는 인생

임헌영 선생님 건강 얘기를 좀 해보겠습니다. 그동안 몸이 안 좋으셔서 많이 고생하신 걸 알고 다들 염려하고 있습니다.

리영희 나는 건강이 많이 좋지 않아요. 수십 년 동안의 연구와 집필 탓이기도 하고, 여러 차례 거듭된 체포와 징역 생활의 탓이기도 하지요. 아홉 번의 연행, 다섯 번의 기소 또는 기소 유예, 세 번의 징역, 건강이 좋을 리가 없지요. 1980년의 광주대학살 즈음 투옥됐다가 석방된 후에 간 담낭 종양 제거수술로 '쓸개 없는 놈'이 됐고, 하하! 나는 정상적인 사람이 못 되는 '쓸개 없는 놈'이라고! 영하 십몇 도의 형무소 생활로 만성기관지염에 걸려 구급차를 타기도 했고. 이(齒)는 밤낮 치과신세를 졌지. 글 쓰는 스트레스로 2000년 뇌출혈로 쓰러져 오른쪽 반신이 마비되었어요. 중풍이지. 4년이 지나니 많이 나아지기는 했으나 지금도 오른쪽 팔, 손, 손가락을 잘 못 써요. 보행은 그럭저럭하고. 이만해도 다행이지. 더 큰일 날 수 있었으니까. 그래서 늘 감사하는 마음으로 살아요.

임헌영 그런 역경 속에서도 선생님은 늘 꿋꿋하게 견디셨어요.

리영희 나는 끌려갈 때마다 영하 십몇 도의 추위로 무척 고생을 했지. 결국 만성기관지염으로 고통이 심해요. 조금만 찬 바람이 가슴에 와닿아도 숨을 못 쉴 정도였으니까. 그래도 음식·약·전지 요양 등의 탓인지 금년에는 많이 나아지는 것 같구만.

고혈압 때문에 뇌출혈 이전부터 술을 금한 지는 10여 년이 되었고, 동시에 담배는 딱 끊었어요. 기관지와 담배는 상극이니까. 어쩔 수 없이 끊었지. 나는 원래 의지박약아인데, 안 끊으면 죽게 생겼으니까 '어쩔 수 없이' 끊었지요. 목숨과 바꿀 수는 없어서 끊었지. 적포도주 한 잔이 뇌신경 질환 환자에게 좋다기에, 다른 술은 마시지 않지만 와인은 한 잔씩 하지요.

임헌영 선생님께서 뇌출혈로 갑자기 입원하셨던 게 2000년 11월 16일이었습니다. 안타깝게도 선생님의 건강한 모습을 더 이상 못

뵙게 되나 하고 가슴 조였는데, 불과 1년 만에 숙명여대 통일문제연구소의 제43회 학술 세미나에서 「탈분단을 향한 새로운 전환시대의 논리와 상상력」을 발제해서 우리를 놀라게 했습니다.

리영희 그랬던가요? 2001년 9월 11일, 뉴욕 무역센터의 붕괴와 자기반성을 할 줄 모르는 미국 부시정부의 2003년 이라크 침략전쟁을 보면서 속으로 분노했지만, 나로서는 이제 글을 쓸 수도 없고, 더 뭘 할 수도 없어 가슴만 답답할 뿐이에요. 겨우 반전 호소문을 한시로 지어서 신문에 돌렸을 정도예요.

임헌영 시위 현장에도 참여하셔서 모두 놀랐습니다.

리영희 여러 차례는 아니고, 한두 번일 거예요. 내가 얼굴을 비추면 힘을 얻는다고 간청하기에. 이제는 야외의 군중집회에는 내가 나갈 형편이 아니지. 그만했으면 나 같은 노인은 면제해줄 이해와 아량이 있어야지. 내가 기른 후학과 후배들이 전국 어디서나 어떤 분야에서나 지도적 역할을 수행하고 있는데, 그러면 내가 할 수 있는 책임량은 다한 셈이 아닐까.

임헌영 그 문제는 별도의 자리에서 말씀 나누기로 하고 선생님 건강문제로 돌아가겠습니다.

리영희 습기와 추위 모두 나의 지병에 나빠서, 재작년 겨울에는 태국의 논카이라는 시골에까지 갔어요. 아주 시골인데 공기가 좋다고 해서 갔었지요. 당시 기관지염이 재발하고 병원에서는 심장까지 안 좋다는 진단을 받았거든. 논카이는 방콕에서 북동쪽으로 70킬로미터 정도 떨어진 곳입니다. 한국 사람은 찾아볼 수 없고, 한국이 어디에 있는 나라인지도 모를 정도의 태국인들이 사는 시골입니다. 그런데 유럽 사람들에게는 좀 알려져 있는지 유럽 노인들이 겨울을

1997년 중국을 통해 처음으로 백두산 천지에 올라 아내와 환호하고 있다. 2003년에는 북한을 거쳐 백두산을 방문했다.

보내기 위해 즐겨 찾는 곳이더군요. 따뜻하고, 기후 좋고, 물가는 굉장히 싸고. 잘 지내다 왔지요. 여름 장마철도 못 견뎌서 나가곤 했어요.

임헌영 2003년 여름에는 장마가 너무 길어 인도네시아의 발리 섬에서 요양하셨지요? 그래서인지 훨씬 건강해 보이십니다. 꾸준히 아침 운동을 하신 것으로 알고 있는데요. 산에는 계속 오르십니까?

리영희 발리섬에는 남들처럼 골프채 메고 돈보따리 차고 간 것이 아니야. 정동일(鄭東一)이라는 한양대학 제자가 그곳 시골의 해안가 야자수 숲속에서 조그만 휴양소를 운영하고 있어요. 나의 건강에 한국의 장마철이 나쁜 줄 아니까 고맙게도 와서 편하게 얼마든지 쉬고 가라고 해서, 두어 번 가 있었지요.

여기 산본은 수리산을 끼고 있어서 내 건강에 아주 좋아요. 나와 집사람은 오는 날부터 수리산에 매혹돼서 아침 먹기 전에 꾸준히 등산을 했어요. 중풍이 되고서부터는 '수직운동'은 단념하고, 산 중턱에 소방도로가 있는데 그곳을 천천히 '수평이동'으로 산책합니다. 도로가 참 아름다워요. 3시간에 4킬로미터 정도 걸어요.

임헌영 그만하면 운동으로 충분할 것 같습니다. 운전도 다시 하시나요?

리영희 운전을 한다고 말하기엔 좀 그렇지. 신경과 담당의사가 나에게 중추신경과 손발의 물리적 운동기능을 일치시키고 근육운동을 돕기 위해서 자동차 운전을 조금씩 해보라고 권고했어요. 장애인 3급의 표지를 붙인 차를, 주로 성한 왼쪽 다리와 팔을 사용하고 고장난 오른쪽 다리와 팔·손을 보조적으로 이용하면서 동네를 살살 돌아다니는 정도입니다. 오른발과 오른손은 보조 역할만 하고. 이 정도도 나는 고마운 일이라 생각해요. 차츰 더 나아지겠지.

임헌영 육류도 많이 드십니까? 어떤 음식을 좋아하십니까?

리영희 나는 예로부터 술 먹을 때 말고는 고기를 안 먹었어요. 독주 특히 빼갈을 좋아했기 때문에 그런 때나 안주로 고기를 먹었지. 채식주의자는 아니지만 육류를 본래 과히 좋아하지 않았어요. 지금도 육류는 별로 안 먹습니다.

임헌영 제가 뵙기에 많이 좋아지셨습니다. 여행도 하실 수 있을 것 같고, 만년에 계획하셨던 일들도 하실 수 있을 것 같습니다. 특별히 생각해 두신 일이 있으신가요?

리영희 나는 한 가지 부러운 게 있어요. 자기의 본직업이 아닌 취미로 해오던 일에 노후의 시간을 몰두하는 생활 말이오. 그런 분들을 보면 굉장히 부러워요. 미술이라든지 음악이라든지 목각이라든지 뭐든지요. 그런데 불행하게도 내겐 그런 것이 없어. 나는 젊었을 때 소목공이 취미였어. 책상·의자·침대·기타 소도구 등을 내가 짜거나 수리했어요. 두 아들도 어렸을 때 아버지와 함께 그런 일을 해서 지금도 그런 일에 익숙해요. 소목공을 한 까닭은, 머리를 써서 사는 소위 '인텔리'는 육체적 생산기술을 취미로라도 가져야만 인간의 육신과 정신을 균형 있게 발달시킬 수 있거니와, 그에 못지않게 두뇌로 사는 인텔리가 육체노동에 대한 우월감을 갖거나 육체노동자를 멸시하는 나쁜 심리와 사상을 바로잡아주기 때문이지요. 이제는 늙어서 못 하지. 힘이 드니까.

지난날의 여러 활동이 극도로 지적 추구였으니까 이젠 좀 정서적인 삶을 살아가고 싶어요. 몇 년간 동양고전을 이것저것 읽고 있어요. 긴 세월에 걸쳐 사고 구해서 쌓아놓기만 하고 미처 읽지 못한 부드러운 책들을 반가운 마음으로 펼쳐봅니다. 어떤 한 가지 문제나 부문의 책에 한정하지 않고, 생각나는 대로, 마음가는 대로 골라서 읽지요. 그것도 꼭 한 권을 다 읽어야 한다거나, 언제까지 읽는다는 시간 작정 같은 것 없이 유유자적이오.

임헌영 영화나 비디오에는 관심이 없으신가요?

리영희 영화는 아주 이름난 걸작이면 집사람과 보러 가기도 합니다. 문화적 교양으로 생각하고 봅니다. 때로는 음악회나 오페라도 함께 가고, 집에서는 클래식 음악을 주로 즐기지요.

하지만 텔레비전의 소위 '오락프로그램'이라는 것에서는 즐거움도 마음의 평안도 느낄 수가 없어. 대중문화로서의 텔레비전프로그램은 나에게는 그다지 정서적 위안을 주지 못해요. 그 자체의 가치

평가는 아니지만, 나는 텔레비전에서 어른이건 젊은 애들이건, 뛰고 소리 지르고 미친 듯이 몸을 흔들고 하는 짓을 참아내지 못해요. 심지어 때로는 과거 운동권의 시끌벅적한, 소란스러운 마당도 못 참았으니까. 뭔가 조용하게 정서적 울림을 주는 그런 예술이나 문화가 내게는 삶의 자양이 되고 기쁨을 주어요. 내가 즐겨보는 텔레비전프로는 「동물의 왕국」 「야생의 신비」와 인간적·사회적 다큐멘터리 종류예요. 화면에 현대적 인간이 덜 나올수록 좋아! 하하. 내가 늙었다는 증세겠지. '구세대'의 행태라고 할 수 있겠고.

영국의 속담에 "A man's ability to stand noise is in reverse proportion to one's intelligence"라는 말이 있어요. "소음을 참을 수 있는 능력은 그 사람의 지적(정신적) 수준과 반비례한다"는 뜻이지요. 소리와 몸짓의 광란, 이런 것은 교양·이성·지성 측면의 결핍을 뜻한다는 말이오. 물론 영국 상층 지식인들의 인간관에서 나온 말이라고 할 수 있겠지만, 하여튼 목적이 뚜렷한 사회적 의사표시이거나 사회정의를 위해 다른 방법이 없는 약자들의 생존의 외침이 아닌, 평상 상황이나 일반 문화적 표현으로서는, 그것이 연극이건 음악이건 길가의 장사이건 학교의 행사이건, 나는 시끄러운 것은 못 견딥니다. 그래서 소란스러운 곳을 피하지요. 나는 인간 행위에서 절제를 미덕으로 여겨요. 사람들이 각기 남을 배려하면서 자신을 절제하는 곳에 아름다운 인간적 덕성·화합과 평화가 꽃피니까요.

우리 조선의 여성들이 어른·아이·학생 할 것 없이, 가정극에서나 사회극에서 심지어 애정극에서마저 빽빽 소리를 지르고, 얼굴에 핏대가 서서 일그러져 주고받는 말은 원수끼리나 쓰는 증오와 저주로 가득 찬 표현이고, 남성들의 장면은 미국사회를 그린 영화를 뺨칠 만큼 거칠고 폭력적이고, 피를 보는 것을 용감으로 착각하고. 우리 한국남녀가 언제부터 이렇게 악해지고 표독해졌는지, 젊은이들과 학생들이 노는 장면은 예외 없이 절제를 모르는 난장판과 유치한 작태야. 한국인들이 다 백치가 되었는지, 텔레비전 오락물 제작자들의 저능아적 취미 탓인지, 내가 늙은 탓인지, 아니면 미국식 자본주의의 소비제일주의 문화의 필연적 산물인지. 텔레비전 시청료와 광고수입의 극대화를 위해서는 인간의 심성을 이 지경까지 황폐·타락시켜야 하는 것인지 나는 모르겠어. 소위 '문화'라는 이름으로 일상화된 그런 정서·취미·의식·가치관·인간관계의 상이 만들어내는 한국사회의 반도덕·인간소외·이기주의·범죄의 생활체제화를 보면서 나는 소름이 끼쳐. 이런 인간형과 사회가 그래도 북녘땅의 인간과 사회보다 '우월'하다는 건가? 생각하면 생각할수록 점점 더 알 수가 없어요. 그래서 나는 나의 여생이 길게 남지 않은 것을 오히려 축복으로 알고 살고 있습니다.

임헌영　선생님, 소설 쓰실 생각은 없으신지요? 사실 「D검사와 리 교수의 하루」란 작품을 제가 1980년대의 문제소설로 추천해서 경향신문사에서 나온 『80년대 문제소설집』에 수록되기도 했습니다. 그래서 제가 우스갯소리로 선생님께 작가회의에 가입하시라는 말씀도 드렸던 기억이 납니다. 아마 그 뒤 작가회의에 가입하셨지요?

리영희　「D검사와 리 교수의 하루」는 『8억인과의 대화』 『전환시대의 논리』 『우상과 이성』을 반공법으로 걸려는 공안검사의 심문을 받던 어느 날의 실상을 그대로 묘사한 건데, 그 글이 나가자 문단에서도 반응이 아주 좋았어요. 나는 그런 반응 같은 것을 예상하지도

2003년 경애하는 스승 노신의 고향 소흥과 북경, 상해에서 그의 삶의 발자취를 좇았다.

않았고, 그러리라는 기대로 쓴 글이 아니었거든. 그것은 픽션이나 과장 표현도 아니고, 실제로 나를 심문하는 황상구라는 공안검사와 죄수복을 입고 손이 묶인 채 그 앞에 앉아 있는 나 사이의 대화와 실내 분위기를 있는 그대로 묘사한 거예요. 임형이 방금 말한 반응이나 평은 고마운 일인데, 경향신문사의 『80년대 문제소설집』은 본 적이 없는데……. 나 자신은 「D검사와 리 교수의 하루」를 소설로 생각지도 않지만. 사실은 그 훨씬 전에 나의 소년·청년 시기의 실록 전기인 『역정』에 수록된, 나의 6·25 참전 첫날부터 제대까지의 7년간의 군대생활과 체험을 그린 「전장과 인간」이 발표됐을 때, 문학평론가 유종호 씨가 극구 칭찬하는 작품평을 어딘가에서 쓴 일이 있어요. "수많은 작가와 문학인들이 6·25전쟁을 체험했음에도 여태껏 이런 훌륭한 전쟁문학작품이 발표되지 않았다는 것은 우리 문학인들의 수치이다. 아마추어에게서 이런 작품이 나왔다는 것은 놀라운 일이다"라고 평했더군. 고마운 일이오.

임헌영 선생님의 사회과학적인 글도 루쉰의 영향이 느껴집니다. 글 속에서 한 번씩 기지를 발휘하는 부분을 보면 루쉰의 문장과 닮았다는 생각이 듭니다.

리영희 나의 여러 책에 수록된 노신에 관한, 또는 노신에 대한 글들에서 자주 언급했지만, 나의 글 쓰는 정신이랄까, 마음가짐이랄까 하는 것은 바로 노신의 그것이에요. 글 쓰는 기법, 문장 미(美), 속에서 타는 분노를 억누르면서 때로는 정공법으로, 때로는 비유·은유·풍자·유머·해학·익살로 상대방을 공격하는 세련된 문장 작법을 그에게서 많이 배웠지요.

병이 약간 호전되어 여행을 할 수 있었던 2003년에 뒤늦게나마 오랜 염원이던 노신의 고향을 방문했어. 북경에 있는 노신의 옛집과 노신기념관은 여러 해 전에 가보았기 때문에 이번에는 상해 노신박물관과 장개석 파쇼정권의 손을 피해 숨어 살던 집들, 작품에 나오는 곳들을 찾고 그의 고향 소흥(紹興)으로 갔지. 몸이 불편하기 때문에, 북경인민대학 박사과정에 있던 최만원 군의 여비까지 내가 부담하면서 데리고, 4박 5일의 노신 선생 행적 답사여행을 했어요. 참 유익하고 즐거웠어. 나는 노신의 여러 작품을 통해서 노신의 옛집이 아버지대에 와서 쇠락한 대지주였다는 것을 알 수 있었지만 현장에서 발견한 구가(舊家)는 조금 과장해서 말하면 우리의 경복궁 전체만 하더라고! 정말로 놀라웠어. 중국 곳곳에서 부자, 권세가나 대지주의 구가가 관광객에게 공개되어 있기 때문에 그 크기를 대체로 짐작은 했지만 실제로 보니 노신의 옛집은 정말 어마어마한 크기더군. 건물의 구조적 형식과 공간적 배치가 미궁처럼 얽혀 있어서 안내자가 없이는 들어갔던 길을 찾아 나오기가 불가능할 정도더라고. 이런 왕궁 같은 저택과 농토가 부친의 오랜 신병 때문에 누적된 부채로 남의 손에 넘어가버렸지.

이에 관한 이야기를 쓴 노신의 작품 『고향』을 읽으면 당대에 토후(土侯)의 재산이 기울어지는 모습에서 권세와 재물의 무상함을 느껴요. '노신기념관'의 대대적 확장·증축공사가 한창 진행 중이더군. 노신의 작품에 나오는 정다운 곳, 애수가 깃든 곳 등을 두루 밟았지. 나의 고향에 온 듯한 따스함과 정겨움을 느꼈어. 또 가고 싶어. 작품을 통해서 노신의 발길과 정서를 다 아니까, 그곳에서 그를 만나는 것 같은 착각이 들어. 그와 함께 우는 나를 발견하기도 했어. 그의 고향은 노신의 어린 시절의 농촌이 아니라 현대적 도시로 변모했더군. 그것이 나에게는 조금 아쉽더군.

변하지 않고 그 자리를 지키며

임헌영 저도 루쉰의 생가에 가본 적이 있는데, 입구부터 정감이 가는 소도시였습니다. 다시 현실로 돌아와서, 선생님 건강하신 모습을 뵈니까 저희들로서는 참 반갑습니다. 부디 지금보다 더 좋아지셔서 여행과 여유를 즐기시면서 후배들에게 많은 귀감이 되는 만년을 보내셨으면 합니다.

리영희 귀감이 될 만한 인생이라는 것이 뭐 나에게 남아 있을까요? 어쨌든 해방 이후 60년 가까운 거친 인생을 보내고 조금은 차분히 마음을 가다듬고 내 생애를 되돌아보는 그런 기회가 주어진 것만으로도 다행스럽게 생각합니다.

나의 파란 많은 인생을 돌아보면서 한 가지 흐뭇한 것은 나의 인생이 헛되지 않았다는 자부심이에요. 이것은 중요한 일이지요. 그 이유는 여러 가지이지만, 한 예로 『연세대학원신문』이 1999년 말, 20세기를 보내고 21세기를 맞는 특집으로 '20세기 인문과학 분야에 영향을 끼친 학자와 저작'을 마련했더군. 이를 위해 교수와 대학원생을 대상으로 설문조사를 실시하면서 '현재 우리 학계 전반에 큰 영향을 끼친' 학자와 저작을 국내와 외국으로 나눠 각각 3개씩 추천하라는 문항을 만들었나 봐요. 그 결과 5인의 국내학자를 선정했는데, 맨 위의 1위가 리영희였어요. 신문을 보고 나는 의아스러우면서 놀라웠어. 국외학자로는 프로이트가 1위였고. 나에 대한 일치된 의견은 "1970~80년대 한국 변혁운동의 중심이었고, 폭압적인 시대 상황에 맞서 싸웠고, 1970년대의 냉전주의적 사회분위기에 새로운 시각을 불어넣은 학자"라는 거였어. 그 밖에도 세기가 바뀌는 1999년 시점에서 여러 기관이 유사한 여론조사를 실시했는데 어느 경우나 대체로 비슷한 평가가 나왔어. 그런 것을 보면서 나는 영광스럽고 기쁘기도 하고, 정말 그에 값하는 업적을 남겼는가 자기비판도 했어. 무엇보다도 대중은 속일 수 없고 역사적 평가는 한 개인의 인생보다 길게 남는다는 생각에 숙연해졌어요.

이런 작업으로 후배나 후학들에게 근황이라도 전할 수 있게 되었고, 또 한편으로는 『역정』이라는 전기에 담은 1961년까지의 인생에 이어서, 그 후의 삶을 스케치할 수 있어서 기쁩니다. 이 자서전은 출생부터 75세까지 정확히 4분의 3세기의 행적인 셈이군! 감개

『연세대학원신문』은 20세기 가장 영향력 있는 국내학자로 리영희를, 그리고 저작으로는 한길사에서 나온 『해방전후사의 인식』을 꼽았다.

무량하군.

불행하게도 손이 마비돼서 글을 못 쓰니, 그동안 생각을 하면서도 도저히 작업을 할 수 없었어요. 적지 않은 사람들이 『역정』의 후편을 보고 싶다며 쓰라고 권하기도 하고, 여러 출판사가 인세까지 미리 내놓으면서 요청했는데 응하질 못했지.

1990년대 후반부터 나는 글을 쓴다는 것에 대한 내적 갈등이 심해지고 실의와 방황을 겪었어요. 또 변화한 정세 속에서 나의 위치 설정이 잘 안 되더구만. 그래서 뭘 쓸 생각을 못했어요. 많은 이들과 출판사들의 희망에 부응하지 못한 데는 글을 못 쓰게 된 신체적

이유 말고도 나의 자기반성이 전기 쓰는 일을 가로막았기 때문이기도 해요. 『역정』이 나간 1980년대 초까지만 하더라도, 나는 이 나라와 사회에서 일정한 선구적 역할을 해온 것이 사실이에요. 하지만 광주민주항쟁 뒤에는 우리 대중의 의식이 급진전했고, 국민생활과 민족문제의 국가적 위기, 사회적 부조리 전반에 대한 지식인·청년·대학생·노동자들의 문제의식과 인식능력의 수준이 나를 뛰어넘은 감이 있을 만큼 발전했어요. 1960~80년대에 걸친 나의 글과 책과 말 그리고 나의 행동으로 계몽되고 '의식화'된 후배와 후학들의 역량이 놀라울 만큼 커졌어요. 내가 할 역할은 다 했고, 남은 역할은 내가 변치 않고 그 자리에 그 모습으로 있어주는 것뿐이라는 생각이 들었어. 이 나라, 사회의 변화와 전진을 지켜보면서, 혹시 요구가 있으면 몇 마디를 해주는 것으로 족하지. "족한 줄을 알면 위태롭지 않다"(知足則不殆)는 성현의 가르침은 지금 바로 나에게 한 말이라고 생각하게 됐어요. 그래서 자서전 같은 것을 마다했지.

  임헌영 선생님, 장시간 고생하셨습니다. 기억 잘 안 나시는 것을 일일이 기억을 더듬고, 피곤한 몸을 추스르면서 많은 얘기를 들려주셨습니다. 또 제 개인적으로 이런 기회를 갖게 되어 영광스럽게 생각합니다.

리영희 연보

1929. 12. 2 부친 이근국(李根國, 平昌 李)과 모친 최희저(崔晞姐, 鐵原 崔) 사이에서 평안북도 운산군 북진면에서 출생. 이후 이웃 삭주군 외남면 대관동에서 성장.
1936 (8세) 대관공립보통학교 입학.
1942 (14세) 일본인 위주로 소수의 조선인만 입학이 허용된 갑(甲)종5년제 중학교인 경성(京城)공립공업학교 입학.
1945 (17세) 중학교 4학년 때 근로동원을 피해 귀향한 고향에서 해방을 맞음.
1946 (18세) 다시 상경하여 국립한국해양대학에 입학(항해과 제2기).
1947 (19세) 부모와 동생 명희 이남으로 내려옴.
1950 (22세) 해양대학 졸업 후 경북 안동의 안동공립중(고등)학교에서 영어 교사로 근무.
6·25전쟁이 발발하자 입대, 대한민국 육군중위로 '유엔군 연락장교단' 근무.
1953 (25세) 휴전과 동시에 시행된 최전방 전투지 장기복무 장교의 후방 교류에 따라 마산 육군군의학교로 전속됨. 일반병과 장교는 휴전으로 예편되었으나 특수 병과장교의 제대는 전면 불허되어 3년을 더 복무함.
1954 (26세) 부산의 육군 제5관구 사령부로 전속. 대민사업을 총괄하는 민사부(民事部)의 관재과(管財課)로 배속되어 미군과 유엔군이

	사용하던 토지·시설·건물 등을 접수하는 업무를 맡음.

고등고시 합격자의 제대가 허용됨에 따라 군에서 나오기 위한 일념으로 고시 3부(외교) 준비에 몰두함.

1956 (28세) 윤평숙(坡平 尹) 씨의 장녀인 영자(英子) 씨와 군산에서 결혼.

1957 (29세) 만 7년의 군복무를 마치고 대한민국 육군 소령(보병)으로 예편. 예편과 동시에 입사시험을 거쳐 서울의 합동통신사에 입사, 기자(외신부) 생활 시작.

1959 (31세) 부친 고혈압으로 서울에서 별세(향년 65세).

1959~1960 풀브라이트 계획으로 미국 노스웨스턴대학교에서 신문학 연수.

1959~1961 미국『워싱턴 포스트』의 통신원으로 활동(익명으로 기고).

1960 (32세) 4·19혁명으로 이승만정권이 붕괴되고 민주당정부가 수립됨. 4·19혁명 당시 데모대와 계엄군 사이의 유혈충돌을 막기 위해 각방으로 노력.

1961 (33세) 박정희 육군소장의 5·16쿠데타 발발, '국가재건최고회의' 수립되고 군부정권이 들어섬. 박정희 국가재건최고회의 의장의 첫 미국방문에 수행기자로 동행. 박정희-케네디 회담 합의 내용에 관한 특종보도로 수행 도중 소환당함.

장남 건일(建一) 출생.

미국의 진보적 평론지『뉴 리퍼블릭』에 한국 사태 기고.

1962 (34세) 정치부 기자로 중앙청과 외무부 출입.

장녀 미정(美晶) 출생.

1964 (36세) 차남 건석(建碩) 출생.

『조선일보』'정치부'로 옮김. 11월 필화사건(유엔총회 남·북한 동시 초청안 관계 기사)으로 구속·기소됨. 같은 해 12월 불구속으로 석방. 제1심에서 징역 1년 집행유예. 제2심에서 선고유예 판결 받음.

1965 (37세) 『조선일보』외신부장으로 근무.

1967 (39세) 『창작과비평』과 『정경연구』 등에 본격적으로 국제 논평을 기고하기 시작.

1969 (41세) 베트남전쟁과 국군 파병에 대한 비판적 입장 때문에 박정희정권의 압력으로 『조선일보』에서 퇴사(제1차 언론사 강제해직).

1970 (42세) 『합동통신』 외신부장으로 근무.

1971 (43세) 군부독재·학원탄압 반대 '64인 지식인선언'으로 해직됨(제2차 언론사 강제해직).

1972 (44세) 한양대학교 신문학과 조교수로 임용.
앰네스티 인터내셔널 한국지부 창설 발기인.

1974 (46세) 한양대학교 부설 '중국문제연구소' 설립.
군부독재·유신체제반대 '민주회복국민회의' 이사.
『전환시대의 논리』(창작과비평사) 출간.

1976 (48세) 제1차 교수재임용법에 의해 교수직에서 강제 해임(제1차 교수직 강제해직). 실업자가 됨.

1977 (49세) 『우상과 이성』(한길사) 출간.
『8억인과의 대화: 현지에서 본 중국대륙』(편역·주해, 창작과비평사) 출간.
『전환시대의 논리』『우상과 이성』『8억인과의 대화』 내용의 반공법 위반혐의로 구속·기소되어 징역 2년형을 선고받음.
구속·기소된 날인 12월 27일 모친 별세(향년 86세).
박정희 대통령 피살.

1980 (52세) 광주교도소에서 만기출소. 사면 및 복권되어 해직 4년 만에 교수직 복직.
5월 16일 '광주민주화운동' 일어남.
5월 17일 '광주소요 배후 조종자'의 한 사람으로 날조되어 구속됨.
7월, 석방과 동시에 한양대학교 교수직에서 다시 해직(제2차

	교수직 강제해직).
1982 (54세)	『중국백서』(편역·주해, 전예원) 출간.
1983 (55세)	『10억인의 나라: 모택동 이후의 중국대륙』(편역·주해, 두레) 출간.
1984 (56세)	'기독교사회문제연구소' 주관 '각급학교 교과서 반통일적 내용 시정연구회' 지도 사건으로 다시 구속·기소되었다가 2달 만에 석방(반공법 위반혐의). 한양대학교에 해직 4년 만에 제2차 복직. 『분단을 넘어서』(한길사) 출간. 『80년대의 국제정세와 한반도』(동광) 출간.
1985 (57세)	일본 동경대학교 사회과학연구소(社研) 초빙교수(1학기). 하이델베르크대학교와 독일 연방교회 사회과학연구소(FEST) 공동초청 초빙교수(1학기). 『베트남전쟁: 30년 베트남전쟁의 전개와 종결』(두레) 출간. 일본어판 역서 『分斷民族の苦惱』(동경, 御茶の水書房) 출간.
1987 (59세)	『역설의 변증: 통일과 전후세대와 나』(두레) 출간. 미국 캘리포니아주 버클리대학교 아시아학과 부교수에 임용되어 '한민족 현대정치운동사' 강의(1987. 8~1988. 3).
1988 (60세)	현대사 사료연구소 이사장, 『한겨레』 창간, 이사 및 논설고문 역임. 광주민주화운동에 대한 미국의 책임문제로 릴리 주한 미국대사와 언론지상 공개 논쟁을 벌임. 「남북한 전쟁능력 비교연구」(『한양대 논문집』) 발표. 자전적 에세이 『역정』(창작과비평사) 출간. 『반핵: 핵위기의 구조와 한반도』(공동 편저, 창작과비평사) 출간.
1989 (61세)	주한 외국언론인협회 '언론자유상'(Press Freedom Award) 수상. 『한겨레』 창간기념 북한 취재기자단 방북기획건의 국가보안법

위반 혐의로 안기부에 구속·기소. 제1심 징역 1년 6월, 자격정지 1년, 집행유예 2년 선고받고 160일 만에 석방. 추후 사면·복권됨.

회갑을 맞아 『華甲記念文集』을 받음.

1990 (62세) 『自由人, 자유인: 리영희 교수의 세계인식』(범우사) 출간.

1991 (63세) 『인간만사 새옹지마』(범우사) 출간.

1994 (64세) 『새는 '좌·우'의 날개로 난다: '전환시대의 논리' 그 후』(두레) 출간.

1995 (67세) 한양대학교 정년퇴직(만 65세). 동대학 언론정보대학원 대우교수로 강의.

한길사 '단재상' 수상(학술 분야).

1998 (70세) 53년 전 헤어진 형님과 둘째 누님의 생사확인을 위해 북한 당국의 개별 초청으로 방문. 두 분 모두 사망하여 조카만 만남.

『스핑크스의 코』(까치) 출간.

1999 (71세) '늦봄 통일상' 수상(통일맞이 늦봄 문익환목사 기념사업회)

『동굴 속의 독백』(나남) 출간.

『반세기의 신화: 휴전선 남북에는 천사도 악마도 없다』(삼인) 출간.

2000 (72세) '만해상' 수상(실천 부문)

『반세기의 신화: 휴전선 남북에는 천사도 악마도 없다』의 일본어판 『朝鮮半島の新ミレニアム』(조선반도의 새로운 밀레니엄, 동경, 社會評論社) 출간.

11월 집필 중 뇌출혈로 우측 반신마비. 모든 공적 활동·직책 및 집필활동 중단함. 이후 건강회복에 전념.

2005 (77세) 자전적 대담 『대화: 한 지식인의 삶과 사상』(한길사) 출간(만 75세).

2006 (78세) 『리영희저작집』(전 12권, 한길사) 출간.

2010 (82세) 지병으로 타계.

찾아보기

ㄱ

갈릴레이, 갈릴레오 506, 513, 628
거창 양민학살사건 126~130, 132, 133
고 딘 디엠 263, 293, 341, 343, 591
고르바초프, 미하일 112, 114, 567, 619, 628, 638, 639, 677, 694, 696
고명식 209, 210
고은 232, 396, 466, 504, 544, 560, 566
공자 374, 559
광주민주항쟁(광주대학살) 148, 196, 234, 268, 303, 305, 465, 468, 499, 529, 538, 544, 545, 566, 574, 608, 637, 647, 632, 633, 654, 656, 721
괴테, 요한 볼프강 폰 83, 279, 280, 507, 511, 518, 605
교수데모 255, 256
기독교사회문제연구소 사건 485, 638
기시 노부스케 329, 330
김경탁 47, 49, 50
김구 20, 93, 175, 211, 212, 220, 262
김근태 475, 476
김내성 97, 98
김대중 268, 332, 333, 412, 419, 420, 454, 498, 501, 520, 525, 535, 540, 542, 544, 572, 581, 639
김동길 544
김동인 31, 66
김병걸 46, 456, 457
김병곤 495, 496
김상현 410, 462, 466, 541, 542, 560
김상협 436, 437
김소월 37, 38
김수영 391~393, 395, 399~401, 408

김언호 462, 474, 665
김영남 697
김영삼 231, 268, 525, 535, 542, 639, 702, 703
김인호 210, 275
김일성 112, 113, 116, 262, 348, 366, 370, 452, 453, 572, 578, 583, 584, 668, 697, 703, 704, 708
김재준 421, 458
김정남 468, 481, 482, 652
김정한 395, 399, 401, 642, 643
김종원 127, 133
김종필 309, 317, 544
김지하 311, 396, 412~418, 455, 456, 480, 481, 496
김학준 320, 332
김현옥 389, 401

ㄴ
나세르, 가말 압델 193, 209, 423
나폴레옹, 보나파르트 610, 660
남정현 396, 413
노무현 280
닉슨, 리처드 398, 435, 698

ㄷ
도스토옙스키, 표도르 145, 519,
도이처, 아이작 377

동베를린 간첩단사건 364
동학농민혁명(전쟁) 43, 416, 443
뒤마, 알렉상드르 73, 519
드골, 샤를 281, 350, 589, 591, 594
덩샤오핑(등소평) 112, 440, 446, 567, 568, 570, 663, 677, 703

ㄹ
러셀, 버트런드 359, 398, 515
러일(일러)전쟁 70, 86
레닌, 블라디미르 241, 407, 627, 660
로스토, 월트 293~295
루소, 장자크 506, 518, 519
루쉰(노신) 86, 87, 238~241, 378, 383, 412, 444, 445, 546, 644, 729, 730
루스벨트, 프랭클린 40, 82, 107, 108, 112, 593
룩셈부르크, 로자 267, 377
리드, 존 378, 443
린들리, 오거스터스 443
릴리, 제임스 647, 648, 650, 652, 653, 655, 713

ㅁ
마르코스, 페르디난드 263, 677
마르크스, 카를 201, 203, 222, 224, 377, 484, 508, 513, 520, 617,

618
마오쩌둥(모택동) 111, 112, 116, 293, 377, 382, 391, 392, 394, 395, 405, 410, 438~440, 442, 448, 451, 453, 521, 557, 568, 569, 574, 584, 598, 660, 682
마이어, 에드워드 553, 554, 696
맥나마라, 로버트 346, 352, 354, 355, 399, 597
맥아더, 더글러스 109, 115~117, 282, 660
메이지유신 55, 230, 610
모겐소, 한스 397, 398
모스크바회담 82
모파상, 기 드 409, 519
무솔리니, 베니토 74, 162, 457
문부식 544, 545, 547
문익환 623, 662, 666~668, 715
문학인 간첩단사건 455, 459
문학빈 25, 26, 28~30
미노베 료키치 668
미문화원 방화사건 544, 545, 567
민청학련사건 416, 417, 455, 494

ㅂ

박권상 187, 210
박신자 363, 364, 525
박윤배 417, 418
박정희 34, 40, 190, 199, 207, 233, 234, 236, 260, 264~266, 268, 273, 275~297, 302, 309, 320, 321, 325, 330, 373, 380, 385, 387, 390, 391, 396, 406, 419~421, 455, 457, 459, 468, 479, 485, 492, 496~498, 510, 514, 525, 535~537, 556, 561, 573, 580, 581, 695, 698
박현채 466, 468, 662
박형규 466, 514, 623
방응모 20, 335, 337
백기완 454, 699
백낙청 232, 270, 311, 395~397, 400, 401, 456, 457, 468, 474, 475, 481, 482, 560, 565
밴 플리트, 제임스 153, 172
베리, 존 380, 501
베토벤, 루트비히 판 83, 518
베트남(월남)전쟁 332~334, 339~341, 343~347, 349~357, 359~362, 365, 373, 398, 399, 418, 423, 424, 451~453, 455, 536, 581, 588, 589, 591, 593~599, 631, 660, 695, 698, 705
브루노, 조르다노 506, 513
비스마르크, 오토 폰 609, 610, 685

ㅅ

4·19학생혁명 270

4·3항쟁 93, 95
사르트르, 장폴 202, 359, 389, 398
3·15부정선거 228
3·1운동 33, 43, 632
서동구 359, 542, 543
선우휘 324, 325, 327, 335, 337, 338, 392, 393
소로, 헨리 데이비드 98
송건호 432, 466, 468, 540, 643
송기숙 396, 495, 623
송두율 608, 614
숄로호프, 미하일 501
스노, 에드거 282, 444
스탈린, 이오시프 82, 83, 107, 109, 110, 112, 113, 116, 163, 241, 438, 449, 636, 677, 689
스트롱, 애너 루이스 444
신경림 311, 396
신동엽 395, 399~401
신상초 91, 437
신홍범 332, 560
12·12사태 525, 526

○
아이젠하워, 드와이트 206, 258, 265, 342, 350, 551, 595, 718
앨런, 호러스 18, 19
애치슨성명 111~114
야스에 료스케 578, 666~668
얄타회담 109
엘스버그, 대니얼 346
엥겔스, 프리드리히 201, 377
여수·순천 반란(병란)사건 93, 156, 286, 287,
염무웅 311, 401, 566
5·16쿠데타 263, 273, 275, 276, 285, 293, 294, 327, 385, 653
오익경 126, 129, 133
와다 하루키 581, 681
웨일스, 님 107, 230~232, 444
위고, 빅토르 73, 518, 519
유인호 468, 637
64인 지식인선언 418~421
육영수 455, 459
윤보선 272, 273, 283, 285, 287, 288, 456
윤이상 365, 608, 612, 613
윤형두 410, 463, 560
융, 카를 30, 235,
응우옌 푸 빙 705
이광수 39, 65, 66, 68, 98, 237~239, 336, 397
이기붕 227, 229, 255, 337
이기양 363~366
이돈명 466~468, 482, 560
이동원 323, 325, 328
이병린 421, 466, 467
이병주 52, 385, 386~391, 400, 401,

407, 408, 641, 643
이상두 463, 560
이승만 35, 114, 132, 133, 166, 188, 189, 198, 199, 204~207, 211, 212, 224, 226, 227, 229, 234, 249, 251, 255, 256, 258, 259~263, 265, 269, 270, 278, 287, 293, 296, 306, 321, 337, 342, 535, 559, 572, 615, 718
이어령 363, 391~393, 395
이용희 334, 340
이종찬 179
이호철 396, 455, 468
이효석 98
이효재 232
이휘재 49, 50
임방현 187, 210
임재경 519, 560, 641, 643, 669, 716

ㅈ

장을병 463, 466, 540, 560, 681
장일순 412, 466~468, 514, 561, 563
장제스(장개석) 82, 107, 109~111, 263, 410, 442, 557, 558, 598, 677, 702, 729
장준하 33, 34, 202, 285, 454, 456
저우언라이(주은래) 439, 453, 570
전두환 148, 188, 234, 268, 284, 296, 297, 387, 420, 510, 514, 535, 536, 538, 559, 561, 580, 581, 648, 653, 655
정경모 667, 668
정도영 209, 328, 389, 560
정일권 318, 319, 328
정태기 332, 560, 641, 643, 669
제2차 세계대전 40, 82, 103, 108, 111, 115, 117, 171, 174, 202, 242, 361, 390, 590, 595, 599, 602, 660, 681, 693, 700
조광조 706, 707
조병옥 228, 336
조세형 187, 210, 542
조정래 94, 396, 566
조준희 482, 560
조태일 396, 468
존슨, 앤드루 370~372, 594
지학순 456, 468, 514, 524

ㅊ

차인석 435, 450
채플린, 찰리 518
천관우 210, 421
청일(일청)전쟁 33, 70, 86
체 게바라 193, 223, 224
촘스키, 놈 359, 398
최덕신 126, 129, 130, 133, 282

최민 311, 619
최준기 706, 707

ㅋ

카, 에드워드 핼릿 377, 378
카다피, 무하마르 알 422, 423
카스트로, 피델 193, 222, 223, 257, 293, 405
카이로선언(회담) 82, 110
카터, 지미 500, 698, 703
커밍스, 브루스 116, 555
케네디, 존 207, 265, 275~281, 283, 284, 289, 290, 293~295, 297, 330, 591, 592
코페르니쿠스, 니콜라우스
콜, 조지 더글라스 하워드 201
클린턴, 빌 356, 598, 702

ㅌ

태평양전쟁 19, 48, 62, 65, 68, 107, 113, 349, 354, 389, 633, 642
태평천국혁명 382, 443,
퇴니에스, 페르디난트 378, 523
트로츠키, 레온 377, 378, 660

ㅍ

파농, 프란츠 72, 239, 240
파리 코뮌 267, 378, 444, 618, 619
8·15해방 63, 65, 68, 71, 75, 77, 106, 226, 233, 364, 455, 536, 653
포, 에드거 앨런 73, 98
포츠담협정(회담) 82, 110
푸에블로호 피랍사건 367
프로이트, 지그문트 31, 146, 147, 235, 508, 731

ㅎ

한승헌 466, 492, 560, 669
한완상 544, 703
함석헌 66, 202, 285
해리먼, 에이버렐 593, 594
핸더슨, 그레고리 253, 254, 256, 257, 290, 291, 364
호찌민(호지명) 293, 342, 344, 347~351, 398, 451, 456, 513, 591, 593~595, 705
홍성우 482, 560, 669
황상구 482, 728
황석영 311, 396, 418, 566, 593, 662
황인철 482, 560
황장엽 707~709
흐루쇼프, 니키타 113, 193, 636, 689
히틀러, 아돌프 40, 65, 74, 236, 261, 390, 391, 479, 587, 602, 617, 701

리영희(李泳禧)

1929년 평안북도 운산군 북진면에서 태어났다. 1950년 한국해양대학을 졸업한 뒤, 경북 안동시 안동중(고등)학교 영어교사로 근무중 6·25전쟁이 발발, 1950년 7월 군에 입대하여 1957년까지 7년간 복무했다. 1957년부터 1964년까지 『합동통신』 외신부 기자, 1964년부터 1971년까지 『조선일보』와 『합동통신』 외신부장을 각각 역임했다. 1960년 미국 노스웨스턴대학교 신문대학원에서 연수했다. 1972년부터 한양대학교 문리과대학 교수 겸 중국문제연구소(이후 중소문제연구소) 연구교수로 재직 중 박정희정권에 의해 1976년 해직되어 1980년 3월 복직되었으나, 그해 여름 전두환정권에 의해 다시 해직되었다가 1984년 가을에 복직되었다. 1985년 일본 동경대학교 초청으로 사회과학연구소에서 그리고 서독 하이델베르크 소재 독일 연방교회 사회과학연구소에서 각 한 학기씩 공동연구에 참여했다. 1987년 미국 버클리대학교의 정식 부교수로 초빙되어 '평화와 갈등' 특별강좌를 맡아 강의하였다. 1995년 한양대학교 교수직에서 정년퇴임한 후 1999년까지 동대학 언론정보대학원 대우교수를 역임했다. 2000년 말 뇌졸증으로 쓰러져 투병하다 회복하였고, 이후 저술활동을 자제하면서도 지속적인 사회참여와 진보적 발언을 해왔다. 불편한 몸으로 대담 형식의 자서전 『대화』(2005)를 완성했다. 2010년 12월 5일 지병의 악화로 타계했다.

지은 책으로 『전환시대의 논리』(1974), 『우상과 이성』(1977), 『분단을 넘어서』(1984), 『80년대의 국제정세와 한반도』(1984), 『베트남전쟁』(1985), 『역설의 변증』(1987), 『역정』(1988), 『自由人, 자유인』(1990), 『인간만사 새옹지마』(1991), 『새는 좌우의 날개로 난다』(1994), 『스핑크스의 코』(1998), 『반세기의 신화』(1999) 및 일본어로 번역된 『分斷民族の苦惱』(1985), 『朝鮮半島の新ミレニアム』(2000)이 있다. 편역서로는 『8억인과의 대화』(1977), 『중국백서』(1982), 『10억인의 나라』(1983)가 있다. 위의 주요 저서와 발표되지 않은 새 글을 모아 『리영희저작집』(전12권, 2006)을 펴냈다.

임헌영(任軒永)

1941년 경북 의성에서 태어났다. 중앙대학교 국어국문학과와 동대학원을 졸업했다. 1966년 『현대문학』을 통해 문학평론가로 등단했다. 1972부터 1974년까지 중앙대학교 등에서 강의했으며, 1974년 긴급조치 시기에 문학인사건으로 투옥되었다. 『월간독서』『한길문학』『한국문학평론』등 여러 문예지의 편집주간으로 일했으며 1979년부터 1983년까지 '남민전'사건으로 복역하였다. 1998년 복권되어, 현재 중앙대학교 국어국문학과 겸임교수로 있으며 민족문제연구소장과 문학평론가로 활동 중이다. 『한국현대문학사상사』를 비롯해 20여 권의 저서가 있다.